近世中国

冷战与新中国外交的缘起

1949-1955

THE COLD WAR AND ORIGIN OF DIPLOMACY OF PEOPLE'S REPUBLIC OF CHINA 1949-1955

〔修订版〕

Revised edition

牛军 著

社会科学文献出版社
SOCIAL SCIENCES ACADEMIC PRESS (CHINA)

目　录

CONTENTS

Contents

绪　论

1947 年 9 月 22 日是国际冷战历史中一个特殊的日子。世界的目光都在这一天投向欧洲，为将世界分成两个相互对抗的集团，美苏之间的交锋在那里走向转折点。

这一天，有欧洲的英法等 16 个国家参加的欧洲经济会议在巴黎签署了欧洲经济合作委员会总报告。该报告强调，美国援助对欧洲战后复兴特别重要，所以必须与美国建立各种紧密的关系。[①] 此前，苏联外交部长莫洛托夫（V. M. Molotov）曾在巴黎英法苏三国外长会议上警告英法两国，不要接受美国不久前抛出的马歇尔计划，倘若在此问题上一意孤行，就会"把欧洲分成两个集团"。[②] 事实表明，他的警告无济于事，不过苏联显然也做好了从另一边撕裂欧洲的准备。

也是在这一天，在波兰的西里西亚什克拉尔斯—波伦巴的小温泉场召开了包括苏联、东欧国家和法国共产党、意大利共产党代表

---

① 参阅《战后世界历史长编》编委会编《战后世界历史长编（1947）》第 3 卷，上海人民出版社 1977 年版，第 144 页。

② 参阅王绳祖主编《国际关系史（1945—1949）》第七卷，世界知识出版社 1996 年版，第 133—134 页。

等参加的欧洲九国共产党和工人党情报局成立会议。会议通过的《关于国际形势的宣言》宣布，世界上出现了“两个阵营”：一个是“帝国主义的反民主阵营”，另一个是“反帝国主义的民主阵营”，为了世界有一个光明的前景，后一个阵营要敢于起来斗争。[①]

就这样，欧洲被分成了两个部分，就差将德国在地理上一分为二了；“两大阵营”也被宣布出现了，世界在政治上也被一分为二了。英国著名作家奥威尔（George Orwell）在此之前基于对美苏两国间极为敌对的关系的观察，将战后世界政治的这种发展命名为“冷战”。这个词很快就被普遍认为是最准确地概括了战后一个新时代的本质特征，并因此很快获得了广泛的认同，且沿用至今。冷战结束后，世界在很长一段时间还被称为处于“后冷战时代”，可见这个词影响之大之久远。

1947 年 9 月 14 日，也就是“两个阵营”的出现被宣布一周之前，中国河北省武安市附近一个叫冶陶的小镇子上印发了当日的《人民日报》，《人民日报》当时还只是中共晋冀鲁豫边区中央局的机关报。这天的报纸上发表了一篇社论，标题是《人民解放军大反攻》。这篇社论宣布中共军队“伟大的反攻已经开始”，他们要“把解放的旗帜插到全中国”。[②] 这时，世界上那些最睿智的政治家都在绞尽脑汁，试图更深刻地诠释欧洲局势的影响和“两大阵营”还会在那里干些什么。还有不少人忧心忡忡，害怕第三次世界大战不久将降临。总之，就是没有人意识到《人民日报》这篇社论所阐述的事变意义有多重大。在东亚那片与欧洲规模几乎相当的中国大地上，国共军事力量对比正在发生根本性的变化，中共军队已经从战略防御转为战略进攻，目标是夺取全国政权。一个新的国家将在两年后诞生。如果论规模和尺度，这就相当于一个欧洲大小的地

① 《共产党情报局会议文件》，人民出版社 1954 年版，第 4—8 页。

② 晋冀鲁豫边区《人民日报》1947 年 9 月 14 日，转引自中国人民大学中共党史系资料室编《中共党史教学参考资料（解放战争时期）》（下），中国人民大学 1981 年印，第 23 页。

区在经历多年战乱和四分五裂之后实现了大一统。另外，中共夺取政权还导致中国外交经历了一次革命性的转变，新国家以世界历史上罕见的方式彻底摧毁了以往的中国对外关系体系，并给世界政治造成了剧烈的震动和相当长久的影响。可以肯定的是，当时没有多少人注意到这篇文章。

从微观层次上看，在东亚东北部地区的冶陶镇上发行的那张《人民日报》与在西欧的巴黎和东欧的西里西亚什克拉尔斯—波伦巴小温泉场两地分别举行的国际会议似乎是风马牛不相及，全球冷战的爆发与中国政局巨变在时间上如上述之高度的重合似乎只是个巧合。但是，从全球历史的长时段观察，这种偶遇很难说是没有关联性的，它相当直观地展示了美苏对抗将溢出欧洲，延展到东亚。冷战早晚会全球化，中国的命运将不可避免地同国际冷战的进程纠结在一起，未来中国的对外关系必定要面对“冷战”这个战后世界的基本格局，在同冷战的互动中发生和发展。与此同时，新的国家也要按照自己的意志和诉求塑造冷战，至少最初在东亚地区是如此，随着时间的发展则逐步扩展到要塑造全球冷战格局。这本书论述的目的之一就是揭示这个历史过程的最初阶段。

这本书将要叙述的“新中国外交”是 1947 年的世界与中国两方面形势发展的结果，在时间上主要是指 1949 年 10 月 1 日中华人民共和国诞生到 1955 年，差不多就是中共第八次全国代表大会召开之前这个时期。这个时期不论是在世界历史上还是在中国历史中，都是可以清楚识别出来的。这是世界和中国都在发生的巨变过程恰好重合在一起的时期。

从世界范围看，20 世纪 40 年代后期到 1953 年 3 月斯大林（J. V. Stalin）逝世，是冷战对抗最为极端的阶段。当时美苏两国处于极其紧张和近乎僵硬的对抗之中。在欧洲是 1948 年 6 月爆发柏林危机及随后的德国正式分裂，以美国为核心的军事集团北大西洋公约组织成立，以及欧洲东西两边的所有联系中断。在亚洲则是爆发了朝鲜战争，结果不仅是朝鲜半岛分裂长期化，而且还导致冷战向东亚大规模蔓延，形成了两大阵营在欧洲之外的另一条激烈对峙的战线，在这里中美持续进行了三年的热战。极端对抗的局面在斯大林去世后开始逐步缓解，美苏双方开始调整此前连通过谈判寻求妥协都不愿意的态度，这导致了局部和短暂的缓和，直到 1956 年在东欧和中东发生的危机打断这个进程；中国这时则迈开了改造冷战的步伐——不过，这已经超出了本书要论述的时间范围。

就在美苏步入尖锐对抗并在斯大林去世后东西方关系一度趋向缓和的这个时期，中国政局正在经历极为剧烈的转型，即从中共取得革命运动的最后胜利转向建国。这个转型的过程难以划出截然分开的阶段，在这个阶段上发生的革命与建国是不可拆分的联合概念。中华人民共和国的对外关系也伴随着这场转型而诞生，并在与国际冷战的互动中塑造出自己的基本形态。

在国内外两个历史过程紧密交织的结构中，在中国对外关系领域发生了一系列重大事件。同后来中华人民共和国对外关系历史进程中的每一个阶段相比，被命名为新中国的这个时期发生重大事件的密度和重要度都是最高的，中国领导人做出的或不得不做出的重大决定之多令人目不暇给。它们包括中苏结盟、中美对抗、援越抗法、抗美援朝、印度支那地区停战谈判、处理东南沿海危机、参加万隆会议，等等。这些如此密集发生的一系列重大决策中不乏惊心动魄的，对后来中国、东亚地区甚至世界历史进程的影响巨大，有些决策的影响至今仍然存在。如此丰富和壮观的历史场景的确引人入胜，为再现这幅画面付出努力确有其价值，这也是近 30 年来中国史学界在这方面的研究变得如此引人瞩目的重要原因。

从更长的历史时段看，探讨新中国外交是如何发生的，给当时的中国和世界造成了什么影响，给中国对外关系留下了什么遗产，等等，不仅是必需的，而且会发掘出更为丰富复杂的含义。在经历了 60 个春秋，尤其是经历了 1979 年改革开放以来堪称革命性的变化之后，当代中国更需要且比以往更有可能从更广阔和深远一些的视角来评价新中国成立初期的对外政策和对外关系，更清晰地呈现其主要的特征和影响，从而帮助中国人更准确地界定在今天的世界上“我们”是谁，同“他们”到底曾经有过什么不同之处。

从当时的历史情境看，一个简单明了的现象就是新中国外交的发展演变同冷战的起伏基本上是同步的。这个简单而又基本的事实决定了研究新中国外交缘起的外部环境。因此，要叙述它与世界政治之间的互动，首先要界定清楚它与冷战的关系。

1947 年 10 月 10 日，中共中央发表了《中国人民解放军宣言》和“解放军口号”，公开宣布“打倒蒋介石，建立新中国”。[①] 以中共中央公开宣布其夺取全国政权的目标为标志，国共之间已经完全没有了通过谈判和妥协来解决中国内部问题的可能性。中共中央有关对外政策的阐述则初步昭示了它取得全国政权后的对外政策倾向。在中共中央同时公布的八项政策中，第八条阐述了对外政策，大致反映了在后来的逐步发展中变得更为丰富的主要原则，即“否认蒋介石独裁政府的一切卖国外交，废除一切卖国条约，否认内战期间蒋介石所借的一切外债”，以及“反对任何外国帮助蒋介石打内战和使日本侵略势力复兴。同外国订立平等互惠通商友好条约。联合世界上一切平等待我之民族”。[②] 从那时起，有关国家就不得不考虑如何面对一个在激烈的社会革命中崛起的新国家及其对外政策。

虽然冷战后有大量的历史档案被发掘出来，但是时至今日仍然没有找到证据可以表明，美国、苏联和其他主要国家此时就已经开始关注中共中央对中国时局的上述阐述，甚至这些国家很可能还都不知道中共中央的这一宣言，遑论去解读其含义和可能造成的影响。这些国家都有各自的理由相信，中共不可能在短期内夺取全国政权，并在一大片被长期的大规模战争破坏得千疮百孔、满目疮痍的废墟上成功地建立起一个新国家；尤其是难以相信这个新国家有

① 《中国人民解放军口号》，1947 年 10 月 10 日，中央档案馆编《中共中央文件选集》第 16 册，中央党校出版社 1992 年版，第 551 页。

② 毛泽东：《中国人民解放军宣言》，1947 年 10 月 10 日，《毛泽东选集》第四卷，人民出版社 1991 年版，第 1238 页。

足够坚强的意志和能力，摧毁近代以来就是由列强建构的东亚秩序的基本框架。

就在1947年3月间，胡宗南的军队还喊着“打到延安去，活捉毛泽东”的口号占领了延安。谁能想到没过多久，中共军队就喊着“打到南京去，活捉蒋介石”的口号跨过长江，占领了国民政府的首都南京。延安易手不久，当时同中共中央保持着联系的苏共中央还电询中共中央，撤离延安的中共领导人是否有必要到莫斯科去政治避难。莫斯科做出这样的判断是基于苏联驻华官方机构的分析。那些机构的代表都认为，中共领导人的战斗言论包含宣传的成分，他们没能准确估计国共国内的力量对比。11月15日，在南京的苏联驻华大使彼得洛夫（A. A. Petrov）对前来话别的周恩来说，中共中央并不总是客观地评价蒋介石的军事力量。周恩来告诉他应当把国民政府在纸上存在的力量与它的实际力量区分开来。①

毛泽东当时的确表示过愿意去莫斯科，中共中央还计划过在坐落于华北吕梁山北端的山西岚县修建一个机场，以方便双方人员往来，包括在必要的时刻方便毛泽东去莫斯科。不过可以肯定的是，毛泽东希望去莫斯科绝不是为了政治避难，因为他这时已经足够英明地洞悉国共战局在发生根本性的转折，中共军队正在取得战略主动权。后来斯大林了解了中国形势后，却没有接受毛泽东访苏的请求，他可能是担心毛泽东这时会给莫斯科带去尚难预料的麻烦。② 他可以接受一个国家的共产党领导人作为政治难民去莫斯科避难，后来却对接待一个胜利者那么勉强——这多少反映了斯大林有一种很奇怪的心理。

历史学家相当详细地挖掘了美苏的历史档案并尽可能地条分缕析，以便讲出一个个逻辑清晰的故事。但是在很多年以后的今天已经可以大致确定，所有那些被历史学家按照合乎逻辑的方式叙述的

① 陈晖：《马歇尔使华与苏联对华政策》，《历史研究》2008年第6期，第152页。

② 参阅《在历史巨人身边——师哲回忆录（修订本）》，中央文献出版社1995年版，第245—248页；〔俄〕尤·米·加列诺维奇：《两大领袖：斯大林与毛泽东》，部彦秀、张瑞璇译，四川人民出版社1999年版，第137—138页。

美苏对华政策等，都应该被置于这样的历史背景之下，即美苏正在欧洲进行尖锐的对抗，加之处理对华关系的历史惯性，它们的领导人在应对急剧变化的中国政局时，基本上都是既缺乏热情又措手不及的；它们的政策至少不能说是经过深思熟虑的；它们之间的差别更多的是源于它们各自对华政策的历史和它们分别同国共两党的关系的历史，在现象上则表现为两个国家的政策调整有早晚之分。必须说明这一点，是因为后来东亚地区国际政治的演变同这样的背景有密切的关系，即在新中国外交同全球冷战体系（或者说全球冷战体系与新中国外交）的互动中，存在着大量因决策者无经验、不重视、认知准备不充分甚至是盲目等主观因素造成的不确定性和负面影响。对于卷入其中的决策者来说，在认知过程中的确存在着许多毫无经验的尝试和探索。

反观中共领导人，他们在处理外交问题时又何尝不是处于类似的仓促之中？毕竟内战的胜利和建国的重任到来之快对他们而言也同样是始料不及的，遑论由此引起的外交问题，相对而言这是一个他们最不熟悉的领域。他们为应对国际冷战体系的各种考虑和政策包含着为达到既定目的仔细算计，但在国内外各种复杂、快速且有时是剧烈的相互冲击中，他们的确也是在不断摸索、试探和观望。导致新中国外交后来的发展状态的一部分原因是那些卷入新中国外交建构过程的历史人物之间独特的互动。这构成了冷战与新中国外交之间关系的一个重要特点。

从中共中央 1947 年 10 月 10 日宣布要“建立新中国”后两年，国民政府便迅速土崩瓦解，中共夺取了全国政权。1949 年 10 月 1 日中华人民共和国诞生了。从这时起，中国政局开始了一个由革命向建国过渡的时期。这个时期一直持续到 1956 年 9 月中共八大宣布一个建设时代的开始。① 毛泽东本人也一度断定：“革命时期的

---

① 刘少奇：《中国共产党中央委员会向第八次全国代表大会的政治报告》，1956 年 9 月 15 日，中共中央办公厅编《中国共产党第八次全国代表大会文献》，人民出版社 1957 年版，第 12 页。

大规模的急风暴雨式的群众阶级斗争已经基本结束”，尽管“阶级斗争还没有完全结束”。[①] 当然后来他又提出了“继续革命”的新见解。在从革命向建国过渡的时期中，蕴涵着为中华人民共和国对外关系奠基的一些关键的内容，它们必定要给新中国的对外关系造成基本而又独特的影响，同时为后续的历史留下了很长时间都没有被磨去的烙印。从这个意义上说，所谓“新中国外交”就是革命和建国相互重叠时期的外交，它面对的外部世界是冷战，需要回应美苏全球战略博弈造成的有时是严峻的外部环境；在内部面对的不仅是革命运动的诉求，还有从革命向建国过渡时期的各种基本诉求。这些内部的基本诉求也决定着中国人对外部形势将做出何种反应。

如果从革命—建国的角度来定义这个过渡时期，中华人民共和国是起自辛亥革命的现代民族国家建设的一个特殊阶段，这是核心本质。新中国外交就是这个特殊阶段开始时期的外交，不论它面对何种外部环境，这个基本性质都是确定无疑的。如同 20 世纪的新兴民族国家特别是第二次世界大战以后的亚洲新兴民族国家一样，这个阶段上的中国国家建设存在一些需要解决的基本问题，而且民众有解决这些问题的基本的和强烈的诉求，它们的影响在新中国的对外政策话语中是显而易见的。这些诉求主要包括如下几个方面。

首先是确保主权与领土完整。主权与领土完整作为现代民族国家生存和发展的最基本条件，它们不能受到侵犯和损害，或者不能让它们受到的威胁达到这样的程度，即在这个国家生活的国民普遍感到不安全，或者感到没有基本的发展前途。如果说国家安全是新中国外交的首要问题之一，那么主权与领土完整则是新中国安全观赖以产生和发展的主要基础，也是国家不能受到威胁的首要内容。

---

① 毛泽东：《关于正确处理人民内部矛盾的问题》，1957 年 2 月 27 日，中共中央文献研究室编《毛泽东文集》第七卷，人民出版社 1999 年版，第 216 页。

革命—建国时期的大量案例都证明，毛泽东等中国领导人对中国主权和基本安全的关注在他们的战略思维中占据相当重要的地位，对地缘安全的理解相当深刻而且自然，对来自外部的威胁有足够的敏感。在冷战的大背景下，这些决策的主观要素同外部变动的安全形势结合在一起，导致他们在新中国成立伊始即决心必要的时候在周边地区实施强有力的干预，包括军事干预。新中国同美国进行军事对抗的决心因为这样的历史背景下才变得非常明确和坚决，因为这种对抗能够从国内获得广泛的支持。

其次是发展经济和实现社会进步，或统称为实现现代化。这也是新兴民族国家在当今世界保持国家生存的基本条件，在中国又有其特殊的历史重要性。在近代以来中国历史的各个阶段，存在着实现现代化的特别强大的动力，除了个人发财致富这一基于人的本性的强烈愿望之外，就是实现中华民族伟大复兴的历史性追求。中国的对外政策必须符合现代化的要求，必须要为它服务，或者至少不能长时间与之背道而驰，这是新中国外交变动的非常重要的基本原因和基本动力。中共领导人从革命运动后期开始为中国未来发展选择的道路——以俄为师，在历史进程的这个重大时刻导致新中国在冷战中做出了“一边倒”的选择。其认知体系和到此时为止的政治经验等使他们相信，在当时的条件下要在中国完成现代化的历史使命，除了“一边倒”没有其他的选择。

追求现代化是一个逐步展开的历史进程，在本书涉及的时间段中有不同的表现形式和具体内容。它们包括土地改革、恢复国民经济、所有制改造、制定和开始执行第一个五年计划等。将这些事件连接起来就是新中国国家战略的历史性转变，这在最深层次上决定着新中国对外政策的演变和发展。本书的叙述范围决定它不可能在分析这个阶段发生的每一个重大事件时都去触及这个问题，所以很有必要在此做一个宏观的勾画。

再次是实现和维护国家的统一。二战后亚洲一些新兴民族国家长期存在实现和维护国家统一的艰巨使命，对于中国则尤为突出。

中国革命运动集政治革命、民族解放和国家统一于一身，后期名之为“解放”的战争在本质上也是一场统一战争。追求国家的完全统一无疑是新中国外交的重要推动力和目标，有时则是严重的制约因素。实现国家统一对于经历了近代外部力量巨大冲击的中国人来说，具有特别重大意义，对中国对外政策的影响尤为突出，是否支持中国实现国家统一甚至是中国人判断任何外部力量的首要标准之一。

最后是社会核心价值的建构与国家认同的形成。二战后所有新兴民族国家都必定要经历一个社会核心价值的建构过程，并在已建立的核心价值的基础上，逐步形成相对牢固的国家认同，包括对国家特性和基本形象的认知、认可甚至欣赏，以及对国家的忠诚和对国家基本制度的信任和信心。二战结束不久发生的冷战使这个问题更为突出，并经常在一些国家导致极其尖锐的政治斗争。新中国同样立即面临社会核心价值建构问题，包括塑造基本的价值观、中国公众普遍认同的国家形象，并通过对外政策行为界定和建立与之相符合的对外关系，包括世界观、基本伦理和行为方式，等等。这方面的诉求在深层次上决定着新中国的外交决策和行动。反之，新中国外交在这方面所起的作用巨大也是不争的事实。实际上正是通过一系列重大的外交决策，建构了新中国的三个持续到今天的基本身份和认同：社会主义国家，地区强国，新兴民族国家（现在称发展中国家）。它们成为当时和后来中国很多外交行为的依据和很多中国人的民族自豪感的来源。

二战后所有新兴民族国家的执政者都面临合法性的挑战。这些执政集团最初得到支持是因为他们在革命阶段满足了公众对民族解放和国家主权独立的诉求，但在完成这一历史使命后，能否为国民提供基本的安全感、必要的荣誉感，以及满足国民对国家经济发展和社会进步的日益强烈的要求，则成为对其合法性的挑战之一。在中国也一样，任何执政集团的权力是否拥有合法性，都同解决那些基本问题、回应人民的基本诉求有关；执政集团提出和推行的各种思想、各项政策，包括对外政策，也必须能够解决或有利于解决那些问题，才具有持久的指导意义。同样，在解决那些基本问题和回应人民的基本诉求的过程中，执政集团也必然要将它的意识形态包含的理念、价值等转化为公众普遍认同的社会主流思想，从而确定其政策的正当性标准。合法性挑战是客观存在的，应对挑战的成功与否部分地取决于能否制定和有效地贯彻合理的对外政策，为国家的生存和发展包括解决上述几个基本问题创造比较有利甚至是越来越有利的外部环境。这是衡量执政集团是否具有正当性的基本标准，也是他们的权力合法性的重要来源之一。从这个意义上说，中共从夺取全国政权到开始建国起，就面临着从革命党向执政党转变的历史性问题，而且事实证明解决起来尤为艰巨，因为中共是按照列宁的革命组织理念建立的革命精英组织，肩负着在一个落后的国家完成政治、社会和经济革命的重任。它在应对上述各方面挑战的过程中，同时面临着改造自己的重要使命。中共领导人对完成这个使命的认识深度也同他们对中国对外关系的理解有直接的联系，并影响着新中国的对外政策。

近代以来，中西文化关系的形成、界定和演变是中国最独特的文化现象，中西文化的交流与冲突是中西方关系的深层主题，这个中西关系从其开始和从广泛的意义上说，是包括俄罗斯在内的。中国现代民族国家建设的深层使命是文化重建，对中国传统文化的批判与继承对于新国家的兴亡是决定性的。中共领导人并不可能在此中西文化冲突和中华民族文化前途之争的场景之外来从事革命运动和完成国家建设，他们实际上也是将中西文化的冲突视为中外关系的内核，他们的民族主义思想中包含着复兴中国文化的强烈倾向，并且在成熟期越来越多地包括了对传统文化中的一些重要部分的认可和发扬，例如对传统文化中反抗民族压迫思想的肯定与认同构成了中共的中国史观和革命史观的重要内容，也被论述为中国革命运动的合法性的来源。

实际上在新中国成立前，中共已经在检讨和重构中国民族文化，并名之为民族的、科学的、大众的“新民主主义文化”。中国民族国家的建构必将酝酿出越来越强烈的内在冲动。伴随着民族国家建设的进程，中国的民族主义思想愈加丰富和激昂，中国人必定要因对自我形象变化的体认，而重新定义中国在冷战体系中的地位。从这个意义上说，新中国在做出最初的选择之后，必定要致力于重塑冷战体系，而且首先就是从重构与盟友苏联的关系开始。这已超出了本书论述的范围，但其开端已经存在于本书叙述的历史过程之中。当时毛泽东对“建什么国”这个问题的思考，从根本上决定了新中国在国际冷战中建立什么样的对外关系格局，并在塑造中国领导人的世界观、安全观等方面起了重大的作用。随着中国领导人对建国问题的思考的演变，新中国的对外关系格局也必然要发生变化，其中的历史逻辑是一以贯之的。

国际冷战的演变与中国政治形势发展的相互交织的过程中，建立在中国国内议程之上的对外政策与对外关系自有其发展的内在逻辑和内在动力。冷战的爆发以及在美苏对抗的基础上形成的冷战国际体系不过是决定了当时的人们需要进行的诸多选择，以及决定了必定要发生的历史过程具有某种形态。换句话说，有没有冷战，中国建设现代民族国家的过程也会出现，中国的对外关系也要服从于那几个基本问题的解决，冷战国际体系只是导致了人们需要做出独特的选择，并在持续不断的选择中塑造了现代民族建设过程的特殊的外交形态。进一步说，这从根本上决定了研究冷战与新中国外交之间的关系需要叙述两个不同的领域。一个是新中国与美国的对抗关系的形成与演变；另一个则是与苏联等盟友的关系形成与发展。在“外交”这个范畴所界定的范围里，后一种关系的内容更加丰富和复杂。历史本身决定了历史叙述的内容、结构和过程。无视或忽视，甚至试图掩盖新中国与盟友之间关系的历史内容、其复杂性及巨大的影响，便无法完整呈现新中国外交的一些本质特征。

冷战最初紧张对抗的时期恰恰与中国现代民族国家建设特殊阶段的初期重合，国际冷战体系的形成和向全球蔓延与中国新国家的构建及其影响的外溢这两个过程相互交织、相互影响等，成为新中国外交在其中发生发展的主要结构和基本背景。在这种内外交织的复杂网络中，那些制定政策的中共领袖们如何认识和理解对外政策问题，是至关重要的。

国内外有关对外政策的研究成果提供了大量的案例证明，在外交领域，由于专门知识准备不充分，经验的缺乏，以及信息不充分和时间紧迫等因素，领导人往往会更多地依赖已有的思想和国内政治经验等，在自己的认知框架里制定政策。在革命后期和建国初期，中共领导人制定对外政策时，基本上处于专门知识准备不足、相关信息不充分并经常面临决策时间相对紧迫的状态，尽管他们对对外政策问题高度关注，例如毛泽东和周恩来几乎是事必躬亲的。他们的世界观和主要经历、政治经验等在制定对外政策中起着至关重要的作用。如果一定要搜索出一个关键词来概括中共领导人的世界观和主要政治经验的话，这个词就是“革命”。

决定新中国外交的形态和演变的那一代中共领导人，差不多都是在第一次世界大战前后走上政治舞台的。王奇生对从那时开始的中国政治生态做了这样的描述：“1920 年代开始，革命成了多个政党的共同诉求。国民党的‘国民革命’、共产党的‘阶级革命’、青年党的‘全民革命’几乎并起，并形成一种竞争态势。革命不仅为多数党派所认同，也为多数无党派的知识分子所信奉，并且迅速形成一种普遍的观念，认为革命是救亡图存、解决内忧外患的根本手段。革命高于一切，革命受到崇拜。知识青年尤其成为革命的崇拜者和讴歌者。”① 这一描述既准确又传神。

1840 年鸦片战争以后，中国近代对外关系在其发生和发展的过程中，给中国政治、经济、社会和文化等各个方面造成巨大的冲击、痛苦和破坏。特别是从清王朝崩溃到辛亥革命失败，无论

① 王奇生：《革命与反革命：社会文化视野下的民国政治》，社会科学文献出版社 2010 年版，第 2 页。

中国的统治者和各种政治势力基于什么样的现实需要、试图或已经采取何种政策和措施等来应对越来越严重的外部威胁，都未能阻止中国的各种权益不断地丧失以及由此带给中国人民的苦难。另外，日益尖锐的民族矛盾和由此引起的政治危机成为重要的催化剂，促成了此起彼伏的社会下层民众的反抗运动和上层各种形式的改革运动。从洋务运动到戊戌变法，从君主立宪到自立军起义，从辛亥革命到“再造共和”，从为“公理战胜强权”激动不已到为“庶民的胜利”欢呼，从无政府主义到社会主义、马克思主义……政治和社会运动一波未平一波又起，一系列的变革和革命呈加速度的发生和发展，社会思潮也在与外部世界的碰撞中飞速变化，并最终在20世纪初造成了一种甚至可以说是非革命不可的政治形势，社会气氛之紧张激烈犹如一堆遇火即燃的干柴。正如闻一多当时所言：“20世纪是个反抗的世纪。‘自由’底伸张给了我们一个对待威权的利器，因此革命流血便成了现代文明的特色。”①

那个革命已经“成为常态”的时代酝酿出了大批革命者，他们有着革命的思维方式和革命的激情。当时的中国政治精英越来越相信和追求激进的变革，并充满了对革命将会彻底改变世界和中国的憧憬。在当时那些共产党人的政治生涯里，列宁主义被他们当做信仰是缘于他们为拯救灾难深重的中华民族的奋斗和追求。他们几乎都走过一段从救国到革命，从学习西方到赞赏俄罗斯的布尔什维克革命，并最终信奉列宁主义的心路历程。促成他们转变的关键事态就是革命。革命是他们救国的最终选择，也是将他们的事业同信仰列宁主义联系起来的核心环节。正是有关从鸦片战争到辛亥革命的历史的集体记忆，特别是第一次世界大战后巴黎和会所加于中国人的耻辱，使那些共产党人越来越相信，只有通过激进的政治和社

① 闻一多：《女神时代之精神》，《闻一多诗文选集》，人民文学出版社 1955 年版，第 160 页。

会革命，才能从根本上改变中国在国际社会中那种任人宰割欺凌的屈辱地位，以及摧毁造成中国这种地位的国际体系。他们认为这个国际体系的本质就是压迫和不平等，恃强凌弱、弱肉强食是它的基本特征。中国近代社会变革运动的经验也在激励着他们，使他们普遍相信，中国反对外来侵略和压迫的民族解放运动与中国激进的政治、社会的革命是相辅相成的。中国未来的革命运动必定同时兼具政治改造和民族解放的双重使命，它的目标就包括推翻列强在中国的统治，建立一种以独立、平等和尊严为其核心诉求的全新的对外关系，而且还要进一步努力建立一种新型的国际秩序，中国在其中拥有特别重要和受到尊重的地位。

毛泽东是他们当中的典型和代表。在20世纪初中国从改良到革命的政治光谱中，他最初并没有站在激进革命的一端，但后来的政治经历和思想发展导致革命成为毛泽东的意识形态的核心。

毛泽东从小性格倔犟，不愿屈服于压迫。在成为一位革命者之前，他先是崇尚过自由主义，追求个性的解放，强调人的精神和意志的伟大作用，认为“大凡英雄豪杰之行其自己也，发起动力，奋发踔力，摧陷（廓）清，一往无前，其强如大风发于长谷，如好色者之性欲发动而寻其情人，决无有可能阻回之者，亦绝不可有阻回者”。[①] 毛泽东相信人的精神和意志的能动性具有巨大的创造力，同他对世界本质的认识有直接的关系。他认为世界的本质就是运动和变化，人类历史则是治乱、成毁的无穷循环。历史上的“乱”“毁”是变动，是新历史的再造，是历史之常态，“盖历史生活之形式，不外乎善恶相竞之力，与时扩充而已”，“陶渊明桃花源之境遇，徒为理想之境遇而已”。[②] 在他看来，“各世纪中，各民

① 毛泽东：《〈伦理学原理〉批注》，1917—1918年，中共中央文献研究室、中共湖南省委《毛泽东早期文稿》编辑组编《毛泽东早期文稿1912.6—1920.11》，湖南出版社1990年版，第219页。

② 毛泽东：《〈伦理学原理〉批注》，1917—1918年，《毛泽东早期文稿1912.6—1920.11》，第184—185页。

族起各种之大革命，时时涤旧，染而新之，皆生死成毁之大变化也”。[①] 正是历史发展的质变、飞跃等，给人的精神与意志提供了提升和创造的舞台和条件。故“安逸宁静之境，不能长处，非人生之所堪，而变化倏忽，乃人性之所喜”。[②]

毛泽东这种将反抗和追求精神飞跃视为高尚的思想特质导致他尤为痛恨当时中国面临的混乱与黑暗局面，痛恨任何强权施予中华民族的压迫和欺侮。在毛泽东眼中，第一次世界大战后的世界是“国家也坏到了极点，人类也苦到了极点，社会也黑暗到了极点”。[③] 以往的世界政治中充满了动荡与危机，而且这种状态是由国际体系的本质造成的，“不自由、不平等、大战争与天地终古，永不能绝”。[④] 一度使国人欢欣鼓舞的英美法在一战中的胜利不过是“以社会的强权”和“经济的强权”代替德国的“政治的强权”和“国际的强权”。[⑤] 在世界上造成不公平、非正义的根源是列强以大欺小，恃强凌弱。它们推行帝国主义政策，“压抑自国的弱小民族，宰制海外殖民地，使半开化未开化之民族变成完全的奴隶，窒其生存向上，而惟使恭顺驯服屈己而已”。[⑥]

在这个时期，毛泽东还受到过不同社会思潮的复杂影响，但他思想的鲜明且一以贯之的特点是同情和赞赏几乎不论是在哪个国家发生于社会下层的草根革命，他并且相信只有联合起来的下层民众

---

① 毛泽东：《〈伦理学原理〉批注》，1917—1918 年，《毛泽东早期文稿 1912.6—1920.11》，第 201 页。

② 毛泽东：《〈伦理学原理〉批注》，1917—1918 年，《毛泽东早期文稿 1912.6—1920.11》，第 186 页。

③ 毛泽东：《民众的大联合》，1919 年 7 月 21 日、28 日，8 月 4 日，引自《中共党史教学参考资料（党的创立时期）》，第 124 页。

④ 毛泽东：《〈伦理学原理〉批注》，《毛泽东早期文稿 1912.6—1920.11》，第 184 页。

⑤ 毛泽东：《德意志人沉痛的签约》，1919 年 7 月 21 日，《毛泽东早期文稿 1912.6—1920.11》，第 322 页。

⑥ 毛泽东：《湖南建设的根本问题——湖南共和国》，1920 年 9 月 3 日，《毛泽东早期文稿 1912.6—1920.11》，第 503 页。

运动才能摧毁不合理的世界秩序。第一次世界大战后对列强的失望、愤懑和对俄国布尔什维克胜利及世界各地下层民众革命的欣赏，从两个方向进一步强化了毛泽东向往激进革命的倾向。他认为世界已经一分为二。一面是列强在巴黎和会上蝇营狗苟，尔虞我诈，了无生气且充满血腥；另一面则是革命风起云涌，俄国“红旗军东驰西突，扫荡了多少敌人”；在英美则有“罢工风潮”“炸弹爆举”、工人高呼“不许实业专制”；德匈奥民众在仿效俄国劳农的革命，在东方许多殖民地国家“也起了若干的大革命”。[①] 总之是“风景这边独好”，下层民众革命正会聚成一股世界潮流，锐不可当，一派勃勃生机。在这个世界图景中发生的中国民族解放和社会革命运动是全世界范围内的革命运动的一个部分，“改造中国”与“改造世界”是紧密联系在一起的。作为一位充满理想且个性浪漫张扬的青年知识分子，毛泽东深受当时中国那些激进的思想家们的影响，他相信世界正进入一个“世界革命的新纪元”。他认为中国人在中国实行社会革命是因为他们在自己生长的地方从事革命方便一些，其伟大意义却在于站在“‘中国’这个地盘”为世界尽点力。[②] 中国的革命运动必然要“与全世界解放的民族携手”。[③] 尽管毛泽东这时还没有付诸“行动的革命”，但他心中已经形成了革命的危机意识，其本质特征就是相信紧张与冲突是世界政治的本质特征，对威胁与侵害特别敏感，以及迫切追求激烈的变革和跃进式的发展。

毛泽东对革命的欣赏最终是同他对中华民族之特性的认识和认同联系在一起的。一方面，他认为中华民族面临着空前的危机，而

---

① 毛泽东：《民众的大联合（一）》，1919 年 7 月 21 日；《民众的大联合（三）》，1919 年 8 月 4 日；《炸弹爆举》，1919 年 7 月 14 日；《不许实业专制》，1919 年 7 月 14 日。《湘江评论》1919 年 7 月 21 日、7 月 14 日和 8 月 4 日号。

② 毛泽东：《致周世钊信》，1920 年 3 月 14 日，《毛泽东早期文稿 1912. 6—1920. 11》，第 474 页。

③ 毛泽东：《湖南建设的根本问题——湖南共和国》，《毛泽东早期文稿 1912. 6—1920. 11》，第 505 页。

且处在特别险恶的国际环境之中："东海有岛夷，北边尽仇怨"，"满蒙去而北边动，胡马骎骎入中原，二十年内，非一战不足以图存"。[①] 他后来在延安面对来采访的美国记者斯诺时，背诵了一本当年时政小册子中的一句话："呜呼，中国将亡矣！"[②] 以此来表达他当时的思想状态，以及他和他的同事们为什么非要找到一条革命的道路不可。另一方面，他越来越相信中华民族有能力，并终将通过激进的反抗获得新生。他说，"我们中华民族原有伟大的能力！压迫愈深，反动愈大，蓄之既久，其发必速。我敢说一怪话，他日中华民族的改革，将较任何民族为彻底"。[③]

在延安可以静心思考并阐述他的历史观时，毛泽东将这些朦胧、粗糙和尚未固定的看法提升到理论高度。他在青年时代曾经激烈地批评过中国传统文化，后来也不曾像很多中国人那样偏爱古代中国，尽管他肯定中国作为文明古国有很多优秀传统，而且对中国历史典籍十分欣赏。他那时赞扬中华民族是同他的革命情怀一致的，在他眼中，中华民族是一个"有光荣革命传统"的民族，包括人民反抗统治阶级的压迫和各族人民"都反对外来民族的压迫，都要用反抗的手段解除这种压迫"。[④] 对中华民族历史上阶级革命和民族革命的认定与高度肯定的评价，构成了毛泽东的中华民族认同的一个核心，也是他的革命民族主义的重要组成部分。所以他才如此断定："我们中华民族有同自己的敌人血战到底的气概，有在自力更生的基础上光复旧物的决心，有自立于世界民族之林能力。"[⑤]

---

① 毛泽东：《致湘生信》，1915 年 6 月 25 日；《致萧子升信》，1916 年 7 月 25 日。《毛泽东早期文稿 1912.6—1920.11》，第 8、51 页。

② 埃德加·斯诺：《西行漫记》，董乐山译，三联书店 1979 年版，第 111 页。

③ 毛泽东：《民众的大联合（三）》，1919 年 8 月 4 日，《湘江评论》1919 年 8 月 4 日号。

④ 毛泽东：《中国革命和中国共产党》，1939 年 12 月，《毛泽东选集》第二卷，第 623 页。

⑤ 毛泽东：《论反对日本帝国主义的策略》，1935 年 12 月 27 日，《毛泽东选集》第一卷，第 161 页。

当毛泽东投身到社会变革的实践之中后，他的思想越来越革命化。促使毛泽东转向革命的是 1919 年夏季开始在湖南参加和组织驱逐军阀张敬尧的运动和随后兴起的湖南自治运动，后者是他第一次参加“建国”，即用被他称为“发声的革命”的改良方式，建立一个“自治的”湖南共和国，结果是失败了。毛泽东从这次失败的经历中得出结论：用最为激进手段进行革命才是中国的唯一出路。毛泽东开始积极评价和研究俄国布尔什维克十月夺权的经验，并考虑把它作为效法的榜样。很显然，毛泽东是从革命这个视角认识布尔什维克革命的经验的，而且得出的结论就是改造中国与世界只有革命之一途。他对蔡和森这样评价俄国革命：“我看俄国式的革命，是无可如何的山穷水尽诸路皆走不通了的一个变计，并不是有更好的方法弃而不采，单要采这恐怖的方法。”① 他在推动湖南自治运动时，还不认为中国一定要走革命的路，不过政治实践的失败导致他对仅仅“发声的革命”即渐进改良式的政治运动彻底失望。驱张运动的艰难和失败使毛泽东大为感慨，并对俄国布尔什维克的成就心生艳羡。他认为“列宁（Vladimir Ilyich Lenin）之以百万党员，建平民革命的空前大业，扫荡反革命党”，依靠可靠党组织“一呼而起，下令于流水之原，不崇朝而占全国人数十分之八九的劳农阶级，如响斯应。俄国革命的成功，全在这些处所”。他说中国如有这样的“总革命”，他也赞成。② 毛泽东说这以后他开始钻研马克思主义，并很快就转变为一个共产主义者。

更确切地说，毛泽东实际上成了信奉列宁学说的中国革命者。列宁、共产国际关于帝国主义、无产阶级世界革命和民族殖民地问题的理论在促成毛泽东的思想转变方面起的作用可能更大一些。列宁学说的另一个重要本质是强调人的意志、主观能动性和积极

---

① 毛泽东：《致蔡和森等》，1920 年 12 月 1 日，中共中央文献研究室编《毛泽东书信选集》，人民出版社 1983 年版，第 6 页。

② 毛泽东：《打破没有基础的大中国建设许多的中国从湖南做起》，1920 年 9 月 5 日，《毛泽东早期文稿 1912.6—1920.11》，第 507—508 页。

性，强调革命家、革命党、革命观念的突出作用。毕竟，在俄罗斯当时并不具备根据马克思（Karl Marx）的唯物史观应该具有的进行无产阶级革命和建设社会主义的客观条件，也没有出现列宁预言即将出现的世界革命高潮，但是，列宁仍然领导布尔什维克夺取了政权并开始建设社会主义。正是这种被称为“倒过来的革命”，给人的精神和意志提供了施展的巨大空间。[①] 它证明了只要具备列宁所说的那种被统治者不愿被统治下去和统治者无法照旧统治下去的革命局面，由有革命理论的人组成一个坚强的党，把先进的共产主义思想灌输给需要提高觉悟的工人阶级和其他劳动人民，是可以在一国建成社会主义的。

毛泽东此前的思想倾向无疑使他比较容易接受列宁的学说，接受列宁的那套理论对他来说更近似于是一种新思想的催生。像其他同时代的共产党人一样，毛泽东当时对列宁学说的诸多概念的理解是粗浅的，然而正是这些概念为他感受到的那个混沌且黑暗的世界政治提供了一种理论化的解释，使毛泽东得以将他的倾向和片段的观点逐步组合成一种基本固定的观念体系。“帝国主义就是战争”，“帝国主义是无产阶级革命的前夜”，列宁的这一套话语与毛泽东心中的那个世界图景是如此接近，与毛泽东的危机意识是如此契合，以至于他很快就能接受并用这种新的话语阐述世界政治的本质，即一战后世界政治形势的总趋势仍然是紧张的冲突与对抗，对抗的双方是分别由共产国际和国际联盟代表的“被压迫阶级”与“反革命势力”。在这种两分的世界中，两大势力正在做“最后斗争”。[②] 其中的“反革命势力”是天下乌鸦一般黑，差不多都是中国革命的敌人，当然也是中华民族的敌人。日本的扩张是中国的“绝大的危险”，美国是“最会杀人的第一等刽子手”，英国也没有

---

① 参阅张光明《略论“倒过来的革命”——关于列宁的〈论我国革命〉》，王缉思主编《北大国际论丛·2010》，中国社会科学出版社 2010 年版，第 279—289 页。

② 毛泽东：《中国社会各阶级的分析》，1925 年 12 月 1 日，《毛泽东选集》第一卷，第 4 页。

“比日本好的地方”。[①] 在两大势力的斗争支配世界政治的格局中，被压迫阶级和民族除了展开激进的革命和实行“联俄”政策，没有别的选择。在中国，“无论何人何时一与帝国主义发生关系，人民即不认之为友”。[②] 如果说在此之前毛泽东观察世界的角度还是多元和变动的，这时就只有一个角度了，那就是革命。需要指出的是，毛泽东这时的认知反映的是中共的集体意识。对世界政治的这种认识在逻辑上导致的与其说是外交政策，不如说是世界革命政策。但它的确构成了中共领导人从理论上把握世界政治的起点和基础。

从20世纪20年代初兴起大革命运动后，崇尚激进革命的态度逐步成为中国政治文化中的主宰，到第二次世界大战后国共两党进入战略决战阶段，中国政治舞台呈现的是急风暴雨式的有组织的群众运动和巨大规模的有组织的暴力革命。这种激烈壮观的表征背后则是革命的意识形态、革命的激情和革命的社会心理。毛泽东成为这种状态出现的一个创造者、引领者、代表者和崇拜者。他对他所理解的马克思主义之精髓的表述至为经典：“马克思主义的道理千条万绪，归根结底，就是一句话：‘造反有理’”，“根据这个道理，于是就反抗，就斗争，就干社会主义。”[③] 毛泽东用这样的话语来阐述马克思主义的本质，只能部分地解释为他是试图用大众话语来动员人民投身革命。这种话语背后的逻辑的确比较准确地表达出毛泽东对马克思主义的独特理解，即这套理论的本质特征就是倡导反抗现存秩序和进行彻底的革命，人民将从革命中得到整个世界，代价只不过是“失去颈上的锁链”而已。

1927年大革命失败后，毛泽东毅然选择了走“工农武装割

① 毛泽东：《北京政变与商人》，《向导》第32—33期合刊，第233—234页；毛泽东：《中国国民党之反奉宣传大纲》，《政治周报》1925年12月25日第1期。

② 毛泽东：《中国国民党之反奉宣传大纲》。

③ 毛泽东：《在延安各界庆祝斯大林六十寿辰大会上的讲话》，1939年12月21日，《人民日报》1949年12月20日。

据”的道路，带着为数不多的武装部队上了井冈山。在那段最艰难困苦的时期，他的一些战友因前途渺茫而悲观失望，他们怀疑井冈山的“红旗到底打得多久”。这时毛泽东看到的却是革命高潮近在咫尺，而且景色壮美无比。他用诗的语言描述了他心中的那幅革命画卷：“它是站在海岸遥望海中已经看见桅杆尖头了的一只航船，它是立于高山之巅远看东方已见光芒四射喷薄欲出的一轮朝日，它是躁动于母腹中的快要成熟了的一个婴儿。”① 毛泽东论证这个前景的那些根据如今看来肯定是有问题的，不过重要的是那些论证中展现出他对革命的信仰、坚持和憧憬。从这时起到抗日战争结束，毛泽东有关革命的一套理论日臻成熟，策略思想也越来越完善，但他对革命和革命造成的人的精神状态的向往和赞美一如既往，而且从来都是溢于言表的。

从毛泽东在战争时期那些为数不多的诗篇中可以看出，中国革命运动在他心目中已经近乎神圣的地位。在毛泽东看来，革命是荡涤旧中国一切污泥浊水的洪流，是史无前例的艰苦卓绝的奋斗，是中国历史上惊天地泣鬼神的空前壮举，它还是一首无比壮丽的史诗。毛泽东在他著名的哲学论著中将革命提升到社会运动的基本规律的高度，即“在阶级社会中，革命和革命战争是不可避免的，舍此不能完成社会发展的飞跃，不能推翻反动的统治阶级，而使人民获得政权”。② 在一切政治斗争中，革命是最激烈的也是必不可少的行动方式，它就是“暴动，是一个阶级推翻一个阶级的暴烈的行动”。③ 毛泽东笃信只有革命才能创造出全新的中国，全新的中国外交，一举洗刷中国一百年来蒙受的屈辱，并进而建立一个“天下大同”的新型的国际秩序。

---

① 毛泽东：《星星之火，可以燎原》，1930 年 1 月 5 日，《毛泽东选集》第一卷，第 106 页。

② 毛泽东：《矛盾论》，1937 年 8 月，《毛泽东选集》第一卷，第 334 页。

③ 毛泽东：《湖南农民运动考察报告》，1927 年 3 月，《毛泽东选集》第一卷，第 17 页。

在革命胜利的最后阶段，中共领导人已经显示出对中国境外的革命运动的关注和支持。这至少部分地来自中国革命运动的内在冲动，即渴望中国革命的胜利在全世界，至少也要在中国的周边地区产生巨大的影响。既然中国革命是世界革命的一部分，中国革命的胜利就应该也必然会引起国际政治格局的重大变动。[①] 这种冲动和渴望是鼓励他们在中国境外采取重大行动的巨大力量，描述和分析这个时期的任何重大外交事务都需要认真考虑这个历史性的问题，即毛泽东和他那一代人在中国社会中造就了对革命的长期崇拜，这对新中国外交有着巨大的影响，并长时间地延续着。

冷战、革命—建国、革命意识形态等三个历史因素构成了理解、分析和叙述冷战与新中国外交缘起这个历史过程的起点、基本线索和基本框架。新中国外交就是在外部世界的冷战与内部的革命—建国的历史进程的互动中发生和演变的，并逐步建构出一套理念、话语和外交行为方式，以及形成了一些影响相当久远的重要特征。

本书将在上述结构中按照时间顺序展开 1949—1955 年中国外交的历史画卷。全书包括绪论、五章十四节和一个结论。绪论部分主要介绍本书的分析与论述框架，提出理解和论述这个时期冷战与中国外交之关系的基本要素和线索。第一章论述冷战与中国内战、中国革命运动出现历史性转折之间的相互关系，主要是论述美苏对华政策的变动与中共对外政策之间的互动。这里需要说明，这一章的一些重要内容与笔者所著《从延安走向世界——中国共产党对外关系的起源》中相同时期的部分内容有重合，这样做主要是为了使叙述的结构更完整一些，另外由于新档案的发现，对重合内容

---

① 周恩来：《民族解放运动的地位和作用》，1951 年 4 月 9 日，中华人民共和国外交部、中共中央文献研究室编《周恩来外交文选》，中央文献出版社 1990 年版，第 34—37 页；刘少奇：《在亚洲澳洲工会会议上的开幕词》，1949 年 11 月 16 日，中共中央文献研究室、中央档案馆编《建国以来刘少奇文稿》第一册，中央文献出版社 2005 年版，第 130—135 页。

中的重要观点都做了修订或补充，在此不一一指出。第二章论述新中国与苏联结盟的过程和与美国对抗的形成，阐述新中国建国时期选择站在苏联阵营与美国对抗的历史原因及其对中国外交的影响。有关中苏结盟一节的部分内容同第一章有相近之处。第三章阐述新中国成立后决定援越抗美和抗美援朝的重大决策，着重分析这两个决策与中苏结盟之间的互动，以及比较中国在参加冷战的背景下分别在印度支那半岛和朝鲜半岛采取军事行动的异同及其原因。第四章阐述 1953 年到 1955 年围绕中国周边的三次重大外交行动，包括朝鲜半岛停战、恢复印度支那和平和第一次台海危机的解决与中美开始大使级会谈。通过分析这三个事件之间的密切联系，阐述新中国对外政策的重大变化及其原因和基本特点。第五章的重点是探讨 1954 年 7 月中国对外政策的重大调整，包括中国决定发展核武器和在亚洲地区展开全面积极的外交活动。从这时起，中国外交进入一个新的发展阶段，并开始了重新塑造东亚冷战的过程。

以上各章所涉很多事件对国人几乎是耳熟能详的，国际和国内学术界也做过很多探讨并且富有成果，在此不做详细介绍。本书要做的是将这些被分别研究的重要事件置于一个有内在联系和运行机制的历史结构中，揭示导致这些事件不断发生的外部和内部条件，从而界定清楚这个时期中国领导人一系列重大决策和对外政策行为的历史意义。毫无疑问，在一个历史结构中解释这个时期的中国外交，必定要对那些相关的历史事件做尽可能详尽的考证，补充或修正以往研究的一些定论，也包括发掘新的历史档案和新的历史事实。

在此由衷地感谢华东师范大学国际冷战史研究中心，美国威尔逊研究中心冷战国际史项目（Cold War International History Project, Woodrow Wilson International Center for Scholars），乔治·华盛顿大学东欧、俄罗斯和亚欧研究所（Institute for European, Russia and Eruasian Studie, George Washington University），它们的大力支持和帮助使我有机会到这些机构访问、收集资料和从事学术交流。感谢华东师范大学国际冷战史研究中心主任沈志华教授的无私帮助，他向我提供了大量非常珍贵的历史档案，这些档案对完成这本书是必不可少的。感谢社会科学文献出版社徐思彦编审的大力帮助，没有她的一再推动和鼓励，要完成这本书还会拖后很长时间。感谢陈长伟博士在这本书完成阶段提供的重要帮助，他校阅了全书的文字和注释，他的勤勉与严谨给我很大的帮助。感谢我的家人和所有提供了各种帮助的朋友和学生，我以这本书作为对他们的回报。感谢东方历史学会对本书的资助。最后希望读过这本书的同行、朋友和同学们会认为它属于开卷有益的一类。

第1章　从内战走进冷战

1945年2月3日，罗斯福（F. D. Roosevelt）、斯大林和丘吉尔（Winston Churchill）等世界巨头齐聚克里米亚半岛的雅尔塔，准备于次日开会讨论美、英、苏在战后如何相处，包括谈妥如何安排战后中国的未来。由于历史的原因，他们（包括斯大林在内）都习惯性地相信，中国乃至东亚的未来既应该也可以照例地由大国来规划，尽管中国在名义上已经被列为“四强”了。不过，这时罗斯福、斯大林和丘吉尔都不知道，在遥远的陕北窑洞里，一群中国的精英正在开会讨论同他们三位在雅尔塔开会有关的问题，而且还在分析和预测三位巨头在雅尔塔会谈出什么结果。

在延安，中共六届七中全会主席团这天正召开会议。毛泽东在会上有一个重要的发言，其中提出了中共在什么条件下可以接受三大国为中国战后政治做出的安排。罗斯福和丘吉尔甚至可能不知道毛泽东是谁。斯大林即使知道毛泽东，此刻也未必真的就把他放在心上。不过恰恰是这个人会决定战后中国的前途，并在4年后就领导建立了一个将重新改造东亚国际政治格局的新国家，使美、英、苏在雅尔塔搞出来的有关决议成为废纸一堆。

会议结束后，毛泽东给在重庆的周恩来发了一封电报，说罗斯福、丘吉尔和斯大林已经在开会了，他认为几天就会有结果，而且那些结果至少不会对中共不利。可能是对自己的预测很有信心，他让周恩来干脆把中共的条件直截了当地告诉国民党。[①] 从毛泽东在六届七中全会主席团会议上的发言中，可以大致看出他认为雅尔塔会议不会有不利于中共的结果的理由。他说，1944 年 9 月 4 日中共中央提出召开党派“国事会议”、废除国民党“一党统治”和改组中央政府等，“是一个原则的转变”。这以前国民政府是国民党的，中共是“要人民”而没有要求参加政府，今后则是中共要改组并参加政府，联合政府仍然是“蒋介石的政府，不过我们入了一股，造成了一种条件”。毛泽东的意思是同以往只要党、政权和军队合法地位相比，现在中共要参加政府已经是前进了一大步。他认为这是符合且至少也是没有超出美英主张的、它们可以接受的民主原则，中共“为着大局，可能还要忍耐一点”，即不要提出更激进的政治改革方案，如提出改组国民政府。[②] 这就是为什么他在雅尔塔会议结束三天后积极地评价说，估计美、英、苏之间“有问题是可以解决的”，而且战后“也是能够团结的”。[③] 只要美苏关系不破裂、不对抗，中共只是要求改组和有代表参加国民政府，盟国就应该是可以容忍的。

毛泽东这个谈话包含了中共中央对这个时期国际政治的基本认知，以及中共领导人将要实行的对外政策的出发点和预期的归宿。这揭示了中共中央这个时期对外政策的一些基本特点。中共领导人是在为国内政治，主要是从处理国共关系来思考和处理对外关系

---

① 逄先知主编《毛泽东年谱 1893—1949》中卷，人民出版社、中央文献出版社 1993 年版，第 576—577 页。

② 《中央关于提出改组国民党政府的主张及实施方案给林伯渠、董必武、王若飞的指示》，1944 年 9 月 4 日，《中共中央文件选集》第 14 册，第 323—324 页。另参阅中共中央党史研究室《中国共产党历史（1921—1949）》第一卷下册，中共党史出版社 2011 年版，第 642 页。

③ 毛泽东：《时局问题及其他》，1945 年 2 月 15 日，中共中央文献研究室编《毛泽东文集》第三卷，人民出版社 1996 年版，第 248 页。

的。他们至少最初并没有打算采取与大国对抗的姿态以及在它们可以接受的范围之外为中国政治改革另辟道路。特别是他们仍然相信，大国合作仍将是战后世界政治的主流，这是天下大势。中共的政策将“顺之者昌”，争取得到大国的支持，至少不能招致它们的反对。这些就是中共战后对外政策的出发点。

“蒋之下的和平”

抗日战争后期，随着日本失败已成定局和即将在东亚国际政治中衰落，东亚政局呈现巨大变动，战后中国的走向成为强权博弈的新的焦点，中美关系、中苏关系、美苏对华政策的矛盾和国共关系等如一团乱麻交织在一起。在千头万绪之中，已经隐然出现了一个美、苏、国、共等三国四方纵横捭阖的政治结构。后来这个结构被两个国际条约明确地固定下来。一个是美、英、苏于 1945 年 2 月在雅尔塔会议签订的秘密协定；另一个是国民政府同苏联政府在 1945 年 8 月 14 日签订的《中苏友好同盟条约》。在这两个国际协议的背后，是美苏和国民政府间的一系列外交折冲，其中的重要内容之一是试图为战后中国的政治发展做出它们均可接受的国际安排。至少美苏领导人当时还是认为，那种安排的结果最终会对东亚国际政治格局和大国的战略利益产生至关重要当然也是有益的影响。这两个国际条约是将要在战后支配世界政治的美苏两个大国协调对华政策的结果，反映了它们希望使中国政局的发展符合它们在战后东亚的战略利益，其中包含着要求中共中央的战略和政策也需要按照它们的预期发展。这是战后中共对外政策得以产生的历史结构，只有从这个结构的发生和演变中才能梳理清楚新中国外交同冷战之间互动的脉络，以及新中国外交的外部环境和中国领导人的选择空间。当然，后来的历史也证明，正是这个结构的土崩瓦解才导致冷战向东亚大规模的蔓延。

在抗战后期开始的美苏协调对华政策的过程中，除了共同对日作战这个战争时期的首要问题之外，如何确定和协调双方在中国的利益以及如何协调双方在中国内部政治问题上的立场，在双方的谈判中变得越来越重要，尤其是后者变得特别突出。后来历史的发展表明，列强可以操弄出两个国际协议，但其中的各种安排能否在中国实现，最终取决于中国政治形势的发展，国共关系的走向在根本上决定着当时美苏各自对华政策的成败。

抗战结束和两个国际协议签订之后，在已经形成的美苏国共格局中的核心问题，其实就是能否在中国实现“蒋之下的和平”（蒋介石领导实现的和平统一之意）。它包含两个内容：其一是战后蒋介石在中国的政治地位，具体地说，就是国民政府的合法性和蒋在中国的领袖地位的合法性问题；其二是有没有可能以及通过什么方式避免国共内战。直到全面内战爆发，美苏国共关系是围绕这个问题展开的，这也是这个时期中共对外政策的基本背景。中共中央这个时期并没有介入美苏追求和协调它们各自在华利益的纷争，不论这些纷争是否损害中国的利权，这在当时都是国民政府不得不面对和解决的问题，中共由于不执掌国家政权而不必对此承担责任，在这方面站在比国民政府更有利一些的位置。

1945 年春，欧洲战场大局已定。盟军从东西两线发动摧枯拉朽的攻势，德国的军事防御体系土崩瓦解，欧洲战争的结束已经指日可待。不过，当盟国领导人将注意力转向东方时，他们的目光中除了忧郁之外，很少能看到军事胜利带来的欢愉之色。在 1943 年 11 月召开的德黑兰会议期间，罗斯福、丘吉尔和斯大林只是模模糊糊地探索了在东方战线打败日本后该如何安排东亚的未来。他们那时还顾不上认真地讨论有关的各种具体问题，一切重要的决定都被留待未来。现在和平的前景赫然出现在眼前，盟国之间的利益冲突越来越明显，与此成正比的是它们的合作越来越困难。在这种背景下决定对日作战的方案和安排战后东亚的前途，对盟国中的哪一方来说都是不轻松的。

对于美国来说，战争后期中国的政治形势和军事形势使它感到有必要调整以往的政策。那个政策源于战争的需要，又带有太多的理想色彩。太平洋战争爆发后，美国领导人一度相信，在东亚扶持起一个强大的中国，战时有利于打败日本，战后可以成为遏制苏联野心的“一道屏障”，还可以对亚洲的革命运动起到“限制”作用。[①] 问题在于，美国政府将对华政策的成败与能否维持蒋介石在中国的统治地位联系在一起。用当时一位美国青年外交官戴维斯（John P. Davies, Jr.）的话说，就是“也许惟独蒋介石是这样的中国人，他使多数美国人误认为他就是中国”。[②] 然而到战争后期，美国面临的情况却完全相反，蒋介石在战后的政治命运对美国人来说已经不那么确定了。

首先是中国正面战场出现严重危机，日军在 1944 年初发动“一号作战”后，国民政府军队节节败退，尽管有些部队在一些地区也进行了顽强的抵抗。军事上的失败引起盟国舆论对国民政府的政治腐败和军事无能的新一轮强烈抨击。美国政府中有不少人认为，蒋介石虽然面临内外危机，但除了继续保存实力准备内讧，仍然无意改弦更张、励精图治。国共关系日益紧张显然使美国更感到棘手。1943 年夏季以后，国共斗争愈演愈烈，几乎酿成新一轮军事冲突。此后蒋介石一再拒绝美国驻华军事领导人史迪威（Joseph Stilwell）将军的建议，不肯将防范中共的胡宗南部队调到对日作战特别需要的地方，当然更不能允许驻华美军与中共建立联系和装备中共军队。一些美国外交官曾经认为，中共领导人不是真正的共产主义者，更类似于民主主义者或民族主义者。[③] 不过在美国政府的决策过程中，他们的这些判断并没有特别重要的影响。在美国决

① Sumner Welles, *Seven Decisions That Shaped History* (New York: Harper, 1950), p. 186.

② John Paton Davies, *Dragon by the Tail: American, British, Japanese, and Russian Encounters with China and One Another* (New York: Norton, 1972), p. 299.

③ 有关这些美国外交官的观点的综合介绍和分析，可参阅邹谠《美国在中国的失败》，王宁、周先进译，上海人民出版社 1997 年版，第 175—194 页。

策者看来，重要的是中国不能因为内战而削弱对日作战的能力，以及据他们分析国民党不可能靠武力打败中共，更何况内战一旦发生，后果可能还不仅止于此。主要是根据对日战争的需要和当时对国共力量的大致分析，美国政府从 1944 年夏季开始直接积极地插手国共矛盾，试图找到既能维持蒋介石的地位又能防止内战的办法。

美国决定介入国共纷争时，它的对苏政策也在发生重要的变化。曾任美国总统罗斯福特别助理的舍伍德（Robert E. Sherwood）这样回忆罗斯福此刻的思想变化：自从 1943 年苏联取得斯大林格勒战役的胜利，罗斯福便意识到“俄国以一个大国的姿态出现了……他现在必须把目光透过 1943 年的军事胜利而看到将来战后世界的真正事态了”。[①] 从那时起，美国的对华政策被越来越多地注入了苏联因素。当罗斯福决心要在国际上把中国塑造成一个大国时，他的脑海中便若隐若现地浮动着这样一幅图景：美国在东亚扶起了一个强大的中国，它将成为这一地区“抵消苏联力量的有用的平衡力量”和遏制苏联野心的“一道屏障”。[②] 随后发生的情况却使美国政府越来越失望。

1943 年夏季国共关系骤然紧张之时，苏联引人瞩目地开始介入国共斗争，苏联舆论表现出蓄意地向国民政府施加压力的倾向，并对中共表示同情。苏联媒体不过是发了几篇文章，但因为是沉寂两年后的首次，引起美国驻华军政人员的极大关注。他们认为苏联对国共纠纷的这种反应极大地增加了中国问题的复杂性，国民政府与苏联的关系不论在战时还是在战后都将遇到极大的麻烦。[③] 这种

---

① 〔美〕舍伍德：《罗斯福与霍普金斯——二次大战时期白宫实录》下册，福建师范大学外语系编译，商务印书馆 1980 年版，第 326 页。

② Sumner Welles, *Seven Decisions That Shaped History*, p. 186.

③ “The Charge in China (Atcheson) to the Secretary of State”, Chungking, August 12, 1943; “The Charge in China (Atcheson) to the Secretary of State”, Chungking, August 17, 1943, *Foreign Relation of the United States* (Hereafter *FRUS*), *1943*, *China*, pp. 314 – 316.

局面不能不使罗斯福担心：中国在战后可能不仅不能按照他们的想象变成一道防止苏联扩张野心的“屏障”，反而会成为“最有可能造成麻烦的地方”，主要是中国内部的国共斗争很有可能酿成美苏之间的冲突。[①]

实际上，造成苏联舆论抨击蒋介石政府的原因与其说是苏共欣赏中共，不如说是对国民政府在新疆清除苏联影响的政策的反感，因为与国共关系紧张同时发生的是国民政府与苏联的关系因新疆问题而不断恶化。及至 1944 年春，双方在新疆几乎发生军事冲突。蒋介石为了在反苏行动中获得美国的支持，蓄意将苏联在新疆的行动与中共联系在一起，声称中国将被苏联和中共里应外合地“赤化”，美国则会因此而在“东西方两败俱伤”。[②] 这时，美国驻苏联军事代表团正在莫斯科与苏联方面讨论在东亚进行军事合作。美国领导人经过长期努力才获得苏联参加对日战争的保证，他们非常担心中苏关系恶化破坏其对日战略，于是利用各种机会向国民政府方面强调，它必须与苏联达成有益的协议，以解决它们之间的分歧，而且这样做不仅是必要的，也是可能的。[③] 罗斯福也一再婉转地劝告斯大林应尽可能地耐心一些，尽管蒋介石的军队仗打得很糟，但毕竟在美国的帮助下还“存在着一个展开攻势的前景”，而且退一步说，把蒋当做朋友“总比当作一个潜在的麻烦来

---

① Sumner Welles, *Seven Decisions That Shaped History*, p. 151.

② 《美国总统罗斯福自华盛顿致蒋委员长建议暂时搁置外蒙、新疆边境事件电（译文），民国三十三年四月十日》；《蒋委员长自重庆致美国总统罗斯福希望其对外蒙、新疆边境事件作一切可能之努力电，民国三十三年四月十二日》；《美国总统罗斯福自华盛顿致蒋委员长告以对外蒙、新疆边境事件予以审慎之考虑电，民国三十三年四月十五日》。秦孝仪主编《中华民国重要史料初编——对日抗战时期：战时外交，第三编（1）》，中国国民党中央委员会党史委员会 1981 年版，第 167—171 页。

③ Herbert Feis, *The China Tangle: The American Effort in China from Pearl Harbor to the Marshall Mission* (Princeton: Princeton University Press, 1953), p. 51；《行政院副院长孔祥熙自华盛顿呈蒋委员长报告与罗斯福总统晤谈关于云南局势及外蒙近情、大连设自由港等问题之谈话情形电，民国三十三年六月二十七日》，秦孝仪主编《中华民国重要史料初编——对日抗战时期：战时外交，第三编（1）》，第 307 页。

源”要好。①

显然，不论是从打败日本，包括使中国军队集中力量抗战和促使苏联参加对日作战，还是从战后处理与苏联的关系看，美国都不希望中苏关系恶化，尤其是不要因为中国的内部问题而恶化。由此推之，中国发生大规模内战肯定不符合美国的战略利益。正是基于这样的战略考虑和在各种历史机缘的影响下，促使中国内部各方通过政治方式解决国共争端就成了美国政策的主调。也是基于对国共斗争和中苏关系的担忧，美国领导人在雅尔塔秘密协议中准备用来促使苏联对日作战而让出的“红利”，在他们心目中已经开始变成限制苏联向东扩张的条件，即美国愿意承认苏联在东亚获得安全保障和某些优越的权益，但是苏联必须与美国对华政策相协调，承认国民政府在中国的合法统治地位，并与之建立起稳定的正常关系。从 1944 年 6 月起到抗日战争结束前后，美国方面为达此目的做出了大量的外交努力。

1 月 23 日，疲惫不堪的罗斯福登上“昆西”号巡洋舰，开始了前往克里米亚与斯大林会见的航程。考虑到罗斯福的健康状况，加之对苏联人越来越强烈的反感和不信任，罗斯福的幕僚中没有人认为他有必要这样“风尘仆仆，跑遍全球”去拜见斯大林。但是罗斯福清楚地知道在东亚和西太平洋地区同日本的战争中，美国需要从苏联那里得到不可缺少的军事合作，同时他相信只有他亲自出面才能说服斯大林同意与美国合作，其他美国人可能都做不到。罗斯福又是个有理想的人，他对彻底打败日本这个目标坚定不移，同时对他自己的战后蓝图有着相当执著的信念。

罗斯福首先需要斯大林再次承诺，一旦欧洲战争结束，苏联将立即参加对日战争。迄今为止，美国海军在太平洋的越岛作战中节节胜利，但战争越接近日本本土，日军的抵抗就越顽强，日军那种

① 本书编译组编《德黑兰 雅尔塔 波茨坦会议记录摘编》，上海人民出版社 1974 年版，第 5—6、42 页。

自杀式的抵抗，使美军不得不付出越来越惨重的代价。美军领导人认为，如果希望早日结束对日战争和减少美军的伤亡，美国需要苏联尽可能早地对日宣战。罗斯福知道，为了促使苏联早日参加对日战争，美国必须要在政治上付出代价。特别是当年美英没有按照许诺按时在欧洲大陆开辟第二战场，如今有求于苏联在东亚参战时，斯大林是不会轻易做出承诺的。在 1943 年 11 月召开的德黑兰会议期间，罗斯福与斯大林粗略地探讨了苏联参加对日战争的条件，前者多少有些殷勤地建议苏联不妨在中国东北取得一些好处，斯大林当然表示赞成。[①] 从那以后，以什么样的条件换取斯大林尽可能早地兑现其参加对日战争的承诺，便成了美国东亚政策的重要内容。

在战争时期，政治领导人必然将取得军事胜利放在政策目标的首位，罗斯福也不例外。具体到东亚地区，苏联参加对日战争必定会冲击美国的对华政策，对美国来说，问题在于这种冲击会达到何种程度。罗斯福只是在理解这个程度时有一个摸索和试图加以控制的过程。毫无疑问，中国正面战场的危机导致罗斯福“使中国成为大国”的梦想逐步破灭，他已经在重新考虑美国的东亚政策和军事战略，一个直接的后果就是他相信美国在对日战争中更加需要苏联。这种被突出了的对苏联参战的需求与被认为是更加混乱软弱的中国形象加在一起，实际上加强了苏联讨价还价的优势地位和它对中国政局的潜在的影响力。不过这并不意味着罗斯福就会为了军事战略的需要而不顾各种军事安排将造成的政治后果。美国决定支持苏联在东亚获得安全保障和得到某些优越的权益，以此换取苏联出兵对日作战和在战后承认国民政府在中国的合法地位并与之建立友好的关系。罗斯福从此加快了与苏联协调对华政策的步伐。

早在 1944 年 6 月 10 日，美国驻苏联大使哈里曼（W. Averell Harriman）奉罗斯福之命，向斯大林解释了美国在解决国共问题方

① 本书编译组编《德黑兰 雅尔塔 波茨坦会议记录摘编》，第 60 页。

面的政策和努力。[①] 8 月 21 日，罗斯福派往中国的两位代表在莫斯科与苏联外长莫洛托夫（V. M. Molotov）讨论了中国问题。[②] 12 月 14 日，哈里曼会见了斯大林。他按照罗斯福的指示，“套出了”苏联参加对日战争的要价。[③] 所有这些努力反映了罗斯福在考虑东亚问题时所关注的焦点，即苏联在这一地区的真正意图是什么。“如果俄国人进入中国，他们还肯出来吗?”中国内部的国共问题与苏联的政策有什么关系？它将对中苏关系和战后美苏在这一地区的关系带来什么影响？在起程赴雅尔塔会晤斯大林之前，这些问题“时时压在”罗斯福“的心头”，他最担心的就是哈里曼描述的前景，即苏联参加对日战争后，将在东北和华北支持中国共产党，并据此向国民政府提出“严厉得多”的条件。[④]

罗斯福这时对正在重庆撮合国共举行谈判的美国驻华大使赫尔利（Patrick J. Hurley）颇为信赖。根据赫尔利的秘密报告，只要美国能够排除来自外部——包括美国政府内部——的亲共分子的干扰，他一定能使国共达成协议。当然，如果罗斯福能从苏联那里得到支持蒋介石的保证，事情就更好办了。[⑤] 赫尔利的建议未必就符合罗斯福以往的想法，但实在也是良策难觅。满足苏联已经大致表明了的在东亚地区的要求，促使苏联早日出兵对日作战，并保证在战后支持国民政府在中国的合法统治，这便是罗斯福准备争取与斯大林协调对华政策时的基本方针。除此之外，罗斯福的确理想远大，对美国治下的世界的向往推动他要竭尽全力地争取到苏联的合

---

① Herbert Feis, *The China Tangle: The American Effort in China from Pearl Harbor to the Marshall Mission*, p. 140.

② 《中美关系资料汇编》第一辑，世界知识出版社 1957 年版，第 139—140 页。

③ 〔美〕W. 艾夫里尔·哈里曼、伊利·艾贝尔：《特使：与邱吉尔、斯大林周旋记 1941—1946》，南京大学英美对外关系研究室译，三联书店 1978 年版，第 424 页。

④ 〔美〕W. 艾夫里尔·哈里曼、伊利·艾贝尔：《特使：与邱吉尔、斯大林周旋记 1941—1946》，第 413—414 页；威廉·李海：《我在现场》，马登阁等译，华夏出版社 1988 年版，第 307 页。

⑤ 〔美〕威廉·李海：《我在现场》，第 307—310 页。

作，而且他不相信别人能代替他本人做到这一点。

苏联领导人也有自己的盘算，他们考虑东亚问题的出发点首要的是苏联东部边疆的安全。这需要彻底打败日本并将其势力从这一地区驱逐出去，然后尽量控制与苏联邻近的地区，形成一个安全缓冲地带。如果可能的话还要在那个缓冲地带里取得尽可能多的利益，以便有利于苏联在战后必定是耗资巨大的经济重建。苏联推行的政策是属于比较传统的划分势力范围的政策，在战后新的形势下其实是很难持久的。

1904 年俄国在日俄战争中失败后，沙皇俄国损失了它在中国东北的巨大利益，并失去了进入太平洋的海上通道。第一次世界大战后，东北的形势发生了很大的变化。一方面是苏联的影响进一步减弱，另一方面是日本的势力不断扩大。直至九一八事变发生，日本用武力造成了独占东北的局面。1935 年 3 月，苏联为了缓和与日本的关系，与日本和伪满洲国达成了《苏满关于中东路转让基本协定》，苏联从此全部退出东北。然而苏联的退让并没有也不可能消除日本在这一地区扩张的野心，以致两国在这一地区多次发生军事冲突，日本陆军的精锐部队关东军一直保持着对苏作战的态势。显然日本的扩张在东方对苏联构成了长期的威胁。

1943 年秋季，苏联在卫国战争中刚刚取得战略优势后不久，斯大林即表示苏军将在对德战争胜利后参加对日作战。[①] 斯大林显然知道，在打败日本后，苏联将面对的首先是一个雄心勃勃地要在东亚取得优势地位的美国，以及一个政局扑朔迷离的中国，其中蒋介石的政权既不可靠而且前途未卜，并且本质上有强烈的反苏倾向；中共固然更亲近，但实力弱小且动机可疑。对斯大林来说，如何处理对美和对华关系都不是那么确定和轻而易举的事情。在处理对美关系方面，一方面，苏美两国的意识形态完全不同，苏联建国

① 〔美〕罗伯特·达莱克：《罗斯福与美国对外政策 1932—1945》下册，陈启迪译，商务印书馆 1984 年版，第 602—603 页。

后美国长期不予承认，直到苏德战争爆发，两国的关系才称得上是根本改善，原因则主要是面临德国和日本扩张的共同威胁。即使在结盟期间，两国之间也不是没有问题的，特别是在欧洲开辟第二战场的问题上，斯大林对英美一再食言、推迟实施作战计划的真实动机充满怀疑。与西方国家——包括与德国和与英美——结盟的经验决定了苏联在处理东亚问题时，更愿意把实力作为讨价还价的最重要的本钱。

另外，斯大林也完全理解，苏联必须要通过外交努力来争取美国承认苏联在这一地区的特殊利益。苏联同美国毕竟是战时的同盟，斯大林与罗斯福共同解决了远比东亚局势复杂得多的问题，而且在欧洲他们也还有更重要的问题需要共同处理。特别是苏联在战后需要休养生息和重建家园，斯大林并不愿意选择同美国发生冲突。避免大国之间发生军事冲突几乎是二战后各主要国家的基本国策，苏联只会更甚于其他国家。这两方面的考虑导致苏联领导人选择依靠军事上打败在东北亚的日军和通过与美国协调对华政策，用划分势力范围的方式来确保苏联在国土毗邻地区的战略利益。

为达到上述目的，苏联有必要处理好与中国国民政府的关系。因为苏联与国民政府的关系直接影响到它与美国在东亚的关系。美国在战争期间一再向苏联表明它的对华政策，目的就是要争取苏联与美国步调一致，在战后承认并支持蒋介石和国民政府在中国的统治地位。另外，与国民政府的关系直接涉及苏联能否实现在东北建立安全缓冲区，以及能否在缓冲区获得权益。如果不能与国民政府建立起稳定的关系，苏联的东部地区将难得安定。当然，苏联与国民政府的关系如何发展，只是部分地取决于苏联的政策，另外还取决于中国内部形势的发展。合乎逻辑的推论是，苏联如果希望与国民政府建立稳定的关系，就难以避免介入中国的内部事务，包括同美国协调对国共问题的政策。它既然希望稳定中苏关系，也就愿意看到中国内部政治形势的稳定，因为不论是中苏关系恶化，还是中国发生内战，都有可能导致苏联与美国的关系复杂化。

对于苏联来说，在对美和对华这两个相互纠缠的问题中，如何应付中国内部的国共斗争则是第二个层次上的问题。与美国不同的是，苏联对国共问题没有而且也不准备投入那么大的精力。苏联与美英在战时是同盟，斯大林清楚地知道美英绝不愿意看到中共夺取中国的政权，苏联如果支持中共采取激进的革命路线，肯定会破坏它与美英的同盟关系。特别是美国和蒋介石将改善中苏关系与解决国共争端联系在一起，并将中共描述成苏联在中国的工具，苏联不得不一再声称，它与中共不论是在意识形态还是在其他方面已经没有什么联系了。①

此外，斯大林也非常清楚中苏关系中的问题和国民政府亲美反共的立场。不过在美苏合作的大背景下，苏联固然不能支持中共推翻国民政府，蒋介石也无法违背美国的意愿与苏联对抗。这种复杂的局面使苏联试图营造一种内外环境以中立国民政府，防止蒋介石过分反苏。在这个层次上，国共问题不过是苏联向蒋介石施加压力的砝码。进一步说，苏联与中共的关系在战争后期远不能说是融洽的。在斯大林看来，中共越来越像代表农民和小资产阶级的、追求民族利益和社会福利的政党。从国共力量对比的现实考虑，中共的实力也不足以与得到美英支持的国民政府抗衡。也许在他看来，中共如果要用激进的手段夺取政权，只会使自己“处于走投无路的境地”。② 在苏联的有关政策中，不论从哪个方面考虑，与中共的关系同与美国和蒋政权的关系相比，都不能算是首要的问题。

基于对上述因素的考虑，从 1944 年夏季到战争结束后一个时期，苏联领导人几乎对每一个前往莫斯科的美国代表都做同样的说

---

① 《赫尔利将军与莫洛托夫的会谈》，《中美关系资料汇编》第一辑，第 140 页；“The Ambassador in the Soviet Union (Harriman) to the Secretary of State”, Moscow, June 22, 1944, *FRUS*, *1944*, *Vol. 6*, *China*, p. 799。

② 〔苏〕瓦·伊·崔可夫：《在华使命：一个军事顾问的笔记》，万成才译，群众出版社 1983 年版，第 148 页；A. 列多夫斯基：《斯大林与中国》，陈春华译，新华出版社 2001 年版，第 258、298—299 页。

明，即他们将支持美国的有关政策和在中国的调处努力。在同国民政府代表谈判时也声称，“中国只能有一个政府，由国民党领导”，蒋介石谋求军令政令统一是“正当之愿望”，但应用政治方式解决，苏联不会向中共提供军事援助，等等。①

1944年12月14日，斯大林终于在会见美国驻苏联大使哈里曼时和盘托出了苏联参加对日战争的全部条件。他告诉哈里曼，萨哈林岛南部和千岛群岛应归还苏联。他又在特意准备的一张地图上划了一圈后说，苏联无意侵犯中国的主权，但为了保护海参崴的交通，苏联需要租借包括旅顺和大连在内的辽东半岛南部地区，以及从大连到哈尔滨、再由哈尔滨折向西北至满洲里和折向东至海参崴的全部铁路。② 作为交换，苏联承认战后美国在中国将居于主导地位，并承认蒋介石和国民政府在中国有合法的统治地位。至于中国内部的国共纠纷，苏联与中共的行动无关，苏联并不认为中共是真正的“共产党人”，他们只是为改善生活状况而与国民政府发生争斗。苏联赞成并支持美国正在中国执行的调处行动，并相信国共纠纷终将获得解决。③

在1945年2月的雅尔塔会议期间，罗斯福与斯大林基本达成了他们在中国问题上的交易，协调了双方的对华政策。2月8日，罗斯福与斯大林开始讨论东亚问题，他们的讨论实际集中在对华政策上。首先，罗斯福告诉斯大林，萨哈林岛南部和千岛群岛在战后交给苏联是没有问题的，但与中国东北有关的条件却不那么简单。

---

① 《行政院长宋子文自莫斯科呈蒋主席报告与史达林商谈关于外蒙独立及使用旅顺军港等问题之谈话情形电，民国三十四年七月二日；行政院长宋子文自莫斯科呈蒋主席报告与史达林会谈有关解决外蒙、新疆、东三省及中共问题之谈话情形电，民国三十四年七月九日》，秦孝仪主编《中华民国重要史料初编——对日抗战时期：战时外交，第三编（2）》，第588、602、609页。

② 〔美〕W. 艾夫里尔·哈里曼、伊利·艾贝尔：《特使：与邱吉尔、斯大林周旋记 1941—1946》，第424页。

③ 〔美〕W. 艾夫里尔·哈里曼、伊利·艾贝尔：《特使：与邱吉尔、斯大林周旋记 1941—1946》，第413页；《赫尔利将军与莫洛托夫的会谈》《对赫尔利大使报告的评论》，《中美关系资料汇编》第一辑，第139—140、161—163页。

美国赞成苏联在那里享有优越的权益，不过苏联最好不要使用租借的方式，即大连可以成为“国际自由港”，铁路可由中苏共同经营。斯大林的答复是，如果苏联的条件不被接受，他将难以向苏联人民解释，为什么他们必须“参加对日作战”。

其次，罗斯福告诉斯大林，赫尔利在调处国共纠纷方面已经取得了比他的前任“更大的成就”，而且他认为国民政府方面应该对中国出现的困难局面承担更大的责任。斯大林表示，为了维持中国的统一战线，“蒋介石应担任领导”。至此，罗斯福和斯大林都已经清楚地说明了他们准备支付什么，也明白了他们能从对方那里得到什么。此后三天里，双方的幕僚进行了有时是激烈的讨论，然后罗斯福与斯大林终于在协议草案上签字画押。这个协议的内容包括苏军将在欧洲战争结束两三个月后参加对日战争，苏联的条件是外蒙古维持现状和苏联获得在东北大连的优越权益、租借旅顺港作为军港以及控制中东铁路。总之，“苏联的优越权益须予保障，而中国须保持在满洲的全部主权”。协定还规定，苏联的要求将“毫无问题地予以实现”，苏联要同“中国国民政府签订一项苏中友好同盟协定”，以便“用武力协助中国达成自日枷锁下解放中国之目的”。[①] 罗斯福和斯大林就这样在战后中国的前途问题上达成了一致。

雅尔塔会议结束不久，美苏都开始为推动中苏谈判进行积极准备。赫尔利 4 月离开华盛顿，在返回重庆履任的途中曾前往莫斯科，同苏联领导人讨论了与雅尔塔会议有关的问题。斯大林当时即表示，赫尔利可以根据他的判断来决定何时将雅尔塔秘密协议的内容通知蒋介石。[②] 赫尔利回到重庆后就不断说服蒋介石，在处理对苏关系方面需要根据雅尔塔秘密协议的精神做出必要的妥协。蒋介

---

① 〔美〕W. 艾夫里尔·哈里曼、伊利·艾贝尔：《特使：与邱吉尔、斯大林周旋记 1941—1946》，第 444—446 页；本书编译组编《德黑兰 雅尔塔 波茨坦会议记录摘编》，第 160—162、165、263—259 页。

② 《对赫尔利大使报告的评论》，《中美关系资料汇编》第一辑，第 160—161 页。

石对美国在事关中国主权的问题上私下向苏联做出承诺颇感愤怒，并希望美国在未来的谈判中站对立场。[①] 不过赫尔利却对蒋介石的态度有不同的理解。他在 5 月 10 日向杜鲁门报告说，蒋介石几乎同意雅尔塔秘密协议中的每一条，只是不能用“优越权益”和“租借”两个词而已。[②] 很可能是赫尔利不懂那两个词的实际含义。蒋介石后来在 6 月 12 日同苏联驻华大使彼得洛夫谈话时表示，旅顺作为海军基地可以中苏共同使用，但绝不能用“租借名义”租给苏联。问题的实质其实是他说了不算，美苏已经达成一致意见。彼得洛夫告诉蒋介石，接受苏方根据雅尔塔秘密协议提出的要求是中苏开始谈判的先决条件，他提醒后者说那些条件已获得罗斯福和丘吉尔同意。[③]

与此同时，苏联方面也开始为落实雅尔塔秘密协议加强外交活动。4 月下旬，苏联外长莫洛托夫在白宫拜访杜鲁门，以便了解后者作为罗斯福的继任人，是否准备履行前任的诺言，促使国民政府按协议办事。杜鲁门当即保证，美国会承担雅尔塔秘密协议中的全部义务。[④] 莫洛托夫随后就在旧金山向宋子文发出邀请，表示欢迎他访问莫斯科。

5 月 8 日，德国无条件投降。欧洲战争结束使对日战争成为盟国的首要问题，落实就战后亚太地区的安排达成的协议也随之紧迫起来。5 月下旬，美国政府派与罗斯福关系密切且熟知美苏关系很多微妙细节的霍普金斯（Harry Hopkins）访问莫斯科，目的是在欧战后能够保持美苏在各个地区步调一致。28 日，霍普金斯和斯大林详细讨论了苏联参战和对华政策问题。斯大林在谈话中告诉霍普

---

① 参阅沈志华主编《中苏关系史纲——1917—1991 年中苏关系若干问题再探讨（增订版）》，社会科学文献出版社 2011 年版，第 82 页。

② Herbert Feis, *The China Tangle*, pp. 304 – 305.

③ 《蒋主席接见苏联驻华大使彼得洛夫讨论有关缔结中苏友谊互助条约之问题谈话纪录，民国三十四年六月十二日》，秦孝仪主编《中华民国重要史料初编——对日抗战时期：战时外交，第三编（2）》，第 559—562 页。

④ 〔美〕《杜鲁门回忆录》第一卷，李石译，三联书店 1974 年版，第 67 页。

金斯，苏联肯定按承诺在 8 月对日宣战，宣战后将奉行支持由蒋介石统一中国的政策，并且承认美国在中国的主导地位，而美国需要做的是确实履行雅尔塔秘密协议，协助推动即将展开的中苏谈判取得成功。他告诉霍普金斯，苏军何时开始行动“有待于履行雅尔塔协议中与苏联愿望有关的条款”，以便“使苏联人民看来参加太平洋战争是正当的”。[①] 美国政府对此并不意外，也没什么不满意的。所以杜鲁门接到苏联希望于 7 月 1 日以前开始中苏谈判的通知，便立刻要宋子文尽快去莫斯科报到。

于是，中苏谈判于 6 月 30 日在莫斯科开始了，直到 8 月 14 日苏联对日宣战五天后结束。中苏谈判的过程是艰难的，其间国民政府的谈判代表还走马换将，先是由宋子文主持，波茨坦会议后改为王世杰主谈。如此重要的谈判中出现如此重大的人事变动，大致反映了国民政府内部取得政策共识的困难程度。不过在美国的催促和苏联的压力下，特别是 8 月 9 日苏军刚对日本宣战，第二天斯大林就利用苏军在东北的进展提醒宋子文，“如果不尽快达成协议，中共军队将进入东北”。蒋介石无疑从中感受到了巨大的威胁，他不能眼看着苏军迅速席卷东北甚至进入华北，国民政府却无法获得从苏军手里接管那些地方的政权的保证。此时宋子文、王世杰等也从莫斯科报告称，已经不可能迫使苏联再做让步，签订中苏条约的好处是可以保证苏联从东北撤军，并削弱中共，否则“倘再迁延，极易立即引起意外变化”。[②] 蒋介石做出决断并加强调度，国民政府代表最终完成了缔约谈判。8 月 13 日晚，中苏双方达成协议。第二天，莫洛托夫和王世杰分别代表两国政府签署了《中苏友好

① “Memorandum of Conversation, by Mr. Charles E. Bohlen [Extracts]”, Kremlin, May 28, *FRUS*, *1945*, *Vol. 7*, *China*, pp. 887 - 891.

② 《行政院长宋子文、外交部长王世杰自莫斯科呈蒋主席报告为速缔立中苏条约以防生变请对外蒙及其他未决事项授予权宜处置之权电，民国三十四年八月十二日》，秦孝仪主编《中华民国重要史料初编——对日抗战时期：战时外交，第三编（2）》，第 649 页。

同盟条约》。

仅从中苏关系的角度看，《中苏友好同盟条约》是中俄、中苏关系史上第一个同盟条约。但是这个条约诞生于抗战即将结束和苏军大规模进入中国东北对日作战的背景之下，加之中国国内政局正值复杂多变之秋，中苏关系的基础实际上处于很不稳定的状态，所以条约实际上更多地反映了列强对战后东亚格局的安排。这包括两个层次的内容。首先是确认中苏两国在战时是同盟关系，双方承担义务对日本作战直到战争胜利结束。在战争结束后，中苏应继续维持友好稳定的关系，故需为此前双边关系中一些可能导致分歧甚至冲突的问题找到解决办法。这些问题集中在毗邻苏联的三个中国的地区，即东北、新疆和蒙古。条约提供的解决办法包括：第一，在东北，苏军在打败日本后三个月从东北撤军，东北的行政权移交国民政府，而国民政府承认苏联对大连、旅顺和中长铁路拥有特殊权利；第二，苏联承认中国对新疆地区的主权，不支持新疆独立运动；第三，外蒙古通过全民公投，决定其是否从中国分离出去——这实际上是迫使国民政府承认外蒙古独立。这三条大致廓清了中苏在毗邻地区的关系的轮廓，当然历史遗留的具体问题仍然很多，但这三条是国民政府能够得到苏联承认与合作的主要条件。

其次是苏联承认并支持国民政府在中国拥有合法的统治地位，这一点极为清楚地反映在条约所附的“照会一”和同时签署的《关于苏军此次共同对日作战苏联军队进入东三省后苏联军总司令与中国行政当局关系之协定》等文件中。① 如果国民政府不接受双边关系中的三个条件，它的合法统治地位就无法得到苏联的承认，特别是苏联还有其他的选择，至少在东北地区是这样。反之，苏联如果不承认国民政府对中国的合法统治，它也无法在与中国毗邻地

① 《中苏友好同盟条约及其照会》，1945 年 8 月 14 日；《关于苏军此次共同对日作战苏联军队进入东三省后苏联军总司令与中国行政当局关系之协定》，1945 年 8 月 14 日。复旦大学历史系中国近代史教研组编《中国近代对外关系史资料选辑》下卷第二分册，上海人民出版社 1977 年版，第 1327—1328、1338—1339 页。

区“合法地”获得特殊的地位。中苏条约就是这种博弈或者说是交易的产物，双方各有其战略考虑上的轻重缓急，最终也算是各得其所。

中苏条约的签订标志着东亚的“雅尔塔体系”总算确定下来，美苏在战后东亚的关系格局也因此而奠基。国民政府在中国统治的合法性问题作为美苏博弈的一个焦点，也在这个结构中基本解决了，美苏对华政策因此都有了一个支撑点，国民政府则大大加强了它在国内政治中的地位。

斯大林和蒋介石在处理中苏关系时表现出某种共同点，即比较习惯于按照自己国家的外交传统思考问题。斯大林是遵循俄罗斯传统的势力范围政策，即这个国家应根据其安全和政治的需要支配一个地区，这同时也就意味着在那里获得优势的战略地位和排他性的优越权益。蒋介石则是按照中国近代外交的基本原则做出决定，当内外两个方面的战略需求发生冲突的时候，他进行选择的逻辑还是“攘外必先安内”。

1945 年 5 月，抗战即将结束时，国民党召开了第六次全国代表大会。大会发表的政治总报告中说：“开百年来历史之新页，值得首先向大会报告者，厥为外交。”[①] 蒋介石认为，国民政府在抗战时期的最大成就是在外交方面，并非无稽之谈。从国家在世界中的地位看，中国被反法西斯盟国视为美、苏、英、中“四强”之一，以及后来因此成为联合国的重要成员和安理会常任理事国，中国国民政府得到了更多国家的承认。总之，中国的世界地位得到前所未有的大幅提升。不过蒋介石有可能并不仅仅是因此便如此高度赞扬外交成就的，因为国民政府的合法性问题正由于抗战不力、官员严重腐败和国家治理方式有悖反法西斯潮流而在国内面临严峻的考验。从维护国民党的统治地位和同最强大的对手中共斗争的角度

① 《第六届全国代表大会政治总报告》，1945 年 5 月，中国人民大学中共党史系编《中国国民党历史教学参考资料》第三册（校内用书），1987 年印刷，第 727 页。

看，蒋介石所谓的外交成就也包括国民政府在中国政治中的合法性和影响力因中国世界地位的提升而强化，包括苏联在内的世界各国都承认国民政府是中国的合法政府，而蒋介石被认为是中国的领袖，尤其是被美国政府认为“他就是中国”。1945 年春，中共中央与美国围绕中国参加联合国成立大会的代表团组成问题发生的争论，就凸显了“外交成就”为国民政府提供了多么可贵的有利局面。

1945 年 4 月 25 日，联合国成立大会在美国旧金山召开。此前中共中央副主席周恩来曾于 2 月 18 日致函赫尔利，声明基于中国政治的现实，在定于 4 月下旬召开的联合国成立大会上，仅由国民党自行选派的代表团并不能代表中国。他提出中国代表团应由国民党、共产党和民主同盟等三方成员按照“三三制”组成，即国民党占三分之一，中共和民盟占三分之二。[①] 赫尔利在两天后回函拒绝了中共中央的建议，他在信中说，中国代表团应如何组成是国民政府专有之“特权”，联合国是国际会议，不是一国内部之“政党会议”，而中共“并非一个国家”，而且还是一个“有它的武装”的政党，在联合国会议上“承认国民政府之外的中国武装政党将毁坏中国统一的可能”，所以中共领导人应考虑的是如何被国民政府统一。[②] 交涉的最终结果是中国代表团中仅有董必武以国民参政会参政员的身份代表中共参加，这还是因为美国政府一个时期以来认为有必要在国际社会为国民政府塑造这样的形象，即它在中国是有代表性的民主政府，至少也是愿意并正在走向民主的道路上。[③] 4 月 28 日，赫尔利在重庆举行的记者招待会上公开阐述了他在上述信中的立场，强调国民政府“系联合国一份子，且为世界各国

---

① 《中共中央副主席（周恩来）致驻华大使（赫尔利）》，1945 年 2 月 18 日，《中美关系资料汇编》第一辑，第 600 页。

② 《驻华大使（赫尔利）致中共中央副主席（周恩来）》，1945 年 2 月 20 日，《中美关系资料汇编》第一辑，第 600 页。

③ 参阅牛军《从赫尔利到马歇尔：美国调处国共矛盾始末》，东方出版社 2009 年版，第 17—19 页。

公认之政府”，他还赞扬“中央政府”给了中共一个名额，“实为一良好现象”，他“极感愉快”。[①] 赫尔利这样做固然是要突出蒋介石和国民政府在中国统治的合法性，而其逻辑则是这个政府的合法性是获得国际社会承认的，所以同时也就大大贬低了中共的地位，并造成了对中共的巨大压力，这对中共政策的影响是有必要仔细评估的。

蒋介石所谓的“外交成就”在国内斗争中的影响在抗战结束的时刻更清楚地呈现出来。8 月 10 日，日本裕仁天皇发出乞降照会，表示接受波茨坦公告“所列举的条款”。[②] 当天美国参谋长联席会议向驻华美军司令魏德迈（Albert Wedemeyer）发出指示，太平洋美军会在尽可能短的时间里控制中国的“关键性港口和交通线”，这些地区和在这里投降的日军部队以后只能交给国民政府接收并处理。[③] 15 日，杜鲁门（Harry Truman）向太平洋美军司令麦克阿瑟（Douglas MacArthur）发布了接受日本投降的“第一号命令”，其中要求除驻东北地区的日军外，其他在中国的日军只能向国民政府投降。[④] 美国就是这样帮助国民政府垄断了在中国的受降权，在这个如此具有实质意义的问题上将中共排除在外，依据的就是国民政府在国际上的合法性，当然目的也是为了强化国民政府的合法性。在这里顺便说明，与受降权有关的是中国还获权可在越南的北纬 17 度线以北地区受降和可在日本驻军，中国因此在周边地区恢复一些影响。这对后来中国对外关系的发展是有影

---

① 《新华日报》1945 年 4 月 30 日。

② 《日本乞降照会》，1945 年 8 月 10 日，《反法西斯战争文献》，世界知识出版社 1955 年版，第 317 页。

③ “The Joint Chiefs of Staff to the Commanding General, United States Forces, China Theater (Wedemeyer)”, Washington, August 10, 1945, *FRUS*, *1945*, *Vol. 7*, *The Far East*, pp. 527 –528；另参阅〔挪〕文安立《冷战与革命——苏美冲突与中国内战的起源》，陈之宏、陈兼译，广西师范大学出版社 2002 年版，第 112 页。

④ “Directive by President Truman to the Supreme Commander for the Allied Powers in Japan (MacArthur)”, Washington, August 15, 1945, *FRUS*, *1945*, *Vol. 7*, *The Far East*, pp. 530 –531.

响的。

如上所述，8 月 14 日，就在日本接受美、英、中、苏要求其投降的联合公告的同一天，国民政府与苏联签订了中苏同盟条约。这在当时国内斗争中可能给国民政府带来的政治利益是如此明显，以至于党国高官们都不同程度地感到很高兴。尽管宋子文在谈判中颇感郁郁，但他在中苏条约签订后告诉美国驻苏联大使哈里曼，他“受到相当大的鼓舞”；宋美龄也向杜鲁门赞美中苏谈判的这种结果；孙科则声称，苏联保证支持国民政府和不介入中国内部事务，是对中国统一的“最大贡献”；王世杰对条约表示“甚为满意”，并希望“两国政府间应立即办理批准条约和交换照会的工作”。蒋介石则在重庆告诉赫尔利，他相信中苏签约表明：“（一）苏联方面有意帮助促成中国军队的统一，（二）有意支持中国创造一个统一、民主政府的努力，（三）有意支持中国国民政府。”[①] 蒋介石如此细致地分三点评价苏联的意图，反映了他特别关注的重点所在。其实三点也就只有一个意思，即苏联承认国民政府是中国唯一的合法政府，换言之就是苏联不能支持和帮助中共推翻国民政府。

中国世界地位的提升客观上强化了国民政府在国内政治斗争中的地位，蒋介石相信他可以依赖于外交上的成就，并将其转化为国内斗争的主要资本。随着苏军参战和中苏条约的签订，蒋介石的这种倾向更加明显。蒋介石在中苏签约的当天就给毛泽东发出一封写着“万急”的电报：“毛泽东先生勋鉴：倭寇投降，世界永久和平局面，可期实现，举凡国际国内各种重要问题，亟待解决，特请先生克日惠临陪都，共同商讨，事关国家大计，幸勿吝驾，临电不胜迫切悬盼之至。”[②] 20 日，蒋介石又电毛泽东说：“深望足下体念国家之艰危，悯怀人民之疾苦，共同

---

① 《中国对中苏条约的反应》，《中美关系资料汇编》第一辑，第 182 页。

② 重庆《中央日报》1945 年 8 月 16 日。

戮力，从事建设。如何以建国之功收抗战之果，甚有赖于先生之惠然一行，共定大计。”[①] 三天后，蒋介石向毛泽东发出第三封电报说：“目前各种重要问题，均待与先生面商……国家前途实利赖之。”[②] 三封电报都在重庆见诸报端，封封均可谓言辞恳切。不过通观上述国际折冲的复杂背景，蒋介石的邀请之于毛泽东其实无异于那句成语：“请君入瓮”。

蒋介石是在尽其所能地利用国民政府已经获得的国际地位，当时的确造成了对中共来说是非常困难、非常严峻的局面。不过，后来历史的发展却证明，高估国民政府的外交成就，尤其是以为可以依靠实际上是有限而且未必能转化成内部政治资源的“外交成就”来解决国内政治问题等，是蒋介石犯下的一个致命的错误。

大国角逐中艰难抉择

雅尔塔秘密协议和《中苏友好同盟条约》共同建造了一个结构，其中给中共预留了位置。但是，罗斯福、斯大林、蒋介石等从一开始就对这个位置有不同的理解，而且在准备为这个结构的延续和促使中共按照他们各自的理解最终到位付出什么样的代价方面，也是各有其算计、心口不一的。因此可以说中共中央是有纵横捭阖的空间的，从当时中共对外政策的角度看，中共中央的战略同这个结构仍然可以找到兼容之处。指出这一点是有意义的，因为历史研究比较倾向按照一个大过程的最终结局来发现和分析导致这种结果的逻辑和历史人物的动机，却容易忽视这个大过程在起点上本来就存在的多种可能性及其给未来留下的想象空间。抗战八年是中共对外政策形成的时期，种种原因导致中共对外政策变化巨大而且起伏不定，远不是一成不变的和不可塑造的。这在一定程度上反映了包

① 重庆《中央日报》1945 年 8 月 21 日。
② 重庆《中央日报》1945 年 8 月 25 日

括毛泽东在内的中共领导人的观念也处在变化之中，有其需要深究之处。

从苏德战争爆发到太平洋战争爆发，世界被全部卷入战争中，二战成为名副其实的世界大战，这期间中共的对外政策经历了一次剧烈的变化。这个变化过程的核心是认为世界已经形成了以美、英、苏等同盟国组成的民主阵营和德、意、日法西斯阵营，美、英、苏三大国关系已经根本改善，世界政治的潮流将遵循《大西洋宪章》《联合国家共同宣言》、英美协定和美苏协定等历史文件规定的方向滚滚向前，“战后世界是自由的、民主的、和平的世界”。[①] 在抗日民族统一战线形成时期，中共中央曾经提出应将“中国的抗日民族统一战线与世界的和平阵线相结合”，主张中国与英、美、法建立“共同反对日本帝国主义的关系”。[②] 1939 年 8 月《苏德互不侵犯条约》签订后，在苏联和共产国际新策略路线的影响下，中共中央一度认为，“第二次世界大战已经进入了一个新的时期”，“由帝国主义战争所引起的空前的经济危机与政治危机，正在袭击全人类的生存，必然要引起世界革命的爆发”，“我们是处在一个战争与革命的新时代”。[③] 他们当时几乎不曾想到，世界上的主要帝国主义国家美国与社会主义苏联之间会产生共同的战略利益，特别是还能成为同一战壕的战友。他们一直相信苏联和共产国际对当时国际政治潮流的论断，即由于《苏德互不侵犯条约》的签订和第二次世界大战爆发，导致世界政治中再次形成以社会主义与资本主义两大阵营对立为中心的政治格局。

1941 年 6 月，德国入侵苏联，苏德战争爆发。苏联面临的严峻局势迫使斯大林迅速改变政策，重新提出建立反法西斯国际统一

① 《中国共产党中央委员会为纪念抗战五周年宣言》，《解放日报》1942 年 7 月 7 日。

② 《中国共产党在抗日时期的任务》，1937 年 5 月 3 日，《毛泽东选集》第一卷，第 253—254 页。

③ 《中国共产党中央委员会为抗战三周年纪念对时局宣言》，1940 年 7 月 7 日，《解放》第 111 期，1940 年 7 月 16 日，第 1—3 页。

战线的口号。22 日晨，斯大林紧急召见共产国际领导人，磋商如何组织各国共产党人牵制德国，以及如何采取措施保卫苏联。共产国际领导人随后召开会议，讨论德国进攻苏联后的国际形势和各国共产党的任务。会后，他们陆续向各国共产党发出指示，明确地提出各国共产党目前应该集中全部力量，进行反对德国法西斯的侵略和奴役的斗争，并且不要再谈论“资本主义体系和社会主义体系之间的战争”，等等。[①] 中共领导人接到共产国际的指示电报以后，于 23 日开会，一致通过了《关于反法西斯的国际统一战线》的决定，声明全力支持苏联反对德国法西斯侵略的战争。中共中央在决定中向全党说明：共产党人在全世界的任务是“动员各国人民组织国际统一战线，为着反对法西斯而斗争，为着保卫苏联、保卫中国、保卫一切民族的自由和独立而斗争”。[②] 尽管发出了这样的指示，面对迅速变化的国际形势和美、英、苏之间的纵横捭阖，中共领导人实际上仍然处于困惑和认识混乱之中。他们一面按照苏联和共产国际的指示不断调整对外政策，同时却难以给出能够自圆其说的解释。造成这种情况部分是因为长期受苏联对外政策的影响；部分是因为缺乏经验和信息不足，以致对国际政治的运行规律和迅速变化所知有限。这种状况一直持续到 1942 年初反法西斯同盟形成。

7 月 12 日，苏英两国在莫斯科缔结协定，宣布将采取一致行动，共同对德国作战。14 日，中共中央即在党内通告的政治情报中称该协定为“整个国际联合的枢纽和反法西斯胜利的保障”，并认为“今后世界政治将环绕这一协定而支配着一个历史时期”。[③] 中共中央在

---

① 〔保〕《季米特洛夫日记选编》，马细谱、杨燕杰、葛志强等译，广西师范大学出版社 2002 年版，第 143—145 页。

② 《关于反法西斯的国际统一战线》，1941 年 6 月 23 日，《毛泽东选集》第三卷，第 806 页。

③ 《中央 1941 年 7 月政治情报》，1941 年 7 月 14 日，《中共党史教学参考资料（抗日战争时期　中）》，第 365—367 页。

专门向全党发布的指示中说明："在目前的条件下，不管是否帝国主义国家，或是否资产阶级，凡属反对法西斯德意日援助苏联与中国者，都是好的，有益的，正义的；凡属援助德意日反对苏联与中国者，都是坏的，有害的。在此标准下，对于英国的对德战争、美国的援苏援华援英行动及可能的美国反日反德战争，都不是帝国主义性质的，而是正义的，我们均应表示欢迎，均应联合一致。"[①] 12 月 8 日，日军袭击珍珠港，美国宣布参战，苏联与美英终于宣布结成反法西斯同盟。1942 年 1 月 1 日，美、英、苏等 26 个国家的代表在华盛顿举行会议，签署了《联合国家共同宣言》，声明每一签字国政府"保证运用其军事与经济之全部资源，以对抗与之处于战争状态之'三国同盟'成员国及其附从国家"；保证互相合作，"并不与敌国缔结单独停站协定或和约"。[②] 这导致中共领导人大幅度和长时间地修正了关于国际上革命与反革命"两大势力"不可调和的观点。他们认为美、英、苏结盟导致了一种"世界新秩序"，在"世界新秩序"中，重大的国际问题必须以美、英、苏"为首的协议来解决"。[③]

美、英、苏三国结成同盟，以及它们为赢得战争而非常重视相互间的合作并为此做出很多努力，特别是它们都表示希望使战时合作关系在战后得以延续下去，等等，这一切导致世界政治中出现了一股巨大的潮流，即很多人都相信美、英、苏等大国合作不仅仅是战争时期的现象，而且必将是战后世界政治中的主要趋势，而大国合作的基础现在是、战后也是《联合国家宣言》倡导的自由、民主和自决。中共领导人当时也是如此，他们认为"美英苏三国合

① 《中央关于凡是反对法西斯德意日者均应联合的指示》，1941 年 7 月 12 日，《中共中央文件选集》第 13 册，第 164—165 页。

② 《联合国家共同宣言》，1942 年 1 月 1 日，《中国近代对外关系史资料选辑》下卷第二分册，第 167 页。

③ 毛泽东：《山东有可能成为战略转移的枢纽》，1942 年 7 月 9 日，中共中央文献研究室编《毛泽东文集》第二卷，人民出版社 1993 年版，第 434 页。

作很好”，“整个国际局势战后一时期仍是民主派各界合作的统一战线的民主共和国局面”。[①] 他们说这被称为“全世界人民的共同希望，也是中国人民的共同希望”。[②]

中国人的世界观中有一种从外向内的思考逻辑，即从“天下”、世界来看一国的国内政治。从中国对外关系的演变看，二战是一次将中国与世界真正联系在一起的历史事件，中国的精英认为中国已经成为世界的一部分。在他们的认知中，中国国内政局同世界政治已经很具体地连接在一起。中共领导人也不例外。如毛泽东在经历了1937年到太平洋战争爆发后的国内外政局动荡之后就这样总结道：“国内关系总是随国际关系为转移，第一次反共高潮发生于苏德协定继续存在、英美苏关系仍未好转而轴心则成立三国同盟时期。自苏德战争起，英、美、苏好转，直至今天，国共间即没有大的冲突。”[③] 根据这个逻辑，中共领导人将国共关系的发展与国际政治变化直接联系在一起，认为国际上美、英、苏三大国关系已经根本改善，这一重大变化基本决定了中国政局的发展方向，国共关系不仅不会像前一阶段估计的那样发生逆转，而且经过积极的努力，甚至有可能促其好转。

此外，在苏联与美英结成同盟和世界政治潮流的影响下，中共就不能进行激进的社会主义革命，同样国民党也不能继续长期推行一党统治和用武力消灭中共的政策。[④] 即使在战后，中国也只能走建立“民主共和国”的道路。当然，当时中共力量比国民党要弱得多，这种形势其实是对中共有利。所以，中共中央在1942年7

① 毛泽东：《山东有可能成为战略转移的枢纽》，1942年7月9日，《毛泽东文集》第二卷，第434页。

② 《中国共产党中央委员会为纪念抗战五周年宣言》，1942年7月7日。

③ 逄先知主编《毛泽东年谱1893—1949》中卷，第403页。

④ 毛泽东：《山东有可能成为战略转移的枢纽》，1942年7月9日，《毛泽东文集》第二卷，第434页；中共中央文献研究室编《周恩来年谱1898—1949》，中央文献出版社、人民出版社1989年版，第533—534页。

月 7 日发表公开宣言称：在世界反法西斯和民主的潮流的支配下，战后的中国应当是独立、统一、和平和民主的中国，“既不是专制的半封建的中国，也不是苏维埃的或社会主义的中国”，而应是“民生幸福”“经济繁荣”，“各党派合作经过人民普选的民主共和国”，战后中国“新秩序的建立，应当依据孙中山先生的三民主义，国民党的抗战建国纲领和中国共产党的施政纲领与社会政策”。中共中央还郑重声明：“全国军民必须一致拥护蒋委员长领导抗战，中国共产党承认，蒋委员长不仅是抗战的领导者，而且是新中国建设的领导者”。① 当时的政治现实是，人类社会只能在更具有普适性的“民主”“自由”和“民族自决”等主张的基础上联合起来，没有比民主和人权这些更具吸引力的思想能把人类社会动员起来，并为反法西斯主义而战斗，直至付出生命。这种感召力在当时的历史时空中是不可抗拒的，加之苏联也宣布在接受大西洋公约的原则基础上与以往的敌国结成同盟，中共中央大幅改变对外政策是必然的。

这个时期中共改变对外政策的标志性事件就是对美政策的转变。分析这个时期中共对美政策和中共与美国的关系是透彻了解中国当时局势走向及后来东亚冷战的走向的一个十分重要的环节。如何评价这段历史从来都存在着尖锐的争论，而从中应该获取何种经验知识则是至为重要的。当时中共对美政策的转变不仅是合理的，而且也反映了这个时期中共领导人的认识，即美国在反对法西斯和实行民主方面至少是应该给予肯定的，同中共中央的政策存在着很多重合之处。

中共同美国的对抗同它与苏联结盟一样，也可以说是源远流长的，甚至可以追根溯源到建党之初。包括毛泽东在内的早期中共领导人，当时更多的是根据列宁的理论，将美国定义为同其他列强差不多一样的帝国主义国家。一直到抗战爆发，中共中央曾

---

① 《中国共产党中央委员会为纪念抗战五周年宣言》，1942 年 7 月 7 日。

经提出过建立包括美国在内的反日国际统一战线，认为应将“中国的抗日民族统一战线与世界的和平阵线相结合”，主张中国与英、美、法建立“共同反对日本帝国主义的关系”。[①] 如前所述，1939 年间，中共中央开始再次将美国划到敌对阵营中。这首先因为他们受到苏联对外政策和斯大林为苏联对外政策杜撰的那套理论影响。中共领导人严厉地谴责美英等反对德、意、日是“好战”的政策，并表示支持这些国家中的共产党实行反对本国政府参加战争和使本国军备“迎头赶上”德、意、日。他们甚至说“第二次世界战争已经进入了一个新的时期”，“革命正在全世界发展与酝酿，这是帝国主义战争带来的唯一积极结果”。世界革命形势的出现和英、美、法变成了主要敌人，更有利于“中国人民自力更生，走向彻底的民族解放”。在这种情况下，中国共产党人必须坚决反对国民政府加入美、英、法阵线和与美、英、法结盟。[②]

随着欧洲战争的发展和各种国际政治力量的不断重新改组，中国的政治家差不多都看到了欧洲在战争中衰落和美苏两个侧翼大国兴起，并将在战后成为世界政治中的权势中心这一动向，美苏之间的关系将决定世界政治的走向。就对中国政治的影响而言，包括毛泽东在内的中国政治精英都认识到，美国的作用在明显上升。1940 年夏季，中共领导人曾经断定，列强之中对中国政治影响最大的非美国莫属，即“虽然美国还没有参战，但对抗德意日阵线的主要领导者，已经不是丘吉尔，而是罗斯福了”。面对这种急剧变动的国际政治现实，中共中央已经意识到有必要调整政策，“不要在英

① 《中国共产党在抗日时期的任务》，1937 年 5 月 3 日，《毛泽东选集》第一卷，第 253—254 页。

② 《周恩来在中央政治局会议上的报告提纲》，1939 年 8 月 4 日；《中央同意共产国际关于第二次帝国主义战争与共产党的政治路线致王明、博古、凯丰电》，1939 年 9 月 11 日。毛泽东：《目前形势和党的任务》，1939 年 10 月 10 日，《毛泽东选集》第二卷，第 615 页；彭德怀：《克服目前政局主要危险与坚持华北抗战》，1939 年 10 月 25 日，《中共党史教学参考资料（抗日战争时期　上）》，第 549—550、556 页。

美改变对日对华政策后（即在放弃“东方慕尼黑”政策后）去反对利用英美的外交。”①

问题是苏联和共产国际那套理论仍然很顽强地束缚着中共领导人的思路，1940 年秋季，中共领导人开始将美国视为潜在的最危险的敌人。当国共第二次危机发生后，中共中央即认为是美国和英国的政策导致了国民政府的“极速”转变，尽管苏联也在增加对蒋介石的援助。他们认为目前国民党反苏反共是它“放弃独立战争，加入英美同盟的具体准备步骤”。因此，中共的任务应“是阻止国民党”加入英美同盟，反对“加入英美同盟的错误政策”。② 1940 年 10 月下旬，毛泽东在第二次国共危机的紧张时刻甚至预言：“最困难、最危险、最黑暗的可能性”莫过于美国参战后迅速打败日本，然后“美国把中国英美派从财政上军事上武装起来，中国由日本殖民地变为美国殖民地，国共合作变为大规模内战”。③ 中共领导人甚至认为曾帮助过中共的“英美记者及各种人员系政治情报员”，即都是美国政府的政策执行者，“彼等政治态度依英、美政府对华政策为转移”，他们为适应英美政府策划“东方慕尼黑”的需要，“在报章杂志中发表挑拨国共关系和不利于我之言论”。④ 从那时起一直到太平洋战争爆发，几乎没有什么英美记者能够进入中共控制地区进行采访。

毛泽东的上述判断后来在他的心底保留了多长时间和造成何种影响是需要认真分析的，因为这是中共领导人第一次将美国视为中国革命的首要敌人和威胁，以至于毛泽东后来多次提到这个“美国威胁论”。不过有一点可以确定，这个预言的前提是他确信美国

① 《中央关于目前国际形势与我们的宣传方针给南方局、新华日报社的指示》，1940 年 8 月 2 日。

② 《中宣部政治情报第六号》，1940 年 10 月 20 日，《中共中央文件选集》第 12 册，第 524—527 页。

③ 毛泽东：《关于国际国内形势的估计和对策的指示》，1940 年 10 月 25 日，中央档案馆编《皖南事变》，中共中央党校出版社 1981 年版，第 34 页。

④ 《中央关于对待英美籍新闻记者态度的指示》，1940 年 12 月 25 日。

在中国已经或者最终会取得支配地位。中共的对美国政策和与美国的关系之重要性将至少在一个时期大大超过苏联，这是中共中央必须面对的现实。从处理美苏关系的角度看，差不多就是从那个时候起，中共中央对外政策开始发生潜在的转变，它的重点与其说是争取苏联的援助，不如说是限制或利用美国干涉。

事实表明，美国在第二次国共危机的表现同中共中央的分析出入甚大，特别是美国记者的报道起了重要作用，这些报道促使美国政府最终明确向国民政府表达了不希望中国发生内战。当时美国驻华大使詹森（Nelson T. Johnson）告诉蒋介石：美国“一向认为共产党问题不应导致大规模的互相残杀的斗争，美国人民及其政府对中国及其维持独立生存的能力非常关切”，“他们听了中国内部困难与摩擦后，自然非常关切，希望这困难能予克服”。[①] 罗斯福还派遣白宫助理居里（Lauchlin Currie）带信给蒋介石，希望国共“为抗日之共同目标而加紧其团结”，并表示赞成中共“对于农民、妇女及日本之态度”。[②] 美国政府的态度对约束国民政府当然是有作用的，中共领导人则因此开始认真地考虑美国在国共关系中到底可以扮演何种角色。他们的结论是，在遏制国民政府反共政策的各种国际力量中，苏联的影响力已经不是特别重要了，真正能够而且有时也愿意约束蒋介石的，主要是美国政府，美国的政策可以使国民政府“难于反共”。[③]

1940 年 12 月 25 日，毛泽东起草发出了一份题为《论政策》的党内指示，以几个“区别”来论述中共中央改变对美政策的合理性。他说必须在具体分析和有所区别的基础上，制定党的对外政

---

① 参阅何迪、曹建林、翟卫华《周恩来同志在皖南事变中争取国际舆论的斗争》，《教学与研究》1981 年第 1 期，第 15 页。

② 《蒋委员长在重庆接见居里先生听其报告来华之原因及传达罗斯福总统之口信后告以对共党问题应了解之基本要点及嘱咐其研究解决中国币值问题之办法谈话纪录，民国三十年二月八日》，秦孝仪主编《中华民国重要史料初编——对日抗战时期：战时外交，第三编（1）》，第 542 页。

③ 逄先知主编《毛泽东主编 1893—1949》中卷，第 279—280 页。

策，总的原则是“利用矛盾，争取多数，反对少数，各个击破”：“共产党是反对任何帝国主义的，但是既须将侵略中国的日本帝国主义和现时没有举行侵略的其他帝国主义，加以区别；又须将同日本结成同盟承认‘满洲国’的德意帝国主义，和同日本处于对立地位的英美帝国主义，加以区别；又须将过去采取远东慕尼黑政策危害中国抗日时的英美，和目前放弃这个政策改为赞助中国抗日时的英美，加以区别。”即中共的对外政策与国民政府的对外政策要有区别，第一是区别苏联与资本主义国家；第二是区别英美于德意日；第三是区别英美政府与英美人民；第四是区别英美的远东慕尼黑政策和它们目前的政策。中共中央制定对外政策的根本方针，就是“坚持独立战争和自力更生的原则下尽可能地利用外援”。[①] 毛泽东起草的这份文件的重要性，一方面是它实际上承认了以往的政策是简单化的，有必要进行重大的调整，当然首先是要解决认识水平问题，要在承认“区别”的基础上制定政策；另一方面，它基本上固定了中共与美国关系的层次，在意识形态的框架里，中共与美国的关系只能是彻底地相互利用即“利用矛盾”，合作也只能是“利益的汇合”，不仅不大可能有理念和价值的交集，最终还要“各个击破”。当然，从战略文化的层次上观察，特别重要的是毛泽东在这篇文献中第一次明确地提出可以将国内统一战线的政治策略运用于处理对外关系，这反映了中共领导人对中国政治经验的依赖、坚持，以及对国际政治的独特解读和其认知逻辑的特殊和特别的内向。

中共中央在此后一个时期的对美政策仍然缺乏连续性和稳定性。当然，这一时期东亚国际局势扑朔迷离、变幻不定，充满了爆炸性，并没有给中共领导人留下多少潜心思考的时间。中共中央的对美政策不可避免地出现反复和摆动，不过毛泽东毕竟已经在理论上为制定一项实用的对美政策提供了空间。作为这项实用政策的最初表现

---

① 毛泽东：《论政策》，1940 年 12 月 25 日，《毛泽东选集》第二卷，第 764、765 页。

就是美国记者在中共控制地区又成了受欢迎的人。中共中央在毛泽东发表《论政策》的同一天，专门就如何对待英美新闻记者等发布党内指示。指示按照“改错不认错”的一贯作风指出，美国记者等还是要“当做情报人员看待”，不过另一方面也将他们“当做外交人员看待”，“待之以外宾之礼”，“以便经过他们形成我们与英美之间一定程度的外交关系”。所以中共有关机构和人员对接洽来访的英美记者，“不仅不应采取不合理或冷淡之态度，而且应采取欢迎与招待之态度”。①

苏德战争爆发后，中共领导人的认识出现大幅波动。是年 7 月 6 日，毛泽东在给周恩来的一份电报中说：“不管是否帝国主义国家，凡反法西斯者就是好的，凡助法西斯者就是坏的，以此来分界限，不会错的。”② 从这个电报中可以感受到毛泽东在苦苦思考后那种豁然开朗的欣喜之情。不过这并不是问题的全部，中共领导人还不能确定的是美国是否会成为支配世界政治的力量，他们相信大英帝国在世界独占鳌头的时间已经太长了。如前所述，中共中央曾经注意到美国已经取代了英国的领导地位。不过从后来一个时期的情况看，中共中央一直还没有确定这一变化是否是确定的和长久的，只是亚洲太平洋地区国际关系的实际变化促使中共中央的对外联络越来越多地向美国转移。如前所述，7 月 12 日，苏英两国在莫斯科缔结协定后，中共中央曾认为，“今后世界政治将环绕这一协定而支配着一个历史时期”。毛泽东的评价则更高，他在给周恩来的电报中说：“英苏协定将成为世界政治的枢纽，美国在政治上只能跟着这条路线走，不能操纵一切了。”③ 换句话说，毛泽东认为一年前做出的判断，即在与中国政局有关的列强中美国将居首要地位的局面这一看法已经过时了。这种分析显然是不合理的，它表

① 《中央关于对待英美籍新闻记者态度的指示》，1940 年 12 月 25 日。

② 逄先知主编《毛泽东年谱 1893—1949》中卷，第 311 页。

③ 《毛泽东关于军事行动问题致周恩来电》，1941 年 7 月 15 日，参阅逄先知主编《毛泽东年谱 1893—1949》中卷，第 312 页。

明中共领导人的判断在一定程度上受着认知倾向的影响，而且不稳定并起伏甚大。

直到太平洋战争爆发，美国同时参加到同德日作战的所有大战场之中，中共中央才终于确定美国才是中共必须给予首要关注的国家。世界反法西斯同盟的建立使中共领导人改变了对美国的评价，他们那些对美国的积极评价的背后未必都是出于所谓的“革命策略考虑”，它们部分地反映了中共领导人对世界政治的认识。另一个很实际的原因是美国在中国政治中的影响力迅速攀升，特别是这种攀升同苏联影响力下降同时发生，并主要表现在美国反对日本侵华的政策越来越明确和坚决。其他国家在这个阶段几乎都只是参与部分战区的战斗，苏联也还没有参加全部战争，特别是没有参加对日本的战争，甚至还从中国撤走了军事顾问，尽管它是欧洲对德作战的主力。更直接一些的原因是，1942 年初，苏军派遣一个各兵种混合情报小组到延安，以便加强在中国收集日军情报的工作。毛泽东在会见苏军情报组成员时，提出情报工作由双方合作进行，苏方提供资金和技术，中共方面提供人力，所获情报共同使用。苏方表示不能接受这种建议。此后苏军情报组成员大部分撤走。①

这时，中共驻重庆的代表正通过各种方式接近和联络美国驻华军政人员和新闻记者，以“表明我们愿意与英美政府真诚合作抗日”为名，争取与他们建立更为密切的关系。② 这个时期的另一重要发展是，中共中央决定，中央和各中央局、中央分局、独立区域党委或省委、八路军和新四军的高级指挥机关等，均需设立调查研究机构，以“收集国内外政治、军事、经济、文化及社会阶级关系各方面的材料”。中共中央直属的调查研究局中

---

① 《在历史巨人身边——师哲回忆录（修订本）》，第 209 页。

② 《中央关于开展太平洋反日民族统一战线及华侨工作的指示》，1941 年 12 月 8 日，中央统战部、中央档案馆编《中共中央抗日民族统一战线文件选编（下）》，档案出版社 1986 年版，第 587—589 页。

专设国际问题研究组。[①] 这一系列涉及对外政策的制度建设表明，此前中共领导人在世界政治领域是多么依赖苏联和共产国际的判断，以及他们终于意识到这种依赖是有负面影响的，中共需要在事关生死存亡的问题上主要根据自己的分析做出结论并制定政策。

1943 年夏季开始，中共同美国的关系出现了重大的发展，到 1944 年夏季达到一个高潮，其标志就是美国政府向延安派出了一个代号为“迪克西”的军事观察组。有几个相继发生的事件推动这个进程。首先是苏联为了打赢战争，当时主要是为了促使美英尽早在欧洲开辟第二条战线，干脆解散了共产国际。苏联和共产国际领导人照例给出了一套理论阐述，但各国共产党，包括中共在内都知道，他们要靠自己干了，当然这未必不是好事。其次是在当年夏季发生的第三次国共危机中，美国再次积极干预国民政府的政策，导致中共中央更加相信，美国的确是很可以利用的。[②]

1943 年夏季发生的国共危机结束后，美国驻华军政人员开始与中共中央建立联系。美国驻华使馆官员谢伟思（John S. Service）和戴维斯等人多次向美国政府建议，应派遣美国官方代表团访问延安，并在延安设立美国的官方机构。他们相信与中共建立正式一些的关系对于维护美国战后在中国的战略利益，是一种有紧迫性的需要。1944 年 1 月，戴维斯再次上书美国政府，指出：“我们需要在还能受到欢迎之际，立即派遣一个军事的和政治的观察团到中国共产党地区去搜集敌情，帮助并准备从该区发动某种有限度的作战，获取关于中共实力的精确估计，在设若俄国人攻击日本的时候，报告俄方在华北和满洲的作战情况，和

---

① 《中央关于调查研究的决定》，1941 年 8 月 1 日；《中央关于实施调查研究的决定》，1941 年 8 月 1 日。《中共中央文件选集》第 13 册，第 173—176、177—178 页。

② 参阅牛军《从延安走向世界：中国共产党对外关系的起源》，中共党史出版社 2008 年版，第 142—144 页。

估量华北和满洲发展成为一个分立的中国人的国家或甚至成为俄国新卫星的可能性。”[1] 戴维斯的报告终于引起美国领导人的重视。罗斯福通过驻华盟军总指挥美国将军史迪威转告蒋介石，应允许美军立即向西北中共控制地区派遣代表。面对美国的压力，蒋介石在几番阻挠之后，终于同意美国政府向延安派遣一个军事观察组。

美军观察组由18人组成，分两批于7月22日和8月7日到达延安。他们能够成行是因为美国政府一再要求蒋介石应准许驻华美军与中共建立直接的联系，以便加强对日作战和了解中共的政策。美国政府的行动本身就会引起很多联想，而美军观察组到延安则标志着中共与美国之间终于建立起准官方关系。在美军观察组被允许访问延安之前，中共同美国驻华军政人员的联络活动已经非常活跃。他们在3月间已经获知，罗斯福在要求蒋介石同意向延安派遣军事观察组，目的是了解中共在“战时及战后态度”。[2] 在美国副总统华莱士（Henry A. Wallace）6月下旬访华之前，中共驻重庆代表就提出要努力争取单独会见华莱士，并获中共中央支持。他们甚至对华莱士访问延安抱有希望。[3] 在华莱士访华期间，中共代表已经获知蒋介石同意美军观察组访问延安，并告中共中央。[4] 毛泽东接电后当天就回复请林伯渠、董必武等代为转达欢迎，以及延安立刻开始修建机场等。[5] 从某种程度上说，美军观察组能够获准访问延安，同在重庆的中共代表的联络工作（也称国际统战工作）是有关系的。

在中共与美国驻华军政机构的关系发生重大变化的推动下，在

---

① 《中美关系资料汇编》第一辑，第587页。

② 《罗电蒋要求组织军事考察团去西北》，1944年3月6日；《记者路线走二战区》，1944年3月10日。

③ 《对谈判的推测》，1944年5月23日；毛泽东：《同意你们对时局的估计与谈判的方针》，1944年6月3日，参阅逄先知主编《毛泽东年谱1893—1949》中卷，第517页。

④ 《美军事人员准备八月后来》，1944年6月28日。

⑤ 毛泽东：《欢迎美军观察组》，1944年6月28日。

重庆的中共代表和南方局向中共中央提供了相当丰富的报告。这些报告的内容表明，各方面的情况都显示中共在发展同美国的关系方面可以大有作为。毫无疑问，对日作战是驻华美军首要的关注。关于这一点，有关的报告做了足够的分析，从中可以看出中共代表与美军人员商谈的具体内容和深度，包括在华北、华中、东北等地收集情报、修建机场等。[①] 中共领导人对美军人员透露的一些拟议中的军事行动计划相当重视，并很积极地争取实现合作。[②] 美军观察组到达延安的同时，也有美军第十四航空队的两位代表前往湖北中部新四军五师驻地，提出要商谈以汉口、上海、广州等地为中心建立通信网，初步磋商美军在沿海登陆时与新四军配合作战，以及进行情报合作，等等。

中共代表对美国政府派遣军事观察组到中共地区的目的做了更深入的分析。他们在给中共中央的报告中说，美军观察组到延安不仅是为了准备对日作战，而且还要了解中共与苏联的关系，以及中共未来的发展方向，如战后是否会同美国合作等，这些是很多美国人“心里的问题”。他们相信，如能使美国人了解中共七年来未得到苏联援助和所执行政策的实际情况，“更必有助于”今后双方的合作。[③] 中共代表已经相当敏感地注意到，美国最担心的是国共内战会“弄坏美苏关系”的逻辑中包含“美必援蒋，苏必援共之意”。[④] 换句话说，存在着发生内战时美国有援助国民政府的可能性。

8 月中旬，在重庆直接从事对外联络的中共南方局提交了一份有关国际形势和对外政策的内容相当详尽的报告，其中对美

---

① 《关于十天来的活动及各方面的态度》，1944 年 6 月 5 日；《美考察团来延目的》，1944 年 7 月 18 日。

② 毛泽东：《请美派人经延安转前方考察降落场和停泊港》，1944 年 6 月 29 日，参阅逄先知主编《毛泽东年谱 1893—1949》中卷，第 522 页。

③ 《美军事人员准备八月后来》，1944 年 6 月 28 日。

④ 《华莱士对蒋介石政权的观感》，1944 年 6 月 30 日。

国政策做出了超乎寻常的大胆预测，即美国有可能承认中共是中国政治的中心，如果中共的确能够名副其实地站在中心的话。在给中共中央的报告中，南方局的同志们按照党内政策报告的通例，通过“一方面”加上“另一方面”等的具体分析，论证了美国对华政策的“两面性”，即一方面，美国在东亚的政策目标是彻底打败日本法西斯，为此它需要联苏联共，这有利于中国抗日民主力量的发展；另一方面，美国政府也面临来自国内的孤立主义势力、保守分子及教会的阻力和实际困难，而且美国人民也有可能因为在战争中牺牲过大，以致产生消极情绪。报告用阶级分析的方法指出，“罗斯福终究是资产阶级的代表”，美国“决不放弃对中国政治经济的领导，决不放弃对于中国中央的影响力”；如果美国认为蒋介石不能适应它的需要，它有能力“扶植一个完全执行美国政策的政府”；即使蒋介石倒台，中共也不能幻想“美国会自然承认我们是中国政治核心”；但是，“在现实已经造成不能否认时，可能被迫承认”，尽管美国“不会自动赞成中共成为中国政治中心”。报告还认为，美军将在中国沿海登陆，并建议中共中央采取有力措施，控制美军可能登陆的沿海地区。[①] 在随后不久提供的另一项报告中，南方局提出，美国很关注中共对苏联的态度，中共对苏“义务宣传太多”，需加以改进，并应对为什么继续使用“中国共产党”这个名称做出解释，因为美国方面很难理解中共的政纲和党的名称之间并不一致。[②] 显然，为了加强和美国方面的合作，中共同苏联的关系将难免受到影响，其程度将取决于同美国合作的程度，两者关系肯定是负相关的。

除上述那些政治和政策性的分析，一些报告也包含对美国人的

---

① 《南方局同志对外交的意见以及对中共中央的建议》，1944年8月16日，南方局历史资料征集组编《南方局党史资料》，重庆出版社1990年版，第110—117页。

② 《南方局对时局的看法及对中央的建议》，1944年8月。

观感，它们反映了在一些几乎没有同美国人接触过的中共领导人心中，美国人形象这时基本上还是正面的，至少是好过英国人的，后者被认为是“狡猾”的。[①] 例如，新四军五师的报告称，美国人是“实际主义精神强，只求达到目的，采用一切方法”，“做事认真，重信”，有“绅士气”，感情上则“天真”。[②] 林伯渠详细描述了美军观察组组长包瑞德（David D. Barrett）前往延安的决心，报告后者说“要做到与中国新力量合作，如做不好，此生完了”。[③] 这种壮士断腕的形象当然会增加中共领导人的好感，包瑞德到延安后，中共领导人同他相交甚好。有趣的是当中共领导人决心同美国分道扬镳时，包瑞德又被毛泽东作为美国人“像流氓资产阶级”的典型，说他在延安有“流氓劲”。[④] 看来形象是有影响的，但作为一种影响政策的表层因素，其流动性和可塑性的确比较大。

上述各种报告的分析在相当大的程度上影响着中共领导人的判断和决定，从历史过程看，这也是中共中央首次完全依靠党的外事机构分析美国对华政策并制定相关政策。中共领导人的反应几乎是全方位的。7 月间，中共中央宣传部曾经在一份文件中说，国内外各种力量之间的关系变得十分复杂，“套用战略策略的简单公式已往往不能解决问题”。[⑤] 这多少反映了中共中央内部的困惑，因此有必要提出一项明确的对外政策。8 月 18 日，在收到南方局的报告两天后，中共中央正式发布了一项关于外交的指示。从时间顺序和南方局报告的详尽程度看，该报告很有可能是应中共中央的指示

---

① 《中共中央给董必武的指示》，1944 年 1 月 9 日，参见《周恩来年谱 1898—1949》，第 570 页。

② 《李先念给毛泽东、朱德、饶漱石、张云逸、赖传珠电》，1944 年 9 月 2 日，参见鄂豫边区革命史编辑部《李先念传》编写组编《李先念年谱 1909—1948》第 1 卷，中央文献出版社 2011 年版，第 446—447 页。

③ 《美机来延日期及人名》，1944 年 7 月 25 日。

④ 参见《毛泽东在政治局会议的发言》，1949 年 1 月 6 日。

⑤ 《中宣部关于对中国大资产阶级及英美资产阶级的政策问题给晋察冀分局的指示》，1944 年 7 月 13 日，《中共中央抗日民族统一战线文件选编（下）》，第 718—719 页。

起草的。中共中央在全面阐述中共对外政策后，前所未有地详细阐述了积极与美国发展合作的意义和方针。该指示说不要把美军观察组来延安“当做普通行动”，而是“我们外交工作的开始”。按照当时中共中央的理解，“外交政策”是国际统战政策的表现形式；“国内统战中的策略原则，一般地也适用于国际统战”，所以也就应该是适用于外交政策的；当前国际统战的中心则是“共同抗日与民主合作”，重点则是同美军的军事合作，并争取在军事合作的基础上，形成双方更多方面的合作关系。“美军人员来我边区及敌后根据地，便是对我新民主中国有了初步认识后的实际接触的开始”。“就国家而言，美苏英与中国关系最大，而且目前美英与中国共同抗日，尤以美为最密。美军人员来我边区及敌后根据地的理由，为有对敌侦察和救护行动之需要，准此可争取其逐渐扩张到对敌作战方面的合作和援助，有了军事合作的基础，随后文化合作，随后政治与经济合作就可能实现。”①

“8·18”指示的一个独特之处是将国际统战实际上界定为位阶远高于外交政策的原则，而外交政策不过是“国际统战政策”在目前的最主要的内容。循着这个逻辑就可以理解，中共中央为什么能够将美国内部“也有进步中间顽固三种势力”作为制定对美政策的依据，并提出应做相当细致的区分，而且还认为美国内部的顽固势力要弱于英国。② 后来在中共七大期间，毛泽东继续将美国的不同政治力量做认真的区分。他认为“第一要把美国人民和他们的政府相区别，第二要把美国政府中决定政策的人们和下面的普通工作人员相区别”。③ 后来中共领导人又增加了要把美国当前的政策同将来可能改变的政策区分开来一条。总之，中共的政策应该建立在分析这些区别的基础之上。后来很长一个时期的发展表明，

① 《中共中央关于外交工作做的指示》，1944 年 8 月 18 日，《中共中央文件选集》第 14 册，第 314—318 页。

② 《中共中央关于外交工作做的指示》，1944 年 8 月 18 日，第 315 页。

③ 毛泽东：《愚公移山》，1945 年 6 月 11 日，《毛泽东选集》第三卷，第 1102 页。

中共领导人的这种逻辑对他们调整对美国政策和寻求与美国的和解是相当重要的。

中共中央的上述论述明显地展示了中共在处理对美关系时，必定受到意识形态的约束，所以他们只能将与美国的合作放在统一战线的理论框架内加以解释，以便获得政策的合法性。但是，一旦这种合作发展起来并提供实在的战略利益，中共的政策将走向何方并不是那么确定的，问题只是与美国的合作到底能走多远。后来美军放弃在中国沿海登陆作战的原因同中共与美军的合作无关，是美国在更大的范围内做出的军事战略决定，其结果是历史没有为双方提供进一步发展关系的机会，或者说是没有提供检验是否能发展进一步合作的机会。所以，那道“机会是否存在”的历史谜题按照历史研究的规范其实是无解的，因为历史学家不去研究没有发生的事情，而且笃信只有发生的才是合乎逻辑的，然后便从已经发生的事情中努力去找其合逻辑之处。实际上这个时期中共与美军的合作大致揭示了双方未来是可以在利益会合的基础之上进行更多合作的，尽管那将是有限度的。

在“8·18”指示发布之前，中共中央已经开始积极推进与美军的合作，这时驻华美军与中共军队的联系也在迅速加强。除延安的美军观察组外，在华北中共根据地、华中新四军五师控制的地区和华南的东江纵队，均有美军人员在积极活动。在收集日军情报、提供空军作战用的气象资料、勘察登陆场、了解中共军队在沿海地区的分布情况、营救落难的美军飞行员等方面，中共军队与美军进行了可以说是卓有成效的合作。① 为了与即将到达延安的美军观察组联络，中共中央专门成立了中央军委外事组，由军委秘书长杨尚昆担任组长。② 这个小组是中共中央首次成立的专职对外联络、情报汇集和咨询机构，而且是专为发展同美军的合作而设立，在当时

① 参阅《李先念年谱 1909—1948》第 1 卷，第 443—447 页。

② 《亲历与见闻——黄华回忆录》，世界知识出版社 2007 年版，第 53 页。

协助中共领导人处理具体的联络和情报工作，从长期影响看则为处理同美欧国家关系聚集和培训了一批有专业素养和经验的人才，他们的重要作用一直延续到新中国成立后很长的时间。即使在中美隔绝了 20 多年之后，一旦有需要，中共领导人总能找到同美国人打交道的干才。

“8・18” 指示发布之后，中共中央与美军合作的政策进入了一个新的阶段，内容从配合美军在中共能控制地区收集情报和建立机场、救护美军飞行员，发展到争取获得部分美国援华物资，特别是准备在美军登陆中国沿海作战之时与美军配合作战。中共领导人非常认真地进行了部署，因为他们开始认为美军与中共合作的目的“不但目前便利空军轰炸，而且准备将来登陆作战取得配合”，故应积极开展“广泛游击战”及“准备大城市武装起义”。[①] 为了能有效地与美合作，中共中央决定向美军积极活动区域加派部队，并指示各部队改进参谋、情报和通信联络等方面的工作，“增设战略情报机关，定为联络部”，作为同美军进行情报合作的机关，师级和小军区增设联络处或联络科，以便“与美军取得联系”。[②] 中共领导人显然考虑过，与美军合作有可能引起日军对根据地的扫荡，但他们认为与美军合作仍是利多而害少，所以提出各部队应“放手与美军合作，处处表示诚恳欢迎”。[③]

这期间，驻华美军表现出与中共军队进行军事合作的积极愿望，包括在华中中共控制地区建立情报通讯网、获取美军在中国沿海登陆地区的情报资料，以及美军在华中地区登陆后中共军队能够

---

① 《毛泽东给张云逸、饶漱石、赖传珠等电》，1944 年 8 月 21 日；参阅《李先念年谱 1909—1948》第 1 卷，第 444 页；《叶剑英摘要美军观察组情报纲要》，1944 年 9 月 1 日。

② 《中央军委关于建立联络机构给华北、五军区、五师、东江、新四军指示》，1944 年 9 月 9 日。

③ 《毛泽东、刘少奇关于我当与美军合作的方针问题给张云逸、饶漱石、曾山等的指示》，1944 年 9 月 10 日，参阅逄先知主编《毛泽东年谱 1893—1949》中卷，第 544 页。

提供何种援助，等等。他们也多次提出过在需要时向中共军队提供援助，包括向中共军队提供训练及物资和协助建立情报网等。在延安的美军观察组直接同中共中央领导人讨论过美军与中共军队在中国战场联合作战。[①] 到 10 月下旬，中共领导人一度认为美军可能在杭州湾一带登陆，而且“时间可能很快”。他们遂开始派遣有关部队和大批干部进入沪杭甬和华北指定地区，准备在美军登陆时配合作战，发动大规模武装起义，包括夺取杭州、上海、南京等大城市。[②] 中共领导人这时的基本判断是“美国可能在长江下游登陆，我们和他们合作”；美国在中国大陆上与日本作战，“那就不能不依靠中国大陆上的力量，那就不能不与我们合作，与我们合作就对我们有利”。[③]

中共中央的另一目标是争取获得美国援华物资的一部分。向中共提供军事援助是 1944 年初夏开始在重庆外交圈和国际媒体中出现的一种议论。华莱士访华期间，中共代表从宋庆龄处获悉，华莱士在同后者的会见中对中共得不到援华物资表达了不满。[④] 随着同美军合作的逐步加强，中共中央相信美军基于作战的需要，有可能向中共军队提供援助。在“8·18”指示中，中共中央已经将获得美国直接援助作为中共“半独立外交”的内容。此后不久，中共中央将“公平合理”分配美国援华物资作为同国民政府谈判的重要条件。[⑤] 到 9 月 9 日，中共中央要求在重庆的林伯渠等利用同赫

---

① 《毛泽东关于美军欧士高少校所提问题的处理方针给李先念、郑位三、任质彬、陈少敏等电》，1944 年 8 月 21 日，参阅逄先知主编《毛泽东年谱 1893—1949》中卷，第 538—539 页。

② 《中央军委关于苏浙皖发展给华中局电》，1944 年 10 月 24 日；毛泽东：《准备力量向苏浙地区发展》，1944 年 11 月 2 日，中共中央文献研究室、中国人民解放军军事科学院编《毛泽东军事文集》第二卷，军事科学出版社、中央文献出版社 1993 年版，第 733 页。

③ 《毛泽东在延安党校作的报告》，1944 年 10 月 25 日；参阅逄先知主编《毛泽东年谱 1893—1949》中卷，第 552—553 页。

④ 《华莱士对蒋介石政权的观感》，1944 年 6 月 30 日。

⑤ 《毛泽东关于与国民党谈判我军编制问题给林、董、王电》，1944 年 8 月 21 日。

尔利、纳尔逊等会谈的机会，直接提出中共军队应获得美国军事援助物资，而且“至少应得三分之一”。[①] 三天以后，毛泽东干脆提出，应将美国援华军事物资的“二分之一给八路军、新四军，即国共平分”。[②] 他后来又指示应该在国民参政会上直接向国民政府提出国共平分援华军事物资。

正是同美国驻华军政各方面的积极合作，以及为了接待美国的官方机构驻在延安，中共中央首次提出发展自己的准外交关系，并开始建立起相关机构和队伍。[③] 这个时期，中共报刊对美国的赞扬也是空前的。当时在反法西斯战争中弘扬民主思想，将美国称为民主的楷模之一，在中共媒体中并不少见。1943 年 4 月 15 日，重庆《新华日报》短评说：“不论程度之深浅，美国是始终保有一种传统精神的国家，那传统就是民主。”[④] 还有诸如《祝盟邦美国国庆》的短评说：“从年幼的时候起，我们就觉得美国是个特别可亲的国家。我们相信，这该不单是她没有强占过中国的土地，她也没（独立）对中国发动过侵略性的战争；更基本地说，中国人对美国的好感，是发源于从美国国民性中发散出来的民主的风度，博大的心怀”，美国的示范使“我们懂得了建立一个民主自由的中国需要大胆、公正、诚实”。[⑤] 毛泽东本人参加了这场宣传，在美军观察组到延安后，他曾经要求《解放日报》发表社论，将美国国庆日称颂为“自由民主的伟大斗争节日”。[⑥] 对美国的这种看法是 1944 夏季中共中央大幅改变对美国政策的思想基础之一，尽管他们在具体分析美国对华政策方面当时也是相当谨慎和严厉的。但是，

① 《中共中央给重庆中共代表的指示》，1944 年 9 月 9 日。

② 《毛泽东关于盟国援华军火应国共平分问题给林、董、王电》，1944 年 9 月 12 日，参阅逄先知主编《毛泽东年谱 1893—1949》中卷，第 544—545 页。

③ 《中共中央关于外交工作做的指示》，1944 年 8 月 18 日，《中共中央文件选集》第 14 册，第 314—318 页。

④ 《民主主义的利刃》，《新华日报》1943 年 4 月 15 日。

⑤ 《祝盟邦美国国庆》，《新华日报》1943 年 7 月 4 日。

⑥ 《胡乔木回忆毛泽东》，人民出版社 1994 年版，第 335 页。

毕竟中共当时还面临着能否生存下去的问题，夺取全国政权其路漫漫。

中共与美军合作的最大的影响是促使中共中央大大提高了在国共谈判中的要价。1944 年春，中国正面战场的军事溃败给国民政府造成了严重的政治危机，蒋介石的地位受到来自各个方面的严重挑战。中共中央认为这是重开与国民政府的谈判并能迫使对方做出让步的最好时机。但是，经过一段时间的接触之后，中共领导人断定蒋介石并没有在危机情况下让步的打算，他们同时获得的情报提示说，美国是有可能抛弃蒋介石的，如果后者实在是不争气的话。所以，他们在华莱士访华后认为，要想“根本调整国共关系，要待蒋更困难和美方施以更大压力时才有希望”。①

当时的实际情况同毛泽东的预期差距不大。中共与美国驻华军政单位的关系明显加强的同时，美国政府正在向蒋介石施加压力，要求国民政府进行政治改革，以便鼓舞军民的士气，从而有利于扭转战场上发生的溃败局面，并为国民政府维持在战后的统治奠定一个比较稳固的基础。为此，美国甚至直接介入国共谈判，希望能为国共找到妥协的空间，而且肯定是以民主的名义。美国的这一努力从夏季开始，也是反映了当时在欧洲出现的一股政治潮流。不少欧洲国家为了反对德国法西斯的侵略，纷纷实行多党派合作并组织起了联合政府。这种情况不仅发生在英国这类议会中都是资产阶级政党的国家，欧洲国家中共产党入阁参加联合政府的情况也在不断增加。随着欧洲的战争走向结束，共产党人入阁的趋势还在发展，在那里组织多党联合政府成为当时世界政治中的一股潮流。

9 月中旬，中共军队与美军的合作以及蒋介石与史迪威的矛盾从两个方面推动中共中央下决心改变以往的战略，大幅提升国共达

① 毛泽东：《关于时局近况的通知》，1944 年 7 月 15 日，《中共中央文件选集》第 14 册，第 283 页。

成协议的门槛，在重庆召开的国民参政会上公开提出结束国民党一党统治，建立各党派联合政府。[①] 由此导致的国共关系骤然变化促使美国新任驻华大使赫尔利直接介入国共谈判。中共中央本来是希望借助美国的压力的，在做出上述决定前一直试图了解美方会做出何种反应，他们获得的信息是蒋介石与史迪威的矛盾导致“中美商谈濒于破裂”。[②] 10 月下旬，赫尔利多次会见中共驻重庆的谈判代表。他一方面强调要维护蒋介石的领导地位，同时亦承认中共军队力量很强大，甚至承认中共是“决定中国命运的一种因素”，“应取得合法地位”，并应该有中共代表参加军事领导机关。他并表示希望访问延安。[③]

毛泽东根据上述赫尔利的谈话断定时机成熟了。10 月 18 日，他在董必武等人关于与赫尔利会谈的报告上写道：“蒋最怕指名批评他，美国亦怕我们不要蒋，故在蒋存在条件下，可以做出有利于我们的交易来。”[④] 毛泽东此时可以说是志在必得，他在一周后做的一次报告反映了中共领导人对美国竟然愿意与共产党合作感到多么不可思议。毛泽东说：“鸦片战争以后，104 年以来，没有一次这样好的环境，全世界民主国家都在帮助我们。过去只有苏联帮助我们，现在英美不反对我们，还帮助我们，起了大变化，马克思书本里也找不出这样的变化，只能找出这种变化的原理，而找不出这种变化的具体描写。”[⑤] 毛泽东这种说法有些勉强，事实是马克思主义的书本里不仅没有“这种变化的具体描写”，也没有“这种变

① 《林伯渠在国民参政会上关于国共谈判的报告》，1944 年 9 月 15 日，《中共中央抗日民族统一战线文件选编》（下），第 748 页。

② 《中美商谈濒于破裂》，1944 年 10 月 12 日。

③ 《赫尔利的表示》，1944 年 10 月 17 日；《董、林关于第二次和赫尔利谈话向毛泽东汇报电》，1944 年 10 月 18 日；参阅逄先知主编《毛泽东年谱 1893—1949》中卷，第 551—552 页。

④ 逄先知主编《毛泽东年谱 1893—1949》中卷，第 552 页。

⑤ 《毛泽东在延安党校作的报告》，1944 年 10 月 25 日，参阅逄先知主编《毛泽东年谱 1893—1949》中卷，第 552—553 页。

化的原理”。完整解读出毛泽东这段话的含义并不容易，不过有两个内容是比较清楚的。其一是他认为美国也不反对中共中央 9 月 4 日的决定；其二是形势变化之大出乎他的意料。显然，当时中共领导人对国际环境的变化的确很乐观，很有信心。这是促使中共中央决心大幅度改变抗战以来处理国共关系的政策、提出建立联合政府主张的重要原因。

如前所述，1931 年 11 月，中共在江西瑞金建立了一个名为“中华苏维埃共和国”的政权，毛泽东是“国家主席”。1937 年初为建立抗日民族统一战线，中共中央向国民党提出可将“中华苏维埃共和国政府”改为“中华民国特区政府”。[①] 国共合作实现后，中共中央所在地从“苏区”被习惯地改称为“边区”，中共中央的有关政策转向主要是防止国民党发动反共内战，争取和维护中共控制地区的政权和中共军队的合法地位，以及推动国民党实施一些抗日和民主的政策，等等。与这段时期的政策相比，中共中央在 1944 年 9 月以后的政策显然激进了很多，不过即使这时，政策的上限也是很清楚的，并没有超出所谓“民主共和国”的范围。也就是说，在中共领导人看来，他们选择的政策没有超出《联合国家宣言》倡导的政治原则，从而也应该是在同盟国所有主要国家可以接受的范围之内。当然，他们的确说过这不是共产主义者的终极目标，但这并不等同于他们当时在追求民主政治方面是不真诚的。中共中央提出建立“联合政府”以后一段时间，中共领导人同国民政府和美国代表反反复复展开谈判，目的部分地是为了能在“联合政府”这个政治纲领下使收获最大化。毛泽东希望知道所能追求到的最大限度在哪里。

11 月 7 日，美国驻华大使赫尔利突然到达延安，毛泽东等获悉来者是美国驻华大使，便驱车亲往机场迎接。随后两天，毛泽东同赫尔利谈判签署了一个有五点内容的协议书，由赫尔利带回重

① 《中共中央给中国国民党三中全会电》，1937 年 2 月 10 日，《中共党史教学参考资料（第二次国内革命战争时期　下）》，第 279 页。

庆，周恩来则同机前往。这时看来一切如毛泽东所料。赫尔利离开延安时给毛泽东写了一封信，说他感谢毛泽东“光辉的合作与领导”，“智慧和热忱”的毛泽东的工作“是对于统一中国的福利及联合国家胜利的贡献”。① 毛泽东则托赫尔利给罗斯福带了一封信，说他“很荣幸的接待”赫尔利，并且“融洽的商讨”了打败日本和重建中国的“大计”。他很感谢赫尔利“卓越的才能和对于中国人民的同情”，并希望中美两国人民“永远携手前进”。② 五天后，毛泽东通过美军观察组收到罗斯福的回电，后者说“余期望与所有（一切）中国力量的强有力的合作”。③ 董必武也从重庆发来电报说，罗斯福发电报让蒋介石“改组统帅部改变办法云云”。④ 至此，一切都在按毛泽东的想象发展。

但是，赫尔利回到重庆面见蒋介石后就变脸了。赫尔利决定放弃同毛泽东达成的协议，进而要求中共做出让步，结果是断送了与中共的政治合作。不仅如此，他还通过整肃美国驻华大使馆和驻华美军司令部中的所谓亲共人士，彻底摧毁了美军与中共军队的军事合作。史家多将此归结为美国政府的阶级属性，但绝不可低估赫尔利的个性和他个人的政治能量在其中的作用。如果不是赫尔利这样的人物在重庆翻云覆雨，在美国使馆和驻华美军中清洗他的同胞，中共与美军的军事合作至少不至于如此不堪。

中共中央在谈判中断后，中共军队与驻华美军的军事合作尚未受到赫尔利调处受挫的影响。驻华美军各单位的代表仍在重庆与延安之间穿梭往返，他们积极寻求与中共军队进一步合作的可行方案。中共领导人同样对双方合作与日军作战的前景，抱有一定程度的希望。他们在延安继续同美军代表直接谈判军事合作问题，

---

① 《赫尔利致毛泽东同志信》，1944 年 11 月 10 日。

② 《毛泽东致罗斯福的信》，1944 年 11 月 10 日，《中共中央文件选集》第 14 册，第 397—398 页。

③ 《罗斯福复毛主席电》，1944 年 11 月 16 日。

④ 《罗致蒋电内容》，1944 年 11 月 10 日。

并直接向驻华美军领导人提出希望得到财政帮助，用于瓦解日伪军。中共领导人显然不希望政治谈判影响中共军队与美军之间正在发展的军事合作，他们甚至通过美军观察组组长包瑞德致函赫尔利，表示愿意同美国进行抗日军事合作。[①] 12 月下旬，中共领导人还制定了同美军合作和争取从美军获得 21 个旅的武器装备的军事计划。[②]

但是，赫尔利竟将他调处国共谈判的失败归咎于驻华美军仍在与中共明来暗往，致使中共领导人以为可以不那么重视他的地位，从而经常无视或反对他的意见。他采取各种措施切断驻华美军各单位与中共的联系，并撤掉一些被他认为是对他不忠诚的美军军官和使馆官员。赫尔利的这些行动破坏了中共与美军合作的基础，对双方关系的影响是至关重大的。

中共领导人开始怀疑并警惕美国插手解决中国军队问题的真实意图。毛泽东在给周恩来的一份电报中极为强烈地表达了他对赫尔利的反感，他指责赫尔利关于由美国人指挥国共双方军队的建议是将中国军队特别是中共军队“变成殖民地军队的恶毒政策”。[③] 他主张“要攻掉美政府之扶蒋主张”。[④] 毛泽东本人对赫尔利的反感是非常重要的一个因素。同美军观察组合作和同赫尔利谈判是毛泽东第一次同美国官方打交道，而且他和他的同事因为意识形态的影响一开始就对美国疑心重重。赫尔利的政客特质使中共领导人从此对美国人缺少信任，直到很多年以后。

1945 年 2 月，国共谈判中断后，赫尔利回国述职。4 月 2 日，

---

① 逄先知主编《毛泽东年谱 1893—1949》中卷，第 566 页。

② 中国人民解放军军事科学院编《叶剑英年谱 1897—1986》（上），中央文献出版社 2007 年版，第 418—419 页。

③ 《毛泽东对周恩来关于谈判情况的复示》，1945 年 1 月 28 日，参阅逄先知主编《毛泽东年谱 1893—1949》中卷，第 574 页。

④ 《毛泽东关于召开党派会议国事会议和国民大会等问题致周恩来电》，1945 年 2 月 12 日；《中央关于发展国统区的民主运动给王若飞的指示》，1945 年 2 月 25 日。《中共中央抗日民族统一战线文件选编》下册，第 789、793 页。

他在华盛顿的新闻俱乐部发表了一篇讲话，目的是阐述他理解和代表的美国对华政策，以便在美国人中统一思想。[①] 赫尔利回到重庆后也不再急于撮合国共谈判，而是静待中苏谈判的结果，因为他相信中共领导人知道无法得到苏联人的帮助后，自然会回到谈判桌前。他肯定没有想到此时在延安发生的两个重要变化。一是中共中央将他 4 月 2 日的讲话视为美国政策出现逆转迹象的标志；二是中共中央为了向美国方面施加压力，决定中断同美国的军事合作。3 月中旬，华南中共部队领导人曾经发电报给中共中央，请示配合盟军在广东沿海登陆作战的相关问题。中共中央在复电中说，美军有可能先在广东登陆，但美国以扶蒋为主，英国则注意拉拢地方实力派，对中共军队比较轻视，华南部队必须准备应付局势恶化，应利用矛盾，发展自己的力量，以立于不败之地。[②] 中共中央显然已经不再认为美军在中国沿海登陆将对中国政治形势产生积极的影响，而且也断定暂时不存在迫使美国放弃扶蒋政策的条件，因此开始对是否要配合想象中的美军登陆作战采取谨慎的态度。

赫尔利的言行造成的后果是相当严重的。赫尔利在美、英、苏召开雅尔塔会议之际破坏了美国与中共的合作，这相当于是对罗斯福的政策釜底抽薪。美国政府需要与中共保持良好的关系，以便落实其对华政策，在一个稳定的基础上与苏联共同解决东亚的各种问题。赫尔利却相信，可以依靠实际上很靠不住的美苏妥协来解决中国内部的极为复杂的国共问题。这种南辕北辙的设想是酿成后来中美对抗的一个祸根。

1945 年 4 月 23 日到 6 月 11 日，中共七大召开。大会政治报告

---

① "Transcript of Press and Radio News Conference by the Ambassador in China (Hurley)", Washington, April 2, 1945, *FRUS*, *1945*, *Vol. 7*, *The Far East*: *China*, pp. 317 - 318.

② 《中央关于配合盟军登陆问题给林平的指示》，1945 年 3 月 13 日，《中共中央文件选集》第 15 册，第 59—60 页。

的题目就是《论联合政府》，毛泽东在报告中正式将“废止国民党一党专政、建立民主的联合政府”作为中共的政治纲领。[①] 在大会的内部会议上，毛泽东对联合政府问题做了详细的说明，并具体地分析了“联合政府”有可能呈现不同的形式，这反映了中共领导人思考的深度和他们认识到的各种前景。毛泽东说，联合政府有三种可能的形式。第一种“是坏的我们不希望的可能性，即要我们交出军队去做官”，但还是可以接受的，只是“军队我们当然是不交的，但政府还是独裁的”，至于做官，中共不要宣传去做官，也不要拒绝，做官也有其好处。第二种是“以蒋介石为首，形式是民主”，“实质仍是蒋介石的独裁政府”。第三种是“以我们为中心”，条件是“在我们有一百五十万军队、一亿五千万人民时”，而且要“蒋介石的力量更加缩小、削弱，无联合可能时”。毛泽东强调第三种可能性是中国政治发展的“基本趋势和规律”，是中共的建国目标，但从他当时设想的条件看，这还是相当遥远的，而且他显然认为前两种形式对于中共并不是完全不可接受的。[②] 这里要指出的是，其中第二种形式同当时美国的设想是相当接近的，即建立一个蒋介石为主要领导的、容纳其他党派参加的“联合政府”。机会还是存在的。

上述毛泽东对联合政府的三种形式的分析表明，中共七大期间的决定给中共领导人后来的实践留下了宽泛的选择余地。这其实也反映了中共领导人认识到了形势中存在大量的不确定性，其中包括认识到国际形势中存在不确定性。毛泽东一直在试图把握那云诡波谲的国际形势，尤其是美国和苏联的对华政策，希望至少能给全党一个确切的解释，但是他也承认这其实是件挺困难的事情。他在七大做结论报告时说：“最近四五年来，国际局势经常是矛盾的，一

① 毛泽东：《论联合政府》，1945 年 4 月 24 日，《毛泽东选集》第三卷，第 1063 页。

② 毛泽东：《对“联合政府”的说明》，1945 年 3 月 31 日，中共中央文献研究室编《毛泽东在七大的报告和讲话集》，中央文献出版社 1995 年版，第 102—103 页。

会儿是好消息，一会儿是坏消息，好了又坏，坏了又好，今后还会是这样，时好时坏，不好不坏，波浪式发展。”他告诉代表们，所以“要看大的东西”，即二十年来苏联比过去强大了，美国和英国也不可能联合起来打第三次世界大战，雅尔塔会议结果不会被推翻，旧金山的联合国会议还是要成功，“中国也要发展资本主义”，等等。[①] 可能就是因为仍只能搞清楚这些“大的东西”，中共的战略才必须保持足够的回旋余地。

在中共七大期间，毛泽东明确告诫要警惕战后美国军事干涉的危险，要警惕“斯科比式的人物”。他在内部报告中又一次提出了中国变为美国殖民地的危险，说战后中国“有可能成为以美国为主统治国民党的半殖民地，这将是一场长期的麻烦，中共党的高级干部要注意美国的情况，要准备吃亏”。[②] 毛泽东的上述警告表明，中共中央已经在考虑甚至已经在准备应付可能发生的与美国的对抗。基于这种堪称严峻的判断，中共中央开始采取具体措施，限制与美军的合作和限制美国军政人员在中共控制地区的活动。中共中央向有关部队发布指示说：美国已经决心全力扶蒋，但为了对日作战和顾及苏联与我方的关系，暂时不愿贸然中断与我方的联系，并企图借双方已经建立的联系了解我们的政策。因此我方对美军可表示愿意合作，但只限于供给情报、气象和予以地面救护，其他问题应向中央请示，如有未经许可之事发生，我方有权予以制止。[③]

七大结束不久，中共中央军委即通知各根据地，为了防止美军利用与各抗日根据地间已经建立的联系，进行破坏活动，决定不再准许美军在各根据地建立通信机构，并停止供给机密情报。对于擅

---

① 《在中国共产党第七次全国代表大会上的结论》，1945 年 5 月 31 日，《毛泽东在七大的报告和讲话集》，第 182—189 页。

② 毛泽东：《在中国共产党第七次全国代表大会上的结论》，1945 年 5 月 31 日，《毛泽东在七大的报告和讲话集》，第 192 页。

③ 《中央关于警惕美蒋特务合作对我进行破坏给林平电》，1945 年 6 月 2 日。

自空降到根据地的美军人员，应解除其武装，不准其通信和监视其行动。[①] 毛泽东在同包瑞德谈话时说，在延安的美军观察组人员为了抗战可以到中共各根据地去，但不准“偷偷摸摸到处乱跑”，因为美国政府实行扶蒋反共政策，中共对他们不放心。[②] 驻华美军在此期间曾经提出在灵丘、阜平和沂水等中共控制的地区建立飞机场，在中共各军区、军分区建立通信网，在敌后增设地面救护站、气象台和侦查电台等要求，均被中共中央拒绝。中共中央说这样做的目的是“警惕其反动阴谋，增加其在敌后得不到我军配合的困难”。[③] 日本投降前夕，毛泽东亲自动笔写了两篇文章，痛斥赫尔利的斡旋是在同蒋介石表演双簧，意思就是欺骗中共和中国人民。他说赫尔利政策的最终结果将是“造成了中国内战的危机”，“把它自己放在”几亿中国人的“对立面”，而且给美国人“以千钧重负和无穷祸害”。[④] 这两篇文章既反映了中共中央的立场，其用词之尖刻也透露了毛泽东对美国的厌恶之情，他心中的美国形象的确是十分恶劣的。可以说中共与美国对抗的态势在抗战后期已经基本形成了。

在中共七大期间，中共中央难以确定的国际因素也包括苏联的对华政策。现在还没有历史文献能确凿地证明中共领导人当时已经了解雅尔塔秘密协议的内容。毛泽东在他所看到的“大的东西”中，能确定的也就是苏联比过去强大了很多，而且他认为苏联的对外政策比较主动，因为苏联在欧洲战场取得了胜利，在亚洲是否参加对日作战则成了制约美英的重要因素。中共领导人确信，苏联强大即对中共有利，但他们这时的确不能确定苏联的对华政策是否对

① 《军委关于美国对华的反动政策及我之对策的指示》，1945 年 7 月 7 日，《中共中央文件选集》第 15 册，第 179—180 页。

② 毛泽东：《愚公移山》，1945 年 6 月 11 日，《毛泽东选集》第三卷，第 1102 页。

③ 《军委关于美国对华的反动政策及我之对策的指示》，第 179—180 页。

④ 毛泽东：《赫尔利和蒋介石的双簧已经破产》，1945 年 7 月 10 日；《评赫尔利政策的危险》，1945 年 7 月 12 日。《毛泽东选集》第三卷，第 1112—1115 页。

中共有利，而能确定的只是苏联不大可能像在东欧国家那样，直接援助中共，尽管毛泽东相信“国际无产阶级的援助一定要来的，不然马克思主义就不灵了”。[①]

从抗战后期的实际情况看，中共离获得苏联直接军事援助的目标不是更加接近，而是更加遥远。这既是因为苏联对外政策的一些特点，包括试图在战后通过划分势力范围来同美国维持在东亚的合作关系；也是因为中共与苏联的关系在抗战期间出现了重大的变化，双方之间的相互信任受到相当严重的消极影响。首先是中共中央与苏联及共产国际在中共应如何执行抗日民族统一战线政策方面出现分歧，其严重性一方面是关系到中共中央的战略与路线，另一方面也涉及在中共中央到底是谁说了算。

从 1937 年 11 月 29 日王明自莫斯科飞抵延安起，中共与苏联及共产国际的分歧便以中共党内斗争的形式展开。直至皖南事变发生，中共在付出巨大的代价后，这场斗争才基本结束。苏德战争爆发后，中共中央一度拒绝了苏军统帅部关于组织八路军向华北日军发动进攻的要求。[②] 共产国际领导人为此指责了中共中央，但他们已不能再像过去那样，驱使中共中央改变其决定。这一时期尽管苏联和共产国际并不是一概不赞成中共中央的政治路线，有时甚至还给予支持，但这并没有改变双方分歧的实质，即中共中央考虑战略问题的出发点是如何维护中共党的利益；而苏联和共产国际的出发点则是如何维护苏联的战略利益。

由不同的战略利益引起的中共与苏联及共产国际之间的政策分歧，使苏联领导人对中共中央的不满逐步发展为对中共的性质产生了怀疑，这进一步导致维系双方关系的意识形态纽带被明显地削

---

① 毛泽东：《在中国共产党第七次全国代表大会上的结论》，《毛泽东在七大的报告和讲话集》，第 199 页。

② 毛泽东：《准备在战略上配合苏军作战》，1941 年 7 月 2 日；《帮助苏联红军我们决取广泛游击战的长期斗争方针》，1941 年 7 月 15 日；《八路军新四军仍立足长期斗争方针》，1941 年 7 月 18 日。《毛泽东军事文集》第二卷，第 650、651—652、654 页。

弱。1940 年秋，斯大林向即将到中国赴任的苏联军事顾问崔可夫（V. L Chuikov）陈述了他对中共的看法。他说中共主要依靠农民，对中国工人阶级的力量估计不足，这必然给中共的意识形态和政策打上“农民阶级”的“烙印”，以致它对“国际主义团结感发扬得不够”。[①] 中共的“整风运动”加深了苏联领导人的上述成见。[②] 1944 年 4 月间，斯大林在与美国官方代表的谈话中称，中共是“人造奶油”共产党，一旦经济状况改善，“他们就会忘掉这种（共产主义）政治倾向”。[③] 后来在赫尔利访问莫斯科时，莫洛托夫向前者表达了大致相同的看法。[④] 在苏联领导人看来，中共已经变成了一个爱国的农民小资产阶级政党，特别是他们实际上也没有多少实力。

中共中央在意识形态方面面临的问题更复杂。一方面，中共领导人真诚地信仰列宁主义的理论，尊奉苏共在国际共运中的权威，甚至在很多重大的国际问题上仰赖苏联的判断，并一直相信中共与苏共是命运攸关的。另一方面，他们从中国革命运动成败起伏的政治经验中越来越强烈地认识到，生搬硬套苏共夺权的理论、经验和政策，将给中共带来极大的危害，甚至会遭遇彻底失败。在思想和理论的层面，如果不能将列宁和斯大林的理论“中国化”，即建构适合中国国情的指导思想和一套可为之获得合法性的理论论述，中共就无法为中国革命运动找到走得通的道路并坚持走下去。从后来的发展看，中共领导人自己独创的理论如何能在国际共运中获得承认，从而为中共在社会主义阵营中获得合法性，竟成为推动中共中央决心与苏联结盟的重要动力。这是历史的吊诡，也是它的魅力。

---

① 〔美〕瓦·伊·崔可夫：《在华使命：一个军事顾问的笔记》，第 34 页。

② 《季米特洛夫就中国共产党内状况致毛泽东的信》，1943 年 12 月 22 日，《中共党史研究》1988 年第 3 期，第 61 页。

③ “The Ambassador in the Soviet Union (Harriman) to the Secretary of State”, Moscow, June 22, 1944, *FRUS*, *1944*, *Vol. 6*, *The Far East*: *China*, pp. 799 - 800.

④ 《赫尔利大使与斯大林大元帅的会晤》，1945 年 4 月 15 日，《中美关系资料汇编》第一辑，第 160 页。

在中共的组织层面，如果不比较彻底地清除如王明等一类苏联派来并代表苏联国家利益和按照苏共意图指导中共工作的人们的影响，中共中央与苏联的分歧就会不断引起党内斗争，如同过去反复发生过的那样，甚至会出现更严重的后果，即导致中共的分裂。从这个意义上说，毛泽东发动“整风运动”是中共与苏联关系中一个十分重大的事件，它标志着中共中央决心从根本上修正中共与苏联的关系，即无论如何，中共中央必须将中共的战略利益放在首位，也就是说要超过苏联的利益。他指责王明的错误就是坐错了椅子：“他对自己的事（指中国革命问题）考虑的太少了！对别人的事操心太多了！”①

1943 年 5 月，共产国际宣布解散，这时中共领导人的相关话语中已经反映出他们观念的重大变化。毛泽东一方面肯定共产国际对中共曾经的重要帮助，同时也表示苏联的经验是很不够用的，因为中国革命运动“是很复杂的，甚至比俄国革命还更复杂”。② 在七大讨论中共的历史经验时，中共领导人很自然地就说出了共产国际与中共的关系并不是或者不全是前者在指导和帮助后者，而是可能包括了彼此需要对方，即毛泽东所说的“他们需要我们，我们也需要他们”。③ 双方相互需要，如此而已。

由于上述种种原因，1944 年底，中共与苏联的关系其实已经相当冷淡，这一时期双方都在根据各自的判断和需要自行其是。1945 年春，由于欧洲战争即将结束和苏联明显地表现出将参加对日战争，中共与苏联的关系出现新的变化。一方面是苏联在欧洲战争大局已定的情况下已经可以转向亚洲打击日本，从而获得了相当优越的战略地位。它在此基础上经过不懈的外交努力，终与美英就东亚问题达成协议，它的对华政策也基本明朗。

① 《在历史巨人身边——师哲回忆录（修订本）》，第 263 页。

② 毛泽东：《关于共产国际解散问题的报告》，1943 年 5 月 26 日，《毛泽东文集》第三卷，第 21 页。

③ 毛泽东：《对“关于若干历史问题的决议”草案的说明》，1945 年 4 月 27 日，《毛泽东文集》第三卷，第 831 页。

在苏联当时的对华政策框架中，与处理对美和对国民政府的关系相比，中共对于苏联领导人实在不能说是一个重要的因素，它只是在如何保持中国政局稳定和必要时可以被用来制约国民政府这个层次上才被考虑到，而且看上去是有些漫不经心的，并且苏联领导人似乎没有感到有同中共中央协商的必要，甚至都没有必要知会一下。

与苏联对中共的态度形成对照的是，从 1945 年春季开始，中共中央的注意力开始更多地转向苏联的有关政策，并考虑如何发展与苏联的关系，以便利用苏联参加对日作战后可能出现的局面。这当然同中共与美国的关系出现恶化的征兆有关。4 月 18 日，在苏联宣布中止《日苏中立条约》两周后，中共中央批转了中共晋察冀分局关于准备配合苏军作战的指示。该指示的主要内容是说明，苏联废除《日苏中立条约》表明，苏联参加对日作战已经为期不远，东亚国际形势将因此发生重大变化，中共军队配合美、英、苏等盟军作战的主要方面将是配合苏军作战，战略发展方向是察哈尔北部和东北地区。为了完成这一战略转变，必须对指战员进行思想教育，包括克服对美国的盲目好感，以及相信只有苏联才是最先援助中国反对日本侵略的国家，在宣传中则要强调苏联力量很强大。[①] 这个指示是针对接近东北地区的华北根据地的，中共中央批转它表明了对这种动向的关注。

如前所述，在此后不久召开的中共七大上，中共领导人一如既往地热情赞扬苏联在二战中起了十分重要的作用，以及苏联才是决定世界政治的主要力量，“苏联，毫无疑问是朋友，是中国人民最好的朋友”，云云。[②] 也就是在这次大会期间，毛泽东第一次告诉

---

① 《晋察冀分局关于积极配合苏联作战准备工作的指示》，1945 年 4 月 18 日。

② 毛泽东：《论联合政府》，《解放日报》1945 年 5 月 2 日。毛泽东：《在中国共产党第七次全国代表大会上的口头政治报告》，1945 年 4 月 24 日；毛泽东：《在中国共产党第七次全国代表大会上的结论》。《毛泽东在七大的报告和讲话集》，第 123、218 页。

与会的高级干部，他想了很长时间的争取控制东北的计划。这个计划的本质就是要背靠苏联，打破中共根据地长期被分割包围的局面。

不过确切地说，七大期间中共中央至多是确定了或者说是在重申争取与苏联合作是一个重要的原则，而且这一重申在当时中共领导人心中有多大的实质意义值得推敲，因为他们也谈到要同其他盟国合作，甚至说“几个大国，同盟国，也要坚决地联合他们”。[①] 实际上正是在七大期间，中共领导人获知赫尔利访问莫斯科时同苏联领导人谈话的部分内容，包括苏联支持中国“民主团结”即不支持国民政府反共内战、中共是“最大的农民抗日武装”和苏联不会直接向中共提供援助等。[②] 因此，在涉及中共与苏联关系方面，除了更热情地赞扬苏联之外，七大的主调是谨慎观望并对得不到苏联援助要有思想准备。

七大期间及其以后，随着东亚国际形势的发展，特别是中苏谈判开始后，中共中央终于大致确定未来有可能争取到的与苏联合作的范围——一个相当有限的范围——如果大国之间关系没有根本性的变化的话。在抗战结束前夕，中共中央已经基本断定，苏联是不会直接援助中共的。大致是在 8 月 3 日，曾作为中共代表在重庆长期谈判的王若飞在延安做了一个形势报告，从中可以部分了解到中共领导人对中苏谈判的前景的矛盾看法和对苏联政策的分析。这个报告对中苏关系的分析同中共领导人这个时期的看法有一个共同之处，即都包含着是否可能得到苏联援助的分析视角，并据此判断苏联政策的好坏，了解这一特点对于分析中共领导人的思考是重要的。显然，王若飞在报告的有关部分对中苏谈判的结果和影响做了十分谨慎的分析和估计。他告诉与会者，中苏谈判的前途有可能是

① 毛泽东：《在中国共产党第七次全国代表大会上的口头政治报告》，1945 年 4 月 24 日，《毛泽东在七大的报告和讲话集》，第 123 页。

② 《赫尔利、斯大林谈话情形》，1945 年 5 月 7 日。

签订条约，而且中苏条约必定要同时照顾美苏双方的利益，因此不会是一个苏联支持中共反对国民党的条约，故中共对此不可心存侥幸，要准备靠自己的力量应付可能出现的复杂的国际形势。他说苏联肯定会与国民政府签约，宋子文去莫斯科是受美国人的指使，中苏条约将反映美苏之间的妥协，“不会订一个苏联自由支持共产党反对国民党的条约”。不过他也劝“大家不要焦心”，因为苏联的妥协不会越过两个界限，即不会允许美国独占中国，不会允许战后出现一个美国支持下的法西斯中国；还有就是基于共同的意识形态，苏联也不会同国民政府订立限制中共的条约。谈到意识形态时，王若飞看来很激动，他说：“讲起马列主义来，斯大林是不是会定一个限制中国人民的条件呢？决不会的！决不会的！”① 这就是中共中央这时形成的一个宏观的判断，即苏联既不会援助中共，也不会限制中共的发展。苏联这种政策对中共到底意味着什么，如何权衡其利弊，取决于中共中央在不同时期的战略重点。后来的发展表明，中共领导人也的确根据形势的变化发展做出判断和选择，这是中共与苏联关系能够进一步发展的重要原因。

显然，在抗战即将结束时，中共与苏联之间关系的发展处于一种不对称的状态。一方面是苏联在制定对华政策时，将中共放在一个并不重要的位置，如果不是基本上不主动加以考虑的话；另一方面是处理对苏关系在中共中央战略决策中的位置正变得越来越重要，但中共领导人面临的现实是他们只能在既定的和相当有限的范围内得到苏联的合作，而且这种合作也还要经过相当的努力才能实现，包括合理的政策和展现足以影响中国政局的实力。

8 月 8 日，苏联宣布参加对日战争，抗战形势急转直下。13 日，毛泽东在延安干部会议做有关苏军参战和抗战胜利后的形势报告。他在报告中说苏军参加对日作战意义重大，“外国共产党

---

① 《王若飞同志报告记录》，1945 年 8 月 11 日，存中国人民大学中共党史系资料室，编号 6442/1.4。

的军队来援助中国人民，在中国境内打击法西斯，是历史上从来没有的”。但是他在谈到中共是否会得国外援助时，却直截了当地说：国民党有美国援助，中共至今还没有得到外国援助。纵观报告的全部内容，毛泽东评价苏联参战对中共的积极意义还是比较抽象的，苏军参战有可能成为一种制约因素，使“美国不一定援助中国内战”，暂时将内战限制在“若干地方性”的范围内。至于它是否会给中共直接或间接的援助，毛泽东未做任何解释或预言。他特别强调的倒是要自力更生，“完全靠着自己的努力”。① 显然，中共中央已经断定不大可能直接从苏联得到援助，不过他们还是没有估计到，苏联对华政策相对于中共利益而言的负面影响还不止于此。

苏军宣布参战后，8 月 11 日，中共中央便提出“应集中主要力量迫使敌伪向我投降”，“我军大部迅速集中”，“猛力扩大解放区，占领一切可能与必须占领的大小城市与交通要道，夺取武器与资源”，同时也要准备应付可能发生的国共内战。② 8 月 14 日，蒋介石发电报邀请毛泽东到重庆谈判。毛泽东 16 日的回电内容不算抬头和署名共 41 个字，中心思想就是让蒋介石读一读由他起草、朱德署名并于当天发给后者的电报，以便了解中共中央的主要关切和他本人在忙些什么。③ 那份电报的主要内容是向蒋介石提出六点要求，包括中共军队正向日伪军进攻，他们有权接受日军投降，国民党应该召开国是会议和建立联合政府；另外，还要求蒋介石“公开收回”因为他“私心”太重而发出的错误命令。④ 从这一天

① 毛泽东：《抗日战争胜利后的时局和我们的方针》，1945 年 8 月 13 日，中共中央文献研究室编《毛泽东选集》第四卷，人民出版社 1996 年版，第 1124 页。

② 毛泽东：《中央关于日本投降后我党任务的决定》，1945 年 8 月 11 日，《毛泽东军事文集》第三卷，第 1—2 页。

③ 毛泽东：《关于赴重庆谈判问题复蒋介石的电报》，1945 年 8 月 16 日，《毛泽东文集》第四卷，第 1 页。

④ 毛泽东：《第十八集团军总司令给蒋介石的两个电报 · 八月十六日的电报》，1945 年 8 月 16 日，《毛泽东选集》第四卷，第 1142—1146 页。

毛泽东发出的诸多电报看，他的注意力都在中共军队如何扩大战果，直到收到斯大林那封具体日期不详的电报，才认真考虑蒋介石的来信。

日本宣布投降不久，斯大林和苏共中央接连发电报给毛泽东，敦促中共中央与国民政府谈判。斯大林这样做就是在履行苏联在与美国及国民党政府交涉中承担的义务，利用它与中共的特殊关系，促使中共接受并帮助落实美苏之间的谅解。这时苏联对华政策要解决的问题是如何使雅尔塔秘密协议和中苏条约上的条款变成现实的格局，以及如何维护自己在这个格局中的利益。这时中共中央正鞭策全军全力以赴地利用日本投降之机获得强大实力地位，毛泽东对蒋介石有关赴渝谈判之邀请没有兴趣，即使有美国人出面担保人身安全也没有用。根据毛泽东回忆，苏共中央电告中共中央说，"如果打内战，中华民族有毁灭的危险"。[①] 这段回忆是在 10 年以后了，毛泽东所谓"中华民族有毁灭的危险"是对电报内容形象的概括性的描述，苏联关于内战前途的悲观预言实际上就是指如果发生内战，存在美国直接军事干涉的可能性，毕竟美军正在中国沿海地区陆续登陆，驻华美军人数最多时达 10 万之众。不仅苏联来电如此告诫中共中央，苏联驻华使馆、东北苏军等，均相信美国极有可能在中国进行直接的军事干涉，而且结果将是中共遭受毁灭性的失败。[②] 可以设想，苏联是绝不会为了中共与美国开战的。

中共中央固然对苏联领导人要求毛泽东去重庆谈判感到不满，不过他们对战后美国是否直接进行武装干涉的关注程度，实际上超过了对苏联政策的关注，这是苏联的判断能产生实质影响的关键所在。毛泽东在 8 月 11 日指示全党工作重心是向日伪军发动进攻和夺

---

① 毛泽东：《论十大关系》，1956 年 4 月 25 日，《毛泽东文集》第七卷，第 42 页。

② 〔俄〕A. M. 列多夫斯基：《斯大林与中国》，第 299 页；《胡乔木回忆毛泽东》，第 431—432 页；《魏德迈在华任务》，1945 年 11 月 12 日；《彭真关于友人警告东北绝不能打》，1946 年 1 月 26 日。

取合法受降权的同时，顺便也提到会恢复同国民党的谈判，延安会设法缓和对蒋介石的态度。[①] 中共领导人一开始就认为，抗战结束后会有一个“过渡阶段”。它何时结束，过渡到哪里去，是和平还是全面内战？都无从确定。[②] 究其原因，中共中央对国际环境中确实存在的不确定性因素难以把握。所以，当苏联明确指出美军有介入的可能和赞成毛泽东与蒋介石直接谈判时，中共中央会重新考虑未来的战略。

8 月 23 日，在延安枣园召开了中共政治局扩大会议，共有高级干部 50 多人出席。会议一开始，毛泽东就宣布他准备接受蒋介石的邀请去重庆谈判，周恩来先行一步。他接着宣布，“我国抗日战争阶段已经结束，进入了和平建设阶段”，而且全世界都是如此。毛泽东详细分析了中共面临的国内外形势和国共的力量对比，他承认由于没有可能得到苏联的援助和未能取得受降的合法性，“我们想力争的那一批胜利果实就得不到了”，“我们没有得到大城市，没有机械化军队，没有合法地位”，而这些国民党都有，这就是中共面对的现实。当然国民党也有很多弱点，而且列强都不愿意看到国共大规模内战。

从中共七大到抗战结束，中共中央的各种战略设想都包含着对美国和苏联对华政策的判断，即美国是否援助蒋介石内战和苏联是否会援助中共革命。这方面的判断显然是中共中央当时决定恢复国共谈判的主要原因之一，同时也制约着中共中央解决政治问题的基本范围。毛泽东在这次会议上谈了他对美苏对华政策的基本判断：“在欧洲……希腊为英国所必争；在亚洲，中国则为美国所必争”，中共如占领南京上海一类大城市，“美国一定要干涉”，反之苏联“不可能进一步帮助中国革命”。所以，今后最有可能的前景是七

① 毛泽东：《中央关于日本投降后我党任务的决定》，1945 年 8 月 11 日，《毛泽东军事文集》第三卷，第 3 页。

② 毛泽东：《抗日战争胜利后的时局和我们的方针》，1945 年 8 月 13 日，《毛泽东选集》第四卷，第 1119 页。

大估计的第二种情况，用毛泽东的话说就是“大体要走法国的路，即资产阶级领导而有无产阶级参加的政府”，“现在是独裁加若干民主，并将存在相当长的时期”。[①] 经过讨论，会议决定毛泽东可以去重庆谈判，但何时出发还要见机行事。一天前，毛泽东曾给蒋介石发电报说，“兹为团结大计，特先派周恩来同志前来晋谒。”[②] 这次会议期间，毛泽东复电赫尔利说，“鄙人亟愿至渝与蒋委员长共商大计”，他让赫尔利先派飞机来接周恩来前往联络。[③]

8 月 25 日晚，中共政治局七人加上王若飞召开会议，最终决定毛泽东亲赴重庆。毛泽东即电魏德迈，表示愿意在延安见到赫尔利，然后他本人将和周恩来与赫尔利同机飞渝，“往应蒋委员长之约，一起早日协商一切大计”。[④] 当天，一大群著名中共将领搭乘美军飞机从延安前往山西太行山区机场，以便奔赴各地指挥作战。临行前毛泽东告诉他们，不要担心他在重庆的安全，回到前方“放手打就是了”，“打得越好，我越安全，谈得越好”。[⑤] 国共两党积怨太深，彼此几乎没有任何信任，中共领导人相信重庆谈判会有结果，更多的是基于对国际形势的判断，笃信中国的事情总是要受世界政治的影响，随着国际上大国关系的变化而变化。

第二天，毛泽东在政治局会议上通报了他决心亲往重庆谈判的决定。他说尽管存在出现险恶后果的可能性，如他被软禁等，但从各方面情况看，“这次去重庆是可以解决一些问题的”，因为美、英、苏“三国过问，三国都不愿中国打内战”。[⑥] 中共中央随后发

---

① 毛泽东：《抗日战争胜利后的新形势和新任务》，1945 年 8 月 23 日，《毛泽东文集》第四卷，第 4—8 页；《胡乔木回忆毛泽东》，第 396 页。

② 毛泽东：《关于赴重庆谈判问题复蒋介石的电报二》，1945 年 8 月 22 日，《毛泽东文集》第四卷，第 1—2 页。

③ 《毛泽东文集》第四卷，第 12 页。

④ 逄先知主编《毛泽东年谱 1893—1949》下卷，第 13 页。

⑤ 逄先知主编《毛泽东年谱 1893—1949》下卷，第 13 页。

⑥ 毛泽东：《赴重庆前在政治局会议上的讲话》，1945 年 8 月 26 日，《毛泽东文集》第四卷，第 15—16 页。

布通知，告知全党毛泽东要去重庆谈判，由于美、英、苏“均不赞成中国内战”，谈判后国民党可能“有条件承认我党地位，我党亦有条件承认国民党的地位”，从而使中国进入“和平发展的新阶段”。[①] 28 日，毛泽东等同以身家担保来延安的赫尔利一起飞往重庆，然后同蒋介石和国民党代表谈了很多天。

10 月 10 日，国共代表在重庆签署了《国民政府与中共代表会谈纪要》。第二天下午，毛泽东飞回延安，当天即向中共政治局会议报告了谈判的经过，并对此次谈判达成的《双十协定》做出积极评价。与会者一致同意毛泽东等在重庆的行动和决定。

从毛泽东等参加重庆谈判的过程看，他们提出的谈判方案基本上没有超出七大的设想。中共在谈判中提出的方案实际上是回到了 1942 年夏季关于建立民主共和国的设想，只是更为具体和完整。这再次反映了中共中央对美苏合作将对中国政局产生何种影响的分析和判断。中共领导人思考有关问题的基本逻辑是一贯的。根据中共领导人在七大期间的估计，首先是苏、美、英的合作关系还会继续下去，不可能爆发反苏的第三次世界大战，而现在既然“苏美英均不赞成中国内战”，国民党固然很难发动内战，中共也需要做重大让步。[②] 其次是美苏的对华政策，苏联不会援助中共，即“国际无产阶级长期不援助我们”，尽管从理论上说那是“一定要来的”；以及还有可能“出了斯科比，中国变成希腊”，即美国直接参加反共内战。[③] 合乎逻辑的是，既然美苏均承认蒋介石政权并要求和平解决国共矛盾，中共也就必须走和平发展的道路，更何况中共是力量弱小的一方，尽可能避免或推迟内战是合理的选

① 毛泽东：《中共中央关于同国民党进行和平谈判的通知》，1945 年 8 月 26 日，《毛泽东选集》第四卷，第 1153 页。

② 毛泽东：《中共中央关于同国民党进行和平谈判的通知》，1945 年 8 月 26 日，《毛泽东选集》第四卷，第 1153 页。

③ 毛泽东：《在中国共产党第七次全国代表大会上的结论》，1945 年 5 月 31 日，《毛泽东在七大的报告和讲话集》，第 194 页。

择。在当时的条件下要避免内战，做出妥协是不可避免的。

通观这个时期中共中央的对外政策和与之相关的行为，可以大致鉴别出中共与国民党的根本不同之处就在于中共领导人将立足点放在自己的组织力量之上，尽管它也渴望并从未放弃任何机会从国外也包括从美国人那里争取到支持和援助。这同中共的处境有直接的关系，与国民党相比，外交可以说是中共的最薄弱环节。在抗日战争即将结束时，中共与外部世界几乎失去了联系。它与美国原本就十分脆弱的关系濒临破裂；与苏联的关系也相当冷淡，以致无法知道斯大林与国民政府之间的协议内容；当然，与亚洲其他国家更谈不上来往。面对抗战结束时来自外部世界的巨大压力，中共中央的反应则是特别强调"自力更生"的重要性。毛泽东在 8 月 13 日召开的延安干部会议上指出，国民党有美国人的帮助，中共则没有得到外国的援助，至于将来如何，他未做任何预言，只是强调中共的方针要"放在自己力量的基点上"。[①] 从后来的情况看，毛泽东当时不只是担心国际形势给中共造成的客观困难，而且特别担心它会给中共党内带来失败情绪。在 8 月 23 日的政治局扩大会议上，毛泽东预言了种种困难后强调说："决定性的一点是我们内部的团结，只要我们团结一致，敌人是不能压倒我们的。"[②] 这种"内向"的倾向在当时对中共的战略是必要的，对后来的影响也是巨大的。

铁幕落下之时

1946 年 3 月 5 日，在中国的重庆、延安，在美国的富尔敦和华盛顿，在苏联的克里姆林宫等地方，都发生了一些后来被证明不

① 毛泽东：《抗战胜利后的时局和我们的方针》，《毛泽东选集》第四卷，第 1132 页。

② 《胡乔木回忆毛泽东》，第 398 页。

仅意义重大而且相互有密切关联的事件。

这一天，在美国的富尔敦，英国前首相丘吉尔应杜鲁门的邀请并在其陪同下，前往威斯敏斯特学院发表演讲，题目是《和平砥柱》，用无线电向全美国还有英国直播。一开场，杜鲁门介绍说丘吉尔是“当代伟人之一”，请他来这里演讲是因为“信仰言论自由”；丘吉尔则说演讲“只代表自己”，是阐述根据他“一生的经历”形成的对世界的看法。在随后的演讲中，丘吉尔赞美“美国此刻正高踞于世界权力的顶峰”，更重要的是它面对“一个庄严的时刻”，并“对未来负有令人敬畏的责任”，因为战后世界正面临“两个可怕的”威胁：“战争”与“暴政”，而且后者看上去更严重。他说：“从波罗的海的什切青到亚得里亚海边的得里雅斯特，一副横贯欧洲大陆的铁幕已经降落下来”，铁幕那边都被斯大林置于苏联的控制之下，而且铁幕这边的很多国家中还建立了“共产党第五纵队”。所以现在需要“做出解决问题的安排”，否则“我们大家确实都要在浩劫中被毁灭了”。[①] 3月13日，就在丘吉尔呼吁美国担任遏制苏联的“中流砥柱”一周后，斯大林对《真理报》记者发表谈话，谴责丘吉尔和“他的朋友非常像希特勒（Adolf Hitler）”，并说丘吉尔的富尔敦演讲是“号召同苏联进行战争”。[②] 后来史家均认为冷战的帷幕从此被揭开了。

这一天，在美国的华盛顿，美国国务院给美国驻莫斯科使馆代办凯南（George Frost Kennan）发了一份电报，指示他要明确地告诉苏联方面，美国希望在中国的国民政府完成接收东北以后，中苏之间再通过谈判解决双方在东北的经济问题。[③]

---

① 转引自该书编委会编《战后世界历史长编1946年》第一编第二分册，上海人民出版社1976年版，第44—50页。

② 《斯大林文选》下卷，人民出版社1979年版，第462—463页。

③ “The Secretary of State to the Charge in the Soviet Union (Kennan)”, Washington, March 5, 1946, 8 p.m., *FRUS, 1946, Vol. 10, The Far East: China*, p. 1114.

这一天，在中国的陪都重庆，国民政府公开发出了给苏联政府的照会，声明拒绝苏联在东北经济问题上的要求。此前一段时间，重庆等一些城市爆发了反苏的游行示威，国民党六届二次全会上也出现很多对苏联和中苏条约的指责。当天的照会则表明，在美国的鼓舞和支持下，国民政府终于下决心不再同苏联谈判解决东北经济问题。随之而来的必然会是中苏关系再次恶化，对国民政府而言，后果可谓不堪设想。

这一天，在苏联的莫斯科，苏联与伊朗的谈判正式结束，双方未能就苏军撤出伊朗的有关问题达成协议。第二天，凯南奉命照会苏联外交部称，美国对苏联在伊朗违反德黑兰协议和《联合国宪章》的行动“不能漠不关心”。[①] 尽管伊朗谈判代表又应邀在莫斯科逗留了几天，苏联仍然不肯承诺从伊朗撤军。杜鲁门随后告诉哈里曼他当时的感觉：美国“也许要跟俄国人在伊朗问题上发生战争”。[②] 这时，美国“密苏里”号战舰接到命令要驶往伊斯坦布尔，并有特混舰队同行，说是为了接土耳其驻美国大使的遗体回到故土。

这一天，在中国的延安，美国特使马歇尔（George Catlett Marshall）上午乘飞机离开那里，周恩来与他同机前往武汉视察停战。毛泽东等中共高级领导人早起亲往机场送行，与他握手告别。马歇尔对中共领袖们表示感谢，说“我们的会晤是具有历史意义的”。毛泽东则说，他“衷心感谢”马歇尔“帮助中国人民和平、民主、团结、统一事业的努力”。[③]

马歇尔飞走不久，刘少奇就起草了中共中央给东北局的指示，说国共在东北的对抗与冲突“还将继续一个时期”，因为苏联要求在东北进行经济合作，美国和国民政府都不同意，并在全中国

---

① 转引自李春放《伊朗危机与冷战的起源（1941—1947）》，社会科学文献出版社 2001 年版，第 277 页。

② Herbert Feis, *From Trust to Terror: The Onset of the Cold War, 1945 – 1950* (New York: Norton, 1970), p. 83.

③ 逄先知主编《毛泽东年谱 1893—1949》下卷，第 58 页。

“煽动反苏运动，苏军亦推迟撤兵，故东北外交问题一时还难于解决”，所以东北的内政问题“暂时亦将不能解决”。不过，他估计到 5 月的美、苏、英、法四国外长会议就会有“解决此问题之可能”，那以后国共的“妥协才会有可能”。[①] 这表明中共领导人还是相信，东北的前途首先取决于外交，取决于美苏关系的发展，而美苏之间还是要妥协的，因此国共之间也还是要妥协的。

可以肯定的是，中共领导人在 3 月 5 日那一天还不可能知道世界其他地方发生的各种事情。他们同样不知道，后来名声显赫的凯南已经在两周前给华盛顿发去了一封有 8000 字的“长电报”，敦促美国政府要遏制苏联。一种新的世界政治形态——冷战——已经酝酿成熟，呼之欲出，后来的发展证明，它几乎立刻就影响了中国的局势。

回过头来看，从 1945 年末到 1946 年 3 月 5 日这一天，国共看来还是有机会再次达成协议来避免内战的，因为一方面美苏再次协调了它们的对华政策，即都承认蒋介石在中国的领导地位以及认可在美国的参与下通过政治谈判解决国共的纷争；另一方面，国共双方也都认为，通过政治谈判解决问题是可取的，也是难以避免的，在最低限度上说，立刻打仗对双方来说也都胜算不大。中共中央根据对美苏对华政策的判断，也愿意做出妥协，至少也在有意地尝试找到政治解决国共矛盾的办法。不过，任何机会都是相对于特定时空中的特殊条件而言的。肯定国共存在过达成协议、避免内战的机会，是相对于当时中国内外的形势和国共两党的意图与政策而言的。随之而来的问题是，哪些条件变化以及它们相互影响到何种程度导致中国全面内战爆发，以及中国内战对中共中央对外政策的影响。在冷战与中国内战的框架下探讨这个问题，其核心就是探讨中国内战爆发与美苏冷战爆发之间的关系，以及中共中央在追求自己

---

① 中共中央文献研究室编《刘少奇年谱 1898—1969》下卷，中央文献出版社 1996 年版，第 24—25 页。

的战略目标时是如何认识和利用冷战的兴起和美苏政策的调整的。这对理解新中国成立前后的中国对外政策是十分重要的，因为在这个过程中发生的很多事情结合在一起，曾经导致毛泽东等中共领导人对世界政治认知的摇摆不定。

前述抗战结束到重庆谈判是一个很特殊的阶段，蒋介石与毛泽东在重庆达成的《双十协定》毋宁说是抗战后期一系列外交折冲与国共政治运作相互影响的结果，只不过抗战突然结束，才使这个协定诞生于战争结束不久。雅尔塔秘密协议和中苏条约作为《双十协定》的国际背书，基本上都是在战争时期达成的。当时取得战争胜利是压倒一切的目标，那些国际协议中的许多重要内容必定要受到军事考虑的影响，具体地说，就是如何能尽快付出较小的代价来打败日本。美苏领导人也清楚，为打赢战争做出的许多安排在战后很可能产生重大的政治后果，他们选择的解决办法通常都是权衡战时和战后双重需要的结果。具体到中国，美苏分别面临的问题千差万别，各种复杂的考虑交织在一起，而它们选择的解决办法有时甚至是相互冲突的。所谓“蒋之下的和平”作为一种政治安排，其背景是美苏对各自战略利益的盘算和协调，即双方承认中国的主权与领土完整，在此前提下苏联承认美国在战后中国政治中居主导地位，美国承认苏联在中国东北地区享有经济和军事方面的优越权益。① 换句话说，美苏解决国共问题的办法是基于对各自战略利益的考虑。一旦它们对各自获得的战略利益不满足，或认为对方超越了界限，双方关系必定出现动荡，并最终冲击到国共争端的解决。

另一个非常重要的方面是美苏都是全球性大国，它们在其他地

① 参阅本书编译组编《德黑兰 雅尔塔 波茨坦会议记录摘编》，第160—162、165、236—253页；〔苏〕萨纳柯耶夫、崔布列夫斯基编《德黑兰、雅尔塔、波茨坦会议文件集》，北京外国语学院俄语专业、德语专业1971届工农兵学员译、教师校，三联书店1978年版，第257页；〔美〕W. 艾夫里尔·哈里曼、伊利·艾贝尔：《特使：与邱吉尔、斯大林周旋记》，第413—414、424、444—446页。

区存在着重要的战略利益，而且在有些地区的战略利益（如在欧洲）大大超过在中国的。它们的对华政策变动有时并不是基于对中国政局变动的思考与反应，而是受到它们在其他地区的关系的牵动，美苏在其他地区的关系恶化有时会导致它们在中国采取相互敌视甚至对抗性的行动。就这个时期的情况而言，美苏在考虑各自的对华政策时，的确对中国内部问题给予相当深切的关注，但并不是因为国共争端本身对它们有什么特别重大的意义。它们的着眼点是避免因国共斗争导致它们之间的军事冲突，并争取在既定的格局中尽可能地限制对方。换句话说，如果美苏认为没有必要和没有可能因为国共争端而导致它们之间的战争，以及不至于因对方利益扩展而严重损害自己的基本利益，它们其实并不会对国共争端给予特别的关注。国共两党谁首先认识并把握住这个特点，并具有利用此一特点的基本条件和能力，谁就更有可能从中获利。

美苏之间的相互限制政策在国共达成《双十协定》后不仅没有改变，反而在进一步加剧，最具象征性的是在东北的苏军和在华北的美军事实上形成的军事对峙。

抗战结束后，大批美军陆续在中国登陆。到 10 月间，驻华美军人数已达 11 万之众，其中大部分驻扎于华北。美军声称驻扎华北的理由是解除那里日军的武装和安排遣返，实际上他们也是在阻止中共受降，帮助国民政府争夺和控制交通要道，后来还帮助国民党军队向东北运兵。为了达到上述目的，美军甚至还要利用投降的日军来站岗放哨，以协助保护交通线。美军扮演的角色不仅加剧了国共之间的紧张气氛，而且华北美军不断与中共军队发生军事冲突，更严重的是导致苏联开始怀疑和担心驻华美军的意图。当时魏德迈正在中国考察军事形势，苏联方面将国民政府在东北的外交行动与魏德迈访华联系在一起，认为魏德迈使命“极其庞大，有垄断全（中）国，甚至有侵入东北的企图”。[①]

---

① 《魏德迈在华任务》，1945 年 11 月 12 日。

11 月中旬，魏德迈向华盛顿发回相当悲观的报告。他报告说，如果美国对华政策的目标是帮助蒋介石统一全中国，那就必须大幅增加驻华美军的数量，并冒介入中国内战甚至同苏联发生战争的危险。而另一个选择只能是争取与苏联及中共达成协议，否则国民政府根本不可能控制东北和华北地区。[①] 马歇尔的看法比较准确地反映了美国决策层对中国局势的反应，他当时还在华盛顿任美军参谋长。他在一次讨论中国局势的会议中说，如果中国因为国共内战而四分五裂，而苏联又利用这种形势控制了东北，那么美国就失去了"参加太平洋战争的主要目标"。另外，如果是美国自己动手拯救国民政府，那就意味着美国实际上"不得不接管中国政府"，美国由此将"承担起无尽无休的义务"，中国也将因此成为一个"国际冲突的角斗场"。[②]

从 11 月中旬开始，杜鲁门政府经过反复讨论权衡之后，最终选择了罗斯福没有走通的老路，即通过调处促使国共双方用政治手段解决争端。这样做既是为了挽救国民政府面对的危局，也可以帮助美国摆脱困境，使美军尽早从中国脱身，并避免在中国与苏联发生直接对抗。美国这个时期多次向苏联保证，驻华美军特别是在华北地区的美军在完成遣返日军后将撤出中国，尽管尚不能定出时间表。[③]

12 月 15 日，杜鲁门公开发表美国对华政策声明，他说美国

---

① 《魏德迈将军的报告》，《中美关系资料汇编》第一辑，第 191—192 页；"The Commanding General, U. S. Forces, China Theater (Wedemeyer) to the Chief of Staff, United States Army (Eisenhower)", Shanghai, November 20, 1945; Shanghai, November 23, 1945; Chungking, November 26, 1945, *FRUS*, *1945*, *Vol. 7*, *The Far East*: *China*, pp. 650 - 660, 663 - 665, 679 - 684。

② "Memorandum by the Director of the Office of Far Eastern Affairs (Vincent) to the Secretary of State", Washington, December 10, 1945, *FRUS*, *1945*, *Vol. 7*, *The Far East*: *China*, pp. 763 - 764；〔美〕沃尔特·拉弗贝：《美苏冷战史话》，游燮庭等译，商务印书馆 1980 年版，第 39—40 页。

③ 《美英苏三国外长谈话备忘录》，1945 年 12 月 9 日，《中国近代对外关系史资料选辑》下卷第二分册，第 317—323 页。

的政策是国共立即停止敌对性的军事冲突，召开有中国各主要党派参加的协商会议解决目前的纠纷，促成中国统一。为了实现统一，国民政府的基础必须扩大，容纳其他党派参加。政府改组后，中共应将其“自治性军队”统编于政府军队中。杜鲁门强调，一切同盟国家均承认国民政府是中国唯一合法的政府，是中国统一的基础。不仅是美国，苏联也同样有义务保证中国的统一，包括将东北归还中国。他还为美军继续留在华北进行了辩解，并保证美国对国民政府的支持“不会扩展至以美国军事干涉影响中国任何内争的过程”。①

就在美国政府内部讨论对华政策时，东北苏军司令部于 10 月开始同国民政府任命的东北行营谈判国民政府接收东北问题和那以后双方在东北的关系，双方的谈判很不顺利。苏军遂在从东北逐步撤出时，阻止国民党军队接收，并鼓励进入东北的中共军队占领苏军撤出地区。② 国民政府为了向苏联施加压力，于 11 月初中断同东北苏军的谈判，宣布撤退在沈阳的东北行营，同时命令杜聿明指挥的部队进攻山海关的中共守军。这些措施招致苏方的反击，苏军立即停止撤出，并迅速南返占领沈阳和其他一些战略要点。苏联同时向国民政府提出，在撤军前即开始谈判解决东北经济问题。苏军延缓撤军表面上是应国民政府的要求，在国民党军队无力跟上苏军后撤步伐进行接收时，暂时代为管理大城市和交通要道，实际上则是要防止美军进入东北，并造成迫使国民政府在经济谈判中做出让步的局面。

为了防止美军借机进入东北，苏联一方面动用东北苏军控制交通要道，不允许任何运送国民党军队的美军舰在东北港口停靠，也

① 《杜鲁门总统关于美国对华政策的声明》，1945 年 12 月 15 日，《中美关系资料汇编》第一辑，第 628 页。

② 《东北局关于与苏军交涉经过给中共中央的电报》，1945 年 10 月 8 日；《辰兄态度积极关系皆好》，1945 年 10 月 25 日；参阅《彭真传》编写组编《彭真年谱 1902—1997》上卷，中央文献出版社 2002 年版，第 302—303 页。

不允许运送国民党军队的美军机在东北机场着陆；另一方面，苏联也迅速采取措施缓和中苏关系，以便消除美国干预东北问题的借口。苏联向国民政府表示了改善中苏关系的愿望，愿意在东北经济问题上让步，并重申在中苏条约中阐述的对国共争端的立场，以及不反对美国调处国共争端的努力等。[①] 苏联否认曾向中共军队提供援助，东北苏军同时要求中共军队配合苏联的政策，退出所有大中城市，并沿铁路两侧后撤 50 公里，中共所属各机关也必须撤出。[②] 在 12 月下旬召开的莫斯科外长会议上，莫洛托夫重申了以往的有关承诺，即承认蒋介石与国民政府的合法地位，以及东北苏军将按时撤出等。[③]

这个时期美苏在中国的关系简而言之就是美国要通过促成国共妥协、实现中国统一来限制苏联；苏联则企图通过控制东北经济，从根本上阻塞美国向那里渗透的渠道。这种限制与反限制的关系之所以以美国斡旋国共谈判的方式出现，深层原因包括美苏都不希望因为中国问题而卷入直接的军事冲突，甚至不希望保持长期的军事对峙。12 月 27 日，美、英、苏莫斯科三国外长会议发表公报，宣称三国外长一致同意，作为战时“四强之一”的中国“必须在国民政府之下建立一个团结而民主的中国，国民政府的各部门必须广泛地由民主分子参加，并且内战必须停止。他们重申不干涉中国内政的政策”。公报还说，美苏两国外长在尽快从中国撤军的问题上“彼此意见完全一致”。[④]

国民政府在美苏的折冲中扮演着相当重要的角色，蒋介石的真正悲剧或许就在于这种角色使他更加以为，国民政府在东亚战略中

① 《斯大林同志同蒋介石的私人代表蒋经国的会谈记录》，1945 年 12 月 30 日，引自〔俄〕A. M. 列多夫斯基《斯大林与中国》，第 24—25 页。

② 《满洲不许作战》，1945 年 11 月 20 日。

③ 《美英苏三国外长间谈话备忘录》，1945 年 12 月 23 日，《中国近代对外关系史资料选辑》下卷第二分册，第 322—323 页。

④ 《莫斯科会议的讨论》，《中美关系资料汇编》第一辑，第 185—186 页。

地位特别重要。这是一种虚幻的感觉，它蒙蔽了对真实情况的认知，即国民政府实际上并不具备有效影响这个时期美苏在东亚博弈的实力和能力。中国在二战中虽然被列入“四强”，但在列强眼中它仍然是一个可以也应该被它们摆布的对象，要改变列强的这种几乎是根本性的认知偏差是需要时间和付出代价的。不过蒋介石当时并不这样认为，他似乎相信杜鲁门政府制定的对华政策在支持国民政府统一国家方面，在原则上是没有问题的。[①] 美国人的问题是他们看上去还不够坚定，主要原因并不是国民政府统治中国这件事情对美国不具有战略重要性，而是他们对苏联和中共的野心缺乏更深刻的认识。只要认识上去了，美国人就会全心全意地支持和援助国民政府。蒋介石的看法并非没有根据，在重庆谈判期间，中共就发出通报说过，“美人对我同情者很多，美机为蒋运兵事，在美国来华访问团中颇有不满者”。[②] 后来，马歇尔在 3 月初的表现还被蒋介石认为是证明了他的这个看法，他说马歇尔对苏联和中共的阴谋的认识正在加深。[③]

蒋介石在这方面比美国人要认识深刻，他将中共视为心腹大患与他在苏联支持下获得成功的亲身经验有很大关系。当年局促于广东一隅的国民党是靠与中国毗邻的苏联的支持和军事援助才得以迅速崛起，并发动了北伐战争，最终取得了全国政权。1926 年夏天，蒋介石本人在北伐军攻占长沙之后曾经声称：“革命要成功，就必须联俄以推翻帝国主义……中国革命是世界革命的一环。”[④] 现在中共犹如当年的国民党，不同的是“联俄”以针对国民政府而已。如果他们真的也得到苏联的支持特别是军事援助，国民政府有可能万劫不复，重蹈北洋军阀之覆辙。所以还需要花时间和运用外交、

---

① 国民党中央执行委员会宣传部：《国民党对杜鲁门对华政策声明之分析》，1945 年 12 月 23 日，中国人民大学中共党史系资料室，编号 5/60453. 2100。

② 《中情部关于国民党要求苏军缓撤及美国对我态度的通报》，1945 年 9 月 20 日。

③ 古屋奎二编《蒋总统秘录》第 14 册，中央日报社 1980 年版，第 28 页。

④ 转引自〔美〕陶涵《蒋经国传》，林添贵译，华文出版社 2010 年版，第 32 页。

政治等谋略来促使美国人特别是美国总统特使马歇尔早日提高觉悟，这样才能让他们一心一意地支持国民政府“军令政令统一”。国民政府遂决定按照美国的建议恢复国共谈判。

在同意恢复国共谈判的同时，国民政府也开始缓和同苏联的关系，恢复同东北苏军的谈判。1945 年 11 月中下旬，蒋介石等在撤退东北行营后便指示负责东北经济事务的张嘉璈，如果中苏关系有可能缓和，就同苏方谈判经济合作。[①] 12 月，蒋经国奉命访问莫斯科。他在与斯大林会谈时，进一步保证绝不会将东北作为反苏基地，中方将不在中苏边界地区驻军，并愿意与苏联在东北进行经济合作，接受苏联在那里拥有“优势地位”。国民政府的条件主要是两个：一是苏联要努力促使中共在谈判中做出妥协；二是东北苏军延缓撤出，以便协助国民党军队接收东北。[②] 国民政府这样做一方面是因为苏联已经提出，双方在东北实行经济合作是解决其他问题的先决条件，当然苏方也做出愿意让步的姿态。这时国民政府已经无法回避这个问题。另一方面，从山海关一路打进东北的国民党军队攻占锦州后，暂时已经没有力量向北进攻，在中共军队已经大批进入东北并控制很多地方的情况下，国民政府有必要以国际协议为根据，争取苏联在接收大城市和交通要道方面给予协助。所以，在中苏关于东北经济的谈判中，国民政府曾经有意通过一些让步，换取苏联保证它能顺利接收东北。

蒋经国访问莫斯科以后，中苏关系的确一度出现改善的迹象。苏联领导人将注意力集中于东北的中苏经济合作谈判，他们不仅没有干扰马歇尔调处，而且还利用其影响促使中共中央下决心停战。斯大林就有些得意地告诉在莫斯科访问的蒋经国，苏共中央曾经要求毛泽东去重庆谈判，由于出乎意料，这在中共领导人“中间引

---

① Donald G. Gillin, Ramon H. Myers eds., *Last Chance in Manchuria: The Diary of Chang Kia-Ngau*, (Stanford: Hoover Institution Press, 1989), pp. 118 - 119.

② 《斯大林同志同蒋介石的私人代表蒋经国的会谈记录》，1945 年 12 月 30 日，第 14—29 页。

起了很大的混乱”。[①] 他的意思无非是苏联与中共并没有密切的关系，更没有战略层次的协调，苏联将按照自己的意愿采取行动而不必且也没有事先知会延安方面。在 1945 年末恢复国共谈判以后，重庆的苏联驻华使馆曾经回避、拒绝与中共代表协调立场。中共中央一度希望由苏联充当“东北之马歇尔”，以便“以夷制夷”，防止美国人在调处中偏袒国民党。[②] 苏联方面始终拒绝中共的邀请，拒绝直接参与。苏联驻华大使彼得罗夫甚至佯装有病，以避免与中共谈判代表会见。[③] 此时苏联与中共之间关系竟尴尬如斯，多年后读来也还是觉得情何以堪。共同的意识形态并不足以成为双方关系的主要基础，在那时就初露端倪了。1 月上旬营口战斗爆发后，马歇尔提出派军调小组进入东北。中共中央当时能够接受这个建议，也是因为得到苏联的赞成。[④] 显然，由于美苏关系、中苏关系等均在缓解，此前苏联关于不允许东北有大批国民党军队存在和不允许美军进入东北的方针等，都有所松动。

上述种种便是中共中央在重庆谈判后不得不面对的基本问题。重庆谈判与《双十协定》签订以后，虽然国共很快在华北和东北发生了大规模的军事冲突，不过中共中央仍然认为，今后 6 个月是向和平过渡的阶段，“和平、民主、团结、统一，这是我党既定方针，也是国民党被迫不得不走的道路，这在双十重庆协定上已经规定下来”，当前反击国民党军队在华北的进攻并争取控制东北，争取更多的军事胜利等，就是为了和平能够更早地实现。[⑤] 这个基本

---

① 转引自张盛发《斯大林与冷战》，中国社会科学出版社 2000 年版，第 103 页。

② 《中央关于停战、受降、恢复交通等问题给重庆代表团的指示》，1946 年 1 月 2 日；《中央关于提议英国苏联参加国共谈判问题的指示》，1946 年 1 月 3 日。

③ 参阅张盛发《斯大林与冷战》，第 104—105 页。

④ 《中央关于东北停战谈判情况致东北局电》，1946 年 2 月 12 日，中央统战部、中央档案馆编《中共中央解放战争时期统一战线文件选编》，档案出版社 1988 年版，第 76 页。

⑤ 《中央关于过渡时期的形势和任务的指示》，1945 年 10 月 20 日，《中共中央文件选集》第 15 册，第 371—372 页。

判断和决策对理解中共中央后来恢复国共谈判的决定是很重要的。但是，就是在这个时期，中共在争夺华北和东北地区的控制权时，分别同美国和苏联形成了带有战略性的对抗与合作，中共对外关系的基本格局这时正隐然成型。

中共与美国最初的对抗发生在华北地区。抗战结束不久，中共同美国就在华北地区形成了事实上的战略冲突，而且军事对峙的程度是相当尖锐的。在对战后的战略构想中，中共中央必须将主力向华北和东北集中，造成背靠苏联控制大片根据地与国民政府分庭抗礼的局面。早在 1942 年 7 月，毛泽东在给正经山东回延安开会的刘少奇的电报中说：日本战败后，中共有可能全部集中到东北三省去，“方能取得国共继续合作的条件”。他告诉正在利用路过的机会加强指导山东根据地工作的刘少奇要对此保密，“不须对任何人说”。[①] 七大期间，战后争取控制东北在中共领导人中已经成为相当突出的战略考虑。他们认为如能控制东北地区，就能根本改变中共长期被包围的态势。照毛泽东的话说，就是“如果东北能在我们领导之下，那对中国革命有什么意义呢？我看可以这样说，我们的胜利就有了基础，也就是说确定了我们的胜利”。[②] 毛泽东在赴重庆之前，中共中央已经大致确定了要向北收缩力量，并随即开始向东北调兵遣将。[③] 重庆谈判结束不久，中共中央一度提出控制华北、夺取整个东北的战略方针。[④]

9 月中旬，中共中央在调动军队抢先进入东北的同时，在华北沿海地区很快就同美军进入剑拔弩张的状态。9 月下旬，西太平洋地区的美国海军陆战队根据同国民政府达成的协议，开始在华北沿

---

① 毛泽东：《山东有可能成为战略转移的枢纽》，1942 年 7 月 9 日，第 434—435 页。

② 毛泽东：《在中国共产党第七次全国代表大会上的结论》，1945 年 5 月 31 日，《毛泽东在七大的报告和讲话集》，第 218—219 页。

③ 《中央关于迅速进入东北控制广大乡村和中小城市的指示》，1945 年 8 月 29 日，《中共中央文件选集》第 15 册，第 257 页。

④ 《中央关于全力控制东北拒止蒋军登陆着陆给东北局的指示》，1945 年 10 月 28 日。

海的一些重要港口登陆。美军在中共夺取东北的战略刚刚展开、国共在华北的武装冲突正达到高潮之际，抢占华北的海陆交通要道，直接威胁了中共夺取东北的战略，因此中共势必要在华北地区抵抗美军介入。这种态势的出现可以说是双方战略对抗的起点。

这个时期，中共军队已经同美军时有冲突。8 月 30 日，魏德迈曾经当面向在重庆谈判的毛泽东抗议在徐州附近的中共军队打死美军上尉军官一名，俘虏士兵三人，以及中共军队对迫降的美军飞行员“态度不友好”。从谈话记录中可以看出，魏德迈十分恼怒，认为事态“是极为严重的”。毛泽东提出在美军进入中共控制地区前“最好事先通知”，魏德迈当即予以拒绝。他表示“不能接受”且无此“必要”，并要求毛泽东保证“不再发生类似事件”。毛泽东则答应进行调查，如属实“当深致歉意”。① 中共中央随后即向有关部队发出指示，要求立即释放扣押的美军人员。毛泽东这次对魏德迈算是礼貌有加，但依他从不甘为人下的个性，魏德迈这种抗议方式在当时肯定会极大地增加他对美国人的厌恶感，这是导致他后来对驻华美军人员极为反感、用语尖刻的直接原因。

自 9 月下旬开始，中共中央越来越关注美军在华北沿海登陆后的动向。当时中共中央已经在采取措施，避免同进入华北地区的美军发生冲突，因为中共领导人最不愿意看到的就是美军参加到国共冲突中。另外，他们也从相关部门获悉，美国人中对中共“同情者很多”，对美国援助国民党军队运兵“颇有不满者”，赫尔利回国后不会再来重庆。② 换句话说，中共中央在美国对华政策处于调整阶段时，是有运用策略加以影响的可能的。中共中央通知华北各部队，“对美外交极宜谨慎，方针仍是避免与美军事冲突”，对美国人民仍采取合作态度。在前线碰到美国军民，应不予扣留，不加伤害，不收缴其武器和通信器材。如果美军人员与国民党特务一起

---

① 《魏德迈与毛泽东谈话要点备忘录》，1945 年 8 月 30 日。

② 《中情部关于国民党要求苏军缓撤及美对我态度的通报》，1945 年 9 月 20 日。

到解放区活动，仅扣留国民党特务，“勿牵及美人”。对各处所扣美军人员立即“送人出境”、枪械和通信器材等“立即发还”。①

中共领导人当时最关注的是华北渤海湾地区的海上通道，因为中共可以而且事实上也正通过这里向东北海运部队。8 月末，中共领导人已经获知美军要在华北沿海地区登陆，他们认为这将对夺取东北的战略造成严重影响，故提醒有关部队加快渡海进入东北的准备。中共山东分局随后即指示所辖各地区，告知渤海湾的局势“有关远东大局一切应谨慎从事”，必须做好准备以应付与美军的关系，如美军在这个地区协助国民党军队进攻，必须进行抗议，“但硬不硬到引起武装冲突来”。②

9 月末，中共领导人特别提醒山东分局，根据已获得的情报，美军即将在烟台、威海、秦皇岛等地登陆。延安这边已经在采取外交行动，主要是通过美军观察组向驻华美军指挥部表达反对美军登陆进入中共巩固控制地区。如美军登陆，各地区的守军应避免与之发生军事冲突，并以善意接待之。如登陆美军进行武装挑衅，请迅速向延安报告。此后，中共中央又连续向各地区中央局发布指示，要求各部队在遇到登陆的美军时，应“以主人态度”予以欢迎，避免发生军事冲突；同时各部队必须照常掌握驻地行政和治安管理权，如遇美军向我方开枪开炮，拘捕我方人员和占领我方阵地，以及携带国民党军队登陆，应向中央详细汇报并加以公布，“以便采取对策”，但在行动上“必须忍耐一些”。③

显然，中共领导人最初并不能确定美军将采取何种行动，他们

---

① 《中央关于对美外交政策给各局各区各部队的指示》，1945 年 9 月 25 日。

② 《山东分局关于对付美军登陆的各项准备工作及外交政策方面的问题给各区的指示》，1945 年 9 月 2 日。

③ 《中央关于美若登陆烟台等地我应避免冲突给林浩同志、山东分局的指示》，1945 年 9 月 30 日；《中央关于美军登陆后我之对策的指示》，1945 年 9 月 29 日；《中共中央文件选集》第 15 册，第 302 页。

希望能有时间进一步观察和了解美军的意图，所以只要求有关部队必须比较克制。不过，这个观察期持续的时间并不长。如前所述，到 10 月上旬，国共军队在华北争夺战略要地和交通线的军事冲突愈演愈烈，美军在华北沿海登陆后亦对当地中共军队采取相当敌视的态度。随着美军敌对行动不断升级，华北中共军队同驻华美军的关系急剧恶化。在整个 10 月，中共军队与美军在华北很多地区都处于对峙，并时有小规模的军事冲突发生。当时双方最尖锐的直接冲突主要集中于烟台和秦皇岛地区。

当时烟台地区海运军队对中共向东北发展的战略具有极大的重要性。这里是从海路进入东北的最近港口，八路军于 8 月 25 日占领该地区。随着夺取东北战略的实施，烟台被中共中央确定为海运军队进入东北的枢纽。9 月底，美军船只开始在烟台附近海域游弋，企图伺机夺占烟台。当时美军的行动是按照日军占领烟台规划的，尚不清楚那里已经被中共军队占领。9 月 27 日，叶剑英专门会见延安美军观察组成员，要他们转告驻华美军司令部，烟台已在中共军队控制之下，那里没有需要缴械的日伪军，美军已无必要在那里登陆。中共中央一再催促山东分局，必须尽快做好渡海准备并采取行动，即使发现美海军舰艇在航道上巡逻游弋，冒冲突风险也要向东北海运军队。中共中央军委同时告诉东北局做好准备，中共军队渡海行动只能改在夜晚分散进行。30 日，中共中央罕见地严厉批评山东部队海运东北行动迟缓“已是大错，如不立即补救，将逃不了历史的惩罚”。①

29 日，美军舰抵达烟台海面。10 月 1 日，美军派代表在烟台上岸，与中共驻军负责人谈判，要求允许在烟台登陆。中共代表表示美军士兵可在指定地点休息，美方可派人到市内察看美国人财产，除哨兵外一律不准携带武器。美方表示不能接受这种安排。三

---

① 《军委关于迅速渡海向东北进军的命令》，1945 年 9 月 30 日；参阅《刘少奇年谱 1898—1969》上卷，第 505 页。

天后，美军派驱逐舰一艘进抵烟台港，并要求中共撤退烟台地区的驻军，撤销在烟台的防务，将烟台移交美军控制。中共中央接获报告后，为防止美军在烟台强行登陆，指示烟台守军对美军登陆“必须表示强硬拒绝，建筑工事，实行抵抗。只有在不能击退美军并无法阻止其登陆时，才予撤退”。他们认为只有“采取强硬态度，并在世界上引起舆论大风波之后，才能压制美军的无理干涉”。[①] 中共中央在媒体上公布烟台交涉的有关函件和美军在烟台的行动细节，以造成反对美军介入中国内战的舆论。按照原计划，参与从日军手中夺占烟台的美军共有海军陆战队官兵 5 万名，并配以充分的海空支持。在了解到中共军队已经解除日军武装，控制了烟台而且确实准备抵抗后，美军指挥官便以“没有美军在那里登陆的理由”为名，放弃了在烟台登陆的计划。

秦皇岛—山海关地区是中共军队同美军发生直接冲突的另一个地区。秦山地区是连结华北和东北的咽喉要地，既有陆路出关的重要通道，又有海路出关的重要港口。当时这一地区被中共军队控制。10 月 1 日，美军在秦皇岛登陆，这支部队得到的命令包括如遇中共军队抵抗，可执行他们自认为是必要的军事行动。显然，他们的任务同在烟台地区的美军不一样，就是要帮助国民党军队控制这个地区。

10 月中旬，美军开始修筑秦山铁路、铺设通信设施等，并同中共守军发生枪战。18 日，东北局报告中共中央，秦皇岛登陆的美军表面上表示中立，并试图与中共守军保持友好关系，实际上是在为国民党军队突袭山海关并进入东北做准备。[②] 当天，美军乘卡车冲入中共军队控制的海阳镇，随后又解除中共守备人员的武装。鉴于秦山地区中共军队与美军的对峙日益严重，中共中央严令当地

---

① 《中央关于采取强硬态度拒绝美军登陆的指示》，1945 年 10 月 4 日，《中共中央文件选集》第 15 册，第 319 页。

② 《彭真年谱 1902—1997》上卷，第 297 页。

驻军禁止任何美军人员进入中共控制区；在铁道线及其他接近美军的地点建筑工事，严密部署警戒，不许美军通过；如美军武装进攻则坚决抵抗，只有在抵抗不住时才可以撤退，并要在有利条件下实施反攻；另外，应迅速将警戒线通知美军，并不得对美军先开枪。[①] 秦山地区中共驻军最终未能阻止美军控制该地区。11 月初，在营口、葫芦岛东北登陆未果的国民党军队被运抵秦皇岛，随即从这里向中共守军发动进攻，并由此突入东北。

这一时期，中共军队与美军的直接军事冲突并不激烈。这部分是因为中共中央不希望引发美国直接大规模介入国共内战，故要求各地保持克制，除少数事关全局的战略要地，中共中央通常不允许同美军发生战斗。尽管如此，美军的行动毕竟严重威胁了中共的战略利益。可以说中共在东北同苏联逐步形成战略合作的同时，也同美国形成了战略性的对抗局面，并成为中共在战后走向同美国战略对抗的起点，其性质极为严重。

中共中央实施争取东北的战略在造成与美国的战略性对抗的同时，也为中共与苏联关系提供了第二个转机，其结果是东北成为中共与苏联形成初步的战略性合作关系的关键地区。

如前所述，二战后期，苏联主要通过与美国和国民政府协调政策来实现它在东北的目标，苏联领导人在与美国和国民政府的外交折冲过程中，并没有考虑过中共这个因素。即使苏军统帅部制订在东北地区对日作战计划时，也没有考虑是否以及如何与控制大片华北地区和华北与东北接壤地区的中共军队进行军事合作。实际上，苏军对中共军队在相关地区的情况了解甚少，从较早进入东北地区的中共军队的报告看，进入东北地区的苏军部队在华北和东北不同地区，对兴冲冲地前来联络的中共军队做出的反应是不一致的，这大致说明他们并没有得到高层的统一指示。这种情况表明，苏联至少也是

① 《中央关于坚决反对美军强修铁路问题给聂荣臻、肖克、罗瑞卿的指示》，1945 年 10 月 25 日。

很不重视中共力量的存在和作用，因为对斯大林来说，要想彻底了解中共的政策和真实的实力并不是困难到无法做到的事情。如果进行比较的话，美国为了了解中共这支政治力量，还向中共控制地区派遣了一个军事观察组。那些美国人尽管无法从根本上改变美国政府的对华政策，毕竟能进行最直接的观察，为美国决策者提供有关国共军事对比的第一手情报。美国决策层对中国局势的很多分析和判断肯定是受到这些观察的影响的，否则可能会更加没有逻辑。

直到 9 月上旬中共曾克林部队到达沈阳后，当地苏军还表示，他们需要向莫斯科请示，到底应该如何与这支中共部队相处。① 从中共中央所获的报告看，进抵长城一些地区的苏军对前往接应与配合作战的中共军队态度友善，并愿意进行合作。苏军当时并未阻止也不反感且不反对中共军队进入东北地区，实际上没有且很可能也是无法完全控制广袤的东北地区。他们只是占领了主要城市和交通要道，并没有能力完全制止中共军队进入东北。当然，苏联最初持谨慎的态度，也是因为担心中共军队的行动尤其是苏军与中共军队合作会影响到苏联与美英的关系。② 这时进入东北的中共军队尚不能用中共军队的番号，中共领导人也要求进入东北的部队“一路不事声张”，“用东北义勇军及东北其他地方军名义。首先进驻乡村、小城市及红军尚未占领之中等城市和交通线”，发展力量，建立地方政权以及协助苏军建立秩序，等等。③ 这些措施被证明对中共军队顺利进入东北是相当重要和有益的，同时这也证明了中共与苏联的关系处于何种状态。简单地说，就是中共中央只能通过直接的接触和试探，来逐步确认苏军在东北的政策。这并不是一个毫无

---

① 《程耿关于我军已与苏联红军会师向中央的报告》，1945 年 8 月 17 日。《曾克林谈进军东北和四保临江的有关问题》，《党史通讯》1984 年第 2 期。

② Sergei N. Goncharov, John W. Lewis and Xue Litai: *Uncertain Partners: Stalin, Mao and Korean War* (Stanford: Stanford University Press, 1993), p. 10.

③ 《中央关于调四个师去东北开辟工作给山东分局的指示》，1945 年 9 月 11 日，《中共中央文件选集》第 15 册，第 274 页。

意义的历史细节，因为此前当苏联需要毛泽东到重庆去冒险的时候，斯大林的电报很快就可以直达延安，然后由中共中央在执行的时候自己去体会其利弊得失。反之，当中共军队需要去东北的时候，中共领导人的想法并不能直达莫斯科之“天听”，他们还是需要自己去探听虚实。

9 月 14 日，东北苏军代表贝鲁诺索夫中校奉命前往延安，向中共领导人转达了苏军统帅部的口头通知：在苏军撤出之前，国民党军队和中共军队都不要进入东北，已进入苏军所控大城市的中共军队请自行退出，苏军不久即撤军，苏军撤出后“中国军队如何进入满洲由中国自行解决”。中共领导人表示，中共军队可不进入东北和热河的大城市，苏军应将热河、辽宁原属于抗日根据地的地区移交中共军队。贝鲁诺索夫遂表示同意。通过这次会谈，中共中央大致确定，中共军队是可以不公开地进入东北的，而且进入东北后，可在乡村和苏军不管理的地区开展活动，苏军实际上同意由中共军队控制经冀热辽进入东北的通道，以及苏军撤出东北后，不会干预中共争夺东北的行动。经过谈判，双方实际上达成如下默契：苏军允许中共军队进入东北，但不能以八路军的名义活动；中共可以在东北乡村开展工作，不得在大城市和苏占区公开活动；苏军同意中共控制由冀热辽进入东北的通道。[①] 此次会谈十分重要，它使中共中央认为在东北有巨大战略机会，而这时正是中共中央酝酿如何最终确定中共军队战略方向的关键时刻。

就在贝鲁诺索夫到达延安当天，黄克诚向中共中央提出一项战略建议，其核心内容就是中共正面临重大战略选择。他认为一方面是蒋介石对谈判毫无诚意并准备全力消灭中共；另一方面是中共军队“数量虽大，但精干坚强之主力不多”，而且四处分散。为应付目前面临之困难，他建议中共中央应尽快派遣大批军队和干部进入

① 《中央关于东北情况及与苏军代表谈判问题的通报》，1945 年 9 月 14 日；参阅《刘少奇年谱 1898—1969》上卷，第 490 页。

东北，同时准备在关内的晋绥察三省和山东同国民党军队进行决战，以便控制华北这些地区，造成“联系一片的大战略根据地”。他说，“如依靠谈判或国际干涉，均带有极大的危险性”。[①] 当时在延安的中共领导人都看过这份报告并表示同意，此前他们也已经开始指示有关部队抢先进入东北。

显然，中共中央的战略决策已经酝酿成熟，而贝鲁诺索夫传达的信息对促使中共中央形成最终的战略判断和下定最后决心起了关键的作用。9 月 17 日，在延安的中共领导人经过讨论后，向在重庆谈判的毛泽东发出了一份电报，提出了一个名为“向北推进向南防御”的战略方针。电报说为了“红军撤退时能抢先进入东北”，需要在冀东、热河一带屯兵“十万至十五万军队”。“为了实现这一计划，我们全国战略必须确定向北推进、向南防御的方针”。[②] 19 日，中共重庆代表团即复电表示同意。

此后不久，苏联开始调整它在东北的政策。随着美军开始在华北登陆和美苏之间出现外交龃龉，苏军对中共军队进入东北不反对也不主动、不积极的态度逐步开始发生变化。9 月 11 日召开的伦敦外长会议未就对日管制问题达成协议，而且美军开始在华北港口登陆，并大规模向华北和东北运送国民党军队，加之美国政府不断要求苏联公开保证遵守门户开放的原则，[③] 这些均增加了苏联对美国意图的怀疑，东北苏军遂转向支持中共军队控制东北。

9 月下旬，中共中央已经得知，苏军将暂缓撤出东北。苏方表

---

① 《黄克诚关于目前局势和战略方针的建议》，1945 年 9 月 14 日，《中共中央文件选集》第 15 册，第 283—285 页。

② 《中央关于确定向北推进向南防御的战略方针致中共赴渝谈判代表团电》，1945 年 9 月 17 日，《中共中央文件选集》第 15 册，第 278—2795 页。

③ “The Ambassador in the Soviet Union (Harriman) to President Truman and the Secretary of State”, Moscow, 14 August, 1945; “The Secretary of State to the Ambassador in the Soviet Union (Harriman)”, Washington, August 22, 1945 - 1947 p. m.; “The Ambassador in the Soviet Union (Harriman) to the Secretary of State”, Moscow, August 24, 1945, *FRUS, 1945, Vol. 7, The Far East: China*, pp. 973 - 974, 979 - 980, 981.

示中共军队可以接收毗邻东北的一些华北重镇，包括承德、平泉、赤峰等进入东北的战略要道。① 10 月初，中共中央接获东北局报告，说东北苏军已经“下最后决心，大开前门”，苏军将把从日军那里缴获的大量装备都移交给中共军队。东北局遂向中共中央建议，可抽调 30 万主力进入东北。② 10 月下旬，苏军代表进一步鼓励东北局，在东北“应以主人自居放手些干”，迅速派人“接收工业中心及城市工业”，苏军并可协同中共军队同国民党军队作战。苏军代表甚至建议，最好将中共“党的中心移到此间”。③

苏联东北政策的变化又一次导致中共中央大幅调整战略方针。贝鲁诺索夫访问延安后，中共中央所谓“向北推进”的设想只是抢先进入东北或部署在靠近东北的地区，进入东北后部队部署在东部、西部和北部，控制苏军未驻扎的乡村和一些中小城市。中共中央认为，在东北真正大发展的时机要等苏军撤出以后。④ 由于得到苏军鼓励，中共中央在 10 月下旬大幅调整了在东北的战略计划，提出要“竭尽全力，霸占东北”，并准备在南满和热河同国民党军队进行一次战略性决战，以阻止其进入东北。⑤ 为此，中共中央进一步向苏军提出一系列要求，包括苏军推迟撤出东北、阻止国民党军队在东北港口登陆和接收政权等。⑥

苏方表示推迟撤军确实有困难，但同意在撤军前不准国民党军

---

① 《中央关于目前形势与部署致中共赴渝谈判代表团电》，1945 年 9 月 26 日，《中共中央文件选集》第 15 册，第 295 页。

② 《甲乙关于抽调主力卅万控制东北致丙丁电》，1945 年 10 月 5 日；参阅《刘少奇年谱 1898—1969》上卷，第 509 页。

③ 《东北局关于与苏军交涉经过给中共中央的报告》，1945 年 10 月 8 日；《辰兄态度积极关系皆好》，1945 年 10 月 25 日。

④ 《军委关于争夺东北的战略方针与具体部署的指示》，1945 年 9 月 28 日，《中共中央文件选集》第 15 册，第 299—301 页。

⑤ 《中央关于集中主力拒止蒋军登陆给东北局的指示》，1945 年 10 月 19 日；《中央军委关于 11 月份作战部署的指示》，1945 年 11 月 1 日。《中共中央文件选集》第 15 册，第 364—365、394—396 页。

⑥ 《要求苏联红军再留驻热河两个月》，1945 年 10 月 25 日；《与国民党会谈方针及要求苏军缓撤》，1945 年 10 月 26 日；参阅《彭真年谱 1902—1997》上卷，第 303 页。

队空运长春。另外，苏军还承诺向进入东北的中共军队提供武器装备、通信器材和运输工具，允许中共军队在国民党军队登陆地区自由行动，在长春除市长外，政府部门领导人均可由中共更换。[1] 苏军从营口和葫芦岛撤出后，即协助中共军队占领这两个港口，致使国民党军队一直无法在那里登陆。这期间苏军还向中共军队移交了一些日军仓库，里面存有大量日军武器。根据东北局给中共中央的报告，这时进入东北的中共部队已获得步枪十一二万支，机枪约4000多挺，数目不详的各种火炮和大量弹药，大批通信器材，小型运输机6架和两列火车。[2] 加之苏军在一些地区接收过后仍遗留大量日军武器无法带走，还有一些日军的秘密仓库，中共军队到达后便可自行获得，这对装备落后和匮乏的中共军队是很宝贵的军事资源。

这一时期中共与东北苏军关系的发展对双方都产生了长远的影响。苏联为了巩固它在东北的实力地位，除了支持中共争夺东北外，也没有更好的选择。中共中央要实现其争取东北的计划，没有苏联的认可和支持也是不可能的。正是反对美国和国民政府控制东北的共同利益，使战略关系成为在东北联结中共与苏联的关键因素。此后尽管苏联一再调整其东北政策，但中共与苏联在那里进行战略合作的本质从未根本改变。从这个意义上说，这一时期中共与苏联在东北的关系的发展，是战后双方关系的一个转折点，也是此后双方关系发展的一块基石。

尽管如此，中共与苏联在东北的战略合作在当时毕竟还是局部性的，其基础是因为有共同的敌人，其发展在很大程度上取决于双方面临的外部压力的变化，而非内部的动力，或者说在苏联方面并没有内部的动力。所以，一旦促使双方合作的外部因素发生变化，它们的关系必定会受到严重冲击。11月中旬，国民政府由于接收

---

① 《在彼所知情况》，1945年11月6日。

② 《彭真年谱 1902—1997》上卷，第312—313页。

东北受阻，蒋介石决定中断与苏军的谈判。此时正值魏德迈来华视察形势，致使苏联怀疑蒋介石在东北的外交行动受到美国的指使。苏联方面告诉中共代表，美国表面上不介入国共斗争，“但内部任务，极其庞大，有垄断全（中）国，甚至侵入东北的企图”。按苏联方面当时的估计，美蒋全力争夺东北尚需两个月时间做准备。[①] 苏联显然并不希望在东北与美国形成对抗的局面，也不希望中苏关系继续恶化。它为了缓和美苏关系和中苏关系，决定限制中共军队在东北的行动。11 月中旬，东北苏军代表通知中共东北局说，他们的上级已经决定，将长春路沿线的各城市全部交国民政府接收，中共军队必须撤退到铁路沿线的 50 公里以外，并不得进入苏军驻扎的地区，在苏军撤出东北前不得与国民党军队作战。苏军代表声称，如中共不接受这一安排，苏军在“必要时不惜用武力”驱逐中共军队。此后不久，苏军进一步要求中共交出已掌握的城市政权，并禁止中共在大城市中采取有碍中苏条约的行动。[②] 原承诺的移交日军武器的工作也一度停止。

对于苏联政策的变化，中共中央最初的反应是相当复杂的。在接到苏军通知前，中共领导人已经多少注意到中苏关系发生了变化，认为中苏关系“处于危机之中”，他们指示东北局必须要有所准备。[③] 在获悉苏军的上述要求后，中共中央立即指示东北局，对苏军的决定“只有服从”，同时应争取苏军同意尽可能推迟国民政府进入东北的时间，并让中共军队继续控制锦州至山海关地区。[④] 这时中共中央还抱有一线希望，以为虽然无法独占东北，但仍有可

---

① 《魏德迈在华任务》，1945 年 11 月 12 日。

② 《满洲不准作战》，1945 年 11 月 20 日；陈云：《对满洲工作的几点意见》，1945 年 11 月 30 日，《陈云文选》，人民出版社 1984 年版，第 221 页。

③ 《在苏军预定方针不变情况下重新部署力量》，1945 年 11 月 12 日；《中央关于东北的工作方针等给东北局的指示》，1945 年 11 月 19 日，《中共中央文件选集》第 15 册，第 429—430 页。

④ 《中央关于让出大城市及长春铁路线后开展东满、北满工作给东北局的指示》，1945 年 11 月 20 日，《中共中央文件选集》第 15 册，第 431—432 页。

能在苏方的帮助之下，在东北大城市取得一部分政权。东北局当时也相信，他们会在“不久的将来里应外合，收复这些大城市”。①一个偶然事件还一度加强了中共中央的信心。11 月 29 日，国民党东北行营要员张嘉璈在重庆会见董必武时，提出希望中共军队让出北宁路。中共中央据此推测，苏联在东北一方面是要阻止美军进入东北，另一方面是便利中共与国民政府谈判。中共中央遂于 12 月上旬指示东北局，要争取苏军出面，促成国共合作接收东北大城市。②

显然，中共中央和东北局的部分人这时对苏联抱有不同程度的信任，较多地关注和强调了苏联与美国和国民政府的矛盾与冲突，或者说他们宁可相信苏联改变政策的动机主要是为了同美国和国民政府进行外交斗争。这是中共中央一度指望在苏联帮助下取得或部分取得东北大城市的主要原因。对于苏联政策的突然改变，当时处于东北前线的陈云、高岗和张闻天等提出了不同的看法，用他们的话说，苏联的政策已经变成两面的了，即一方面是按照中苏条约的规定，将东北的大城市交给国民政府；另一方面对中共的援助则是秘密的和有限的（10 万支枪和 300 门火炮）。问题的实质是苏联在东北对国共的政策是为苏联的东亚战略利益服务的，而不可能是为中共服务的。他们警告说，中共在东北必须做长期斗争的准备，“竭力避免把一切希望寄托在苏联的援助上”。③

随着苏联与国民政府的谈判恢复和美苏在莫斯科外长会议上再

---

① 《中央关于撤出大城市和主要铁路后东北的发展方针给东北局的指示》，1945 年 11 月 20 日；《东北局关于撤出大城市后工作任务的指示》，1945 年 11 月 26 日。《中共中央文件选集》第 15 册，第 447—448、434—436 页。

② 《中央关于再开谈判之门给董必武、王若飞的指示》，1945 年 12 月 1 日，《中共中央解放战争时期统一战线文件选编》，第 33 页。《中央关于东北工作方针与任务给东北局的指示》，1945 年 12 月 7 日；《中央关于争取我党在东北的地位及策略问题给东北局的指示》，1945 年 12 月 8 日。《中共中央文件选集》第 15 册，第 465—466、474—475 页。

③ 《陈高关于东北工作的意见向东北局、中央的报告》，1945 年 11 月 29 日；陈云：《对满洲工作的几点意见》，1945 年 11 月 30 日，《陈云文选》，第 221—224 页。

次达成协议，中共中央终于认识到这时不仅不能独占东北，也不能再指望得到苏联的帮助，在东北大城市“插足”。12 月下旬，中共中央决定将东北工作的重心转向在远离大城市和交通干线的地区建立根据地。[①] 中共中央提出“建立巩固的东北根据地”从形式上看是迫不得已的选择，但它也包含着对苏关系认识的变化，即首先还是要用自己擅长的方式，依靠自己的努力来在东北实现自己的战略利益。东北苏军不顾中共的利益自行其是而且态度粗暴，也使中共中央更清楚地意识到，必须主要以共同利益为基础来考虑和处理双方的关系，共同的意识形态的作用还是有限的，至少目前是如此。中共领导人对这次战略性调整是肯定的，毛泽东后来在七届二中全会上还说，当时不赞成这次调整的人是“政治上弱，所以不能发现问题提出问题，也不能分析问题”。[②] 中共中央在东北的战略调整也是随后展开的国共谈判的重要背景。

需要指出的是，中共这个时期在华北与驻华美军的对抗和在东北与苏军的合作等都还是局部的，尽管在本质上是战略性的。这种同时出现的情况都还不足以根本改变中共领导人对时局的基本判断，何况在华北同美军的冲突并不尖锐，有些地区美军还有所节制。在东北同苏军的合作也不是一帆风顺的。更重要的是，中共领导人认为这些都发生在大约 6 个月的“向和平建国”过渡的时期之内，所以都是阶段性的和有可能改变的。

11 月下旬，赫尔利宣布回国述职。中共中央显然注意到，这表明美国政府正在调整对华政策。由于苏联强调不介入中国的内部事务，而美国明显地宣布要介入国共斗争，这使美国在中国政治中的影响力大为提高。如何应付美国介入国共争端成为中共当时面临的最严重的外部问题。事实上，中共中央这时更关心的也是美国对

---

① 毛泽东：《建立巩固的东北根据地》，1945 年 12 月 28 日，《毛泽东选集》第四卷，第 1179—1182 页；《刘少奇关于应以主要力量建立东、西、北满根据地致彭真电》，1945 年 12 月 24 日，《中共中央文件选集》第 15 册，第 512—513 页。

② 毛泽东：《在七届二中全会上的总结》，1949 年 3 月 13 日。

华政策的变化，因为毕竟是美国而不是苏联能够更有效地影响国民党的政策。

11 月 28 日，也就是在赫尔利因为不满杜鲁门政府的政策而公开宣布辞去驻华大使职务的第二天，中共中央正式提出一项“中立美国”的政策，它在此后一个时期一直指导着中共处理对美关系。中共领导人这时承认美国在中国政治中有重要影响力，不过他们相信美国介入国共之争时还是有所顾忌的，其能力也是有限的，因此中共“在以对蒋斗争为中心时……有时（甚至只是形式上的）中立美国”。所谓“中立美国”的本质简而言之就是利用美苏矛盾与美蒋矛盾，排除美国在中国进行军事干涉的可能性。最初它还只是一些军事措施，即“对美采取不挑衅的政策，以减少美国寻隙的借口，并非不反对美国殖民地化中国的政策，也非不抗议美国武装干涉中国内政和参加中国内战的政策，更非在美军进攻我们时采取不抵抗政策”。[①] 不过，这项政策的依据和内在逻辑使它具有较大的发挥空间和解释力。

12 月 7 日，美国国务卿贝尔纳斯在参议院外交委员会上发表讲话，声称美国必须支持国民政府，但是不能将这种支持扩大到卷入中国的内战。[②] 中共领导人几乎立即断定，这一讲话表明美国对华政策会有变化，其中一定会有可利用之处。第二天，周恩来在延安的干部会议上做报告时已经大大缓和了批评美国的语气，他说中共对美国的政策是使其“知难而退”，对美国的批评要有所区别，要留有转圜的余地。[③]

随着杜鲁门于 12 月 15 日发表对华政策声明、莫斯科外长会议召开和马歇尔来到中国，中共领导人很快决定恢复国共谈判，并认

---

① 《中央关于对美蒋斗争策略的指示》，1945 年 11 月 28 日，《中共中央文件选集》第 15 册，第 455—456 页。

② “The Counselor of Embassy in China (Smith) to the Secretary of State”, Chungking, December 1, 1945, *FRUS*, *1945*, *Vol. 7*, *The Far East*: *China*, pp. 1046 - 1047.

③ 《周恩来年谱 1989—1949》，第 629 页。

为有可能取得实质性的进展。他们仍然根据一个时期以来的基本判断，即战后世界政治中，美苏两国的因素是决定性的，中国内部的国共关系是美苏关系的反映，即所谓“目前世界的中心问题是美苏之争，反映在中国便是蒋共之争”。[①] 在他们的分析逻辑中，导致国民政府同意恢复谈判的主要原因（至少是主要原因之一）是国际形势的变化和发展，美苏之间的妥协是战后世界政治的主要趋势。在此趋势带动之下，国共之间也必须要妥协。莫斯科三国外长会议结束并发表共同声明后，中共领导人即认为美国的政策和莫斯科外长会议的决议均对中共有利，“国内和平的趋势已经确定”。[②]

中共中央这一次不仅决定恢复谈判，并且确实准备做出重大的让步，以促使“和平民主新阶段”早日到来。在杜鲁门政府宣布调整对华政策和派遣马歇尔使华的当天，中共中央召开专门会议，讨论美国政策变化可能造成的影响。与会者都认为，一个时期以来处理对美关系时根据“加以区别”原则而采取谨慎态度是正确的和有必要的，赫尔利辞职和莫斯科三国外长会议即将召开都表明，美国的扶蒋反共政策的确是有限度的。当天，中共代表王若飞即奉命访问了美国驻华使馆，告诉美国人中共中央是赞成杜鲁门的声明的，并正期待马歇尔到中国斡旋。[③] 四天之后，中共中央就美国对华政策的变动及中共的对策等问题发布了一项党内指示，很积极地评价了美国对华政策的变化，说“美国已决定不直接参加中国内战，不援助蒋介石武力统一中国，而援助中国的和平统一。所有美国政策的这些变动，对中国人民要求民主和平的当前斗争是有利的”。中共中央要求各部队要缓和与美军的关系，对驻华美军及美

---

① 《中央关于对美蒋斗争策略的指示》，1945 年 11 月 28 日，《中共中央文件选集》第 15 册，第 455—456 页。

② 《军委关于保卫张家口、承德的部署》，1945 年 12 月 29 日，《中共中央文件选集》第 15 册，第 494—495、526 页。

③ “Colonel Ivan D. Yeaton, Commanding Officer of the Yenan Observer Group, to Lieutenant General Albert C. Wedemeyer”, Yenan, December 20, *1945*, *FRUS*, *1945*, *Vol. 7*, *The Far East*: *China*, p. 794.

方人员应持友好态度，避免冲突；对进入中共地区的美国记者，应帮助他们自由采访和报道那里的真实情况，以便使他们获得友好的印象，这样可以影响美国的对华政策；对于在中共控制地区降落的美国飞行员和进入中共控制地区的美军人员等要善意地接待。[①]“中立美国”由此从对美军不挑衅和避免冲突转向了更积极的方向，即在国内政治斗争中更主动地利用美国的政策，以利于不久后恢复的国共谈判。

在新一轮国共谈判开始后，周恩来等中共谈判代表同马歇尔进行了可以说是相当积极的合作，而马歇尔的确推动国共谈判取得了前所未有的巨大进展。从当时谈判的具体进程看，马歇尔在调处之初采取的措施和蒋介石做出从未有过的重大让步等，是促使国共很快达成有关停战和召开政协两个协定的重要原因。2 月 25 日，国共终于达成《关于军队整编及统编中共部队为国军之方案》。这些进展似乎在证明着中共中央早前的判断，中共领导人也认为马歇尔的态度颇为公正，调处的政治方案是可以接受的，甚至军队整编方案也很有可取之处。[②] 随着停战、召开政协和军队整编等三大协议相继签订，在中共领导人中出现了一股相当乐观的情绪。尤其是政治协商会议通过的政协决议，其中一些内容甚至超过了毛泽东在七大设想的联合政府的第二种形式。所以他们认为“和平民主的新阶段已经开始”，中国真的有可能从此走上和平发展的道路。[③] 毋庸讳言，中共党内也一度产生了对马歇尔调处的好感。一些中共领导人甚至真的相信，在马歇尔的帮助下，

① 《中央关于美国对华政策变动和我党对策的指示》，1945 年 12 月 19 日，《中共中央文件选集》第 15 册，第 494—495 页。

② 周恩来：《中共愿在公正的基础上同美国和国民党继续合作》，1946 年 1 月 31 日，中共中央文献研究室、中共南京市委编《周恩来一九四六年谈判文选》，中央文献出版社 1996 年版，第 92—94 页；《毛泽东盛赞政协成就》，《新华日报》1946 年 2 月 13 日；《中共中央关于与国民党谈判军队整编的方针的指示》，1946 年 2 月 8 日。

③ 刘少奇：《时局问题的报告》，1946 年 1 月 31 日，《中共党史参考资料（解放战争时期　上）》，第 120 页。

中国会进入一个“和平民主新阶段”。[1] 毛泽东显然是不那么相信美国人的。在他看来，战后美军在华北的行动已经严重损害了中共的战略利益，马歇尔的真实动机还有待进一步考验，尤其是美国是否愿意和能在多大程度上控制蒋介石和国民政府，并不是很确定的。

值得分析的是这个时期中共与苏联的关系。东北苏军的不同部队在不同地区的行动不一、后来的政策反复和在迫使中共服从其政策转变时表现得冷漠无情，等等，对中共领导人的观感是有影响的，尽管后来毛泽东在七届二中全会期间也说过，在东北，苏联的帮助对中共的发展至关重要。[2] 中共领导人经过几次历练后，对双方关系必须同时有战略的和具体到眼下的利益作为基础才能存在和发展这一点，肯定有了深刻一些的体会。在 1946 年年初的国共谈判期间，中共中央多次设想邀请苏联参加国共谈判。从中共领导人的话语中反映出，苏联已经有了多种身份，它不仅是一个社会主义国家，而且还可以被看作一个可以用来制约美国这个“夷”的另一个“夷”，即“所谓以夷制夷政策”。他们也曾设想过请苏联参加东北问题的谈判，说让苏方充当“东北之马歇尔”。[3] 不过当中共领导人认为苏联为了它的利益，有“可能要我对国民党作更多的让步”，便不再认为苏联介入谈判是必要的了。[4]

就在国共谈判取得重大进展的时候，国民政府与苏联关系再次发生严重的波动，背后则是美苏关系紧张在向东亚蔓延。中苏关系的波动固然同苏联在东北之所求令国民政府难以接受有关，不过更直接的原因还是美国开始直接干预中苏有关东北经济问题的谈判。

---

① 《中共中央关于目前形势与任务的指示》，1946 年 2 月 1 日，《中共中央文件选集》第 16 册，第 62—67 页。

② 毛泽东：《在七届二中全会上的总结》，1949 年 3 月 13 日。

③ 《中央关于提议英国苏联参加国共谈判问题的指示》，1946 年 1 月 3 日。

④ 《中央关于东北停战谈判情况致东北局电》，1946 年 2 月 12 日，《中共中央解放战争时期统一战线文件选编》，第 77—78 页。

美国直接干预中苏谈判固然与美苏关系全面趋于紧张有关，不过从马歇尔的角度看，主要还是由于国共谈判进展顺利，关内局势相对稳定等，使他感到不仅有必要而且也有条件在东北问题上向苏联施加更大的压力。他鼓励国民政府不要向苏联让步，不要害怕苏联拖延撤军。他在给杜鲁门的报告中建议，美国政府应该采取更多的行动来迫使苏军撤出东北。① 2 月 9 日，美国分别照会国民政府和苏联政府，反对只由中苏两方谈判处理日本在东北的财产。② 这实际上是在鼓励和支持国民政府抵抗苏联的压力。此后不久，美英两国公布了雅尔塔秘密协议的内容，两国的舆论也开始报道和谴责苏联在东北地区提出新的要求，以及苏军企图像在伊朗那样故伎重演，不撤出东北。

国民政府本来就反感苏联的过分要求，美国给予公开支持无疑更加促使蒋介石下决心放弃与苏联合作的方针。1 月间，蒋介石通过马歇尔、美国驻苏联大使哈里曼等了解到，美国并不满意苏联对东北经济的政策。③ 2 月间，在重庆等城市爆发了学生反苏的示威游行，这表明在大城市的公众中明显存在着反苏情绪，这也对国民政府造成了一定的压力。加之按照《停战协定》的条款，国民党军队在停战后仍然可以调入东北，这一切使蒋介石不想再对苏联让步。他指示东北行营，对苏经济合作“只可缩紧，不宜太宽”。他于 21 日进一步提出两个原则，即不承认苏联将东北日产作为“战利品”，以及必须在接收东北完成之后，再与苏联谈判达

---

① “General Marshall to President Truman”, Chungking, 9 February 1946, *FRUS, 1946*, *Vol. 9*, *The Far East: China*, pp. 427 - 429.

② 《红军从满洲搬走“战利品”》，《中美关系资料汇编》第一辑，第 617 页。“The Secretary of State to the Charge in the Soviet Union (Kennan)”, Washington, March 5, 1946 - 1948 p. m., *FRUS*, *1946*, *Vol. 10*, *The Far East: China*, p. 1114。

③ “Notes by General Marshall on Conference With President and Madame Chiang Kai-shek at Their Country Residence, December 26, 1945”, *FRUS*, *1945*, *Vol. 7*, *China*, pp. 814 - 815; “The Counselor of Embassy in China (Smyth) to the Secretary of State”, Chungking, January 30, 1946 - 10 a. m., *FRUS*, *1946*, *Vol. 10*, *The Far East: China*, p. 1102.

成正式协议。[①] 中苏间原本稀薄的缓和气氛很快开始散去，而美国随后采取支持国民政府的行动使国民政府备受鼓舞，在反苏的路上走得更远。

蒋介石对国际形势的变化有足够的敏感，只是实在过高估计了可能给国民政府带来的利多后果。他认为，美国舆论谴责苏联正“日渐积极”，而丘吉尔的富尔顿演说甚至“几使人有第三次世界大战其将来临之感矣”。至于正在奔走于国共之间的马歇尔，在蒋介石看来将越来越向国民党倾斜，原因是他“对共党阴谋，似有略进一层之认识”。[②] 结果，不仅国民政府公开拒绝苏联在东北经济问题上的要求，国民党六届二中全会还通过了《对苏联提出抗议，严重交涉限期撤退其东北驻军》的提案，要求“切实交涉”以促使东北苏军“迅即撤退，交由国民政府派军接防”。[③] 国民政府的反苏倾向明显加强，它虽然还不打算全面恶化中苏关系，但改善中苏关系的可能性已经不复存在，中苏经济谈判也就不了了之了。与中苏关系恶化几乎同步发生的是国共在东北的关系紧张起来。

毛泽东同样对国际形势的变化既关注又敏感。3 月 15 日，正值伊朗危机升级到顶点，中共政治局在延安召开会议，讨论苏军三天前撤出沈阳后的东北局势。毛泽东在这次政治局会议上系统地谈了他对急剧变化的世界形势的看法，这些看法对了解中共中央对冷战的理解是非常重要的。事实表明，差不多就是从这一天起，中共中央的政策开始发生根本性的转变。一个重要的原因是毛泽东本人表示不希望再对蒋介石让步了，他批评了党内存在对蒋介石的错误

---

① 《蒋委员长致张嘉璈主任委员指示对苏谈判东北经济合作问题方案电，民国三十五年一月二十一日》；《蒋主席致张嘉璈主任委员告以对苏经济合作不宜太宽函，民国三十五年一月二十六日》，秦孝仪主编《中华民国重要史料初编：战后中国，第七编(1)》，第 417—418、420—421 页。

② 古屋奎二编《蒋总统秘录第》第 14 册，第 28、46、49 页。

③ 《对于外交报告之决议案》，1946 年 3 月 16 日，荣孟源主编《中国国民党历次代表大会及中央全会资料》，光明日报出版社 1985 年版，第 1049 页。

幻觉，同时还对苏联总是要中共中央妥协表达了不满。

毛泽东在发言中说，世界政治中有三个重要的因素。第一是德意日失败为革命运动开辟了道路；第二是德意日“残余势力”与英美的“亲法西斯势力”要继续反苏和反对革命，“并企图掀起第三次世界大战”，它们就是“当今的主要敌人”；第三是美英内部是有矛盾的，除了人民以外，资产阶级中还有“和苏和共”派。他说中共的路线是联合人民和资产阶级中的中派、左派，打倒“资产阶级中的反革命”。总之，有可能“击破反苏反共的阴谋”。尤其需要重视的是，在这一分析基础上，毛泽东明白地批评政协协议签订后，也就是从 1946 年 2 月 1 日到 9 日期间，中共领导层有些人忘了蒋介石反革命的一面，他说“那就危险的很”。① 那几天，毛泽东本人正在养病中，没参加政治局会议。显然，美苏刚开始迈向冷战，毛泽东即认为有必要根本调整中共中央的政策了。

与会者认为，在东北地区一定要加强同国民党的斗争。会议通过的《中央关于目前时局及对策的指示》中说：“苏军已从沈阳及其附近撤退，国共两军在东北的冲突即将展开”，“东北军事冲突仍有可能继续一个时期”。不过指示还是认为，是国民政府在“煽动美、苏冲突，和美、苏尖锐对立”，中共要“注意争取美国人”。尽管中共领导人在指示的最后说要坚信“世界与中国的和平局面业已确定，任何反动派不能改变此种大局”，但他们的主要精神就是要准备在东北同国民党军队作战。② 毛泽东在当天起草的一份电报中告诉重庆中共谈判代表团，在重庆的苏联人的态度过于软弱，对“他们的话不要全听”。③ 在几乎所有政治家都认为苏联强硬时，毛泽东认为苏联人软弱，而且是“过于”的，这是他在冷战最初阶段对苏联做出的一个与众不同的具体反应。

---

① 逄先知主编《毛泽东年谱 1893—1949》下卷，第 61 页。

② 《中央关于目前时局及对策的指示》，1946 年 3 月 15 日，《中共中央文件选集》第 16 册，第 92—95 页。

③ 逄先知主编《毛泽东年谱 1893—1949》下卷，第 60 页。

显然，美苏关系恶化对中国政局最直接的影响是导致东北地区国共冲突立即升温，而且一发而不可收。这对中共中央政策的影响甚至是决定性的。中共领导人对国共谈判以及通过谈判达成的三个协议的评价如前所述，是相当肯定和积极的，并影响到中共中央对东北地区的政策，虽然毛泽东本人坚持认为应保持警惕。根据中共领导人的设想，抗战后在华北和东北取得“有利地位”，甚至取得“自治地位”，是迫使国民政府妥协与实现和平发展的重要条件。[①] 尤其是在东北取得至少是优势地位，更是毛泽东长期以来的战略考虑。

如前所述，由于中苏关系缓和以及东北苏军的阻挠，中共中央不得不放弃夺取全东北的计划，并试图通过谈判来保住中共在东北的地位。不过毛泽东一直保留着这样的想法，即只有在东北南部地区同国民党军打一场大战，才能迫使国民政府承认中共在东北的存在，所以必须准备在 1946 年春与国民党军队进行决战。

中共领导人的判断还包括，不论是中共在东北获得一定地位，还是中共在那里与国民政府达成妥协，两者都必须有美苏之间出现妥协这样的国际条件。[②] 国共停战协定签订后，中共中央对东北的政策出现了明显的变化，中共领导人一度明确倾向于对国民政府“采取和平合作的方针”，包括进入东北的中共军队暂时不向国民党军队进攻。[③] 1 月下旬，中共中央进一步明确，在东北“力求和平解决”，与国民党合作“实行民主改革，和平建设东北”，而“企图独占东北，拒绝与国民党合作的思想，是不正确的，行不通的，必须在党内加以肃清”。[④]

---

① 《中央关于过渡时期的形势和任务的指示》，1945 年 10 月 20 日；《中央关于全力控制东北拒止蒋军登陆着陆给东北局的指示》，1945 年 10 月 28 日。

② 《中央关于东北工作方针与任务给东北局的指示》，1945 年 12 月 7 日，《中共中央文件选集》第 15 册，第 465—466 页。

③ 《中央关于停战后我党对满洲的政策问题给东北局的指示》，1946 年 1 月 11 日，《中共中央文件选集》第 16 册，第 20—21 页。

④ 《中央关于目前东北工作的方针问题给东北局的指示》，1946 年 1 月 26 日，《中共中央文件选集》第 16 册，第 57—58 页。

中共政策变化的原因除了国共关系总体缓和以外，也包括中共领导人对美苏政策的基本看法。首先是在美苏关系紧张的局势下，他们担心即使能在东北地区打败国民党军队，美军“还有可能进入东北”。[①] 苏联方面提出的关于东北发生内战将“惹起美军入满”的警告，无疑加剧了他们的这种担心。[②] 其次是他们相信，“苏联不会助我在东北内战，但可助我与蒋获得妥协”；[③] 另外，只要美国认为中共无意独占东北，它也不会反对和平解决东北问题。[④] 在当时这种条件下，中共领导人认为，争取同国民政府达成协议，保证中共能在东北获得“一席之地”，不至于被完全排挤出去，是可以接受的选择。

要求国民政府必须承认中共在东北有一定的合法地位，也被中共中央认为是最终和平解决东北问题的绝对条件，因为中共在东北地区已经有了实际的利益需要维护。根据中共中央的估计，东北中共军队和政治工作干部的人数已经达到 30 万人，“如没有一批中小城市在手的根据地，则这大军队势不能存在”。但是，那里的实际情况是国民政府不肯接受中共的有关建议，同时国民党军队占领锦州后，不积极向北从苏军手中接收，而是利用同苏联达成的谅解和苏军暂缓向北撤出的机会，不断攻占中共控制地区。特别是停战令颁布以后，国民党军队经过调兵遣将，在南满集结了五个很有些战斗力的军。它们以沈阳为中心，向东、南、北三个方向发动所谓“扇形攻势”，到处攻城略地。面对国民党军队的攻势，中共中央

---

① 《中央关于东北工作方针与任务给东北局的指示》，1945 年 12 月 7 日，《中共中央文件选集》第 15 册，第 465—466 页。

② 《彭真关于友人警告东北绝不能打》，1946 年 1 月 26 日，参阅《彭真年谱 1902—1997》上卷，第 362 页。

③ 《中央关于采取和平方法力求解决东北问题给重庆代表团的指示》，1946 年 1 月 26 日，《中共中央解放战争时期统一战线文件选编》，第 52—53 页。

④ 《中央关于目前东北工作的方针问题给东北局的指示》，1946 年 1 月 26 日，《中共中央文件选集》第 16 册，第 57～58 页；《中央关于采取和平方法力求解决东北问题给重庆代表团的指示》，1946 年 1 月 26 日，《中共中央解放战争时期统一战线文件选编》，第 52—53 页。

越来越相信，国共在东北的军事冲突难以避免，必须给国民党以军事打击，否则中共在那里也无地位可言。不过他们还是认为，这是在东北实现和平的条件。①

显然，只要国民政府不放弃独占东北的政策，中共军队必定要进行军事反击。苏联当时已经停止援助中共，而且拒绝中共要求，不参与国共解决东北问题的谈判，它能用来影响中共的唯一办法就是声称美国可能直接干涉。但这个理由是否能长期节制中共中央实施军事反击的决心，是很值得怀疑的。中共中央认为，中共在东北面临的局面决定了如果接受国民政府的条件，不仅会损害已获得的战略利益，甚至会引起更为严重的结果，即“造成党内纠纷”。从中共中央向东北局强调和平解决东北问题的严厉语气看，东北中共部队中一直存在强硬主张，而且相当强烈。实际上，确有部分东北部队基于他们所处的战略位置，坚决反对允许国民党军队接收，并对苏军要求其撤出的政策极为反感，他们为了捍卫战略要地甚至所表示不惜与苏军作战，“全部战死在所不顾”。②

中共中央曾经告诉在重庆的谈判代表团，东北局的想法与延安和重庆代表团“都有很大距离，他们雄心很大”，而中共中央越来越倾向认为东北局“采取比较强硬的政策是好的”。③ 另外中共中央也越来越相信，美国和国民政府虽然对苏联不满，但还不至于发动全面进攻将中共军队逐出东北，因为苏军的存在使美蒋对在东北全境大打出手“均有顾虑”。④

3 月上旬苏军开始迅速从东北撤军，国共仍然无法就解决东北

① 《中央关于目前东北工作的方针问题给东北局的指示》，1946 年 1 月 26 日，《中共中央文件选集》第 16 册，第 57—58、53 页，第 57—58 页；《中央关于采取和平方法力求解决东北问题给重庆代表团的指示》，1946 年 1 月 26 日，《中共中央解放战争时期统一战线文件选编》，第 52—53 页。

② 《彭真年谱 1902—1997》上卷，第 362 页。

③ 《彭真年谱 1902—1997》上卷，第 386 页。

④ 《中央关于目前东北问题的谈判方针给东北局和中共赴渝谈判代表团的指示》，1946 年 3 月 13 日，《中共中央文件选集》第 16 册，第 89—91 页。

问题达成协议，而马歇尔在 3 月 11 日提出的东北停战方案明显有利于国民党。中共中央因此断定，苏军撤退后，“国共两军在东北的冲突即将展开”。[①] 当时由于国民党军队在南满地区不断攻城略地，原来驻在那里的中共军队被迫向北收缩，这在客观上造成了中共有控制北满的机会。随着美苏在东北的角力进一步加剧和苏联与国民政府关系恶化，苏军在即将撤离东北时决定支持中共控制北满，他们建议中共军队可在长春路“放手大打”，并支持中共军队夺取长春、哈尔滨和齐齐哈尔。[②] 中共中央立即利用这一机会促使东北苏军将部分地区交中共接管。

3 月 24 日，中共中央指示东北局，坚决实施控制北满的战略。中共中央在指示中说：“我党方针是用全力控制长哈两市及中东全线，不惜任何牺牲，反对蒋军进占长哈及中东路。”指示还要求东北有关部队：“动员全力坚决控制四平街，如顽军北进时彻底歼灭之，决不让其向长春前进。”[③] 鉴于以往苏联出尔反尔，中共中央告诫东北局务必交涉清楚，因为“将来苏联在经济合作问题解决时，可能再对蒋表示好感”。[④]

国民政府此时对北满也是志在必得。4 月 1 日，蒋介石发表讲话称，东北“只有接收主权”，任何人不能借外交困难要挟政府。[⑤] 这等于是公开拒绝中共的建议。18 日，东北中共部队在

---

① 《中央关于目前时局及对策的指示》，1946 年 3 月 15 日，《中共中央文件选集》第 16 册，第 92 页。

② 《中央关于控制长春、哈尔滨及中东路保卫北满给东北的指示》，1946 年 3 月 24 日，《中共中央文件选集》第 16 册，第 100—101 页。《可把我不占沈阳不断电源作为同国民党谈判资本》，1946 年 3 月 18 日；《速向苏方交涉力争我接管长、哈、齐》，1946 年 3 月 26 日；《彭真关于苏军撤退日期致李、黄电》，1946 年 4 月 3 日，参阅《彭真年谱 1902—1997》上卷，第 396、402 页。

③ 《中央关于控制长春、哈尔滨及中东路保卫北满给东北局的指示》，1946 年 3 月 24 日；《中央关于东北停战前坚决保卫战略要地给林彪、彭真等的指示》，1946 年 3 月 25 日，《中共中央文件选集》第 16 卷，第 100—103 页。

④ 《中央关于东北问题的指示》，1946 年 3 月 5 日，参阅《彭真年谱 1902—1997》上卷，第 382—383 页。

⑤ 《中国现代政治史资料汇编》第四辑第二册。

苏军撤出长春三天后，攻占该市。此后不久又相继占领了哈尔滨和齐齐哈尔。与此同时，国民党军队向四平中共守军发起攻击。

堪称惨烈的四平攻防战持续了一个月，最终中共军队撤出四平，国民党军队大举北进，并占领长春和控制整个松花江以南地区。6 月 6 日，国共达成东北暂时停战的协议，但双方的军事冲突不仅没有停止，而且迅速向南满和关内蔓延。仅 20 天后，6 月 26 日，国民党军队发动围攻以宣化店为中心的中共鄂豫皖地区的战役，随后相继在华北、华中和东北向中共军队发动大规模进攻，中国内战终于爆发。中共中央随后发表公开宣言称，国民政府在美国的支持下坚持独裁和发动内战，致使“中华民族的生存现在是已经受着中外反动派的共同威胁”，所以“必须警惕起来，团结起来，击退外国帝国主义和中国反动派的联合进攻”。[①] 中共中央在党内指示展开“自卫战争”，“彻底粉碎蒋介石的进攻，建立独立、和平、民主的新中国”。[②] 国共终于彻底决裂，东亚棋局的走势——维持现状还是重新布局——将取决于国共内战的结果。

从历史的进程看，国共在东北地区的军事冲突是一条导火索，其结果是引爆了中国的全面内战。强调这一历史现象的重要性在于，东北地区是战后美苏在中国角逐的主要舞台，国共在这个地区的争夺有非常值得分析的国际背景。更为重要的是，三国四方不仅在这里展示了它们之间纵横捭阖的复杂局面，而且大致廓清了它们之间的基本关系和各自的基本政策，尤其是这恰恰发生在冷战初起阶段。

如前所述，美国和苏联调整各自的对华政策时，它们的主要目的均包括限制对方在中国取得超出雅尔塔秘密协议规定的战略利

---

① 《中国共产党中央委员会为纪念“七七”九周年宣言》，1946 年 7 月 7 日，《解放日报》1946 年 7 月 7 日。

② 毛泽东：《以自卫战争粉碎蒋介石的进攻》，1946 年 7 月 20 日，《毛泽东军事文集》第三卷，第 354—355 页。

益。在美国看来，苏联战后初期在东北的行为有可能破坏双方达成的协议，它将通过支持中共造成中国分裂，并因此有机会垄断东北。美国的成功之处是通过外交压力和支持国民政府接收，使苏联没能在撤军后合法控制东北经济，不过美国根据自己对苏联在东北的意图的估计——它主要基于美国在其他地区与苏联打交道的经验——采取的行动，造成了美苏关系和中苏关系紧张，至少间接地破坏了国共谈判的气氛。苏联固然没有完全达到控制东北的目的，国民政府的结局则更糟糕。

苏联的政策同样受到它在其他地区与美国打交道的经验的影响。它在东北问题上的一些强硬措施和对国民政府的过度逼迫，主要是因为对美国对华政策的担心，尤其是担心美军会进入东北。至今无法证明，如果苏联不采取那些措施，美军是否会进入东北。从实际情况看，苏联通过支持中共彻底破坏了国民政府控制全东北的计划。国民党军队没有到达中苏边境地区，东北长期动荡也使美国无法在那里取得稳定的立足点，虽然还不能证明美国有过那种打算。

特别需要指出的是，前述美苏调整对华政策的目的也包括在双方分别大规模驻军华北和东北的情况下，通过消弭中国内战来避免它们之间发生军事冲突的可能。局势演变的结果是国共内战未能被消除，但是美苏显然已经不可能被卷入其中。马歇尔 1946 年 2 月间即向杜鲁门提出，为便于向苏联施加压力，应撤出驻华美军。①苏军撤出东北后，美军撤出中国也只是早晚的问题了。随着美苏双方在中国的军事存在日益削弱，它们都将中国问题放在各自战略列表中比较次要的地位。简而言之，虽然美苏关系对中国内战爆发产生了直接的影响，但是当冷战在欧洲愈演愈烈之时，国共战争成了名副其实的内战，尽管此后国民政府得到被美国政府认为是足够的

① "General Marshall to President Truman", Chungking, February 9, 1946, *FRUS, 1946, Vol. 9, The Far East: China*, pp. 428 - 429.

军事援助，[①] 中共也从苏联那里得到被后来的研究证明也不算少的各种武器和军用物资，以及双方展开了有战略价值的贸易。[②]

从中国外交的角度看，国共两党持续不断的战略选择及双方关系的发展，固然受到美苏政策的巨大影响，但是它们在每个阶段上都试图尽可能地利用美苏的矛盾，两党领导人在处理各自的对美对苏政策时往往是非常现实的。蒋介石和国民政府不在这里探讨的范围之中，就中共领导人而言，他们应付美苏关系的最大收获是得出这样一个结论：大国介入中国问题的能力和愿望都是相当有限的，尤其是美国不可能在军事上直接卷入。

在东北爆发的战争最终摧毁了部分中共领导人对美国人的最后一点信任，对毛泽东来说则是证明了他对美国人的一贯怀疑和警惕是正确的。中共领导人在东北内战爆发后，曾经十分关注马歇尔调处的态度。他们当时相信马歇尔能否向蒋介石施加足够的压力是能否阻止全面内战立即爆发的关键因素，而马歇尔本人还不愿支持国民政府发动全面内战，在谈判中仍然需要“经过他来缓和局面”，所以不仅不宜公开批评马歇尔，而且还要“改善与美人的关系，无论美如何偏蒋，我除据理力争，只要美不恢复赫尔利政策，策动全国内战，我应尽可能争取美人”。[③] 在 6 月休战谈判期间，中共中央指示中共谈判代表一再做出努力，争取马歇尔能够继续保持他在年初调处时的公允。然而，马歇尔这个时期的行动使中共领导人

---

① 具体数字参见美国国务院公布的《对日战争胜利日以后供给中国政府的军用物资及役务》的“总结部分”，《中美关系资料汇编》第一辑，第 394 页。

② 参阅杨奎松《“中间地带的革命”：国际大背景下看中共成功之道》，山西人民出版社 2010 年版，第 507—508 页。根据当时汇率 1 美元合 5 卢布计算，1947 年、1948 年、1949 年三年，苏联与中共东北地区政权的贸易金额约合 18120 万美元或略少一些。具体数字参见沈志华《苏联专家在中国》，中国国际广播出版社 2003 年版，第 32 页；陈晖《马歇尔使华与苏联对华政策》，《历史研究》2008 年第 6 期，第 154 页。

③ 《周恩来年谱 1898—1949》，第 665、668 页。《中央关于东北局势及作战问题给林彪、彭真同志的指示》，1945 年 6 月 15 日。《中央关于时局及对策的指示》，1946 年 5 月 15 日；《中央关于发表纪念“七七”宣言后对美国及国民党斗争问题的指示》，1946 年 7 月 6 日，《中共中央文件选集》第 16 册，第 161—163、230—231 页。

确信，他不仅缺乏控制国民政府的能力，而且正逐步与蒋介石的步调协调一致，因此中共已有必要“重新估计”美国在中国政局中的作用。① 可以说战后初期中共与美国在东北问题上形成的战略性对抗终于又一次成为导致双方关系破裂的关键。

全面内战爆发后，中共开始公开谴责美国对华政策，并配合苏联外交努力，要求美军尽快撤出中国，可以说中共已经将美国视为国际敌对势力。6 月 14 日，美国政府向国会参议院提交了《军事援华法案》。这一事件发生在中国全面内战一触即发的时刻，在中共领导人看来，它实际上表明马歇尔的态度变化的确是美国政府决定援蒋内战的反映。毛泽东立即亲自发表声明，强烈谴责杜鲁门政府是在倒行逆施。② 中共中央在党内指示中则再次提起中国变成美国殖民地的黑暗前景，认为美国军事干涉“日益露骨”，国民政府的“美国殖民地色彩”日益显著。③ 7 月 7 日，中共中央发表公开宣言，指责美国正企图取代日本，变中国为美国的殖民地。④ 中共舆论从此恢复对美国的全面谴责，包括从对华政策到美国外交的各个方面。

另外，中共的政策明显受到苏联的影响，尤其在东北的和与战问题上，不能不考虑苏联的态度，但苏联政策的反复无常也加深了中共决策层对苏联的疑虑。当中共领导人决定与国民党彻底决裂时，他们实际上也是下定决心，不再受苏联外交战略的约束。有趣之处是，由于中共中央决定自行其是时恰逢冷战爆发，苏联这时也已经不打算像抗战刚结束时那样约束中共中央了，后来甚至在支持中共的问题上走得更远。

这个时期中共对外政策的另一个重要发展是明确提出并在实践

---

① 《周恩来年谱 1898—1949》，第 674 页。

② 《解放日报》1946 年 6 月 23 日。

③ 《中央关于动员各群众团体要求美国改变对华反动政策的指示》，1946 年 6 月 24 日，《中共中央文件选集》第 16 册，第 216—217 页。

④ 《解放日报》1946 年 7 月 7 日。

中几乎是尽其所能地利用美苏之间的矛盾。在马歇尔来华调处之初，中共领导人根据以往的经验并不相信马歇尔将会秉持公正，他们相信利用美苏矛盾向马歇尔施加压力是可取的，所以在不得不接受美国介入的同时，认为如能使苏联参加调处将“利多害少”。中共中央在给重庆的谈判代表团的电报中如此直截了当地谈到中国传统的“驭夷”之道，即“中国从来就是依靠几个国家相互牵制来保持独立，所谓以夷制夷政策，如中国只被一个强国把持，则早已灭亡”，所以“如能做到英苏参加更好，如做不到只好让马单独参加”。[①] 中共领导人最终未能将苏联拉到国共谈判中来，但是他们认知中的这种变化需要给予重视，尤其是当他们后来逐步为中国在冷战中的角色做出新的定位之后，这种有着深厚历史根基的策略思想必定会被有意识地付诸实践，成为新中国在冷战中最基本的也最富成果的对外政策原则。

---

① 《中央关于停战、受降、恢复交通等问题给重庆代表团的指示》，1946 年 1 月 2 日；《中央关于提议英国苏联参加国共谈判问题的指示》，1946 年 1 月 3 日。

第2章　结盟与对抗

从抗战结束到内战爆发，美苏在中国的关系实际上结束了一个历史阶段。从现象上看，国共内战爆发后，美苏对中国局势的关注明显地迅速下降。当国共矛盾发展为一场为争夺国家政权的殊死较量时，美苏正全神贯注于欧洲和近东地区的对抗。美苏是世界级的大国，它们的对华政策固然受到它们在其他地区的矛盾、对抗、经验等的影响，但是严格地说，主要是同国共斗争的变化联系在一起的，也是对国共内战的结果做出的反应。

从1947年秋季解放军开始战略反攻起，中共在内战中取得决定性胜利成为决定东亚未来的主要事态。它意味着战后东亚国际关系必将经历一次革命性的转变，以雅尔塔秘密协议和中苏条约为蓝本的国际秩序将土崩瓦解，有关国家必将面对一个在激烈的社会革命中崛起的新国家。总的看来，随着中国革命运动的不断胜利，美国和苏联在中国政治中的影响力朝相反的方向演变。美国的影响在逐步衰落，中华人民共和国成立后，美国的势力和利益被彻底清除出中国；苏联则相反，其政治影响在逐步扩大，直到与新中国结成同盟。在客观上，苏联占有显而易见的优势，它地理上与中国接壤，美国则远在万里之外。就美苏在东亚的关系而言，出现这种结局也与美苏东亚政策几乎同时发生的变化有关。1948 年春，苏联决定更积极地干预东亚事务，主要表现是支持和推动中国革命。与之相反的是，美国政府同时开始酝酿“退出”东亚大陆地区，将东亚战略的重点转到日本。1949 年 8 月美国国务院公布的对华政策《白皮书》，实际上是在宣布美国政府不打算再介入中国的事务。1950 年 1 月 12 日，美国国务卿艾奇逊发表讲话，划出了美国在西太平洋的“防线”，中国被划在该防线的外面。[①] 美苏这种相反方向演变的东亚政策所产生的影响是不可忽视的。

但是，导致上述结果的根本原因还是美苏同中共的关系。简单地说，就是苏联是中共的支持者，不论这种支持达到何种程度和有何种复杂的特点；美国则是中国革命运动的反对者或阻挠者，尽管它曾经试图节制这种反对的程度。当中国政治形势发生剧烈的和根本性的变革的时刻，这种本质的区别大致决定了美苏对华政策演变的方向和中美、中苏关系的演变方向。至于这些演变的过程，的确是相当复杂的，它们最终会达到何种程度则取决于很多历史事件的积累。

当然，在中国历史大变动的时代，决定美苏在华前途的最主要因素还是中共中央的选择。多数国内的相关论著没有重视一个简单但是基本的历史事实，即新中国外交与中国革命运动有着一种“天然联系”。新中国外交不论是在本质上还是在历史顺序上都是同中国革命运动联系在一起的，而不是同新中国成立前历届政府的外交联系在一起的；它是基于对此前中国外交的彻底否定和深刻批判，而不是对此前中国外交的自动延续或有意继承，尽管有些深层次的内容不可避免地会自动延续下来，并在更长久的过程中发生影响力。在这方面，世界上相反的例证大大多于相同的例证。新中国外交从其产生之日起，从某种意义上说就是在实现

---

① 资中筠主编《战后美国外交史——从杜鲁门到里根》上册，世界知识出版社 1993 年版，第 156—157 页。

中国革命运动的目标。不可否认的是，革命运动的巨大影响即使在建国后也根本不可能立即消退，革命的思维方式和革命运动的基本理论必然会影响新中国外交。中国革命在最后阶段那种大规模群众动员和暴力斗争的进程与形态，以及这种形态深层反映的革命领袖对解决政治和社会问题的认知与经验，也必然要反映在外交决策过程中。

尤为重要的是，这一时期中共领导人正在认真地考虑建个什么样的国和如何建立国。在中共领导人的心目中，如何处理与美苏的关系是同他们设想的中国发展道路密切联系在一起的。中共与苏联高层互访和沟通表明，如果中共与苏联在中共的国内政策上不能做到基本协调，后来的结盟和中国成为苏联阵营的成员等，都是不可能的。[①] 反之，美国不仅在行动上阻挠中国革命取得最后胜利，同时还企图按照它的意愿影响中共建国的方向，而它的意愿同中共的选择是水火难容的，这是使中共领导人下决心停止与美国方面接触并导致双方最终走上对抗之路的最深层原因。[②]

另外，在新中国成立之前，中国革命运动已经同外部世界建立了某种联系，其中的主要部分就是与苏联和共产国际的关系。此外，中共还与一些国家从事民族和革命运动的组织之间有过一些断断续续或微不足道的关系。在抗日战争时期与美英等西方国家驻华机构之间有过来往，最突出的事件是在抗战期间，美国政府于1944年夏季向延安派遣了一个军事观察组，作为同中共联系的官方机构。这期间，中共因为军事原因，同美驻华军队领导人、美军联络组等有过来往。抗战结束前后一度接受美国调停，因此同一位美国大使（赫尔利）和一位美国总统特使（马歇尔）打过不少交道；新中国成立前夕同美国大使（司徒雷登）有过交往。这些关

① 《代表中共中央给联共（布）中央斯大林的报告》，1949年7月4日；《关于向苏联学习党和国家建设经验问题给联共（布）中央斯大林的信》，1949年7月6日。《建国以来刘少奇文稿》第一册，第404—424页。

② 《黄华与司徒谈话内容》，1949年6月7日。

系远谈不上是丰富全面的，但对中共领导人外交思想的形成、外交机构的组织和人员构成等方面的影响，却是不可低估的，并在新中国成立初期的外交政策中留下了很重的痕迹。这些因素在多大程度上影响了中共领导人为新中国在冷战中做出的选择，需要做具体的分析。正因为如此，揭示和探讨这个时期的诸多个案是很有价值的。它们证明，实际上找不到单一的因素或者说一个主要的因素足以解释新中国与美苏的关系会发展到后来那种可以说是相当极端的状态。

“一边倒”

在中国新政权诞生前夕，为了纪念中共成立 28 周年，毛泽东发表了一篇题为《论人民民主专政》的文章。文章中有这样一段话：“‘你们一边倒。’正是这样。一边倒，是孙中山的四十年经验和共产党的二十八年经验教给我们的，深知欲达到胜利和巩固胜利，必须一边倒。”毛泽东重复了他在《新民主主义论》中宣布的那个逻辑，中国在冷战中不是倒向这边，就是倒向那边，“骑墙是不行的”。[①] 文章发表的时机很重要，刘少奇为首的中共代表团已踏上秘密访问莫斯科的旅途；“一边倒”简单上口、生动形象，很传神地点出了中共中央当下在冷战中的基本立场、为新中国做出的外交选择，并基本准确地概括了后来发生的中苏别别扭扭的结盟与中美没完没了的对抗，等等。所有这些因素加在一起，使这句话成了对新中国外交指导方针的经典概括。不过越来越多的研究表明，“一边倒”更应该被理解为一项“总揽全局的大政方针”。[②] 它所要阐述的不仅是在美苏对立的世界格局中处理与美苏关系的一般原

---

① 毛泽东：《论人民民主专政》，1949 年 6 月 30 日，《毛泽东选集》第四卷，第 1472—1473 页。

② 参阅章百家《解放战争时期毛泽东的国际战略思想》，国际战略基金会编《环球同此凉热——一代领袖们的国际战略思想》，中央文献出版社 1993 年版，第 63 页。

则，而且包括对未来中国的发展道路的基本设想。新中国外交要面对的问题和它发展的实际情况还是复杂得多的。

如果从国际冷战与中国革命互动的角度观察的话，“一边倒”毋宁说是简单明了地表达了中国领导人将站在苏联一边参加冷战的意愿和决心，它既形象又典型地揭示了中共领导人的基本倾向和基本选择。至于新中国对外关系后来一度呈现的那种与苏联结盟和与美国尖锐对抗的局面，当然同这一选择的内在逻辑有关，不过也需要详细考察此前和此后发生的一系列历史事件。历史研究无法精确地回答一个假设性的问题，即如果没有发生那些具体的历史事件或在一些问题的处理上没有发生那些偶合，新中国外交会是什么局面？不过，可以合理推论的是，至少是可以不达到那么尖锐极端的程度的。

1948 年 11 月 14 日，中共军队攻占沈阳不久，中共中央立即宣布，“再有一年左右的时间，便可能将国民党反动政府从根本上打倒了”。[1] 中共领导人差不多就是从这时开始考虑未来新国家的对外政策，他们认为其中的关键是如何处理同美国和苏联的关系。在中国现代外交史这个新的一页被翻开之前，在中国已经大致形成了国民政府站在美国一边和中共同苏联交好的局面。不过，就像国民政府同美国的关系十分复杂一样，中共同苏联的关系这时也是含混不清的，尤其是要走到后来的结盟那一步并不容易，而且即使结盟也被证明是难以一帆风顺的。所以，理清中共领导人在此前业已形成的一套观念至关重要，它们大致包括了对世界政治的核心以及美苏关系的特点、中国革命运动与美苏冷战的关系及在冷战格局下中共对外政策主要是对美苏的政策等的看法。

中国人从来都是要从“天下大势”来论国家、民族兴亡的，这是一种思维定式，即任何一种政治形态得以存在并延续，其合法

① 《中共中央负责人评中国军事形势》，1947 年 11 月 14 日，《中共党史教学参考资料（解放战争时期　下）》，第 311 页。

性总是要来源于顺应“天下大势”。近代以来，囊括了四面八方和古往今来的“天下”逐渐变成了具体的由一个个民族国家组成的“世界”，在中国精英的心目中，“中国”这个概念从包容普天之下的中央王国变成了世界的一个部分，而且具体到在世界舆图上就可以看到它的确切位置。

到 20 世纪初，那些关注中华民族命运的所有中国精英几乎达成了这样的共识，即中国是世界的一部分，中国的命运取决于中国是否能自觉和坚决地站在历史正确的一边，即如孙中山所说的：“当今世界潮流，浩浩荡荡，顺之者昌，逆之者亡。”同他们一样，中共领导人也认为“中国是世界的一部分”。在他们的心目中，中国同世界的联系甚至还要更紧密更具体一些。这主要表现为他们笃信，中国革命也是世界革命的一部分，中国革命的前途是同世界革命运动的前途联系在一起的。再具体一些说，在当时就是同国际共产主义运动、同列宁故乡苏联的兴衰联系在一起的。在他们看来，世界政治的演变尽管极为复杂，其中有一个基本的现象是本质性的，即“反苏”必然“反共”，“和苏”就会“和共”。在中国也是如此，尤其是在抗战期间，中共领导人对国共关系变化的每次判断，都将苏联在世界政治中的状态以及美、英、法等对国民政府的苏联政策的影响作为重要的依据。

抗战结束后，中共中央的一份党内文件表明，中共领导人仍然认为“目前世界的中心问题是美苏之争，反映在中国便是蒋共之争”。美国的政策是反苏反共，国民政府则是“在反苏时又必望连上共”。[①] 这种将国共之争视为美苏之争的看法有两方面的含义：一方面是中共与苏联几乎是连为一体、密不可分的；另一方面，中共中央也就因此而需要同苏联协调政策，中共的政策要适应苏联的

① 《中央关于对美蒋斗争策略的指示》，1945 年 11 月 28 日，《中共中央文件选集》第 15 册，第 455 页。

对华政策。不过如前所述，到 1946 年 3 月东北内战爆发之际，中共领导人的看法出现了重要的变化，即他们不再认为中国的形势发展同美苏关系有那么紧密的联系，中共需要根据这个新的现实来决定它自己的战略和对外政策。

1946 年 4 月间，毛泽东写下了他对世界形势的一些新的看法，这份很短的文件仅限于在中共中央部分领导人中传阅。从 1946 年初起，毛泽东就在寻找机会在东北同国民党军队打一场大战，以确立中共在东北的地位。3 月间，中共中央已经决定不惜同国民党军队大打，以控制北满的大城市和交通要道，毛泽东本人则是这一决策的最坚决的领导者和推动者，他很可能想的还不仅仅是在东北反击国民党军队的进攻。但是党内也有这样一种悲观的观点，即认为东北大打有可能引起全面内战，特别是引起美国的军事干涉。需要指出的是，这时丘吉尔的富尔顿演讲发表刚一个月，国际上有关大国将再度爆发冲突的舆论方兴未艾，这无疑会加深中共党内对东北内战可能导致何种后果的担心甚至恐惧。中共中央因此确实需要解释世界形势的变化到底对中共的战略将有何种影响，以及中共的政策与美苏关系之间到底是一种什么样的互动，以致中共军队可以将以往争取同国民政府谈判和平解决中共在东北的地位的政策，改为放手在东北大打，通过战争来争取靠谈判无法获得的那种地位。

正是为了回答上述的疑问，毛泽东在经过一段时间的观察和思考之后，通过那份简短的文件初步提出了自己的判断。他说苏联同美、英、法之间的关系是妥协为主，尽管目前妥协还不会很多。更重要的，首先是大国之间的妥协“只能是全世界一切民主力量”同美、英、法“做了坚决的和有效的斗争的结果”。换言之，只靠谈判和让步是不可能实现的。其次是苏联同美、英、法妥协“并不要求资本主义世界各国人民随之实行国内的妥协。各国人民仍将按照不同情况进行不同斗争”。换言之，中共中央并不必须像以往那样，为了配合苏联的对外政策而不断对国民政府做出让步。[①] 这篇文章是中共领导人对冷战与中国革命运动之关系的认识发生重要变化的一个信号，其中的判断对中共中央此后的战略决策具有至关重要的意义。

6 月间，全面内战爆发后不久，毛泽东开始用“中间地带”这种形象的语言，进一步阐述他对世界政治的上述看法。毛泽东在会见美国记者安娜·路易斯·斯特朗（Anna Louise Strong）时，首次提出了他用“中间地带”概括的对世界政治的新观察。此后不久，他又对这一思想做了更明确和系统的阐述。根据毛泽东的阐述，战后世界政治已经发生了很大的变化，其中的主要矛盾实际上不是美苏之间的斗争。他描绘了一幅这样的世界政治和地缘战略图景：“美国和苏联中间隔着极其辽阔的地带”，即“中间地带”，这里有欧、亚、非三洲的许多资本主义国家和殖民地、半殖民地国家。美国反动派在没有压服这些国家之前，是谈不到进攻苏联的。根据毛泽东的论述，“中间地带”有地缘政治和国际政治两重属性。从地缘角度看，那片地方处于美苏之间而且“极其辽阔”；从国际政治的角度看，这里的国家包括资本主义和殖民地、半殖民地等两类国家，它们中每一种都力量不足，但加在一起则数量极为庞大。毛泽东认为，3 月以来美国进行反苏宣传是在施放一种烟幕，真正的目的是解决美国在国内和国外面临的困难，是为了“压迫美国人民和向资本主义世界扩张它的侵略势力”，是把“美国向外扩张的一切对象国都变成美国的附属物”。在这种情况下，只有处于“中间地带”的国家和人民联合起来，反对美国的侵略和扩张之间的矛盾，才能避免第三次世界战争。[②] 根据毛泽东的这个逻辑，世界政治中的主要矛盾就是美国到处侵略扩张和“中间地带”的国家和人民反对美国的侵略和扩张之间的矛盾，“美苏之争”自然也就不

① 毛泽东：《关于目前国际形势的几点估计》，1946 年 4 月，《毛泽东选集》第四卷，第 1184—1185 页。

② 毛泽东：《和美国记者安娜·路易斯·斯特朗的谈话》，1946 年 8 月 6 日，《毛泽东选集》第四卷，第 1193—1194 页。

是中心、不是最重要的了。

11 月 21 日，毛泽东、刘少奇、周恩来等三人在延安枣园开会。当时由陆定一做记录，这表明他们是打算宣传这次会议中提出的观点的。毛泽东在发言中再次概要地阐述了“中间地带”问题。他说现在世界分成了三块地方，即美国、苏联和美苏之间，其中的主要矛盾是“美国反动派与世界人民的对立，在中国也反映这种对立”，中国的革命运动因为属于重要矛盾中的一个方面（并非因为苏联）而“与世界有紧密的联系”。他还估计，未来的发展很有可能是美国同其他资本主义国家的关系还会“上升为世界的主要矛盾”，就像二战爆发以前那样，反正就不可能是美苏矛盾占据世界政治的中心。① 在这个小范围达成共识后，毛泽东指示陆定一写一篇专门的文章，阐述他对战后国际形势的这些新见解，以便在全党形成共识。

陆定一很快完成了初稿。该稿经毛泽东两次批阅以及刘少奇、周恩来、胡乔木等阅后表示同意，于翌年（1947 年）1 月 4 日在《解放日报》刊发。该文非常明确地阐述了毛泽东的“中间地带”思想的核心，即“现在世界的主要矛盾是美国人民与美国反动派的矛盾，是英美矛盾和中美矛盾”，那种关于世界政治中“美苏矛盾是主要的”的观点等，则是“中外反动派的武断宣传”。在这样的论述逻辑中，中国革命在世界政治中地位大大上升，属于决定事物发展的主要矛盾的主要方面。中共中央因此拥有了更大的自主性，中共推行更为激进的政策符合世界政治的大潮流。②

毫无疑问，毛泽东提出“中间地带”思想首先是为了中共战略转变的需要，即在面对国民政府发动全面内战时，中共中央需要做出战略抉择：妥协还是迎战。当中共中央选择了迎战，按照中共

---

① 毛泽东：《要胜利就要搞好统一战线》，1946 年 11 月 21 日，《毛泽东文集》第四卷，第 197 页。

② 陆定一：《对于战后国际形势中几个基本问题的解释》，1947 年 1 月 2 日，《解放日报》1947 年 1 月 4 日。

的战略思维，就必须回答中共战略选择与世界政治的关系。从历史演进的顺序看，在这个时期必须要回答的是，同战后一个时期以来的情况相比，世界政治的基本特点是什么，以及中共的战略转变同世界政治的关系，等等。从这个角度说，毛泽东对世界政治的描述其实是很实用的，尽管他对世界政治本质的描述远不能说是准确的和完整的，但这种描述满足了中共实行战略转变的基本需要，因为这些论述把握住了一个实质性的问题，即中国革命运动已经有条件走自己的路，而不必总是顾虑美苏之间是否一定和正在妥协。其关键的原因之一是，不论美国和苏联在世界其他地方的关系如何和对抗达到何种程度，它们实际上都既无能力也无意愿无节制地介入国共内战。

特别需要指出的是，从后来的发展看，“中间地带”思想中包含着一种新的认同的萌芽，其核心是包括中国革命运动在内的民族解放和革命运动有着比大国政治更为重大的影响和意义，它们才是决定世界前途的主要力量。根据陆定一文章的论述，当时正在形成一个“世界规模的统一战线”，包括“美国的人民，各资本主义国家的人民与殖民地半殖民地国家的人民”等“十几万万人的极其巨大的队伍”，它“标志着世界历史的新的一页”。文章没说苏联是这个“世界统一战线”的一部分，尽管肯定了它会给予“同情和支援”；中国则与苏联不一样，“中国的独立和平民主运动，是这一段世界历史中的重要一部分”，中共应该“为一个新中国与新世界而坚决奋斗”。① 显然，在毛泽东的心目中，中国革命在世界政治中可能相比苏联更重要一些，如果这时不是最重要的话。他说，“打破了德国，来了英法左倾，打破了日本，来了中国革命”。② 这就像一次大战后出现了苏联一样。这种新认同既然萌发，便不可避免地开始影响中共领导人对中国的世界地位的判断，影响

① 陆定一：《对于战后国际形势中几个基本问题的解释》。

② 《毛泽东与刘少奇、周恩来的谈话》，1946 年 11 月 21 日。

中共的对美对苏政策，而且后来的历史证明这种影响是相当持久的。

这里需要说明的是，之所以说“中间地带”思想中包含的只是一种新的认同的萌芽，是因为“中间地带”思想存在的时间并不长，前后也就延续了一年时间。到 1947 年 9 月，欧洲九国共产党情报局会议召开以后，“中间地带”这个概念在毛泽东的话语系统中一度消失了。在该会议上，苏共代表日丹诺夫（Andrei Zhdanov）作了一个题为《论国际形势》的报告，大会根据这个报告起草并通过了共产党情报局《关于国际形势的宣言》。《宣言》声称：“第二次世界大战结束以后，世界已经形成了两个阵营，一个是以苏联为首的民主的反帝国主义的阵营，它的目标是摧毁帝国主义制度和巩固民主制度。另一个是以美国为首的帝国主义反民主的阵营，它的基本目的是确立美国对世界的统治和摧毁民主制度。在这种新的国际局势中，各国共产党在目前的主要任务，就是高举起民族独立和维护国家主权的旗帜，保卫本国的主权、自由与独立，反对帝国主义的奴役与侵略。”《宣言》特别谴责了右翼社会党人的所谓“贩卖政策”，认为当前的主要危险是过低估计人民的力量，过高估计帝国主义阵营的力量。因此各国共产党应该加强领导，巩固队伍，“团结起来，共同奋斗，并把本国人民中一切民主爱国势力集合到自己的周围”，同帝国主义势力进行坚决的斗争。10 月 5 日，苏联《真理报》公布了欧洲工人党和共产党情报局成立的消息。

共产党情报局立即公开宣称世界已经划分为两大阵营，尤其重要的是苏联借此公开宣布，它将担当起世界反美斗争的领导者和组织者，这对中共中央的影响之大是不言而喻的。在中共领导人看来，它表明苏联至少已经开始放弃单纯谋求与美国妥协的方针，并必将更为明确和坚决地反对美国直接干涉中国的内部事务，苏联作为限制美国干预国共斗争的关键因素之一，必定是更为有力和更为有效的。此外，《关于国际形势的宣言》的一些内容对于中共中央解决这个时期党内存在的一些问题十分适用，与中共中央的政治需要十分契合。

毛泽东提出“中间地带”思想的重要原因之一是要解决是否有条件同国民政府进行战略决战和夺取全国政权的问题，而《关于国际形势的宣言》恰恰指出，当前各国共产党存在的主要错误倾向，是过低估计自己的力量，过高估计美国集团的力量。各国共产党只要不怕美国的战争恫吓和讹诈，就可以挫败美国在欧洲和亚洲国家的任何计划。[①]《宣言》的这一论述显然非常有利于中共中央克服党内的“恐美”思想或倾向。所以，自从共产党情报局的《宣言》发表以后，中共中央反复强调和宣传《宣言》中的这一内容。毛泽东则很快宣布接受苏联的观点，认为世界已经划分为相互对抗的两大阵营，以及苏联是和平民主阵营的领导者，等等。毛泽东还充分发挥了《宣言》的思想，认为美国由于在国内外面临的各种矛盾不可调和，被迫“建立了奴役世界的计划”；但是全世界反美力量超过了美国及其阵营的力量，“优势是在我们方面，不是在敌人方面”；中共“应当在自己内部肃清一切软弱无能的思想。一切过高估计敌人力量和过低估计人民力量的观点，都是错误的”。[②]

不过，简单比较毛泽东对世界形势的看法和共产党情报局的分析，便可以发现其中的明显差别。在“中间地带”思想中，中国革命是处于世界政治的中心的，虽然还不是唯一的中心。共产党情报局的《宣言》则断言，世界政治的中心仍然是在美苏之间，从地缘政治的角度看欧洲还是中心。宣言几乎没有涉及中国革命和中共，而中共等根本就没有被邀请参加会议，在苏联看来，中共就连算不算共产党都还是个疑问。实际上，毛泽东和中共中央这时立即表示接受苏联关于“两大阵营”的论述是有选择性的和很实用的，毕竟共产党情报局的宣言在鼓励反抗、鼓励革命，

① 《共产情报局会议文件集》，第 5 页。

② 毛泽东：《目前形势和我们的任务》，《毛泽东选集》第四卷，第 1259—1260 页。

而不是像过去苏联那样鼓励妥协和让步。但是，“中间地带”在地缘和国际政治方面的确切含义是无法同“两大阵营”协调起来的。事实上，毛泽东是在8年以后又重提“中间地带”思想，并有新的发挥。

“中间地带”思想的出现反映出这个时期冷战与内战同时爆发这个现象对中共领导人的影响还是很大的，以至于他们感到有必要对世界政治做出与以往不同的评估，其中一个潜在的认识对他们此后思想的发展有不可低估的影响。纵观他们从建党起到全国内战爆发这20多年的政治生涯，也只有在此前那个阶段，他们一度真诚地相信，世界真的有可能出现缓和与稳定的局面，大国之间的妥协与合作将维持下去，成为国际政治的主要潮流，并导致各国内部的政治斗争趋向缓和。然而，随着冷战与内战的爆发，中共领导人终于得出自己的结论，即缓和与稳定即使不是虚幻的，也是相当有限和短暂的。大国之间的矛盾和冲突是根本性的，在国际政治中只有持续不断的和各种各样的危机才是绝对的。可以说从这时起，“缓和”的念头已经从毛泽东那一代中共领导人的心目中永远地消失了。对他们来说，在列强之间永续不绝的纷争中利用矛盾，纵横捭阖，才是中共对外政策（后来是新中国对外政策）的神髓。

在1946年初的国共谈判中，由于美国特使马歇尔的介入，中共中央多次设想邀请苏联参加国共谈判。在中共中央看来，苏联不过是可以在谈判中用来平衡马歇尔和向国民政府施加压力的一个因素。中共领导人对邀请苏联参加国共谈判的本质说得相当直白，即“中国从来就是依靠几个国家互相牵制来保持独立的，所谓以夷制夷政策，如果中国只被一个强国把持，则早已灭亡……”① 这种话语在中共领导人的电文中是很罕见的，但它大致反映出来的思想的确可以在其他文电中得到印证，区别

① 《中央关于提议英国苏联参加国共谈判问题的指示》，1946年1月3日。

只不过是在使用不同的话语，所谓“国际统一战线”就是这种政策思想的一个代名词。

与上述思想相伴而生的是关于中共在战后是否能得到“外援”的问题，直截了当地说就是能否得到苏联的援助。如前所述，在抗战后期，中共中央面对的对外政策问题是相当复杂的，包括如何利用急剧变动的国际形势，为中共的战略规划造成有力的国际条件，还包括能否从国民政府那里分得一部分来自美国的援助。中共中央曾经尝试过同驻华美军合作，以便美军在华北沿海登陆时，能通过军事合作获得一些军事援助。当然，争取得到苏联的援助更是中共领导人记挂在心且十分期盼的。他们笃信的一个基本信条是世界上各国革命斗争都是互相支持的，尤其是各国无产阶级更应该是互相支援的。不过在抗战前期，苏联根据有关协议向国民政府提供大量军事援助的时候，并没有给中共多少实质性的援助。到抗战后期，中共领导人基本确定，在新一轮的国共斗争中，中共得到苏联援助的可能性是很小的。毛泽东在七大期间的讲话中多次谈到这个问题，他设想中共有可能碰到的诸多困难中，“第十六条”就是“无产阶级长期不援助我们”，他说中共中央的方针还是“全党团结起来，独立自主，克服困难”，“没有国际援助，学会自力更生”。毛泽东认为这是对中共“究竟成熟了没有”的一种考验。①

毛泽东在七大期间对苏联援助的估计保持谨慎的重要原因是当时苏联与国民政府正在谈判已经不是秘密，但谈判的内容尚未揭晓，中共中央面临的一个严峻的现实是苏联领导人没有提供任何他们与国民政府谈判的信息。中共中央从重庆的渠道获得了斯大林与赫尔利 1945 年 4 月在莫斯科的谈话内容，但从中很难确切了解苏联的态度。这份简短的报告称，当赫尔利询问斯大林对中共的看法

① 毛泽东：《在中国共产党第七次全国代表大会上的结论》，《毛泽东文集》第三卷，第 197、199 页。

时，后者称中共是人民抗日武装，是最大的农民抗日武装，苏联没有援助中共，中共也没有依靠外援。① 总之，中共中央不得不随时准备应付各种可能的意外。

抗战结束后一个时期，中共中央面临的最大考验是在东北地区如何处理同苏军的关系，并从其中获得了实质性的经验，这些经验证明，中共的确有必要将自力更生作为战略原则。毛泽东后来将中共中央在战后一个时期以来坚持自力更生的基本经验提升到关系中共生死存亡的战略层次，并以是否能够自力更生作为比较中共与国民政府的战略水平的重要依据。他说："靠自己，不靠外援。不靠不是不要，要而不靠。任何时候都要，任何时候都不靠，就是到了全国胜利，有了中央政府，还是要，还是不靠。蒋介石的战略基础是靠外援，这是危险的，故失败。外援对我不是决定条件，对蒋是决定条件。"②

显然，中共领导人这时已经大致形成了这样的认知，即坚持自力更生是中共能够独立和合理地处理对外关系的基本经验，也是一个基本的战略原则，它不仅要运用于革命运动，也将适用于日后的建国。国共两党的经验教训都证明，在中国这样的大国，任何政治力量在任何时候都只能依靠自己的力量和努力，否则就会招致失败。当然，也正是因为中国巨大的幅员和人口规模，这里的政治力量才有先天的条件在这片土地上为自己创造出生存和发展的条件。

革命民族主义的激扬是这个时期中共战略思考的一个基本的历史背景，同样也构成了新中国外交思想的一股源头活水。二战胜利后，民族主义在中国再次蓬勃兴起。同所有的民族解放运动一样，中共领导的革命运动如果没有民族主义的诉求，就不会有任何成功

---

① 《赫尔利、斯大林谈话情形》，1945 年 5 月 7 日。

② 《毛主席在一九四七年十二月中央会议上的谈话》，1947 年 12 月，参阅逄先知主编《毛泽东年谱 1893—1949》下卷，第 261—262、274—275 页；《陈毅传达毛主席十二月中央会议谈话》，中国人民大学中共党史系资料室存，编号 6512/2.5。

的机会。这反映在中国革命运动中，中共对任何来自外国的对中国革命运动的阻挠、干涉都怀有极端憎恶的情绪，并奋起反抗，尽管中共领导人在避免引起美国军事干涉和处理对苏关系等方面都是慎之又慎的。实际情况是，在中共的政治动员中，民族主义的确被证明是最行之有效的法宝之一，特别能在革命队伍中激起昂扬的斗志、巨大的热情与无所畏惧的勇气。

这个时期中共革命民族主义在追求民族解放这一点上与以往并无不同，同其他政治集团相比也无不同，它的突出特点是针对列强在东亚以《雅尔塔协定》为基础构建的国际秩序进行挑战、冲撞直至给予根本的革命与颠覆。这一特点在抗战刚结束时就表现出来，“中间地带”思想的提出是它的第一次理论化的尝试，它试图将中国和中华民族放在世界政治中比较突出的位置，如果还不是最突出的话。随着中共的战略转折，革命民族主义到 1947 年秋季开始进入全新的高潮，它的标志性表达和进行政治动员与传播的话语系统的关键词就是“不怕”两个字。

“不怕”这两个字最早出现在日本宣布投降的前夕毛泽东在延安所做的政治动员报告中，当时毛泽东号召中共军队要全力以赴地展开争夺驻华日军受降权的斗争。盟军统帅部已经宣布，在中国除东北地区外的所有日军都应向国民政府投降。毛泽东告诉与会的中共干部说，曾经有个美国记者问他，中共是“谁给的权力”，他回答说是“人民给的”。他告诉与会者，“我们是‘无法无天’”，不要怕美国人支持蒋介石，“帝国主义者就会吓人的那一套，殖民地有许多人也就是怕吓”，但是“中国有那么一些人是不怕那一套的”。[①] 毛泽东后来多次提到这个问题，全面内战爆发后，他就用形象的语言提出了“美帝国主义是纸老虎”的观点，并在党内会

---

① 毛泽东：《抗日战争胜利后的时局和我们的方针》，1945 年 8 月 3 日，《毛泽东选集》第四卷，第 12、17—18 页。

议上说，“不要来一阵风就被吓到”。[①] 从这时起，毛泽东开始有意识地通过谴责美国，在中共内部逐步清除“恐美”思想和心理。反美已经成为中共中央实现战略转变的重要条件。只有从这样的背景来观察，才能理解毛泽东发表同美国记者安娜·路易斯·斯特朗谈话的含义。毛泽东在那次谈话中说美国是一只“纸老虎”。[②] 反美和清除“恐美”思想这个主题一直持续到新中国成立不久展开的知识分子思想改造运动，其后续影响则更为久远。

1947 年 12 月，中共中央在米脂县杨家沟召开扩大会议，讨论中共军队转入战略进攻后的国内外形势和中共的战略规划。这次会议决议中的一个重要内容如前所述，是宣布接受苏联和欧洲九国共产党情报局会议关于世界划分成两大阵营的宣言。不过中共领导人的很多论述内容与其说是在迎合苏联有关新世界政治的图景，不如说是在继续为中共的战略提供证明。会议期间的讨论反映出党的领导曾存在不同的意见，如与会干部中有人认为仍然存在爆发大的国际冲突的可能性，“全世界人民的力量尚不足以制止战争”，等等。

会议期间，毛泽东在发言时重申了他在 1946 年 4 月那个短文件中提出的观点，特别是批评一些中共干部“谈帝国主义就好像谈虎色变”。他一再明确提出中共要努力获得精神解放。毛泽东认为，害怕帝国主义是一种精神作用。“中国多年与帝国主义斗争，遭受失败，故精神有些害怕”。害怕美国这种情况在苏联也有，“喜欢美国罐头，喜欢美国纸烟，对伟大的现实看不起，这就是由于战争受了创伤，精神上未获解放，怕纸老虎”，“被帝国主义侵略的国家传统的怕帝国主义”。他在发言中还批评欧洲一

① 毛泽东：《和美国记者安娜·路易斯·斯特朗的谈话》，《毛泽东选集》第四卷，第 1195 页；毛泽东：《在小河中共中央扩大会议上的讲话》，1947 年 7 月 21 日，《毛泽东军事文集》第四卷，第 268 页。

② 毛泽东：《和美国记者安娜·路易斯·斯特朗的谈话》，1946 年 8 月 6 日，《毛泽东选集》第四卷，第 1195 页。

些国家共产党因为雅尔塔会议和波茨坦会议便做出政治妥协，最终招致失败。如同南斯拉夫共产党代表在九国共产党情报局会议上所做的一样，毛泽东直截了当地批评法国共产党和意大利共产党热衷走议会道路而导致革命力量遭受挫折。毛泽东还流露出对铁托和南斯拉夫共产党的赞赏，他认为战后只有南斯拉夫对美国没有幻想，继续坚持武装斗争，所以“稳住了”。他以南共领导人在欧洲九国共产党会议上对美国的批判最强硬为例子，暗示日丹诺夫和莫洛托夫的发言实际上对美国有些软弱。对南共的赞扬和对苏共的暗指很可能对中共与苏联的关系造成了消极影响，不过那些都不是毛泽东的目的，他希望做的事在他看来对中国革命运动是首要的，即使中共干部和指战员获得一次精神解放。他相信中共要想取得最后的胜利，就必须要精神解放，首先就是不怕美国的武装干涉。[①]

毛泽东的“不怕”也是建立在对国际形势的独特分析的基础之上，这次中共中央扩大会议对国际形势的分析既是中共领导人下决心夺取全国政权的重要依据，也对他们后来对国际问题的诸多看法产生了长远的影响。根据毛泽东在回忆总结报告中的概括，对中共中央来说，国际形势中有三个基本问题是至关重要的：第一是世界大战一时是打不起来的，美苏之间不是会不会妥协，而是早晚要妥协；第二是美苏之间的妥协是有限度的，是“民主的妥协，而不是机会主义的妥协”，简单地说，就是不会在所有的问题上都会妥协；第三是苏联对美国的妥协并不要求各国革命运动“也都要随之实行国内的妥协。各国人民的方针应当是按照不同情况进行不同的斗争”。[②] 毛泽东关于国际形势的这番讲话具有很强的针对性，他要解决的问题是在冷战爆发的新

---

① 《毛主席在一九四七年十二月中央会议上的谈话》，《陈毅传达毛主席十二月中央会议谈话》，存中国人民大学中共党史系资料室，编号 6512/2. 5。

② 毛泽东：《在杨家沟中共中央扩大会议上的讲话（二）》，1947 年 12 月 28 日，《毛泽东文集》第四卷，第 333 页。

局面下，为中共中央的内外政策提供一个有强大说服力并能提供广泛选择余地的论述。实际上，毛泽东正是通过这套论述显示了他的认知和表达的独特性，即在刚刚表示接受苏联有关“两大阵营”理论之后，立即在党内宣布他将坚持“中间地带”思想的精髓部分。

1948 年 1 月 15 日，毛泽东在西北野战军前委扩大会议上发表讲话，再次痛快淋漓地阐述了他在 1947 年十二月会议上提出的要精神解放的思想。他说中国内战因为美国“积极支持”蒋介石而提早爆发了，但是“我们不怕美国人，轻视美国人，什么帝国主义都不可怕。我们必须轻敌，而且要轻敌，现在轻敌的同志还不多，对黑暗的一堆怕的很，对胡宗南怕的很，对美国、四大家族怕的很，这个不要怕”。[①] 可以说，毛泽东在这次讲话中前所未有地集中展示了对中共内部精神解放的重视和追求。

十二月会议结束后，中共领导人即展开大规模精神动员，其核心内容是通过政治思想教育——包括反美教育——从根本上改变力量对比长期弱势给指战员造成的防御型战略心理，有力地塑造一种无所畏惧的精神面貌，以达成革命民族主义的精神解放目标。在这次大规模的精神动员中，反对美国干涉、改变畏惧美国的精神状态等，成为主要的内容之一。

中共领导人在各部队的政治动员中，非常强调反对并不怕美国的干涉。他们的演讲通常是义正词严和充满激情的，其中阐述的观点包括：美国不大可能进行军事干涉，在中国使用原子弹的可能性微乎其微，即使是美国援助国民政府也是困难重重和摇摆不定的；另一方面，面对美国的干涉要不怕，要坚决斗争，因为“世界上的人都要挺起腰来”，“现在苏联硬起来了，各国人民也硬了”，所以如果美国在中国进行军事干涉就坚决反击，“打美

---

① 毛泽东：《在前委扩大会议上的讲话》，1948 年 1 月 15 日，参阅逄先知主编《毛泽东年谱 1893—1949》下卷，第 267—268 页。

国人，美国人怕死”，只要坚决斗争就能制止和打败美国的军事干涉。[①]

这次精神动员的效果是相当惊人的。比较朱德在 1947 年 12 月和 1948 年 5 月间两次同军队干部谈话的内容，可以大致看出中共军队指战员精神状态已经发生的巨大变化。

1947 年 12 月，朱德参加晋察冀野战军干部会议。他在讲话中突出了形势十分的好，“现在苏联硬起来了，各国人民也硬了”，中国革命运动因此不再是孤军奋战了。与会者首先提出的问题不少涉及美国，主要包括“美国会不会出兵援助蒋介石”、反美运动“是否会引起第三次世界大战”等等。根据记录，朱德的回答一如其既往之风格，简单明了。内容包括“美国大概也不会出兵，即使会，也会被我们消灭”，第三次世界大战则“不会”。[②]

1948 年 5 月 14 日，朱德参加华东野战军干部会议。其间，与会者提问：“四大家族跑到美国去，是否可以追回来公审?”根据记录，朱德的回答是“追不回来”，“美国人民起来革命可能捉到”。[③]

第一次会议的提问表明，与会干部中存在着对美国是否会直接军事干涉的疑问或担心。后一次会议的提问则表明，与会者中不仅已经没有那种担心，而且是充满自信能够成为最后的胜利者，并会想到是否要“追到”美国去捉拿蒋介石归案。提出这样的问题固然反映了提问者的憨厚与无知，不过重要的是，这些问题的确反映了精神动员同战场形势结合在一起，极大地改变了中共军队官兵的精神状态，而中共中央就是要通过这种

---

① 《朱总司令在晋察冀野战军干部会议上的讲话（记录稿，本人未审）》，1947 年 12 月；《周恩来同志在西北高干扩大会议上关于全国战争形势的报告》，1948 年 1 月 11 日；邓小平：《在野战军直属股长营级上干部会议上的报告》，1947 年 6 月 21 日，《中共党史教学参考资料（解放战争时期　上）》，第 390 页。

② 《朱总司令在晋察冀野战军干部会议上的讲话（记录稿，本人未审）》，1947 年 12 月。

③ 《朱总司令在华东野战军干部会上的四次讲话》，1948 年 5 月 14 日。

精神解放来消除“那种对美恐惧不敢进行反美斗争的右倾观点”。[①] 这种朴实激昂的勇敢精神对于发生在半殖民地的中国革命运动取得最终的胜利是必不可少的。当然，这种精神动员的内涵十分丰富，不可避免地会严重地影响到后来一个时期中共领导人制定对外政策的整个过程，甚至对国内一些重大事件造成极为复杂的影响。

从 1948 年春季开始，随着中共军队相继攻占北方的一些城市，如何处理同这些城市中的外国官方机构的关系，成为中共中央首先要处理的具体外交事务。从有关文件的话语中，可以清楚感受到革命民族主义的深刻影响。例如，要求有关代表在外交场合要“反对外国干涉”，警惕对方的“挑衅性”，要“当面揭穿”“严正拒绝”，等等。[②] 不过，在这个阶段上，中共领导人总的政策还是在观望和摸索。他们一方面试图利用这种机会迫使有关国家的外交机构承认中共地区政权的合法性，要求地区的领导人在与外国政府的外交机构交往时，“一切有关外交及外侨事务的手续，必须以公文公函来往，不容马虎从事。因而也就将从事实上逼使这些资本主义国家的外交机关，不得不承认我解放区地方政府的政府地位和权力”。[③] 另一方面由于缺少经验，他们在采取行动时相当谨慎，要求各地区“不忙订立具体的协定”。[④] 到 11 月中旬，中共中央的政策明显开始趋向强硬，直至后来做出这样的规定，即“在我未派记者驻各外国之前，不应允许各资本主义国家记者留在解放区发新闻”。[⑤]

---

① 《中央关于对美外交斗争策略的指示》，1948 年 3 月 24 日，参阅《周恩来年谱 1898—1949》，第 767 页。

② 《中央关于在欧洲活动方针给中央工委转东北局、刘宁一同志》，1948 年 3 月 19 日；《中央关于与英商谈贸易问题给方方同志的指示》，1948 年 9 月 25 日，参阅《周恩来年谱 1898—1949》，第 767、789 页。

③ 《中央关于对英、美、法等国领事馆及侨民的态度和方针应按丑虞电处理给东北局的指示》，1948 年 10 月 29 日。

④ 《中央关于对法国领事要求与我建立外交关系问题给华北局的指示》，1948 年 7 月 28 日；《中央关于与英商谈贸易问题给方方同志的指示》，1949 年 9 月 25 日。

⑤ 《对“港外籍记者提出问题七点”的批语》，1948 年 12 月 21 日（戎马）。

这同东北野战军攻占沈阳以后中共沈阳市政权与美、英、法领事馆交往及其后果有直接关系。从这一事件和随后不断发生的涉外事件中可以看出，中共中央同地区领导人、军队指战员等之间已经形成了一种互动的状态，在党内和指战员中业已形成且不断高涨的民族主义精神的确在影响或者说是在牵引中共中央的对外政策。当然，党内和军内的精神状态是符合中共中央的思考趋势的，所以才会推动这一趋势继续向前发展。

1949 年 1 月 6～8 日，中共政治局在西柏坡召开会议，总结三大战役胜利后的形势和未来的任务，其中讨论了涉及外交的问题并专门起草了关于外交工作的指示，这在中共的历史上还是第一次。毛泽东在会议发言中再次提出了“不怕”外国军事干涉的问题，他说“害怕”的心理还没有解决，“对看不见的东西，人们就容易怕，国民党即以这些看不见的东西吓人”。他在第一次谈新中国同美、英、法等国的关系时就说，“我们是打倒它，不是承认它”。[①] 周恩来的发言也很强调精神解放，他说，“要宣传帝国主义不足畏惧”。他说未来新外交的核心是结束百年的屈辱，即中国人“百年来受压迫，现在站起来了，要有些气概。要反对恐美媚外，增长自己的志气，去掉国民党的买办作风”，“我们现在已摆脱了锁链，家务很大”，帝国主义国家“非找我不可，我们不必急”。总之，他认为“整个观念形态要改变，甚至许多习惯作风也要改变，这种气概必须在知识分子中广泛宣传”。[②]

会议结束后，中共中央正式发出指示，称中共概不承认“许多帝国主义国家”在中国的代表为“正式的外交人员”，这样不仅为“理所当然”，而且可以使中共“在外交上立于主动地位，不受过去任何屈辱外交所束缚”，总之“中华民族的独立解放必须实现”。[③]

---

① 《胡乔木回忆毛泽东》，第 537、546—547 页。

② 《周恩来年谱 1898—1949》，第 805—806 页。

③ 《中央关于外交工作的指示》，1949 年 1 月 19 日，《中共中央文件选集》第 18 册，第 44 页。

从那时起到 1949 年 3 月召开的七届二中全会，中共领导人一再强调，未来新中国的外交要“另起炉灶”，要“打扫干净屋子再请客”，用毛泽东的话说就是与帝国主义有几笔大账要算。在七届二中全会期间，毛泽东在阐述未来政权的各项政策时，针对外交问题，突出地说明要贯彻“彻底地摧毁帝国主义在中国的控制权的方针”。在阐述国际承认问题时，他说，“关于帝国主义对我国的承认问题，不但现在不应急于去解决，而且就是在全国胜利以后的一个相当时期内也不必急于去解决”。在毛泽东看来，更重要的不是要不要获得有关国家的承认，而是中国人是否承认它们，“只要它们一天不改变敌视的态度”，就不给它们“在中国以合法地位”。他相信根据这种逻辑思考外交，才能真正体现中华民族的精神解放，才能说中国人站起来了。[①]

七届二中全会是一个标志，它表明中共领导人对新中国外交的本质与目的的认识已经大致成型。在他们的心目中，新中国的外交主要包括两方面的内容。其一是通过革命战争摧毁战后列强在东亚建构的国际秩序，首先是摧毁近代外交加于中国的束缚，根据一种新的对中国世界地位的认同来建构未来中国的对外关系。其二是通过革命性的外交行动，根本摧毁此前历届政府在中国建构的外交体系和对外关系的基本格局，根据“另起炉灶”所表述的原则，彻底结束百年屈辱，使中华民族获得彻底的解放，包括从根本上改变中国人在列强百年压迫下造成的屈辱的思想状态和精神面貌。

在中国革命运动最后阶段提出和形成的那些外交思想和政策，同国际冷战的进程结合在一起，最终塑造了新中国对外关系的基本格局。在这个过程中，中共中央分别同苏联和美国形成了结盟与对抗的关系。这种局面的形成固然有其历史的逻辑，但也不能否认，其间发生的大量的事件至少也是在强化中共中央的那个“非杨即墨”

① 毛泽东：《在中国共产党第七届中央委员会第二次全体会议上的报告》，1949 年 3 月 5 日，《毛泽东选集》第四卷，第 1434—1435 页。

的选择，并且极大地影响着新中国同苏联结盟和与美国对抗的形成与程度，从而决定了新中国介入冷战的程度和特点。

结盟的缘起

多数对冷战历史的研究将起点向前延展至一战以后美国和苏联的对外政策以及它们之间的关系。如果也从这样长时段的历史观察中共领导的革命运动同冷战的关系，可以看出它们之间是有“天然联系”的。这首先就是指中共与苏联的关系有着深远的历史渊源，中共从建党起就与苏联有着特殊的紧密关系。

20 世纪初，在中国兴起的革命运动因为中共的诞生和参与而展现了新的特点。如前所述，中共最初就是苏联领导下的共产国际的一个支部，是在苏共和共产国际的直接帮助下组建的。它的诞生同社会主义思潮在世界很多地区蓬勃兴起有直接的关系，同第一次世界大战后列宁关于帝国主义、无产阶级革命、民族和殖民地问题等的思想理论在亚洲广泛传播有直接的关系。尤为重要的是这一切背后的国际政治含义：中共诞生正值中国对外关系面对一个巨大而深刻的变化，即 1917 年 11 月 7 日，俄国布尔什维克党在俄罗斯夺取了政权，列宁政府为了世界革命的理念和新政权的生存，开始推行新的对华政策。这个变化造成的一个后果就是裂解了列强在中国长期构筑起来的权势体系，缘起于中国知识精英和下层社会相结合的中国革命运动终于有可能得到一个大国的同情与支持。特别是这个大国是中国的邻居，苏联这种地缘政治上的巨大优势使它在向中国施加影响方面，拥有其他列强无法匹敌的优势。

俄国布尔什维克夺取政权的影响力迅速扩张与中国国内的形势也是有因果关系的，因为这个时期被中国政治精英普遍认为是中华民族最屈辱的时期。一战结束时，中国知识分子和青年学生曾经为同盟国的胜利热情欢呼。他们认为一战的结局表明“公理战胜了强权”，美国的“威尔逊（Woodrow Wilson）大总统”成为正义的偶像，人们笃信“一个新世纪”已经开始，作为战胜国之一的中国将获得平等的对待和足够的尊严。但是，不久召开的巴黎和会使他们的激情和憧憬灰飞烟灭，作为战胜国的中国却仅得到战败般的待遇。憧憬变成了惊诧，愤怒代替了欢呼，屈辱转变成仇恨，精神世界的撕裂演化成政治抉择的根本分歧。这是近代以来中国政治的一次极为深刻的大事变，原因之一是布尔什维克党的成功从外部为中国的政治精英提供了另一种选择。“走俄国人的路”，或者至少在争取中华民族解放的革命运动中执行“联俄”政策，成为当时一大批中国政治精英的选择，尽管在关于苏联的政治制度、意识形态是否可以移植到中国等至关重要的问题上，他们之间还存在着后来被证明是根本性的分歧。

中共作为中国民族解放运动中一支最激进的力量，从诞生之日起便宣布信奉列宁的学说，视苏共领袖为导师和领导者，中共领袖们将苏联视为自己的精神故乡。以列宁主义为理论基础和话语体系的意识形态在维系中共与苏联的早期关系方面起着特别关键的作用，列宁关于帝国主义时代的理论、布尔什维克党的夺权成功经验、辛亥革命失败的教训以及中共早期领导人的个人经历和处境等，几乎从一开始就共同铸造了他们对国际事务、中国革命与世界的关系以及中国未来对外政策等重大问题的认识框架，这种认识框架一直深刻地影响着他们在新中国成立前各个时期的战略和策略。

1922 年夏天，中共发表的《中国共产党第二次全国大会宣言》宣布：“最近世界政治发生两个正相反的趋势：（一）是世界资本帝国主义的列强企图协同宰割全世界的无产阶级和被压迫民族；（二）是推翻国际资本帝国主义的革命运动，即是全世界无产阶级的先锋——国际共产党和苏维埃俄罗斯——领导的世界革命运动和各被压迫民族的民族革命运动”。所以“中国的反帝国主义的运动也一定要并入全世界被压迫的民族革命潮流中，再与世界无产阶级革命运动联合起来，才能迅速的打倒共同的压迫者——国际资本帝国主义”。中国共产党人相信，“中国劳苦群众要从帝国主义的压迫中把自己解放出来，只有走这条唯一的道路”。[①] 正是基于这种信念，从 20 年代到 30 年代中期，中共参加并参与领导了第一次国共合作和大革命运动，再到后来进行了长达 10 年的土地革命战争。中共在这十余年里与国际社会的全部联系，就是作为共产国际的一个支部，站在苏联、共产国际领导的国际共产主义运动的行列里，向美、英、法、日等资本主义国家宣战。

长期以来，中共中央一直在接受来自莫斯科的思想和政策指导，他们的确是将中共的革命视为苏联领导的国际共产主义运动的一个部分，当然的确也希望得到苏联和共产国际的支持与帮助，而且不仅仅限于理论指导。他们在大革命运动及北伐战争中都亲眼见到，苏联向广东的国民政府提供了大量军事援助，苏联的军事顾问帮助国民党建立了生机勃勃、富有成效的黄埔军校和一支很有战斗力的国民革命军。没有苏联的军事援助，蒋介石是无法发动北伐战争并取得胜利的，尽管在北伐后期，蒋介石放弃了“联俄”政策。

几乎所有的论著都没有深入分析国民党在大革命时期的“联俄”政策可能对中共战略思想造成的影响，即在中国革命运动中同苏联站在一起，并不仅仅是而且越来越不仅仅是基于共产主义意识形态的冲动，尽管这种冲动非常重要，而且在革命运动后期变得更加强有力。国民党在广州时期的外交与政治经验证明，中国的政治集团从同苏联的合作中获得了很可能是决定性的战略利益，即大量的各种援助，包括实质性的军事援助，这是其他列强无法做到的，不论是在能力还是意愿方面都是如此，因为它们都不具有苏联的地缘政治优势。蒋介石后来特别惧怕中共得到苏联的支持和中共领导人特别希望得到苏联的支持，都同两党在大革命时期的政治经验有关。中共中央在 1935—1936 年实施的“打

① 《中国共产党第二次全国大会宣言》，1922 年 5（7）月，《中共中央文件选集》第 1 册，中共中央党校出版社 1989 年版，第 106—108 页。

通国际路线”[1] 和抗战后提出的“夺取东北”战略，都是追求同苏联合作并希望从后者得到支援的利益衡量的产物，它们也反映了中共领导人对中国革命战略本质的思考。当然，这仅是宏观上的概括言之，对中共领导人来说，如何合理地认识和处理同苏联的关系是相当复杂和严重的问题，他们的认识经历了很长的时期，即使是到了 1950 年 2 月 14 日完成与苏联结盟，这个过程也远未结束并仍然十分曲折。

准确地说，中共的建国活动并不是始于 1949 年春天。1931 年 11 月，中共在江西瑞金的根据地建立了一个国家——“中华苏维埃共和国”，并且当时就宣布这个“共和国”的外交是“一边倒”。“中华苏维埃共和国”的第一次全国代表大会通过了一个《宪法大纲》，其中第八条规定：“不承认帝国主义在华的政治上经济上的一切特权。宣布一切与反革命政府订立的不平等条约无效。否认反革命政府的一切外债”，等等。[2] 这个共和国临时中央政府的对外宣言重申了《宪法大纲》中的外交政策，宣布它是“苏联最好的朋友与盟友”，以及“他的最后目的，不但在打倒帝国主义在中国的统治，而且打倒帝国主义在全世界的统治”。[3] 后来随着抗战爆发和第二次国共合作的实现，这个“共和国”自行消亡了，它的“一边倒”外交也没有了实践的机会。

如前所述，整个抗战时期，中共与苏联的关系总的说来是渐趋冷淡的。相比较而言，中共中央更希望维持住双方的联系，只是主动权不在毛泽东手中。不仅苏联有着比中共更复杂的战略利益，而且斯大林也有着更多的选择。当时美国与苏联等大国的合作是世界

---

① 参阅杨奎松《“中间地带”的革命：国际大背景下看中共成功之道》，山西出版集团、陕西人民出版社 2010 年版，第 331—334 页。

② 《中华苏维埃共和国宪法大纲》，1931 年 11 月 7 日，《中共党史教学参考资料（第二次国内革命战争时期 中）》，第 134 页。

③ 《中华苏维埃共和国临时中央政府对外宣言》，1931 年 11 月 7 日，《中共党史教学参考资料（第二次国内革命战争时期 中）》，第 130 页。

政治的主要潮流，苏联在东亚同列强博弈的棋局中，并没有打算给中共留下太多回旋的空间。战后初期，中共领导人已经注意到美苏两国之间的分歧越来越明显，不过也并不认为它们的合作或相互妥协的局面会很快结束。

全面内战的爆发和国际上美苏冷战的发生，促使中共领导人开始修改 1942 年夏季以来的基本看法。当中共领导人下决心以战争手段彻底打败国民党时，他们实际上也是下定决心要打破东亚美苏两国以美苏为中心共同建构的国际秩序。客观上，这时毛泽东对苏联与美国搞的雅尔塔体系已经极为反感，对苏联总是要求中共为配合苏联的对外政策而对国民党妥协十分不满。就中共的战略需要而言，毛泽东也有必要提供一套在理论上能说得通的论述，以便为中共中央的战略决策提供足够的合法性。所以，就在中共中央非常积极地争取苏联在东北提供支持的时候，毛泽东针对中共面临的国际环境，试图建构起一套独特的对世界政治的解读。他提出了一套“中间地带”的思想，具体内容如前所述。毛泽东试图以这种观察为依据，解释世界政治的本质和中国尤其是中国革命运动在其中的关键位置。从中共与苏联关系的角度分析，“中间地带”思想中最有挑战性的观点首先是美苏之间的争斗并不能决定性地影响中国的局势，中共也不打算再受苏联外交战略的束缚。更深层的含义则是毛泽东大幅提升了首先是中国同时也包括世界各国革命运动和民族解放运动在世界政治中的地位。[①]

1947 年 9 月，欧洲九国共产党情报局成立并宣布世界已经形成以苏联为首的民主反帝阵营和以美国为首的帝国主义阵营。中共中央立即表示接受“两大阵营”理论，并宣布站在苏联阵营一边。[②] 解释中共中央的这个决定和随之而来的宣传行动并不容易。

---

① 毛泽东：《和美国记者安娜·路易斯·斯特朗的谈话》，1946 年 8 月 6 日，《毛泽东选集》第四卷，第 1193—1194 页。

② 毛泽东：《目前形势和我们的任务》，1947 年 12 月 25 日，《毛泽东选集》第四卷，第 1259—1260 页。

实际上，虽然中共中央宣布接受苏联和共产党情报局的“两大阵营”理论，但是毛泽东本人在党内讲话中并没有掩饰对苏联的不满。12 月，毛泽东在政治局会议上赞扬铁托（Josip Broz Tito）敢于斗争的同时，忍不住地顺便批评了苏联对美国软弱。毛泽东这时肯定没有料到，斯大林很快就要开始将铁托和南斯拉夫共产党革出国际共运的教门。实际上，日丹诺夫在情报局成立大会的报告草稿中，就有批评南斯拉夫共产党的政策“左倾”的内容。后来因为要集中火力批评意大利共产党和法国共产党的“右倾”，并取得南共的支持，才将草案中批评南共“左倾”的内容删去。毛泽东后来不得不做出很大的努力来撇清中共同南共的关系，但他还是未能幸免被斯大林和苏共怀疑为“亚洲铁托”的宿命。①

吊诡的是，大约是从 1947 年夏季开始，中共领导人表明了加强发展与苏联关系的迫切愿望，同时在党内加紧与苏联建立和发展全面关系的政治和思想准备。这时中共中央如何讨论和分析同苏联的关系并不是十分清楚的，可以肯定的是，毛泽东向斯大林提出了 1948 年间访问莫斯科的请求，并积极开始做准备，斯大林则不太情愿地表示欢迎。② 从毛泽东同斯大林之间往来的电报看，他访苏的具体目的并不十分清楚明确。在 4 月 26 日发给斯大林的电报中，毛泽东说，他打算用 1—3 个月的时间出访，包括到东欧和东南欧国家看看“人民阵线”和其他这类工作。③ 由此观之，他是希望在中国革命发生战略转折的时刻未雨绸缪，加强同苏联的关系，并了

① 参阅张盛发《斯大林与冷战》，第 288—289、315 页。

② 关于毛泽东访苏问题有几种不同的说法，中方记录可见《在历史巨人身边——师哲回忆录（修订本）》，第 366 页；《聂荣臻回忆录》下册，解放军出版社 1984 年版，第 675 页。苏方可见“Cable, Stalin (Kuznetsov) to Mao Zedong (via Terebin)”, 15 June, 1947; “Cable, Stalin (Kuznetsov) to Maozedong (via Terebin)”, 16 December, 1947; “Cable, Stalin (Kuznetsov) to Mao Zedong (via Terebin)”, 20 April, 1948, see in *CWIHP*, Issue 16, Fall 2007 / Winter 2008, p. 113。

③ “Cable, Stalin (Kuznetsov) to Mao Zedong (via Terebin)”, 20 April, 1948, *CWIHP*, Issue 16, Fall 2007 / Winter 2008, p. 116.

解一些可资借鉴的国家建设经验。毛泽东这时对访苏是非常认真的，尽管这根本不表明他对苏联的政策就一定是赞成和满意的。

7 月 4 日，毛泽东在给斯大林的电报中提出了他前往莫斯科的详细线路图。10 天后，7 月 13 日，斯大林回电说苏共领导人都会去参加秋收，希望毛泽东推迟访苏行程。据跟随中共领导人的苏联医生奥洛夫（Terebin Orlov）说，毛泽东一边听翻译电文一边说“好、好”，然后就口授了给斯大林的回电，同意推迟访问莫斯科。[①] 四天后，奥洛夫发电报告诉斯大林，积他 6 年多观察之经验，毛泽东在听翻译电文时面带微笑说“好、好”，这并不表明他对电文感到高兴，“很难看懂他内心的真实想法”，他怀疑斯大林是否在拒绝他。[②] 毛泽东的访苏设想由于双方的各种原因在内战期间始终未能实现，实际上毛泽东当时如此长时间地出访苏联其实是很难想象的。这一客观条件不能不使人思考毛泽东提出访苏是不是一种姿态，它的重要意义更多地在于表明中共领导人加强与苏联关系的迫切愿望。

苏联与南斯拉夫之间的冲突骤起成了中共中央向斯大林表明态度的一个重要契机。1948 年 3 月起，苏联与南斯拉夫的关系突然恶化，斯大林很快便决定在共产党情报局内部发动对南共的整肃。6 月 19 日，共产党情报局召开讨论南斯拉夫问题的会议，南共拒绝出席。会议通过了决议，谴责南共背离了马克思主义理论，特别是对苏联和苏共采取了“不正确的敌意”，并号召各国共产党与南共划清界限，甚至号召南共党内的“健康分子”起来推翻铁托。[③] 斯大林在苏联阵营中掀起的这场运动前所未有，声势颇大，被史家称为苏联阵营“最大的一次自戕行为”。铁托顽强地抵制了斯大林的压力，结果是这个阵营成立才几个月就出现了第一次分裂。原本为

---

① “Cable, Terebin to Stalin”, 14 July, 1948, *CWIHP*, Issue 16, Fall 2007 / Winter 2008, p. 118.

② “Cable, Terebin to Stalin (via Kuznetsove)”, 14 July, 1948, *CWIHP*, Issue 16, Fall 2007 / Winter 2008, p. 119.

③ 参阅张盛发《斯大林与冷战》，第 296—297 页。

与美国对抗而成立的共产党情报局变成了苏联阵营内部整肃异己的国际组织，苏南冲突一度成了这个组织活动的主要内容，对当时国际共运的影响十分巨大，也是冷战初期苏联对外政策的一个悲剧。

7 月 10 日，中共中央迅速通过了一个决议，明确表态中共将站在苏联一边。中共中央在决议中谴责南共“执行反马克思列宁主义的内外政策”，说他们“陷入了资产阶级民主主义和资产阶级政党的泥坑”。[①] 苏南冲突的缘起非常复杂，远在欧亚大陆东边指挥打仗的中共中央这个时期很难了解发生在欧洲下腹部的苏南冲突的实质，对斯大林在苏联阵营内部进行整肃的动机恐怕也不甚了了，他们只是看到了一个大概的结果而已。实际上直到现在，历史学家也没有能就中共中央的决定给出一个合理的解释。不过，不论中共中央支持共产党情报局整肃南共是基于何种理由，其结果都是在中共内部完成了一次重要的转变，其核心就是在经历抗战和战后初期的曲折与波动后，中共中央对世界政治的理解和论述被完全统一到有关两大阵营的思想框架中。这比较集中地体现在 11 月 7 日《人民日报》刊登的题为《论国际主义与民族主义》的长篇文章之中。这篇文章署名为刘少奇，以提倡所谓的“无产阶级国际主义”和批判“资产阶级民族主义”为主调，试图在按照中共中央的理解来呼应苏联整肃南共的核心目的的同时，为中共中央未来处理对苏关系提供一个理论上的支撑点。文章从历史和理论两个方面系统论述了何为无产阶级国际主义、何为资产阶级民族主义，并以苏共取得政权后“即在人类历史上破天荒第一次地马上宣布取消帝俄时代对于中国和其他国家的一切不平等条约”为例，证明“资产阶级的民族主义和无产阶级的国际主义，乃是代表两个不同阶级、互相敌视的两种世界观、思想和口号”。文章提出了三个被后来证明是至关重要的论断：第一，世界上出现了分别由美苏领导的两大阵营，所有的国家不是被纳入美国阵营，就是站在苏联阵营，“这

① 《中国共产党中央委员会关于南斯拉夫共产党问题的决议》，1948 年 7 月 10 日。

就是目前世界民族问题的基本状况”；第二，当两大阵营“处在这样相互紧张斗争的时候，人们不是站在这一边，就是站在那一边”，“不站在这一边，又不站在那一边，而实行中立，是不可能的”；第三，联合苏联还是联合美国，则是“爱国与卖国的界限”，是“革命与反革命的界限”，“不论哪个民族是走向进步或走向倒退的界限”。[①] 发表这样的文章表明，中共中央反对南共的最终结果是在对苏政策上完成全党的思想统一。不仅如此，中共中央为统一思想而论述苏联的世界地位时，实际上形成了一套系统的以非此即彼为鲜明特点的话语，正是这套话语将中共的战略利益包装成一种简约的理论，极大地影响了中共领导人对新中国对外政策的思考。

如果回溯历史，也可以说对南共的批判导致了中共领导人向早期国际政治思想的回归。这在一定程度上表明，当中共领导人开始为未来的新国家思考对外政策时，他们对世界政治形势及其发展方向已经有一种相当深入和固定的认识，即美苏“两大集团的冲突，是根本的冲突，两大集团的斗争，是你死我活的斗争”。这种源自他们早期思想的看法，经过他们后来对世界政治的观察和长期领导中国革命运动的经验的强化，最终决定了他们在冷战中的最初选择。显然，向早期传统认知的回归至少也是推动毛泽东和中共中央密切与苏联的关系的一个重要原因。

当时促使中共中央批判南共的原因是比较复杂的。《中国共产党中央委员会关于南斯拉夫共产党问题的决议》本身还是表态性的，内容基本上就是重复共产党情报局的决议，略有不同的是更重视防止那些“带着资产阶级反革命观点的投机分子”混入“革命队伍”，以及预防“铁托倾向或张国焘倾向”。[②] 尤其是各地区的领

---

① 刘少奇：《论国际主义与民族主义》，1948 年 11 月 1 日，《人民日报》1948 年 11 月 7 日。

② 《中国共产党中央委员会关于南斯拉夫共产党问题的决议》，1948 年 7 月 1 日；《中央军委给各野战兵团的指示》，1948 年 8 月 14 日，参阅逄先知主编《毛泽东年谱 1893—1949》下卷，第 334—335 页。

导人通过联系各自的实际，产生了不尽相同的理解和反应。例如华东地区的领导人则提出反南共重在维护团结统一，在军队领导干部中“应当警告铁托危险”，要联系“反对无纪律无政府状态的斗争”。[①] 东北局很突出地强调了反南共就是要站在苏联一边，“反对资产阶级民族主义、坚持无产阶级国际主义。要认清苏联是世界反帝的和平民主阵线中的主力军与领导者，东北的解放，苏联红军功劳最大，中国人民必须与苏联结成巩固的兄弟联盟，中国革命才能彻底胜利，任何盲目的反苏思想与情感的残余，必须加以肃清与防止，对中苏友谊的一切挑拨者必须提高警惕”。[②] 这同中共在东北地区与苏联关系的迅速发展有直接关系，实际上中共中央对南共问题的态度也与东北的事态有关，当时东北局正在统一思想，清除内部对苏联的怀疑和不满等思想和议论。

1948 年 2 月 10 日，斯大林在莫斯科会见南共代表团，双方在会谈中产生了分歧。在南共代表针对苏联对南斯拉夫和东欧某些政策的改变表示质疑和不解时，斯大林解释说那是不可避免的，过去苏联“也做出一些蠢事”，这时苏联的对华政策被提出来当作一个现成的例子。他承认苏共中央在战后对中国形势的判断是错误的，而事实证明中共中央武装反抗国民政府的进攻“是对的，我们错了”。[③] 斯大林当时承认苏联在中国犯过错误是为了证明苏联改变在巴尔干半岛的政策是合理的，虽然此前苏联在那里支持过铁托的很多行动。不过这一番论述还是反映出斯大林在心中已经承认，中共的军事胜利证明了中共中央的政策是合理的。这是斯大林第一次向其他国家共产党代表承认战后苏联对华政策是错误的并很快要进行调整。

导致苏联领导人开始重新考虑与中共的关系并在东北向中共提供

---

① 《中央军委给各野战兵团的指示》，1948 年 8 月 14 日。

② 《中央批转东北局关于学习南共问题决议的指示》，1948 年 8 月 4 日。

③ 〔南〕米洛凡·杰拉斯：《同斯大林的谈话》，赵洵、林英译，吉林人民出版社 1983 年版，第 143、146 页。

帮助的另一个重要原因，是斯大林这时正在转向比较积极地支持亚洲一些国家共产党领导的革命运动，包括印度、印度尼西亚等，中国当然不应该例外，不过斯大林这时还不是很看好中共的前景。斯大林也在物色能在东亚担当革命运动领袖的人物，有研究指出，他此时更指望印度共产党能在亚洲承担领导重任。[①] 此后不久，东北局经中共中央同意，向苏方提出派遣专家帮助修复东北铁路的请求。苏共中央很快接受东北局的请求，决定尽快向东北派出一个铁路专家小组。这个决定开始了苏联向中国大规模派遣专家的历史。

1948 年 5 月间，斯大林告诉受命前往东北援助修筑铁路的苏联小组负责人科瓦廖夫说，苏联将尽一切力量帮助中共，只要“两国走上同一条道路，社会主义在全世界的胜利就能得到保证”。[②] 苏共中央的决定和斯大林的谈话是一个重要的信号。如果说在此之前苏联与东北中共控制地区保持合作是地区性的行动，那么此后对中共的援助则是带有长期的战略考虑了。科瓦廖夫到东北不久，就在同林彪的会谈中告诉后者，斯大林非常重视东北局有关修复铁路的要求，他本人亲自指示要“尽量给以帮助”。毛泽东了解谈话的内容后，在 7 月 3 日给东北局的复电中表达了喜悦之情，他说苏联“态度积极甚好甚慰，你们应积极和他们合作修复铁路与发展工业”。[③] 苏联政策的这种积极变化无疑也会直接影响到中共领导人对随后发生的斯大林整肃南共的反应。他们为了在东北的战略利益和好不容易出现的与苏联关系的转机，当然要在批判南斯拉夫问题上表现出与苏联站在一起的姿态，尽管这还不足以消除斯大林的疑虑。

苏联在东北及时向中共提供援助等行动和中共中央表态站在苏联一边批判南共，成为此后双方关系发展的一个重要契机。这一时

---

① 〔美〕沃捷特克·马斯特尼：《斯大林时期的冷战与苏联的安全观》，郭懋安译，广西师范大学出版社 2002 年版，第 57 页。

② 〔苏〕N. B. 科瓦廖夫：《斯大林和毛泽东的对话》，《国外社科信息》1992 年第 21 期，第 29 页。

③ 《毛泽东给东北局电报》，1948 年 7 月 3 日。

期，中共与苏联在东北的关系进一步加强，尤其是东北与苏联之间贸易关系的迅速发展，为中共控制整个东北地区造成了相当有利的条件。东北中共控制地区与苏联的贸易关系开始于 1946 年秋季，是由东北局方面“主动提出”的。当时东北中共控制地区物资严重短缺。东北局经讨论认为，只有通过同苏联展开贸易，才能解决重要物资匮乏的问题。如果没有苏联的帮助，即使同北朝鲜展开贸易也是很困难的，而且实际上也起不了多大的作用。从 1946 年 7 月开始，东北局同苏联远东公司驻哈尔滨的商业代表展开商谈，但没有取得进展。苏地方当局的这种态度从一个方面证明，这个时期苏联对中共的政策并不是那么明确和积极的。苏联在东北能提供的帮助主要是使中共军队同国民党军队作战时能方便一些。

1946 年 11 月间，刘亚楼几经努力，终于能够访问莫斯科，直接同苏联当局商讨在东北地区展开经济贸易合作。刘亚楼的访问有了结果，苏方同意同东北局就双方进行贸易合作开始谈判。12 月 21 日，双方在哈尔滨举行首次贸易谈判，并就互换贸易达成初步的协议，换货贸易的活动随后开始实施。当年苏联正发生粮荒，故苏方同意东北局用东北地区的粮食和肉等，换取苏方能提供的各类物资。双方的贸易额在 1947 年当年就达到了 9300 万卢布；1948 年涨幅明显，攀升到 15100 万卢布；1949 年又继续攀升，达到了 20500 万卢布。东北局认为，双方贸易对东北中共控制地区的经济恢复和发展有相当大帮助。①

苏联对中共提供的另一项重要帮助是允许中共在大连地区展开

① 孟宪章主编《中苏贸易史资料》，中国对外经济贸易出版社 1991 年版，第 531—536 页；王首道：《东北解放区人民政权的建立及财政经济工作》，中共中央党史资料征集委员会、中国人民解放军辽沈战役纪念馆建馆委员会、《辽沈战役》编审小组编《辽沈决战》（下），人民出版社 1988 年版，第 367—369 页；沈志华：《苏联专家在中国》，第 32 页。陈晖论文提供的数字略高一些，参见陈晖《马歇尔使华与苏联对华政策》，《历史研究》2008 年第 6 期，第 154 页。由于当时双方在东北是易货贸易，这些数字是如何统计出来的也没有具体说明，故两组数字都是参考。

各种军工和经济活动。1947 年春，随着双方贸易活动逐步展开，中共地方政权与苏军相继签署协议，建立了四个合营公司，即远东电业公司（下辖几个发电厂和 30 多个大中型金属机械厂）、中苏合营石油公司、中苏合营盐业公司和中苏合营造船厂（大连造船厂）。有关建立合营公司的建议和协议草案都是由在大连的苏联驻军提出的，中共代表在谈判中几乎是立即签字同意。在四个合营公司中，中方股金均为 51%，苏方则为 49%。公司赢利按比例分成，产品大部分销往苏联。[①] 这些公司在毛泽东访苏后转交给中方，它们为后来中苏合营企业等提供了早期模式，而且使中共后来接受与苏联合营时，几乎不存在什么心理障碍。例如，在毛泽东后来访苏期间，刘少奇就提出过中苏合营股份公司的建议。[②] 在大连还有中共在东北地区最大的兵工厂，这些兵工企业生产了大量的火炮弹药。

中共与苏联在东北日益增加的贸易和逐步开始的经济合作等，成为加强双方在东北战略关系的又一个重要因素。随着苏联援助的增加，中共中央在处理东北涉外事务时也需要越来越多地考虑苏联方面的态度。例如东北局在处理美国驻沈阳领事馆的政策上，就在一定程度上考虑了苏联方面的要求。

毫无疑问，中共领导人对东北局积极与苏联合作的政策是支持的，但这并不意味着他们已经昂扬的革命民族主义激情对东北地区与苏联的合作会完全没有影响。实际上，在经济和政治等各领域，中共方面对与苏联的合作都是谨慎和有保留的。中共军队进入东北后，即面临着由于苏军劫掠性地搬迁东北厂矿设备，造成东北经济混乱和民众中明显的反苏情绪，更何况这些民众对苏联从来就没有也不可能会有过好感。中共中央曾因此指示东北局，有必要了解

① 中共吉林省委党史研究室、吉林省东北抗日联军基金会编《韩光党史工作文集》，中央文献出版社 1997 年版，第 339—340 页。

② 刘少奇：《关于中苏两国在新疆设立金属和石油股份公司的问题给毛泽东的电报》，1950 年 1 月 2 日，《建国以来刘少奇文稿》第一册，第 275—276 页。

“人民心里如何反应”。

1948 年 12 月初，东北局发给中共中央一份报告，它的内容反映了苏联一些政策给中共造成的政治困难。这些问题中有一些同国民政府在与苏联谈判时遇到的是一样的。第一，如何界定“中长路的财产界限”。东北局认为，根据中苏条约第一款，从 1905 年到日本投降期间的由日本所置之资产应归中国政府所有，苏军占领东北后，曾经将这些财产挂上了中长路的牌子，国民政府接收沈阳后又改为中国所有。中共军队占领沈阳后，苏方通知说这些财产是归属中长路的。东北局认为，如何处理之应考虑“国内人民观感”。第二，日本投降后苏军从东北拆迁走的机器设备，东北局提出“可否提出请求归还一部分”。其他还有诸如重工业重建是向苏联借贷还是联合经营，等等。[①] 1949 年初，一些民主人士到达东北，为了避免造成他们的不良观感，中共中央不得不要求东北局做好准备，并与苏方协商，以便回答这些民主人士对苏军搬迁机器设备的质疑，如需要向他们说明，“在现在民主政权下我们估计可能商还的”，另外还要想办法转移“他们的注意力”。[②] 东北局的疑问和倾向是有代表性的，这并不仅仅是民主人士的问题。事实表明，这些都反映在随后的中苏两党高层秘访和 1950 年初的中苏谈判中。

在与苏联关系最为密切而且对中共的军事利益、经济利益相当重要的大连地区，中共地方党委内部也在处理同苏军的关系方面发生过严重的分歧，如有部分干部指责搞中苏合营就是“在搞卖国主义”；在旅大地区执行东北局提出的“以苏为主”的方针就是“和苏军一鼻孔出气”，等等。[③] 这种矛盾之严重，导致在 1947 年 10 月和 1948 年 6 月，中共旅大地委两次召开会议，都要批评所谓

---

① 《东北局致中央对苏经济关系的几个问题》，1948 年 12 月 2 日。

② 《对讯问苏联搬拆我东北机器问题的答复》，1949 年 2 月 7 日。

③ 《韩光党史工作文集》，第 351 页；伍修权：《我的历程（1908—1949）》，解放军出版社 1984 年版，第 189 页。

“狭隘的民族主义”。在 1947 年的“十月会议”上，并未能解决如何处理与苏联的关系问题。当时旅大地委领导人曾经以这里是苏军驻在地为理由，提出“一切政策要服从于苏联的外交政策”等观点，但没有被与会者接受。在 1948 年“六月会议”期间，东北局派遣到旅大工作的新领导人不得不试图解释清楚“爱国主义和国际主义”的关系。他提出的理由是旅大地区是双重管理，既是苏军驻在地区，也是中共控制地区，因此是“双方一体”，“以苏为主”实际也就是以中共为主。这种解释多少有些牵强，但也与实际情况有相符之处。为了解决这个地区已经存在的矛盾和回应内部的压力，旅大地委同时也向苏驻军领导人提交《关于联共与中共同志在完成巩固苏联海军基地共同任务中的工作关系问题的几点意见》，批评苏方在政治、经济等方面的确存在着“大国主义”，在具体合作中甚至表现出“占领者”姿态。旅大地委的文件指责了苏方的上述表现，要求苏军当局从经济、政治等几个方面调整态度。[①] 旅大地区党内反苏思想的存在和反映，也是东北局在反对南联盟指示中特别强调要肃清反苏思想的原因之一。

1948 年 5 月下旬，就在苏联开始向东北中共军队提供直接援助的时刻，中共中央向东北局提出在与苏联交往中必须“事前请示，事后汇报”和应该坚持“自力更生”等原则。4 月 25 日，苏联新任驻哈尔滨代理总领事马里宁会见了高岗。他正式通知东北局，苏联将派遣铁路专家小组和提供一切修复铁路所需之器材；同时提到中共要争取建立一个全解放区的政府，以方便苏联提供援助。[②] 5 月 26 日，东北局向中共中央汇报苏方同意用借款的方式来提供修复铁路的器材，报告说这项借款是东北局两个月前向苏方提

① 《韩光党史工作文集》，第 367—368、380、426 页。

② 《高岗电告毛主席、刘少奇关于苏总领事谈苏联政府帮我们修铁路和成立解放区政府问题》，1948 年 4 月 25 日。

出的。高岗在此前的电报中从未向中共中央报告东北局向苏联借款的情况。中共中央在回电中同意东北局借款的决定，说“凡有借有还协定”都可以订立。不过中共中央特别指出，今后涉及对外关系必须“事前报中央审查批准”，事后报中央“审核”，否则就是“不许可的”。指示要求东北局必须将过去所有商业性协定补报给中央，并且要解释清楚“对于这样重要的外交行动采取事前不请示、事后不报告的态度”的原因。电报最后说，东北局也“必须遵守自力更生不依赖外援之原则，非万不得已不要轻易提出要求”。[①] 中共中央的这种态度大致映射出中共外交思想的内在特质和由此导致的处理对苏关系的矛盾之处。一方面，中共中央力图积极推动与苏联关系的发展；另一方面，又试图控制发展对苏关系的进程和范围，尤其不希望加重对苏联的依赖，更不允许中共地方当局在处理任何对外关系时自作主张，擅自行动。

1948 年 2 月，苏方曾提出在黑龙江沿岸中国一侧修建码头和设立灯塔。李富春接到苏方的建议后，即向苏方要求了解，这些设施的所有权归谁，以及中共方面是否可以使用，等等。他说这类事务“因中国人民看来是牵涉到主权问题”。结果苏方称这类问题需向莫斯科请示后才能回答，然后便不了了之了。后来在 1949 年 3 月 4 日，苏方再次提出在黑龙江两国边界同航地点修建灯塔，并称苏方拥有所有权，结果未能获东北局同意。[②] 5 月 13 日，苏方代表转告东北局领导人，苏外长维辛斯基（A. Ia. Voitinskii）希望允许苏联飞机、轮船沿黑龙江、松花江巡逻。中共中央接到东北局报告后，回电说只能允许苏联飞机和轮船在黑龙江巡逻，松花江为中国内河，应由中国轮船装备炮火巡逻，不过可以雇苏联专家参与巡逻。[③]

---

① 《苏方答应帮我铁路器材物款数年后还的请示及毛主席指示》，1948 年 5 月 26 日、28 日。

② 《李、高、陈关于苏在黑龙江我岸修码头、灯塔问题往来电》，1949 年 3 月 4 日、7 日。

③ 《苏要求派轮船巡查黑龙江航线及满洲里车站检查问题》，1949 年 5 月 14 日、20 日。

从 1948 年 4 月起，苏方多次向东北局领导人提及，希望中共在东北建立一个“解放区的政府”“成立一个国家的政府”，等等。他们说这样会使苏联提供援助“更方便”。6 月 24 日，林彪同科瓦廖夫（I. V. Kovalev）等会谈后，在给中共中央的报告中分析说，苏方的这类建议肯定是来自莫斯科的苏联高层。① 中共领导人对此事的态度非常谨慎，他们告诉林彪两个月以后再回复。② 8 月 22 日，东北局发出了《关于东北人民政府施政方针向东北人民代表会议的建议》，然后直到 1949 年 8 月 27 日，即在刘少奇结束秘密访问莫斯科和新中国成立前一个月左右，才正式建立了一个东北人民政府。

1948 年 8 月间，中长路苏方局长提出，应将海拉尔东一处煤矿及其开采权划归中长路管辖，以利于开采。东北局则坚持“不划入中长路所辖范围”，不扩大中苏条约上所规定的权利，而是“另外订立地方性的合作协定”来处理这类问题。中共中央肯定了东北局的做法，在回电中说东北局的做法“是妥当的”。③ 后来这种做法成了东北局处理类似问题的惯例，被沿用到其他煤矿与苏联的合作开采。这个案例的确有助于分析中共对中苏条约的看法，这种看法至少是比较复杂的。上述东北发生的这些案例也表明，随着中共更多地掌握国家权力和处理对外事务，其领导人头脑中被中国近代历史进程打上的民族主义烙印便会日益凸显出来，尽管在当时那可能是下意识的。

1948 年 9 月 8—13 日，中共中央在西柏坡召开政治局扩大会议。由于军事形势已经发生根本性的巨大变化，这次会议首次讨论了夺取全国后建立中央政府等重大问题。毛泽东在会议发言中说，1947 年十二月会议上对国际问题的三个基本判断被证明是正确的，

① 《林与柯雷等谈话》，1948 年 6 月 30 日。

② 《毛泽东给东北局电报》，1948 年 7 月 3 日。

③ 《东北局、中央关于与苏共同开发煤矿问题的往来电》，1948 年 8 月 10 日、17 日。

“国际环境就是如此”，而中共现在“在国际上的威信相当高，这是一件大事。毛泽东对未来同苏联关系的发展表示了坚定的信心，他说，“我们宣布成立中央政府成立之后，以苏联为首的国际人民民主力量是会同我们合作的”。不仅如此，“苏联是会帮助我们的，首先帮助我们发展经济”。他估计中国要实现“经济上完全民族独立”还需要“一二十年”，所以苏联的援助非常重要。[①] 这次会议结束，毛泽东多次致电斯大林，表示他本人很希望能早日访问莫斯科，同斯大林面谈中共建国大计。[②]

中共控制东北全境后，斯大林显然感到有必要更全面地了解中共党内的情况及其各项政策。特别是毛泽东一再提出要到莫斯科访问，苏共中央的确需要做出实质性的决定。1949 年 1 月，科瓦廖夫从莫斯科重返中国。这时苏共中央提升了他在中国的地位，他从组织协调对中共的技术援助转为向斯大林报告中国局势和中共党内的情况，并保持斯大林与毛泽东个人之间的联系。差不多从那时起，斯大林开始亲自掌控对华政策。1 月 14 日，苏共政治局召开专门会议，讨论毛泽东访苏的问题。由于还不愿在莫斯科接待毛泽东，斯大林在会议上决定，派苏共政治局委员米高扬（A. I. Mikoyan）到当时中共中央所在地河北的西柏坡去同中共领导人会谈，以便能直接和充分地了解中共中央的各项政策。[③]

就在苏共中央做出上述决定期间，斯大林同毛泽东因国共和谈问题发生龃龉。1 月 10 日，斯大林将国民政府请求苏联调停国共内战的建议转告毛泽东，并附上了一份苏联方面草拟的给国民政府的复文。复文中称“苏联政府一向主张中国停战建立和平，但在

---

① 毛泽东：《在中共中央政治局会议上的报告和结论》，1948 年 9 月，中共中央文献研究室编《毛泽东文集》第五卷，人民出版社 1996 年出版，第 132、143—144 页。

② “Cable, Mao Zedong to Stalin”, 28 September, 1948; “Cable, Terebin to Stalin”, 17 October, 1948; “Cable, Mao to Stalin”, 21 October, 1948; “Cable, Mao Zedong to Stalin”, 30 Dcember, 1948; *CWIHP*, issue 16, pp. 122 - 123.

③ Andrei Ledovsky, “Mikoyan's Secret Mission to China in January and February 1949”, *Far East Affairs*, 1995, No. 2, p. 77.

同意调解之前，苏联政府希望知道对方（中共）的意见”。斯大林还附上一份替中共拟就的答复函，其中强调了中共同样希望与国民政府展开和谈，但是反对美国参与调处。①

13 日，毛泽东看过斯大林的来电后，在复电中向斯大林表达了自己的不同看法。他说苏联的答复会使美国等西方国家认为，它们参与调处国共和谈是“是适当的事”，国民政府也会以此为借口指责中共“是好战分子”，而且，此时接受国民政府的和谈建议将在革命队伍内部引起思想混乱。毛泽东据此修改了苏联给国民政府的复文，其中要求苏联明确表示不参与调处国共和谈。②

在毛泽东复电到达莫斯科之前，斯大林向毛泽东发出了第二封电报。他在这封电报中解释说，前一封电报中表示愿意看到国共和谈，以及在为中共中央草拟的回复中说中共愿意和谈等，目的是为了使中共在政治上取得主动地位，而不是要求中共中央接受国民政府的和谈建议。③ 在毛泽东 1 月 13 日电报发出当天，奥洛夫发给斯大林一封电报，描述了毛泽东对斯大林和谈建议的强烈反应。他在电报中说，毛泽东“措辞尖锐地讲了很多话”，他反对任何人参与调处，也反对中共参加谈判，等等。④

斯大林肯定意识到了问题的严重性，他立即再次发电报给毛泽东，进一步详细地解释了他的看法。斯大林说，他估计中共中央如果同意与国民政府谈判就有可能发生两种情况：其一是在排除西方国家参与的情况下，国民政府会拒绝谈判，如此它将承担战争责任；另一种情况是国民政府同意谈判，那时中共可提出自己的条件，估计国民政府是不可能接受的，这样中共仍可取得政治主动。

---

① “Stalin to Mao Zedong”, 10 Januaary, 1949, *CWIHP*, 1995/1996, Issue 6 - 7, p. 27.

② “Mao Zedong to Stalin” 13 January 1949, *CWIHP*, 1995/1996, Issue 6 - 7, pp. 27 - 28.

③ “Stalin to Mao Zedong”, 11 January 1949, *CWIHP*, 1995/1996, Issue 6 - 7, p. 27.

④ “Cable, Terebin to Stalin (via Kuznetsov)”, 13 Janurary, 1949, *CWIHP*, Issue 16, p. 129.

斯大林还表示，这些只是建议，毛泽东接受与否都不会影响双方的关系。[①] 同一天，毛泽东根据斯大林 1 月 11 日发来的第二封电报回复斯大林说，他完全同意后者的意见，中共中央将同国民政府展开谈判，在谈判和取得革命彻底胜利的问题上双方是一致的。[②] 换句话说，中共中央同意谈判是在必须确保中国革命取得全国胜利的前提下进行。1 月 15 日，斯大林打电报告诉毛泽东他的最终看法："应该认为问题已经解决了。"[③]

斯大林在草拟给国民政府的复文中，透露着他真正关心的问题，即防止美国的介入。根据他的一贯看法，国共通过谈判解决问题是避免美国干涉的最好办法。这时，处于分崩离析的国民政府正企图实施新的战略，即争取国共"两分天下""隔江而治"。李宗仁积极推动国共和谈则是为达此目的的手段之一。在这种背景下，斯大林笼统地提出实现"停战"与"建立和平"，其后果很有可能是有利于国民政府的战略的。当然，斯大林的动机存在着很多可能性，如斯大林深居于遥远的克里姆林宫里，他尚不能理解中国政治形势的急速变化和由此产生的复杂性；或者说斯大林在起草给中共中央的电报时，真的忘记了重庆谈判时苏联曾经向中共中央施加压力及其造成的后果。不过最有可能的还是斯大林对美国可能的干涉过于担忧。以上对斯大林动机的分析毕竟是推论，正如大量的历史文献所证明的那样，在对外政策分析领域，最难判断的就是决策者在做出决定那一刻的心理活动，因为历史文献本身并不能给出直接的证明。

不过，不论斯大林是否理解中国政治的复杂性，中共领导人肯定知道此时一般性地谈论国共和谈的后果。而且根据战后苏联几次介入国共斗争的情况，他们会比较容易认为斯大林很可能又会要求

---

① "Stalin to Mao Zedong", 14 January, 1949, *CWIHP*, 1995/1996, Issue 6 - 7, pp. 28 - 29.

② "Mao Zedong to Stalin", 14 January 1949, *CWIHP*, 1995/1996, Issue 6 - 7, p. 29.

③ "Stalin to Mao Zedong", 15 January 1949, *CWIHP*, 1995/1996, Issue 6 - 7, p. 29.

中共中央做出妥协，而这样做的结果恐怕只能导致与国民政府"划江而治"。这就是为什么毛泽东如此敏感，并坚决地修改了斯大林给国民政府的复函草案。他在电报中直截了当地告诉斯大林，中共已经取得了压倒性的战略优势，不必再使用类似国共和谈这种迂回的战术了。

本来毛泽东一直希望能亲往莫斯科。根据奥洛夫的报告，1 月 13 日，毛泽东在否定斯大林有关国共和谈建议的同时，表示如果不在 1 月底起程，他就无法前往莫斯科了。[①] 四天后，毛泽东发电报给斯大林说，他收到了后者 14 日、15 日的电报，同时也决定放弃莫斯科之行，希望苏联派一位"政治局的同志来中国"。[②] 中共中央与苏共中央第一次高层直接会谈就这样确定下来。

1 月 30 日，米高扬到达西柏坡。第一次会谈中，米高扬向毛泽东解释说，斯大林派他来西柏坡而不是邀请毛泽东去莫斯科，都是为了毛泽东和中共中央好，为了有利于他们的指挥工作。毛泽东在发言中很谦虚地说"他是斯大林的学生"，"斯大林不仅是苏联人民的老师，也是中国人民的老师"。或许是为了消除他以往谈话可能造成的影响，毛泽东还说，"我们大大落后于俄国"。米高扬表示，毛泽东的话表明了"谦逊态度"，而"中国革命是伟大的历史事件"。在随后的三天里，毛泽东和其他中共领导人与米高扬进行了长时间的谈话。米高扬则逐日将谈话的内容报告给斯大林，并向中共领导人转达斯大林的回复。

米高扬与中共领导人在三天里讨论的内容主要包括三个方面。第一是中共中央对中国形势的判断、中共的战略和各项政策等。毛泽东告诉米高扬，中共军队不久将打过长江，美国军事干预的可能性不大。中共取得全国政权后将建立"人民民主专政"的政权，

---

① "Cable, Terebin to Stalin (via Kuznetsov)", 13 Janurary, 1949, *CWIHP*, Issue 16, p. 129.

② "Cable, Mao Zedong to Filippov (Stalin)", 17 Janurary, 1949, *CWIHP*, Issue 16, p. 129.

并在对外政策上“一边倒”向苏联阵营，以及不急于解决同美国等国家的建交问题。第二是关于中苏两党关系和国际共运。毛泽东向米高扬介绍了中共中央与王明的分歧以及中共中央的路线政策，目的是为了消除斯大林的怀疑。米高扬在此之前已得到指示不会见王明，这表明了斯大林无意介入中共党内斗争。米高扬表示，由于亚洲与欧洲的情况有很多差异，中共不必参加欧洲共产党情报局。他建议建立一个以中共为首的亚洲国家共产党情报局，以便协调亚洲的革命运动。毛泽东对此表示同意，不过双方都没有做深入探讨。

双方会谈的第三项也是最具潜在影响的是未来中苏双边关系中的问题。在这方面，中共领导人与米高扬会谈的一个重要内容是苏联与国民政府签订的中苏条约涉及的一些问题，双方大致表达了解决该问题的意向。在2月6日的会谈中，米高扬转达了斯大林对中苏条约的基本立场，简单地概括就是不废除但可以修改。根据米高扬的谈话可以大致看出，斯大林是想将中苏条约所涉及的诸多问题分开处理，例如承认有关旅顺驻军的部分是不平等的，对其他协议无原则性态度，对外蒙古问题则坚持条约中的立场。毛泽东很可能还没有来得及全面考虑相关的问题，他告诉米高扬中共还没有打算立即废除这个条约包括的各个内容，但以后还是要做的，而且他在会谈中对一些具体问题表示了否定态度。

从会谈的情况看，在如何处理中苏条约的问题上，中共领导人主要关心两个问题：一个是外蒙古问题；另一个是如何解决苏联在东北攫取的利权。他们首先提出的是中苏条约中关于外蒙古独立的问题。2月4日，毛泽东根据中共领导人对列宁民族自决权理论的一贯理解，以及由此形成的对外蒙古问题的思考逻辑，向米高扬提出建国后外蒙古可以与内蒙古“联合在一起”，从而回归中国的怀抱。米高扬当时即表示这是不能接受的。他在会谈后向斯大林做了汇报，又在第二天根据斯大林的回电告诉毛泽东，斯大林表示外蒙古独立的地位是不可改变的。毛泽东当时表示对此

“要认真考虑”。[①]

外蒙古独立和苏蒙关系在 20 世纪 20 年代以来的中国政治中一直是敏感的，中共领导人当时形成的认知后来虽然再也没有表示改变过，但他们一定对当年的激烈争论以及国人和政府对苏联的抗争等记忆犹新。他们认为列宁有关民族自决权的理论是合理的，因此外蒙古人民在遭受反动派的压迫时是可以选择独立的，即使是在苏联军队的武力帮助之下宣布脱离中国也是可以的。另外，他们也同样真诚地相信，当中共取得政权并建立起一个没有民族压迫的人民政府时，外蒙古人民就会选择回到祖国大家庭，而且苏联会赞成和支持这样的前景。[②] 毛泽东等正是根据这种逻辑，向米高扬提出外蒙古回归的问题，且并没有因为斯大林的反对而就此为止，直到事实最终证明那是不会有结果的。事实表明，他们对列宁民族自决权理论中的俄罗斯沙文主义逻辑显然缺乏足够深刻的理解，根据阶级斗争的理论来解释民族问题和国家关系问题，基本上是行不通的。当列宁的政权尚不稳固并且需要获得尽可能多的各种国际力量的支持时，布尔什维克党是愿意用支持民族自决来鼓动和支持被压迫民族的反抗运动的。但是，这种理论一旦与苏联变化了的国家利益发生冲突，便会被放在一边或重新解释和包装。

关于苏联在东北的利权，斯大林试图分别处理。关于旅顺和大连的问题，斯大林是准备做出让步的，包括苏军撤出旅顺和将大连的行政权移交给中国。米高扬告诉毛泽东，斯大林认为有关旅顺的条约“是不平等条约”，中共建国后苏军准备随时撤出，既可以是在缔结对日和约以后，也可以按照中共的要求立即撤出。毛泽东等

---

① 《米高扬与毛泽东会谈纪要：关于民族和对外关系问题》，1945 年 2 月 4 日；《米高扬与毛泽东会谈纪要：新政府的组成和任务》，1945 年 2 月 6 日。沈志华主编《俄罗斯解密档案选编：中苏关系》第一卷（1945. 1—1949. 2），东方出版中心 2015 年版，第 421—425、441—442 页。

② 陈独秀：《我们的回答》，1924 年 9 月 17 日，《向导》第 83 期；瞿秋白：《时事新报之理藩政策》，1924 年 3 月 19 日，《向导》第 57 期。

表示希望苏军多驻扎一段时间。关于中东铁路，斯大林不大想归还苏联已经获得的利权。米高扬说，苏方“不认为是不平等条约”，但是承认没有“完全体现平等的原则”，所以今后可以展开谈判。毛泽东则表示，双方在确定中长路相关财产的归属上是有分歧的，他设想这些分歧或许可在东北就地解决——这可能是基于东北局处理相关问题的一些经验。

双方还讨论了双边关系中的其他一些问题。关于新疆问题，米高扬明确声明，苏联不支持“疆独”运动，对新疆也没有领土要求。苏联愿意在中共解放新疆时提供援助。关于苏联对华援助，毛泽东表示中共希望在经济建设中得到苏联援助，但肯定不会索要太多。中共领导人与米高扬会谈的结果表明，双方对中共内外政策基本达成了一致意见，并大致勾画了未来双边关系的基本轮廓。

关于未来的新中国将与苏联签订同盟条约的问题并不是在讨论如何处理 1945 年的中苏条约的框架里出现的，而是在双方会谈中偶然提出的，当时只是稍微提到却没有展开讨论，到后来才逐步成为中共领导人明确追求的重要目标。中共领导人这时更关心的是两党关系，更看重的是在两党之间建立直接的联系，毕竟新的国家政权还没有建立。中共领导人担心被排除在苏联领导的国际共产主义运动之外，因为欧洲共产党情报局并没有给中共留下席位，这个组织的工作重心显然是在欧洲，在那里风传斯大林和苏共对中共疑心颇重。所以，毛泽东在会谈中主动提出，中苏两党关系应该是“直接的”，即不应该再像过去那样还要通过共产国际一类的组织进行沟通。他的谈话表明，他已经认为中苏关系应分为党际关系和国家关系两个层面，而且更重要的是应该是两党关系，所以苏联大使馆中还应有“党务工作的顾问”。周恩来补充说：“真希望苏联离中国共产党的距离近些，这样可以经常交换意见。”① 只是在同米高扬谈到 1945 年中苏条约时，中共领导人顺便提出与苏联订立同盟条约的

① 《米高扬与毛泽东会谈纪要：关于民族和对外关系问题》，1945 年 2 月 4 日。

设想。毛泽东说，中共“壮大以后”苏联就可以从东北走了，“那时”双方可以签个“类似苏波条约的苏中互助条约”。[①] 这是中共领导人首次提出同苏联签订同盟条约，他们显然没有经过深思熟虑，而且未必会想到后来出现的那些波折和建立同盟将导致何种后果。

毛泽东在会见米高扬时则一再强调，中共军队可以不费力地打过长江，而且美国不可能进行军事干涉。米高扬则抱怨可能是中共方面走漏了苏联要调处国共谈判的风声，以致美英等不再提出外国调处，他用这种方式将此事搪塞过去。

米高扬和中共领导人的谈话对中共与苏联的关系产生了积极的影响。米高扬的访问及随后中共与苏联关系的发展促使中共中央做出了最后的决定。1949 年 3 月初，中共中央召开了七届二中全会。毛泽东在会议期间阐述了争取苏联援助的必要性，他说：“中国革命胜利以后的巩固也是一样，帝国主义是要消灭我们的，没有各国无产阶级，首先是苏联的援助，巩固是不可能的。”他热情洋溢地称赞苏共与中共是“密切的兄弟关系”，“我们与苏联应该站在一条战线上，是盟友，只要一有机会就要公开发表文告说明此点”。他在会议的正式报告中实际上宣布了新中国的外交将“一边倒”。[②] 这次会议可以说是中共中央最终确立与苏联结盟政策的标志。需要指出的是毛泽东的阐述逻辑，与以往不同的是，他这时认为苏联的援助对新中国的生存和壮大是必不可少的，而这竟成为中共中央决定要“一边倒”的首要原因。

中共军队打过长江后不久，中共中央即决定派刘少奇组团秘密访问莫斯科。[③] 6 月 30 日，在刘少奇到达莫斯科与斯大林第一次会

---

① 《米高扬与毛泽东会谈纪要：新政府的组成和任务》，1949 年 2 月 6 日。

② 《胡乔木回忆毛泽东》，第 547、548 页；毛泽东：《在中国共产党第七届中央委员会第二次全体会议上的报告》，1949 年 3 月 5 日，《毛泽东选集》第四卷，第 1434—1435 页。

③ 余湛邦：《毛泽东与张治中的一次重要谈话》，《中共党史资料》第 48 期，第 152—155 页。

面之后，毛泽东发表了《论人民民主专政》。在这篇著名的文章中，他模仿列宁的战斗文风，用驳论的方式公开宣布，即将诞生的新中国就是要“一边倒”向苏联阵营。[①] 而早在4月8日，毛泽东在与张治中的一次谈话中就已经详细地阐述了这篇文章中的一些重要观点，包括在外交上绝不走中立路线，而是要“一边倒”向苏联。多数中国外交的论著将焦点放在了“一边倒”这个词上，却忽略了这篇文章的逻辑贯彻了毛泽东对列宁革命思想的思考与总结，而“一边倒”是建立在中国革命与俄国革命的比较基础之上的，即在中共取得政权后有条件建立一个苏联模式的国家，因为中共有比当年列宁要好得多的条件。他在七届二中全会就说过，中共建国和搞社会主义的条件要好于列宁当年，“我们有国际的援助，特别是苏联的援助，十月革命时的苏联，没有另一个苏联援助他的”。[②] 列宁在如此不利的条件下可以“倒过来”完成了苏联的社会主义革命，中共有苏联做盟友，就更有信心也更应该获得成功。

毛泽东最重视的列宁著作之一是《论共产主义运动中的“左派”幼稚病》，他曾多次提到并要求中共干部认真学习这本小册子。他从这本书中发现，中国革命的兴起同苏共的经历极为相似，即都“经历艰难困苦，方才找到了马克思主义”，不同的是，在中国，马克思主义是苏联那边的“一声炮响”送来的；他领导中国革命与列宁领导俄国革命也极为相似，即两次革命都发生在落后的国家，不同的是“中国则更落后”。毛泽东这时的文风也是很列宁式的。列宁在一次演讲中这样说：“当有人责备我们是一党专政……我们就说‘是的，是一党专政，我们就是坚持一党专政’。”[③] 毛泽东在《论人民民主专政》中也是这样阐述问题的：“‘你们独裁。’可

---

① 毛泽东：《论人民民主专政》，1949年6月30日，《毛泽东选集》第四卷，第1472—1473页。

② 《毛泽东在七届二中全会的报告记录》，1949年3月5日。

③ 列宁：《在全俄教育工作者和社会主义文化工作者第一次全国代表大会上的讲话》，1919年7月31日，《列宁全集》第37卷，人民出版社1986年版，第125—126页。

爱的先生们，你们讲对了，我们就是这样。”① 指出这一点是要说明，中共领导人是主动选择同苏联结盟的，这种选择有着强大的内在冲动，其中包括了他们将同苏联建立同盟关系视为实现其革命理想的主要外部条件，这甚至是主要的动力，至少毛泽东本人是如此。如果联系到前述刘少奇那篇题为《论国际主义与民族主义》的文章，可以说，这时在中共领导人的思考逻辑中其实是不存在其他选择的，这并不仅仅是基于具体的利益的需要，尽管这并非不重要。更需要重视的是这个选择是基于一种历史观、世界观。“一边倒”在这时不是在表述一种外交政策，而是说明一种历史选择，即中共领导人相信自己选择了站在历史正确的一边；相信他们拥有比列宁当年更好的条件来实现他们的理想。的确，毛泽东阐述“一边倒”的逻辑决定了他是不会带领中国走所谓的“新民主主义”的道路的。在他心目中，新中国不仅要走社会主义道路，而且应该比苏联走得更好更快，进一步密切中苏关系就包括为这条道路创造更有利的外部条件。

毛泽东选择在刘少奇访苏前公开宣布“一边倒”，目的也包括进一步消除斯大林和苏共的疑虑。他这时迫切希望尽快建立与斯大林的战略互信，以便为未来的中苏关系奠定牢固的基础。他告诉邓小平，前一段中共中央同美国的斗争“实际上都是试探的性质，直到英美摊出封锁的牌”，而“封锁太久了，对我则是极不利的”。他说一个多月来同美国交往的经验表明，“帝国主义就我之范亦非易事”，为了打破美国的经济封锁，除采取必要的军事行动之外，就是提出“外交政策的一面倒，愈早表现于行动对我愈有利”。邓小平告诉华东局：“毛主席说，这样是主动的倒，免得将来被动的倒。”②

① 毛泽东：《论人民民主专政》，1949 年 6 月 30 日，《毛泽东选集》第四卷，第 1475 页。

② 邓小平：《打破帝国主义封锁之道》，1949 年 7 月 19 日，《邓小平文选》第一卷，人民出版社 1994 年版，第 134 页。

刘少奇秘密访问莫斯科是新中国成立前中共与苏联关系中的重大事件，这次访问基本上奠定了中苏结盟的战略基础。刘少奇率领的中共代表团抵达莫斯科与斯大林第一次会谈后，便发现双方沟通是有困难的。简单地说，刘少奇发现斯大林等苏共领导人并不能比较清楚地理解中共代表团阐述的各种问题和政策。这至少也表明，他们实际上并不了解中国发生的事情的复杂性，因为他们的确没有在中国和中国革命运动上花很多的精力，尽管他们发出了不少的指示，而中共中央经常是认真对待的。于是，中共代表团决定起草一份给斯大林和苏共中央的书面报告，以便在讨论之前对方能有所准备。

从报告的内容看，中共代表团至少希望在下列问题上与苏联达成一致意见：（1）苏联了解并赞成新中国的政权建设和一些大政方针；（2）在国际形势和对外政策方面与苏联协调；（3）新中国成立后争取苏联和其他苏联阵营的国家尽快予以承认；（4）在实现中国统一过程中得到苏联的帮助，主要是解决新疆问题和台湾问题；（5）争取苏联提供经济和技术援助，并派遣顾问；（6）讨论如何处理 1945 年苏联与国民政府间的条约；（7）确定处理两党关系的准则，即中共与苏共是被领导和领导的关系，在出现不同意见的时候，中共中央"准备服从并坚决执行苏共的决定"。为密切两党关系，希望互派"适当的政治上的负责代表"。报告的最后写道，毛泽东希望公开访问莫斯科，请斯大林考虑此行的时机和方式。①

1949 年 7 月 11 日，斯大林会见了刘少奇，会谈后一起看了四部电影，斯大林还亲自做了解释。会谈期间别人没说什么，主要是斯大林发言，刘少奇的感觉是"会议十分严肃"。根据刘少奇的报告，斯大林对凡是涉及中国国内政策的问题，基本上表示赞成，对

① 刘少奇：《代表中共中央给联共（布）中央斯大林的报告》，1949 年 7 月 4 日，《建国以来刘少奇文稿》第一册，第 1—17 页。

于中共希望得到经济、技术和军事援助，斯大林也都给予了肯定的答复。在两党和未来的两国关系这两个核心问题上，斯大林首先表示应该密切两党关系，但并没有同意互派政治代表。他还说，中苏两党关系是平等和互相尊重的，而不是像中共代表团报告中说的那样中共要服从苏共。关于毛泽东何时访苏，斯大林说他建国后随时可以来莫斯科。关于两国关系，斯大林表示一俟中国新政府宣布成立，苏联立即予以外交承认。关于苏联与国民政府签订的条约，斯大林重申了米高扬在西柏坡转达的看法，即苏联认为条约中有关旅顺问题的部分是"不平等的"，斯大林说因为那时是"与国民党打交道，不能不如此"。如果中共希望苏军立即撤出旅顺，苏联也是可以做到的，一切等毛泽东访问莫斯科时处理。关于新中国与美国阵营国家的关系，斯大林建议中共"不要急于要求各帝国主义国家承认"，他说"帝国主义国家的经济危机已经开始了"，"列强很快就会要承认你们的"。他在会谈结束时告诉刘少奇，世界大战打不起来，苏联"既不怕和平，也不怕战争"。[①]

27 日，斯大林在他的孔策沃别墅宴请刘少奇，在席间谈话中特意表扬中共领导人是"中国马克思主义者"，"苏联人及欧洲人要向你们学习"，"革命的中心……现在又移到了中国和东亚"，中共的"责任更大了。你们对于东亚各国的革命应该履行你们的责任"，"应与东南亚各国建立密切联系"。他还在促使毛泽东赴重庆谈判一事上为自己开脱，说他当时面临美国等的压力，但实际上什么都没做。[②]

刘少奇对苏联的访问对中共与苏联的关系影响巨大。这次秘密访问的初步成果首先是确认了中苏两党的党际关系在新中国成立后将是中苏关系的核心，并同时确认了苏共与中共是领导与被领导的

① 刘少奇：《关于中共中央代表团与联共（布）中央斯大林会谈情况给中央的电报》，1949 年 7 月 18 日，《建国以来刘少奇文稿》第一册，第 30—37 页。

② 刘少奇：《同斯大林谈判推翻国民党问题》，1949 年 7 月 27 日，《建国以来刘少奇文稿》第一册，第 40—41 页。

关系准则；其次是使中共基本完成了与苏联结盟的准备，剩下的就是如何处理旧的中苏条约和是否签订新条约了，而这正是双方关系中比较棘手的问题。苏联要与新中国建立同盟关系，势必要进行两方面的调整。首先苏联需要理解，中共在中国革命中追求的目标是什么？中国革命的胜利对远东国际格局意味着什么？斯大林给予中国共产党人和中国革命的前所未有的热情赞扬足以证明，他在这方面的理解力十分深刻。其次，苏联必须重新考虑如何处理它从以往的国际格局中获得的好处。与新中国结盟苏联将得到的战略利益是显而易见的，问题的关键是苏联是否情愿放弃它在中国东北获得的权益。

中共领导人对处理 1945 年中苏条约的态度也是相当复杂的。他们在早年都走过一段由爱国而革命、而信奉共产主义的道路。促使他们决心“走俄国人的路”的重要原因之一，就是苏联在 1919 年和 1920 年两次宣布放弃沙皇统治时期在中国侵占的土地和攫取的一切特权。在他们看来，“走俄国人的路”并不仅仅意味着在中国摧毁旧的社会制度，而且还意味着建立一种新的国际秩序。正因为如此，中共领导人对于 1945 年的中苏条约肯定是有保留的，当时中共报刊对该条约的赞扬既是有范围的，即主要是肯定它在维护东亚和平方面有积极意义，而且这也很难说是真心实意的。① 后来中共领导人处理东北地区中共与苏联间关系的态度和当时的各种措施表明，他们对苏联侵占东北权益的确是心怀不满的，处理相关问题时也是相当慎重的。

从客观上看，当中共领导人下决心与苏联结盟时，他们的处境也是相当尴尬的。如果不要求苏联放弃侵占的权益，中共领导人肯定会在国内受到质疑，他们的爱国主义形象将遭严重损害，尽管他们未必就因此控制不住局势。另外，他们对苏联领导人在此问题上持何种态度确实没有把握。苏联在战后的表现使他们有理由怀疑，

① 《新华日报》1945 年 8 月 17 日、27 日。

斯大林是否会真的履行苏联人几乎从来都是挂在嘴上的“无产阶级国际主义”。通过米高扬秘密访问西柏坡和刘少奇秘密访问莫斯科这两次高层互访，中共领导人对斯大林对中苏条约的态度已经是心中有数。

毛泽东是在同米高扬会谈时首次提出与苏联签订同盟条约的，不过当时这在他心中应该还是遥远的事情。中共军队过江前，中共领导人已经在向党外人士打招呼，告诉他们“对外条约有的废除，有的则要加以修改，有的还可以保持”。[①] 所谓“要加以修改”或“可以保持”的，至少包括了中苏条约了。在刘少奇秘密访问莫斯科之前，中共中央讨论过签订新的条约问题。刘少奇在给斯大林的报告中向苏联提出了希望中苏签订新的同盟条约，但是也给苏联留下了选择的余地，因为斯大林从没有明确表示要废除与国民政府的条约。该报告向斯大林提出了三种可供选择的处理方案：第一是保持 1945 年的条约，新中国予以承认；第二是废除 1945 年的条约，重订一个新的中苏条约；第三是两国政府换文，说明暂时维持 1945 年条约的现状，准备在适当时机重签新约。[②] 刘少奇同时还提出了外蒙古和战后苏联从东北搬走的厂矿设备的归属等问题。斯大林除许诺有关旅顺驻军的条约需要重订之外，对签订新条约的原则、时间和有关的具体问题等均未明确表示态度。可以说，刘少奇秘密访问莫斯科期间，中共中央向苏联方面清楚表达了要通过重新签订条约的方式与苏联结盟。但是，刘少奇并没有得到斯大林的明确答复。刘少奇秘密访苏是中共中央迈出与苏联结盟的第一步，并使 1945 年中苏条约的存废成为双方结盟能否成功的关键因素。事实上它也的确成为后来斯大林与毛泽东会谈的焦点。

毛泽东是带着义无反顾的心情走进克里姆林宫的，他要实现的

---

① 周恩来：《关于和平谈判的报告》，1949 年 4 月 17 日，《周恩来选集》上卷，人民出版社 1997 年版，第 321 页。

② 刘少奇：《代表中共中央给联共（布）中央斯大林的报告》，1949 年 7 月 4 日，《建国以来刘少奇文稿》第一册，第 15 页。

目标就是废除 1945 年条约，以及缔结一个新的中苏条约，然后在此基础上同苏联结成同盟。1949 年 12 月 16 日，毛泽东抵达莫斯科，他当天便与斯大林举行了会谈。毛泽东一开始便声明：“中国需要三到五年的和平喘息时间，用这段时间来恢复战前的经济水平和稳定全国的局势。”他实际上表达了中国领导人当时的首要关注，也是中国当时寻求与苏联结盟的主要目的，即希望通过与苏联结盟来获得安全保障、政治支持和经济援助，签署一项新的中苏条约将有利于实现这些目标。他告诉斯大林，刘少奇回国后，中共中央讨论了与苏联缔结条约的问题。显然，中共领导人将缔结新条约放在此次中苏谈判议程的首位。

斯大林肯定也是认真想过了。所以他当即表示，苏方认为目前不应该修改 1945 年条约，这样就可以避免给美国修改《雅尔塔秘密协议》的借口，否则就会牵扯涉及千岛群岛、萨哈林群岛等的协议，这对苏联很不利。他提出可行的办法是条约的形式不做改变，但苏军实际上不在旅顺驻军，另外还可以对涉及中长路的有分歧部分“做些修改”。斯大林的谈话表明，他同以往一样，主要考虑的是旅顺和苏联驻军问题，他所说的条约就是指有关旅顺的部分协定，所谓条约不改动就是指有关旅顺的部分不改动。至于条约的主体部分和其他有关协定，斯大林并没有打算与毛泽东进行讨论。

毛泽东当时表示，中共中央还没有“考虑到美国和英国在雅尔塔协议中的立场”，他认为“目前不必修改条约，也不必匆忙从旅顺撤军”。不过他也告诉斯大林说，中国“社会舆论有一种想法”，既然国民政府已经倒了，1945 年条约也就没意义了。面对毛泽东的坚持，斯大林有所让步，提出 1945 年条约是可以修改的，而且要做大的改动，但是要推迟到两年以后再说。毛泽东肯定是不甘心的，因为新中国很难在 1945 年条约的基础上与苏联结盟，那样做将伤害中共执政的合法性。就当时中苏关系的实际状况看，不解决废除 1945 年条约的问题，中苏结盟也就没有可能了，毛泽东访苏的意义将大打折扣。所以，当斯大林说周恩来不必来莫斯科时，毛泽东坚持说有些协议还是要签，周恩来还是要来。[①]

这次会谈后，毛泽东电告中共中央会谈内容。他说斯大林态度是“诚恳”的，但有关条约的问题还要进一步商谈。中共政治局于 21 日召开会议，从刘少奇等给毛泽东的电报看，他们对会谈的结局并无把握。他们在电报中说，如果只解决旅顺驻军和发表一个政治声明，周恩来就不必去莫斯科了；如果能就旅顺、航空、借款合同等问题都能签署协议，周恩来还是要去的。[②] 这封电报的内容显示，在北京的中共领导人继续主张并支持毛泽力争从访问中获得更多的成果。毛泽东第二天复电称，他会在 23 日或 24 日与斯大林会谈时确定最终的方针。[③] 同一天，毛泽东通过科瓦廖夫向斯大林提出了两个谈判的方案：第一，周恩来来莫斯科谈判解决 1945 年中苏条约问题；第二，双方广泛讨论有关问题，不必达成协议。[④]

24 日，毛泽东再次与斯大林进行会谈。后者这次不仅没有就毛泽东的上述建议做出回答，而且也不再谈与 1945 年中苏条约相关的问题，他的态度明显变得更加消极。在毛泽东看来，斯大林这时根本无意解决 1945 年中苏条约问题，甚至对签署其他协议也无兴趣。这被认为是一种大国主义和傲慢的表现，毛泽东此后一度心情郁闷，并终于忍不住向苏方表达不满。[⑤]

斯大林态度消极的主要原因是苏共内部对中共中央内外政策的看法出现了变化。22 日，科瓦廖夫才同毛泽东会谈过不久，即向斯大林呈上一份关于中国局势的报告，其中对中共的每项政策都有

---

① 《斯大林与毛泽东会谈记录：中苏条约与台湾问题》，1949 年 12 月 16 日，沈志华主编《俄罗斯解密档案选编：中苏关系》第二卷（1949. 3—1950. 7），东方出版中心 2015 年版，第 175—178 页；参阅裴坚章主编《中华人民共和国外交史（1949—1956）》，世界知识出版社 1994 年版，第 17—18 页；《斯大林与毛泽东会谈记录》，1949 年 12 月 16 日，《党史研究资料》1998 年第 5 期。

② 刘少奇：《关于周恩来去莫斯科的时机等问题给毛泽东的电报》，1949 年 12 月 21 日，《建国以来刘少奇文稿》第一册，第 218 页。

③ 参阅裴坚章主编《中华人民共和国外交史（1949—1956）》，第 18 页。

④ 〔苏〕N. B. 科瓦廖夫：《毛泽东与斯大林的对话》，第 32 页。

⑤ 《在历史巨人身边——师哲回忆录（修订本）》，第 438 页。

负面的评价，认为中共中央在执行 1 月以来斯大林提出的各项建议方面几乎都是有问题的，而且“中央政府还无法对整个国家实施中央领导”，对外政策中在英美“承认”问题上有“幻想”，甚至在与南斯拉夫建交问题上都“故意保持沉默”，等等。[①] 科瓦廖夫的报告很容易在苏共领导层引起关注，因为苏共内部一个时期以来对中共中央存有疑虑，至于科瓦廖夫本人如此行事的动机的确十分可疑。他在中国期间长期与中共领导人交往，这时为什么突然向斯大林提交与他以往观感几乎完全不同的报告？或是揣摩斯大林心思后迎合他的猜疑？不过更有可能的，是其在同毛泽东谈话时受到指责后的反应。毛泽东的俄文翻译师哲回忆说，22 日，科瓦廖夫曾同毛泽东谈话，出门时“表情不正常”。无论什么原因，斯大林的态度变化是受了这种看法的影响，他后来下决心解决 1945 年中苏条约时，曾将科瓦廖夫的这个报告交给毛泽东，并批评科瓦廖夫“很不适当”地“往政治里钻”。斯大林以这样的方式向毛泽东解释了他一度态度冷淡的原因，而科瓦廖夫就这样出局了。

1950 年 1 月 2 日，苏联方面的态度出现了关键性的变化。当天，莫洛托夫等奉命前往毛泽东的住处，就下一步会谈的内容和中共中央的想法与毛泽东会谈。毛泽东当即提出三个供苏方选择的方案：（1）废除 1945 年条约，签订一项新的中苏条约；（2）由两国通讯社发表简短的公报，说明双方在重要的问题上取得了一致意见；（3）发表一项共同声明，说明两国关系的要点。莫洛托夫当即表示第一个方案最好，可请周恩来到莫斯科来谈判。[②]

毛泽东心情大好，他在会谈后立即电告中共中央，请周恩来做好各种准备后即可出发。他告诉中共中央，周恩来行前要在内部解释清楚，此次谈判就是要签订“新的中苏友好同盟条约”，这是他

---

① 《科瓦廖夫致斯大林的报告：中共政策的若干问题》，1949 年 12 月 24 日，沈志华主编《俄罗斯解密档案选编：中苏关系》第二卷（1949. 3—1950. 7），第 180—187 页。

② 《毛泽东关于周恩来去苏联参加谈判问题给中共中央的电报》，1950 年 1 月 2 日，《建国以来重要文献选编》第 1 册，中央文献出版社 1992 年版，第 95—96 页。

首次提出中苏新条约将是一项同盟条约。毛泽东的估计是，新的条约“在旅大问题上可能有部分的变更”，而“基本精神”仍然是原条约的反对外来侵略和“承认外蒙独立”。在这种条件下建立中苏同盟的好处则是使新中国“处于更有利的地位，使资本主义各国不能不就我范围，有利于迫使各国无条件承认中国，废除旧约，重订新约，使各资本主义国家不敢妄动”。从毛泽东的电报中可以看出，他对新条约可能包含的内容至少也是保留的，经过权衡之后认为还是可以接受的，原因是他认为有利于提升新政权的国际地位和维护新国家的安全，即如他在给中共中央的电报中说，签订新条约有利于处理旧中国与帝国主义订立的条约。①

毛泽东在电报中也预估说，新的条约会得到中国国内各方面的拥护。看来他对新条约的内容可能会在国内引起不同反响这一点还是有准备的。根据刘少奇给毛泽东的有关电报，民主党派均不反对签订新条约，但在具体问题上并不是没有不同意见。② 在北京的中共领导人的讨论情况和国内各有关方面的态度是有重要价值的，可以澄清国内政治形势在多大程度上影响着中共中央的有关决策。所以，毛泽东利用各种机会继续说服苏联方面，应在新条约中反映两国间“完全新型的关系”。他强调“中国人民当中的某些人一直对现存的中苏条约不满”。③ 他回国后还一再强调中苏条约是“爱国主义的条约”，说它符合中国经济建设和国家安全的需要。④ 3 月间，中苏签署石油股份公司和有色金属股份公司协定在国内引起的

---

① 《毛泽东关于周恩来去苏联参加谈判问题给中共中央的电报》，1950 年 1 月 3 日，《建国以来重要文献选编》第 1 册，第 97 页。

② 刘少奇：《关于党派协商会议等情况给毛泽东的电报》，1950 年 1 月 8 日，《建国以来刘少奇文稿》第一册，第 240 页。

③ 《毛泽东与维辛斯基谈话纪要》，1950 年 1 月 6 日，《党史研究资料》1998 年第 5 期，第 10 页。

④ 毛泽东：《缔结中苏条约和协定的重大意义》，1950 年 4 月 11 日，中华人民共和国外交部、中共中央文献研究室编《毛泽东外交文选》，中央文献出版社、世界知识出版社 1994 年版，第 131—132 页。

风波，间接地证明了他做上述声明的必要性。从刘少奇起草的文件中可以明显地看出，该两项协定公布后曾遭到一些青年学生的质疑和强烈批评。①

1 月 20 日，周恩来到达莫斯科。22 日，毛泽东、周恩来与斯大林会谈，确定下一阶段谈判的主要内容和原则。斯大林这次十分痛快地表示，此后的谈判首先解决 1945 年条约问题。他说“情况变了”条约就要改变，而雅尔塔协议“就见它的鬼吧”。毛泽东提出新条约应包含三个内容，即确认两国间的友好关系、经济合作以及安全同盟。斯大林甚表赞成。这次会谈还讨论了中苏条约涉及的具体问题包括中长铁路、旅顺、大连等的具体原则，以及贷款、军事援助和经济合作等的原则。② 斯大林与中共领导人的此次会谈无疑是成功的，但谈判从 23 日起进入具体讨论条约条款阶段后，双方的谈判者周恩来和维辛斯基等在关键问题上，如中东铁路、旅顺、大连等，都进行了有时甚至是尖锐的“讨价还价”。此外，斯大林还以提供军事援助为由，坚持就东北和新疆限制其他国家进入达成一项《补充协定》。③

1950 年 2 月 14 日，中苏签署《中苏友好同盟互助条约》。以此为标志，中苏同盟终于诞生。就谈判本身而论，最后达成的各项协议对于双方都不是完全令人满意的，这些协议不过是一系列协调和妥协的结果，这同很多的国家间谈判并没有什么不同。

从新中国外交与冷战的关系的角度看，可以说中苏同盟条约的签订就意味着新中国宣布它将彻底地站在苏联一边参加到冷战中。

---

① 刘少奇：《中央关于向群众解释中苏合办股份公司问题的电报》，1950 年 3 月 30 日，《建国以来刘少奇文稿》第一册，第 501—502 页。

② 《斯大林与毛泽东的会谈记录：中苏条约问题》，1950 年 1 月 22 日，沈志华主编《俄罗斯解密档案选编：中苏关系》第二卷（1949. 3—1950. 7），第 265—269 页。

③ 谈判的具体情况可参阅沈志华主编《中苏关系史纲（增订版）》，第 117—122 页；裴坚章主编《中华人民共和国外交史（1949—1956）》，第 21—25 页；《与毛泽东的谈话记录》，1956 年 3 月 31 日，《国外中共党史研究》1995 年第 2 期，第 21—22 页。

但中苏结盟的历史含义还不仅止于此。中共走上与苏联结盟之路是一个漫长的过程，这个想法的出现甚至都有一定的偶然性，因为中共领导人那时显然更看重两党之间的革命关系。即使在最终决定与苏联建立同盟关系时，中共领导人也未必完全理解了近代国家关系中的军事同盟不仅意味着签约一方除了获得的好处外，还将承担何种责任，以及必须对同盟的另一方履行何种义务。换句话说，毛泽东和中共中央在计算中国将从结盟中获得显而易见的战略利益的时候，未必充分地认识到作为军事同盟的一方，中国将承担什么性质和何种程度的义务。这是造成后来双方领导人认知差异的重要原因，而这类认知差异是导致同盟出现裂痕并至衰亡的重要原因。

中苏结盟对中共领导人来说也是一个矛盾的进程。中共领导人是在从大规模暴力革命向建国的过渡时期决定同苏联结盟的，推动中共领导人选择结盟的首要动力是要完整地实现革命运动的目标、理想和内在的需求。但是，革命之后的建国毕竟有着与革命运动不同的甚至是不相容的需求，不论革命运动有多大的冲动力，也不论在这个过渡阶段革命运动会在多大程度上影响着随之而来的建国，历史发展的本质决定了新中国必定仍然是中国民族国家建设的新阶段，民族国家建设的需求从一开始就会在对外政策中显示它的巨大威力，更何况中国刚刚经历了抗战这个民族已是空前觉悟和民族主义空前勃兴的历史时期。种种情况导致中共领导人在主动追求同苏联结盟过程中，其立场越来越多地反映了一个民族国家的利益（尽管还远远不够），并不得不为回应国内（包括他们自己）的民族主义诉求而在最后阶段的条约谈判中要求苏方做出更大的让步，否则中共和中国革命的合法性将受到严重的削弱。毛泽东从为实现革命运动的目标而追求与苏联结盟起步，却在结盟的过程中为民族国家建设而同斯大林讨价还价，并因这方面没有得到满足而对斯大林心怀怨怼。可以说中共中央决定与苏联结盟不过是中苏关系的历史宿命的开端。中国要想完成民族国家的建设，必须同苏联解决全部的历史恩怨，而不仅仅是建立一个有利于特定时期的政权安全的军事同盟。

走向对抗之路

中华人民共和国自诞生之日起，就同美国处于对抗状态。它们的对抗基本上是延续了中国内战后期中共同美国之间形成的敌对关系。如同与苏联结盟一样，中共同美国的敌对关系也可以追溯到建党之初。包括毛泽东在内的早期中共领导人，当时更多的是根据列宁的理论，将美国定义为同其他列强差不多的帝国主义国家。如前所述，在 1940 年前后，美国曾经被中共领导人定义为“最危险的敌人”，中国最黑暗的前景就是在打败日本后变成美国的殖民地。经过抗战时期合作与战后初期的交往后，随着国共全面内战爆发，中共同美国的关系再次具有了对抗的性质，根本原因就是在全面内战爆发之时，美国站在国民政府一方，继续向国民政府提供各种援助，一直持续到国民政府败逃台湾之后。

全面内战爆发两个月后，1946 年 8 月 31 日，杜鲁门政府与国民政府签订了《中美剩余战时财产出售协定》，美国据此用很低的价格向国民政府转让了尚存的大批战时剩余物资。也就在两天以前（即 8 月 29 日），国民党军队占领了华北重镇承德，不久后开始进攻张家口，杜鲁门政府则宣布放宽 6 月份为促使国民政府停战而实施的军火禁运。这个时期中美关系中影响最严重的事态是国民政府与美国之间就《中美友好通商航海条约》举行谈判。11 月 4 日，双方签订条约，国民政府因此被认为是成为美国的准盟友。国民政府此时签约的政治意图相当明显。10 月 11 日，国民党军队攻占张家口，蒋介石当天下令于 11 月 12 日召开国民大会，与美国签约则是外交上配合军事、政治攻势的关键一步。这表明国民政府在冷战中做出的重大选择，对国内的国共关系和对外的中苏关系均造成相当严重的影响。

1947 年 5 月 26 日，美国完全取消了对国民政府的部分武器禁运。[①] 7 月，美国政府决定派遣一个军事考察团，到中国做全面考察，以便为在冷战爆发的背景下应对中国内战造成的局面制定一项系统的政策。8 月 22 日到 9 月 24 日，魏德迈将军率军事代表团访华，以全面评估中国局势并对美国政府提出有意义的政策建议。魏德迈使团回国后提交的报告内容十分复杂，主要观点大致是国民政府很难打赢内战，政治腐败且士气普遍低落。尽管如此，美国还是要动用它的资源和力量帮助蒋介石阻止中共取得全国政权，因为这是在全世界同苏联进行斗争的需要。[②]

在随后展开的对华政策分析讨论中，美国政府终于确定一个本质上是反共但含义并不十分清楚的目标，即“阻止中国完全为共产党所控制”，为此美国必须要向国民政府提供足够的援助。[③] 这时，国民党军队中的美国军事顾问已经超过千人，直接参与师级的作战计划和指挥。1948 年 4 月 2 日，美国国会参、众两院联席会议通过了《1948 年援华法案》，向国民政府提供了 4.63 亿美元的援助，其中包括 1.25 亿美元的“特别赠款”，可供国民政府自行决定如何使用。诸多论著着重于分析这一法案出台的极为复杂的政治博弈过程，但从美国对华政策的指导思想和中国内战的现实看，美国援助国民政府就是在与中共为敌。

美国的政策同中共对美政策的转折存在明显的互动。1946 年 8 月，毛泽东提出的“中间地带”思想，将美国视为中国革命和世界革命的首要敌人，也是中华民族最危险的威胁。在中共中央一再展开的政治动员中，包括以“两忆三查”为主要形式的新式整军运动、国民党统治区的学生运动以及后来的知识

---

① “Memorandum by the Director of the Office of Far Eastern Affairs (Vincent)”, Washington, May 26, 1947, *FRUS*, *1947*, *Vol. Ⅶ*, *The Far East*: *China*, p. 833.

② 参阅资中筠主编《战后美国外交史——从杜鲁门到里根》上册，第 129—130 页。

③ “The Secretary of State to the Ambassador in China (Stuart)”, Washington, February 28, 1947, *FRUS*, *1947*, Vol. Ⅶ, *The Far East*: *China*, p. 46.

分子的思想教育运动等，中国革命的反帝性质具体化为政治行动就是反美，而蒋介石和国民政府等被称为“美帝国主义的走狗”，中华民族的解放同反对“恐美”“崇美”“媚美”等紧密联系在一起。中共中央正是在民众尤其是城市青年被动员起来的炽热的反美情绪中开始思考新中国对美政策的。这是这个时期中共中央处理对美关系的主要历史背景，它大致划定了中共领导人处理对美关系的方向和行动范围。

1948 年春，中共军队相继攻占了华北一些大中城市，各地有关如何处理同当地外国官方机构的关系的报告纷至沓来，在新的历史条件下重新考虑对美政策被提上中共中央的议事日程。所谓新的背景就是中共将取得全国政权，这个时期的对美政策势必要回应为争取战争最后胜利和准备建国等两方面的需要。与以往不同的是，从这时起，中共领导人是在两个领域思考和处理对美关系，它们分别是防止美国军事介入中国内战和美国是否承认中共政权。这两个问题因为中共的革命和建国之间的紧密连接和重叠而同时出现，这两个层次之间存在着某些相互冲突的内在矛盾则是分析中共对美政策延伸和变动的重要线索。

在防止美国军事介入中国内战的问题上，中共中央的政策是一如既往的，即一方面是在宣传上坚决反对，另一方面在政策上则极为谨慎。有关“承认”问题则比较复杂。从当时中共中央给地区领导人的指示所包含的逻辑来看，中共领导人最初的确有意愿在地方政权的层次上同美国等西方国家建立和发展官方关系。他们当时对不同各地区出现的情况的反应是观望和摸索性的，在行动上比较谨慎。7 月下旬，华北局报告称，有法国领事表示希望与中共当局建立“外交关系”。中共领导人指示华北局可“非正式的同意”，他们认为法方很可能是受美国之托“试探”，故华北局要“表示出华北解放区愿意与各国建立外交关系”。可以推断这种态度应适用于在地方一级处理对美关系。中共领导人这种反应显然不是经过深思熟虑的。他们在这方面既不了解多少情况，也很缺乏经验，所以在行动上比较谨慎，对不同情况的回应是观望和试探性的。例如规定上述原则应限于华北地区，并且“不忙订立具体的协定”，以便留下调整政策的空间。[①] 中共中央采取任何缓和或拉近与美国关系行动的确都需要观察各方面的反应，尤其是苏联的反应。这在东北地区最先也最突出地显示出来。

东北野战军攻占沈阳后，东北局直接处理沈阳的美国领事馆问题，这也是中共中央在建国前同美国政府机构打交道的开始。中共中央正是在处理美国驻沈阳领事馆引发的各种复杂问题的过程中，第一次明确提出了迫使美国等承认中共东北地方政权合法性的方针，结果随着事态最终演变为一场东北局同美国沈阳领事馆之间的对抗，中共中央遂将“承认”方针搁置起来。

东北野战军于 1948 年 11 月 2 日攻占沈阳。此前三天，中共中央专门就美、英、法等国的领事馆和侨民问题电令东北局，要求其必须建立起专门的外事机构，必须遵守中央的指示，以及在采取什么措施之前必须请示，而“不要草率决定”。从电报的内容看，中共中央这时的意图并不是要断绝同美国的关系，而是要通过各种具体措施“逼使这些资本主义国家的外交机关，不得不承认我解放区地方政府的政府地位和权力”。[②] 这是中共中央首次明确提出迫使美、英、法等承认中共地方政权合法性的方针。

11 月 1 日，东北局转发给中央一份有关占领沈阳后如何处理外事问题的请示，其中包括是否关闭外国银行和派兵警卫美英等领事馆。因为在沈阳这是首次遇到苏联和美、英、法等国商业机构同时存在的情况，此外东北局也担心国民党特工攻击外国领馆给沈阳

---

① 《中央关于对法国领事要求与我建立外交关系问题给华北局的指示》，1948 年 7 月 28 日；《中央关于与英商谈贸易问题给方方同志的指示》，1948 年 9 月 25 日，参阅《周恩来年谱 1898—1949》，第 789 页。

② 《中央关于对英、美、法等国领事馆及侨民的态度和方针应按丑虞电处理给东北局的指示》，1948 年 10 月 29 日。

军管会制造外交纠纷。[1] 周恩来当天草拟了一封很长的电报。他在电报中专门叮嘱东北局，一定要特别注意沈阳地区的情况很特殊。为了慎重起见，东北局应暂不停止外国银行营业，对外国领事馆均应提供武装保护，并不得对其人员和室内实行检查。电报还承认说，“许多外交事宜和国际惯例，我们甚不熟悉”，应多向苏方人员请教。但他说明苏方的意见也“只做参考”而已，“凡与政策有关者均应先报告中央请示”。周恩来在电报中特别提到外国领事馆中保留电台的问题，他要求东北局通知各领事馆“不得设立无线电台”，如有电台应向中共沈阳政府报告并交政府保存，归国时再交还给他们。周恩来估计美英等领事馆会有秘密电台，但采取行动前必须秘密侦查证实，并报中央批准后“才得进入其内检查”。[2] 这项措施同正在展开的军事行动有关，当时毛泽东已经与林彪等开始讨论第四野战军秘密入关参加平津战役的计划，保守军事行动的秘密至关重要。在战争压倒一切的形势下，外交只能配合军事行动；在无法配合时则必须让步。这是决定中共政策转变和美国沈阳领事馆后来命运的另一个重要背景。

11 月 5 日，中共沈阳市市长朱其文事先未经请示就接待了美、英、法等国驻沈阳的领事，并于三天后回访了这些国家的领事馆。朱其文的这些行动并不能说是完全违背了中共中央的政策，因为他不这样做就很难执行中共中央 10 月 29 日的指示，向英、美、法人员转达东北局的有关规定，并达到迫使对方承认沈阳政府合法性的目的。当时东北局内部对朱其文的批评比较严厉，中共中央则主要是批评他事前不请示，认为他以市长身份与美、英、法人员接触是幼稚的。真正导致对美国沈阳领事馆政策转变的原因首先还是军事形

① 《东北局关于处理外国银行、领事馆的请示》，1948 年 11 月 1 日。

② 《中央关于处理外国银行及领事馆问题给东北局的指示》，1948 年 11 月 1 日，参阅《周恩来年谱 1898—1949》，第 794 页。

势急剧变化，其次则是苏联对中共沈阳市政府与美、英、法领事馆来往的反应。

在辽沈战役即将结束时，中共中央已经在考虑将四野部队调入华北参加平津战役。11 月中旬，中共中央决定东北野战军主力部队提前结束休整，尽快秘密进入华北，他们此时都将保密视为战略决策的关键之一，毛泽东本人极为关注沈阳外国领事馆的电台，他甚至为此指示在沈阳附近的部队，“宜推迟出发时间，因沈阳有敌电台，我一行动，敌必警觉”。[①] 正是取得战争胜利是压倒一切的战略优先这个基本的因素，决定了中共中央在面对复杂局面时宁可选择相对简单但对保密来说最有效的办法。11 月 15 日，中共沈阳军事管制委员会向美、英、法领事馆发出通告，限其 36 小时内交出所存之电台。

就在沈阳军管会发出通告的第二天，苏联驻哈尔滨总领事马里宁向高岗提出，应该没收沈阳美、英、法领事馆的电台，他说“这是关系苏联很大的事情”。高岗当即告诉前者，已经向三国领事馆发出了收缴电台的通告，东北局对美国领事馆的方针是将其“挤走”，而收缴电台就是为了“挤走”它。他随后即发电报给中共中央，请求考虑他在谈话中提出的“挤走”美国领事馆的建议。[②] 中共中央领导人立即回电，表示同意高岗“所取挤走美、英、法领事馆的方针”，而且要高岗转告马里宁，中共的外交政策“一定和苏联协商处理”。[③]“挤走”美国领事馆的方针似乎就这样定下来了，不过从过程来看，中共中央同意“挤走”美、英、法领事馆的决定至少是仓促的。所以，中共中央的电文最后也告诉高岗还是要保持些谨慎，“关于整个外交方针及策略，另电告”。[④] 这表明中共领导人并不是没有意

---

① 毛泽东：《先以四个纵队夜行晓宿秘密入关》，1948 年 11 月 20 日，《毛泽东军事文集》第五卷，第 253 页。

② 《友方要求没收美英法在沈电台》，1948 年 11 月 16 日。

③ 《同意挤走沈阳美英法领事馆的方针》，1948 年 11 月 17 日。

④ 《同意挤走沈阳美英法领事馆的方针》，1948 年 11 月 17 日。

识到，“挤走”方针同他们的原有意图存在矛盾之处，他们认为有必要从更大范围来考虑其含意以及如何限制其影响。

11月17日，沈阳军管会在通告发出超过36小时之后向中共中央发了一个电报，报告说美方回函称侨民中无电台，领事馆中是否有电台则未谈，也没有交出电台。他们请示，在这种情况下是否批准沈阳军管会进入美领事馆强取。① 中共中央在回电中对沈阳军管会事前不请示的做法给予了严厉批评，指责他们在15日发出通告之前没有请示中央，而在美领馆超过36小时不交电台后，没收到中央的指示又不执行通告的内容，这些“实为大错”。电报要求沈阳军管会应先向美领事馆发出警告，在若干小时后如仍不交出电台，沈阳军管会将进入领事馆查收电台，并告因该馆人员蔑视沈阳军管会命令，将被禁止“与外界自由来往”。中共中央认为“如此办理”才能达到“挤走”美领事馆的目的，“首先给美国旧领事以限制，使其知难而退”。②

在接到中央电报后，沈阳军管会副主任伍修权接见美领事华德。他要求美方交出电台遭拒绝，后者称那是美国政府财产，需要得到美国务院批准才行。东北局立即请示中共中央，是否可以进入美领事馆强行取出。毛泽东在这个电报上写了自己的意见，其内容表明中共领导人并不是很了解该如何应对这类涉及领事馆财产所有权的问题，特别是这时他们似乎没有打算立即升高对抗。毛泽东写道：“电台所有权可仍属美方，我接受暂时代管，将来两国建立外交关系退还。似较妥当。”③

19日，周恩来起草了回电，措辞看上去比较缓和，内容十分耐人寻味。这份电报要求沈阳军管会进入美领事馆收缴电台时，应明确声明不承认对方为外交机构，只视之为侨民并保护他们的安全

① 《请即示对外领电台处理方法》，1948年11月17日。
② 《关于沈阳旧领事馆交出电台问题》，1948年11月18日。
③ 《林罗陈关于到美领事馆强取电台向中央的请示》，1948年11月18日。

和“非正式外交往来”，如对方有违反法令的行为，军管会有权限制其人身自由，直到“驱逐出境”。特别重要的是，这份电报要求沈阳军管会应做如下声明，即收缴的电台是由中共方面保管而非没收，“待将来双方建立外交关系或旧领馆人员自沈阳回国时，当予发还”。这是目前能看到的中共中央首次提到未来存在与美国发展甚至建立外交关系的前景，并可向美方表达。电报还要求沈阳军管会在查收电台时行动必须特别严谨，不给美方以任何借口。[①] 很遗憾的是历史并没有留下多少时间可以供事态向前延伸，否则不论最终结果是什么，后人毕竟可以看到更丰富一些的中美关系。

中共中央的电报 19 日发出，东北局到第二天下午 6 时才收到。在 5 个小时以前，沈阳军管会已经按照此前的指示进入美领馆，他们不仅查收了电台及相关设备等，而且开始对美领事馆实行封锁，限制美领事馆人员的行动自由，并断电、断电话等。这差不多可以说是“赶走”了。查收电台之外的种种措施是按照苏联人的建议实施的，东北局在给中共中央的电报中说，苏联人告诉他们，过去国民政府就是这么对付苏联驻沈阳机构的。东北局还报告说，在查收电台过程中，“美领态度一般尚乖”，不过“似乎已有逐其出境之理由存在”。[②] 看来东北局是十分支持甚至更希望尽快将美国领事馆“挤走”，从他们因此事所受中共中央反复之批评看，外交对于中共地方领导人来说实在是巨大的麻烦，以致他们宁愿选择比较简单易行的解决办法，最好是辖区内没有美国人。忽视地方领导人面临的困难和他们做出的反应有可能造成的影响，会导致中共对外政策被简单化解读。

沈阳军管会采取的措施毕竟还是超出了中共中央授权的范围，尽管比较 18 日和 19 日的电报内容，可以看出中共中央的态度的确

---

① 《中央关于沈阳旧美领事馆拒交电台处理办法给林彪等同志的指示》，1948 年 11 月 19 日。

② 《东北局常委关于接收旧美国领事馆电台情况的报告》，1948 年 11 月 20 日。

是有变化的，即同意过东北局采取更强硬的态度直至“挤走”。在获知沈阳军管会封锁美领馆后，毛泽东的反应首先是提出对英法领事馆的态度应该比对美领事馆更缓和一些，同时又一次批评东北局说：“沈阳外交行动至今仍是事先不请示（如割断电灯、电话），实在太危险了。”① 23 日，中共中央致电东北局领导人，再次向他们强调任何外交行动都必须要事前请示。电报批评东北局割断美领事馆电话、电灯等行动，“实属违背中央关于一切外交行动必须事先请示的规定”，东北地区要“照顾全局，急躁鲁莽不得”，任何事情“均必须事先请示中央，否则相当危险”。中共中央一再批评东北局违背外事纪律这一点也可说明，沈阳军管会的行动的确偏离了中共中央的政策轨道，而且不仅仅是在执行外事纪律方面。所以，中共中央在这封电报中详细阐述了对未来与美国可能发展官方关系的方针，要求目前在东北的行动必须考虑外交的全局。中共中央的原则包括：第一是对美国与对英法要有所区别；第二是东北地区有特殊之处，在东北对美领馆实行的“挤走”方针不一定在其他地区也实行；第三是不承认国民政府与美国等国家的外交关系，“并不等于我们永远不与这些帝国主义国家发生外交关系”。② 如前所述，中共中央在 11 月 17 日的电报中曾经告诉东北局领导人，将另电告之“关于整个外交方针及策略”。经过 5 天的考虑和这期间处理各种意外事件后，中共领导人终于比较系统地阐述了他们对未来与美国关系的设想。从电报的内容看，他们是经过认真考虑的，而且他们的思考远不像公开发表的反美言辞那么简单，至少也是考虑过为未来的政策选择保留一些空间。

此后不久，东北局报告于 21 日抓获间谍和破获间谍小组，并称他们承认与沈阳美领馆有联系，东北局还估计美国领事馆中可能

---

① 《对英法态度应较对美稍微和缓些》，1948 年 11 月 21 日。

② 《中央关于挤走美英法领事馆问题给东北局电》，1948 年 11 月 23 日，参阅《周恩来年谱 1898—1949》，第 799—800 页。

还有秘密电台。东北局基于军事上的利害关系，非常迫切地希望能尽快查清间谍小组与美国人的联系，并明显倾向尽快将美领馆赶走。中共中央一方面对东北局的果敢行动表示“欣慰”，称早已获知沈阳地区有间谍组织的电台，很担心间谍组织会危及四野进入华北的军事行动；同时也指出，在未能证明该间谍组织确实与美领馆有直接关系以及不能证明美领馆有秘密电台时，不赞成东北局完全隔绝美领馆人员之间的往来，也不允许检查华德的私人住宅。东北局则坚持为破获间谍案线索，仍需禁止领馆人员之间的往来。12 月下旬，中共中央还指示东北局在间谍案没有新发现的情况下，应从圣诞节当日起适当放松对美领馆人员的限制。[①] 其后的事态表明，如何对沈阳美领馆的处理一事在当时实际上被暂时搁置起来。

中共领导人对沈阳美领事馆的处理是在同美国已经形成战略性对抗的局面下发生的，特别重要的是他们这时仍然试图为对美关系保持一定的回旋空间。他们一方面在东北地区力图避免同美方关系进一步激化；另一方面则希望在沈阳的做法不要自动地蔓延到其他地区。他们的处理方针并不稳定，起伏明显，而且他们实际上很难控制东北地区指战员的作为，这种情况后来也发生在南京。中共三十五军官兵打进南京后，一度闯入了美国大使司徒雷登（John Leighton Stuart）的官邸。当然，这期间还相继发生了一些看上去与美领事馆无关的事情，也影响到中共中央的决策。

12 月初，中共中央接到一份来自香港的秘密报告。该报告记录了一位叫雷和文的美国记者告诉中共在香港的代表说，现在美国对华政策的核心就是如何在新中国政权中“造成一有效的反对派”，美国政府有意承认未来的中国新政府，条件是这个政府中要有美国可以接受的反对派，以及允许美国有在上海和青岛的驻军

---

① 《中央关于对沈阳之美英法旧领事馆人员的对策给东北局的指示》，1948 年 12 月 25 日。

权。毛泽东对此反应强烈，他断定美国人已经从单纯支持蒋介石，转变为一面支持国民政府进行军事顽抗，一面在中共队伍内部组织反对派，中共必须百倍警惕并粉碎美国的“政治计划”。他要求他的战友们传阅这份报告。[①]

对毛泽东来说，未来的国家走什么道路是他自全面内战爆发以来一直在思考并基本有了战略性结论的问题。1948 年 1 月，他明确提出了“新民主主义政权是工人阶级领导的人民大众的政权”，“人民大众组成自己的国家（中华人民共和国）”，“工人阶级经过自己的先锋队中国共产党实现对于人民大众的国家及其政府的领导”，“中华人民共和国的权力机关是各级人民代表大会及其选出的各级政府”。[②] 1948 年夏季，针对国民党内部一些人试图在美国支持下发起倒蒋运动，中共中央曾经在党内说明这是美国正在展开的一个阴谋，目的是迫使蒋介石让出更多的权力，以便在国民党军队崩溃时拉拢反动集团的各派和“一部分中产分子共同反共”。中共中央认为对美国这类阴谋应予以揭穿，并需要与“中间派反蒋分子”密切联系，争取使他们不要陷入美国的圈套。[③]

显然，在中国革命的战略转折时期，中共中央认为同美国的矛盾正变得越来越深刻。12 月 30 日，毛泽东发表了题为《将革命进行到底》的新年献词。他在文章中增加了更为强烈的反美内容，他说，美国的行动是中共面对的一种主要危险，美国正“在革命阵营内部组织反对派”，以使中共“务必要不太多地侵犯帝国主义及其走狗的利益”，使反动派获得喘息的机会，“然后在一个早上猛扑过来，将革命扼死”，所以中共必须要“将革命进行到底”。[④]

① 毛泽东：《对〈雷和文谈话摘要〉的批语》，1948 年 12 月 4 日。

② 《关于目前党的政策中的几个重要问题》，1948 年 1 月 18 日，《毛泽东选集》第四卷，第 1272 页。

③ 《中央关于对李济深、冯玉祥倒蒋活动给沪局、港分局的指示》，1948 年 8 月 2 日，《中共中央解放战争时期统一战线文件选编》，第 204—205 页。

④ 毛泽东：《将革命进行到底》，1948 年 12 月 30 日，《毛泽东选集》第四卷，第 1375 页。

正是这些因素同中共与苏联关系的迅速进展结合在一起，导致中共中央在 1949 年 1 月政治局会议上确定了“不忙于”解决建交问题的原则。

在 1 月政治局会议上，中共领导人是在如何取得革命最终胜利的逻辑中论述与美国之间的相互“承认”问题，他们认为美国此刻提出建交问题是另有图谋，它“甚至不惜用承认人民共和国的方法以取得合法地位”，目的则是实施“内部破坏”，所以要警惕“这一帝国主义的阴谋计划”，“并坚决将其击破”。[①] 在这个框架中，中共领导人提出“不必忙于要”美国承认，“我们是打倒它，不是承认它”。此外，他们也认为中共还缺乏外交经验，故“不忙于解决”。毛泽东甚至认为“不承认为好”。[②]

在前述苏共政治局委员米高扬访问西柏坡期间，毛泽东等中共领导人曾向米高扬介绍了中共中央有关新中国成立后是否与美国建立外交关系问题的设想，并征询苏联方面的意见。在苏共和中央决定米高扬访问西柏坡之前，毛泽东通过捷列宾向苏方通报，“美国人也想跟我们接触”，驻华大使司徒雷登甚至“派人到香港找过我们”。[③]

米高扬到西柏坡后，毛泽东在第一天会谈中就介绍了中共中央在与美国建交问题上的考虑。他认为解放军占领南京后“就会产生外国列强承认新政府的问题。问题在于立即接受承认还是拖上一年半载之后”，而中共领导人看法是“两种方法各有利弊。延缓时间对我们有利，这样我们可以放手发展与其他国家的关系，使我们更加巩固起来，而接受承认则使美国、英国更便于进行破坏活动”。总之，中共中央的方针是“不急于建立外交关系，拖延一段时间，巩固自己”。[④] 2 月 1

---

① 《目前形势和党在一九四九年的任务》，1949 年 1 月 8 日，《中共中央文件选集》第 18 册，第 17—18 页。

② 《中央政治局一九四九年一月会议记录》，1949 年 1 月 6 日。

③ 《捷列宾致库兹涅佐夫电：毛泽东谈中国局势和中共的对策》，1949 年 1 月 10 日，沈志华主编《俄罗斯解密档案选编：中苏关系》第一卷（1945. 1—1949. 2），第 342 页。

④ 《米高扬致斯大林电：就军事形势等问题与中共代表的会谈》，1949 年 1 月 31 日，沈志华主编《俄罗斯解密档案选编：中苏关系》第一卷（1945. 1—1949. 2），第 380 页。

日，周恩来在另一次会谈中向米高扬专门阐述了中共中央的对外政策。他首先阐述了中共与美国关系的历史和现状，随后就建交问题提出了两个方案，即立即与各大国包括美国建交，或者“不急于争取立即承认新政府，如果外国政府声明愿意承认，我们也不反对。这样的战略我们准备持续一年半载，以后再争取它们承认”。他还表示希望了解“联共（布）中央的意见”，苏联是与其他国家一样，在新政府建立一年后予以承认，还是立即与新政府建交。[①]

米高扬在给斯大林的电报中，及时汇报了中共领导人谈话的有关内容，斯大林曾在回电中表示，有关中国新政府如何处理建交问题，包括苏联是否立即予以承认和新政府是否争取与美国建立外交关系等等问题，要等到米高扬回到莫斯科后再“进行答复”。[②] 随后的发展表明，虽然没有得到苏联方面的反馈，中共中央仍然按照既定方针办，在党内开始部署“不急于”与美国建交的政策。

在七届二中全会期间，毛泽东发表了带有结论性的讲话，即“关于帝国主义对我国的承认问题，不但现在不应急于去解决，而且就是在全国胜利以后的一个相当时期内也不应急于去解决”，只要美国不改变态度就不给其“在中国以合法的地位”。[③] 与美国的关系必须有利于中共夺取全国政权这个压倒一切的战略目标，而中共领导人这时恰恰相信，搁置“承认”问题比“迫使”美国承认中共政权更为有利。在会后发布的外交政策文件中，中共中央重申对国民政府的对外关系“一概不予承认”，并提出对美国官方代表

① 《米高扬致斯大林电：关于中共的对外政策等》，1949 年 2 月 1 日；《米高扬与周恩来等人会谈纪要：关于中共的对外政策》，1949 年 2 月 1 日，沈志华主编《俄罗斯解密档案选编：中苏关系》第一卷（1945. 1—1949. 2），第 384、388 页。

② 《斯大林致米高扬电：对毛泽东提出的一些问题的答复》，1949 年 2 月 2 日，沈志华主编《俄罗斯解密档案选编：中苏关系》第一卷（1945. 1—1949. 2），第 394 页。

③ 毛泽东：《在中国共产党第七届中央委员会第二次全体会议上的报告》，1949 年 3 月 5 日，《毛泽东选集》第四卷，第 1435 页。

实行更为严格的管制，包括“应派兵监视，不得给以自由”。[①] 中共中央提出“不承认”原则被证明是重要的，因为这时美国政府已经明确要将“承认”作为与中央政权“讨价还价”的筹码。[②]

不过，中共军队占领南京前后的一些事态发展表明，毛泽东在七届二中全会提出的“不承认”方针这时还不是那么坚定不移的。4 月 17 日，周恩来在北京向即将参加新政协会议的民主人士通报国共和平谈判情况。他在会上阐述对外政策时，除了一如既往地声称在原则问题上“决不让”，特别是对美国“一定要采取严肃的态度”，还说了在具体执行中“又要很谨慎，有理有利有节地去处理问题”。他透露说，“美国也不是不要和中国交往，司徒雷登一直到处找我们拉关系”，所以中共中央的态度是“既不断绝，也不急于建立外交关系，就是要按平等原则进行谈判”。[③] 同七届二中全会的论述相比，周恩来显然在为处理对美关系留出更多的转圜余地，原因很可能如他在报告中所述，司徒雷登正在寻找同中共建立联系的渠道。中共中央这时也已决定选派燕京大学毕业的黄华去南京，在中共南京市委中负责外事工作。根据黄华的回忆，临行前周恩来告诉他可以同司徒雷登接触，“看看他有什么要求和愿望”。[④] 中共领导人这种言行至少不能说是敌对的，可以说“不承认”此时已经延伸出了“不断绝”。这时美国驻华使馆仍然留在南京，没有随国民政府迁到广州。美国大使司徒雷登本人也提出并在寻找同中共建立联系的渠道，他的行动获得了美国务院同意。[⑤] 美方的行

---

① 《中央关于外交工作的指示》，1949 年 1 月 18 日，《中共中央文件选集》第 18 册，第 45 页。

② 《石博思谈话备忘录》，1949 年 1 月 6 日，陶文钊主编《美国对华政策文件集》第一卷上，世界知识出版社 2003 年版，第 66—67 页。

③ 周恩来：《关于和平谈判问题的报告》，1949 年 4 月 17 日，《周恩来选集》上卷，第 321—322 页。

④ 《亲历与见闻——黄华回忆录》，第 79 页。

⑤ 时殷弘：《敌对与冲突的由来——美国对新中国的政策与中美关系由来（1949—1950）》，南京大学出版社 1995 年版，第 66—67 页。

动足够引人注目，不过仅此一点还不足以解释中共对美政何以如此快地出现重大变化，还存在一些其他非常重要的原因。

4 月 20 日、21 日，中共军队在长江三江营地区同数艘英国军舰发生激烈炮战。中共中央在 21 日接获关于外国军舰在长江游弋情况后，曾指示渡江战役前线指挥部，凡进入战区妨碍作战的兵舰，不论是哪个国籍，均可予以炮击。[①] 炮战发生后，东亚国际形势顿时紧张起来，美、英、苏等大国驻东亚的军队都进入紧急战备的状态，局势给人以一触即发的感觉。正是在这样的背景下，斯大林立刻提醒毛泽东，当前最危险的是美国的军事干涉，具体地说就是美军有可能在华北地区的港口登陆，从背后攻击中共军队。[②] 如何防止在紧张局势下发生美国的军事干涉等，就因长江炮战这一突发事件成了中共中央必须面对的一个突出问题。

中共军队攻占南京后发生的涉外事件加剧了中共领导人的担忧。4 月 25 日，攻占南京的中共三十五军一部官兵进入美国驻华大使司徒雷登官邸，引起一场轩然大波，来自国际舆论的压力加剧了气氛紧张。中共中央闻讯后于 27 日去电严词批评总前委，未及时对下属部队官兵进行外交政策方面的教育。电报最后说："此事必须立即引起注意否则可能出大乱子。"[③] 司徒雷登本人当时相信三十五军官兵闯入私邸是一个意外事件，而非中共高层蓄意为之，他本人也无意利用此事在中共与美国政府之间煽风点火。就在中共中央发出上述指示的同一天，他开始在家中"擅自"起草一份给美国国务院的关于如何承认中共政权的备忘录。[④]

此后不久，中共中央又从外电获悉，中共南京驻军通令不允许

---

① 《凡妨碍我渡江作战的兵舰均可轰击》，1949 年 4 月 21 日。

② 〔苏〕尼·特·费德林、伊·弗·科瓦廖夫、安·梅·列多夫斯基：《毛泽东与斯大林、赫鲁晓夫交往录》，第 167—169 页。

③ 《速查告三十五军派兵进入司徒雷登住宅经过》，1949 年 4 月 27 日。

④ 《司徒雷登日记：美国调停国共争持期间前后》，陈礼颂译，香港文史出版社 1982 年版，第 63 页。

外国记者向外发电报稿。中共中央立即电令总前委，必须取消不许外国记者发电报的规定，并告诫说："南京为各国大使公使集中地区中外观瞻所系如此妄为极为危险。"[①] 此后，中共中央就三十五军涉外事件处理问题再次指出，对外交事务如此擅自处理，"影响所及，至为危险"。[②]

从"可能出大乱子""极为危险""至为危险"等这些中共领导人的用词中可以看出，他们对外交事务极为重视、极为谨慎，对南京发生的情况极为不满。中共军队进入南京后的一些行动证明，中共中央在指战员中进行反美教育卓有成效，他们的确没有了惧怕外国人的心理而且士气高昂，否则三十五军官兵未必有胆量闯入司徒雷登的官邸并感到理直气壮，以及对外国记者心存敌视。问题是在中共中央看来，如不掌握政策以及时控制这种情绪，而任其自由宣泄，就有可能酿成招致外国军事干涉的事件，而这恰恰是中共中央要全力避免的。不仅如此，即使没有导致外国军事干涉，也会限缩中共领导人在外交上可以选择的空间，这时他们未必已经完全没有这方面的意念。实际上，南京地区的基层官兵对中共中央的批评并不是完全服气的，他们能理解推翻帝国主义并坚定地为之战斗，但对中共中央指示中所说的"灵活性"却表示颇感费解，用他们的话说反正"就是灵活不起来"。总前委在给中共中央的报告中说，官兵这种反应"是真实的合理的"，应该做出非常具体的规定以便能够执行。[③] 军队内部的这种状况也会增加中共中央的压力，推动他们努力控制部队官兵的行动。中共中央随后发布的有关规定之具体令人吃惊，其中包括除指定人员外，"其他任何人不得与外侨来往，不得与外侨谈话"；警卫部队在任何时候"对外侨不得使

① 《外交事件不论大小均须经中央同意方能办理》，1949 年 4 月 29 日，参见逄先知主编《毛泽东年谱 1893—1949》下卷，第 489、492—493 页。

② 《对三十五军擅自处理外交事件等重大问题的处理意见》，1949 年 5 月 3 日，参见逄先知主编《毛泽东年谱 1893—1949》下卷，第 495 页。

③ 《邓小平同志关于渡江前后的情况向毛主席的报告》，1949 年 5 月 10 日。

用武器，严禁开枪”，等等。[①] 总前委的回电也再次证明，在解读中共中央政策形成过程时，的确需要重视地方领导人在具体的重大事件中的反应，他们面对的问题往往会导致十分复杂的局面。

不仅对美国军事干涉的担心和防范推动了中共中央同美方的接触，毛泽东本人也一度表露出有意愿同美国建交，这同斯大林的态度有直接的关系。首先是苏联方面希望中共中央考虑缓和同美国的关系。4 月 13 日，科瓦廖夫发电报给斯大林，汇报了他同毛泽东等中共领导人谈话的内容。毛泽东在谈话中向他介绍七届二中全会确定的“不承认”政策时说，为了经济需要将不得不同资本主义国家保持一些事实上的关系，但不建立合法的“关系”，他说这是“半放手的外交”。他告诉科瓦廖夫这还不是最后的决定。另外，四天前从香港那边得到电报说，据称由美国前副总统华莱士介绍的美国贸易公司要同中共商谈贸易，以及还有消息说“美帝国主义”要通过花旗银行向中共政权贷款。从科瓦廖夫电报的整个内容看，毛泽东在谈话中说了不少经济方面的问题、困难和中共中央准备实施的应对措施。正是经济方面的困难促使中共领导人考虑采取更灵活的“半放手的外交”，以便防止美国等实行经济封锁。不过他们需要了解苏联方面的态度，所以毛泽东说中共中央“还没有回复呢”。[②]

4 月 19 日，斯大林给毛泽东回电，明确表示中共中央“不应该拒绝与包括美国在内的一些资本主义国家建立官方关系”。他列举的重要理由包括：第一，这样做有利于完成国家的统一，可防止那些国家支持其他的政权；第二，不应该拒绝资本主义国家的贷款和贸易，只要不影响中国的主权和民族工业就好。第三，苏联还无法向中共提供贷款，因为根据苏联的体制需要苏维埃政府同中方签协议。在毛泽东本人不能到莫斯科同时也无法派代表团去时，只能

① 中共中央文献研究室编《邓小平年谱 1904—1974》，中央文献出版社 2009 年版，第 822 页。

② “Cable, Kovalev to Filippov (Stalin)”, 13 April, 1949, *CWIHP*, Issue 16, pp. 159 – 160.

先委托科瓦廖夫与中共代表商谈协议草案。换句话说，就是中共中央还不能指望很快从苏联得到贷款。[①]

在冷战的背景下，不论斯大林是基于什么理由表达这种“放宽”的态度，这对中共中央采取实用的对外政策是相当重要的。中共中央处理与美国的关系时实际上有一个原则，即绝不能因为发展同美国的关系而影响同苏联的关系，这是一个底线。斯大林表示不限制中共中央发展与美国的关系，对毛泽东来说当然是扩大了外交的选择余地。4 月 28 日，毛泽东发电报告诉总前委的邓小平等人，如果美国能断绝同国民政府的关系，中共将考虑同美国建交。[②] 30 日，毛泽东以“李涛”之笔名，就英舰在长江被击伤一事发表声明，即史称“李涛声明”。毛泽东在声明中宣布，新政权愿意考虑同外国政府建立外交关系，条件是外国政府必须与国民政府断交和从中国撤军。[③]

黄华于此时被专程派往南京领导那里的外事工作是一个标志性事件。在黄华离开北京前往南京赴任的前一天，周恩来叮嘱他，到南京以后要“特别注意了解美国政府的对华政策和态度”。黄华对此的理解是：“当时中央十分关注美国是否会对新中国政权进行武装干涉。”[④] 尽管黄华是为了获得战略情报而开始同美方接触，不过由此引起的进展一度给中共中央的政策造成的影响是很有分析价值的。

5 月 7 日，司徒雷登的秘书傅泾波走访黄华的办公室，转达司徒雷登盼与中共方面直接接触的愿望。他当时说司徒雷登之所以没有随着国民政府去广州，就是希望能与中共建立联系，而且司徒雷

① “Cable, Kovalev to Filippov (Stalin)”, 17 April, 1949, *CWIHP*, Issue 16, pp. 160 - 161.

② 毛泽东：《如果美英断绝同国民党的关系，可考虑和它们建立外交关系》，1949 年 4 月 28 日，《毛泽东外交文选》，第 83 页；逄先知主编《毛泽东年谱 1893—1949》下卷，第 490 页。

③ 毛泽东：《中国人民解放军总部发言人为英国军舰暴行发表的声明》，1949 年 4 与 30 日，《毛泽东选集》第四卷，第 1461 页。

④ 《亲历与见闻——黄华回忆录》，第 79 页。

登的这个行动获得了美国国务卿艾奇逊（Dean Acheson）的首肯。由此可见，此时正是“美国对华政策改变的时期”，司徒雷登则是促成此次转变的最佳人选。[①] 此信息转达至北京后中共中央做何思考尚无从考证，但可以肯定的一点是，这大大超出中共领导人头脑中对美国人的负面想象。

对于一直在思考如何防范美军登陆华北攻击中共军队后方和防止美国人钻到“铁扇公主肚子里”进行内部破坏的毛泽东来说，傅泾波的谈话的确造成了重要的影响。他于三天后亲笔写了包括七点指示的回电，明确放宽了与司徒雷登接触的范围。他指示黄华可以接受邀请，前往会见司徒雷登，目的是“侦查美国政府的意向”。对于司徒雷登愿意继续做大使与中共办交涉和修改中美商约等，则“不要表示拒绝的态度”。从电文看，毛泽东似有欲身临现场的感觉，他的指示事无巨细，包括黄华遇到不同的情境时应该如何变换态度等。他说如果司徒雷登态度友善，黄华也“应取适当的友善态度”，即一种“庄重而和气的态度”。[②]

5 月 13 日晚 8 点，黄华以私人身份到司徒雷登官邸访问，与后者会谈两个小时。从南京市委在这次会谈后发给中共中央的报告内容看，双方讨论的中心问题是驻华美军将何去何从和建交两个问题。司徒雷登说明，美使馆留在南京是经美国国务院批准的，而他本人希望促成“中美双方平等互利的外交关系”，并“盼联合政府广泛团结民主分子参加”。在黄华问他对“李涛声明”的看法时，司徒雷登表示，美国目前无法宣布断绝同国民政府的关系，因为中共的新政府还没有成立，只有新政府成立后提出要求，美国“才能承认”。傅泾波这时询问了新政协何时召开和新政府何时成立，并说新政府成立后司徒雷登回国一趟，再由国内派来则承认问题

---

① 《亲历与见闻——黄华回忆录》，第 80 页。

② 毛泽东：《黄华同司徒雷登谈话应注意的几个问题》1949 年 5 月 10 日，《毛泽东外交文选》，第 87—88 页；逄先知主编《毛泽东年谱 1893—1949》下卷，第 490 页。

“自然解决”。关于美国驻军的意图，司徒雷登直言撤军“已不是问题”。对中共中央非常关注的美军登陆华北之可能，司徒雷登说青岛美军在解放军到达后即撤走；对于中共中央正急于需要证实的驻上海美军问题，[①] 司徒雷登说，那里有陆战队几百人，目的是为了保护美国侨民，中共军队“一到他们就撤走”；崇明岛以南的美军舰完成撤侨即离开。司徒雷登还说，他本人并不介意三十五军官兵进入其官邸的行为。南京市委的报告最后将司徒雷登的谈话综合为：青岛和上海的美军会在中共军队到达前“先撤出一步”，外交上要求非正式往来并承认其领事地位，司徒雷登不会在南京久留，他本人不会介意侵犯其住宅事，以及“联合政府内应吸收美帝走狗”，等等。至于司徒雷登的态度则是“惯用的友善”。[②] 这里顺便说明，傅泾波的一些表示应该说代表了司徒雷登的设想，那些是后者碍于身份不便表达的。

黄华会见司徒雷登的结果是导致中共领导人增加了对司徒雷登的信任，尽管他们在言辞上仍然是犀利无比和充满敌意的。这种信任反映在中共中央的军事决策中。在会见发生之前，中共中共曾经电令总前委，在攻占吴淞和嘉兴等重要城镇时，应“极力注意避免和外国兵舰发生冲突”。[③] 在会见后，中共中央因确信美军无意军事介入，大大放宽了同外国军舰作战的限制，即不允许任何外国军舰进入黄浦江。

5 月 20 日，毛泽东电令总前委，“有敢进入并自由行动者，均得攻击之；有向我发炮者，必须还击。直至击沉击伤或驱逐出境为止”。[④] 第二天，总前委即向吴淞口驻军传达命令，对黄浦江“实

① 毛泽东：《要做好接收上海的准备工作》，1949 年 4 月 27 日，《毛泽东军事文集》第五卷，第 560 页。

② 《黄华访司徒接谈要点》，1949 年 5 月 17 日。

③ 毛泽东：《占领吴淞嘉兴等地应注意的问题》，1949 年 5 月 6 日，《毛泽东军事文集》第五卷，第 575 页。

④ 毛泽东：《对外国军舰轮船进入黄浦江的处理办法》，1949 年 5 月 20 日，《毛泽东军事文集》第五卷，第 589 页。

施炮火封锁，如炮击我者，更应还击"。值得注意的是，总前委的命令中解释说，实施封锁是因为外舰多为国民党海军假冒，司徒雷登已"作个人负责的表示，吴淞口内已无美军"。[①] 23日，中共中央指示第三野战军"迅速准备提前入闽"，而且只要占领上海、宁波、福州和青岛等地，"美国出兵干涉的可能性就很少了"。[②] 当然，不能说这时毛泽东因为司徒雷登的说明便完全放心了。28日，中共中央再次向各野战军发出"帝国主义国家有联合干涉的某些象征"的警告。[③] 华东局和总前委在第二天的报告中表达了某种程度的不同看法，他们认为"今后最大的困难，恐将是帝国主义从经济方面所施的压力"，当然，中央做"有备无患的谨慎部署"也是"完全必要的"。[④]

5月23日，毛泽东向苏联方面通报了黄华与司徒雷登会谈的情况。他告诉科瓦廖夫，黄华同司徒雷登数度会谈，主要内容包括三个方面，即美国支持国民政府、美军撤出中国、建立联合政府等。他介绍了司徒雷登的主要观点，即后者表示美国已经停止支持国民政府，美国使馆留在南京就是一例；美军将从中共军队到达的城市撤出，如青岛、上海等，美军现在驻扎是因为那里有很多美国的财产需要保护；表示希望联合政府有更广泛的代表性，等等。然后，毛泽东说司徒雷登在"撒谎"，而且与麦克阿瑟的行动不一致，如果所有资本主义国家的大使馆都撤出中国，"我们会很高兴"。[⑤] 直到6月初，青岛美军如司徒雷登所说自动撤出后，他才基本打消了对美军事干涉的顾虑。这期间，苏联方面没有对中共代

---

① 《总前委关于对敌舰应施行炮火封锁致粟张、军委电》，1949年5月21日。

② 毛泽东：《对各野战军的进军部署》，1949年5月23日，《毛泽东军事文集》第五卷，第591页。

③ 毛泽东：《预筹帝国主义武装干涉的对策和部署》，1949年5月28日，《毛泽东军事文集》第五卷，第600页。

④ 《华东局总前委关于入川闽及攻青岛等部署向中央军委报告》，1949年5月29日。

⑤ "Cable, Kovalev to Filippov Stalin, Report on May 22 CCP CC Poliburo Discussion", 23 May, 1949, *CWIHP*, Issue 16, p. 165.

表与司徒雷登的接触表示任何负面评价。

6 月 3 日，中共中央就司徒雷登回国一事给南京军管会发出指示。从这项指示的内容看，美军撤出青岛后，黄华同司徒雷登的接触已经完全集中到双方未来能否建立官方关系这一问题上。毛泽东就司徒雷登要求访问上海一事电告南京市委，黄华可见司徒雷登，并告同意他前往上海视察，同时要声明美方不得向国民政府提出对日和约问题。他特别指示黄华可以私人身份向司徒雷登透露，新政协可能在中共军队占领广州后召开。① 这最后一点暗示性是很强的，因为四天前毛泽东刚刚亲自在新华社的社论《祝上海解放》中加了一段话："这些外国政府如果愿意开始从中国事变中吸取教训，那么，它们就应当着手改变干涉中国内政的错误政策，采取和中国人民建立友好关系的政策。"②

6 月 6 日，黄华按照指示与司徒雷登举行第二次会谈，内容涉及广泛。关于司徒雷登提出去上海和傅泾波去美国，黄华表示中共均可安排。关于黄华提出对日和约问题，司徒雷登表示美国没有改变开罗会议的决定，在对日和约签订后就将台湾"交还中国"。关于黄华要求美国政府断绝同国民政府的关系，司徒雷登表示美国大使馆留在南京就已经表明了态度，而且今后不论国民政府迁都何处，他"可肯定申明美国代表不拟随往"；由于中国政局未明朗，美"现采被动"观望，至于美援则是去年的决定，已经所剩无几。黄华则照例对美国援助国民政府痛加指责，司徒雷登也说明了美国在建交问题上的障碍，即美国人"害怕共产主义"和"希望今后尽量吸取一切民主开明人士参加"政府。黄华再次予以批驳，然后谈话"乃告结束"。③

从上述报告的记录看，双方在谈到建交问题时矛盾不仅突出，

---

① 《可允许司徒及傅泾波赴美》，1949 年 6 月 3 日，参阅逄先知主编《毛泽东年谱 1893—1949》下卷，第 514 页。

② 参阅逄先知主编《毛泽东年谱 1893—1949》下卷，第 511 页。

③ 《黄华与司徒谈话内容》，1949 年 6 月 7 日。

而且也是相当尖锐的。美国政府和中共中央的基本态度都是不急于解决未来建立外交关系的问题，尽管司徒雷登本人作为一位曾经的传教士，可能比华盛顿的意愿要强烈一些。中共中央如前述，在 1 月就提出了“不急于建交”的方针。在美国方面，5 月 13 日，司徒雷登向国务院提出有关美国驻华使、领馆地位的六点建议，其中包括只要国民政府“没有明白无误地灭亡”，美国与中共的接触就只能限于“美国人的福利、财产方面的咨询与抗议”。[①] 与此同时，艾奇逊提出了美国承认新政府的三项条件：（1）事实上控制该国的领土和行政机构；（2）有能力并愿意履行国际义务；（3）得到该国人民的普遍接受。[②] 所以就有了后来在会谈中双方各说各话。黄华说应由“美国首先采取行动与人民民主政府建立关系”，司徒雷登则声称美国“只好处于被动地位”。[③] 这种关于谁“先走第一步”的争议后来一直延续了几十年。对于中共中央来说，由美国首先采取行动是因为美国一直敌视中国革命。对于美国政府来说，“先走第一步”就意味着它承认以往对华政策彻底失败，这又是它无论如何做不到也不愿意做的。美国领导人显然还不理解，在中共领导人看来，美国再强大，在中国也是失败者了，所以对他们来说，问题的实质不是美国承认新政权，而是中国的新政权是否和在什么条件下给予美国合法的地位。

双方的分歧已经十分明显，不过中共中央不仅没有做出断绝接触的决定，反而在进一步推动双方的接触。6 月 8 日，傅泾波会见黄华，提出司徒雷登在回国前希望能访问北京（记录中采用的是当时名称“北平”）。他还详细地陈述了对美国政府内部有关情况

① Kenneth W. Rea and John C. Brewer edited: *The Forgotten Ambassador: The Reports of John Leighton Stuart, 1946 – 1949* (NY: Westview Press, Inc, 1981), p. 323.

② "The Secretary of State to Certain Diplomatic and Consular Officers", Washington, May 6, 1949, 5 p. m.; "The Secretary of State to the Ambassador in China (Stuart)", Washington, May 13, 1949, *FRUS, 1949*, pp. 17, 22 – 23.

③ Kenneth W. Rea and John C. Brewer edited: *The Forgotten Ambassador*, pp. 322, 325, 328.

的看法，提出司徒需要知道中共更高级方面的意见，回去讲话才有分量。黄华向傅泾波说，他认为由于美国还没有表示要断绝同国民政府的关系，司徒雷登去北京“并非易事”。[①] 第二天，南京市委将会谈内容电告中共中央。

根据黄华的回忆，中共中央接到南京市委的电报后，认为通过非官方渠道与司徒雷登接触更方便一些，故通过燕京大学校长陆志韦邀请他访问燕京大学。[②] 12 日，陆志韦起草了一封给司徒雷登的信，其内容和措辞都很值得关注。根据档案保存的中、英文版本，陆志韦在信中说，他日前见到“周先生”，后者表示感谢司徒雷登的问候，随后一句是“毛泽东先生已经宣布（announced）来访燕京之意（interest）。我估计当局可能予以同意”。[③]

但是，在陆志韦的信未发出之前，6 月 14 日，周恩来指示南京市委，司徒雷登和傅泾波如果再提出要求访问北京，可以表示同意他返美前“至燕京大学一行”，至于能否与周恩来会见，等他到北京后“再定”。[④] 15 日，毛泽东在新政协筹备会上发表讲话。他在一如既往地谴责了帝国主义的干涉和阴谋之后说，中共反对的只是帝国主义制度和“阴谋计划”，“任何外国政府”只要接受“李涛声明”的立场，就可以“谈判建立外交关系的问题”。[⑤] 陆志韦的信是 16 日寄出的，这种时间上的巧合的确比较容易给人以想象空间。

6 月 18 日，傅泾波再次访问黄华，他在这次会见中对美国在承认问题上的陈述引起南京市委的重视。傅泾波说，司徒雷登“最近得到国务院的指令，赞成其与中共联络”，并希望他返美两个月后暂以私人身份回北京，将来两国建交后即可“重新任命其

---

① 中共中央文献研究室、中央档案馆编《建国以来周恩来文稿》第一册，中央文献出版社 2008 年版，第 21 页；《亲历与见闻——黄华回忆录》，第 83 页。

② 《亲历与见闻——黄华回忆录》，第 83 页。

③ 《司徒所接陆志伟信全文》，1949 年 6 月 16 日（此信同时附英文版）。

④ 《建国以来周恩来文稿》第一册，第 21 页。

⑤ 毛泽东：《在新政治协商会议筹备会上的讲话》，1949 年 6 月 15 日，《毛泽东选集》第四卷，第 1466 页。

为驻华大使”。南京市委当天即报告中共中央，并询问由于傅泾波没有再提返美前访问北京之事，是否要“予以暗示”，让他主动提出访问北京的要求。①

21 日，中共中央复电南京市委说：司徒雷登可能还会提出返美前访问北京，陆志韦也去信暗示他如果愿意来访“可能得到许可”。如果他不再提，“我们暂时不必表示，以观其变”。下面一句至关重要，为毛泽东亲自加上：“待他返美前约十天左右，可表示如他欲去平（北京——作者加），可获允许并可望与当局会晤。”②这封电报是中共中央政策出现变化的一个重要信号，不过这个变化持续的时间并不长。

同一天，南京市委再次写报告请示中共中央，应如何处理司徒雷登访问北京的要求。南京市委分析认为，司徒雷登要求访问北京最有可能的是美方担心将来承认中共政权后，中共“不接受彼任驻华大使”。这一分析显示，至少南京市委对美国政策的估计较为积极，而且分析得相当细致深入。由于还没有收到中共中央当天发出的指示，他们对毛泽东同意司徒雷登访燕京大学一事并不知情，所以在报告中进一步询问中共中央，是否需要“试探司徒赴北具体任务”。从电报的行文看，他们是明显地倾向于同意司徒雷登访问北京的。③

陆志韦的信 16 日发出，信在途中几经辗转，26 日才到司徒雷登手中。司徒雷登在当天的日记中写道，他从与周裕康谈话中听说，他去北京的话，毛泽东会视他为“老朋友”，而这天收到的陆志韦的信“也提到关于我要往北平旅行的事”。④ 这些中间人传递的信息看来还不足以使司徒雷登得出明确的结论，他本人的确也感到困惑。这期间，司徒雷登也请陈铭枢给中共领导人带话，转达希

---

① 《建国以来周恩来文稿》第一册，第 21—22 页。

② 周恩来：《中央关于司徒雷登欲来北平事给南京市委的电报和批语》，1949 年 6 月 21 日，《建国以来周恩来文稿》第一册，第 19 页。

③ 《司徒对黄华邀请处理请示》，1949 年 6 月 21 日。

④ 《司徒雷登日记——美国调停国共争持期间前后》，第 75 页。

望会见之意。他为了再向中共中央表达访京要求，还曾邀请黄华参加他的生日宴会。中共中央当时指示黄华婉拒了这一邀请，因为他们已经决定要等待一段时间。[①]

从客观环境的变化看，这时中共与美国处于尖锐对抗的气氛中。由于美军撤出青岛，中共中央已无军事方面的顾忌，遂于 6 月中旬公布了沈阳美国领事馆卷入间谍案。针对美国驻华使、领馆和美国舆论强烈指责中共违反国际法，中共公开宣布将审判美领事馆涉案人员。22 日，中共中央指示东北局，不允许沈阳美领事馆任何人员离开沈阳。[②] 第二天，中共中央电告上海、南京等市委，说"帝国主义者正在采取利诱和胁迫的两种手法争取合法地位（以便从内部进行破坏）"，等等。[③] 中共中央处理沈阳间谍案实际上就是基于这种认识，向美国发出一个即使它不打算进行军事干涉了，也不要企图"从内部进行破坏"的强烈警告。

27 日，傅泾波携陆志韦给司徒雷登信会见黄华，表示司徒雷登接陆信后感到突然，故希望了解中共的意图。黄华解释说，曾经向北京报告司徒雷登的愿望，但还未接获指示。如果司徒雷登仍然有此要求，他可以代为禀报。傅泾波这时做了堪称最差的外交姿态，尽管他也许只是基于习惯。他说司徒雷登原来有前往北京的愿望，但现在行期紧张，中共如同意"须尽早决定"。28 日，黄华经请示周恩来后会见司徒雷登。他严格按照周恩来复电的原文告诉后者，北京来电"同意准许司徒去燕京一行，彼希望与当局晤面事亦有可能"。司徒雷登当时极为高兴，立即表示虽然有很多困难，他仍决定上报艾奇逊做出决定。[④] 然而，随后的发展却是全面逆转。

① 《宁请示是否可赴司徒邀请》，1949 年 6 月 23 日；《同意黄华以私人身份函司徒谢宴》，1949 年 6 月 23 日。

② 《不要让美领馆任何人离沈》，1949 年 6 月 22 日。

③ 《对紫石英号的处理方针》，1949 年 6 月 23 日，参阅逄先知主编《毛泽东年谱 1893—1949》下卷，第 520—521 页。

④ 《司徒谈话经过》，1949 年 6 月 28 日。

在美国方面，傅泾波曾提出先斩后奏的建议，即司徒雷登先去北京，然后再向国务院报告。司徒雷登未敢如此行事，他还是向艾奇逊发出请示电报，结果是北京之行被否决。艾奇逊复电要求司徒雷登务于7月25日赶到华盛顿，中途不得停留，“在任何情况下都不得访问北平”。①

中共领导人的态度在随后两天出现了较大变化。6月28日，黄华将27日、28日两天的会谈情况汇总报告中共中央。周恩来阅后即起草回复，认为傅泾波27日所持之信内容不实，他说陆志韦给司徒雷登的信“曾由我同志交来一份”，内容与傅泾波所说不一样，而且6月14日、15日两天以及数日前没有见过陆，“更从未与陆谈司徒问题”，故需要详查该信的内容，他并怀疑或是陆“以假信示我”，或是傅泾波“故加数语，以抬高司徒身价”。他告诉黄华必须谨守前电既定原则，说明中共系“准许司徒去燕京一行”，而不是邀请和欢迎他；司徒雷登希望“与当局晤面亦有可能”（即不是确定的），但这些都是他提出，“决非我方邀请”，这一点“不能丝毫含糊”。电报最后说：“我们对美帝亦决无改变其政策的幻想”。② 此句含义可以解读为在外交承认问题上，不再对杜鲁门政府存任何幻想。

此时，周恩来还要求秘书杨超调阅陆志韦给司徒雷登信的中英文稿，以便查明谁是“阴谋挑拨者”。③ 实际上有一种可能是傅泾波在传递信息过程中，把陆志韦的信和周裕康对司徒雷登讲的话混淆在一起，从而造成了某种混乱。例如从上述司徒雷登的日记中可推测，陆志伟信中所说的“周（Zhou）先生”就是指周裕康，而非周恩来。另一方面，在黄华与司徒雷登交往的全过程中，不能排除

---

① *FRUS*, *1949*, Vol. 8, pp. 377, 766 - 769.

② 周恩来：《中央关于司徒雷登欲来北平事给南京市委的电报和批语》，1949年6月30日，《建国以来周恩来文稿》第一册，第20页。

③ 周恩来：《中央关于司徒雷登欲来北平事给南京市委的电报和批语》，1949年6月30日，《建国以来周恩来文稿》第一册，第21页。

傅泾波有夸大司徒雷登与中共交往和推动双方相互承认的意愿的可能。但即便如此，这并不足以成为中共中央放弃努力的关键原因。

6 月 30 日，就在周恩来发出上述电报当天，毛泽东发表了他的《论人民民主专政》，并发出了一份党内通报说，通过审理沈阳间谍案证明“美使馆过去确曾从事间谍工作”。[①] 可以说就是在这一天，中共领导人彻底结束了与美国发展外交关系的想法，中共中央与美国的接触就此落幕。中共领导人认为，司徒雷登一面表示美国还不准备断绝与国民政府的关系，同时却一再提出“尽量吸取一切民主开明人士参加”新政权，并说很不喜欢“共产主义”，这表明了美国政府并无意改变与中共为敌的态度。此外，在中共领导人看来，美国甚至不愿意改变其一贯的傲慢态度。司徒雷登在与中共方面接触过程中，在南京外交界张扬他与中共已经建立联系。而傅泾波就司徒雷登访京一事的言行使中共领导人怀疑他企图造成是中共邀请司徒雷登北上的印象。这些均给中共领导人带来负面感受。如果说这类言行产生了什么影响的话，那只会是加剧了中共领导人对美国的怀疑和敌意。这时正是刘少奇起程赴莫斯科的前夕，中共与苏联之间的互动频繁。对美政策中出现的上述变化很难说同刘少奇秘密访问莫斯科无关。毛泽东告诉邓小平，这个时期与司徒雷登的接触是为了迫使美国“就范”，“而一个多月的经验看出，帝国主义就我之范亦非易事”，所以要尽快把“一边倒”落实到行动上。[②]

如果说美国务院不允许司徒雷登访京和中共中央 6 月 30 日电报及毛泽东当日发表《论人民民主专政》等象征中共与美国接触的终结，那么美国政府于 8 月 5 日发表《美中关系白皮书》和毛泽东随后发起并亲自参与的对《白皮书》的批判，则标志着新中国与美对抗的开始。当时毛泽东连续亲笔撰写五篇文章，从它们的

---

① 《美使馆曾从事间谍工作》，1949 年 6 月 30 日。

② 邓小平：《打破帝国主义封锁之道》，1949 年 7 月 19 日，《邓小平文选》第一卷，第 134 页。

字里行间都可以感受到那种多少年积淀下来的愤怒。五篇之后意犹未尽，他还要求胡乔木写“六评”、陈伯达写“七评”。

中美之间这场对抗的最初结果是美国官方人员于 1950 年 4 月 30 日全部撤离。近两个月后爆发的朝鲜战争导致新中国与美国兵戎相见，美国在华的各种势力和影响很快被彻底清除出中国。新中国与美国对抗的格局终于固定下来，并持续了 20 年，成为东亚冷战的中心问题和左右东亚国际政治走势的最为严峻的事态。

第3章 东亚革命与国家安全

中国地处东亚大陆的中心又面临海洋，因此与三个半岛毗邻，即东北亚的朝鲜半岛、东南亚的印度支那半岛（以下简称“印支”）和伸向印度洋的南亚半岛。在冷战时期中国对外政策的研究成果中，一直存在这样的疑问：中国在亚洲不同地区的政策是否有共同遵循的战略原则？国内外不少论著持否定的答案，它们认为中国是一个亚洲地区强国，但是看上去似乎没有地区政策，进一步说也没有亚洲地区认同，即中国至少也是更多地将自己视为世界大国，更多地从全球的角度思考自己的政策和处理亚洲地区的问题。① 这种看法是有部分根据的。

中华人民共和国诞生后，正是通过在毗邻的三个半岛的一系列军事行动——1950 年 3 月至 1954 年 7 月的“援越抗法”、1950 年

---

① Steven I. Levine, “China in Asia: The PRC as a Regional Power”, seen in Harry Harding (ed.), *China's Foreign Relations in the 1980s* (New Haven: Yale University Press, 1984), p. 107. Robert Ross, *The Indochina Tangle: China's Vietnam Policy, 1975 - 1979* (N. Y.: Columbia University Press, 1988), p. 9. 唐世平、张蕴岭：《中国的地区战略》；庞中英：《中国的亚洲战略：灵活的多边主义》，牛军主编《中国学者看世界：中国外交卷》，新世界出版社 2007 年版，第 130、133 页。

10 月至 1953 年 7 月的“抗美援朝”、1962 年的“中印边界自卫反击作战”和 1979 年的“对越自卫反击作战”，奠定了中国在东亚的地区强国地位，并从根本上改变了中国百年来的积贫积弱的形象。从冷战与中国外交互动的过程看，这些在亚洲毗邻中国的地区采取的军事行动都有冷战美苏对抗的背景；那些重大决策的过程表明，中国领导人最初几乎都没有将它们看作地区冲突。他们当时将中国同这个地区各国家的双边问题等，都同冷战、同中国在冷战中的全球性思考、战略设想及战略选择联系在一起，尽管程度有所不同。尤其是建国初期的援越抗法和抗美援朝，发生在中国革命方才奠定胜局和新中国方才选择了同苏联结盟、与美国对抗的阶段，这导致了两次重大的对外军事行动中包含了大量中国领导人对冷战下的世界政治之本质的理解，对这个时期的世界战略形势的估计，以及对中国的世界地位的追求和对中国革命产生超出中国边界的更大影响的期待，等等。

此外，中共领导人在取得了全国政权后，他们逐步形成并通过外交行为展示的战略思想和原则中，的确有基于地缘安全的考虑，这些考虑指导或规范着中国针对亚洲不同地区的行动，包括军事行动。在本书涉及的年代里，这种思想更多地同他们在冷战初期独特的战略思考和选择纠结在一起，从而也就更加难以被识别。他们的国家安全观在形成过程中所遵循的基本逻辑同革命运动的理论紧密相关，革命同国家安全之间的联系与根本性的区别以及何者应被置于战略优先等，是在一系列重大决策的展开过程中逐步被厘清的，而且很难说当时就有了清楚的结论。

天下解放与国防线

1936 年 7 月，美国记者斯诺（Edgar P. Snow）历尽艰难后终于到达中共中央所在地陕西的保安，然后住了四个月。斯诺说，那时毛泽东十分重视他的访问，会“时常搁下大堆报告和电报，取消一些会议”，以便与他长谈。[①] 斯诺后来发表了那些访谈记录，它们成为珍贵的、有些甚至是独一无二的历史文献，记载着毛泽东一些鲜为人知的思考。其中有这样一段记录：有一次，毛泽东在谈到他本人走上革命道路的心路历程时说，一本小册子对他青年时代“开始有了一定的政治觉悟”这件事有特别重要的影响。然后他背诵了小册子的开头一句：“呜呼，中国其将亡矣！”他当时还能清楚地记得那本书“谈到了日本占领朝鲜、台湾的经过，谈到了越南、缅甸等地的宗主权的丧失”。他说“我读了以后，对国家的前途感到沮丧，开始意识到，国家兴亡，匹夫有责”。[②] 以今日之国家观念评价，除了台湾地区之外，毛泽东提到的那几个国家其实与中国的兴亡并无那么大的关系，最多算是“周边形势恶化”一类。但以当年的情形和毛泽东回忆的内在逻辑，在他心目中的中国还是更近似于王朝的“天下”，所以才有了朝贡体系的崩溃便是“国家将亡”的逻辑。

毛泽东自认为变成了“共产主义者”后，在正式的理论论述中是坚持用阶级论来解读国家的性质和爱国主义思想的，所以对斯诺的这类谈话显得十分独特。不过这仍然很重要，因为毛泽东是在有意识地向斯诺证明，他是一位有民族主义思想的革命者。斯诺到保安来就是为了要搞清楚，中共领导人“不过是莫斯科的工具”，还是“主要是为中国的独立而斗争的民族主义者”。[③] 毛泽东面对一位美国记者时，充分展示了一位革命的爱国者形象。他畅谈青少年时代便存于心中并从不曾忘怀的中国大地，并袒露了心忧“天下”的情怀和要为之完全解放而奋斗的远大志向。

中共建党后，中共领导人深受列宁和共产国际有关民族殖民地问题理论的影响。在列宁等的观念中，世界的各个部分依据几个基

① 埃德加·斯诺：《复始之旅》，《斯诺文集》第一卷，新华出版社 1984 年版，第 192 页。

② 埃德加·斯诺：《西行漫记》，三联书店 1979 年版，第 111—112 页。

③ 埃德加·斯诺：《西行漫记》，第 3 页。

本概念设定了界限，如以阶级为界限将人群划分为不同的部分；按照压迫与被压迫来划分不同民族；以社会主义和资本主义划分为不同的国家；以及以政策及其背后的经济结构为依据划分帝国主义、殖民主义；等等。这套理论最终转化成苏联和共产国际的政策时，简单地说，就是殖民地半殖民地的反帝运动和民族解放运动成为国际共产主义运动的组成部分，它们成了同盟军。[①] 这就是列宁主义世界政治的基本图景和基本结构。在这种几经划分的基础上，不同的政治集团将形成不同的认同，以及同一个政治集团也会有几种不同层次的认同。

在共产国际早期的政治话语中，有一个“东方”的概念。这个“东方”既是地理概念，也是政治概念。地理上包括亚洲地区，主要是指现在的东亚和南亚地区，当时中共领导人统称其为“东亚”；政治上则是指这些地区基本上都是西方列强的殖民地或半殖民地。[②] 中国就是这个“东方”的一部分。关于“东方”的这套论述塑造了中共领导人的一种特殊的认同，即他们认为中共既属于国际共运和世界无产阶级革命的一部分，更具体地说则属于东亚（后来扩展到非洲和拉丁美洲）民族解放运动的一部分。从国际政治的角度看，“东亚”构成了他们心中仅次于国际共运的认同，也是一种特殊的地区认同，因为他们认为反对殖民主义和帝国主义、追求民族解放是东亚地区政治中的主要矛盾的主要方面。中共二大《宣言》这样描绘了东亚地区政治的这幅图景：

> 许多年来，东亚各民族被踏在英美法日等国铁踵压迫之下，上次大战以后，帝国主义侵略东亚各民族又更加厉害。美国勒住菲律宾群岛，一面用假装慈悲的态度，一面继续他的经

---

① 参阅列宁《民族和殖民地问题提纲初稿》，1920 年 6 月，《列宁选集》第四卷，第 270—276 页。

② 参阅《共产国际第四次全国大会关于东方问题的总提纲》，1922 年 11 月，《共产国际有关中国革命教学参考资料》上册，1985 年印刷，第 23—24 页。

> 济侵略不稍放松。英国扼着印度的喉颈，刚柔并用的压倒印度独立运动，以维持每年一百万印度劳动人民死于英国资本家的爪牙下的现状。安南农民更是奴伏在法兰西帝国主义压迫之下，牛马一般的种出米谷来供法商的榨取，安南尽可每年饿死多少万种米的农民，但何时都缺不了法国米商成千万担的米粮输出。日本榨取高丽人民的血汗，更是横暴无比，日货尽量的输入，使二千万高丽农民处在饥饿而死的境遇。
>
> 帝国主义的列强历来侵略中国的进程，最足表现世界资本主义帝国主义的本相。中国因为有广大的肥美土地，无限量的物产和数万万贱价劳力的劳动群众，使各个资本主义的列强垂涎不置：你争我夺，都想夺得最优越的权利，因而形成中国目前在国际上的特殊地位。①

这段描述是有意义的，因为这里的“东方”同很多中国人包括毛泽东心中的“天下”在很大部分上是重合的。这使得中共领导人更为关注东亚地区的发展，对邻近国家的革命运动和命运有了更多的认同和义务感。历史的、地理的和近代经历的痛苦等，使中共领导人心目中实际上将东亚视为一个“革命共同体”。中国是这个共同体的一个部分，并且地位更为“特殊”，即那里的人民受害、受压迫最严重，反抗和革命也就最猛烈，自然也就最有典型意义。当然，国家规模超大也是很重要的。

主要是因为在国内战争中的处境，中共领导人在后来很长一段时间里很少再提到“东亚”这个概念，也很少提到这个地区的那些国家。抗战时期，中共领导人对国际形势给予比较多的关注，但这方面的注意力显然集中在美、英、苏等大国和欧洲的、太平洋的战争，他们间或会提到印度人民、朝鲜人民，也仅此而已。可以肯

① 《中国共产党第二次全国大会宣言》，1922 年 5（7）月，《中共中央文件选集》第 1 册，第 101 页。

定的是，中国在抗战后期被当成世界“四强”之一，同样会激发中共领导人的大国意识，就像其他很多中国人一样。这也是导致中国领导人更关心大国政治的原因之一。尽管如此，并不能说“东亚共同体”的想象已经从中共领导人的心中完全蒸发了。随着中国形势的巨变，它会时不时地自然流露出来。

1945 年 8 月 10—11 日，苏联红军宣布参战并进攻东北后，中共中央以朱德总司令的名义连续发布了受降和向各地进军的七个命令。其中第六号命令要求在华北的朝鲜义勇队司令武亭等，立即率部随同八路军“向东北进兵，消灭敌伪，并组织在东北之朝鲜人民军，以便达成解放朝鲜之任务”。① 这个听上去好像无法落实的命令实际上流露着一种发自心底的天然关怀。8 月 29 日和 30 日，《解放日报》连续载文祝贺朝鲜解放，文章说“我们中华民族将诚挚地欢迎一新邻邦的出现而和她继续合作”。②

1947 年 12 月，就在中共中央下决心夺取全国政权之际，毛泽东在中央扩大会议上告诉与会者，要准备向胡志明领导的抗法斗争提供援助。他说越南的保大（Bao Dai）投靠法国，胡志明（Hu Chi Minh）丢了主要阵地还没有了军火，正在乡村打游击，只有中共“打到两广时，援助他们”。③ 1949 年 1 月，在中共中央会议上谈到对外政策时，周恩来提醒与会的同事们，在思考苏联和美国分别领导的两大阵线时，还要注意有个东南亚“殖民地的独立运动问题”。④ 随着中国革命运动走向全国胜利，中共领导人内心的地区关怀日益显露。

苏联对外政策的变动是推动中共领导人在 1949 年夏季开始认真思考东亚地区革命问题的重要因素。美苏冷战在欧洲达到高潮之后，斯大林在应付中欧、东欧地区层出不穷的危机的同时，开始更

---

① 朱德：《延安总部命令第六号》，1945 年 8 月 11 日，《解放日报》1945 年 8 月 12 日。

② 廖今文：《三十五年的枷锁打碎了》，《解放日报》1945 年 8 月 29 日、30 日。

③ 《毛主席在一九四七年十二月中央会议上的谈话》。

④ 《中央政治局一九四九年一月会议记录》。

积极地推动和援助亚洲的革命运动。苏共中央从1947年夏季以后十分重视推动东南亚地区的革命运动，党的有关机构最初很关心的是印度尼西亚共产党以及越南共产党，那些领导人曾经希望能帮助印尼共产党担当这个地区革命运动的旗手。[①] 他们还有过这样的念头，就是让印度共产党担当亚洲的领导。[②] 但是，斯大林最终还是确定中共为东亚的地区革命中心，因为印度共产党、印尼共产党等看上去在国内还成不了气候，而且并没有那么强烈的革命激情和对这个地区的号召力。反之，中共正在发起战略反攻并有可能取得全国政权。特别是中共领导人表现出愿意接受斯大林的领导，尽管还有些可疑。斯大林是个疑心很重的人，他一直在怀疑毛泽东可能是亚洲的铁托。后来的事实也证明他的怀疑并不完全是空穴来风，虽然毛泽东后来同苏联反目的理由与铁托不尽相同。但是，斯大林还是决心努力将中共团结到苏联的阵营里。1948年5月，斯大林告诉即将前往中国东北的科瓦廖夫他的想法，即只要中苏两党“走上同一条道路，社会主义在全世界的胜利就能得到保证”。[③]

1949年初，米高扬在访问西柏坡期间，向中共中央非常清楚地转达了斯大林的上述意图。米高扬在强调中国革命的亚洲意义时是不吝辞藻的，他说毛泽东等中共领导人不必谦虚，“中国革命是伟大的历史事件”，“中国共产党的经验具有历史意义，它丰富了马克思主义科学”，“中国经验的总结对亚洲国家革命运动具有重要的理论价值”。米高扬用布尔什维克经典的论证方式问毛泽东等：“难道可以否认这一点吗？这当然不对。”他随后询问“亚洲

---

① Larisa Efimofa, “Did the Soviet Union instruct Southeast Asian communists to revolt? New Russian Evidence on the Calcutta Youth Conference of February 1948”, *Journal of Southeast Asian Studies*, 40 (3), October 2009, pp. 449 – 469.

② 〔美〕沃捷特克·马斯特尼：《斯大林时期的冷战与苏联的安全观》，郭懋安译，广西师范大学出版社2002年版，第57页。

③ 〔苏〕N. B. 科瓦廖夫：《斯大林和毛泽东的对话》，《国外社科信息》1992年第21期，第29页。

国家共产党之间的联合行动”是否有可能，毛泽东说他还没想清楚这个问题。米高扬代表苏共中央建议中共领导人，“不应参加共产党情报局，而应建立以中国共产党为首的共产党东亚国家局”。毛泽东自然表示同意，并说要争取“尽早成立”。他说“我们与印度支那和朝鲜共产党联系紧密些，同其他共产党联系较少”。然后他们还讨论了具体的步骤，毛泽东表示希望在中共军队占领华南并等局势稳定后再讨论。[①] 此后毛泽东的确同斯大林探讨过组建共产党东亚国家局。这是米高扬访问西柏坡引致的一个重大的事态，其关键是为中共领导人建构了一种新的认同，使他们相信从此要承担起东亚革命运动中心的历史责任，这对后来中国的东亚地区政策带来了极为重大和长远的影响。

在 3 月召开的七届二中全会期间，中共领导人之间至少谈论过中共在东亚革命运动中的地位。毛泽东这时是相当谨慎的，这同他的主要思考是一致的，因为他刚刚告诫全党“务必使同志继续保持谦虚、谨慎、不骄、不躁的作风”。[②] 3 月 13 日，毛泽东在会议上做总结报告时很明确地指出，中国革命是 20 世纪可比肩于俄国十月事变、第二次世界大战胜利的“第三个最伟大的胜利”。不过他不赞成王明将他的思想定义为“是马列主义在殖民地半殖民地的具体运用和发展”。他提出了这样几个理由：第一，殖民地半殖民地地域宽阔，这样定义好像“斯大林只管那些工业发展的地方，而殖民地半殖民地就归我们管”；第二，如果有的国家不听中国的，“直接到莫斯科去买货，这又怎么办呢?”；第三，“不要忙于想宽了，先把中国自己的事情做好，如果有可以运用到其他国家的经验，自然会有人运用的”。他认为还“不要把毛同马、恩、列、斯并列起来”，主要是因为中共的理论水平还

① 《米高扬与毛泽东等人会谈纪要：中共历史问题》，1949 年 2 月 3 日，沈志华主编《俄罗斯解密档案选编：中苏关系》第一卷（1945. 1—1949. 2），第 410—411 页。

② 毛泽东：《在中国共产党第七届中央委员会第二次全体会议上的报告》，1949 年 3 月 5 日。

不够高。[1] 毛泽东这时还是谦虚的，不过他列举的理由中并没有否认中国革命在殖民地半殖民地的首要地位的逻辑。

在刘少奇秘密访问莫斯科期间，斯大林亲自阐述了对中共成为东亚革命运动中心的希望。他明显地突出了东亚和中国在世界政治中的地位，向刘少奇描述了一个世界革命的中心不断从西方向东移动的历史过程，即在马克思、恩格斯死后从欧洲“移到东方”即俄罗斯，“现在又移到了中国和东亚”。他说中共有“很高的地位”，因此“责任更大了”。会谈中，高岗提出了中共参加欧洲共产党情报局的问题。斯大林认为中国的情况与东欧国家有两个重要的不同，一是“中国是一个长期被帝国主义压迫的国家”；二是中国的资产阶级同东欧不同。他建议组织一个“东亚各国共产党联盟”，因为“在东亚各国有许多情形是和中国相同的”，即中国革命的经验在东亚是有普遍意义的，苏联也可以参加东亚共产党联盟。[2] 可以肯定，斯大林这样的评价会极大地强化中共领导人对东亚地区革命的认同和责任感，他们看来是乐于接受这种使命的，虽然他们在取得和巩固全国政权之前还不准备采取重大行动。当时，至少在莫斯科的中共代表团已经开始从东亚革命的角度考虑问题了。刘少奇专门就东亚革命运动的策略问题给斯大林写过一个报告，提出“革命斗争的主要形式已经是或早晚将是武装的游击战争”，在城市应采取“不作声息”的策略。他直言不讳地说，这个判断是“根据中国的经验”。[3]

新中国成立不久，中共领导人公开宣布，他们是愿意承担亚洲革命领导者的义务的。新中国成立仅 45 天，亚洲和澳洲工会会议就在北京召开了。刘少奇担任这个会议主席团的主席并致开幕词，

---

① 毛泽东：《在中共七届二中全会上的总结》，1949 年 3 月 13 日，《毛泽东文集》第五卷，第 260—261 页。

② 《斯大林谈话》，1949 年 7 月 27 日。

③ 刘少奇：《关于东亚民族革命运动策略问题给斯大林的报告》，1949 年 8 月 14 日，《建国以来刘少奇文稿》第一册，1949 年 8 月 14 日，第 51 页。

他豪迈地宣布中国革命的经验和道路在殖民地和半殖民地是有普遍性的。他说："中国人民战胜帝国主义及其走狗、建立中华人民共和国的道路，是许多殖民地半殖民地国家的人民争取民族独立和人民民主所应该走的道路"，"这条道路是毛泽东的道路"，"这条道路也可能成为情形相类似的其他殖民地半殖民地国家的人民争取解放的基本道路"。[①] 这次会议通过了很多个决议，最重要的是决定建立世界工联亚澳联络局。刘少奇发表讲话说，中国工人阶级的胜利意味着他们"所担负的责任也就大大地加重了"，"在国际上还要担负援助世界各国资本主义国家特别是亚洲、澳洲各殖民地半殖民地国家的工人阶级和劳动人民的繁重的责任"，而且是"不能也不应该推脱的"，"这是一种光荣的责任"。[②] 这次大会对于新中国外交是相当重要的，因为刘少奇的两篇讲话逻辑清晰，揭示了中共领导人的地区认同、角色理解和对支援地区革命的相当明确的义务感。事实上，他们首先碰到的选择就是在东亚地区的印度支那半岛和朝鲜半岛的军事介入。

毛泽东对莫斯科的访问和中苏结盟无疑对中国领导人推行一项更积极的东亚政策产生了重大的影响，毛泽东在莫斯科是同斯大林谈过印度支那革命运动和朝鲜半岛的局势的。1950 年 3 月 4 日，毛泽东、周恩来等从莫斯科回到北京。10 天后的 3 月 14 日，刘少奇即为中共中央起草了一份有关支援东亚革命的党内指示。这种时间上的连接绝不可能只是巧合，它表明还是有必要进一步探索毛泽东和斯大林在莫斯科会谈的内容和就东亚政策达成了哪些共识。刘少奇说：中国革命胜利后，"用一切可能的方法去援助亚洲各被压迫民族中的共产党和人民争取他们的解放，乃是中国共产党与中国人民不可推辞的国际责任，也是在国际范围内巩固中国革命胜利的

---

① 刘少奇：《在亚洲澳洲工会会议上的开幕词》，1949 年 11 月 16 日，《建国以来刘少奇文稿》第一册，第 160—161 页。

② 刘少奇：《在北京各界庆祝亚洲澳洲工会会议成功大会上的讲话》，1949 年 11 月 23 日，《建国以来刘少奇文稿》第一册，第 176—177 页。

最重要的方法之一”，中共应给各国共产党和革命团体等“兄弟般的帮助”，“详细的向他们介绍中国革命的经验”，不能表现出“冷淡和骄傲”。[①] 这是中苏结盟严重影响新中国东亚政策的标志性事件，它表明中共领导人终于决定承担东亚革命中心的重任。

显然，新中国从诞生之日起，就表现出对境外尤其是东亚毗邻地区革命运动的关注和支持。这种关注和支持可以简称为“外张力”，它部分地来自中国革命运动的内在冲动，即渴望中国革命的胜利在全世界，至少也要在中国的周边地区产生巨大影响。新中国领导人相信，既然中国革命是世界革命的一部分，中国革命的胜利就应该也必然会引起国际政治格局的重大变动。尤其是中国革命在如此广袤的东亚中心地带取得堪称惊人的胜利，其经验必定具有普遍的意义，更何况连国际共产主义运动的领袖斯大林都认为，世界革命的中心已经转移到了中国。[②] 另外，中苏同盟的形成和周边形势的一些变化，也强化了他们对境外革命运动的关注和支持。

新中国外交中存在“外张力”并影响巨大是不争的事实，不过需要指出的是，至少在一个时期，这种“外张力”并没有产生压倒性的影响，其原因即在于新中国外交也还存在着一种与生俱来的“内向性”。事实上，新中国外交与以往的中国外交在深层次上是有一种连续性的，这种连续主要表现为它的“内向”，即中国的对外政策经常是依据国内政治议程制定的，并经常受到国内政治的严重影响。它反映了中国历史的长期积淀，从 19 世纪中叶有近代外交起便存在了，而且一直持续到 20 世纪。这种“内向”同中国幅员广大有天然的联系，随着中共在内战后期控制的版图越来越大，它的影响也就越来越明显。

---

① 《刘少奇年谱 1898—1969》下卷，第 245 页。

② 这方面较有代表性的论述可见周恩来《民族解放运动的地位和作用》，1951 年 4 月 9 日，《周恩来外交文选》，第 34—37 页；刘少奇：《在亚洲澳洲工会会议上的开幕词》，《建国以来刘少奇文稿》第一册，第 130—135 页。

如前所述，在米高扬转达斯大林那个关于中国已经是“东方”革命的中心的信息后，毛泽东在七届二中全会做出的正式反应是谨慎的。除了已经列举的那些理由之外，他没有直接阐述他最主要的关切，即中国革命的最后胜利和防止美国的军事干涉。在随后同斯大林的电报往来中，毛泽东清楚地表达了他心中的战略重点。中共军队打过长江后，毛泽东通过科瓦廖夫告诉斯大林，他认为目前还不适宜建立“东方共产党情报局”。斯大林对此表示同意，并认为中共首先要注意的是防止美国的干涉。他告诉毛泽东，随着中共军队打到南部边境地区，在印度支那、缅甸、印度，甚至在菲律宾和印度尼西亚等“会造成一种革命形势”，当然，这可能引起美国等国家的干涉，以便它们能控制华南地区。为了防止出现这种后果，斯大林建议中共军队不要急于准备打到与印度支那、缅甸和印度等接壤的边境地区，以及在华北做好反对军事干涉的准备。[①] 中共领导人并不赞成斯大林的这种部署，他们下定决心要向全中国进军，这当然就包括了一定要到达中国所有的边境地区，以便“保卫中国领土主权的独立和完整”。[②] 毛泽东回复斯大林说，中共军队将到达全国所有地区，只是“不打算越过自己的国境”，而且经过迅速摧毁国民政府和适当地部署军事力量之后，美国干涉的可能性就“不会很大”。[③] 这期间，中共中央的确为预防美国军事干涉做了部署。

特别值得分析的是，毛泽东在这时已经开始用“永久国防”的概念同斯大林交换有关中国国家安全的看法。[④] 随着新国家的建立，中共领导人在内战最后阶段为了取得全国政权而防止美国军事

① 《斯大林致科瓦廖夫转毛泽东电：给中共的意见》，1949 年 5 月 26 日，沈志华主编《俄罗斯解密档案选编：中苏关系》第二卷（1949.3—1950.7），第 58 页。

② 毛泽东：《向全国进军的命令》，1949 年 4 月 21 日，《毛泽东选集》第四卷，第 1451 页。

③ 《毛泽东致斯大林报告：新政府筹建与国内状况》，1949 年 6 月 12 日，沈志华主编《俄罗斯解密档案选编：中苏关系》第二卷（1949.3—1950.7），第 64—68 页。

④ 《毛泽东致斯大林报告：新政府筹建与国内状况》，1949 年 6 月 12 日。

干涉的思考和采取的措施等，迅速地转变为国防战略；中共领导人在成为国家领导人之后，几乎没有间隔地就开始用“国防”这个概念重新定义美国军事干涉的性质和思考军事战略，建国伊始即将美国干涉视为新国家的主要安全威胁，将防止美国的军事入侵作为国家安全战略和国防政策的首要问题。

在毛泽东的脑海中，第一次有关国防的军事部署就是针对美国入侵的。他在新中国成立一个月后即提出全国国防的战略部署，即“全国国防重点是以天津、上海和广州三点为中心的三个区域”，他最为担心的是华北只有 3 个军及 6 个师，“一旦有事，颇感兵力不足”，故要求用 6 个军约 20 万人从不同方向“准备随时增援华北”。[①] 从这一军事部署中可以看出，毛泽东延续了中共军队过江后对美军可能在华北登陆从背后发动攻击的判断，所以才有了对华北军力不足的担忧。刘少奇在莫斯科时告诉斯大林，中共认为“帝国主义派遣一二十万人占领中国三四个海港，或作一些扰乱性的武装袭击，仍然是可能的”。[②] 国际冲突的历史反复证明了一个逻辑，对国家安全面临紧迫威胁的认知往往会导致军事冲突。内战后期的认知在多大程度上影响了建国初期中国领导人的军事决策，值得进一步探讨。

毛泽东担心美国从华北威胁中国也还有其他原因。他在 1949 年 6 月间就告诉斯大林，只要没有外敌入侵，内战告一段落后，中共就转入“和平建设阶段”。[③] 毛泽东在莫斯科第一次面见斯大林的第一句话就是：“现在，最重要的问题是保障和平。中国需要三到五年的和平喘息的时间，用这段时间来恢复战前的经济水平和稳定全国的局势。解决中国最重要的问题，取决于和平的前景。”斯

① 毛泽东：《关于兵力部署的几点意见》，1949 年 10 月 31 日，《毛泽东军事文集》第六卷，第 35—36 页。

② 刘少奇：《代表中共中央给联共（布）中央斯大林的报告》，1949 年 7 月 4 日，《建国以来刘少奇文稿》第一册，第 3 页。

③ 《毛泽东致斯大林报告：新政府筹建与国内状况》，1949 年 6 月 12 日。

大林告诉毛泽东尽可放心，“实际上，谁也不会同中国打仗”。[①] 毛泽东这样说是有的放矢的。毛泽东在 10 月 21 日打电报给斯大林，要求后者设法说服金日成（Kim Il-Sung）打消用武力统一朝鲜半岛的想法。斯大林回复表示同意毛泽东的建议，并“依照这种精神向朝鲜朋友提出我们的劝告”。[②] 这一情节的发现能够说明，毛泽东为什么在 10 月 31 日会表达“一旦有事”的担忧，提出为了“国防重点”大规模调整军事部署，并对华北尤为关注。显然，新中国东亚政策的走向将受到朝鲜半岛局势演变的严重影响。

对中国领导人来说，在东亚地区最难以控制的就是朝鲜半岛了。那里是美苏两家折冲的地方，战后并无中国置喙的余地。而且朝鲜北南双方都有着武力统一国家的强烈愿望。特别是北朝鲜，在中国革命胜利的鼓舞下，发动统一战争的愿望和干劲与日俱增。如何应对这种局面是中国领导人建国后面对的一道难题，他们的处理方式比较突出地反映了这个时期中国东亚政策的内在矛盾。如上所述，中国领导人当时有足够的理由反对金日成在朝鲜半岛推行武力统一政策，而且他们已经相当清楚地表达了自己的立场。但是，中国领导人当时对金日成的影响有限，他们只能通过莫斯科来说服北朝鲜。刘少奇秘密访问莫斯科期间的一件事情很能说明这一点。在莫斯科期间，他曾经要求斯大林帮助解决中朝有关鸭绿江小丰满水电站向中国送电的纠纷，即希望北朝鲜多向东北地区输送一些电力。他解释了中共的尴尬地位，即他们曾经试图“单独与朝鲜协商，但没有成功”。[③] 金日成也曾当着中国代表的

---

① 《斯大林与毛泽东的会谈记录：中苏条约与台湾问题》，1949 年 12 月 16 日，沈志华主编《俄罗斯解密档案选编：中苏关系》第二卷（1949. 3 - 1950. 7），第 175—177 页。

② 《葛罗米柯关于向毛泽东转交史达林的答复致科瓦廖夫电》，1949 年 11 月 5 日，沈志华编《朝鲜战争：俄国档案馆的解密文件》上册，中研院近代史研究所 2003 年版，第 276 页。

③ 《科瓦廖夫致斯大林报告：中共代表团访苏的要求》，1949 年 7 月 6 日，沈志华主编《俄罗斯解密档案选编：中苏关系》第二卷（1949. 3 - 1950. 7），第 87—88 页。

面直言不讳地说斯大林同志的指示对他就是法律。[①]

另外，中国领导人既然决定要担当东亚革命中心的角色，他们就差不多失去了阻止金日成武力统一的合理逻辑，特别是如果金日成表示并不需要中国提供援助的情况下发动战争，毛泽东要不首肯是很难的，更何况他内心未必就那么笃定金日成没有取胜的机会。1950 年 1 月 11 日，在毛泽东访问莫斯科期间，中共中央军委决定让四野的朝鲜族部队回到北朝鲜，并按照金日成的安排于 4 月起程进入北朝鲜。[②] 四野是根据全军裁员的需要，向中共中央提出将这些已无战斗任务的朝鲜族部队送回北朝鲜。苏方希望了解北朝鲜对这些部队回国的意向，金日成显然不希望引起苏方的疑虑，他表示要“请教怎样答复中方”。[③]

中央军委做出决定的时机的确敏感，尽管在北京的中国领导人的目的是单纯的，他们并不了解苏联和朝鲜之间的矛盾。1 月 17 日，金日成在北朝鲜外相举行的午宴上，当着苏联大使什特科夫（T. F. Shtykov）的面，对斯大林不赞成他武力统一表示不满。他声称如果斯大林不肯在莫斯科接见他，他就去北京与毛泽东商谈进攻南方和成立东方共产党情报局等问题，因为据信中共领袖是支持他的。[④] 金日成的做法是靠在两个大国之间耍手腕儿来影响大国盟友的政策。斯大林在接到报告后即电令什特科夫告诉金日成，莫斯科愿意在近期接待他，并在了解局势后向北朝鲜提供必要的援助。[⑤] 1 月 30 日的这个电报成了苏联政策的转折点。此后不久，金日成

---

① 《什特科夫关于金日成提出向南方发动进攻问题致维辛斯基》，1950 年 1 月 19 日，沈志华编《朝鲜战争：俄国档案馆的解密文件》上册，第 305 页。

② 刘少奇：《军委同意第四野战军中朝鲜官兵会朝鲜的报告》，1950 年 1 月，《建国以来刘少奇文稿》第一册，第 319—321 页。

③ 《什特科夫关于朝鲜同意接收中国人民解放军中朝鲜族人电》，1950 年 1 月 11 日，沈志华编《朝鲜战争：俄国档案馆的解密文件》上册，第 281 页。

④ 《什特科夫关于金日成提出向南方发动进攻问题致维辛斯基电》，1950 年 1 月 11 日，沈志华编《朝鲜战争：俄国档案馆的解密文件》上册，第 305 页。

⑤ 《斯大林关于同意会晤金日成讨论统一问题致什特科夫电》，1950 年 1 月 30 日，沈志华编《朝鲜战争：俄国档案馆的解密文件》上册，第 336 页。

访问莫斯科，斯大林为北朝鲜发动战争亮起了绿灯。

这里有两个问题需要进一步探讨。首先是斯大林改变朝鲜半岛政策时，毛泽东还在莫斯科，他是否知情？其次是斯大林为什么会改变政策？毛泽东知情的可能性不高，因为斯大林当时认为，有必要先了解金日成的计划和北朝鲜的实际情况。还存在其他两种可能，包括斯大林认为既然苏联与中国结成同盟，就没有什么理由再拒绝金日成，以致重犯类似不准中共革命的错误，这的确是属于人之常情一类的反应；还有一种可能是担心金日成对苏联的限制不满，从而倒向中国的怀抱，实际上金日成已经着手安排中国之行了，苏联也大致了解中朝交往的情况。[①] 总之，不管基于什么原因，斯大林和金日成的决定对中国来说都是相当严重的，中国有可能被拖入一场境外的战争。从中国的战略利益看，毛泽东应该坚决否定金日成的计划，而且他有这样的机会。作为苏联的盟友，苏联做出有可能将中国拖入战争的决定之前，是有义务征得中国的同意的。斯大林的确也履行了自己的义务，他告诉金日成有关武力统一的决定必须征得中国领导人的同意才能付诸行动，否则就需要重新考虑。[②] 将斯大林的行动解读为要拖中国下水有些勉强，因为斯大林如果不这样做，他受到的非议有可能成倍增加，苏联会被认为是“背着”中国甚至“背叛中国”，等等。

5 月 13 日，金日成来到北京会见毛泽东等中国领导人。他介绍了与斯大林交往的情况，并表示希望中国领导人也如同苏联一样支持他的事业，同时并不需要中国提供什么具体的援助。周恩来当天即会见苏联驻华使馆官员，要求核实金日成所说是否属实。斯大林第二天回电称，他的确同意金日成武力统一的计划，因为形势发

---

① 《伊格纳季耶夫关于毛泽东会见李周渊的情况致维辛斯基电》，1950 年 4 月 10 日，沈志华编《朝鲜战争：俄国档案馆的解密文件》上册，第 336 页。

② 《斯大林关于同意朝鲜同志建议致毛泽东电》，1950 年 5 月 14 日，沈志华编《朝鲜战争：俄国档案馆的解密文件》上册，第 384 页。

生了变化，不过最后还要看中国领导人是否赞成。[①] 从电报的行文看，此前斯大林与毛泽东是有共识的，即北朝鲜不应急于发动统一战争，否则斯大林不会提出如果毛泽东不赞成就另当别论的问题。后来的发展表明，毛泽东当时没有坚决否定金日成的计划，结果错失了阻止这场战争的仅有的一次机会。

通观中国领导人东亚政策的发展脉络，中苏结盟和 3 月 14 日指示这两个事件已经决定了中国领导人很难再拒绝金日成的计划，更何况这时中国已经开始部署支援胡志明领导的印度支那抗法战争。可以说，中国卷入两个半岛的军事冲突从 1950 年 3 月起就很难避免了。

援越抗法

新中国成立初期，中国曾经介入了东亚大陆两端的战争，即第一次印度支那战争和朝鲜战争。绝大多数的历史学者将目光投注到朝鲜战争，因为中国介入那场战争的决策过程的确惊心动魄，在那场战争中的搏斗血雨腥风，战争的场景恢弘壮观，而最终的结果对中国的历史、东亚的国际格局乃至全球冷战的发展趋势等都影响巨大。在中国，关于这场战争的决策及过程的历史记忆令很多人直到今天还感到自豪，某种意义上成了国家英雄主义的重要精神来源。毕竟，在鸦片战争过去一百多年的时候，中国军队在中国境外同世界上最强大的军队作战，并终结了美国打算用武力统一朝鲜半岛的军事计划。不过，认真阅读那个阶段的历史故事，就不应该忽视同时发生的另一个重大历史事件，即中国援越抗法。新中国领袖们建国伊始便准备援越抗法，在与苏联结盟过程中即决定介入第一次印

① 《什特科夫关于金日成访华计划致维辛斯基电》，1950 年 5 月 12 日，《什特科夫关于金日成与毛泽东会谈情况的电报》，1950 年 5 月 13 日；沈志华：《朝鲜战争：俄国档案馆的解密文件》上册，第 381、383 页。

度支那战争。事实表明，这个决策对新中国东亚政策的影响同样是决定性的，甚至超过了在朝鲜半岛参加的战争。正是这个决策推动新中国迈出了向周边国家共产党领导的革命提供军事援助的第一步，并对此后很多年里给中国在许多国家或地区执行的援助政策造成了持续的重要影响。

新中国对印支地区的政策是理解它的东亚政策之缘起的第一个故事，因为印支是一个少有的被赋予多种政治象征的地方。多少年来，中国对北朝鲜的支持几乎是没有改变的，甚至延续到冷战以后。在印度支那地区则不同，从伊始便决定援越抗法，到 1954 年和 1962 年两次为维持该地区的和平做出巨大的外交努力，再到 20 世纪 60 年代中期展开声势浩大的援越抗美，20 世纪 70 年代中期开始的中越关系恶化最终又演变成 1979 年对越南发动惩罚性的军事打击，此后较小规模的边境战争又持续了相当长时间。如果仅从地缘安全的角度看，新中国在印支的干预包含着一个相当连贯的目的，即阻止任何强权控制这个地区，这也包含了不能出现一个控制整个地区的地区军事强权。中国在整个冷战时期通过长达 40 年的努力，包括提供军事援助和采取军事行动，先是将法国，后来是将美国，最终是将苏联等，一个接一个地赶出印支地区，并顺便也摧毁了越南人建立印支联邦或他们领导的地区军事同盟的梦想。从本质上说，中国领导人其实就是认为这一地区是中国的安全缓冲地区，卧榻之旁决不允许他人酣睡。

如果从大时段看 1949 年以后的中国印支政策，可以说它本质上包含着带有浓厚历史传统的地缘战略考虑。有意义的问题是，这个政策孕育于中国革命的最后阶段并且是在冷战激烈对抗的年代诞生的，这个历史过程给这项政策造成了什么样的影响？打上了什么样的烙印？

中国的援越抗法政策被确定下来大致是在 1950 年 3 月毛泽东从莫斯科回到北京之后，前引刘少奇 3 月 14 日起草的文件即是新中国东亚政策的指针，也是决定援越抗法的指导原则。毫无疑问，在中共军队打过长江后，中共领导人一度更多的是从西方列强进行军事干涉的角度认识印支区的形势，即担心并尽力防止印支地区成为列强干涉中国的基地。当时，在中共领导人看来，美、英、法等国会加强在印支半岛的军事力量，但从那里发动一场军事干涉的可能性并不高，而且中共靠自己的军事力量是完全可以应付的。[①] 分析内战后期中共领导人的这类思考是有重要意义的，因为后来的发展证明，中共领导人在建国后确定国防政策时，仍然将印支地区作为预防安全威胁的战略方向之一，它影响到 20 世纪 50 年代中期开始设计的中国国防战略。尤其是随着国家现代化建设的展开和发展，地缘安全考虑在中国印支政策中所占的比重越来越高。不过也如前所述，中共领导人同时也很关注胡志明领导的越南抗法运动，他们与越南共产党在 1947 年春正式建立了无线电联系。毛泽东不久即表明，他已经萌生了未来要支持胡志明的想法。

导致中共领导人在内战处于转折时期便有意支援越南共产党的基本原因是，他们认为中国革命运动同越南胡志明领导的革命运动有天然的联系，他们同胡志明很早就有过合作，而且这种合作是在共产国际的组织框架里发生和展开的。这同两国之间的历史组合在一起，才构成了后来所谓的“同志加兄弟”关系。这的确是一个堪称丰富多彩的历史过程，其源头值得追溯。

胡志明年轻时在法国留学，在那里成为法国共产党成员，并且在第二国际和列宁领导的共产国际的斗争中，成为后者的积极拥护者。据一本有关越南历史书籍的描述，他是经过认真地聆听两者的争论并潜心思考之后，认为共产国际的主张更适合东亚殖民地国家的解放运动。大约是在 1922 年，胡志明开始结识包括周恩来在内的一些正在法国勤工俭学的中共成员，这可以说是双方最早的联系了。1924 年 12 月，胡志明到达广州，化名李瑞，担任苏联顾问鲍

① 《毛泽东通过科瓦廖夫给斯大林的报告》，1949 年 6 月 12 日。

罗廷（M. M. Borodin）的翻译。这时他也是共产国际东方部下属的南方局的一个负责人，并已经担任农民国际执委会委员，在共产国际中的资历高于很多中共早期领导人。

在广州期间，胡志明与中共领导人有了较多的来往。为了给越南革命运动培养干部，胡志明在广州举办了一个政治训练班，周恩来是多次被邀请去讲课的中共领导人之一。胡志明后来将他在这个培训班的讲稿汇集成册，名之为《革命之路》。这本书被认为是为越南共产党的纲领“奠定了基础”。[①] 胡志明那些被包括在这本书里的反对殖民主义和帝国主义的革命思想就是从中国的广州传播到越南去的。而且不能否认，1924—1927 年的中国大革命对胡志明的思想是有很大的影响的。此前在莫斯科期间，他固然从共产国际那里学了一套列宁主义的理论，但中国的大革命才是他从事“东方革命”运动实践的开端。在广东，中共领导人同胡志明的交往是包含着共产国际内部的同志关系的。

不仅如此，大革命失败后，胡志明有不少时间是在中国从事政治活动。1930 年 2 月，越南共产党在香港的九龙召开成立会议，胡志明此后在中国活动了一段时间，曾经提出过越共与中共进行合作的建议。1935 年 3 月，越共改名为印度支那共产党以后，在澳门召开第一次代表大会，中共中央派代表出席了这次会议，尽管那只具有象征意义。抗战爆发后，胡志明多次到中国，同中共领导人交往比较密切了。1942 年 8 月，胡志明再次进入中国，以便联络那些在中国的越南抗日革命志士，也试图与中共中央取得联系，以便交换对抗战时局的看法。但是，他一入境即被国民政府逮捕入狱，并被监禁了 13 个月之久。在被监禁期间，他写了 100 多首革命的诗篇，这同很多入狱的中共党员写革命诗词的风格是一样的。1944 年秋季，越共中央机关已经无法在越南北部边区立足，他们便转移到中国广西的那坡县郊区的丛林里，搭起茅草棚作为

---

① 李家忠编译《越南国父胡志明》，世界知识出版社 2003 年版，第 24 页。

越共中央联络站。胡志明被中共派人接到这里，住了大约半年的时间。[①] 这时越共改称越南独立同盟会，简称越盟。

1945 年 8 月 15 日，就在日本宣布投降之际，越共中央开会宣布发动“总起义”，号召越南全国人民在日本投降后，“前进！前进！在越盟的旗帜下，同胞们勇敢前进吧！”这个在盟军到达之前乘机夺取政权的“总起义”史称“八月革命”。越共试图通过这类独立奋斗建国之壮举的历史描述，彰显其夺取全国政权的合法性。胡志明领导越盟在河内建立了一个越南民主共和国，他认为意义十分重大，甚至是世界性的，尤其对于国际共产主义在东亚的前途而言更是如此。因为越共中央认为，这不仅是越南人民的胜利，而且“也是马列主义在一个殖民地国家的第一次胜利”。[②]

靠着在中法之间纵横捭阖，甚至不惜运用策略承认越南是法属印支联邦的一个部分，胡志明先是挤走了在北纬 17 度线以北的国民政府驻军，这同时也有利于打击越盟中亲国民政府的势力，他们是因为抗日统一战线的需要而被容纳的。当然，国民政府不愿介入印度支那事务是中国撤军的主要原因。中国军队撤出不久，进入北越的法国人就将胡志明和他的共和国从河内驱赶到山林之中。这个共和国成为一个名副其实的“丛林政权”，胡志明有一个小棚子作为“竹林官邸”。胡志明立刻号召越南人民奋起展开武装斗争，抵抗并彻底推翻法国在战后恢复的对越南的殖民主义统治。越共领导的抗法战争从此开始，史称第一次印度支那战争。

越共的反抗活动很快就变成了东亚革命运动的一部分，这同中国革命运动的进程更有密切的联系。此时正值国共全面内战爆发，中共处境艰难，尤其是华南的一些部队面临国民党军队的追剿。其中一些部队分散进入越南境内掩藏，他们得到越共部队的接待和保护，中共边境地区党组织还在越南境内开办过干部培训班。双方有

① 郭明主编《中越关系演变四十年》，广西人民出版社 1992 年版，第 14 页。
② 参阅李家忠编译《越南国父胡志明》，第 48 页。

过层级比较低的军事合作，越共游击队甚至帮助过边境地区的中共部队攻占国民政府下辖的地方政权。[1] 根据越南历史学家的描述，在 1949 年初，越共军队有两个排的“主力部队”参加了中共军队在广西地区的战役，这两个排还“取得了大范围的胜利”，他们直到 1949 年底才撤回越南。[2]

以上简述中共与胡志明和越共的交往历史只是要说明一个简单的事实，即双方的关系在源头上同共产国际有密切的关系，当时两党领导人的核心认同就是中共与越共是苏联、共产国际领导下的国际共运中两个东亚共产党之间的同志关系。到新中国成立之前，胡志明和越共由于丢失了越南政权，越共与中共的关系又回归到两个共产党和两个东亚国家革命运动的关系。这种关系后来被称为“同志加兄弟”是十分贴切的，所以胡志明在 1949 年新中国成立前夕向中共求援时，并没有表现出有过任何心理上的障碍，中共领导人则感到自己有一种天然的义务来帮助胡志明和越共的抗法斗争。当然，斯大林的首肯、鼓励和中苏结盟等，毫无疑问也极大地增强了中共领导人支援越共的热情和勇气，苏联的表态还有利于打消中共领导人的后顾之忧。

代表中共中央与越共联络的是周恩来，他与胡志明之间的联系是中共领导人了解越共状况的主要来源。中共中央这时只是大略地将越南归类为这样的东亚国家，即那里的“革命斗争的主要形式已经是或将要是武装的游击战争”。[3] 当时广西地区的中共地方组织与越共之间有一些具体的来往。总的来看，中共中央与越共的交往时断时续，并且不算深入，这种情况一直持续到中共军队开始向

---

① 参阅郭明主编《中越关系演变四十年》，第 16 页；广西社会科学院印度支那研究所编《中越关系大事记》，1980 年 3 月印刷，第 33 页。

② 范春衡：《奠边府：历史与今天》，杨保筠、于向东主编《变动世界中的奠边府战役与日内瓦会议》，香港社会科学出版社有限公司 2005 年版，第 51 页。

③ 刘少奇：《关于东亚民族革命运动策略问题给斯大林的报告》，1949 年 8 月 14 日，《建国以来刘少奇文稿》第一册，第 50 页。

西南进军。新中国成立前夕，《人民日报》对越盟抗法斗争的报道在增加，包括转载苏联《真理报》的文章和越盟歼灭法军的消息。其中《真理报》的文章详细介绍了越南的战略地位——处于美国拼凑的“太平洋联盟”的“中心”地区，越盟领导的越南民主共和国控制了“拥有两千万人口的百分之九十以上的国土”，越盟在那里领导实行了“深入的民主改革，并从这种民主改革中取得了力量”。[①] 这种评论对中国政策的影响值得分析。

新中国成立后，越共中央于 10 月派遣李班、阮德瑞秘密使华，目的是要求得到军事援助和恢复中越两党高层的直接联系。越共的代表参加了 11 月在北京召开的亚澳工会理事会。从此后双方电讯往来的内容看，中共中央很希望越共能协助阻止广西、云南等地的国民党军队败逃到越南境内，把那里当作庇护所。中共中央为了防止美国的干涉，已经明确规定中共军队不得超越国境线，如此越共的帮助就显得比较重要了。同时，中共中央也开始考虑如何向越共提供军事援助。[②] 双方关系的实质性进展发生在毛泽东访问莫斯科期间。

12 月间，中越关系出现迅速的变化。这期间，中国领导人做出两个重要的决定：向越南提供军事援助和与当时还是“丛林政权”的越南民主共和国建立外交关系。引起中国领导人重视越南的直接原因是中国西南地区的形势发展。按照毛泽东在内战后期的设想，如果白崇禧部队拒不投降，中共军队将围而歼之；如果该部队退到印度支那，中共将坚决追击到那里予以消灭，并同时消灭其他敢于抗拒的“反动派”。[③] 斯大林曾因此劝告中共军队不要进入

---

① 《英勇抵抗法帝侵略　越南共和国益强固》，《人民日报》1949 年 9 月 10 日。

② 刘少奇：《关于截击和解交逃入越南境内国民党军残部问题的电报》，1949 年 12 月，1950 年 2 月、3 月；《军委为准备进军云南给林彪等的电报》，1949 年 12 月 8 日，《建国以来刘少奇文稿》第一册，第 197—199、201 页。

③ “Cable, Kovalev to Stalin, Report on the 22 May CCP CC Politburo Discussion”, 23 May, 1949, *CWIHP*, Issue 16, p. 164.

印度支那地区，以免引起美、英、法的干涉。他打电报告诉毛泽东，现在应警惕美英军队在华北港口登陆，不要急于派军队到华南边境地区去。[①]

毛泽东起程赴莫斯科不久，广西战役即告结束。云南卢汉宣布起义后，由于中共军队尚不能及时开进，国民党李弥部队开始向云南边境地区转移。李弥部的去向引起中国领导人的警惕，他们特别担心的是该部队进入越南，会从后方威胁越共军队，故多次指示有关部队迅速派遣军队，截击向越南境内败逃的国民党军队。[②] 这时法国殖民当局开始加强在中越边界地区的军事部署，以防止中国的战事蔓延到越南境内。法军的行动引起中共中央的警惕，担心法国殖民当局向国民党军队提供庇护。周恩来以外交部长名义在1949年11月30日的《人民日报》发表声明，谴责国民政府正企图使越南成为其“卷土重来的基地”，警告法国殖民当局不得“容留国民党反动武装”。[③] 可以说国民党军队退入越南境内和法国殖民政府加强在边境地区的军事部署，是使中国领导人认为越南涉及中国的安全利益并感到有必要干预越南局势的一个重要动因。

12月24日，刘少奇向在莫斯科的毛泽东报告云南政治和军事局势的同时，也说明越共代表已经明确提出了两项要求。其一是希望中国提供一笔数额巨大的军事援助，包括3个师的军事装备和物资，1000万美元的财政援助以及派遣军事干部到越南协助指挥作战。可以说这份清单实际上开启了越共对中共援助几乎是索要无度的行为方式，而且这种方式后来愈演愈烈，这种心理基础是需要深入分析的，或许就是基于较小型国家对无产阶级国际

① “Cable, Stalin to Mao Zedong (via Kovalev)”, 26 May, 1949, *CWIHP*, Issue 16, p. 166.

② 刘少奇：《军委命令林彪部迎击国民党军的电报》，1949年12月26日，《建国以来刘少奇文稿》第一册，第233页。

③ 《人民日报》1949年11月30日。

主义援助的“无私性”的理解。关于中国向越南派遣军事干部的要求可以说是越南提出中国向越南派遣军事顾问团的最初动议。其二是要求中国与胡志明的共和国互相给予外交承认。鉴于越共政权的实际状况，这相当于是要求中国通过外交承认的方式给予政治支持。

对于军事援助，刘少奇告诉毛泽东，在北京的领导人认为可以援助但需要有所节制。武器装备和医药器材可以提供，“但不能给予太多”；部分物资可通过贸易解决，“但不能有一千万美元”；军事干部可以派，不过要先派遣罗贵波带电台前往了解情况，“然后再派军事干部”，总之是不能立刻和完全接受越共方面的要求。对于外交承认，北京的领导人并没有立即答复，政治局开会时权衡了利弊。刘少奇告诉毛泽东，他们认为在法国没有承认中国之前，与“胡志明建立外交关系是可以的，利多害少”。行文如“是可以的”显然并不是表达十分积极的态度，而且他们是看到了还是有“害”的，只是比较起来“利”多而已。至于“害”是什么刘少奇没说，他请示毛泽东定夺。[①] 实际上，对中国领导人而言，在是先与法国还是先与越南民主共和国建交的问题上，并不那么容易权衡利害。1954 年日内瓦谈判期间，法国代表告诉周恩来，他们原来是准备承认新中国的，后来由于中国与越南民主共和国建交“而未能实现”。[②]

毛泽东此刻正在世界革命的中心莫斯科。由于在这里需要经常从更广阔的世界革命的角度来思考和与斯大林讨论问题，这当然会影响到他对越共请求援助的反应。接到刘少奇来电的当天，毛泽东即回电，除了强调截住国民党军队使其不能进入越南“极为重要”

---

① 刘少奇：《关于云南军情和援助越南问题给毛泽东的电报》，1949 年 12 月 24 日，《建国以来刘少奇文稿》第一册，第 226—227 页。

② 《吉勒马慈及保罗 - 彭古宴请王炳南谈话纪要》，1954 年 5 月 18 日，中华人民共和国外交部档案馆编《中华人民共和国外交档案选编（第一集）1954 年日内瓦会议》（以下简称《1954 年日内瓦会议》），世界知识出版社 2006 年版，第 260 页。

之外，对援助越共表现出极大的热情。他要求刘少奇转告越共，需"派一个政治上负责任的代表团"公开来中国，北京也要"予以公开欢迎"；援越物资则要逐步增加，目的是使越共"善于掌握这些物资"；罗贵波带电台去越南很有必要，要"谆嘱"他"务须采取友好合作态度，多鼓励、不要批评"。毛泽东在这个电报中首次提出，派遣到越南的军事干部只能做"顾问"。这是中国后来决定向越南派遣"军事顾问团"的由来。[①]

毛泽东的积极表态有力地推动了双方讨论援越的进程。刘少奇接到毛泽东的指示即电告越共中央，立即派"一个政治上负责任的代表团来北京"。与毛泽东不同的是，他明确提出越共代表团"应秘密地来到中国，不应公开"。[②] 第二天，刘少奇又给越共中央发出一封措辞更为谨慎的电报，说中国"很愿意"给越共"一些援助"，希望能派遣一个代表并随同五六个人带电台前往越共控制地区。[③] 与此同时，林彪也派遣四野一五一师向老街靖边方向进军，以便截击可能退入越南的国民党军队。随着军事行动结束，中国明显开始加强管理中越边境贸易和人员的往来。

显然，在北京的领导人比毛泽东要谨慎，他们在没有了解清楚越共的实际状况之前，并不打算贸然承诺提供更多的援助。其中的另一个原因同中共中央不赞成胡志明在1946年事变之前对法国的妥协有关，他们认为这种所谓的"中立"政策是错误的，只是还没有确定这个"错误"是不是"原则性"的。当时胡志明基于权谋一度同法国合作，并称越南愿成为法属印度支那的一个部分，他本人还到法国访问。特别是他曾经给杜鲁门政府写过几封信，要求美国支持越共的反法殖民主义的运动，甚至许诺战争结束可以将金

---

① 《建国以来刘少奇文稿》第一册，第228页。

② 刘少奇：《中共中央关于接待印度支那共产党中央代表团问题的电报》，1949年12月24日，《建国以来刘少奇文稿》第一册，第229页。

③ 刘少奇：《中共中央关于拟派代表赴越南问题给印度支那共产党中央的电报》，1949年12月25日，《建国以来刘少奇文稿》第一册，第231页。

兰湾提供给美国海军作为基地用。[①] 当时正值毛泽东提出“中间地带”的思想，很反对“各国人民”随着大国间的妥协也妥协。毛泽东在莫斯科表达的意见一时还不足以消除在中国领导人内部曾经对越共一些政策抱有的负面印象。

在 1950 年元旦发出的一份电报中，刘少奇告诉林彪等人，越共军队因作战需要，可以经过中国境内或暂时躲避，但应“非正式地”允许，并告诉对方“不是必要的时候”就不要进入中国境内，如必要过界“亦须在夜间秘密行动”；如对方需要弹药、粮食等，可以在对方负责人保证能够保密时，方可“暂时送给他们不大的一批”。毛泽东很快从莫斯科表示他并不赞成这种谨慎的措施。于是，刘少奇在五天后又告诉林彪，毛泽东认为“必须尽可能给越盟人员及越南人民以便利和帮助”，越方所需弹药、粮食等“应尽力帮助”。毛泽东要求国内的同事们要将越共“看成自己的同志一样”，等等。[②]

1 月 2 日，刘少奇曾经电告林彪等人，对越共代表访问北京一事，“在中央未公布前并暂时保守秘密”。在接到毛泽东的指示后，刘少奇再电林彪，指示后者要给予越共代表团“热情招待并用最迅速的办法送他们来北京”。[③] 不过，他这时仍然认为双方联络不畅，越共派来的代表并不能解释清楚他们到底需要些什么援助，故中国不能盲目地提供援助，更不能有求必应。[④] 所以，越共代表还是不能公开访问北京。刘少奇这时并不知道，他将在北京接待的越

---

① George C. Herring, *America's Longest War: The United States and Vietnam 1950 - 1975*, 4th editon (New York: McGraw - Hill Publishing Company, 2002), p. 10；另见《关于胡志明呼吁美国支持独立的报告》，1946 年 2 月 27 日，《关于美国国防部侵越秘密报告材料汇编》(上)，三联书店 1973 年版，第 33 页。

② 刘少奇：《关于允许越南军队必要时到我国境内躲避等问题的电报》，1950 年 1 月 1 日、5 日，《建国以来刘少奇文稿》第一册，第 270—271 页。

③ 刘少奇：《中央为护送越南代表团来北京事给林彪等的电报》，1950 年 1 月 2 日、6 日，《建国以来刘少奇文稿》第一册，第 231 页。

④ 刘少奇：《关于援助越南军火物资问题的电报》，1950 年 1 月 11 日，《建国以来刘少奇文稿》第一册，第 315 页。

共要人是越共领袖胡志明。

胡志明这时可能已经看出中国领导人的政策正向越共希望的方向演变，他抓住时机亲赴北京求援。胡志明这个决定同越共第三次全国代表大会的情况有直接关系，这次会议认为越共面临的首要困难是武装力量不适应形势的需要，包括缺乏武器装备和军事干部等。胡志明知道，只有在北京才能找到解决越共在军事方面燃眉之急的办法。

1 月 15 日，越共中央在胡志明起程时宣布，“越南民主共和国政府决定与中华人民共和国政府建立正式外交关系”。周恩来于三天后回电，宣布中华人民共和国与胡志明的共和国建交。[①] 19 日，《人民日报》以《东方民族解放斗争的新胜利——祝中越两国建立外交关系》为题发表社论，阐述中越建交的实质并高调予以肯定。社论说两国“都属于伟大的世界民主和平阵营”，建交“必能对中越两国人民的共同利益以及世界和平民主事业作有利的贡献”。[②] 与胡志明政权建交是中国迈出援越抗法的决定性的第一步，它对越共的心理支持是非常重要的。越共中央机关报《人民报》曾经将 1 月 18 日称为“外交胜利纪念日”，而且还是一个“举国欢腾的日子”，因为他们得到了第一个实质性的政治支持。[③]

胡志明访问北京是促使中国领导人决定援越抗法的一个重要的转折点，这时恰逢毛泽东在莫斯科的谈判取得进展，他与斯大林的关系日渐融洽。胡志明从丛林里起程的时候可能都不知道，毛泽东此时还在莫斯科与斯大林谈判中苏同盟条约的很多具体条款。他甚至也不知道，中国代表罗贵波带着秘书和电台已经踏上前往越南丛

---

① 周恩来：《关于中国与越南建交的电报》，1950 年 1 月 18 日，《人民日报》1950 年 1 月 19 日。

② 《东方民族解放斗争的新胜利——记中越两国建立外交关系》，《人民日报》1950 年 1 月 19 日。

③ 郭明、罗方明、李白茵编《现代中越关系资料选编》（上），时事出版社 1986 年版，第 10 页。

林的旅途。

1月25日，胡志明到达武汉。直到这时，刘少奇才从中南局领导人发来的电报中知道，一直酝酿访华的“负责任的”越共代表竟然变成了胡志明本人。他感到兹事体大，无论如何这已经是两个国家间的关系问题，胡志明尽可以保持革命者的本色，不拘礼节，但中国领导人面对的问题是该如何接待一位而且无论如何也是第一位访问新中国的国家元首，尽管胡志明本人很可能完全没有国家元首的意识和感觉。刘少奇立即指示中南局不要公开此事，只在党内表示秘密欢迎，并善加款待后“周密护送来京”。第二天，刘少奇即电告毛泽东，越南来人是胡志明本人，他已经指示武汉秘密接待，来北京是否要公开欢迎？毛泽东可能也没有想到北京将要接待的是一位国家元首，而不仅仅是一位“同志加兄弟”，如果公开接待，就需要规模足够大的仪式。

毛泽东复电表达了极大的热情。他要求刘少奇、朱德、董必武、聂荣臻等都应前往车站迎接，越南要求援助事项“凡可能者均应答允之”，并希望胡志明能等他和周恩来回京后见上一面（即举行今日所称的“峰会”）。他同时还表达了对胡志明在北京久留“是否于越南工作有妨碍”的颇为善解人意的关切。毛泽东随后又发一电报说，越共抗战后搞的“越南中立”那套政策好像也不算什么原则错误。毛泽东做此说明显然是为了给援越政策进一步提供合法性。

28日，刘少奇将胡志明的一封电报转给毛泽东，后者向毛泽东、斯大林和周恩来提出打算秘密访问莫斯科。可能是他从刘少奇那里得知毛泽东等尚在莫斯科，只有他也前往世界革命中心，这样才能实现中越“峰会”，而且在莫斯科还能见到斯大林，从而也实现苏越“峰会”。胡志明是革命者，革命者的突出个性是勇敢和富有想象力，对规则并不是十分在意，甚至并不是十分了解也不愿意花很多精力去了解。实际上，从国家外交行为的规则看，胡志明的这种角色问题导致的困局已经决定了他只能秘密访问北京和莫斯科，并秘密地举行“峰会”。无论如何，至少斯大林是知道，“峰会”是有固定的不能改变的外交程序的。

1月30日，胡志明到达北京。刘少奇当时没有执行毛泽东要公开到火车站热烈迎接胡志明的要求，他只派杨尚昆到车站迎接，以便继续保密。当天晚上，刘少奇设宴招待胡志明，然后举行了气氛热烈的会谈。胡志明对他想要获得的援助是富有想象力的，他在会谈中甚至提出要得到飞机等。刘少奇表示中国基于国际主义的义务，愿意提供胡志明有关援助的大部分要求，除了不能提供飞机。刘少奇告诉胡志明，国际形势对越共是很有利的，中国将承认他的国家，援助的具体办法和内容要等同毛泽东等同志商量之后确定。刘少奇还谈到援助越共对中法关系的影响。他的谈话表明，中国并不急于同法国建交，更重要的是相信援助越共可能不会对法国承认新中国有实质性的影响。而实际情况是中国与越南民主共和国建交确实影响了法国的态度，这是法国当时没有像英国那样寻求与新中国建立关系的重要原因。[①] 胡志明在会谈中解释了越共过去一度搞过的“中立”政策。刘少奇按照毛泽东的口径说那不是原则性的错误，即不会妨碍双方的关系。至此他们算是相见甚欢。

刘少奇一定对胡志明印象深刻。会谈后，他打电报告诉毛泽东，胡志明“年已六十”，看着很瘦，“但尚健康”，特别是光脚走了17天才进入中国。胡志明自己说已经离开战斗岗位一个月，听说去莫斯科往返要个把月，便打算取消这个新加上的行程，还说为见到毛泽东而在北京等一个月亦“认为不可能”，只能停留数天而已。毛泽东立即回电要求刘少奇力邀胡志明访问莫斯科。他说接到胡志明访问莫斯科的电报后就给斯大林打过电话，斯大林表示欢

① 可参阅 Zhai Qiang, “Transplanting the Chinese Model: Chinese Military Advisers and the First Vietnam War, 1950 - 1954”, *The Journal of Military History*, Vol. 57, October 1993, No. 4, p. 692。

迎，但希望在苏联承认越南后公开来访。毛泽东说胡本人希望秘密访问，斯大林方才允准，即斯大林是在毛泽东的劝说下才同意立刻接待胡志明的。现在胡志明如嫌路远不愿意来，他会再与斯大林电话协商。

刘少奇接到电报后再与胡志明商议，后者遂毅然决定前往莫斯科，2 月 3 日起程。他们当即与苏联驻华代办商量是乘火车还是飞机。这时毛泽东和周恩来从莫斯科发来一封贺电，问候胡志明并告之“苏联已承（认）越南”，中国已代为转达了越南要求各苏联阵营国家承认并建交的文件，估计这些国家“亦可能承认”。中国在同苏联谈判建立同盟的时候，就这样顺便把北越也带到苏联阵营，胡志明则必须要到莫斯科聚会，共襄东亚革命之盛举了。

为了能使胡志明顺利成行，毛泽东在莫斯科继续做了一些努力。2 月 3 日，他发电报告诉刘少奇，斯大林决定派飞机接胡志明前往莫斯科，飞行员很有飞中国航线的经验，当年曾送米高扬访问西柏坡。但刘少奇同时从苏联代办处接到维辛斯基的通知，说是飞机已经被取消了，胡志明只能乘火车到满洲里，然后苏联派火车接他。胡志明决定当晚立即上路，并请苏方安排飞机到赤塔或伊尔库茨克接送。刘少奇建议毛泽东在莫斯科直接与维辛斯基联系解决。[①] 胡志明于 2 月 6 日抵达莫斯科，从时间上看，苏方最终还是提供了飞机。

在莫斯科期间，胡志明有机会被斯大林接见，从披露的会谈内容看，象征意义更大一些，因为斯大林已经将援越抗法的重任交给中国，毛泽东也已经毅然承担起这个重任。请胡志明来莫斯科更多的是表示对越共的认可和支持。在胡志明到达莫斯科之前，斯大林告诉毛泽东，援助越共之重任可由中国担任，苏联可提供一些物资

---

① 刘少奇：《关于胡志明访问中国和苏联的电报》，1950 年 1 月、2 月，《建国以来刘少奇文稿》第一册，第 421—426 页；《毛泽东、周恩来为问候胡志明给刘少奇的电报》，1950 年 2 月 1 日，《建国以来毛泽东文稿》第一册，中央文献出版社 1987 年版，第 254 页。

从旁协助。毛泽东是以此为荣的。[①] 会见胡志明时，斯大林表达了同样的意思。胡志明当然希望能有更密切的苏越关系。2 月 16 日，斯大林设宴招待中国代表团，胡志明借参加宴会的机会，向斯大林提出越共也与苏联签订一个同盟条约。斯大林除了高度赞扬胡志明很有智慧，其他未置可否。[②] 实际上这也是不可能的，胡志明的访问仍然是秘密的，尽管他的政权已经被中国和苏联承认为越南的合法政府。

毛泽东回到北京不久，即接到罗贵波从越南前线发回的电报，他建议在中越边境的高平、老街等地区发动一场战役，打开中越边界的交通。罗贵波还提出需要向越共提供 15000 人的武器装备，以及派遣一批从营到军级的干部前往越军担任军事顾问。中国领导人接到电报后立即召开会议，讨论援越问题。[③] 这次会议大致确定了援越抗法政策，即通过提供军事援助和派遣军事顾问团的方式，帮助越共打败法国殖民统治。援越抗法政策从此形成。

从 4 月到 9 月，中国为了实施边界战役，立即向越共提供了各种枪支 15700 支，各种火炮及火箭筒 500 余，以及大量弹药、粮食、药品和通信器材等，并有大批越南军人进入中国边境地区接受军事训练和接收武器装备。[④] 与此同时，中央军委根据会议决定，立即任命韦国清为军事顾问团团长，并开始从各军区抽调军事干部，组建军事顾问团。4 月 17 日，中央军委向各野战军下达抽调干部组建顾问团的命令。组建工作于 5 月中旬完成，共调集从兵团

---

① 窦金波：《参加赴越军事顾问团纪行》，该书编写组：《中国军事顾问团援越抗法实录（当事人的回忆）》，中共党史出版社 2002 年版，第 191 页。

② 伍修权：《在外交部八年的经历 1950.1—1958.10》，世界知识出版社 1983 年版，第 13 页。

③ 参阅张广华《中国援越抗法重大决策秘录》，该书编写组：《中国军事顾问团援越抗法实录（当事人的回忆）》，第 28 页。

④ 中国军事顾问团历史编写组编《中国军事顾问团援越抗法斗争史实》，解放军出版社 1990 年版，第 44 页。

级干部到工作人员共 281 人。①

6 月 27 日，朝鲜战争爆发两天后，毛泽东、刘少奇和朱德等在中南海接见了军事顾问团的团以上干部。综合他们在此次会见中对援越抗法政策的阐述并结合分析此前决策过程，可以大致归纳出这项政策的基本特点，简单地说就是“积极援助，决不包办”。首先，援越抗法政策包含着比较复杂的动机，既有支援东亚革命运动的强大冲动，也有对国家安全的基本关照。前者最初是首要动力，后者既是动力也是制约，而且后来的影响越来越重要，这种变化同这个时期中国对外政策的发展和国家建设的进程是一致的，需要论证的是它们之间的相关性。

如前所述，毛泽东从一开始就表现出支援越共抗击法国殖民统治的巨大热情，他尤其强调这是中国的义务也是任务。从历史的发展看，援越抗法是新中国成立后第一次履行所谓的无产阶级国际主义的实践，其他中国领导人也是这样认为的，从他们的言谈和行为中可以感受到一种自认为特别崇高的神圣感和使命感。尤其是毛泽东本人，特别关注中国国际援助行为在道德层面的完美度。毛泽东对中国派赴越南的干部的一些谈话表明，在中国领导人的认知中，所谓无产阶级国际主义其实也是一种含混着儒家道德风范和历史经验的理念、道义原则。它在理论上是基于阶级认同的一种义务，必须是无私的和不可附加其他政治条件的。它在行为上则更近似于中国历史传统中行“王道”的伦理再现。

毛泽东在 6 月 27 日会见顾问团成员时，特别清楚地展示了他所理解的国际义务的道义基础，即取得国家政权的共产党“那就要帮助人家，这叫国际主义”。他号召顾问团的成员都要发扬很高尚的精神，因为越南是很艰苦的，“要打摆子，有牺牲的危险”，至于何时能回来则“不要急”。刘少奇、朱德也同样强调了援越

① 中国军事顾问团历史编写组编《中国军事顾问团援越抗法斗争史实》，第 3 页。

“是具有世界意义的”，是“重大的国际任务”。[①] 毛泽东还用了不少篇幅告诉军事顾问们应该如何做人。他尤为强调“搞好团结”，“不要看不起人家”，“要有老实、谨慎的态度”，“不能表现出我们胜利者的骄傲自满”，顾问团甚至要做到每日、最长一周便要“省吾身”的境界，要认真想想有什么地方做得不妥。

毛泽东的理想肯定是力图树立一个完美无瑕的国际主义形象，他甚至提到汉代那时起“中国曾经欺负过越南”，例如“马援征交趾”什么的，所以顾问团应该就这类历史问题向越共道歉，等等。总之，榜样的力量是无穷的，只要中国顾问们做到“高、大、全”，越共自然会心悦诚服的。至于中共中央对越共中央内部在土地改革等方面的分歧，他告诫顾问团只管帮助越共建军和打仗，对其他问题“要少发表意见”，让越共自己慢慢提高觉悟。刘少奇在会见中也发表了类似的谈话。[②] 毛泽东后来还亲自为王稼祥起草的军事顾问团《工作守则》中增加了这样一段话：“热爱越南人民的一草一木，尊重越南民族独立及越南人民的风俗习惯”等。[③] 这同他审阅彭德怀在志愿军与朝鲜人民军联席会议上的报告时加上的话十分相似，即“教育指挥员战斗员爱护朝鲜的一山一水一草一木，不拿朝鲜人民的一针一线”。[④] 在中共中央决定向越共提供武器装备的电报上，毛泽东时常会加上一句：“应该是好的和合用的”。[⑤]

中国领导人将国际主义同时视为一种人的道德体现，也是因为

---

① 于化辰：《援越抗法斗争中的韦国清同志》，该书编写组：《中国军事顾问团援越抗法实录（当事人的回忆）》，第 38 页；中国军事顾问团历史编写组编《中国军事顾问团援越抗法斗争史实》，第 6—7 页。

② 参阅于化辰《援越抗法中的韦国清同志》，第 38—39 页。中国军事顾问团历史编写组编《中国军事顾问团援越抗法斗争史实》，第 6 页。

③ 罗贵波：《无产阶级国际主义的光辉典范》，第 14 页。

④ 毛泽东：《志愿军要爱护朝鲜的一山一水一草一木》，1951 年 1 月 19 日，中共中央文献研究室、中国人民解放军军事科学院编《建国以来毛泽东军事文稿》上卷，军事科学院出版社、中共中央文献出版社 2010 年版，第 449 页。

⑤ 毛泽东：《关于援助越南武器的批语》，1950 年 3 月、4 月，《建国以来毛泽东军事文稿》上卷，第 125 页。

中共经历过的惨痛教训。罗贵波回忆说，毛泽东曾经对他“有些激动”地谈到“中央苏区”的共产国际军事顾问李德（Otto Braun）。在毛泽东心目中，李德的可恶之处不仅在于他给中共的事业造成莫大的损失，而且他为人也十分糟糕，令人生厌。“包办代替，盛气凌人，指手画脚，强加于人，像个钦差大臣，神气十足”。这种形象就是作为一个普通人也是面目可憎的，毛泽东断不能接受他的麾下战将们变成李德再现。他谆谆告诫罗贵波等千万小心谨慎，不要骄傲自满，否则中国援越将事与愿违。

中国领导人的政治经验是丰富的，他们并不相信仅仅靠思想工作就足可以使数千里之外的那些顾问军官不会做出不符合国际主义道德的事情，所以他们同时要求罗贵波，在处理与越共中央的关系时遇到重要问题必须“请示报告”。[①] 显然，中国领导人一开始就很注意塑造一种他们认为是新型的党际关系，中国在其中则应该扮演一种具有高尚道德的形象。他们对高尚道德的理解部分来自中国传统文化中的道德准则，部分来自同苏联交往的经验和感受。换句话说，他们认为苏联处理党际关系时那些使中国人感到不合理和不舒服的言行，即是不符合无产阶级国际主义道义的，中共中央应该加以避免。

中国领导人固然提倡高尚的无产阶级国际主义义务，不过他们也直截了当地表达了对中国地缘安全的关切。他们相信帮助越共“也对我们自己的安全有利”，是“一举两得的事”。[②] 在内战最后阶段，中国领导人一直将印度支那作为列强可能进行干涉的一个战略方向，从当时中越边境地区的局势看，中国领导人有理由对法国在印度支那的军事存在感到担忧，尽管这种担忧达到何种程度才是合理的这一点是需要认真鉴别的。法国人为了防止国共战争延伸到

---

① 罗贵波：《无产阶级国际主义的光辉典范》，第 12—13 页。

② 窦金波：《参加赴越军事顾问团纪行》，该书编写组：《中国军事顾问团援越抗法实录（当事人的回忆）》，第 190 页。

越南，在中越边境地区加强军事部署和军事侦察，不过他们的主要目的并不是要帮助国民政府，所以同时要求进入越南境内的国民党军队残部必须放下武器。真正的问题在于法国政府内部认为中共在夺取全国政权后，很可能会支持越共。[①] 正是在冷战开始向东亚蔓延的背景下，法国越来越多地向美国寻求援助，而美国也越来越明确地将印度支那当作实施遏制战略的一个新战场。

冷战向印度支那地区蔓延的过程中存在着两大阵营之间明显的互动。1950 年 2 月 1 日，即苏联等承认胡志明政权一天后和毛泽东说服斯大林邀请胡志明访问莫斯科的当天，美国国务院的一个工作小组提交了一份有关印度支那问题的报告，认为中苏正在共同努力“颠覆”反共的东南亚国家政府，那里“正处于落到共产党统治的危险之中”，法国军队“正在抵抗红色中国共产主义的向南扩张”，法国需要援助，美国的选择无非是“要么支持印度支那的法国人，要么眼看着共产主义在东南亚蔓延”。[②] 2 月 7 日，杜鲁门政府宣布承认法国扶植的保大政府。5 月 1 日，杜鲁门总统签署了向保大政府提供 1000 万美元的援助计划。与此同时，杜鲁门政府也宣布向法国提供援助。

朝鲜战争爆发后，杜鲁门政府在宣布对朝鲜半岛进行全面干涉的同时，也批准向印度支那地区提供军事援助和加强美国在菲律宾的军事力量。[③] 杜鲁门随后宣布向法国提供 1500 万美元的军事援助，美军在两天后用运输机开始在越南为法军空投物资，美国对法国殖民当局的援助当年即达到 1.5 亿美元。8 月 12 日，中国军事顾问团到达越南高平的广渊地区。9 月间，美国也应法国的请求，向越南派遣了一个军事援助顾问团，帮助法军训练越南军队和从事

---

① 参阅〔法〕于格·代尔泰《法国对中国在印度支那战争中的作用的看法》，杨保筠、于向东主编《变动世界中的奠边府战役与日内瓦会议》，第 118 页。

② Gareth Porter, *Vietnam: A History in Documents* (New York: New American Library, 1979), pp. 86 - 87.

③ 《杜鲁门回忆录》第二卷，第 400 页。

战略咨询。[①] 中国在朝鲜参战也极大地影响了美国对印度支那问题的战略思考。在此之前，美国认为在印度支那地区问题的核心是如何遏制苏联的影响扩大；中国参加朝鲜战争以后，美国则断定中国是美国在亚洲的直接威胁，美国东南亚战略的重点是致力于遏制中国的扩张主义。[②] 这种战略思维的转变酿成了后来美国在印度支那长达十年的失败的军事干涉。就当时而言，是杜鲁门政府决心给予法国越来越多的援助。

美国在东亚地区的全面干涉无疑加剧了中国领导人对印度支那地区的安全形势的担心。6 月 27 日，就在杜鲁门政府宣布加强对法国控制印度支那的援助的同一天，毛泽东和刘少奇都谈到朝鲜和越南对中国安全的重要意义。他们说美国在“朝鲜、越南的行动，是想造成对我们包围的形势，一有机会，就会直接对我们”，“唇亡必齿寒”。[③] 此后毛泽东的关注逐步向地缘安全倾斜。11 月，罗贵波从越南返回北京汇报工作，毛泽东在继续阐述了国际主义的崇高使命后，表达了对中越关系所具有的战略含义的解读，即双方有一个共同的敌人——法国。他说越共驱逐法国殖民者出越南，“中国的南部边疆也就解除了法国殖民者的威胁”。[④] 这时中国军队已经在朝鲜参战，可以肯定，有关是否入朝参战的讨论会直接影响到中国领导人的战略思维，大幅提升他们对地缘安全的重视。

对地缘安全的关切既是导致中国援越抗法的原因，也是导致中国领导人对越共“援助但不包办”的原因。中国领导人尤其是毛泽东，对援助越共抗法有相当高的热情，从一开始就没有拒绝过越共的要求。同样，他们也是在一开始就决定采取通

---

① George C. Herring, *America's Longest War: The United States and Vietnam 1950 - 1975*, p. 20.

② Russell D. Buhite, *Soviet-American Relations in Asia, 1945 - 1954* (University of Oklahoma Press, 1981), pp. 205 - 206.

③ 窦金波：《参加赴越军事顾问团纪行》，第 187、190 页。

④ 罗贵波：《无产阶级国际主义的光辉典范》，第 8 页。

过有限度援助越共的方针，即“不包办”。所谓不包办，首先就是坚持中国军队绝不直接到中国境外参加作战。中国领导人始终坚持这一原则，即使中国军事顾问在战争进展比较顺利的情况下提出中国军队进入边界越南一侧附近协助作战，也被中国领导人坚决否定。

1952 年 7 月 11 日，罗贵波在给中央军委的电报中提出，为了顺利完成西北战役计划，越共希望中国云南部队能参加作战。中央军委 10 天后复电明确予以拒绝，指出不能出兵深入越境配合作战“是早已确定的一条重要原则”。[①] 中国领导人之所以坚持不派遣军队直接参战，首先是为了避免引起美、英、法等国家对中国的军事干涉，这个原则是毛泽东在 1949 年渡江战役后答复斯大林时确定的。当时斯大林因为担心引起美、英、法干涉，建议中共军队占领西南中心城市后，不要急于向边境地区进军。毛泽东则坚持要控制全部国土，同时又通过不到境外作战来避免引起外国军事干涉。[②] 同时，中国领导人也不允许越共军队进入中国领土作战。1950 年 1 月 23 日，越共中央曾提出派部队进入中国领土协助中国军队截击国民党军残部，他们的理由是法军封锁了中越边界，越军无法在越境内采取行动。26 日，刘少奇复电越共中央，婉拒了越共中央的建议，他说国民党军队已经被消灭了，“越南部队不必到中国地界来”。[③]

如前所述，毛泽东是在莫斯科访问期间提出向越南派遣军事顾问的设想。提出这一设想也是学习苏联的结果之一，它同苏联在内战时期帮助中共的方式有关。在整个中国内战期间，苏联在向中共

---

① 中国军事顾问团历史编写组编《中国军事顾问团援越抗法斗争史实》，第 58 页。

② 《斯大林致科瓦廖夫转毛泽东电：给中共的意见》，1949 年 5 月 26 日；《毛泽东致斯大林报告：新政府筹建与国内状况》，1949 年 6 月 12 日。

③ 刘少奇：《中共中央为告国民党军残部已基本被消灭给印度支那共产党中央的电报》，1950 年 1 月 23 日，《建国以来刘少奇文稿》第一册，第 401—402 页。

提供援助时，包括向东北地区派遣技术顾问等，从未忽略尽一切努力避免给美国指责苏联介入中国内战之口实。访问莫斯科期间，毛泽东第一次会见斯大林时就曾提出，解放军攻打台湾时希望苏联秘密出兵参战。斯大林则表示，“援助的形式需要考虑周到，这里主要的问题是不给美国人的干预提供借口”，所以他建议派遣苏联的“参谋人员和教官”。[①] 这是后来苏联向中国派遣军事顾问的由来，很可能也是毛泽东遇到胡志明的求援时会想到派遣军事顾问的直接原因，因为同苏联一样，中国在印度支那也面临着不能给“美国的干预提供借口”的相似情况。实际上，中国领导人后来在派遣军事顾问的问题上也是相当谨慎的，他们坚持并非常注意军事顾问团必须采取秘密的方式。毛泽东曾经告诫即将赴越的干部们，“行动要绝对保密，不要张扬，连亲友也要保密”，顾问团在越南要有代号，要多穿便衣或越军军服。总之就是不要给美、英、法等国家“找借口的机会”。[②] 事实表明，中共领导人的谨慎是非常有必要的，这些措施对防止美国介入和后来的日内瓦谈判等，都起了重要的作用。

另外，在新中国成立初期，毛泽东战略关注的重点一直是在华北地区，他不希望因为过度援助越共而使中国军队被牵制在西南方向，以致难以应付他认为是主要的战略方向的突发事变。不久爆发的朝鲜战争证明，毛泽东对来自北方的安全威胁的顾虑是有道理的。中国军队在朝鲜参战后，毛泽东更不会派兵进入印度支那。不过，在印度支那半岛和朝鲜半岛的不同援助方式本身是需要进一步解释的，即毛泽东为什么宁可在朝鲜半岛用兵，而不愿中国军队直接卷入印度支那的战争。这同斯大林在印度支那问题上的态度至少有部分关系。有间接的研究说明，斯大林在胡志明秘密访问北京时就告诉还在莫斯科的毛泽东，希望中国担当起

① 《斯大林与毛泽东的会谈记录》，1949 年 12 月 16 日，第 56 页。

② 窦金波：《参加赴越军事顾问团纪行》，第 195 页。

世界革命的东亚部分的重任，出面援助胡志明，苏联则完全隐身幕后。[①] 苏联的消极态度将中国推到在印支地区发扬国际主义的前沿，实际上也给中国的政策造成了限制。

当中国军队大规模跨过鸭绿江时，中国领导人继续坚持不在印度支那用兵。这在越共看来肯定不是那么容易理解的，尽管他们在中国的决策中并无置喙的空间。胡志明是很愿意将越南抗法战争同北朝鲜的战斗相提并论的，曾经提出要组织一个越南慰问团前往朝鲜。他说过北朝鲜的胜利“同时也是我国人民的一个胜利”。[②] 所以中国出兵朝鲜对中越关系的潜在负面影响是肯定存在的，尤其是在中国参加朝鲜战争后，中国领导人甚至拒绝在靠近中越边界地区实施小规模的支援作战。毛泽东甚至不允许越军将法军战俘送到广西境内。[③] 事实表明，中国领导人坚持这一原则对维护中国的安全环境无疑是必要的。因为美国政府也无意直接卷入印度支那的战争，特别是中国军队参加朝鲜战争以后。不过美国也是有条件的，一旦中国军队直接在越南作战，美国将至少会派遣海空军参战，甚至有可能用海空军攻击中国本土。[④] 越共领导人也许会寄望于中国在朝鲜战争结束后断然出兵印度支那。毛泽东显然注意到了这个问题，实际上他不仅要向越共方面解释朝鲜局势，而且还需要首先向派驻越南的中国代表解释清楚，中国在朝鲜和越南的援助“意义同样重大”，出兵朝鲜和不出兵越南都是根据那里的“实际情况”。至于越南到底是什么“实际情况”，导致甚至军事援助也都必须是秘密的，他并没有具体说明过。[⑤]

---

① 参阅张广华《中国援越抗法重大决策秘录》，第 23 页。

② 胡志明：《一九五三年庆祝八月革命节和国庆节的号召书》，《胡志明选集》第 2 卷，人民出版社 1962 年版，第 254 页。

③ 毛泽东：《在争夺战中大量歼敌有生力量是很有利的》，1950 年 9 月 21 日，《建国以来毛泽东军事文稿》上卷，第 215 页。

④ George C. Herring, *America's Longest War: The United States and Vietnam 1950 - 1975*, p. 22.

⑤ 罗贵波：《无产阶级国际主义的光辉典范》，第 5—6 页。

从援越抗法政策形成期的指导思想和实践看，“不包办”在当时也包含了不能漫无节制地全部满足越共对援助的要求。越共从一开始提出援助就有索要无度的倾向。最初到北京的李班等二人便开出包括1000万美元的惊人的援助清单，以致刘少奇对这两位代表提出的那些需求的必要性都深表怀疑，他坚信必须要派人到越南前线了解实际情况后再做决定。胡志明第一次到北京，也提出了包括援助飞机这样几乎是漫无边际的要求。他从北京回到越南不久，又提出要求中国提供人员、各种物资和装备，以及3000吨粮食等。① 毛泽东在莫斯科时固然更为慷慨一些，但回到北京后也有所改变。

从1950年4月开始向越南运送援助起，在云南地区直接负责援助工作的部队便报告中共中央，越共“要求数目太大，实无力供给”。他们甚至拒绝向越方提供粮食。刘少奇指示陈赓等，应根据越共确实需要和中国有支付能力等两个标准提供，并向越方解释清楚，至于粮食等则不可完全拒绝。② 中共中央在给罗贵波的电报中也告诫不必有求必应，“当尽可能满足越方要求，不能办到者则无法供给”；其他物资可暂时作为军事援助，都要记录在册，将来越方有能力时“可要求他们偿付一部分物资”，现在先帮助越共作战为主。③ 实际上，中国领导人在援越抗法期间一直在试图控制住越共索要援助的“胃口”。

中国领导人的上述行为同他们在中国革命中的经历有部分关系，特别是同他们在革命时期处理苏联援助问题的经验有直接关系，在这方面他们是无愧于心的。在6月27日会见顾问团成员时，中国领导人就专门提出了越共也必须要学会“自力更生”。毛泽东

---

① 胡志明给中共中央的电报内容见《建国以来刘少奇文稿》第二册，第44页。

② 刘少奇：《中央关于帮助越南部队来云南整训和装备的电报》，1950年5月23日；《关于支援越南粮食及解决援越物资运输问题的电报》，1950年6月17日，《建国以来刘少奇文稿》第二册，第186—187页。

③ 《刘少奇年谱1898—1969》下卷，第186、249页。

很清楚地说明，“不可能把他们的需要包下来”。朱德说，靠中国的帮助“不是唯一办法”，中共军队是靠夺取敌人的武器和自己生产武器打赢了内战，所以无论如何也要帮助越共建立根据地，“坚持自力更生原则”。[①] 罗贵波曾经当面向毛泽东直陈越方提出的“援助计划太大，要求过高”。毛泽东实际上也接受了罗贵波的判断，他说越方这样做可能是由于对彼此情况缺乏了解、缺乏经验，所以“要耐心帮助他们”。换句话说，就是用柔性劝说的方式劝告越方不要索要太多。中方的原则就是提供那些“凡是越南实际需要的，我们又有的”。[②] 后来中国在援越过程中遇到的问题表明，中国领导人坚持这一原则是很有必要的。

1951 年 3 月 18 日，胡志明打电报给中共中央，要求援助 1500 吨大米、150 辆汽车、夏衣 10 万套等。中共中共很快就决定先援助大米 500 吨。[③] 5 月 15 日，胡志明又一次打电报给中共中央，说越南“正处于青黄不接期间，如无援米必告断炊”。他提出再迅速提供 1500—2000 吨大米。刘少奇第二天即批示“如有办法，给他们运去此批粮食为好”。23 日，中共中央通知胡志明，同意分两批运给越共 1500 吨大米。但是实际情况是越共并没有接运这批粮食的能力，而且管理十分混乱。6 月 21 日，中共中央致电越共中央，告诉他们 3 月间运到越南老街邻近的河口镇的 500 吨大米“你们迄今仍未运走”。在这种情况下“再送去恐受损失”。[④]

不仅在粮食援助方面如此，在武器装备援助方面也存在类似的问题。中国领导人在 1951 年初即感到，越共会“随便开出要求援助的货单，有时数目很大”，有些要求甚至“完全不近情

---

① 中国军事顾问团历史编写组编《中国军事顾问团援越抗法斗争史实》，第 6 页。

② 罗贵波：《无产阶级国际主义的光辉典范》，第 8 页。

③ 刘少奇：《关于援助越南粮食问题的批语和电报》，1951 年 4 月 30 日，《建国以来刘少奇文稿》第三册，第 157—158 页。

④ 刘少奇：《关于援助越南粮食问题的批语和电报》，1951 年 5 月 16 日，《建国以来刘少奇文稿》第三册，第 362—363 页。

理”。他们要求中国军事顾问团对越共的援助请求“均应做负责的审查”，不合理或不可能的要求“均应删除或减少”，而且要向越方说明必须爱护武器弹药。[①] 5 月 2 日，刘少奇在给中国军事顾问团的电报中专门谈到援越武器装备的管理问题。他说根据来自南宁的报告，援助越方 250 辆汽车，越方只领走 65 辆，而且交送越方的物资“保管甚差”，公路两旁“遗置很多弹药”，都已经生锈不能使用，仅运回的报废弹药就有 300 余吨。他指示罗贵波等将此情况转告胡志明，并要求军事顾问团今后必须审核越方提出的军事援助项目是否为必要。[②]

随着抗美援朝战争的发展和由此引起的中国财政状况的变化，中国对越援助难免要受到影响，中国政府逐步加强了对援越物资的管理和控制，这包括逐步解决由于内部管理上的问题导致的援越物资的支付混乱。1951 年 4 月 7 日，华南分局电告中共中央，越共中央派驻海南岛的联络人员向海南区党委大量借款，希望中央迅速指示中南军政委员会华南分会拨付。刘少奇在复电中指示说，以后越方借钱必须事先做出预算并经中共中央批准后才能拨付，海南区党委“不得任意借给他们”，以前未经批准即借给“也是错误的”。[③] 8 月 10 日和 13 日，罗贵波向中共中央报告了越共的财政问题和中越贸易情况。他说中越之间贸易很不平衡，中方已经向越南提供了价值 210 亿元人民币的物资，越方表示一年后才能偿付 150 亿元的物资，同时又提出中方再提供价值 350 亿元的物资，而他们并没有那么大的实际需要。他认为“中越贸易目前不可能成为正常的贸易关系”。中共中央在回复中表示不同意他对中越贸易的看

---

① 刘少奇：《关于援助越南武器装备问题的批语和电报》，1951 年 1 月 31 日，《建国以来刘少奇文稿》第三册，第 64—65 页。

② 刘少奇：《关于改善援越物资管理等问题的电报》，1951 年 5 月 2 日，《建国以来刘少奇文稿》第三册，第 290—291 页。

③ 刘少奇：《关于越南劳动党驻海南岛办事处经费问题的报告》，1951 年 4 月 10 日，《建国以来刘少奇文稿》第三册，第 271 页。

法，指出中越贸易“只能按照一般贸易规则进行等价交换，不能与财政援助混同”，越方要尽可能发展出口物资的生产以偿付中方出口物资，这一点必须告诉越共中央。[①]

另外，中共中央力求通过帮助越共中央建立财政制度来支持其战时经济，而这套财政制度基本上是从中国革命时期根据地的制度复制的。从 1951 年初开始，罗贵波等中国代表做出巨大的努力，帮助越共中央解决财政问题，包括学习中共在革命时期的经验建立财政制度，抓紧生产和贸易活动，等等。中国领导人指示罗贵波转告胡志明，越共中央“可用自力更生的办法在基本上解决”战时财政问题，重要的是越共中央需要认识到，自力更生是“坚持长期斗争，战胜法国殖民者一项十分重要的基本战略”；并告诉罗贵波等，“一切问题能在越南用自力更生办法可以解决者，应力求在越南就地解决”。[②]

罗贵波等的工作是卓有成效的，他们帮助越共中央建立了一套比较完整的财政制度，这对越共的战时经济起了相当重要的积极作用。4 月 14 日，罗贵波报告中共中央，经过整顿税收、控制货币发行、严格财政管理等，越南争取当年财政接近平衡“是有客观条件的”。[③] 5 月 31 日，胡志明打电报给中共中央，报告越共的财政状况。他说他们无法解决“收少支多的困难”。三周后，刘少奇在复电中很清楚地告诉他，越南人民很勤劳，越南物产也很丰富，加上有了越共的正确领导，“你们预算中的收入是可以超过的，你们的开支也可以节省一些”，总之，越共的财政困难是可以“进一步克服”的。[④] 中国领导人非常希望越共中央能从中国革命经验中

① 刘少奇：《中央关于中越贸易等问题给罗贵波的指示》，1951 年 8 月 16 日，《建国以来刘少奇文稿》第三册，第 674—675 页。

② 刘少奇：《关于越南克服战时财政经济困难的电报》，1951 年 4 月 20 日，《建国以来刘少奇文稿》第三册，第 275—277 页。

③ 参见《建国以来刘少奇文稿》第三册，第 276—277 页。

④ 刘少奇：《关于越南可以进一步克服财政困难问题给胡志明的电报》，1951 年 6 月 25 日，《建国以来刘少奇文稿》第三册，第 502—503 页。

学会自力更生，而且中国也不愿继续有求必应了。

中国领导人对越南抗法战争的时间是有基本判断的，他们认为胡志明和越共将法国人赶出去的斗争将是长期的，不可能很快结束。朱德在会见中要求军事顾问们要做“长期艰苦奋斗的打算”。按照刘少奇的估计，军事顾问团要准备至少驻越三年时间。[①] 这个时间估计是有意义的，它实际上提供了中国领导人大致愿意承担援越抗法的时间底线。后来的发展是从开始援越到印度支那停战，差不多用了四年时间。

对援越抗法将持续多长时间的判断是决策的战略层面的需要，不过中国领导人提出这个问题也同他们面临的具体问题有直接关系，即有些被选出来的干部不愿意到越南去当军事顾问，后来还出现有的干部到越南后又不愿意在那里长期工作的问题。6 月 27 日会见顾问团成员是刘少奇第一个讲话，毛泽东因为有事晚到。刘少奇一开始就提到有人不愿意去越南工作，他要求不愿去者可以提出理由。然后他才讲到援助越共对实行国际主义和保卫国家安全意义颇为重大，以此鼓励军事顾问们勇于担当重任，拿出马革裹尸的精神和勇气。毛泽东在谈这个问题时展现了很务实的一面，他说顾问们要去的地方会很艰苦，所以手表、皮鞋、钢笔一类“统统满足他们的要求”，“他们的津贴也增加点”。[②]

从后来的情况看，军事顾问团长期在越南工作还是引起了一些内部问题，由于条件艰苦和战争残酷而情绪有些低落，一些顾问团军官要求提前回国。毛泽东在听取罗贵波汇报这类问题时说他想起了加拿大的白求恩，他非常希望那些军官都能像“国际主义战士”一样在越南坚持下去，当然他也知道这并不容易。[③] 这个问题很可能也是影响中国决策的重要因素之一，特别是 1953 年夏季恰好是朝鲜战争结束

① 中国军事顾问团历史编写组编《中国军事顾问团援越抗法斗争史实》，第 7 页。

② 窦金波：《参加赴越军事顾问团纪行》，第 186、197 页。

③ 罗贵波：《无产阶级国际主义的光辉典范》，第 14 页。

时，军事顾问们按照中国领导人最初的设想在越南打了恰好三年。

在援越抗法政策中最具典型意义的是中国为在越南推广中国革命经验的努力。毫无疑问，中国领导人和军事顾问团的干部都相信，中国革命经验在东亚民族解放运动中是普适的，各国人民首先是越南人民需要认真学习并运用这些经验。不过，他们并不希望重蹈苏联人强加于人之覆辙，而是相信模范的行为更有感召力，靠着积极无私的援助和军事顾问团展现的道德风貌，越南人民最终一定会学习中国好榜样，更何况中共刚刚在东亚最大的土地上取得堪称伟大的成功。无论哪个中国领导人都在提醒前往越南的干部，一定要谦虚谨慎，对越共的错误都不要去批评，他们相信越南人自己会学习中共的革命经验。中国领导人曾谆谆告诫顾问们不要有“胜利者的骄傲情绪”，不要“强加于人”，“不能摆大国的架子”。[①]

罗贵波到越南后曾经受到中国领导人的多次告诫，他本人相当严格地践行了毛泽东等强调的道义原则，很少介入越共中央的政治事务，尤其在涉及越共党内的问题上谨言慎行，他十分注意避免给人以干涉内部事务之嫌，认为这是关系到道义高度的原则性问题。1951 年 6 月 2 日，罗贵波向中共中央报告了他是如何处理与越共中央的关系的。他说会经常受到邀请参加越共中央政治局会议，并被要求提供意见。他坚持的原则是能不参加的会议就不去参加；只提自己了解情况的意见、成熟的意见和对方可能接受的意见；重要问题先向中共中央报告和请示，凡涉及越共内部的人事、历史等问题均不参与、不发表意见。他坚守的这些原则得到中国领导人的首肯，当然他们希望他还是可以更积极一点。[②]

罗贵波等态度之严谨甚至招致胡志明向中国领导人抱怨，说他们“太谦虚了”。1951 年 11 月，胡志明当面向毛泽东提出，邀请

---

① 中国军事顾问团历史编写组编《中国军事顾问团援越抗法斗争史实》，第 6 页。

② 刘少奇：《中央关于罗贵波参加越南劳动党会议及提供意见时应采取态度的指示》，1951 年 6 月 25 日，《建国以来刘少奇文稿》第三册，第 504—505 页。

罗贵波参加越共中央政治局会议。毛泽东当时即表示接受，但在胡志明走后告诉罗贵波，必须要谨言慎行。此后罗贵波向越共中央提出任何建议之前，都会事先请示中共中央，并在得到确切的指示后才采取行动。中国领导人希望得到的不仅是越南人最终按照中国革命开辟的道路走下去，而且要他们心悦诚服，这才是“无产阶级国际主义”的最高境界和最佳效果。苏联人就是没有做到这一点，中共领导人才对他们很不满意。

援越政策开始执行后，越共对中国革命经验的态度显然是受到关注的。初到越南的罗贵波很快就发现，越共对中国革命的经验似乎并不重视，并将此报告中共中央。5 月 8 日，刘少奇在复电中提醒罗贵波，“根本不要用过多的心思去注意越南同志这些毛病。更不要去批评他们这些毛病”。他所说的“毛病”如罗贵波的观察，包括越南人“害怕说出自己的缺点错误，对中国革命的经验不重视，更多地依赖外援，随便开口要帮助等”。刘少奇要求罗贵波“诚恳老实和热情地”在各个方面提出建议并介绍“中国的经验”，假以时日就会有效果。[①] 20 多天后，6 月 2 日，罗贵波即电告刘少奇，他经过多方了解证明自己过去是判断“有偏差，应予纠正”，越共中央“基本上都是欢迎和接受中国革命的经验的，他们一致认为中国革命的许多经验，尤其是中共已经总结与纠正的缺点和错误中的经验，基本上适合和适用于越南”。不仅如此，越共中央还认识到“过去越南得不到解决的问题，现在有了解决的图景，过去找不到的方向，现在有了指针”。[②] 现在还无从知晓越共领导人为什么会有如此之大的转变，或者说罗贵波是如何在这么短的时间里发现了越共中央与过去看到的竟是如此不同。刘少奇很快回电表扬罗贵波说：“你对越南同志重视与学习中国革命经验一点，改正

---

① 刘少奇：《中央对罗贵波在越南工作的有关问题的指示》，1950 年 5 月 8 日，《建国以来刘少奇文稿》第二册，第 146—147 页。

② 《建国以来刘少奇文稿》第二册，第 211 页。

以前错误的看法，是很好的。”他鼓励罗贵波和其他人在“介绍中国革命经验方面可以多做一些工作”，但“绝不可性急，不可自以为是”。①

战争期间，只有打胜仗才是最重要的。越共对中国革命经验的态度是在边界战役后根本改变的，越共中央由于战争的胜利而信任中国军事顾问团。在边界战役发起之前，越军原拟先攻占高平。陈赓到达越南后提出先攻占东溪，取得中共中央同意后便开始说服越军指挥员。他在说服中使用的主要论据就是中国革命的经验，即“集中优势兵力，消灭敌人的有生力量”。战役结束后，胡志明给中共中央发电报说：他认为边界战役的胜利“是革命的国际主义的毛泽东路线的胜利”。② 10月下旬，越军召开边界战役总结会议，越共主要领导人均出席。陈赓在会议上的发言是很直截了当的，就是“深刻阐述了毛泽东人民战争思想和人民军思想”，还介绍了“中国革命战争经验”。胡志明在发言中很重视评价中国援助的作用，他说边界战役的胜利是“无产阶级国际主义的胜利”。长征的发言肯定是最令中国领导人鼓舞的。他说边界战役是“毛泽东军事思想同胡主席思想相配合的胜利”，特别是越军指战员从战役实践中认识到了“毛泽东军事思想不仅适用于中国，也完全适用于越南抗法战争”。③ 越共中央此后一直宣传，越南革命需要学习苏联和中国的经验，但是“要特别注意学习中国的经验”，因为中国的经验“最适合我国的环境和水平”。④

此后不久，罗贵波再次回国述职。毛泽东在认真听取前者的汇报后，对中国以谦虚的姿态履行国际主义义务将效果更好这一

① 刘少奇：《中央关于援越工作的有关问题给罗贵波的电报》，1950年6月7日，《建国以来刘少奇文稿》第二册，第210页。

② 罗贵波：《无产阶级国际主义的光辉典范》，第7页。

③ 中国军事顾问团历史编写组编《中国军事顾问团援越抗法斗争史实》，第24—25页。

④《外交胜利纪念日》，越南《人民报》1953年1月12日，郭明、罗方明、李白茵编《现代中越关系资料选编》（上），第11页。

点更加坚信不疑，而且他本人的感觉也随之迅速升华。罗贵波回忆说，毛泽东当时即提出中国的援助应该是“无私的、无偿的、不附带任何政治条件的”。这大概是后来中国阐述对外援助的道义原则的最初版本。罗贵波也很感动，认为毛泽东的“这种国际主义也是世界上罕见的”。[①] 总之，同苏联相比是很不一样的。

关于越南的这段经验也影响到毛泽东当时处理同金日成的关系。此时，在朝鲜战场的第一次战役刚刚结束，中朝两军之间的作战指挥协调也出现了困难，主要是朝鲜方面不接受志愿军司令部的军事指导。11 月 12 日，毛泽东在给彭德怀的电报中说：志愿军向朝鲜提出的意见都是适当的，不过表达要采取“委婉曲折的与温和的态度”。他认为中朝军队的“争论和分歧在相当长的时间内存在着，要待打了很多的胜仗，中国同志的意见在事实上多次证明是正确的，那时才会被朝鲜同志所赞同和信服”。[②]

毛泽东的信心来自越南的经验，他相信金日成等最终会因为军事上的胜利而承认毛泽东军事思想和中国革命的经验也是适用于朝鲜半岛的。边界战役总结会议后越共中央的行动进一步加强了毛泽东的信心。1951 年 2 月，越共召开第二次全国代表大会，其中一项议程就是确认中国革命经验和毛泽东思想的指导地位。大会通过的党章规定：“越南劳动党以马、恩、列、斯的学说和毛泽东思想与越南的革命实践相结合作为党的思想基础和一切行动的指南。”[③] 此次大会前后，越共中央的《人民报》不断发表文章，阐述学习中国革命经验的重要意义。

向越南推广中国革命经验的堪称经典的范例是在越军中展开类似中共军队在全面内战爆发后展开的“新式整军运动”。1952 年冬，胡志明再次访问莫斯科，向斯大林请教越南革命运动的一些所

① 罗贵波：《无产阶级国际主义的光辉典范》，第 7 页。

② 毛泽东：《与朝鲜同志商谈应注意方式》，《建国以来毛泽东军事文稿》上卷，第 348 页。

③ 《沧海一粟：黄文欢革命回忆录》，解放军出版社 1987 年版，第 277—278 页。

谓重大问题，其中之一是在越南发动土地改革。1953 年 1 月，越共中央四中全会通过决议，准备实行土地改革。3 月初，胡志明与韦国清从中国同车返回越南。胡志明在途中告诉后者，越共中央将根据斯大林的建议开始推动土地改革，他表示希望中国方面多提供帮助，并暗示越共决定推动土地改革是斯大林“他老人家”的意思。据描述，韦国清当时立即想到了中国革命的经验，并告诉胡志明土地改革对夺取全国政权影响很大。鉴于越南土改展开后越军中有可能出现波动，他提出进行土地改革的同时，在越军中“也要进行教育和整顿”，即开展新式整军运动。[①] 在军事顾问团的指导下，越军模仿中共军队在内战时期的整军运动，在部队中展开政治教育，包括动员战士用自身经历控诉受到的剥削和压迫，以激起能起到鼓舞斗志的“阶级仇恨”。有的越军部队还观看了电影《白毛女》，据描述“当场有十余人哭倒”，“有一个战士跑到银幕前枪打‘黄世仁’”。[②] 这里描述的越军反应同当年中共军队几乎是一样的，可见效果甚佳。这个记载是个活生生的例子，直接向中国领导人证明，中国革命经验事无巨细，对东方的革命运动的确都是有普适性的。

从 1950 年的边界战役到 1954 年的奠边府战役，中国顾问团指导越共军队取得了一系列军事胜利。在援越抗法期间，中国是向越共提供援助最多的国家，而且向越南提供军事援助的规模是巨大的，包括各种枪支 15.5 万多支、枪弹 5785 万多发、火炮 3692 门、炮弹 108 万多发、手榴弹 84 万多枚、汽车 1231 辆、军服 140 万多套、粮食和副食品 1.4 万多吨、油料 2.6 万余吨，以及大量其他各类物资。到停战时，越共军队已经达到正规军 28.4 万人，并成为一支多兵种的正规化军队。没有中国的援助，越共是否能取得这样

① 于化辰：《援越抗法斗争中的韦国清同志》，第 66—67 页。

② 中国军事顾问团历史编写组编《中国军事顾问团援越抗法斗争史实》，第 84 页。

的成就是相当有疑问的。尽管如此，双方的军事合作中仍然存在一些问题，包括援助的项目和数量上中国并不能也不愿满足越共的全部要求，中国军事顾问在日常工作中对越军的态度，越军中对中国军事顾问的不信任，等等。双方在军事战略方面的分歧相对来说影响比较深。

从越共抗法战争的过程看，中国军事顾问团对越军的军事战略一直有比较大的影响，这既是因为中国军事顾问具有更为丰富的作战经验，也是因为越军在军事上对中国的依赖。实际上如果没有中国的援助，越军发动较大规模的战役几乎是不可能的。不论是战略谋划还是在具体战役设计过程中，中国军事顾问团的意见往往是决定性的，而中国军事顾问团则是接受中共中央的直接指挥。可以说当时中国军事顾问团的主要战略设想均反映了中共中央的看法。

1951 年夏季，朝鲜战场上双方以三八线为界形成的战线基本固定后，中共中央在印度支那的战略指导也越来越明确，其主要原则就是集中越军主力部队，逐步夺取越南北部和老挝上寮的战略要点，在越南北部和老挝建立大片的战略根据地，这些根据地都是背靠中国的。

在经过三次平原战役后，1952 年 2 月 16 日，从北京回到越北不久的罗贵波即提出，当年下半年发起西北战役，然后再挥师进入老挝作战。这个作战计划获得中共中央的同意，中国领导人认为“帮助老挝解放，甚为重要”。[①] 3 月 18 日，越军军委召开会议，讨论西北作战计划。会上多数越军干部表示不赞成中国军事顾问团关于在 9 月开始组织西北战役的计划。他们的理由是多种多样的，其中有一些反映了对中国战略意图的深刻猜疑，而且这种猜疑后来被证明基本上是不会改变的。根据韦国清向毛泽东的

① 参阅中国军事顾问团历史编写组编《中国军事顾问团援越抗法斗争史实》，第 56 页。

汇报，当时越军的高级干部中甚至有人认为，中国军事顾问团建议发动西北战役的目的是为了巩固中国的边境地区，“是因为对中国有利”。[①]

中国的战略规划中是否有这样的意图是值得研究的。按照毛泽东最初的战略设想，中国军事顾问团一开始就应该帮助越军在背靠中国的地区打开局面，建立稳定的根据地。这一战略规划被逐步贯彻到中国军事顾问团的作战计划中。1950 年 12 月上旬，中国领导人已经形成了先完全控制北部地区然后再进攻中部和南部的战略思路。[②] 做这种战略选择首先是中国革命的经验使然，尤其是中共在战后控制东北地区、背靠苏联，从而获得了安全的战略基地，并能方便地从苏联得到大量的援助。另外，也同中国军事顾问团对越南的战略环境看法有关。他们认为，越南南部地区离指挥中心远而且被法军封锁，交通联络很困难，“军事工作的办法很少”，所以南方应发展游击战“配合北部战场”，战略重点则应放在北部地区。[③]

如果熟悉中国的传统战略思想，甚至可以推断中国领导人会下意识地选择那种战略。例如王砚泉在总结 1950 年 9 月到 10 月发动的边界战役的意义时就指出：“边界战役的胜利迫使法国侵略军设在中越边界的大小据点绝大部分撤退了，使得逃亡越南的国民党残余匪特失去了支持，有利于中国广西、云南当时正在进行的肃清匪特的斗争，有利于中国巩固南部边疆的国防。”[④] 边界战役的实际情况也是如此，越军攻占了 5 个重要的城镇，控制了长达 750 公里的毗邻中国的边境地区，越北根据地同中国连成了

---

① 于化辰：《援越抗法斗争中的韦国清同志》，第 75 页。

② 毛泽东：《请求苏联帮助解决汽车和汽油问题》，1950 年 12 月 8 日，《建国以来毛泽东文稿》第一册，第 403 页。

③ 刘少奇：《中央关于暂时不派中国顾问到越南南部游击区的电报》，1951 年 3 月 12 日，《建国以来刘少奇文稿》第三册，第 155—156 页。

④ 王砚泉：《越南边界战役前后的陈赓同志》，该书编写组：《中国军事顾问团援越抗法实录（当事人的回忆）》，第 129 页。

一片。后来相继实施的西北战役、老挝上寮战役、奠边府战役等，差不多都同完全控制越北与中国接壤的地区有关，其结果当然包括“有利于中国巩固南部边疆的国防”。中国领导人也是基于这样的理由认为中国和越共是相互支持的。另外，当时中国本身的确正面临持续恶化的战略环境。中国军队参加朝鲜战争后，美国开始在东南亚构筑针对中国的军事包围圈。1950 年 10 月，美国首先同泰国签订了《泰美军事援助协定》；12 月 23 日，美国同法国和保大政府签订了正式的军事援助协议。1951 年夏季，美国加快了行动。8 月，美国同菲律宾签订《共同防御条约》；9 月同澳大利亚和新西兰签订了《澳新美安全条约》。在美国加强军事包围的背景下，中国领导人对印支战争的战略思考不可能不受到影响，这是合乎逻辑的反应。

1952 年 9 月下旬，胡志明秘密访问北京，通过同中国领导人的直接沟通和协调，西北战役计划才最终确定下来。10 月 18 日，越共中央政治局召开会议，韦国清、罗贵波等参加。会议决定执行胡志明与中共中央商定的原则，按计划发动西北战役。[①] 西北战役的胜利导致中国军事顾问团参与到随后展开的老挝作战之中，中国援越抗法随着越军进入老挝作战而实际上超出了越南境内。中共中央提出发动上寮战役的目的是为了巩固西北战役的成果，将越共的西北根据地与老挝北部连成一片。对中国来说，同时也就是在中越、中老边境形成了一道屏障。

越共领导人所暴露出来的猜疑并没有因为西北战役和随后发动的上寮战役取得巨大的胜利而消除，尽管那里形成的局面对他们也是非常有利的。可以说没有这些战役打下的牢固基础，就没有后来奠边府战役的胜利。1953 年夏季，中国军事顾问团开始策划冬季作战和随后发动的奠边府战役。这时在越军干部中再次

---

① 参阅中国军事顾问团历史编写组编《中国军事顾问团援越抗法斗争史实》，第 60 页。

出现波动，用韦国清向毛泽东汇报时的话说就是“旧病复发”，他们再次猜疑中国军事顾问团的作战计划的动机。中国领导人则坚持无论如何应按照中方的战略规划，完全控制越南西北部地区和老挝的上寮。他们这时已经掌握了法军的纳瓦尔计划，该计划的主要内容是企图经过持续作战，最终在越北地区消灭越军主力。这个计划于 7 月开始执行，法军从北部到中部、南部展开扫荡作战。

11 月 20 日，法军空降部队攻占西北重镇奠边府。在中国领导人看来，这个得到美国支持的纳瓦尔计划如果实现，不仅对越共不利，而且很不利于改善中国西南方向的安全环境，所以有必要做出反击，绝不允许法军在越西北地区获得立足之地。1953 年 11 月 24 日，韦国清在越共总军委高级干部会议上全面阐述了发动冬季攻势的意义，他说继续将越北作为战略方向是符合实际情况的，做这样的战略选择也是同中国革命的道路一样的。① 越军再次接受了中国军事顾问的作战计划。由于法军调整军事部署，越军的冬季攻势后来很快发展成奠边府战役。该战役的发生有其军事上的原因，但它已经在为即将召开的日内瓦会议的外交折冲服务，而且随着有关国家达成印度支那停战协议，奠边府战役成为停战前的最后一战。当周恩来在日内瓦会议上提出并坚决贯彻在越南以南北分界停战的方案时，中国军事顾问团提出并贯彻的一系列军事计划造成的战略局面变得如此清晰。毛泽东的无产阶级国际主义最终达到这样的落脚点：中越是互相支持的。

到 1954 年 5 月，中国帮助越共军队相继取得了边界战役、中游战役、东北战役、宁平战役、西北战役和奠边府战役等重大的军事胜利。中国援越抗法的一个成功之处是，它既没有将中国拖入境外战争，也没有影响中国国内的议程，因此有关的政策从未在中国决策层引起任何重大的争论。

---

① 王砚泉：《越南边界战役前后的陈赓同志》，第 81—83 页。

跨过鸭绿江

1950年1月30日，斯大林从克里姆林宫发给金日成一封电报。他在电报中告诉后者，用武力统一朝鲜“必须组织得不冒太大风险”。斯大林说他本人“随时准备接见”金日成，而北朝鲜为斯大林这个决定付出的代价不过就是每年向苏联提供“25000吨铅”。[①] 苏联驻朝鲜大使什特科夫本来就热衷于帮助金日成实现梦想，他在接到斯大林电报的当天即会见了金日成。他在会见后给斯大林的电报中描述说，“金日成十分满意地听取了我的转告”。可能是因为太出乎预料，金日成“为了再听准确些”，又问了一遍是不是真的可以“去会见斯大林同志喽”？什特科夫的回答是确定的。[②]

当时毛泽东正在莫斯科，他花了不少时间同斯大林讨论苏联应该承认胡志明的越南民主共和国，以及中国将承担起援助越共抗法战争的重任，等等。很可能就是在斯大林给金日成发电报的当天，毛泽东还给斯大林打了电话，探讨胡志明是不是可以公开访问莫斯科。[③] 他或许并不知道，斯大林这时正在考虑支持北朝鲜武力统一朝鲜半岛，这一决定的严重后果是将中国拖入一场同美国的战争。毛泽东在莫斯科是有可能同斯大林讨论过朝鲜半岛问题的。实际上，早在1949年5月间，金日成的代表金一秘密访华时，便同毛泽东谈过此事，毛泽东当时要求北朝鲜打消主动发起进攻的念头。根据苏联人的表述，毛泽东很清楚地表示，中共会帮助北朝鲜同志，但是后者只有在遭到来自南方进攻的情况下才能指望中国兑现

---

① 《史达林关于同意会晤金日成讨论统一问题致什特科夫电》，1950年1月30日，沈志华编《朝鲜战争：俄国档案馆的解密文件》上册，第309页。

② 《什特科夫关于金日成准备访苏事宜致史达林电》，1950年1月31日，沈志华编《朝鲜战争：俄国档案馆的解密文件》上册，第310页。

③ 《建国以来刘少奇文稿》第一册，第425页。

承诺。[1]

毛泽东在访问莫斯科期间的确同斯大林讨论过北朝鲜急于发动军事进攻的问题，时间应是在1月19日至30日之间。他们当时并没有得出什么结论，而是决定以后再说。[2] 问题是这样的会谈导致的结果是中国事实上被卷入其中，所以斯大林后来做出支持北朝鲜实施进攻计划时，需要借金日成之口转达他变卦的消息。4月10日，斯大林在莫斯科秘密会见金日成，双方就北朝鲜将采取的军事行动达成了一致意见。如前所述，金日成于5月13日秘密访问北京，根据斯大林的指示向毛泽东报告莫斯科会谈的决定。周恩来当天紧急会见苏联驻华大使罗申（N. Roschin），要求确认斯大林本人是否真的同意金日成的计划。罗申在给莫斯科的电报中说："中国同志请求速速回电。"[3] 第二天，斯大林通过苏联驻华使馆告诉毛泽东，他"鉴于国际形势已经改变"就变卦了，不过"如果中国同志不同意，则应重新讨论解决这个问题"。[4] 毛泽东是有机会否决金日成的这次冒险的，但他没有这样做。直接的原因是金日成和斯大林都有必胜的把握，特别是金日成表示北朝鲜并不需要中国的援助。[5] 在这种情况下，毛泽东是没有多少反对理由的。

战后，朝鲜半岛一直是美苏竞逐的舞台，那里的局面是美苏外交折冲所造成的。中国的国民政府一直是置身事外的，新中国成立之初情况并无根本改变。苏联对日宣战后，苏军迅速击溃日本关东

---

① 《科瓦廖夫关于毛泽东与金一会谈的情况致史达林电》，1949年5月18日，沈志华编《朝鲜战争：俄国档案馆的解密文件》上册，第189—190页。

② 〔俄〕尤·米·加列诺维奇：《两大领袖：斯大林与毛泽东》，第429页。

③ 《罗申关于金日成与毛泽东会谈情况的电报》，1950年5月13日，沈志华编《朝鲜战争：俄国档案馆的解密文件》上册，第383页。

④ 《史达林关于同意朝鲜同志建议致毛泽东电》，1950年4月14日，沈志华编《朝鲜战争：俄国档案馆的解密文件》上册，第384页。

⑤ 《什特科夫关于金日成访华计划致维辛斯基电》，1950年5月12日，沈志华编《朝鲜战争：俄国档案馆的解密文件》上册，第381—382页。

军，并从中国东北挥师进入朝鲜半岛。面对苏军席卷朝鲜半岛之势，美国国务院、陆军部和海军部的有关人员于 1945 年 8 月 10 日连夜召开会议，讨论如何限制苏军的行动。他们于匆忙之中在地图上找到北纬 38 度线，决定将此划定为美军和苏军在朝鲜执行对日军事行动的临时分界线。14 日，这个建议获得杜鲁门政府的批准。第二天，杜鲁门致函斯大林，并附上给麦克阿瑟的关于日军投降细节的“一号通令”，其中包括在朝鲜半岛三八线以北的日军向苏军投降，三八线以南的日军向美军投降。斯大林很快表示苏联基本上不反对美方的安排。9 月 8 日起，美军陆续在仁川和釜山登陆。占领三八线以南部分地区的苏军相继撤到三八线以北。美苏沿三八线为界分别占领朝鲜的局面就这样形成了，三八线也从此开始载入史册。

在战后最初的阶段，美苏都曾经试图大致协调它们在朝鲜半岛的政策，都不愿意在朝鲜半岛长时间承担过于繁重而又不受当地人民欢迎的托管责任。但是，在欧洲和东亚愈演愈烈的分歧与对抗导致它们又不甘心给对方单独控制朝鲜半岛的机会。到 1947 年间，随着冷战格局的形成，美苏协调对朝鲜政策的可能性实际上已经不存在了。它们争斗的结果是在朝鲜半岛出现了两个国家：美国扶持的大韩民国和苏联扶持的朝鲜民主主义人民共和国。

到 1949 年 6 月，苏联和美国先后撤出了北朝鲜和南朝鲜，但那里的紧张局势并没有丝毫缓解。一方面，美苏都将朝鲜半岛作为东西方对峙的前沿，尽管它们都不想在这里投入太多。另一方面，朝鲜北南双方都表现出武力统一朝鲜的强烈愿望，并且都试图尽可能地利用美苏冷战对抗的局面，为实现自己的战略目标找个外国靠山和帮手。他们似乎都很清楚，朝鲜半岛近代历史的基本经验就是大国在左右这里的局势，列强之间如果能够协调行动，朝鲜的政治力量能发挥的空间将相当有限，反之他们就能有所作为。所以，冷战爆发在朝鲜北南双方领导人看来都是难得的战略机遇，他们大可以玩弄“尾巴摇狗”的策略，利用大国之间的对抗来实现自己的政治抱负。

当时国民政府的角色同英国差不多，在对朝鲜的四国托管中有名无实，而且国民政府也从不打算名至实归，尽管在南朝鲜政府中有些政治精英同国民政府颇有渊源，他们在日本殖民统治时期曾经长期流亡中国并受到国民政府的庇护。中共同北朝鲜政权有一些交往，在中共军队中有大批朝鲜籍官兵，朝鲜劳动党中也有抗战时期流亡延安的资深成员。解放战争时期，北朝鲜曾经向东北的中共军队提供过一些物资援助，中共军队也曾利用北朝鲜边境地区做庇护所，保护伤员和囤放一些物资。中共也把北朝鲜当作战友，在内战结束不久，允许中共军队中的朝鲜籍战士成建制地携带武器回国，算作“无产阶级国际主义的相互支持”。不过也是仅此而已。

中共军队打过长江后，金日成曾先后向毛泽东和斯大林提出建立东亚共产党情报局一类的组织，他表现的态度的确很积极。在苏联的计划中，这个组织应该由中共担当领袖，金日成当然不会不知道，因为他在 1949 年 3 月上旬访问过莫斯科，同斯大林有过直接的交往。[①] 他在两个月后向中共领导人表示积极支持建立东亚共产党情报局，目的无非是为了将中国同北朝鲜更紧地拴在一起。[②] 另一方面，如果有了一个东亚的共产党组织，北朝鲜就会多一个影响大国政策的舞台。可以设想，在那样的舞台上，无产阶级国际主义和支援民族革命的道义原则将占支配地位，北朝鲜挥舞民族解放和国家统一的旗帜将产生更为轰动的效应。他的建议分别遭到毛泽东和斯大林的拒绝，中苏领袖们显然都不愿意中国太深地介入朝鲜半岛局势之中，只是动机大不相同而已。毛泽东是自己不希望那样做，斯大林是不希望毛泽东那样做。当时中国领导人的主要精力集中于国内事务，中国军队的主要任务是抓紧进军西藏和准备攻占

---

① 参阅〔俄〕尤·米·加列诺维奇《两大领袖：斯大林与毛泽东》，第 426—427 页。

② 《科瓦廖夫关于毛泽东与金一会谈的情况致史达林电》，1949 年 5 月 18 日；《史达林与金日成、朴宪永的会谈记录》，1950 年 4 月 10 日。沈志华编《朝鲜战争：俄国档案馆的解密文件》上册，第 189—190 页。第 334 页。

台湾，以及先按地区完成剿匪。即使是比较朝鲜半岛和印度支那这两个方向，中国领导人显然更重视后者。对朝鲜半岛局势的不关注也是中国领导人未采取措施阻止斯大林和金日成进行军事冒险的一个重要原因，这表明战略性判断的质量也取决于对特定局势的关注程度。

事实证明，允许并支持金日成发动进攻是斯大林一次极为严重的战略判断错误。朝鲜战争爆发后，美国迅速和全面地军事介入东亚地区。从 6 月 25 日战争爆发到 30 日，杜鲁门政府连续召开会议，迅速做出军事干预的决定。同斯大林的判断完全相反，1950 年春，杜鲁门政府内部就弥漫着一种严重的危机感。美国领导人认为，“凡是东西方有接触的地方”，都可以做出苏联将在那里发动进攻的判断。因此，他们一旦获悉北朝鲜军队越过三八线，便断定“进攻是由苏联发动、支持和怂恿的。非用武力不能制止”。[①] 美国军方的反应更为强烈。根据李奇微的回忆，那些听到战争消息的将领甚至立刻就“以为第三次世界大战开始了”，苏联终于“决定要决一雌雄了”。[②] 在 6 月 25 日举行的第一次高层会议上，美国决策者一致认定，北朝鲜军队越过三八线是受到苏联的指使和支持，“是柏林事件更大规模的重演”，美国必须予以反击，才能防止“第三次世界大战爆发”。[③] 杜鲁门当即批准增加对南朝鲜的军事援助，出动海空军掩护美国非军事人员撤离，并下令三军参谋长做好参战的准备。

第二天，杜鲁门政府再次召开紧急会议，决定美国海空军向南朝鲜提供一切援助，只不过军事行动要限制在三八线以南地区。28 日，根据美国国防部紧急动议，杜鲁门再次召集军政大员开会。国防部长在会上提出一项得到参谋长联席会议同意

---

① 〔美〕《杜鲁门回忆录》第二卷，第 393、394 页。

② 〔美〕李奇微：《朝鲜战争》（中译本），军事科学出版社 1983 年版，第 33 页。

③ “Minutes of Meeting on President Truman’s Train, New York, October 24, 1950”, *FRUS*, *1950*, *Vol. II*, *The United Nations*, p. 158.

的“紧急援朝方案”，其中提出必须取消对海空军的行动不得越过三八线的限制，以及投入美国地面部队和辅助部队直接参战。会议很快就批准了这项方案，杜鲁门随即签署了给麦克阿瑟的第 84681 号命令，授权太平洋美军司令部可以使用美国地面部队保卫朝鲜半岛南端的港口、机场和交通设施，增加海空军参战的军力，以及取消海空军作战不得越过三八线的限制。① 两天后，参谋长联席会议又根据麦克阿瑟的请求，下达第 84718 号命令，取消了前项命令中对使用美国地面部队的范围的限制。② 至此，美军全面卷入朝鲜战争，冷战中的第一场大国热战就这样开场了。

以介入朝鲜战争为开端的美国军事干涉是针对整个东亚地区的。按照美国情报部门在 1950 年春的估计，朝鲜并不是苏联的主要战略目标。美国决策者认为，亚洲最有可能爆发战争的地区是印度支那、菲律宾和台湾。在 6 月 25 日的会议上，杜鲁门批准了艾奇逊提出的封锁台湾海峡的建议，宣布第七舰队将进入台湾海峡，一支分遣舰队随后开始行动。第二天他又批准了向印度支那地区的法国军队和保大政权增加军事援助，以及加强在菲律宾的美军力量。③ 这些措施付诸实施的结果是美国完全改变了 1948 年开始的在东亚收缩力量的战略方针，并导致这个地区的战略格局发生了实质性的改变，这对中国就是意味着战略安全环境发生了决定性的逆转，中国将在东北亚、东南亚和台湾海峡三个战略方向上面临来自美军的压力上升。

杜鲁门政府的这些军事部署都是建立在一个基本判断上，即苏

---

① “The Deputy United States Representative at the United Nations (Gross) to the Secretary of State”, New York, March 11, 1950 - 6: 28 p. m., *FRUS*, *1950*, *Vol. Ⅱ*, *The United Nations*, pp. 240 - 241.

② “Memorandum of Conversation, by the Director of the Office of Chinese Affairs (Clubb)”, Washington, August 14, 1950, *FRUS*, *1950*, *Vol. Ⅱ*, *The United Nations*, p. 263.

③ 资中筠主编《战后美国外交史——从杜鲁门到里根》上册，第 206—207 页。

联绝不会直接参加这场战争，所以金日成的冒险恰好为美国采取行动“提供了一个有价值的机会”。[①] 他们的判断被证明是对的，斯大林支持北朝鲜发动进攻，但不准备为金日成的失败付出太多的代价。斯大林经历过二战，从欧洲战场的经验中很充分地了解美国的战争能力。当杜鲁门政府大张旗鼓地宣布参战那一刻起，斯大林肯定在为他自己的战略判断严重失误而心中不安，他把目光投向中国。毕竟，中国同北朝鲜有 1300 多公里的边界线，而且东北是中国的重工业基地。中国在朝鲜半岛的确有着大大超过苏联的战略利益。从实际情况看，中国东北地区从一开始就被拖入战争中，成为北朝鲜事实上的战略后方。在 7 月上旬，那里就被苏联用作向朝鲜运输物资的主要通道和转运基地，中国领导人固然没有实也无法拒绝苏联的要求。[②] 东北地区的安全由此成为他们最直接面对的战略安全问题，也很难同北朝鲜即将面临的困局分开，而且黄海对华北地区安全的价值也是不言而喻的。用唇亡齿寒、户破堂危来形容朝鲜半岛对中国华北地区的地缘安全意义不仅十分形象，而且也很恰当。

苏联方面同中国领导人在美军介入后开始讨论朝鲜局势的最早记录是 7 月 2 日，即美军全面参战的第三天，周恩来与苏联驻华大使罗申举行了会谈。周恩来在会见中对金日成的军事冒险表示不满。他分析了美军参战的形势后表示，如果美军越过三八线，中国军队将派遣志愿军到朝鲜作战。[③] 从这次会谈的内容可以看出，由于美国参战，中国领导人的担心被证明是有道理的，而且这时已经在明显地加剧。中国领导人对北朝鲜发动进攻的前景存在着很深和

---

① “Memorandum of Conversation, by the Director of the Office of Chinese Affairs (Clubb)”, Washington, August 14, 1950, *FRUS*, *1950*, *Vol. II*, *The United Nations*, p. 263.

② 周恩来：《中央关于帮助朝鲜运输物资事给高岗的电报》，1950 年 7 月 9 日；《中央关于向苏联临时开放航空及铁路事给高岗的电报》，1950 年 7 月 11 日，《建国以来周恩来文稿》第三册，第 17、31—32 页。

③ 参阅沈志华主编《中苏关系史纲（增订版）》，第 128 页。

越来越深的忧虑，否则周恩来就不可能谈到三八线和中国进行军事准备等问题。7 月 5 日，斯大林在接到这次会谈的报告后，电令罗申转告周恩来，他认为中国进行军事准备以便在美军越过三八线时进入北朝鲜作战是“正确的”，苏联方面“将尽力为这些部队提供空中掩护”。[①] 斯大林还亲自出面催促中国领导人“尽快”向朝鲜派出代表，以“便于联系和迅速解决问题”。[②] 显然，他此时心中已经忐忑不安。不过，由于此次交往就断定苏联在中国出兵朝鲜决策中起了首要的作用是言过其实了。中国的决策过程要复杂得多，中国领导人在出兵朝鲜问题上要主动得多，他们的决心和勇气实际上超出了斯大林的想象。

从内战后期到新中国成立前后，中国领导人的确将美国视为革命的主要敌人和国家安全的主要威胁，这也是他们决定与苏联结盟的原因之一。不过，中国领导人当时并不认为美国的军事威胁迫在眉睫，他们甚至认为，就是解放军大举进攻台湾，美国也不大可能直接进行军事干预。[③] 朝鲜战争爆发后，美国在东亚全面的军事介入导致中国领导人根本改变了对这个地区安全形势的判断。中国领导人的不安全感随着北朝鲜失去战场主动权而逐步加深。

当北朝鲜军队还掌握着战场主动权时，中国官方媒体对美国干涉的抨击更多地集中于美军封锁台湾海峡。中国革命同时也是一场以革命运动形式进行的统一战争，美国封锁台湾海峡与中国革命的最后努力迎头相撞，在中国领导人看来是难以容忍的入侵和对抗行动，美军封锁台湾海峡的行动已经为两国的军事冲突埋

---

① 《史达林关于中国在中朝边境集结部队问题致罗申电》，1950 年 7 月 5 日，沈志华编《朝鲜战争：俄国档案馆的解密文件》上册，第 431 页。

② 《史达林关于中国尽快向朝鲜派出代表问题致罗申电》，1950 年 7 月 8 日，沈志华编《朝鲜战争：俄国档案馆的解密文件》上册，第 437 页。

③ 可参阅 He Di，“The Last Campaign to Unify China：The CCP’s Unmaterialized Plan to Librate Taiwan，1949 - 1950”，*Chinese Historians*，Spring 1992，Vol. 5，No. 1，p. 13。

下了火种。在内部，中国领导人对局势评估是严峻的，他们认为美国不仅在朝鲜半岛使用武力，而且在台湾海峡和东南亚加强军事部署，从中国领导人的言论中不难看出，美国的这些军事行动显然被视为对朝鲜半岛、印度支那和台湾地区的全面干涉，朝鲜战争不过是美国对东亚发动更大范围的侵略的借口。[①] 周恩来 8 月 26 日的讲话反映了中国领导人那时的基本看法，即“美帝国主义企图在朝鲜打开一个缺口，准备世界大战的东方基地……美国如果压服朝鲜，下一步必然对越南及其他原殖民地国家进行压服。因此，朝鲜战争至少是东方斗争的焦点”。[②] 这种担心出现“多米诺骨牌”效应的看法在美军越过三八线以后进一步强化，并越来越多地包含了与美国作战难以避免的估计。中国领导人断定：“朝鲜事件不过是个借口；不在朝鲜爆发，也将在其他地区爆发，台湾、越南都是可爆发的地方”，“对于我们来说毋宁以朝战最有利”。[③] 可以肯定地说，朝鲜战争爆发后美国在中国周边地区的全面干预所导致的中国领导人对美国意图的上述判断，是促使他们决策出兵朝鲜的宏观背景。毛泽东在阐述中国出兵的理由时，始终都强调是国际形势，特别是“整个东方”形势的需要。[④] 这里顺便提一句，中国军事顾问团就是在这个时刻进入越南参战的，中国在朝鲜半岛和印度支那半岛的两个军事行动存在着明显的互动。

6 月 30 日，美国第七舰队封锁台湾海峡不久，中国领导人就

① 《周恩来外长斥责美国武装侵略台湾的声明》，1950 年 6 月 28 日，《中美关系资料汇编》第二辑，第 91—92 页。

② 周恩来：《充分准备，出手即胜》，1950 年 8 月 26 日，中共中央文献研究室、中国人民解放军军事科学院编《周恩来军事文选》第四卷，人民出版社 1997 年版，第 43—44 页。

③ 周恩来：《抗美援朝仍是一九五一年的首要任务》，1951 年 4 月 2 日《周恩来军事文选》第四卷，第 181—182 页。

④ 毛泽东：《志愿军入朝参战及参战后的战略方针问题》，1950 年 10 月 2 日，《毛泽东军事文集》第六卷，第 106—108 页；《毛泽东关于中国人民志愿军应当和必须入朝参战给周恩来的电报》，1950 年 10 月 13 日，《党的文献》2000 年第 5 期。

在考虑不得不改变原定进攻台湾的时间表，将时间大大地延后。[①] 7 月 7 日，中央军委决定组建东北边防军，原指挥部署进攻台湾的粟裕被任命为东北边防军司令兼政委。[②]

8 月上旬，随着朝鲜人民军攻势受阻，中国加紧了军事部署。在 8 月 4 日的政治局会议上，毛泽东再次提到美国介入朝鲜战争的“多米诺骨牌”效应，不能随意采取绥靖的态度。他说“如美帝得胜，就会得意，就会威胁我”，所以必须帮助北朝鲜。[③] 在 26 日召开的国防会议上，周恩来明确提出，必须要推迟进攻台湾，解放军的战略方向转到北方，准备援助北朝鲜，与美军作战。[④] 中国随后开始在东北地区大规模集结军队，决定在已有 4 个军的基础上，再增加 8 个军，并着手加强东北的防空力量。[⑤] 原准备进攻台湾的第九兵团和开始复员的第十九兵团调至津浦路和陇海路集结。按照中央军委的计划，进入东北的主力部队应该在 9 月完成作战准备。[⑥] 做这种紧急部署一方面是基于长期战争经验养成的战略警觉，另一方面也是因为中国领导人对战局日渐恶化的判断要比斯大林严峻得多。

苏联驻平壤的使馆和北朝鲜军队中的苏军顾问很可能没有如实向斯大林报告朝鲜战局，或者是他们没有及时看到战局中的关键变化。8 月 28 日，斯大林要苏联驻北朝鲜大使向金日成转交一封信。他在信中“祝贺金日成领导的朝鲜人民的伟大解放战争取得了辉

---

① He Di, “The Last Campaign to Unify China: The CCP’s Unmaterialized Plan to Librate Taiwan, 1949 - 1950”, p. 14.

② 《建国以来周恩来文稿》第三册，第 34—35 页。

③ 薄一波：《若干重大决策与事件的回顾》上卷，中共中央党校出版社 1991 年版，第 43 页。

④ 周恩来：《充分准备，出手即胜》，1950 年 8 月 26 日，《周恩来军事文选》第四卷，第 43—45 页；雷英夫：《抗美援朝战争几个重大决策的回忆（续一）》，《党的文献》1994 年第 1 期，第 24—25 页。

⑤ 毛泽东：《须集中十二个军以便机动》，《毛泽东军事文集》第六卷，第 97 页。

⑥ 毛泽东：《东北边防军务必在九月三十日以前完成一切作战准备》，1950 年 8 月 18 日，《建国以来毛泽东军事文稿》上卷，第 184 页。

煌胜利”，而且相信“可耻的武装干涉者很快就会被赶出朝鲜”，云云。三天后，金日成回信说，北朝鲜领导人深受感动并向他们“敬爱的导师致谢”，以及决心“夺取反对企图奴役朝鲜的美国武装干涉者斗争的彻底胜利”。[①] 在斯大林那封贺电发出的三天前，8 月 25 日，周恩来在国务院第 47 次政务会议上说，朝鲜战争“拖长的可能性增加了”，北朝鲜将“长期作战”。[②]

8 月 31 日，就在金日成向斯大林宣称北朝鲜能夺取“彻底胜利”的当天，解放军第十三兵团的领导人邓华、洪学智和解方等人联名提交了一份有关中国在朝鲜作战的战略分析报告，他们是四野的战将，所以报告是交给林彪的。林彪看后转呈毛泽东，毛泽东看后批转代总参谋长聂荣臻。该报告明确断言，北朝鲜“各个击破和歼灭敌人的机会已经过去，战争已经走向长期性”，而且北朝鲜“地面上的优势已经不大”。报告认为中国参战已经是势在必行了，最大的问题是“如我无必需的空军参战，要达成速决与全歼敌人的目的是很困难的”。[③] 后来的发展证明，这个报告中的战略判断是相当准确和有预见性的，它相当突出地反映了当时中国军事决策中的务实风格。林彪后来在出兵问题上的慎之又慎，肯定同他麾下这些战将的思考有极大的关系。这种务实的军事决策风格是后来中国的战略规划和军事决策能够比较合理的关键所在。

9 月 1 日，在东北的高岗也向毛泽东提交了一份全面评估朝鲜战局和东北安全局势的报告。他认为北朝鲜如果继续按照目前的方针作战，就很“可能遭受损失”，中国参战除了需要足够的后勤保障外，也必须要考虑可能会出现东北将遭受大规模轰

① 转引自〔俄〕尤·米·加列诺维奇《两大领袖：斯大林与毛泽东》，第 436 页。

② 中共中央文献研究室编《周恩来年谱 1949—1976》上卷，中央文献出版社 1997 年版，第 69 页。

③ 《关于边防军作战准备情况问题给林彪的报告》，1950 年 8 月 31 日，该书编写组编《志愿军第一人参谋长解方将军（1908—1984）》，军事科学出版社 1997 年版，第 94—95 页。

炸的局面。他建议应着手加强防空备战，以及搬迁南满地区的重要工厂设备，以免这些被“炸掉”。[1] 毛泽东这时并不认为中国参战是立即的，他认为虽然北朝鲜已经不可能达到武力统一的目标，但它仍然有很大的战争潜力，可动员百万之众参加战争，“故估计可以坚持颇长时间”。[2] 他这个时期还在亲自指挥越南的边界战役，并部署在东南沿海的军事防御工作，包括指挥当国民党军队撤出金门岛时如何截住他们等。他甚至一度对向朝鲜派遣军事观察人员都不是很积极。

9 月 15 日，美军在仁川登陆。朝鲜战局急转直下，北朝鲜很快出现了溃败的迹象，这引起中国领导人的严重关注。18 日，中国驻朝鲜大使倪志亮向国内通报了朝鲜战局突变。中国领导人立即回电，要求他转告金日成务必迅速改变战略方针，即从速战速决改为“自力更生，长期作战”，其中的关键则是“力争保住三八线以北”，如此才有可能进行持久作战。[3] 由此观之，中国领导人尽管在加紧军事准备，但并不希望参战。这个时期，中国领导人加紧在东北的战备工作，目的主要还是增强东北地区的防卫能力。不过，在加强东北防御中发现的问题却成为促使中国领导人决心出兵朝鲜的一个相当重要的因素。

首先是东北防空问题。周恩来在审阅空军司令部有关在东北修建作战机场的计划时即发现，其数量之多已经大大超出国家财政的能力，尽管在军事上有可能是必要的。他在给毛泽东的报告中说，“最难者为批准预算问题”，“安东一个机场，即用了一亿斤细粮，如此下去，将来不知要浪费吃亏到什么程度”。毛泽东则表示赞同

---

① 《建国以来毛泽东军事文稿》上卷，第 200 页。

② 毛泽东：《对东北边防军准备工作等问题报告的批语和复信》，1950 年 9 月 3 日；《朝鲜战局和我们的方针》，1950 年 9 月 5 日。《建国以来毛泽东军事文稿》上卷，第 198、201 页。

③ 周恩来：《关于朝鲜人民军作战方针的电报》，1950 年 9 月 20 日，《建国以来周恩来文稿》第三册，第 311 页。

周恩来的意见。[①] 其次是东北工厂搬迁问题。高岗提出南满地区工厂搬迁的建议后，毛泽东即认为此“问题甚大，以从积极防空着手，主要不迁，只迁某些部分为宜”。[②] 从后来拟定的指导性搬迁原则看，那几乎是不可能完成的计划，而且该原则还设想“有计划有准备的迁移，尽量不影响生产”，等等。由此可见搬迁之难。[③] 更麻烦的是还需要在东北为北朝鲜保管物资，北朝鲜还要向东北转移机器设备。北朝鲜显然已经把东北作为它的战略后方了。[④] 结果是东北战备中出现了一个怪圈，中国领导人不愿大规模搬迁厂矿设备，希望通过积极防空来解决问题，但防空所需要的机场又耗资甚巨，财政上很难负担，尽管从纯粹的军事角度看，这种消极防御的态势所带来的严重困难和那些可预见、不可预见的代价，并不比到北朝鲜开辟一个战场更沉重。显然，通过到北朝鲜作战使东北摆脱安全困局，是有其内在的合理性的。10月24日，中国参战不久，周恩来曾在更大范围的会议上介绍了决策层在这方面面临的困境，即中国出兵之不得已之处。他所言的确不是在为中国参战找理由。[⑤]

北朝鲜军队没有像中国领导人估计的那样还能“坚持颇久的时间”，他们在美军登陆仁川后很快就溃不成军了。9月27日，苏共中央政治局召开会议，讨论的内容和做出的决定看上去有些荒唐。会议讨论了朝鲜的军事形势并批准了斯大林给在朝鲜的苏联顾问的指示电报。斯大林在电报中痛斥苏联顾问的错误之后，很认真

---

① 周恩来：《关于空军修建机场经费问题给毛泽东的报告》，1950年9月29日，《建国以来周恩来文稿》第三册，第342—343页。

② 毛泽东：《对东北边防军准备工作等问题报告的批语和复信》，1950年9月3日，《建国以来毛泽东军事文稿》上卷，第199页。

③ 《建国以来周恩来文稿》第三册，第294—295页。

④ 周恩来：《关于同意朝鲜在中国设立仓库等事给倪志亮等的电报》，1950年9月29日，《建国以来周恩来文稿》第三册，第345页。

⑤ 周恩来：《抗美援朝，保卫和平》，1950年10月24日，《周恩来军事文选》第四卷，第77页。

地谈了应该怎样使用坦克、大炮以及利用障碍物之类，还有一定要占领桥梁、山口、渡口等“重要枢纽”，以便“主力通过”，总之是要设法建立新的防线。[①] 发出这类战术层面的指示只能证明斯大林对军事问题的思考已经陷入严重的混乱之中，基本上已经手足无措了。会议的另一个决定是指示苏联驻联合国的代表设法同美国接触，探讨和平解决朝鲜问题的可能性。在这个时候向美国提出和平解决朝鲜问题的建议就更为荒谬了，因为这种外交姿态无异于告诉自己的战略对手，苏联准备抛弃金日成，它最好的预期是结个城下之盟。

平壤同样处于张皇失措之中。9 月 30 日，金日成会见什特科夫，向后者介绍了北朝鲜军队“纪律涣散，不服从命令”，总之是撤不回来了。他向这位苏联大使询问北朝鲜该怎么办，以及美军“会不会越过三八线”，如果美军不越过三八线，北朝鲜“想依靠自己的力量统一国家”；如果相反，那么北朝鲜“就不可能有效地抗击敌人”。[②] 从金日成语无伦次、逻辑混乱的谈话中可以看出，他的确方寸已乱。金日成还托什特科夫转呈斯大林一封求援信，恳请“亲爱的斯大林同志”在濒危之际拉他一把，北朝鲜“非常需要苏联方面的直接军事援助”。他很有感情地说，如果“亲爱的约瑟夫·维萨里昂诺维奇”不愿意苏联直接出兵，就请帮助北朝鲜请求中国等国家组织志愿部队到朝鲜作战。[③]

斯大林的确不愿意派出苏联军队，苏共政治局 30 日当天也做出了决定，宁可坐视北朝鲜灭亡也绝不与美军作战。第二天，斯大林应金日成的要求，也是为了转移自己面临的压力，向北京发出了

---

① 《联共（布）中央政治局关于扭转朝鲜局势指示的决议》，1950 年 9 月 27 日；《联共（布）中央政治局关于同意与美方接触的决议》，1950 年 9 月 27 日。沈志华编《朝鲜战争：俄国档案馆的解密文件》中册，第 555、556 页。

② 《什特科夫关于与金日成的会谈情况致葛罗米柯电》，1950 年 9 月 30 日，沈志华编《朝鲜战争：俄国档案馆的解密文件》中册，第 561—562 页。

③ 《什特科夫关于转呈与金日成给史达林的求援信致葛罗米柯电》，1950 年 9 月 30 日，沈志华编《朝鲜战争：俄国档案馆的解密文件》中册，第 563—565 页。

请求中国出兵援助朝鲜的电报和信。斯大林在电报中首先说明，北朝鲜没有执行苏联方面早就发出的正确指示，导致他们现在已经没有可以抵抗的部队。他询问中国能否派出“哪怕五六个师也好”，掩护北朝鲜在“三八线以北组织后备力量”。他说他并不打算同金日成谈中国出兵“这件事”，意思大概是给中国领导人留下转圜的空间。[①] 金日成在当天深夜接见倪志亮，向中国提出一旦美军越过三八线希望中国出兵援助的请求。金日成还与朴永宪联名写了一封给毛泽东的信，请求中国给予军事支援。[②] 这时南朝鲜军队已经开始越过三八线，中国领导人终于不得不面对是否派兵到朝鲜直接同美国作战的抉择，而他们的最后决定完成了对持续近 30 年的东亚冷战格局的塑造，其主要特征就是中美之间激烈的对抗和危机。

毛泽东接到来自莫斯科和平壤的请求后，先是起草了一封给斯大林的报告，但不清楚是否发出了。他在这封电报中回顾了北朝鲜无视中国的警告进行军事冒险的行为，以及金日成继续无视中国提醒要注意防止美军在仁川登陆的警告，以致造成现在惨败的严重后果。由此内容可以看出，中国领导人对北朝鲜的整个决策都是相当不满意的，实际上也等于是间接地批评了斯大林竟然让“尾巴摇狗”的事情发生。不过毛泽东本人还是通知高岗立即到北京来开会，并命令东北边防军结束战备，“随时待命出动，按原定计划与新的敌人作战”。[③] 他还给金日成发去一封电报进行“战略安慰”，告诉后者前景还是有希望的，当前重要的是“切勿惶恐动摇”。[④]

可以肯定的是，这时毛泽东本人对于出兵是毫不犹豫的，这同

---

① 《史达林关于建议中国派部队援助朝鲜问题致罗申电》，1950 年 10 月 1 日，沈志华编《朝鲜战争：俄国档案馆的解密文件》中册，第 571 页。

② 逄先知、金冲及主编《毛泽东传 1949—1976》（上），中央文献出版社 2003 年版，第 113 页。

③ 毛泽东：《东北边防军随时待命出动》，1950 年 10 月 2 日，《建国以来毛泽东军事文稿》上卷，第 225 页。

④ 毛泽东：《无法北撤的朝鲜人民军应在原地坚持打游击》，1950 年 10 月 2 日，《建国以来毛泽东军事文稿》上卷，第 229 页。

他已经形成的对美国威胁的认知有关；同他长期的战争经验有关；同他在援越抗法决策中已经建构的国际主义义务感有关；也同他已经部署的军事准备有关。当然，很重要的一点还是同毛泽东鲜明的个性有关，毕竟每个中国领导人都有可能遇到相同的处境，但当时能立即做出这样明确和激烈反应的只有他一个人。他在召开书记处会议之前先起草了一封给斯大林的电报，表达了他决定挥师跨过鸭绿江的雄心壮志。他站在超越了中国战略安全利益的"东方"的高度告诉斯大林，北京已经决定派中国军队到朝鲜同美军作战，否则美军占领整个朝鲜后会"更为猖獗，于整个东方都是不利的"。中国军队参战的目标并不是像斯大林说的只是帮助北朝鲜守住三八线，而是"准备在朝鲜境内歼灭和驱逐美国及其他国家的侵略军"。他认为中国既然参战，"就要准备美国宣布和中国进入战争状态，就要准备至少可能使用其空军轰炸中国许多大城市及工业基地，使用其海军攻击沿海地带"。毛泽东相信一切的关键是"中国的军队能否在朝鲜境内歼灭美军"，只要打赢在朝鲜的战争，形势就会是"有利的了"。当然他也估计到，最坏的可能是"两军相持成为僵局，而美国又和中国公开进入战争状态"。[①] 这封电报实际上是一个相当完整的战略方案，比较清晰地阐述了毛泽东争取达到的最好目标和力争避免的最坏局面。这两者之间有着巨大的回旋空间，可以让决策者发挥他们的才智和想象，使战略决策成为艺术。后来关于出兵的决策过程很有力地证明了这一点。

毛泽东的这封电报没有发出，因为在随后召开的中央书记处会议上几乎没有人支持他的选择。毛泽东告诉与会者形势已经万分火急，结果没起什么作用。这次会议决定派彭德怀代替林彪担任志愿军司令，以及 4 日召开扩大的政治局会议讨论出兵问题。毛泽东于第二天向苏联驻华大使说明了决策层的反对意见，主要包括担心

---

① 毛泽东：《关于派志愿军入朝参战问题》，1950 年 10 月 2 日，《建国以来毛泽东军事文稿》上卷，第 226 页。

“美国与中国直接冲突”会破坏中国的和平建设计划，以及引起国内各方面的不满。[1] 这反映了毛泽东和与会者最担心的出兵带来的负面影响。中国决策层出现这种情况也反映了中国领导人一个时期以来虽然在做军事准备，但并没有打算过要在如此迫不得已的情况下参加战争——在北朝鲜竟然连一条像样的防线都没有建立起来。

9 月 15 日以后，中国采取了一些针对美国的外交行动。从这些行动的一些特点看，可以大致将中国的决策归类为一种国际危机管理。当时中国通过多个外交渠道，向美国表明中国的安全关切和战略利益，并为避免冲突希望向美国清楚阐述自己可以接受的底线，即美军地面部队在朝鲜半岛的作战行动不得越过三八线。这些外交行动大致奠定了新中国后来进行的国际危机管理的基本模式。21 日，周恩来在会见印度驻华大使潘尼迦（Panikkar）时已经说过，中国对联合国是不承担任何义务的。几天后，聂荣臻又向潘尼迦明确表示，中国为反击美国的侵犯是做好了准备的。[2] 这些警告现在看来并不是很明确，这同当时的局势和中国决策层的决心尚不明确有关。

9 月 30 日，周恩来在北京发表国庆讲话时发出了明确的警告：“中国人民决不能容忍外国的侵略，也不能听任帝国主义者对自己的邻人肆行侵略而置之不理。”[3] 这一讲话的内容肯定是经过最高层讨论和批准的，反映了中国领导人已经急剧升高的战争危机感，发出的信息进一步明确，即中国不仅要保卫自己的国土，而且必定要对美国的侵略行为进行干预，美军越过三八线进入朝鲜被视为是对中国邻邦的侵略。在 10 月 2 日的中央书记处会议结束后，中国

---

① 《罗申关于毛泽东对出兵的态度问题致史达林电》，1950 年 10 月 7 日，沈志华编《朝鲜战争：俄国档案馆的解密文件》中册，第 588—590 页。

② 参阅章百家《“抗美援朝”与“援越抗美”——中国如何应对朝鲜战争和越南战争》，张沱生、史文主编《中美安全危机管理案例分析》，世界知识出版社 2007 年版，第 117 页。

③ 周恩来：《为巩固和发展人民的胜利而奋斗》，1950 年 9 月 30 日，《周恩来选集》下卷，第 37 页。

领导人为危机管理做了最后一次努力。周恩来于 3 日凌晨访问印度驻华大使馆，向潘尼迦相当明确地阐述了中国的战略底线，即“美国军队正企图越过三八线，扩大战争。美国军队果真如此做的话，我们不能坐视不顾，我们要管”。周恩来的谈话清楚地表明，美军不得越过三八线是一条不可逾越的红线，是中国决定是否出兵的底线。[①] 从谈话发生的时间看，这是中国决策层当时的共识。

中国领导人的外交努力是无效的，不过他们可能本来也没有寄予很大的希望。印度方面很快通过英国外交部将周恩来谈话的内容转达美国政府。美国国务院接到有关报告后，立即报告杜鲁门和军队领导人。美国国务院主管东亚和中国事务的负责人均认为，应当非常认真地对待周恩来的警告，绝不可以简单地视之为讹诈。他们建议采取一些措施来减少中国介入的危险。[②] 但美国领导人抱定成见，不相信中国领导人有决心和意志出兵朝鲜作战，他们将中国领导人的警告看作“讹诈”和“恐吓”。杜鲁门认为，潘尼迦是“经常同情共产党的家伙”，对他的话不必认真看待，周恩来的话也可能“只是对联合国的恫吓”。[③] 这种带着历史印记的判断被证明给美军带来了灾难性的后果。

在接到周恩来谈话内容的当天，美国务院曾经指示驻印度大使亨德森，设法请印度人转告中国政府，美国认为中国发出的警告“缺乏法律和道义的依据”；另外还可以请印度方面安排一次与中国驻印度的使馆人员的直接接触，以便转达美方无意与中国冲突的意图，以及联合国军并不会威胁中国的安全，美国政府准备在核实

---

① 周恩来：《美军如越过三八线，我们要管》，《周恩来军事文选》第四卷，第 67—68 页。

② “Memorandum by the Deputy Assistant Secretary of State for Far Eastern Affairs (Merchant) to the Assistant Secretary of State for Far Eastern Affairs (Rusk)”, Washington, October 3, 1950 - 10: 30 a. m.; “Memorandum by the Director of the Office of Chinese Affairs (Clubb) to the Deputy Assistant Secretary of State for Far Eastern Affairs (Merchant)”, Washington, October 4, 1950, *FRUS*, *1950*, *Vol. Ⅶ*, *Korea*, pp. 848 - 849, 864 - 866.

③ 《杜鲁门回忆录》第二卷，第 431—432 页。

清楚的基础上赔偿因美军机“误炸”给中国方面造成的损失。[1] 中国拒绝了美方的建议，因为美方没有就中国的安全关切做出任何清楚和有意义的表示，美国也没有再采取任何其他外交措施。中美避免战争的最后一次机会就这样消失了。

在随后的几天里，中共政治局连续召开会议讨论出兵问题，毛泽东在彭德怀的有力帮助之下，最终说服了他的同事。10 月 5 日，斯大林发给毛泽东一封电报，表示苏联将履行条约义务。他说美国并没有做好发动大规模战争的准备，如果美国将战争扩大到中国，苏联就会与中国并肩作战。他认为如果中国出兵就会迫使美国让步，“并被迫放弃台湾”；反之中国如不介入，“它甚至连台湾也得不到”。[2] 不过这封电报第二天才到达毛泽东手中。大致与斯大林发出上述电报的同时，中共政治局已经做出了出兵朝鲜的最后决定，彭德怀当天下午的慷慨陈词起了重大的作用。[3] 10 月 6 日，毛泽东已经有时间回复在越南的中国军事顾问团于两天前发来的请示电报，他开始直接指导部署在越南北部边境地区展开的边界战役。毛泽东从此开始同时指挥在中国境外的两个半岛的战争，这恐怕是他自认为军事生涯中最精彩的时刻之一，这对他的精神状态和思维方式的影响不可低估。按照逻辑，这会促使他更加积极地投入指导对美军作战之中，并争取获得尽可能大的胜利。

显然，中国领导人对美国军事干涉后的形势判断是导致他们决定出兵抗美援朝的主要因素。美国的军事部署使他们认为，美国的

---

① “The Ambasador in the Soviet Union (Kirk) to the Secretary of State”, Moscow, October 3, 1950, 6 p. m.; “The Ambassador in India (Henderson) to the Secretary of State”, New Delhi, October 5, 1950, *FRUS*, *1950*, *Vol. VII*, *Korea*, pp. 851, 876.

② 《史达林关于中国出兵问题致金日成的信》，1950 年 10 月 8 日，沈志华编《朝鲜战争：俄国档案馆的解密文件》中册，第 591—592 页。

③ 徐焰：《出兵入朝参战决策确定的曲折过程》，《党史研究资料》1991 年第 4 期，第 11 页；沈志华：《中国出兵朝鲜的决策过程》，《党史研究资料》1996 年第 1 期，第 9 页。

军事干涉从一开始就超出朝鲜半岛，表明美国蓄意在东亚进行针对中国的全面扩张和侵略，不坚决予以反击便不能维护国家的基本安全和东亚地区的稳定。不过就具体过程而言，至少还有两个因素使中国出兵成为不可逆转的。其一是美军封锁台湾海峡，迫使中国放弃了准备中的“解放台湾”的战役，如此解放军的攻台战略预备队才有可能迅速转向东北。其二是美军越过三八线促使中国领导人最终做出参战的决定。

10 月 7 日，联合国通过决议，授权联合国军用武力统一朝鲜，美军随即开始大批涌过三八线。8 日，毛泽东签署《组成中国人民志愿军的命令》，并通知金日成中国军队将跨过鸭绿江参战。[①] 9 日，美国参谋长联席会议向麦克阿瑟发出指示，针对中国可能进行的干预，授权后者只要有把握取胜就可以干下去，只是在将战争扩大到中国时必须事先请示。[②] 24 日，麦克阿瑟下令取消参谋长联席会议关于只准使用南朝鲜军队进入朝鲜北部与中国接壤地区的限制，指示美军可以一直打到鸭绿江边。[③] 第二天，志愿军即发起第一次战役，中美终于兵戎相见了。

中国领导人在决策出兵过程中面临着巨大的外部困难和麻烦，其中最复杂的问题并不是中美之间的危机管理，而是与盟国苏联的关系。中国的决策始终贯穿着如何与苏联协调政策，因为与美国不一样，中国在苏联阵营中既不是领导者，也不是一个军事和经济上强大到可以不顾盟国态度而单枪匹马地与美国作战的国家。这导致中国的盟国对中国决策的影响远远超过美国的盟国对美国的影响，极大地增加了中国决策的难度，有时甚至需要付出一定的代价。不

---

① 毛泽东：《决定派遣志愿军入朝作战》，1950 年 10 月 2 日，《建国以来毛泽东军事文稿》上卷，第 237 页。

② “The Charge in Korea (Drumright) to the Secretary of State”, Seoul, May 5, 1950, *FRUS*, *1950*, *Vol. Ⅶ*, *Korea*, pp. 68 – 70.

③ 〔美〕约翰·斯帕尼尔：《杜鲁门与麦克阿瑟的冲突和朝鲜战争》，钱宗起、邬国孚译，复旦大学出版社 1985 年版，第 132 页。

过通过这种努力所获得的战略利益也是显而易见的，它使美国在朝鲜战场不得不面对两个密切合作的大国，以及后来苏联在更为广阔的领域里向中国进行战略性投资。

中国领导人与苏联协调政策主要集中在两个问题上，即中国是否出兵和中国出兵后苏联承担何种义务。在中国是否出兵的问题上，苏联当然是主张中国出兵的，斯大林也在利用各种机会向中国领导人施加影响。根据当时中苏两国的相对地位，可以肯定苏联的影响是不可低估的。关于第二个问题，中国领导人在决定出兵朝鲜后，显然认为仍然有同苏联协调政策的必要。如前所述，毛泽东在 10 月 2 日的电报中就向斯大林提出了中国参战的战略目标，按他的设想是包括争取将美军赶出朝鲜半岛的。这里有必要强调，既然毛泽东已经读过解方等人的报告，他就会很清楚在朝鲜要彻底打败美军和避免战争长期化，空军的掩护与配合是必须具备的条件。可以说，他这封电报已经包含了同苏联协调战略指导原则和计划的强烈意图。

10 月 6 日，在政治局会议决定出兵的第二天，毛泽东告诉罗申，中国军队装备很差，“急于出动是不合适的”，必须立即派周恩来和林彪前往莫斯科，以便告诉斯大林中国这边的“全部打算”。[①] 中国领导人这时关心的主要是在中国出兵的时候，苏联应承担何种义务，包括苏联是否根据中国的要求提供军事援助，以及如不能完全满足中国的要求，在苏联承担何种义务的条件下中国仍然可以出兵。

毛泽东从一开始就认为中苏必须协调一致，而苏联有必要也有义务向中国提供帮助。[②] 不过，斯大林 10 月 5 日的电报中承诺的是在美军进攻中国的情况下，苏联将恪尽盟国之义务，但中国当下

---

① 《史达林关于中国出兵问题致金日成的信》，1950 年 10 月 8 日，沈志华编《朝鲜战争：俄国档案馆的解密文件》中册，第 591—592 页。

② 毛泽东：《志愿军入朝参战及参战后的战略方针问题》，1950 年 10 月 2 日，《毛泽东军事文集》第六卷，第 107 页。

最需要的是在美国还没有进攻中国而志愿军已经参战的时候，苏联能够提供足够的援助。中国需要的援助林林总总，概括起来大致包括三个方面：向参战的中国军队提供充足的军事装备和各种物资援助；中国购买的军用物资由苏联提供的贷款支付，减轻中国的财政负担，以免过度影响中国经济而导致国内民众的不满；尤为重要的是向中国提供空军支持，包括向进入朝鲜的中国军队提供空中掩护，为中国的本土重要目标提供空中保护，以及增加对中国空军的援助和人员训练，以便中国空军能尽早参战。

10 月 8 日，就在中央军委发布《关于组成中国人民志愿军的命令》的同一天，周恩来和林彪离开北京前往莫斯科，同斯大林讨论中国是否出兵，以及如果中国出兵苏联将如何提供援助等。11 日，周恩来和林彪在黑海边的克里米亚见到正在休养的斯大林，同他讨论苏联的援助问题。斯大林在会谈中说，如果美国占领北朝鲜，将对中国的安全形成长期、严重的威胁并危及东北的经济发展。周恩来告诉斯大林，只要苏联出动空军提供空中掩护，中国就可以出兵了；此外，中国还需要很多种武器装备和弹药。斯大林表示，苏联完全可以满足中国对各种武器装备的需要，只是出动空军掩护志愿军作战要等两个月或两个半月，因为苏联空军需要时间做准备，不可能立即出动。他对中国不出兵也是有所考虑的，甚至提出如果北朝鲜沦陷，中国东北应成为金日成流亡政府的庇护所。[①] 早在朝鲜战争爆发不久，斯大林就向中国领导人表示过，一旦中国出兵到朝鲜作战，苏联将向中国军队提供空中掩护。[②] 但是，当中国真正决定出兵的时候，斯大林在是否向志愿军提供空中掩护的问题上大步后退。

周恩来在会见后立即将斯大林的态度电告毛泽东，结果是在中

① 《周恩来年谱 1949—1976》上卷，第 85 页。

② 《史达林关于中国在中朝边境集结部队致罗申电》，1950 年 7 月 5 日，沈志华编《朝鲜战争：俄国档案馆的解密文件》上册，第 431 页。

国决策层造成极大的震动。由于在朝鲜作战无法得到苏联空军的掩护，中国领导人不得不考虑是否坚持出兵，如果坚持出兵，应该和能够打一场什么样的战争，毛泽东立即要求已经到东北的彭德怀赶回北京，以便重新讨论那些基本的战略问题。13 日，中共政治局召开会议，讨论的结果是立即出兵。毛泽东在会后发给周恩来的电报中说，政治局商量的共识是出兵“对中国、对朝鲜、对东方、对世界都极为有利”，反之“则对各方都不利”。他要求周恩来在莫斯科继续与斯大林磋商，敦促苏联在以下几个方面做出承诺。第一，苏联提供的武器装备“只能用租借办法”，以便志愿军放心出国进行长期战争并确保国内的团结。第二，苏联能于两个月至两个半月内出动空军掩护志愿军在朝鲜作战，中国则可“忍受一些损失”。第三，苏联空军出动保护北京、天津、沈阳、上海、南京、青岛等城市，这样中国将“不怕整个空袭”。毛泽东在电报的最后告诉周恩来，必须要表达坚定不移的参战决心，“我们认为应当参战，必须参战。参战利益极大，不参战损害极大”，目前只是对以上三点还没有把握。① 当晚，毛泽东会见罗申，向他转达了中共政治局的决定，同时强调了苏联空军参战“无论如何不迟于两个月”。②

10 月 14 日，周恩来根据毛泽东的指示起草并转交给斯大林一封信，主要内容是通报中共政治局会议的决定和提出八点援助事项，包括各类武器装备、物资器材，特别是再次要求苏联空军赴朝作战和保护中国近海各大城市。③ 斯大林已经在 13 日通知金日成，立即着手疏散人员和准备向中国和苏联边境撤退军队，因为中国有

---

① 毛泽东：《我们认为应当参战必须参战》，1950 年 10 月 13 日，《建国以来毛泽东军事文稿》上卷，第 252—253 页。

② 《罗申关于毛泽东决定出兵等问题致史达林电》，1950 年 10 月 13 日，沈志华编《朝鲜战争：俄国档案馆的解密文件》中册，第 597 页。

③ 周恩来：《关于苏空军入朝作战等问题给斯大林的信》，1950 年 10 月 14 日，《建国以来周恩来文稿》第三册，第 404—405 页。

可能不参战。14 日，斯大林接到周恩来的信和罗申发回的电报后，心情顿时好了起来。他连续两次打电报通知金日成，中国军队将参战以及他本人“感到高兴”。[①] 当天，毛泽东又于 15 时、21 时两次发电报给周恩来，告诉他志愿军的军事计划，并要求他向斯大林确认，苏联空军是否能在两个月内到朝鲜作战和保护中国的大城市，以及能否用租借方式提供军事援助。[②] 周恩来当晚告诉毛泽东，斯大林通过莫洛托夫转告他，苏联只能派空军在中国境内驻防，两个月以后苏联空军也无法到朝鲜作战。[③] 18 日，周恩来回到北京，中国领导人根据周恩来介绍的苏联方面的情况，又一次讨论了出兵问题并做出最后的决定。第二天志愿军跨过鸭绿江，在没有苏联空军参与的条件下，开始了在中国境外同美国之间的战争，也是二战以后大国之间规模最大的一次局部战争。

从周恩来访问莫斯科与苏联协调的结果看，中国先后得到的苏联承诺包括：（1）一旦美军攻击中国本土，苏联将根据中苏同盟条约参战保卫中国，这基本解除了中国领导人对同美国发生全面战争的担忧；（2）苏联将用租借的方式向中国提供所需的全部武器装备和各种军用物资，这满足了中国军队的作战需求并大大缓解了中国的财政困难，有利于中国长期作战和缓解国内可能产生的不满；（3）给中国的大城市和战略要塞提供空中保护，这极大地解除了中国的后顾之忧。苏联未能满足的唯一要求是派空军进入朝鲜为中国提供空中保护和作战支持。在这种情况下，中国领导人是靠极大地限缩战争目标和制订切实可行的战略规划来弥补没有空中掩护的弱点。

从形式上看，中国领导人从考虑参战起，他们提出的作战目标

---

① 《史达林关于中国决定出兵援助朝鲜致金日成电》，1950 年 10 月 14 日，沈志华编《朝鲜战争：俄国档案馆的解密文件》中册，第 600、601 页。

② 毛泽东：《朝鲜情况和对我军入朝参战的意见》，1950 年 10 月 14 日，《建国以来毛泽东军事文稿》上卷，第 256—257 页。

③ 《周恩来年谱 1949—1976》上卷，第 87 页。

至少是经常变动的，有时甚至是模糊的。实际上，这种状态正是毛泽东的军事战略原则起了决定性的作用，这个原则用中国军中形象的话说就是“草鞋没样，边打边像”。

中国领导人从做军事准备开始，就有攻防两方面的考虑，其中包括在北朝鲜人需要时帮助他们取得战争的“胜利”。至于“胜利”的含义在中国领导人心目中也是随形势发展而定的。随着朝鲜人民军陷入困境，按照周恩来 8 月下旬的估计，朝鲜战争将长期化，朝鲜人民军将主动后撤，而中国军队将承担“最后将美军各个歼灭”的任务。[①] 显然，这时中国领导人考虑的重点还是帮助北朝鲜打赢战争，这种设想在斯大林和金日成提出中国出兵的请求后，很可能继续影响着毛泽东的思考，以至于他会立即设想既然出兵就要在朝鲜歼灭和驱逐美军。不过，毛泽东在 10 月 2 日给斯大林的电报中提出的目标显然不是中国领导人经过集体讨论的深思熟虑的结果，它更可能是受以往对战局判断的影响的产物，毛泽东当时并没有仔细斟酌后来出现的新情况，他对北朝鲜军队的状况也没有详细的了解。

随着战略决策的深入和客观形势的变化，中国领导人参战的目标出现大幅向下调整的趋势。10 月 4 日周恩来起草了一封给倪志亮的电报，要求派遣到朝鲜的武官参观组“不要去三八线以南”，而是分成两个小组展开战场调查。毛泽东在修改此电文时强调，两个小组要“一个调查平壤附近及平壤安东线、平壤楫安线，一个调查平壤元山线及元山清津线及其以北山区的各种情况，如有可能亦应略作调查，但勿深入”。[②] 对战场调查地点的确认反映了中国领导人已经将作战区域大致锁定在上述地区，而不是追

① 周恩来：《充分准备，出手即胜》，1950 年 8 月 26 日，《周恩来军事文选》第四卷，第 44—45 页。

② 周恩来：《关于中国武官参观组在朝调查任务给倪志亮的电报》，1950 年 10 月 14 日，《建国以来周恩来文稿》第三卷，第 385 页；毛泽东：《关于我赴朝武官参观组的任务》，1950 年 10 月 4 日，《建国以来毛泽东军事文稿》上卷，第 230 页。

求更远大的目标，甚至都不准备立即去防守三八线。在得知斯大林不承诺提供空中掩护后，毛泽东更加明确了作战目标必须同中国军队的作战条件匹配。

10 月 12 日，在接到周恩来有关 11 日与斯大林会谈内容的电报后，毛泽东就提出出兵到“元山、平壤线以北大块山区打开朝鲜的根据地”，6 个月后“可攻击美军”。[①] 14 日，毛泽东经过与彭德怀等反复交换意见，进一步明确了志愿军初期的作战方针，即“在平壤、元山铁路以北德川、宁远公路线以南地区构筑两道至三道防御线。如敌来攻则在阵地前面分割歼灭之，如平壤美军元山两路来攻则打孤立较薄之一路。现在的决心是打伪军，也可以打某些孤立的美军。如时间许可则将工事继续增强，在六个月内如敌固守平壤、元山不出，则我军亦不去打平壤、元山。在我军装备训练完毕，空中和地上均对敌具有压倒的优势条件之后，再去攻击平壤、元山等处，即在六个月以后再谈攻击问题”。这其实就是林彪提出的“出而不战”的改进版，即暂时不直接与美军作战，而且战场选择在更加远离中朝边境的地方。至于 6 个月以后志愿军能否取得毛泽东提出的那种军事优势，这时至少也是很难预测的。可以做出这样的推测：即使志愿军在某些条件的限制下只是长期守住这条防线，中国领导人也是可以接受的。用毛泽东的话说，就是“将国防线由鸭绿江推进到德川、宁远及其以南的线，而这是有把握的和很有利益的”。[②] 宏观地说，这个战略目标就是阻止美军靠近中国边境地区，同时保证使朝鲜民主主义共和国在朝鲜生存下去。

中国领导人就战争目标做出的决定具有重要意义，它反映了中

---

① 《毛泽东关于中国人民志愿军应当和必须入朝参战给周恩来的电报》，《党的文献》2000 年第 5 期，第 6—8 页。

② 《毛泽东关于朝鲜情况及我军准备出兵朝鲜情况给周恩来的电报》，1950 年 10 月 14 日；《毛泽东关于志愿军入朝作战的方针和部署给周恩来的电报》，1950 年 10 月 14 日。《党的文献》2000 年第 5 期，第 7—8 页。

苏同盟在应付重大国际危机时所能达到的密切程度，以及中国和苏联将在一场局部战争中合作的限度。在对上述两个问题的判断的基础上提出的战争目标表明，中国领导人对中国在朝鲜的战略利益有相当清晰的界定，即不允许敌对大国的军事力量过度靠近中国的边境地区，以及使北朝鲜政权在朝鲜半岛生存下去。毛泽东在这个决定中首次使用了“国防线”这个概念，可以说他心目中的战略利益是明确包含了国家安全的。在 1964 年底斯诺访华期间，外交部长陈毅在谈到印度支那战争时告诉他，当年美军不打到鸭绿江边中国是不会参战的，“麦克阿瑟侵占平壤时，我们说，美国不再北进，有一个地段让金日成住下来，我们不参加”，“但美国一定要打到鸭绿江，我们没办法，只好参加”。[①] 至于这条线最终划在什么地方，主要取决于战场形势，以及中国领导人在那种形势下的感受和对美国意图的判断。

中国还为参战部队定名为“中国人民志愿军”以及选择秘密参战的方式，目的都是为了尽量避免出现同美国处于战争状态。10 月 19 日，在中国军队跨过鸭绿江的当天，毛泽东要求“在目前几个月内，只做不说”，志愿军的作战目标是在朝鲜北部“一部分地方站稳脚，寻机打些运动战，支持朝鲜人民继续奋斗”。[②] 第一次战役发起后，中国领导人还在试图坚持秘密出兵的方式，包括不准使用中国军队的名义出版战报。[③] 这期间，中国领导人仍在准备应付同美国的全面战争，包括进行大规模的城市疏散和人口转移，甚至考虑过将首都临时迁到西安。[④] 直到 11 月 8 日，中国领导人才

---

① 《陈毅副总理会见美国作家斯诺谈话记录》，1964 年 12 月 11 日，外交部档案馆：106—01265—05。

② 《毛泽东关于志愿军出动目前只做不说的电报》，1950 年 10 月 19 日，《党的文献》2000 年第 5 期，第 11 页。

③ 毛泽东：《对出版志愿军报纸请示报告的批语》，1950 年 11 月 6 日，《建国以来毛泽东军事文稿》上卷，第 341 页。

④ 周恩来：《对杨尚昆关于中央各级机关疏散问题报告的批语》，1950 年 11 月，《建国以来周恩来文稿》第三册，第 477、480 页。

决定公开中国军队入朝作战的消息，他们的理由是“敌人已宣布中国人民志愿军部队参战”，所以公开宣传“不会在国际上引起其他影响”。[①] 中国领导人继续保持着战争目标的弹性和模糊性，最典型地概括就是通过争取军事上的胜利，“使美国知难而退”。[②]

志愿军跨过鸭绿江后的一段时间里，中美在战场上的较量是决定一切的，包括决定中苏关系和中美关系的走向。从志愿军进入朝鲜初期的军事行动看，中国领导人明显趋向于提升作战目标，这种提升是逐步的，但也的确是相当迅速的。影响中国决策层迅速调整作战目标的首要和直接的原因，是朝鲜战场形势急剧恶化，致使志愿军无法按照原定方针进行防御作战。志愿军参战的初期设想如上述，就是“先在朝鲜北部尚未丧失的一部分地方站稳脚，寻机打些运动战，支持朝鲜人民继续奋斗”。[③] 根据这一设想，志愿军领导人选择积极防御的作战方针，将入朝后的作战目标确定为“在朝鲜北部控制一大块地区”。[④] 具体部署则是争取控制龟城、泰川、德川、宁远到五老里一线，展开积极防御作战。问题是当志愿军跨过鸭绿江时，他们已经无法进入预定地区，实施防御计划。联合国军占领平壤后，迅速向北进攻。从联合国军的军事行动中可以大致推测其战略企图，就是迅速占领朝鲜北部边界的战略要点并封锁边界，彻底消除中苏阻止美国军事占领全朝鲜的机会。至 10 月 20 日，即志愿军进入朝鲜的第二天，西线的南朝鲜先头部队 3 个师已经进抵离志愿军预定防线 90—130 公里的顺川、新仓里、成川、破

---

① 周恩来：《关于公开志愿军入朝作战问题给柴军武的电报》，1950 年 11 月 8 日，《建国以来周恩来文稿》第三册，第 473 页。

② 周恩来：《抗美援朝，保卫和平》，1950 年 10 月 24 日；《对朝鲜问题的估计与我们的思想准备》，1950 年 11 月 13 日；《抗美援朝局势的发展前途》，1950 年 1 月 25 日；《抗美援朝运动中存在的思想问题》，1950 年 11 月 25 日。《周恩来军事文选》第四卷，第 75、92、107、114 页。

③ 毛泽东：《志愿军参战目前只做不说》，1950 年 10 月 19 日，《毛泽东军事文集》第六卷，第 126 页。

④ 中国人民解放军军事科学院军事历史研究部：《抗美援朝战争史》第二卷，军事科学出版社 2000 年版，第 3 页。

邑一线。东线南朝鲜先头部队 1 个师则已经进入志愿军预定防御地区。此时进入朝鲜的志愿军为 4 个师又 1 个团，他们离预定防御地区的距离比南朝鲜军队要远将近一倍。10 月 21 日，联合国军从平壤、元山全线向北进攻，志愿军不得不改变预定的作战计划。

中国领导人选择了进攻性的作战方针，这同他们在国内战争中的经验有关。毛泽东于 10 月 21 日即电告彭德怀等志愿军领导人，美军和韩国军队未料到中国会参战，故兵分两路大胆北进。现在对于志愿军“是争取战机问题，是在几天之内完成战役部署以便几天之后开始作战的问题，而不是先有一个时期部署防御然后再谈攻击的问题”。毛泽东指示志愿军迅速完成作战部署，向南朝鲜军队发动进攻，作战目标是歼灭西线南朝鲜 3 个师，以达到“转变朝鲜战局”的目的。[①] 值得注意的是，他并没有具体解释“转变朝鲜战局”的含义，但是毫无疑问，他已经有意放弃出兵前夕确定的建立一条防线进行阵地防御战的作战方针。[②]

志愿军领导人同样注意到朝鲜战局的变化，并相信已经无法实施预定的作战计划。不过在如何应对当前形势和采取何种军事方针方面，他们同毛泽东的想法是有距离的。彭德怀认为，志愿军有可能立即以运动战方式，歼灭部分南朝鲜军队，以此打击联合国军的士气并使其不敢冒进，从而争取到时间来部署防御。[③] 10 月 22 日，他打电报告诉毛泽东：“在半年内，我军基本方针是保持长津、熙川、龟城以北地区和长甸河口、辑安、临江渡河交通，争取时间，准备反攻条件。目前我无制空权，东西沿海诸城市甚至新义州，在敌海陆空和坦克配合轰击下是守不住的，应勇敢加以放弃，以分散敌人兵力，减少自己无谓消耗。目前战役计划以一个军钳制敌人，

---

① 毛泽东：《志愿军打好出国第一仗》，1950 年 10 月 21 日，《毛泽东军事文集》第六卷，第 128—129 页。

② 毛泽东：《争取战机迅速完成战役部署》，1950 年 10 月 21 日，《毛泽东军事文集》第六卷，第 130 页。

③ 《抗美援朝战争史》第二卷，第 13 页。

集中三个军寻机消灭伪军两三个师后，以达到争取扩大和巩固元山、平壤线以北山区，发展南朝鲜游击战争”。①

毛泽东显然认为彭德怀的计划过于保守，他在随后的回电中提出根本改变志愿军的作战方针。在他看来，由于朝鲜战局的变化，志愿军初期作战可能导致三对变数。其一是如果志愿军取得较大的胜利，联合国军将停止进攻甚至在一些地区后退；反之如果战果不大，联合国军增援迅速，战局将对志愿军不利。其二是如果美空军给志愿军造成重大损失，志愿军将处于很困难的地位；反之如美空军无法造成严重破坏，志愿军则可以通过运动战大量歼灭联合国军，或迫使美国进行和谈，或志愿军逐一攻占所有的大城市。其三是美军大量增兵而志愿军运动战并不顺利，将造成志愿军被动和困难；反之则对志愿军有利。毛泽东决心根本改变防御作战的方针，提出“应当力争此次战役的完满胜利，力争在敌机炸扰下仍能保持旺盛的士气进行有力的作战，力争在敌人从美国或他处增调兵力到朝鲜以前多歼灭几部分敌人的兵力，使其增补赶不上损失。总之，我们应在稳当可靠的基础上争取一切可能的胜利”。②

毛泽东提出的新作战方针有两个明显的特点，一是远比此前的方针富于进取和进攻性；二是仍然保持着相当大的模糊性。它的上限包括在具备某种条件（如美空军作用不大等）时，通过运动战大量歼灭美军，为将其赶出朝鲜半岛创造条件；下限则是在非常困难的情况下进行长期作战，争取和谈。可以推测毛泽东会力图争取最好的结果，不过他这时还是比较谨慎的，对可能出现困难的局面保持着比较合理的估计。

志愿军发动的第一次战役基本体现了毛泽东新的作战方针，不过并没有取得大量歼灭联合国军和南朝鲜军队的战果。彭德怀的评

---

① 《抗美援朝战争史》第二卷，第 14 页。

② 毛泽东：《在稳当可靠的基础上争取一切可靠的胜利》，1950 年 10 月 23 日，《毛泽东军事文集》第六卷，第 140—141 页。

价是中肯的，即第一次战役的意义在于稳定北朝鲜的人心和使志愿军可以立足，但是歼灭联合国军有生力量不多，故不能根本扭转战局。[①] 实际上到战役结束时，志愿军第四十二军在东线仍在防御联合国军的进攻。这种情况意味着毛泽东设想的第一、第二两对变数中的有利情况并没有出现，战局将如何发展还无法确定。

第一次战役的胜利以及胜利的限度，在很大程度上影响着中国决策层对作战方针的思考。第一次战役结束不久，志愿军领导人根据他们对战场情况和志愿军面临的困难的估计，提出了“巩固胜利，克服当前困难，准备再战”的方针，具体措施是利用山区隐蔽休整部队，同时在内线战略要地构筑工事，待联合国军进攻深入后予以打击。

毛泽东对战局的思考同样受到第一次战役结果的影响。一方面战役的胜利使毛泽东宁愿继续采取运动战的方式，争取迅速大量地歼灭联合国军的有生力量，这毕竟是中国军队擅长的作战方式；另一方面，第一次战役战果有限也是事实，这明显地制约了毛泽东对第二次战役目标的思考。他认为既然第一次战役未能达到最理想的结果，志愿军的下一个作战目标就应该是争取根本转变朝鲜战场的态势，即经过一到两次作战，将志愿军的“防御局面改变为进攻局面”。[②] 根据争取根本改变朝鲜战局的设想，毛泽东于 11 月初提出，将德川方向作为战略重点。他强调指出：“德川方面甚为重要，我军必须争取在元山、顺川铁路以北区域创造一个战场，在该区域消耗敌人的兵力，把问题摆在元山、平壤的正面，而以德川、球场、宁边以北以西区域为后方，对长期作战方为有利。”[③] 此后不久，他进一步明确，“争取在本月内至十二月初的一个月内东西

---

① 《抗美援朝战争史》第二卷，第 76 页。

② 毛泽东：《朝鲜战局是可以改变的》，1950 年 11 月 13 日，《毛泽东军事文集》第六卷，第 201 页。

③ 毛泽东：《争取在元山顺川铁路线以北创造战场》，1950 年 11 月 5 日，《毛泽东军事文集》第六卷，第 194 页。

两线各打一二个仗，共歼敌七八个团，将战线推进至平壤、元山间铁路线区域”，他声称如此志愿军“就在根本上胜利了”。[①]

这时影响毛泽东思考的一个重要因素是，他基本断定美国不可能对中国本土发动攻击，包括海空攻击。11 月 14 日，毛泽东在一份《综合各方对朝鲜战争反映》的电报上做了这样一段修改：“总之，各帝国主义国家对我志愿军入朝继续表示慌乱，毫无办法。”[②]他在此后不久给彭德怀的电报中再次说道：“美、英、法对我毫无办法。”[③] 显然，毛泽东已经不再担心美军攻击中国本土了，因为他们已经被证明对中国参战“毫无办法”。三天后，他一改此前的谨慎，要求有关朝鲜战场的报道“不能只提人民军而不提志愿军”，报刊“应写社论鼓励志愿军”，报道不应“乱安题目，帮助美国人恐吓中国人”。[④] 可以说毛泽东这时的精神状态再次达到了建国前一段时间所达到的程度。

毛泽东有关“根本上胜利”的论述并不是为一时鼓舞士气而发，它基本上可以被理解为志愿军取得战场主动权，具体地说就是要攻占元山到平壤一线。从志愿军第二次战役的作战计划、部署和战役进程看，如果将战线向南推进到平壤、元山正面一线，建立德川、球场、宁边及其以北以西的战略后方，便造成了志愿军进可攻退可守的战略态势，从而取得了战场的主动权。这也是志愿军入朝前夕确定的战略方针，区别只不过在于，它现在是通过运动战沉重打击联合国军之后才能实现。从这个意义上说，第二次战役虽然是进攻作战，但它要达到的目标却是同出兵前夕的计划相一致的。第

① 毛泽东：《同意志愿军下一步的作战方针和部署》，1950 年 11 月 9 日，《毛泽东军事文集》第六卷，第 198 页。

② 毛泽东：《对〈综合各方对朝鲜战争反映〉电报稿的修改》，1950 年 11 月 14 日，《建国以来毛泽东军事文稿》上卷，第 350 页。

③ 毛泽东：《只要多打几个胜仗整个国际局势就会改观》，1950 年 11 月 18 日，《建国以来毛泽东军事文稿》上卷，第 358 页。

④ 毛泽东：《关于朝鲜战场新闻报道的指示》，1950 年 11 月 17 日，《建国以来毛泽东军事文稿》上卷，第 352 页。

二次战役结束后，联合国军撤退到三八线以南，志愿军占领平壤，基本达到预定的作战目标，同时也立刻面对着是不是要打过三八线的问题。

如前所述，打过三八线并不是志愿军入朝初期作战一定要实现的目标。从中国的安全利益、参战的战略意图和初期作战目标的确定等各个方面考虑，甚至可以说打过三八线不是中国参战后非实现不可的作战目标，中国领导人很可能也是这样考虑的。惟其如此，才出现了何时发动第三次战役和是否越过三八线的问题，并因处理这些问题而导致同盟友的分歧。

12月初，第二次战役取得初步胜利，志愿军准备攻占平壤，毛泽东在同金日成协调双方关系时，提出了打过三八线并攻占汉城的设想。12月3日，毛泽东会见了金日成，主要是讨论军事形势、战略计划和协调志愿军与北朝鲜军队的关系。会谈中，毛泽东分析了战争的发展前景。他像以往一样指出战争有两种可能性，既可能拖长也可能速胜，要有再打一年的准备。他像对待在越南的战友一样，告诉金日成应该树立自力更生的思想。他说中国“准备至少打一年，朝鲜方面也应作长期打算，并仍应以自力更生为主，争取外援为辅”。[①]

不过，如果将毛泽东此时的判断同出兵前后的情况相比较，给人印象深刻的恰恰是他明确指出已经存在迅速结束战争的可能性，他的估计明显比以往乐观多了。在这个判断的基础上，毛泽东提出志愿军应该改变既定的作战目标，一方面在占领平壤后争取再占领汉城，另一方面是争取进一步消灭联合国军的有生力量，首先是全歼南朝鲜军队。针对国际上出现的调停活动，毛泽东提出了明确的停战条件，即美国承认撤出朝鲜，首先撤退到三八线以南。他告诉金日成：“敌人有可能要求停战，我们认为必须承认撤出朝

---

① 毛泽东：《战争应从最坏方面着想》，1950年12月3日，《建国以来毛泽东军事文稿》上卷，第388页。

鲜，而先撤至三八线以南，才能谈判停战，最好我们不但拿下平壤，而且拿下汉城，主要的消灭敌人，首先是全歼伪军，对促进美国撤兵会更为有力量。美国如果承认撤兵，联合国有可能同意在中苏参加的条件下，主张全朝鲜在联合国监督下，选举自己的政府。”这可以说是毛泽东在中国参战后，首次提出通过军事胜利来争取用政治方式解决朝鲜问题。他并没有忘记根据中国革命的经验提醒金日成，美国的“诺言协定都不可靠，故应从最坏方面着想”。①

12 月 3 日的谈话表明，毛泽东对战局的看法出现两个重大的变化。首先是突出了迅速结束战争的目标；其次是提出了将联合国军退到三八线以南作为停战的必要条件。谈话内容第二天用电报发给在前线的彭德怀等志愿军领导人。这里出现的问题是，毛泽东在同他的同事讨论并达成共识之前，便直接向金日成表达了如此大幅度调整战争目标的设想，然后再通告在前线指挥作战的军事将领。这种做法已经改变了中国高层的决策程序，使盟友之间的协商被置于国内高层的决策程序之上。从表现形式上看，则是扩大了对盟友的承诺在决策过程中的影响力。事实上，毛泽东的新设想成为他考虑第三次战役的出发点。

第三次战役的决策包括两个问题。第一个问题是应该在何时发起第三次战役。志愿军领导人接到毛泽东的电报后认真研究了战场的形势，他们判断战争很难迅速结束，要彻底打败联合国军必须经过很艰苦的努力。他们认为，联合国军部署在第一线的部队达 20 万，志愿军与朝鲜人民军加在一起为 30 万，不占绝对优势，而且经过连续两次作战，相当疲劳。更令人担心的是后勤供应跟不上，运输线拉长两倍但运输能力明显不足，西线主力 20 万人仅由 300 辆汽车负责运输，困难程度可以想象。他们经过讨论后先向北京建

---

① 毛泽东：《战争应从最坏方面着想》，《建国以来毛泽东军事文稿》上卷，第 388 页。

议，新的战役最好推迟到 1951 年春季或 2 月、3 月，目前志愿军应该进行较长时间的休整和补充，否则部队很难应付艰苦的攻击作战。①

志愿军政治部主任杜平事后回忆，毛泽东的答复为他们所始料不及。毛泽东要求他们将第三次战役提前到 1951 年的 1 月上半月，他的理由是停止进攻和长期休整会在西方国家中引起揣测，也会在苏联阵营引起议论。总之是国际环境并不允许志愿军长时间休整而不去发动进攻，国际形势这时成为毛泽东内心的主要关注。但是这个决定使志愿军领导人处境困难。他们认为，毛泽东是从国际政治斗争出发做出的决定，军事斗争必须要服从国际政治斗争的需要。但是，问题是“政治斗争又应如何照顾军事斗争的实际呢”？他们不得不反复考虑，如何在战役部署中协调政治需要与军事困难的矛盾。②

第二个问题就是是否要越过三八线。正如提前发动第三次战役相当勉强一样，在志愿军领导人看来，仓促越过三八线作战也面临相当大的困难，包括部队过度疲劳，战线拉长造成军需供应的极度紧张，以及联合国军有生力量损失并不严重，志愿军仍将进行极其艰苦的战斗，等等。12 月 8 日，彭德怀即令志愿军各部向三八线附近的攻击位置挺进。同时他电告毛泽东，在是否越过三八线的问题上，应该根据战局的发展再做决定。他说：“下一战役十六七号开进完毕，十八九号可开始攻击，估计月底可结束。如能歼灭伪一、六两师，美二十四师、骑一师，或给以歼灭性打击时，我即将进越三八线，相机取得汉城。如上述敌人不能消灭，或给以歼灭性打击时，即能越三八线或取得汉城，亦不宜做。因过远南进，驱退敌至大邱、大田一带，增加以后作战困难，故拟在三八线以北数十

① 杜平：《在志愿军总部》，解放军出版社 1991 年版，第 141 页。

② 杜平：《在志愿军总部》，第 142 页；洪学志：《抗美援朝回忆》，解放军文艺出版社 1990 年版，第 98—99 页。

里停止作战，让敌占三八线。待我充分准备，以便明年再战时歼灭敌人主力。”他还建议派朝鲜人民军深入南方作战。[①] 显然，彭德怀并不主张在第三次战役中急于越过三八线作战。

毛泽东再次表示不同意志愿军领导人的主张，他要求志愿军在新的战役中无论如何要坚决突破三八线。毛泽东主要提出了两个理由。其一是基于对美国政策的分析，他认为国际上的调停表明美国方面正在通过外交方式要求志愿军停止在三八线以北，如果志愿军这时将攻势限制在三八线以北，等于在客观上造成了接受美国要求的事实，这在政治上是极为不利的；[②] 其二是则是基于对未来作战的考虑。毛泽东已经确定了迫使美国承诺退出朝鲜半岛的目标，而这个目标只有通过军事上的胜利才能达到，因为美国的“承诺是靠不住的”。志愿军有必要打破“三八线在人们中存在的旧印象”，从而保持在战略上有更大的选择范围，避免被三八线束缚。[③] 毛泽东的判断是乐观的，他的信心也来自他得到的情报，该情报说华盛顿派特使访问东京了解美军的困难处境，命令麦克阿瑟准备撤出南朝鲜，后者也已经开始部署撤退了。毛泽东估计，只要志愿军打到汉城附近，就能知道这个情报是否属实。他还嘱咐彭德怀先不要在军中透露此信息，以避免出现轻敌。[④] 总之，存在着一个非常值得尝试一下的前景。

从当时美国方面决策的实际情况看，毛泽东得到的那个情报不论是基于分析还是基于事实，都是有很高的合理成分的。志愿军发动第二次战役以后，美军全线被迫向三八线以南撤退。到战役结束时，美军全部被赶到三八线以南。麦克阿瑟当时要求杜鲁

① 《抗美援朝战争史》第二卷，第 163 页；杜平：《在志愿军总部》，第 147 页。

② 毛泽东：《我志愿军必须越过三八线作战》，1950 年 12 月 13 日，《毛泽东军事文集》第六卷，第 239 页。

③ 毛泽东：《关于朝鲜战场形势和作战部署》，1950 年 12 月 13 日，《毛泽东军事文集》第六卷，第 245—246 页。

④ 毛泽东：《关于美军似准备从朝鲜撤退情报的通报》，1950 年 12 月 11 日，《建国以来毛泽东军事文稿》上卷，第 405—406 页。

门政府做出决断，允许他将战争扩大到中国境内，并重新考虑美国的战争目标，以及相应地增加在朝鲜的美军军力。[①] 他的建议没有被杜鲁门政府接受，国家安全委员会的成员几乎都认为，美国在朝鲜的军事行动有必要置于美苏全球对抗和维护盟国团结以及争取联合国支持的框架中，因此不应该再采取任何会导致战争进一步扩大的行动，即美国不应将战争扩大到中国境内，只能在现有的范围内争取更好的结果。[②] 与此同时，杜鲁门政府开始试探政治解决朝鲜困局的可能性和途径。

12 月 4 日，英国首相艾德礼（Clement Richard Attlee）访问华盛顿，与美国领导人举行了三天会谈。美国领导人在会谈中承诺，他们会寻求与中国谈判来达成政治解决的方案，在没有盟国同意的情况下，美国不会将战争扩大到朝鲜半岛以外的地区。[③] 1951 年元旦之夜，志愿军发动第三次战役。到 1 月 8 日战役结束时，美军被迫撤到 37 度线，汉城也被志愿军攻占。这期间，美军参谋长联席会议曾经通知麦克阿瑟，鉴于中国军队的强大攻势，如果他认为美军撤出朝鲜半岛就可以避免更严重的损失，可以下令美军向日本撤退。[④] 显然，美军有过撤出朝鲜半岛的打算和计划，尽管这没有成为最终的决定。

问题是美军固然面临严重的决策，这时志愿军也已经面临非常艰困的局面，他们已经没有能力如毛泽东设想的那样给美军造成足够沉重的打击和伤亡。所以，在前线指挥的彭德怀接到毛泽东的电报后踌躇再三。其他志愿军领导人也对战役的前景有复杂

---

① Hearings before The Committee on Armed Services and Committee on Foreign Relations, *Military Situation in the Far East* (Washington: US Government Printing Office, 1951), Vol. V, p. 3495.

② "The Joint Chiefs of Staff to the Commander in Chief, Far East (MacArthur)", Washington, 29 November 1950, *FRUS*, *1950*, *Vol. Ⅶ*, *Korea*, pp. 1253 - 1254.

③ 资中筠主编《战后美国外交史——从杜鲁门到里根》上册，第 218 页。

④ "The Charge in Korea (Drumright) to the Secretary of State", Seoul, April 28, 1950, *FRUS*, *1950*, *Vol Ⅶ*, *Korea*, pp. 55 - 56.

的考虑。邓华在给彭德怀的信中表示，第三次战役存在几种不同的结局，他并倾向于认为志愿军不太可能达成大量歼灭美军的目的，他因此建议应准备长期作战。邓华说："第三个战役可能打出三个可能：一为敌被迫谈判求和，二为被迫撤出朝鲜，三为安上桥头堡一个（大丘、釜山）或两个（汉城、仁川）。如我能歼灭比上一战役更多的美军，则可能出现第一、二个可能，否则为第三个可能。根据今天情况看来，第三个可能大。因敌有两次经验，且兵力更加集中了。虽如此，我们仍应争取前两个可能，缩短战争时间，于全局有利……假如打成第三种局面，我意作较长期打算。保留小部分（两三个军）配合人民军并撑他们的腰，广泛开展游击战，来纠缠疲惫和消耗敌人。"[①] 在北京，周恩来也向毛泽东提出，需要考虑"战略意图与战役的结合"，是否"推迟至三月初再进攻汉城"，否则在兵员补充、空军炮兵等参战以及运输等方面都难以准备充分。[②]

彭德怀在经过几天的苦思冥想以后，决心通过制订保守的战役计划来协调毛泽东的政治考虑、军事预期与志愿军的实际困难之间的矛盾。彭德怀在部署越过三八线作战的同时告诉毛泽东，应看到志愿军减员严重，后勤供应极度紧张，而美国不会马上撤出朝鲜，美军转入防御后战略态势反而对其有利。他在电报中直截了当地说明："据我看朝鲜战争仍是相当长期的、艰苦的。敌人由进攻转入防御，战线缩短，兵力集中，正面狭小，自然加强了纵深，对联合兵种作战有利。美伪军士气虽然较前低落，现在还有二十六万左右兵力。政治上，敌马上放弃朝鲜，对于帝国主义阵营来说是很不利的，英法也不要求美国这样做。如再吃一两个败仗，再被消灭两三个师，可能退守几

---

① 《抗美援朝战争史》第二卷，第 165 页。

② 周恩来：《关于进攻汉城时间问题给毛泽东的信》，1950 年 12 月月 9 日，《建国以来周恩来文稿》第三册，第 615 页。

个桥头阵地（釜山、仁川、群山），也不会马上全部撤出朝鲜。我军目前仍应采取稳进。”① 至于部署中的第三次战役，彭德怀告诉毛泽东，打败仗是不可能的，但有可能攻击受阻或胜利不大。为了在执行毛泽东越过三八线指示时，尽可能适应志愿军面临的实际情况，他提出“稳进方针”。所谓“稳进”即“专打伪军，目标缩小，能吃就吃，适时收兵”，志愿军越过三八线以后能否控制该地区也要视情况而定，也就是说，如果军事上需要仍会退回到三八线以北。②

彭德怀的计划是为了协调政治需要与军事困难的选择，它得到毛泽东的赞成。毛泽东表示支持志愿军“稳进”，同意“如不顺利则适时收兵，到适当地点休整再战”，战役结束后“后退几十个公里进行休整”。③ 毛泽东之所以接受彭德怀的战役计划，主要原因是根据国内战争的经验和战争的一般规律，他更强调在运动战中歼灭联合国军的有生力量。虽然这时毛泽东已经在提高战争的目标，但是他并不主张志愿军采取长距离追击作战和攻坚战，而宁愿选择在三八线南北地区作战，通过运动战大量消灭美军有生力量，从而达到迫使其撤出朝鲜半岛的目的。志愿军采取长远距离的攻击作战不仅要冒风险，即便一时取胜也有可能将联合国军驱赶到更南边的几个城市或战略要地，为歼灭其有生力量造成更大的困难。北朝鲜在战争前期的惨痛教训就是如此。毛泽东甚至要求彭德怀放弃派遣朝鲜人民军深入南方作战的计划，以便诱使联合国军放心地继续将主要力量置于三八线和三七线之间，在他的设想中，这是有利于志愿军予以歼灭的。④

毛泽东接受了彭德怀的作战计划，从而保证了第三次战役基本

---

① 《毛泽东军事文集》第六卷，第 246—247 页；杜平：《在志愿军总部》，第 152 页。

② 杜平：《在志愿军总部》，第 152 页。

③ 毛泽东：《关于朝鲜战场形势和作战部署》，1950 年 12 月 21 日；《第三次战役结束后全军主力均应后撤休整》，1950 年 12 月 26 日。《毛泽东军事文集》第六卷，第 245—246、249—250 页。

④ 毛泽东：《第三次战役结束后全军主力均应后撤休整》，1950 年 12 月 26 日，《毛泽东军事文集》第六卷，第 249 页。

上达到了他所要追求的政治目标，即志愿军打过了三八线和攻占了汉城，同时也避免了在军事上承担无法完成的任务。这次战役在军事上并没有实现大量消灭联合国军的目的，不过中国却获得了强有力的政治地位，并且基本保持了应付美军随后发动反攻的战略地位和军事实力。

"战争是政治的继续。"志愿军越过三八线的决策在军事上带有权宜之计的特点，志愿军越过三八线并不意味着非长期占领并坚守三八线以南的地区包括汉城不可。中国领导人在决定越过三八线的同时，便做好了放弃三八线以南地区、退守三八线以北防线的准备。可以说中国领导人决定越过三八线，对政治因素的考虑远远超过军事上的需要。问题是，是哪些政治考虑促使中国领导人在志愿军军事力量并不占很大优势的情况下，做出越过三八线的决定的。

从毛泽东给彭德怀等人的电报中可以看出，他的主要考虑之一是中国在世界上的政治威望，而这种威望首先就是中国在苏联阵营中的威望，其次也是中国在东亚及周边地区的威望。第二次战役发起不久，由于联合国军再次遭到沉重打击，美国阵营内部开始出现议和的主张。同时，一些国家开始尝试通过联合国调停来实现朝鲜停战，其中比较突出的是亚洲 13 国呼吁中国不要越过三八线。[①]随后它们起草了一份《朝鲜和平方案》，准备在联合国提出。[②]一些国家驻联合国代表也在私下向中国方面试探停战的可能性。这使中国领导人面临着是否接受调停的选择。

志愿军进入朝鲜不久，中国领导人在内部多次谈到，经过军事斗争以后，美国有可能被迫通过谈判解决朝鲜问题。[③]当时中国领导人很可能倾向于认为，和谈是可以接受的最现实的解决办法。如前所述，毛泽东在 12 月初认真考虑过停战问题。当时毛泽东等中

① 《中美关系资料汇编》第二辑上册，第 321 页。

② *FRUS*, *Vol. Ⅶ*, *1950*, *Korea*, pp. 1488 – 1489.

③ 周恩来：《抗美援朝，保卫和平》，1950 年 10 月 24 日；《对朝鲜问题的估计与我们的思想准备》，1950 年 11 月 13 日。《周恩来军事文选》第四卷，第 76、92 页。

国领导人与金日成在北京举行会谈，讨论过与美国和谈的问题。他们认为，谈判的起码条件是美军撤到三八线以南，时机以在占领汉城并歼灭大量南朝鲜军队后为宜。[①] 他们之所以做出这样的判断，当时战场上的有利形势是基本条件，另外还存在其他两方面的考虑。

其一是中国领导人认为，在志愿军正发动进攻并明显占据优势的情况下，如果在三八线止步不前，就会给国际社会造成中国实际上接受了外国调停的印象。当时美国尚没有直接出面提出停战要求，反之，杜鲁门政府正公开进行大规模的战争动员，大幅度增加军费，并宣布美国进入战争状态。中国领导人做出参战的决定是因为他们断定，美国的战争目标是武力占领朝鲜半岛。在不能确定美国政府将彻底放弃武力统一朝鲜的政策的情况下，中国领导人很容易就会认为，此时的停战建议不论由谁出面提出，都是美国争取时间重整旗鼓的计谋。实际上他们也是这样分析的。[②] 他们很容易相信，中国贸然接受调停或停止进攻，将会严重地损害中国的政治威望，使中国在未来可能的政治解决过程中至少也会处于不那么强有力的地位。从这个角度看，当时一些国家提出的调停既不合时宜又欠周到，因为这样做不足以与中国领导人建立起互信，反而成了促使志愿军非越过三八线不可的重要原因。

其二是中国领导人存在着相当强烈的对中国作为苏联阵营成员的认同，这已经被很多事例所证明。这种认同导致他们对苏联阵营的反应既特别敏感也十分在意。保持和提高在苏联阵营中的威望在这方面的考虑中是占首位的。12 月 1 日，斯大林向毛泽东发出贺电，祝贺志愿军的军事胜利，并鼓励他们再接再厉展开攻势。[③] 斯大林

① 《中共中央致彭德怀并高岗电》，1950 年 12 月 4 日，参阅《抗美援朝战争史》第二卷，第 162 页；杜平：《在志愿军总部》，第 140 页。

② 《中美关系资料汇编》第二辑上册，第 355—358 页。

③ 《史达林关于建议中国派部队援助朝鲜问题致罗申》，1950 年 10 月 1 日，沈志华编《朝鲜战争：俄国档案馆的解密文件》上册，第 571 页。

很喜欢在克里姆林宫的办公室里找这种领袖的感觉，问题是这很难不被中国领导人看作苏联发出的信号。这时苏联驻华代表和金日成频频向彭德怀施加压力，要求志愿军不要停止进攻，应该打过三八线。斯大林一方面表示，北朝鲜应该尊重志愿军领导人的决定，并批评苏联代表必须端正态度，但他同时也向毛泽东宣布，苏联将向志愿军增加 2000 辆汽车。[①] 这时志愿军正面临后勤供应严重不足——彭德怀坚持要保持谨慎的作战计划的理由之一，就是战线拉长后志愿军运输过于困难。毛泽东当然会明白，斯大林这样做就是为了鼓励志愿军继续发动攻势作战，中国领导人承受的压力可想而知。

需要指出的是，这时苏联阵营正酝酿召开一次重要的共产党情报局会议。10 月 28 日，苏共中央政治局通过了《关于召开共产党和工人党情报局书记处会议的决定》，内容主要是要扩大情报局的职能和创设情报局书记处。11 月 22—24 日，共产党情报局书记处会议在布加勒斯特召开。这次会议做出的重要决定就是要建立一个像共产国际那样的有常设机构的国际组织，以便指导和帮助世界各国的而不仅仅是欧洲的共产党。苏联代表苏斯洛夫（M. A. Suslov）在会议发言中明确说："我们也应当重视欧洲、美洲和亚洲那些没有加入情报局的共产党的利益，应当提出帮助这些向情报局寻求建议的党的任务。"[②]

除了将范围扩展到全世界之外，这次会议还设想这个组织将有一个总书记，就像共产国际有个领导人季米特洛夫（Georgi Dimitrov）。当时斯大林属意的人选是意大利共产党领导人陶里亚蒂（Palmiro Togliatti），结果被意共和陶里亚蒂本人拒绝。后者称身体有恙，难以胜任。实际上他也有可能是不愿意做第二个季米特洛

---

① 毛泽东：《打一个胜仗后休整准备春季攻势》，1950 年 12 月 29 日，《毛泽东军事文集》第六卷，第 252 页。

② 转引自张盛发《斯大林与冷战》，第 441 页。

夫。人选难产导致原定于 12 月 23 日召开的会议不得不延期。1951 年 1 月 4 日，陶里亚蒂写信给斯大林，彻底否定了对他到任的期待。苏共一度继续抱有希望，但到 2 月 12 日，意共中央又彻底否决了苏共关于陶里亚蒂到共产党情报局书记处任职的建议，拟议中的共产党情报局大会终于流产。[①] 毛泽东决定发动第三次战役和打过三八线正是苏共和共产党情报局酝酿和讨论召开大会的时候，他这时对盟友们的观感的关注同他对中共中央在拟议中的大会和共产党国际组织中地位的考虑，不可能不影响他对军事问题的思考。他希望志愿军在这种时刻能取得尽可能令人鼓舞的军事胜利，不打过三八线则会使中国在苏联阵营中的威望受到损害。

这时还有一个令中国领导人感到鼓舞的因素，即中国在亚洲民族解放运动中的威望因志愿军出兵朝鲜和连续三次战役获胜而大幅提升。中国领导人对中国在亚洲革命运动和民族解放运动中的地位上升十分重视，他们在逐步形成一种类似亚洲革命领导者的意识，这导致他们愿意承担更多的国际主义义务，并更进一步密切同苏共的关系。这种意识同拟议中的共产党情报局大会结合在一起，会促使中国领导人大幅提升对中共在未来国际共产党组织中有更高地位的期待。

1950 年 12 月 31 日，第三次战役发起前一天，毛泽东、刘少奇等宴请苏联驻华大使罗申。席间，毛泽东在谈过朝鲜形势后对罗申说："北京聚集了除印度共产党以外的所有亚洲共产党的代表"，中国应该"给予他们建议和各方面的援助"。他又一次建议中苏两党加强这方面的合作，苏联则需要在北京设一个联络机构。1 月 3 日，刘少奇告诉罗申，"亚洲国家的所有共产党都在中共中央有常驻代表"，他们都是自己就来了。他在逐一分析了亚洲各党的情况后，建议苏共中央在北京设立一个有 5 人的苏共中央代表处，这些人最好是亚洲问题专家，至少也要"对这方面的问题

① 参阅张盛发《斯大林与冷战》，第 432—453 页。

比较熟悉”。[①] 中共中央这时还决定建立对外联络部，任命回国述职的驻苏联大使王稼祥担任部长。刘少奇在给他的任命函中说，中共中央对外联络部的职责是与各国共产党联络，“具体任务也是最重要的任务是东方各国兄弟党联络并帮助他们”，国内很多机构将配合中联部的工作。[②]

同时发生的上述重要事件不影响中国领导人对朝鲜战局的思考是很难想象的。这里顺便指出，这时中国军事顾问团正指挥越共军队不断取得军事胜利，越共中央表现出对中国革命的经验心悦诚服。中国领导人尽管对越共对中国援助的军事装备等管理不善很不满，但还是很快同意了越共中央的要求，在 1951 年上半年再为越军装备 6 个步兵团和 1 个重炮团，并同意花费 30 亿元人民币（按 1955 年新币折合 30 万元）在广州为越共建立越文印刷厂。[③] 中国对越共抗法的援助这时已经扩大到包括老挝和柬埔寨在内的整个印支地区。[④]

毛泽东给彭德怀的电报证明，国际政治方面的因素在他的思考中占据着主要位置。他一再鼓励志愿军领导人放手一搏。在他看来，如果志愿军不越过三八线，“必引起资本主义各国甚多猜测，民主阵线各国亦必有些人不以为然，发生许多议论”，反之则“影响甚好”。[⑤] 从毛泽东的决定中可以看出，他对政治威望是何等的重视，这是他的决策动力之一。在重要的决策过程中，一个外部因素会产

---

① 《尤金给斯大林的报告》，1951 年 1 月 20 日，存华东师范大学国际冷战史研究中心资料室，No. 20001。

② 刘少奇：《关于成立中共中央对外联络部问题》，1951 年 1 月 16 日，《建国以来刘少奇文稿》第三册，第 25 页。

③ 刘少奇：《关于援助越南武器装备问题的批语和电报》，1951 年 2 月 10 日；刘少奇：《关于在广州设越文印刷厂问题的批语和电报》，1951 年 2 月 2 日、26 日。《建国以来刘少奇文稿》第三册，第 66、68—69 页。

④ 参阅《建国以来刘少奇文稿》第三册，第 168 页。

⑤ 毛泽东：《我志愿军必须越过三八线作战》，1950 年 12 月 13 日；《关于朝鲜战场形势和作战部署》，1950 年 12 月 21 日；《打一个胜仗后休整准备春季攻势》，1950 年 12 月 29 日。《毛泽东军事文集》第六卷，第 252—254 页。

生什么样的影响，取决于两方面的条件：一方面是这个外部因素在决策过程中实际占据的地位；另一方面是决策者对有关的外部因素是否重视和重视的程度，而且重视的程度往往决定着外部因素影响的实际效果。例如，如果中国领导人在新中国刚刚成立的这个阶段不那么重视苏联对他们言行的政治评价，苏联方面的某些议论所产生的影响力将是不一样的。

需要进一步分析的是来自苏联的压力和影响的某些特点。苏联的影响毫无疑问是使中国领导人决定越过三八线的重要原因。不过，直到第二次战役发动之前，斯大林至少并没有公开干预志愿军的军事决策。根据斯大林最初对中国出兵的数量和任务的设想，他认为中国出兵的目标不过是帮助北朝鲜守住三八线，然后争取通过谈判解决朝鲜问题。用他的话说就是中国出兵与美国“进行一场认真的较量”，美国“将不得不接受就朝鲜问题进行调停的条件”。[①] 在中国决策出兵到第二次战役开始这段时间，斯大林并没有提出任何超出以三八线为界进行和谈的设想或要求。换句话说，斯大林这时并不认为中国参战的结果会是将美国彻底赶出朝鲜。

12 月初，13 国提出停火草案后，苏联明显地表现出不希望中国接受停火。12 月 4 日，中国驻苏联大使王稼祥回国述职。他利用辞行的机会向苏联外交部长葛罗米柯（A. A. Gromyko）了解苏联对朝鲜停战的立场。在关于是否应该与美国谈判停战的问题上，葛罗米柯表示，美国并没有提出“和平解决朝鲜局势的建议”。当王稼祥询问志愿军是否应该越过三八线时，葛罗米柯称中国军队应该“趁热打铁”。[②] 从葛罗米柯的解释看，很可能这时苏联领导人还没有对志愿军越过三八线问题做出决定，但他们显然并不希望志愿军在第二次战役后就此止步。

---

① 《史达林关于中国出兵问题致金日成的信》，1950 年 10 月 8 日，沈志华编《朝鲜战争：俄国档案馆的解密文件》上册，第 591—592 页。

② 《葛罗米柯与王稼祥会谈的备忘录》，1950 年 12 月 5 日，沈志华编《朝鲜战争：俄国档案馆的解密文件》上册，第 635—636 页。

在王稼祥与葛罗米柯谈话三天后，苏联开始明确表示志愿军应该越过三八线并占领汉城。12 月 7 日，周恩来告诉罗申，为了避免在停战问题上处于不利地位，中国准备向有关国家提出停战的五项条件。周恩来表示希望了解苏联的态度。[①] 葛罗米柯在当天接到罗申的报告后，即指示他转告周恩来，中国应该在占领汉城后再提出自己的停战条件。[②] 与此同时，苏共政治局批评苏联驻联合国代表维辛斯基，不应在联合国这样的国际场合提出朝鲜停战的建议，他应该提出的是“一切外国军队立即撤离朝鲜”。苏共政治局认为，当前美国建议停战只不过是为了争取时间来挽救失败。[③]

显然，这时苏联同样认为，志愿军的作战目标应该是打过三八线占领汉城，占据有利地位后再提出停战条件。从时间的顺序看，苏联的决定是在毛泽东同金日成 12 月 3 日谈话以后。不能排除苏联领导人是在了解了毛泽东关于占领汉城的谈话以后才做上述表态的。不过，苏联的决定既可以说是对中国的鼓励，同时也是对中国的压力。周恩来了解了苏联的态度后，立即通知在联合国开会的中国代表，对停战问题不要急于表明中国的条件，应采取拖延的方针。[④]

总而言之，中国与苏联在决策越过三八线的过程中，实际上是相互影响、相互推动的。最初是志愿军的军事胜利使得中国领导人倾向于提高战争目标；然后是苏联领导人鼓励中国领导人决策越过三八线，并因此反对在越过三八线以前开始停战谈判；再然后是毛

---

① 《罗申关于中国政府停止在朝鲜军事行动的条件的电报》，1950 年 12 月 7 日，沈志华编《朝鲜战争：俄国档案馆的解密文件》上册，第 639—640 页。

② 《葛罗米柯关于苏联同意中国政府停止朝鲜军事行动的条件致罗申电》，1950 年 12 月 7 日，沈志华编《朝鲜战争：俄国档案馆的解密文件》上册，第 641—642 页。

③ 《联共（布）中央政治局关于停战问题指示的决议》，1950 年 12 月 7 日，沈志华编《朝鲜战争：俄国档案馆的额解密文件》中册，第 643 页。

④ 周恩来：《对谈判应取他急我不急》，1950 年 12 月 8 日，《周恩来军事文选》第四卷，第 125 页。

泽东虽然了解了志愿军的实际困难，却必须考虑苏联的决定和反应；最终的结果是彭德怀通过制定谨慎的作战方针，大致协调了政治需要与军事困难之间的矛盾。

1950 年 12 月 31 日，志愿军冒着严寒，在 200 公里的宽大正面发起进攻，并迅速突破联合国军在三八线的防线。战役进展之顺利显然出乎志愿军领导人的预料。1951 年 1 月 3 日，美军司令李奇微（Matthew Ridgway）下令联合国军全线撤退，第二天志愿军占领汉城。

第三次战役在军事上进展顺利，其结果之一是使中国处于有利的政治地位，但这次战役并没有完全达到预定的目标，即在突破三八线的同时，通过运动战大量歼灭敌军。从结果看，战役达到了突破三八线的政治目标，占领了三七线以北地区并控制汉城，却没有大量杀伤敌军。第三次战役结束就是一个关键时刻，联合国“朝鲜停火三人小组”提出了立即停火的五点建议，其内容接近周恩来 12 月下旬提出的停战条件，而且不论基于什么理由，美国已表示可以接受。[①] 这种局面导致中国与盟国之间就朝鲜战局和志愿军的作战目标展开讨论。最初讨论的是，是否接受“朝鲜停火三人小组”关于立即停战的建议。

第三次战役的结果并没有超出志愿军领导人的预料，问题是在规划第三次战役过程中已经反映出来的速胜情绪，在志愿军突破三八线的激励下迅速发酵。12 月中旬中国领导人制定的关于朝鲜停战的五项条件中第一条就是“外国军队撤出朝鲜”。12 月 22 日，周恩来针对联合国的停战决议发表声明说，谈判的基础是“一切外国军队撤出朝鲜”。[②] 显然，中国领导人这时已经倾向于提高战争目标。第三次战役结束时，国内舆论高唱“把不肯撤出朝鲜的

① 《五届联大政委会“朝鲜停火三人小组”提出的“五步方案”》，1951 年 1 月 11 日，《中美关系资料汇编》第二辑上册，第 367—368 页。

② 转引自齐德学《巨人的较量——抗美援朝高层决策和指导》，中共中央党校出版社 1999 年版，第 141 页。

美国侵略军赶下海去”。[①]

另外，中国的盟友也在不断地施加压力。首先是金日成并没有因为战争前期的失败就接受足够的教训，毫不收敛急于统一朝鲜的雄心壮志。他当面向彭德怀表示不赞成志愿军占领汉城后做两个月时间的休整，而应该立即派三个军向南进攻。当时任苏联驻北朝鲜大使的拉佐瓦耶夫正担任金日成的顾问，他也声称对志愿军停下来休整的计划不满，认为这会给美军留下喘息的机会，所以志愿军应该乘胜追击。[②] 1月11日，也就是周恩来准备发表一项声明的前六天，苏联代表已经在联大发言，反对“朝鲜停火三人小组”的建议案。[③] 苏联代表做这样的发言很可能是在延续第三次战役之前的政策，但它客观上极大地限制了中国领导人的选择余地，因为在何时以及如何提出停战条件的问题上，苏联的态度几乎是决定性的。如果没有苏联在联合国的配合与支持，中国是无法解决和谈问题的，况且志愿军要依赖苏联的军事援助。这或许可以帮助理解，为什么中国领导人会认为停战条件要考虑是否“各方”都可以接受。盟国方面的复杂动作表明，朝鲜战争这样大规模的局部战争，以及中国在盟国中所处的地位，决定了中国需要同盟国之间建立一个有效的战略与政策协调机制，以保证同盟各方的沟通、选择与执行的准确和高效。

彭德怀坚决反对继续进攻。他并不同意北朝鲜方面关于美军会很快退出朝鲜的判断，并认为志愿军已经无法很快发动新的攻势。1月15日，他甚至致电周恩来，表示不赞成立即拒绝联合国“朝鲜停火三人小组”的停战方案。他建议应该提出有限期停战的建

---

① 参阅徐焰《第一次较量——抗美援朝战争的历史回顾与反思》，中国广播电视出版社1990年版，第67页。

② 参阅彭德怀传记组《彭德怀全传》（三），中国大百科全书出版社2009年版，第932—935页。

③ 《苏联代表马立克在五届联大政委会上关于1951年1月11日“朝鲜停火三人小组”的报告的发言》，1951年1月11日，《中美关系资料汇编》第二辑上册，第369—370页。

议，以便为志愿军争取两个月的休整时间。[①] 由此可见，对于志愿军的困难他估计得相当严重。

这时的关键是毛泽东本人的看法。1 月 14 日，毛泽东在给彭德怀的电报中阐述了他对战局的估计，认为今后有两种可能性：其一是美军“略作抵抗，即退出南朝鲜”；其二是在大邱、釜山抵抗到无法坚持下去“方才退出朝鲜”。总之是美军早晚要退出朝鲜。他因此提出春季作战目标就是“解放全朝鲜”。关键是他同时将此重大的战略改变转告了斯大林。[②] 正是这种看法使毛泽东不愿因接受停火而束缚未来作战的选择和降低对美军的威慑。重要的是这种看法逐步开始贯彻到志愿军的军事部署和准备中。这是导致中国领导层拒绝“朝鲜停火三人小组”建议的最主要原因，其结果是使中国丧失了一次取得外交主动和分化敌方阵营的有利时机。

不过，在军事行动方面，毛泽东继续坚决支持彭德怀停止进攻、休整军队的计划。长期的战争经验使他坚信，通过在三八线南北地区以运动战大量消灭美军，而不是采取长远距离的追击作战和攻坚战，就可以达到驱逐美军的目的，而且更为有利。[③] 所以，毛泽东一方面坚持其脱离实际的战略目标，否定争取尽快停战的建议；另一方面却支持彭德怀的军事计划，不急于发动新的大规模进攻。1 月 15 日，毛泽东致电斯大林，详细说明了志愿军的作战计划和面临的巨大困难。他在电报中提醒斯大林说，如果不做充分准备，“就会重犯朝鲜军队 1950 年 6 月到 9 月所犯过的错误”。[④] 一天前，毛泽东刚刚向斯大林提出军事贷款的要求，由

① 王焰主编《彭德怀年谱》，人民出版社 1998 年版，第 467 页。

② 齐德学：《巨人的较量——抗美援朝高层决策和指导》，第 152—153 页。

③ 毛泽东：《第三次战役结束后全军主力均应后撤休整》，1950 年 12 月 26 日；《打一个胜仗后休整准备春季攻势》，1950 年 12 月 29 日。《毛泽东军事文集》第六卷，第 249—253 页。

④ 《毛泽东关于下一步作战计划致史达林电》，1951 年 1 月 15 日，沈志华编《朝鲜战争：俄国档案馆的解密文件》上册，第 663—664 页。

此也可以看出他支持彭德怀的决心。另外，他也在迁就盟友的要求。当北朝鲜强烈要求立刻发动新的进攻时，他指示彭德怀，让北朝鲜军队自己继续向南进攻并自行指挥，而志愿军只担任仁川、汉城和三八线以北之守备并进行休整。[①]

在中国与盟友的内部协调还在进行之时，美军已经迅速发起反攻，这导致中国决策层内部再次开始讨论停战问题。在朝鲜战场的志愿军领导层中这时也存在“一气呵成，全歼敌人，全部解放朝鲜”的看法。[②] 与毛泽东不同的是，他们并不认为经过未来一两次战役就可以实现这个目标，而且志愿军相当严重地缺乏兵员、弹药和粮食。在美军发动进攻不久，彭德怀再次向北京提出建议，应设法主动提出限期停战，志愿军可主动向后撤退 15—30 公里。[③]

毛泽东否决了彭德怀的建议。1 月 28 日，他在给彭德怀的电报中说，后者的建议“不合时宜”，因为那正是美军需要的东西。不仅如此，他还再次提高了停战的条件。他要求志愿军立即发起第四次战役，歼灭敌军两三万人，占领三七线以南的大田、安东一线，从而确保稳固地控制汉城、仁川等地，那时谈判将对中朝有利，现在停战则不利，故“是我们决不能允许的”。[④] 斯大林也在给毛泽东的电报中声称，“从国际观点看”不应放弃汉城和仁川，继续沉重打击敌人是“完全合适的”。[⑤] 彭德怀不得不执行命令，但是他坚决主张“停止敌人前进，稳步打开战局……仍作长期打算”的方针，同时提醒毛泽东，如进攻不顺利仍有可能后撤。毛泽东又一次批准了彭德怀的作战方针。[⑥]

---

① 王焰主编《彭德怀年谱》，第 466 页。

② 杜平：《在志愿军总部》，第 186 页。

③ 王焰主编《彭德怀年谱》，第 469 页；《抗美援朝战争史》第二卷，第 224 页。

④ 毛泽东：《志愿军必须立即准备发起第四次战役》，1951 年 1 月 28 日，《建国以来毛泽东军事文稿》上卷，第 454—455 页。

⑤ 王焰：《彭德怀年谱》，第 469 页。

⑥ 王焰：《彭德怀年谱》，第 471—473 页。

毛泽东拒绝三人小组停战建议主要是因为他在第三次战役结束后明确提出了“解放全朝鲜”的作战目标。[①] 他不赞成持续攻击和追击既是接受彭德怀的建议，也反映了他对作战方针的考虑。毛泽东具有丰富的战争经验，对彭德怀的指挥才能非常信任，加上北朝鲜军队以往失败的惨痛教训，使毛泽东力图将他的目标尽可能与战场的实际情况相协调。他在第三次战役后希望志愿军有较多的时间进行充分的休整，以便发动更强大的攻势。[②] 这种考虑使毛泽东仍没能充分理解彭德怀提出的困难，故不同意利用此一时机争取暂时停战。

2 月中旬，第四次战役第一阶段结束，志愿军全线转入运动防御战。2 月 17 日，志愿军领导人向各军党委并报中央军委发出一项指示说：“目前在敌我力量对比上，敌人还暂时占某些优势。”[③] 正是这种判断使彭德怀认为，已有必要亲自返回北京，就战略问题与毛泽东等取得共识。这时中央军委也已经注意到战局变化中的不利因素和志愿军面临的困难，并在考虑志愿军是否应该向三八线以北地区撤退。[④] 2 月 8 日，中央军委起草给彭德怀的电报内容表明毛泽东也开始意识到，如果仍然坚持将美军全部退出朝鲜半岛作为战略目标的话，朝鲜战争是不可能短期内结束的。[⑤]

21 日，彭德怀到达北京。他当天立即与毛泽东讨论了朝鲜战争的有关问题，这次会谈对于调整志愿军的战略方针具有决定性的意义。毛泽东和其他领导人在听取了彭德怀的介绍后，开始改变

---

① 齐德学：《巨人的较量——抗美援朝高层决策和指导》，第 152—153 页。

② 毛泽东：《第三次战役结束后全军主力均应后撤休整》，1950 年 12 月 26 日；《打一个胜仗后休整准备春季攻势》，1950 年 12 月 29 日。《毛泽东军事文集》第六卷，第 249—253 页。

③ 《抗美援朝战争史》第二卷，第 255 页。

④ 周恩来：《对敌反击的部署与十九兵团的开进》，1951 年 2 月 11 日，《周恩来军事文选》第四卷，第 154—155 页。

⑤ 《抗美援朝战争史》第二卷，第 246—247 页。

“速胜”的观点，提出“能速胜则速胜，不能速胜则缓胜，不要急于求成”。[①] 随后几天，彭德怀密集会见其他军事领导人或参加军委扩大会议，介绍、讨论和安排与志愿军作战相关的各项重大事务。

3 月 1 日，中国领导人致电斯大林。这份电报比较充分地反映了中国决策层经过讨论后对战局和志愿军作战方针的决定，由于彭德怀在战争方针问题上同金日成和苏军顾问存在分歧，故有必要让斯大林比较全面地了解志愿军的军事战略调整。电报说明，根据同美军作战的经验教训，志愿军“必须准备长期作战，以几年的时间，消耗美国几十万人，使其知难而退，才能解决朝鲜问题”。从当前战场形势的变化看，“敌人有重新进出三八线南北地区的可能”，并将“再占汉城，再过三八线，当不免有一番波动，必须预作准备”。电报说明，彭德怀已经告诉金日成志愿军的战略设想。[②] 斯大林回电表示同意中国领导人的决定，并表明苏联会继续向志愿军提供军事援助，还可以根据志愿军的需要增加援助。[③] 3 月15 日，周恩来将中国的决定和斯大林的回复电告金日成。他在电报中说，“朝鲜战争有长期化的可能”，美军还会“进至三八线南北地区”，斯大林回电“同意毛主席关于今后在朝鲜作战的方针”，等。[④] 至此，中国完成了与盟国之间的又一次政策协调。

中国决策层此时提出的作战方针明显带有过渡性，它还不能说明毛泽东的看法发生了根本性的变化。因为类似“战争准备长期，尽量争取短期”的说法，毛泽东在第二次战役结束前后就讲过。[⑤]

---

① 彭德怀传记组：《彭德怀全传》（三），第 952—955 页。

② 周恩来：《必须准备长期作战》，1951 年 3 月 1 日，《周恩来军事文选》第四卷，第 162—165 页。

③ 《史达林关于防御作战等问题致毛泽东电》，1951 年 3 月 5 日，沈志华编《朝鲜战争：俄国档案馆的解密文件》中册，第 784 页。

④ 周恩来：《抢修足够的机场是空军早日参战的中心课题》，1951 年 3 月 15 日，《周恩来军事文选》第四卷，第 171 页。

⑤ 毛泽东：《第三次战役结束后全军主力应后撤休整》，1950 年 12 月 26 日，《毛泽东军事文集》第六卷，第 249—250 页。

从政策调整的过程看，中国决策层仍然将作战目标确定为将美军赶出朝鲜半岛，所谓“准备长期作战”是以此为出发点的。其次，中国领导人这时没有讨论谈判的问题。其原因很可能是在美军在战场仍占据军事优势并正在发动大规模攻势的时候，中国决策层不认为美国会有意停战谈判，而且他们必然会认为，在军事上并不有利的情况下提出停战，将使自己处于不利的地位。这里需要强调的是，他们直到这时都一直坚定地相信，志愿军如果不能取得巨大的军事胜利和军事优势，美国就不会停战并放弃武力统一朝鲜的政策。这也是他们总是提出要将美军赶出朝鲜半岛的重要原因。

4 月 22 日，中朝军队发起第五次战役。此次战役是因判断美军有可能在中朝军队侧后登陆而提前发动的一次大规模进攻作战。战役方针是在三八线和三七线之间大量杀伤当面的联合国军，打破联合国军的登陆作战计划，并“夺回主动权”。[①] 至战役结束时，双方在三八线地区形成了相对稳定的战线，战争呈相持状态。第四、第五次战役的情况清楚地表明，志愿军在军事上的弱点，如无空军掩护、部队机动能力不足、战线拉长后后勤供应极其困难等，一时难以克服，而且还要时刻准备应付美海空军对中国本土的攻击。加之美军在前两次战役遭到沉重打击后迅速改变战术，致使志愿军已经不可能像第一、第二次战役那样，在运动战中歼灭敌有生力量。

不可能在短时期内打破军事僵局并建立军事优势，是此后不久中国决策层能够迅速就停战谈判达成共识的重要原因。当时，彭德怀显然感到有必要进一步与中央讨论今后的战略方针。5 月下旬，第五次战役结束后，彭德怀即派遣邓华及一些重要的一线军级首长等返回北京，以便使那里的决策者们更充分地了解中国军队在朝鲜战场面临的困难局面。这时不仅志愿军在战场上面临巨大的困难，需要坚决地调整军事战略，而且苏联的援助也无法如期到达。这倒

① 《抗美援朝战争史》第二卷，第 306 页。

不是因为斯大林等苏共领导人不愿意鼎力相助，苏联的军事能力的确无法立即满足志愿军在朝鲜战场的巨大需求。

不过恰在此时，美国的政策出现了重大的变化。5 月 31 日，美国代表凯南与苏联驻联合国大使马立克（Jacob Malik）会谈。在这次会谈中，凯南表示美国政府希望尽快就朝鲜停战举行谈判。[①] 美国通过苏联转达希望举行停战谈判的信息，至少在技术层面上是有价值的。因为中国决策层一直对美国和其他方面有关停战谈判的种种议论持严重的怀疑，由苏联转达的信息则使中国决策层可以基本确定，美国有可能是认真的。

苏联很快向中国通报了凯南与马立克会谈的内容，这是直接导致中国决策层讨论是否停战谈判以及相应地调整军事战略的关键因素。6 月 3 日，金日成到达北京，与毛泽东讨论朝鲜的军事形势和停战谈判问题。这次会谈涉及军事战略的调整和停战谈判的原则，对中国领导人决定停战谈判至关重要。双方同意暂时停止发动大规模的进攻作战，与美国举行谈判，争取以三八线为界停战，但也对划界中可能出现的具体情况初步交换了意见，实际上金日成也表示可以根据实际情况对分界线做具体调整。[②] 这次会谈后，中共中央即召开会议讨论有关停战的决定。与会者多数认为，在三八线附近“边打边谈，争取谈判解决问题”是可以接受的。[③]

6 月 10 日，金日成和高岗前往莫斯科同斯大林直接讨论停战谈判和军事形势。13 日，斯大林向毛泽东通报与金日成、高岗会谈的情况。他表示同意进行停战谈判，“现在停战是好事”。他还再次表示将先给中国提供 60 个师的军事装备，以及继续派遣苏联军事顾问。他还提醒毛泽东要提高警惕，美国人很可能会在停战前

---

① 参阅资中筠主编《战后美国外交史——从杜鲁门到里根》上册，第 225 页。

② 毛泽东：《六七两月不进行大的反攻战役》，1951 年 6 月 11 日，《建国以来毛泽东军事文稿》上卷，第 502 页；周恩来：《朝鲜停战谈判的若干问题》，1951 年 11 月 14 日，《周恩来军事文选》第四卷，第 250 页。

③ 《聂荣臻回忆录》下册，解放军出版社 1984 年版，第 741—742 页。

发动一次进攻。[①] 同一天，毛泽东发电报给金日成、高岗，要求他们建议斯大林，由苏联出面向美国政府“试探停战问题”。其次是要求他们告诉斯大林，中国在停战问题上的立场是以三八线为界停战，关于中国在联合国中的席位和台湾问题可以不在停战谈判中解决。[②] 至此，停战谈判终于成为中国领导人的政策。

在内部达成共识和在停战谈判问题上完成与盟国的协调以后，中国决策层军事上终于确定了“充分准备持久作战和争取和谈，达到结束战争”的方针。6 月 25—27 日，志愿军召开高层会议，讨论贯彻“持久作战、积极防御”的作战方针和配合实施停战谈判。在会议上，志愿军副司令员邓华做了《论朝鲜战场之持久战》的发言，阐述了“迅速结束朝鲜战争是不可能的”，全军“要有长期打算和执行稳扎稳打的方针”。具体地说就是“打到三八线为止”，“反击要稳，一次打不了两次打，进一步巩固起来”。这次会议也通报了拟议中的停战谈判，邓华在发言中说，“如果停战谈判破裂，我们坚决继续打下去”。[③] 以这次志愿军高层指挥员会议为标志，中国终于完成了在朝鲜半岛的军事战略的转变。

就在志愿军召开高层会议当天，马立克在联合国发表演讲，其中说到朝鲜的军事冲突可以通过谈判解决，“第一个步骤是交战双方应该谈判停火与休战，而双方把军队撤离三八线”。[④] 美国政府在确认马立克的演讲代表苏联政府的立场后，决定主动与中朝军队的战场指挥官建立直接联系。美军参谋长联席会议命令李奇微，立即发表一项邀请中朝方面举行停战谈判的公开声明。6 月 30 日，

① 《史达林关于停战和空军使用问题致毛泽东电》，1951 年 6 月 13 日，沈志华编《朝鲜战争：俄国档案馆的解密文件》上册，第 806 页。

② 《毛泽东关于停战谈判问题致高岗、金日成电》，1951 年 6 月 13 日，沈志华编《朝鲜战争：俄国档案馆的解密文件》中册，第 808 页。

③ 邓华：《论朝鲜战场之持久战》，1951 年 6 月下旬，《论抗美援朝战争的作战指导》，军事科学出版社 1989 年版，第 25—34 页。

④ 《苏联代表马立克关于和平解决朝鲜问题的演说》，1951 年 6 月 23 日，《中美关系资料汇编》第二辑上，第 511 页。

李奇微奉命在战区发表了广播声明。第二天，彭德怀和金日成联名答复李奇微，同意举行停战谈判。从这时起，朝鲜战争进入到持续两年之久的沿三八线“停停打打、打打停停”的阶段。

抗美援朝战争是新中国成立后即在境外同一个世界级强国进行的一场大规模的局部战争。这场战争发生在新中国诞生和冷战激烈对抗的阶段，它导致冷战在东亚的大规模蔓延，而中国则一下子站到了东亚冷战的前沿，中美之间的敌对与军事对抗被固定下来并长期持续。而中苏同盟被极大地巩固，中国彻底倒向苏联阵营。

如同在印度支那一样，推动中国领导人下决心到朝鲜半岛与美军作战的各种因素中，也包含着要支援其他国家革命运动的冲动、对苏联阵营的认同和由此而生的国际主义义务感以及行侠仗义的情怀，这些因素使中国领导人感到参战的崇高和神圣。另外，中国领导人的动机中无疑也包含着来自历史传统的地缘政治的深刻关切，这使他们既决心坚定又行动有限。总的看来，朝鲜战争对于新中国是不期而遇的，但中国参战毕竟还是极大改变了东北亚地区由战后美苏军事占领造成的基本格局，中国因此恢复了在朝鲜半岛的传统影响，并成为东亚大陆名副其实的地区强国。

第4章　走向“冷战共处”

在国际冷战的历史中，1953—1955 年的确是不同寻常的时期。东西方两大集团正处于从冷战初期的激烈冲突转向缓解的关头，尤为独特的是美苏对抗的中心在欧洲，但在这期间，它们之间对抗与缓和的交集和转圜却出现在东亚。在东亚这个地缘政治舞台上博弈的主角是中国，它的对手是美国。从 1953 年 7 月朝鲜停战，1954 年初印度支那的战争升级到夏季日内瓦会议达成恢复和平的协议，以及随后立即出现的台湾海峡紧张局势急剧升温，然后到 1955 年夏季中美举行大使级会谈，正是在反复出现从军事冲突走向缓和的循环中，最终构建起冷战中的东亚地缘安全格局。这种独特的历史过程再次凸显了新中国对外关系的演变与国际冷战之间互动的重大意义。

1953 年 7 月，朝鲜战争终于结束。不过朝鲜战争只是中美对抗的最激烈的形式，军事冲突的中止并不意味着双方对抗的结束。在朝鲜战争结束之前，美国已经在积极努力与一些亚洲国家签订军事条约、建立军事同盟。到 1954 年底，美国通过相继建立的美日同盟、巴格达条约组织、东南亚国家条约组织、美台军事同盟等，在中国的东、南、西几个方向拼凑了一个被称为“新月形包围圈”的军事同盟体系，它的目的就是要遏制中国，将中国围堵在东亚大陆上。如果将美国在亚洲建立的这条遏制战线向西延伸下去，把它同这个时期建立起来的巴尔干条约组织、欧洲煤钢共同体等连接在一起，就可以很清楚地看出美国筑造起来的东西方对抗的冷战“边疆”。从这个意义上说，新中国外交同国际冷战之间的联系因为美国开辟的这条战线而变得更加紧密、更加直接。

东亚是中国的主要地缘政治舞台，美国的行动必定要引起中国的坚决反击。这个时期中国在东亚地区采取了相当密集和紧张的军事与外交行动，以对抗美国建立遏制中国的军事同盟体系的战略。中国的大部分行动集中在周边地区，主要目标是争取在自己的边疆和美国的军事同盟体系之间建立起一个缓冲地区，即“和平中立地区”。中美之间围绕遏制与反遏制，在中国周边地区反复较量，尤其是在印度支那和台湾海峡地区，军事冲突与大国外交折冲交替出现，风诡云谲，瞬息万变。结果是经过 1953 年 7 月朝鲜停战、1954 年 7 月日内瓦会议签订《印度支那停战协定》和 1955 年 8 月日内瓦中美举行大使级会谈等一连串事件，才使中美在东亚的地缘政治斗争告一段落。从朝鲜半岛的北纬 38 度线经过台湾海峡到印度支那的北纬 17 度线，在美国的军事力量和中国边疆地区之间出现了一片缓冲地带，这个地带的外沿便是新中国最终取得的地缘安全疆界，也是中美在军事安全领域对抗的边际。尽管后来曾风云再起，但直到中苏交恶和中美关系缓和，这个时期形成的地缘安全格局都没有根本性的改变。

中国的反击在表层上是针对美国遏制的一种反应，它固然同冷战体系、意识形态和政治制度的较量有关，但更值得重视的是它是基于维护国家基本安全的本能，中国领导人在反遏制中选择的行动和确定的目标有着更为深刻的历史和国内的政治背景。解释导致中国反击美国东亚遏制战略的内在动力必定能丰富对东亚冷战形态的理解。新中国成立之初，有八个字在中国领导层中流传，即“周边不宁，四肢不灵”，至今也无从考证，是哪一位领导人在什么时候和什么场合对当时中国的安全环境做了如此传神的概括，它的确非常准确地揭示了这个时期新中国安全战略与对外政策需要应对的首要问题，或者说是首要的麻烦。不论从何种角度叙述新中国成立之初介入印度支那和朝鲜半岛事务的决策与行动过程，更全面地观察近代以来中国的地缘安全变化都是非常有必要的，因为任何历史人物的思考都不可能不受其存在于其中的历史结构的影响，这个结构包括特定时空中的一些基本要素和它们之间的相互关系，以及当时的人们基于特定的经验和思想资源所做的思考与总结。

自古以来，中国人是用“天下”的概念来界定自己所能看到的世界，然后位居中心来看“天下”，于是便有了古代的“天子守在四夷”。近代欧美列强的扩张导致中国的地缘安全环境和中国人对周边环境的认知发生了根本性的变化，即所谓“强邻环伺，虎视鹰瞵”。对国家地缘安全处境变化的这种描述部分地反映了中国人的不安全感是来自对周边形势认知的根本改变。1881 年间，翰林院学士周德润在给光绪皇帝的一个奏折中这样阐述了彼时中国人对周边战略的认知变化与飞跃。他写道：“臣闻天子守在四夷，此诚虑远忧深之计。古来敌国外患，伏之甚微，而蓄之甚早。不守四夷而守边境，则已无及矣；不守边境而守腹地，则更无及矣。我朝幅员广辟，龙沙雁海尽列藩封。以琉球守东南，以高丽守东北，以蒙古守西北，以越南守西南：非所谓山河带砺，与国同休戚者哉?”[①]在欧美列强向中国扩张这个“几千年未有之大变局”中，周边国家在中国的战略观念中已经从藩属变成了中国与列强之间的安全屏障。这是中国人对中国近代地缘安全环境发生根本性变化的反应，因此它也就成为中国安全战略的基本内容、基本追求，以及外交的一个基本任务。

从更宏观一些的历史过程中，可以看到新中国成立初期的军事行动展示的有典型意义的共同点。在朝鲜半岛，在中国通过抗美援朝战争打破美国武力统一的政策后，形成了北南双方长期持续的对峙；在南亚半岛，通过军事打击挫败了印度的地区野心，并帮助造

---

① 转引自蒋廷黻《中国近代史》，团结出版社 2006 年版，第 87 页。

成了印度与巴基斯坦相互制衡的局面；在印度支那半岛，通过持续的军事行动，包括援越抗法、援越抗美、对越自卫反击战和长期援柬抗越，先后将法国、美国和苏联逐出，并永久性终结了越南控制印度支那地区的梦想。事实表明，中国领导人在取得了全国政权后，他们逐步形成并通过外交行为展示的战略思想中的地缘安全考虑越来越明确和强烈，其原则也日益清晰，即不允许任何一个敌对大国的军事力量过度靠近中国的边境地区，以及在周边造成对各地区强权的制衡。这两个原则指导或规范着中国针对亚洲不同地区的行动，包括军事行动。

随着时间的推移，新中国成立初期重大决策中的地缘战略考虑日渐突出，围绕周边地区的战略选择最终为新中国塑造了独特的安全环境：在北部和西北部倚靠苏联，在东南沿海方向以及在朝鲜半岛、印度支那等地区，处于与美国间接对峙的局面。如果从后来出现的局面回溯，可以说以 1951 年夏季朝鲜停战谈判开始为标志，中国的基本安全态势已经隐然成形。围绕中国周边的军事较量和外交折冲交替出现，这个过程直到 1955 年夏中美大使级会谈开始基本结束。“谈谈打打，打打谈谈”，中国领导人就是靠着从东亚冷战最初几年得到的基本经验，推动着周边事态的演变，目的是为中国建立起一个稳定的安全屏障。

早在 1951 年初，随着战线逐步向三八线南北地区移动，朝鲜战争局部化的趋势已经呈现出来。在本土已无陷入战争之虞和东北地区的安全威胁基本消除后，中国领导人的主要关注重新转向国内事务。2 月间，他们之间已经出现重要的共识，即国民经济建设应该成为中国的“中心任务”，他们提出用 22 个月做好各方面的准备，然后就在全国展开大规模经济建设。① 与此同时，中共中央决

① 刘少奇：《在北京市第三届人民代表会议上的讲话》，1951 年 2 月 28 日，中共中央文献编辑委员会编《刘少奇选集》下卷，人民出版社 1985 年版，第 60 页。毛泽东：《中共中央政治局扩大会议决议要点》，1951 年 2 月 18 日，中共中央文献研究室编《毛泽东文集》第六卷，人民出版社 1996 年版，第 143 页。

定着手编制第一个五年计划。7 月 5 日，刘少奇在中南海做了题为《中国共产党今后的历史任务》的报告。他在报告中说，“今年解决朝鲜问题”，中国将进入建设时期，“除开必要的国防外，一切工作和其他建设均配合经济建设。一切以经济建设为中心”。[①] 随着中国领导人的注意力越来越多地转向国内的经济建设，朝鲜战争成为他们工作日程中的一个部分，而且肯定不是主要部分了。在中国领导人的思维逻辑中，中国能否开始大规模的经济建设，部分地取决于中国是否有适合经济建设的安全环境。

1952 年秋，中国领导人认为建国后的三年过渡阶段已经基本结束，他们决定从 1953 年开始实施第一个五年计划，全国转入大规模经济建设。正是由于国家战略发生了根本性变化，对外政策的调整已经势在必行。当时对国家战略转变真正构成严重制约的消极因素主要是在对外政策领域。这个时期，中国在安全方面面临的首要问题就是朝鲜战争。同美国的战争一方面严重威胁着国家安全，使中国必须随时提防美国将战争扩大到沿海地区；另一方面也严重地消耗了中国的人力、物力和财力。中共中央原准备 1950 年大规模削减军费，但朝鲜战争使这一目标根本无法实现。从抗美援朝战争决策开始，财政问题就一直困扰着中国领导人。根据周恩来 1952 年 9 月向斯大林透露的数字，1950 年军费占了国家预算的 44%，比原计划超出 14 个百分点，1951 年占 52%，1952 年才降到 27.9%，仍然高达 66 亿卢布。这个数字超过了毛泽东等中共领导人设想的第一个五年计划对外军事采购的总额，他们原本向斯大林提出在第一个五年计划中执行 45 亿卢布的军事采购。[②] 根据周恩来在第 109 次政务会议上的报告，1951 年财政支出的 50% 以上用于军事，而用于朝鲜

① 刘少奇：《中国共产党今后的历史任务》，1951 年 7 月，《建国以来刘少奇文稿》第三册，第 538—539 页。

② 《史达林与周恩来谈话记录》，1952 年 9 月 3 日，沈志华编《朝鲜战争：俄国档案馆的解密文件》下册，第 1210 页。

战争的费用占总支出的 30% 以上。[1] 朝鲜战争对新中国经济建设的负面影响和巨大压力是显而易见的，对于如此沉重的负担，中国领导人在做出重大决策时不能不给予严重的关注，尽早结束这场战争当然是合理的选择。

中国在安全方面面临的又一问题是当时的周边安全环境严重恶化。美国推行的遏制政策当然是造成中国周边安全环境恶化的重要原因。在朝鲜战争还没结束时，美国就已经开始着手建立遏制中国的军事体系，包括在中国周边地区建立军事基地、增加驻军和建立军事同盟、加强在中国沿海海域和空域的海空军调动和军事演习，以及增加向一些亚洲国家提供军事援助。这无疑对中国安全构成了直接的威胁。另外，新中国一成立便直接和间接地介入两场境外的局部战争，以及不断展开支持和援助亚洲革命运动的宣传。姑且不论原因，这些行动都会增加一些国家对新中国的担心、疑虑甚至恐惧，这也是客观事实。一些国家因此才宁愿选择倒向美国以便寻求庇护。所以，尽快采取措施停止周边的军事冲突，通过外交手段改善周边环境，对新中国来说已经是改善国家安全环境的一个最迫切的任务。从历史的进程看，朝鲜停战谈判是中国领导人通过外交谈判方式结束同美国的战争的第一次实践，这个时期中国对外政策调整的幅度和速度、调整的方式和观念的变化等，都同朝鲜停战谈判的进程有密切的关系，它们之间存在着明显的互动。正是通过朝鲜停战谈判，中国领导人积累了相当丰富的经验，并在这些经验的基础上形成了解决在毗邻地区同大国冲突的模式。

实现朝鲜停战

从 1950 年 10 月初决定出兵朝鲜，到 1951 年 5 月志愿军发起的第五次战役结束，中国同美国在朝鲜战场军事较量的基本态势就固定下

① 《周恩来年谱 1949—1976》上卷，第 255 页。

来了。后来的停战谈判尽管持续了两年之久，交战双方反复进行过长期的和多种规模的攻防作战，但均未能改变沿三八线附近对峙的基本格局。这反映了中美在朝鲜半岛的军事对抗大致达到一种平衡状态，背后则是东西方两大阵营之间的战略较量由于各种复杂因素的制约，终于在东亚达到某种平衡。1953 年 7 月 27 日，参加朝鲜战争各方达成停战协议，这固然是客观力量对比导致的结果，战争双方领导人对战略形势的认知和他们之间的博弈同样是支配战争结局的关键性力量。

中国领导人同意展开停战谈判后，他们的思考和决策受到来自各个方面的牵制，军事形势、美国的政策和中国同盟友的关系等构成了理解停战谈判时期中国政策的主要线索。如前所述，中国领导人当时决定同美国进行停战谈判，首先就是基于对当时军事力量对比的实际状况的认知和认可，同时还有另外两个重要因素也一直在影响中国领导人的决定。其一是美国有关政策的发展和变化，其二是中国如何协调同自己盟友之间的关系。中国介入朝鲜战争同苏联有直接的关联，同时也是为了拯救另一个盟友北朝鲜，处理同苏联和北朝鲜的关系从中国参战起就是外交领域的首要问题，在停战谈判中同样如此。停战谈判是“谈谈打打、边谈边打”的过程，其中的各种决策同参战决策的性质根本不同，中国同盟国之间的关系因此变得更为复杂。

中国领导人决定与美军展开停战谈判，有迫于当时军事态势的考虑，所以它一开始还不是十分稳定的，实际上志愿军在谈判开始阶段还在准备发动第六次战役。8 月 8 日，彭德怀致电毛泽东，报告志愿军拟于 9 月 10 日发动第六次战役。三天后，周恩来等经过研究向毛泽东建议，应该推迟发动这次战役，“我以加紧准备，推迟发动大打为有利”。他们的理由是在目前准备不足和空军无法参战的情况下发动进攻，并无必胜的把握。① 17 日，志愿军司令部再

---

① 周恩来：《加紧准备，推迟大打》，1951 年 8 月 11 日，《周恩来军事文选》第四卷，第 211—213 页。

次电告北京有关第六次战役的作战计划。19 日，中央军委电告彭德怀，停止实施第六次战役，改为“加紧准备而不发动”。军委的理由是未能完成必要的军事准备，斯大林已经同意中国空军推迟出动到朝鲜半岛作战，在此条件下发动进攻并无必胜的把握；另一方面，军事行动“应与谈判的要求相配合”。① 差不多也是从这时开始，中国的政策基本稳定下来。

第五次战役结束前后，中国领导人根据与美军作战的经验和教训，开始主动调整在朝鲜半岛的军事战略。这期间毛泽东曾经主持中共中央召开会议，讨论抗美援朝的“下一步怎么办”，参加会议的人数不详。与会者多数同意争取在三八线附近停战，边打边谈，争取谈判解决朝鲜问题。他们的理由有两个。第一是占领三八线以北就已经达到了出兵的政治目的；第二是沿三八线停战“各方”也比较好接受。② 这些观点大致表明了中国领导人认为可以接受停战的两个基本条件，即中国达到了自己的战略目的，换句话说是维护了被定义的基本利益，即“保卫朝鲜，也就是保卫了我们的边疆”；③ 另一个条件则是“各方”都可以接受。所谓“各方”当然是包括对手美国，也包括盟友苏联和北朝鲜。这其实是一个中国领导人必须要在其中做出选择的结构。他们一旦确定自己的战略目的基本达成，影响决策的关键因素就是对手和盟友了。换句话说，他们并不能因为已经达成中国的战略目的，就能够轻易结束这场战争。总的看来，不论是决定出兵还是最终决定停战谈判，与盟友的关系始终是支配中国整个决策的一个最基本的因素，中国领导人对中国战略利益的确认和对力量对比的估计等，通常都需要通过同盟国的协调才能转变为可以实施的政策。正是在这次会议中，中国领

---

① 周恩来：《目前的作战方针与第六次战役的备而不战》，1951 年 8 月 19 日，《周恩来军事文选》第四卷，第 217—219 页。

② 《聂荣臻回忆录》下册，第 741—742 页。

③ 周恩来：《关于朝鲜停战谈判问题》，1951 年 8 月 22 日，《周恩来军事文选》第四卷，第 225 页。

导人基本确定了应争取沿三八线实行停战。

同盟国关系的复杂程度为停战谈判开始前中国领导人同斯大林的一段磋商所清楚证明，当时毛泽东甚至表示，中国不愿意作为主要角色参与停战谈判。6 月 29 日，金日成电询中国领导人，如果美方要求举行谈判当如何答复。一天前，毛泽东刚收到罗申转来的葛罗米柯与美国驻苏联大使柯克（Alan G. Kirk）会谈的内容，其中涉及了一些谈判的具体安排。毛泽东当天即去电斯大林，提出“假如谈判真能举行的话”，很需要斯大林“密切地指导这次谈判”，他说有必要这样做“以免上敌人的当”。① 第二天，联合国军司令李奇微公开发表与中朝举行停战谈判的战地声明。毛泽东接报后即发电报给斯大林，在简要说明准备采取的应对措施后，他建议斯大林“直接与金日成同志通讯，密切地指导此次会议，同时将您的意见告知我们就行了”。② 与此同时，毛泽东向彭德怀、金日成转发了给斯大林的电报，主要是告诉金日成，谈判以朝方“代表为主”，并直接由斯大林指导，请金日成经常与斯大林联络，“有问题直接向他请示”。毛泽东希望金日成“考虑和准备”谈判的内容和方法，中国则派外交部副部长李克农前去“在内部帮助”。③

斯大林肯定认为兹事体大，当天即电复毛泽东予以拒绝。他在电报中说，由莫斯科领导停战谈判“这是不需要的，也是毫无意义的。您，毛泽东同志，可以领导谈判”。他说苏联的作用最多就是在“某些问题上提一些建议”，而且也“不能和金日成保持直接的联系”，反之毛泽东“应该同他联系”。④ 从决策的角度看，毛泽

① 毛泽东：《关于朝鲜停战谈判等问题》，1951 年 6 月 29 日，《建国以来毛泽东军事文稿》上卷，第 511—512 页。

② 毛泽东：《关于朝鲜停战谈判时间地点等事宜》，1951 年 6 月 30 日，《建国以来毛泽东军事文稿》上卷，第 513 页。

③ 毛泽东：《停战谈判代表以朝鲜人民军为主》，1951 年 6 月 30 日，《建国以来毛泽东军事文稿》上卷，第 515 页。

④ 《史达林关于停战谈判问题致毛泽东电》，1951 年 6 月 30 日，沈志华编《朝鲜战争：俄国档案馆的解密文件》中册，第 839 页。

东与斯大林的这次交往至关重要，他们实际上共同在中苏朝三国之间构建了一个切实可行的决策机制和程序。斯大林通过复电明确了中国领导人将在停战谈判中居领导地位，以及三个盟友在决策程序中的相互位置，这使中方可以更容易地处理同北朝鲜的关系。后来的发展表明这是十分必要的措施。

停战谈判开始当天，朝方代表南日（Nam Il）将军即提出了包括三项议程的方案。三项议程的第一项是交战双方同时下达停止一切敌对军事行动的命令；第二是将三八线确定为军事分界线，双方军队沿三八线南北两侧各自后退 10 公里；第三是在“尽可能短的时间内撤退一切外国军队”。中方代表邓华则发言给予支持。[①]由于中国代表团在中朝方面居支配地位，提出这样的方案主要反映的是中方的主张。6 月 13 日，毛泽东向在莫斯科的金日成等通报了中国有关停战谈判的原则，即以三八线为界停战。[②]

美方立即表示坚决反对中朝方案中的第三条，即各国尽快从朝鲜半岛撤军。他们提出的理由是，在没有获得确切的保证之前便将联合国军撤出朝鲜半岛，会导致新的冲突。美国在很多战略问题上同它的盟友存在矛盾或分歧，唯独在拒绝撤军的问题上得到盟国的一致支持。凯南第一次会见马立克时曾经说明，美国不会立刻从朝鲜半岛撤军。马立克并没有对此明确表示异议，只是在 6 月 5 日的会见中说，美国需要直接同中朝谈判解决这个问题。[③]

围绕外国军队撤退是否列入谈判议程的争论持续了 16 天之久。从当时军事力量对比的现实看，中、朝并没有足够的军事能力将美军赶出朝鲜半岛，谈判桌上的交锋不过是反映了战场上的状态。7 月 17 日，中国领导人曾经指示谈判代表团，“必须坚持一切外国

① 《朝中代表团首席代表南日将军在开城停战谈判首次会议上关于停战谈判三项建议的发言》，1951 年 7 月 10 日；《朝中代表团邓华将军在开城停战谈判首次会议上支持南日将军的发言》，1951 年 7 月 10 日。《人民日报》1951 年 7 月 11 日。

② 《毛泽东关于停战谈判问题致高岗、金日成电》，1951 年 6 月 13 日，第 383 页。

③ 资中筠主编《战后美国外交史——从杜鲁门到里根》上册，第 225—226 页。

军队撤离朝鲜”。中方代表在给毛泽东的复电中表示，在目前议程上对撤军问题“不宜过分坚持”，他们建议可以先达成沿三八线停战，“第二步再谈撤兵”。[①] 23 日，毛泽东回电同意了代表团的意见，他说“此次停战谈判，仍应以争取从三八线上撤兵停战为中心，来实现和平解决朝鲜问题的第一步”，外国军队从朝鲜撤退问题可以以后再谈。[②] 中、朝代表团经过研究和磋商，于 7 月 25 日提出一项包括 5 点内容的折中方案。这个方案中没有了“外国军队撤出朝鲜”的字句，但其中第 5 条的内容是“就与双方都有关系的一系列问题制定给各政府的建议”。南日在谈判发言中解释说，所谓“一系列问题”包括了外国撤军的问题。美国方面表示可以接受这种含糊的文字表述。7 月 26 日，双方就谈判议程达成 5 点协议。[③] 中、朝方面的让步在一定程度上反映了中国领导人的认知在发生变化。

从 7 月 27 日到 11 月 27 日是谈判的第二阶段，双方谈判聚焦于军事分界线问题。中朝代表团在谈判开始即提出双方以三八线作为军事分界线实现停战，这一条件突出地反映了中国的战争局部化的战略目标。

在中国参加朝鲜战争的决策过程中，“战争局部化”一直是具有战略指导意义的核心概念，它包含了当时中国解决朝鲜问题的战略意图，并且从出现起就同三八线紧密联系在一起。“战争局部化”这个概念最初是周恩来在 10 月 3 日同印度驻华大使潘尼迦会谈中提出的，周恩来当时使用的是“使朝鲜事件地方化”，即朝鲜半岛交战各方应立即停战，外国军队应该撤退。他当时提出的中国不介入的绝对条件是美

① 周恩来：《必须坚持一切外国军队撤离朝鲜》，1951 年 7 月 17 日，《周恩来军事文选》第四卷，第 200—203 页。

② 周恩来：《撤军问题可以不列入朝鲜停战谈判议程》，1951 年 7 月 23 日，《周恩来军事文选》第四卷，第 204—205 页。

③ 《佩图霍夫关于朝鲜停战谈判的情况报告》，1951 年 9 月，沈志华编《朝鲜战争：俄国档案馆的解密文件》下册，第 995 页。

军不得越过三八线。[①] 后来多次研究战争目标和停战的过程中，中国领导人都对三八线给予特别的关注，这表明它在中国领导人心目中至少也是具有重要的象征意义。如前所述，在讨论是否接受停战谈判的过程中，中国领导人根据他们的判断相信，在三八线附近“边打边谈，争取谈判解决问题”是各方面都可以接受的。6 月 13 日，毛泽东向斯大林通报中国在停战问题上的立场，即谈判就是要实现以三八线为界停战，关于中国在联合国中的席位和台湾问题等则可以不在停战谈判中解决。斯大林在回电中表示，“现在停战是好事”。[②] 可以说，沿三八线实现停战在中苏之间，也包括北朝鲜在内，是有基本共识的，这是三个盟国之间合作的一个主要基础。

美方从一开始就表示反对将三八线作为军事分界线，这也是美国政府的既定方针。美国军方认为，三八线所经过的地带由于地理的原因，对于美军来说并不适合建立有效的军事防线。美方代表在谈判中提出，中朝军队必须从现有阵地的不同地段分别后撤 38—68 公里，共让出大约 1.2 万平方公里的地域。美方要求获得如此巨大的战略利益，提出的理由却是十分勉强的，即所谓联合国军拥有压倒性的“海空军优势”，停战之后这些海空军力量将不能在军事分界线以北的海域和空域展开军事行动，所以中朝军队就必须在地面做出让步，以作为对联合国军的“海空补偿”。[③] 谈判立即陷入僵局，美军领导人认为，他们需要而且也有足够的实力，用军事行动来证明其“海空优势”的有效。不过他们发动的夏季攻势很快就失败了。

8 月 10 日，李克农向毛泽东报告了当天谈判的情况。他在报告中提到美军代表乔伊（Charles Turner Joy）在发言中表示，美方

---

① 周恩来：《美军如越三八线，我们要管》，1950 年 10 月 3 日，《周恩来军事文选》第四卷，第 67—68 页。

② 《史达林关于停战和空军使用问题致毛泽东电》，1951 年 6 月 13 日，沈志华编《朝鲜战争：俄国档案馆的解密文件》中册，第 806 页。

③ 参阅资中筠主编《战后美国外交史——从杜鲁门到里根》下册，第 228 页。

可以调整他们此前提出的有关军事分界线的方案，他们说“应当根据实际军事形势来讨论军事分界线问题”。第二天，毛泽东在给李克农的电报中提出了新的设想。他指示中朝代表团，要继续揭露“对方的阴谋”和“虚伪的宣传”，同时也可以提出更为可行的建议。他说可以以三八线“定为双方军事分界线的基线”，并以这条基线为依据建立非军事区，双方军队可以根据地形的实际情况后撤，“不必一律向后各撤十公里”。①

8 月 12 日，参加谈判的志愿军代表团成员李克农、邓华、解方和乔冠华在参加了新一轮谈判后接到上述毛泽东的电报。他们经过讨论后在给毛泽东的复电中提出，根据新的谈判情况，“对三八线问题必须做出明确的决策”。李克农等认为，美方在谈判中的态度表明，他们对中方政策的“错误观点”还在“深化”，所谓“错误观点”就是断定中国因急于停战最终会做出让步，所以美方一方面进行战争威胁，同时也做好了中止谈判的准备。美方的目的是按当前双方所处的战线停战，并愿意为此做出一些调整。他们在电报中指出，综合各方面的情况看，迫使美方接受三八线作为军事分界线“是不可能的”，当前有必要做出决定：“为三八线斗争并准备谈判终止，还是避免谈判破裂，为停止军事行动进行斗争。”他们认为采取后一方针更有利，即“最好考虑在当前战线所在地区停止军事行动的问题，而不再为三八线进行斗争，以免导致会谈终止”。②

8 月 13 日，周恩来代毛泽东复电李克农等，提出，美方真正的方案是“就地停战加上不大的调整”。从实际情况看，如果依照地形和军事形势划一条分界线，临津江以东划在三八线以北，临津江以西划在三八线以南，南北各划一块“大致相等”的地区，美方“也就有可能准备接受”。他要求代表团认真研究美方的立场，

① 《周恩来军事文选》第四卷，第 216 页。

② 《周恩来军事文选》第四卷，第 215—216 页。

并要转告金日成也考虑上述情况。在目前的谈判中，代表团需要采取措施，“引出敌人放弃或修改其原来的方案”，然后根据美方立场变动，提出 11 日电告的方案。周恩来还进一步指示李克农等，在谈判中应当把“三八线同当前战线结合起来，甚至把军事分界线同缓冲地带结合起来”，为提出“商定的折衷方案做伏笔”，这样就可以使美方“接近我方所设想的方案”，以及可以在宣传上保持主动。[①]

中国领导人于 8 月 11 日和 13 日发出的电报表明，他们准备在军事分界线问题上做出切实可行的调整。这是中国政策的一个重要变化，反映了中国领导人这时越来越希望达成停战协议。17 日，毛泽东打电报向金日成通报了对军事分界线问题的新方针。周恩来随后也在国内各部门负责人会议上解释了这次调整的理由，他说现在双方的战线“是斜着一条三八线”，东段美军深入三八线以北，西段中朝军队深入三八线以南，双方占领地区面积相差不大，中方的原则是“只要谈判在公平合理的基础上求得停战”。[②] 中国领导人后来在给斯大林的电报中详细解释了军事分界线调整问题，他们告诉斯大林，金日成 6 月初在北京会谈时“便有此意”，中国这次也是“得他同意后始行提出的”。[③]

8 月 15 日，谈判出现些微进展。美方先是提交了一份标示详细的地图，以说明其坚持的军事分界线和非军事区。第二天，美方又提出一项新的建议，由双方派出较低级别的代表组成一个专门小组，就军事分界线和非军事区涉及的具体问题交换意见。16 日，李克农电告毛泽东，中朝代表团打算同意美方关于组成

---

① 周恩来：《军事分界线与目前谈判策略》，1951 年 8 月 13 日，《周恩来军事文选》第四卷，第 214—215 页。

② 周恩来：《关于朝鲜停战谈判问题》，1951 年 8 月 22 日，《周恩来军事文选》第四卷，第 224—225 页。

③ 周恩来：《朝鲜停战谈判的若干问题》，1951 年 11 月 14 日，《周恩来军事文选》第四卷，第 250 页。

专门小组的建议，并进一步阐述对非军事区“进行调整的可能性问题”。[①] 他们当天就采取了这一行动。8 月 20 日，中朝代表团在谈判中提出了根据毛泽东 8 月 11 日电拟定的建议。美方拒绝了这个建议，他们表示不能让出在三八线以北占领的地区，并同时再次强调所谓的“海空优势”补偿。由于美方对中朝代表团的立场抱有不切实际的判断并采取强硬的态度，中朝代表团遂决定不能再做出任何让步。

8 月 22 日夜，美军机在开城的中立地区投掷炸弹，并扫射了中朝代表团的驻地，中朝代表团以此为理由宣布中断谈判。在此之前，即 8 月 19 日，联合国军已经发动夏季攻势，试图攻占美方在谈判中要求获得的部分地域。中方认为不能在美方军事压力下进行谈判，否则任何合理的讨论都会被认为是在示弱，并会鼓励美国更加倾向于在谈判无进展时使用武力。这是中国领导人决定中断谈判的主要原因，也反映了他们一贯的战略思维。

谈判中断期间，中国领导人一面指示志愿军坚决反击联合国军的夏季攻势，同时也在分析和判断美国的真实意图。毛泽东本人仍然相信，美方有可能“在拖延中寻找转弯的办法，并在军事分界线的问题上求得妥协”。[②] 毛泽东曾将他的上述判断告诉斯大林，并请斯大林转告金日成，建议在谈判中提出邀请中立国家作为监察员的问题。

斯大林并不赞成毛泽东对美国意图的判断，他认为“美国人更愿意继续拖延谈判”，而且一旦金日成提出中立国作为监察员的建议等，将使美国认为中朝方面比他们更急于停战，这对中朝“没有益处”。[③] 斯大林的态度同他从苏联驻朝鲜大使馆获得的那些

---

① 《毛泽东关于转发停战谈判第 25 号简报致史达林电》，1951 年 8 月 16 日，沈志华编《朝鲜战争：俄国档案馆的解密文件》下册，第 964—965 页。

② 《毛泽东关于敌人在中立区进行破坏问题致史达林电》，1951 年 8 月 27 日，沈志华编《朝鲜战争：俄国档案馆的解密文件》下册，第 985 页。

③ 《史达林关于同意中朝方面谈判立场致毛泽东电》，1951 年 8 月 29 日；《毛泽东关于接受史达林的建议致史达林电》，1951 年 8 月 30 日。沈志华编《朝鲜战争：俄国档案馆的解密文件》下册，第 986、987 页。

目的十分可疑的报告有关。根据这些报告的陈述和分析，这个时期中国与北朝鲜之间存在明显的分歧，焦点就是中国希望更早一些结束战争，而北朝鲜领导人则担心会因此而被强加上对他们不利的停战条件。苏联使馆一秘佩图霍夫（V. Petukhov）编写了一份报告，向克里姆林宫详细介绍和分析了苏联大使馆对停战谈判的前景的看法。该报告认为，中朝方面不应该在军事分界线问题上做出让步，并说双方未能就非军事区的行政管理问题达成一致。报告的结论部分措辞十分尖刻，声称美国在战场上掌握着主动权，苏联、中国和北朝鲜的一些行动被美方认为是“软弱、被迫求和的表现”。现在北朝鲜方面担心，他们“会被强加上破坏朝鲜人民民主主义共和国威信的停战条件”；中国则“拒绝进攻性战役”，“力图尽快结束战争并摆脱援助朝鲜的负担”。报告还用很能证明苏联人心胸与思维的确都十分狭隘的文字，描述了在北朝鲜存在所谓对苏联非常有利的情况，即北朝鲜领导人对中国“明显冷淡”，而对苏联的期盼则“越来越坚定而广泛”。[①] 苏联驻华盛顿远东委员会代表处也向斯大林提交了有关停战谈判的报告，分析杜鲁门政府的战略意图。该报告的结论是美国选择了“无限期拖延停战谈判的策略”，杜鲁门政府并不打算以三八线为基础实现停战，也不打算从朝鲜半岛撤出美军。[②]

9 月 10 日，苏联驻北朝鲜使馆就中朝之间的分歧向克里姆林宫做了专门的报告。由于苏联同北朝鲜之间的特殊关系，特别是金日成本人同苏联大使拉祖瓦耶夫（V. H. Razuvaev）之间的关系十分密切，这份由拉祖瓦耶夫本人起草的报告对了解当时的苏朝关系和苏方的看法有很高的参考价值。该报告认为，北朝鲜领导人的基本看法是他们已经无法完成国家统一，“不得不在最坏的条件下同

① 《佩图霍夫关于朝鲜停战谈判的情况报告》，1951 年 9 月，沈志华编《朝鲜战争：俄国档案馆的解密文件》下册，第 1003 页。

② 《远东委员会苏联代表处关于朝鲜停战谈判的报告》，1951 年 10 月 3 日，沈志华编《朝鲜战争：俄国档案馆的解密文件》下册，第 1046—1055 页。

意恢复战前的状态”，而金日成本人则将这种后果部分地归咎于中国。他们认为中国“倾向于向美国人做出让步，只要能达成停战协定”，对北朝鲜的立场则不很重视。金日成甚至抱怨李克农“在一系列问题上”都与他有分歧，对美国人却“表现出极大的宽容和让步”。这些事情经常引起金日成“明显的恼怒”。他还抱怨第三次战役以后志愿军没有乘胜进攻把美国人赶出朝鲜半岛，只想在三八线停战。按照拉祖瓦耶夫的说法，北朝鲜因此“更加坚定了依靠苏联的方针”。特别值得注意的是，拉祖瓦耶夫认为金日成还抱有苏联和中国最终不会抛弃北朝鲜的希望。① 这很可能就是金日成实际上不愿配合中国谈判立场的主要根据。

从上述那些报告的逻辑中可以合理地推断出斯大林的决定，他一方面要求中朝方面立场坚定、放弃幻想；另一方面婉拒了毛泽东有关必须向志愿军派遣 83 名苏联军事顾问的要求，他决定只派 5 人，理由是并无派那么多军事顾问的必要。② 显然，中国不仅要同美国进行艰苦的对抗，还需要同自己的盟友进行同样艰苦的协调，才能实现自己的战略目标。

就以三八线作为停战的军事分界线这个问题而言，这个时期杜鲁门政府的政策证明毛泽东的判断更为合理。联合国军于 8 月 19 日发动夏季攻势后，杜鲁门政府同样面临着重大的考量，即战争会不会扩大以及夏季攻势达不到目的怎么办。按照美国国务院的分析，可能会出现两种情况：一是在无法达成协议的情况下双方继续僵持；二是中朝军队发起新的进攻。针对第一种情况，美国国务院提出的解决办法是增加在朝鲜的美国军事力量，保持目前的战线，同时对中国实行经济封锁。针对第二种情况，美国国务院建议应在与盟国协商的基础上扩大军事行动的规模，包括取消对空中行动的

---

① 《拉祖瓦耶夫关于停战谈判中出现的政治情绪及中朝关系的电报》，1951 年 9 月 10 日，沈志华编《朝鲜战争：俄国档案馆的解密文件》下册，第 1022—1026 页。

② 《史达林关于派遣军事顾问问题致毛泽东电》，1951 年 9 月 12 日，沈志华编《朝鲜战争：俄国档案馆的解密文件》下册，第 1039 页。

限制，允许攻击鸭绿江上的桥梁和电站。参谋长联席会议经讨论认为，扩大军事行动势在必行，但不能接受事前与盟国协商的原则，他们认为那样做将一事无成，因为当时除了南朝鲜政权，几乎没有一个盟国支持美国在朝鲜半岛扩大军事行动。[①]

9 月下旬，在夏季攻势并未达成目的便结束时，美国国务院与军方召开了一次联席会议。与会者认为当前的军事形势已经对联合国军有利了，应尽快争取恢复停战谈判。国务院在会后向李奇微传达了会议的决定，指出停战谈判中断的主要原因就是双方关于军事分界线存在的原则性分歧。目前有必要考虑美国的谈判立场和争取国际与国内舆论支持的重要性，而美国的目标就是争取实现停战。[②] 李奇微根据美国政府的指示，提出一项重开谈判的折中办法，即可以建议由中朝代表提出可供选择的谈判地点。这一建议后来为中朝方面所接受，恢复谈判之事随后出现转机。这时美国政府内部进一步加紧讨论军事分界线问题。

9 月 26 日，李奇微根据战场的态势向参谋长联席会议提出，联合国军发动攻势的目标是要控制三八线东段以北的堪萨斯线，依托那里的地形特点建立起可以进行防御的阵地。为达此目的，联合国军可以在某些地段向南撤退，换取中朝做出对应的调整。华盛顿接受了李奇微的建议，很快确定了一个方案，即先以双方当前的实际接触线为中心线设立 4 公里宽的中立区，然后再进行调整。[③] 这个方案的基本内容同毛泽东 8 月 11 日的设想已经接近了。另外，这个进展证明了毛泽东的一个基本判断，即只要中朝军队在战场上

---

① "Memorandum on the Substance of Discussions at a Department of State-Joint Chiefs of Staff Meeting, Washington"; August 29, 1951, "Memorandum by the Joint Chiefs of Staff to the Secretary of Defense (Marshall), Washington, 29 August 1951," *FRUS*, *1951*, *Vol.* Ⅶ, *Korea and China*, pp. 859 – 864, 880 – 881.

② Attachment: "Draft Message for General Ridgway, Prepared in the Department of State", *FRUS*, *1951*, *Vol.* Ⅶ, *Korea and China*, pp. 945 – 946.

③ "The Commander in Chief, Far East (Ridgway) to the Joint Chief of Staff", Tokyo, September 26, *1951*, *FRUS*, *1951*, *Vol.* Ⅶ, *Korea and China*, pp. 952 – 955, 955 – 962.

能够坚守住并打败美军的进攻，在停战谈判中就有机会。

美国在大致确定了恢复谈判的方针后，再次同苏联进行了接触。10 月 5 日，柯克会见了维辛斯基，口头转达美国政府的两点声明。第一点是美国政府认为停战谈判意义重大，第二点是希望改善美苏关系。柯克这样做无非是不希望将此次会见看上去完全是为停战谈判而举行，以致削弱了美国在谈判中的地位。他甚至不同意将两点声明的原稿交给维辛斯基。结果是双方在确切了解对方对停战谈判的态度的同时，又一如既往地就政治原则展开长时间激辩。[①] 15 日，维辛斯基召见美国使馆代办卡明克。他向后者宣读了苏联政府的口头答复，即军事分界线问题应该在谈判中而不是在战场上解决，不过苏联还是愿意做“一切现实的努力”来使谈判获得结果。[②] 这时联合国军的秋季攻势已经结束，在付出了惨重伤亡代价后，战线不过平均向北移动了两公里，恢复谈判对美国来说也是无法避免的了。所以在苏联做出积极回应和中朝同意将谈判地点改到板门店以后，美国立即同意于 10 月 25 日恢复谈判。

在谈判恢复之前，中国领导人已经表现出希望尽快达成停战协议的意向。毛泽东在 18 日给李克农的一份电报中说，“我应坚持促使迅速恢复会议活动这一目标”，并认为有关谈判地点改到板门店以及中立地区的相关安排等，“在敌方看来，这些都没有给它带来什么好处”。[③] 他显然不希望在一些具体问题上纠缠而导致谈判不能尽快恢复。10 月 22 日、23 日两日，李克农连续就谈判恢复后的原则问题报告北京，毛泽东将他们的电报均转达斯大林。这些电

---

① 《维辛斯基与柯克关于朝鲜停战问题的会谈备忘录》，1951 年 10 月 5 日，沈志华编《朝鲜战争：俄国档案馆的解密文件》下册，第 1058—1061 页。

② “The Charge in the Soviet Union (Cumming) to the Secretary of State”, Moscow, October 15, 1951, *FRUS*, *Vol. Ⅶ*, *Korea and China*, pp. 1041 - 1042；《维辛斯基与美国代办卡明克的谈话备忘录》，1951 年 10 月 15 日，沈志华编《朝鲜战争：俄国档案馆的解密文件》下册，第 1063 页。

③ 《毛泽东关于停战谈判策略问题致史达林电》，1951 年 10 月 18 日，沈志华编《朝鲜战争：俄国档案馆的解密文件》下册，第 1065 页。

报的主要内容就是要在争取达成停战协议的目标下，调整在军事分界线问题上的方案，也就是准备进一步做出妥协。①

10 月 25 日，在停战谈判恢复的当天，毛泽东指示李克农等，谈判恢复后可以“主动建议双方不讨论旧方案，而提出双方可以探讨的分界新方案”。如果美方同意，就可以提出李克农 23 日来电中谈到的新方案。他认为经过努力，是有“可能达到根据把分界线划在当前战线地区的建议稍加修改而划定分界线的目标”。② 换句话说，就是不再坚持最初确定的以三八线为停战的军事分界线。毛泽东在一天前已经将自己的想法告诉金日成，并于 25 日接获后者表示同意的电报。31 日，毛泽东将金日成表示同意的信息转告斯大林。③

恢复谈判后，美国的政策也出现重要的变化。美国代表团不再坚持“海空补偿”，而是在原则上同意以双方接触线作为军事分界线的前提下，要求以金城、杆城地区联合国军战线的两个突出部，换取中朝同意将开城地区划入中立区。美方提出这个要求部分地是基于军事考虑，部分地是迫于南朝鲜方面的压力。中朝代表团拒绝了这一要求。11 月 12 日，美国防部和参谋长联席会议召开联合会议，深入讨论了军事形势。他们最终决定放弃对开城的要求，只坚持以现有实际接触线为临时军事分界线，同时通过宣布停战的有效期为 30 天来向中朝施加压力，以争取在此期间双方能通过谈判完成对实际接触线的调整。④ 5 天后，美方代表团根据参谋长联席会议的指示，向中朝提出了上述建议。

---

① 《毛泽东关于转发对谈判策略的请示致史达林电》，1951 年 10 月 25 日；《毛泽东关于转发对修改分界线建议第二方案的请示致史达林电》，1951 年 10 月 25 日。沈志华编《朝鲜战争：俄国档案馆的解密文件》下册，第 1073—1074、1075—1076 页。

② 《毛泽东关于复会后谈判策略问题致史达林电》，1951 年 10 月 25 日，沈志华编《朝鲜战争：俄国档案馆的解密文件》下册，第 1077 页。

③ 《毛泽东关于金日成同意中方所提谈判方案问题致史达林电》，1951 年 10 月 31 日，沈志华编《朝鲜战争：俄国档案馆的解密文件》下册，第 1083 页。

④ “Memorandum on the Substance of Discussions at a Department of State-Joint Chiefs of Staff Meeting”, Washington, November 12, 1951, *FRUS*, *1951*, *Vol. VII*, *Korea and China*, pp. 1123 - 1124.

中国领导人显然已经注意到美国政策的变化，他们认为达成协议的可能性在增大。11 月 14 日，在华盛顿决定做出重大妥协两天后，毛泽东签发了给斯大林的一份电报。该电详细阐述了中国领导人对停战谈判的基本估计和中方为尽快实现停战准备采取的行动。他们在电报中说，美国方面“对于接受休战条件的可能性已在增长”，双方在军事分界线问题上的争论“不会持续很久”。中方之所以暂时不解决以三八线为分界线和外国军队撤出朝鲜半岛等问题，是因为目前只是解决停战，而且按现在的战线停战对中朝也有有利之处。他们告诉斯大林，“我们主张就地停战，在现时双方接触线上，建立军事分界线”，金日成 6 月在北京的时候就表达过这样的意见，现在的方案也是经过他同意的。他们还分析了谈判涉及的其他问题，并相信包括停战监督、战俘、召开有关国家会议解决朝鲜政治问题等，都不难解决。他们以此为根据，提出“努力争取谈判在年内达成协议”。他们在电报的最后介绍了中国国内的各项安排，特别提到因为参加朝鲜战争，中国政府的财政预算比上一年增加 60%，国家总预算的 32% 用于战争。① 中国领导人在阐述停战问题时专门提到朝鲜战争对中国财政的影响，绝无可能是无的放矢的。11 月 20 日，毛泽东在给解放军空军的一份电报中甚至认为，“圣诞节以前，有停战的极大可能”。②

毛泽东签发的电报到达莫斯科后，斯大林迟迟未予答复。由于事关重大，毛泽东指示周恩来通过苏联驻华大使罗申催促斯大林尽快表明态度，告诉斯大林中朝代表团已经两次推迟了与美方代表团的会晤，以便等到他的答复。③ 19 日，斯大林在接到罗申电报的当

---

① 周恩来：《朝鲜停战谈判的若干问题》，1951 年 11 月 14 日，《周恩来军事文选》第四卷，第 249—251 页。

② 毛泽东：《空军必须迅速组织新部队参战》，1951 年 11 月 20 日，《建国以来毛泽东军事文稿》上卷，第 562 页。

③ 《罗申关于毛泽东要求史达林尽快答复对谈判的请示的电报》，1951 年 11 月 19 日，沈志华编《朝鲜战争：俄国档案馆的解密文件》下册，第 1107 页。

天即答复毛泽东，表示同意中国领导人对形势的判断和采取的措施，不过他建议中朝“不能有急躁和尽快结束谈判的表现”。[①] 与此同时，苏联外长葛罗米柯向苏联驻平壤大使馆发出一封电报，严厉指责苏联大使拉祖瓦耶夫擅自同意北朝鲜向联合国发表有关军事分界线问题的呼吁书，尤其是后者并没有查清北朝鲜的这个行动是否同中国协商过。[②] 根据拉祖瓦耶夫事后的补报，北朝鲜呼吁书的重点是在讲述战俘问题，在最后部分提出应“将军队撤离前线，建立两公里的非军事区，所有外国军队撤出朝鲜，追究挑起战争的罪犯的责任”，等等。[③] 这些内容从字面上讲并无特别的意外，但有关停战条件的部分如不事先澄清，的确会在盟友之间引起混乱。苏联的行动表明，在停战谈判的决策体制中，中国到这时为止还处于主导地位，中苏之间的高层关系尚属顺畅，但中朝之间则存在摩擦，至少苏联方面是这样认为，所以葛罗米柯才对涉及中朝关系的事件十分敏感。

11 月 27 日，中朝代表团与美方代表团终于就军事分界线问题达成协议。当时中朝对停战前景是比较乐观的，金日成当天给斯大林发了一封密电，说毛泽东告诉他如果“年内能达成停战协定”，中国军队“应返回中国进行改编”，那时一些苏联武器就可以转交给北朝鲜军队了。[④] 这份电报的内容证实，毛泽东此时对局势的估计中有相当乐观的成分。这同苏联一些部门的估计有很大的差别。按照苏联驻远东办事处的报告，美国在战俘、监察和政治问题上都不大可能会做出让步。斯大林的看法则处于摇摆之中，他在具体的谈判问题上通常会顺应毛泽东的建议，但也不时就美国严重缺乏早日结束战争的

---

① 《史达林关于朝鲜停战谈判问题致毛泽东电》，1951 年 11 月 19 日，沈志华编《朝鲜战争：俄国档案馆的解密文件》下册，第 1108 页。

② 《葛罗米柯关于朝鲜呼吁停战问题致拉祖瓦耶夫电》，1951 年 11 月 20 日，沈志华编《朝鲜战争：俄国档案馆的解密文件》下册，第 1109—1110 页。

③ 《拉祖瓦耶夫关于转发朴宪永的声明致葛罗米柯电》，1951 年 11 月 21 日，沈志华编《朝鲜战争：俄国档案馆的解密文件》下册，第 1083 页。

④ 《拉祖瓦耶夫转呈金日成关于援助问题致史达林的电报》，1951 年 11 月 27 日，沈志华编《朝鲜战争：俄国档案馆的解密文件》下册，第 1130 页。

诚意提出一些警告。后来的发展表明，美国的确没有因为解决了军事分界线问题就罢手。

12 月初，双方开始谈判停战监督、战后限制朝鲜境内军事设施和交换战俘等问题，其中有关战俘问题的谈判于 12 月 11 日开始。早在 10 月 27 日，即谈判刚刚恢复的第二天，杜鲁门本人就明确表示，他不赞成同中朝方面交换全部战俘，除非能以此换取中朝方面的重要妥协，而这些妥协又是靠其他方法得不到的。① 美国军方也不打算遣返全部战俘，他们认为联合国军控制的中朝战俘数量大大多于对方，如果全部遣返将有可能增加中朝的军事力量，因为这批战俘可以重新加入作战部队。此外，中朝战俘中有些人是受精神战影响而投降的，他们表示不愿意被遣返，如果不加区别地全部遣返，就会削弱美国精神战的效力。美国情报部门和政治机构则认为，完全可以利用战俘被遣返后可能受到迫害这个问题做反共宣传，所以保护战俘对于在全球展开意识形态斗争都具有“重大的价值”。② 到 1952 年 5 月，双方先后解决了停战监督和停战后限制军事设施等问题，此后交换战俘问题成为停战的主要障碍。

美国在战俘问题上的政策是出乎毛泽东的预料的，他此前一直认为，战俘问题并不难解决，而这个估计是同美国并不想长期拖延战争的判断联系在一起，特别是同按照双方实际接触线解决军事分界线联系在一起。他在签发给斯大林的电报中曾经很肯定地说，“我们反对一对一交换的原则而主张有多少交换多少的原则，估计这一问题不难达成协议”。③ 后来很长一段时间里，中国领导人仍然相信

---

① “Memorandum by the Acting Secretary of State”, Washington, October 29, 1951, *FRUS*, *1951*, *Vol. Ⅶ*, *Korea and China*, p. 1073.

② “Memorandum of Conversation, by Frank P. Lockhart of the Bureau of Far Eastern Affairs”, Washington, July 3, 1951; “Memorandum by the Joint Chiefs of Staff to the Secretary of Defense (Marshall)”, Washington, August 8, 1951, *FRUS*, *1951*, *Vol. Ⅶ*, *Korea and China*, pp. 614 – 618, 792 – 794.

③ 周恩来：《朝鲜停战谈判的若干问题》，1951 年 11 月 14 日，《周恩来军事文选》第四卷，第 250 页。

战俘问题不会成为停战的主要障碍。随着停战监督、限制军事设施等问题取得进展，他们估计“慢到五六月”也可能达成协议了。[①]

美国的政策也的确是不断波动的。美方 4 月间曾表示，可遣返 13.2 万中朝战俘中的 11.6 万人，这大致达到了中朝方面的预期，只是此后不久他们自己又否定了这个方案。这期间联合国军的军事行动不断升级，美空军作战范围不断扩大，6 月间轰炸了鸭绿江南岸的水丰发电站以及长津等处的发电设备，试图以炸迫和，同时取得政治优势和心理优势。当停战谈判最后剩下一个战俘问题无法达成协议而美国又施加巨大的军事压力和政治挑战时，中国领导人再次面临是妥协还是继续进行战争的选择。

当时中国领导人面临两个比较突出的问题。第一个问题是国内的经济形势。从毛泽东同斯大林的交往中可以看出，中国领导人对早日停战是抱有期待的，原因之一就是这场战争给中国造成沉重的财政负担。1952 年国内建设发展迅速，中国领导人在当年秋季就提出，从内战向建国过渡的那个阶段已经结束，他们将从 1953 年开始实施第一个五年计划，全国由此转入大规模经济建设。但是，朝鲜战争已经和正在继续消耗大量的资源，其严重程度如前所述，中国领导人在做重大决策时不可能不给予严重的关注。他们在决定是否在战俘问题上让步以结束战争时，显然是认真考虑过财政负担的。1952 年 8 月，周恩来主持起草《中国经济状况和五年建设任务》。他领导的小组经过认真研究后做出的基本判断是，“如果朝鲜战争像现在这样继续下去，我们仍然需要并可能开始五年建设”。[②] 这个结论是中国领导人坚持不在美国的军事压力下让步，而是选择继续打下去的基本依据。在不影响国内政治议程的前提下，毛泽东宣布中国决心要打下去，他说，“美帝国主义愿意打多

---

① 周恩来：《对敌目前动向的估计》，1952 年 2 月 14 日，《周恩来军事文选》第四卷，第 267 页。

② 《周恩来年谱 1949—1976》上卷，第 255 页。

少年，我们也就准备跟它打多少年，一直打到美帝国主义愿意罢手的时候为止”。[①] 总之就是决不在美军升级战争烈度和规模的压力下让步。当然，中国领导人也决定不在朝鲜战场采取大规模的军事攻势，同时做出更积极的外交努力来争取苏联提供更多的援助。

第二个问题是盟友北朝鲜越来越希望尽快停战。美军加大军事压力，尤其是加强对北朝鲜的空中轰炸，使北朝鲜感到难以承受，尤其是美空军的狂轰滥炸对北朝鲜的士气民心造成了严重挫伤。1952 年初，北朝鲜外务相朴宪永曾经告诉彭德怀，“朝鲜全国人民要求和平，不愿继续进行战争”，当然他也表示说，如果中苏希望打下去，北朝鲜会克服一切困难。[②] 从苏联方面的报告看，北朝鲜军队中确实存在士气低落现象，而且官兵军事素养不高，装备训练等并不如人意，等等。[③] 此外，美空军的狂轰滥炸给北朝鲜的城市乡村造成严重的破坏，苏联方面对此的描述是触目惊心的。例如一项报告中说，苏联代表亲眼见到一个村庄原本还是完好的，还可见到村民在田间劳作，仅两天后就因美空军轰炸而变成“一片废墟，弹坑累累”，原来的村庄消失不见了。[④] 为了鼓励金日成坚持下去，这个时期苏联和中国均承诺增加对北朝鲜的各方面的援助，包括粮食、运输器材、武器装备等，苏联还加强了对北朝鲜军队的训练。[⑤] 北朝鲜领导人对苏中的援助表达了由衷的感谢，但苏中的援

---

① 毛泽东：《抗美援朝战争必须继续加强》，1953 年 2 月 7 日，《建国以来毛泽东军事文稿》中卷，第 121 页。

② 《毛泽东关于停战和援助朝鲜粮食等问题致史达林电》，1952 年 2 月 8 日，沈志华编《朝鲜战争：俄国档案馆的解密文件》下册，第 1153 页。

③ 《苏联驻朝使馆 1951 年的政治报告摘要（1951 年 1 月）》，沈志华编《朝鲜战争：俄国档案馆的解密文件》下册，第 1139 页。

④ 《科托夫关于朝鲜战争形势给马利宁的报告》，1952 年 10 月 30 日，沈志华编《朝鲜战争：俄国档案馆的解密文件》下册，第 1242 页。

⑤ 《联共（布）中央政治局关于援助朝鲜粮食的决议》，1952 年 4 月 14 日；《苏联部长会议关于 1952 年与朝鲜贸易的决议》，1952 年 6 月 13 日；《拉祖瓦耶夫关于人民军训练情况给什捷缅科的报告》，1952 年 7 月 1 日；《毛泽东关于停战和援助朝鲜粮食等问题致史达林电》，1952 年 2 月 8 日。沈志华编《朝鲜战争：俄国档案馆的解密文件》下册，第 1152—1153、1171—1172、1173—1177 页。

助并没有能改变他们希望能早日结束战争的想法。

从6月开始，美军的军事行动进一步升级。7月11日至12日夜，美空军对平壤进行大规模轰炸，造成6000多名居民伤亡。13日，美方即在谈判中提出一项遣返83000名中朝战俘的建议，其中北朝鲜战俘76000余人，志愿军战俘6400余人。[①] 这个数字接近中朝内定的遣返9万人的方案，李克农因此电询毛泽东、彭德怀和金日成等该如何应对这个方案。这个数字从总数上看接近中朝内定的遣返9万人的方案，但是，当时联合国军控制的中朝战俘总数为13.8万人，其中北朝鲜战俘11.1万余人，志愿军战俘2万余人。美方在大规模轰炸平壤之后提出这样比例的遣返方案，明显带有挑拨中朝关系的意图，目的是为了加剧中朝之间的矛盾。14日，金日成也发给毛泽东一份电报，表示希望能早日停战。

15日，毛泽东否定了李克农和金日成的建议。他签发了给金日成的回电。该电说经过两天的研究，中方一致认为“在目前接受敌人这一挑拨性引诱性的并非真正让步的方案，并在敌人狂轰滥炸之后接受，显然对我极为不利”。他所说的不利除了“启其扩大挑衅之念”使美方会得寸进尺外，也会损害“我们的威望”。毛泽东是很看重威望的，而威望的确是无可衡量的战略利益，他绝不希望在美方军事压力下接受上述方案。毛泽东的同盟认同使他有时将中朝苏看作一体。他告诉金日成，通过战争已经“保卫了北朝鲜和中国的东北”，北朝鲜也“已光荣地站在保卫全世界和平阵营的前线”，两国的安全和政治地位都加强了。如果接受美国的方案“这就是一着错满盘输的道理”。为了鼓励金日成，他说后者可以“不再客气地提出目前朝鲜急需解决的一些问题”，中国将尽力而为，不够的话还可以请求苏联“予以帮助”。[②] 与此同时，他也电

---

① 《抗美援朝战争史》第三册，第252页。

② 周恩来：《不能接受敌人的遣返战俘方案》，1952年7月15日，《周恩来军事文选》第四卷，第289—290页。

告斯大林，中方不接受美方这种带有“挑拨性”的方案，现在也决不能在“敌之压力下屈服”。[①]

金日成得知中方的决定后向毛泽东发出一份电报，一方面表示同意后者15日的决定，另一方面强烈要求改变中朝军队所谓消极防御的军事战略。他的建议中包括志愿军空军的作战范围应该从鸭绿江一线向南一直延伸到平壤一线，并且要派有战斗力的空军战机深入敌人后方，对美军机场和军事设施等展开猛烈的轰炸，此外还要在地面发动局部进攻向美军施加压力。[②] 总之，中方不接受美方的建议可以，但需要通过主动的军事进攻来尽量减轻北朝鲜的压力和各种损失。17日，拉祖瓦耶夫打电报给华西列夫斯基（A. M. Vasilevskii）和维辛斯基，转呈了金日成16日起草的给斯大林的电报。金日成在电报中对停战谈判的前景表示极度悲观，他说中朝军队在停战谈判开始后就在消极防御，致使北朝鲜人力物力遭受极大的损失，而美军却没有付出什么代价。他还表示北朝鲜同意中方不接受美军停战条件的立场，但是有必要采取措施来保护北朝鲜的重要设施，并采取积极的军事行动。电报中列出四点建议，包括加强防空力量，对敌方要害地区发动地面进攻以减轻美空军对中朝后方的压力，以及“必须坚决力争尽快签订停战协定、实现停火和根据日内瓦公约交换所有战俘”。当然还有要求苏联提供更多的军事援助。[③]

毛泽东也将此前金日成的电报和他的回电均转发斯大林，斯大林回电表示支持毛泽东的决定，他说“您在停战谈判上的立场完全正确”。[④] 不过这一轮沟通并不足以彻底解决问题，直到8月周

---

① 《毛泽东关于不接受美方建议问题致史达林电》，1952年7月18日，沈志华编《朝鲜战争：俄国档案馆的解密文件》下册，第1187页。

② 《毛泽东关于不接受美方建议问题致史达林》，1952年7月18日，沈志华编《朝鲜战争：俄国档案馆的解密文件》下册，第1187—1189页。

③ 《拉祖瓦耶夫转呈金日成对停战谈判看法致华西列夫斯基电》，1952年7月17日，沈志华编《朝鲜战争：俄国档案馆的解密文件》下册，第1184—1185页。

④ 《史达林关于同意中方停战谈判立场致毛泽东电》，1952年7月17日，沈志华编《朝鲜战争：俄国档案馆的解密文件》下册，第1186页。

恩来访问莫斯科，中朝决策者才有机会同斯大林一起做出关键的决定。

周恩来访问莫斯科是为了筹划中的第一个五年计划争取苏联的援助，当然也是要争取苏联继续为中国的国防现代化和志愿军提供军事援助和财政援助。8 月 20 日，周恩来在克里姆林宫与斯大林会晤，其间专门讨论了朝鲜停战谈判。周恩来介绍了中国在战俘问题上的政策以及与北朝鲜的分歧所在，还有北朝鲜方面表现出“有些动摇”“情绪不太稳定”。根据斯大林的提问，周恩来重点解释了两个问题。其一是志愿军可以坚守阵地，但是只能发动有限的局部进攻，不可能发动大规模进攻；其二是认为美方 7 月 13 日提出的交换战俘的建议是挑拨中朝关系的阴谋，中方决不接受。他说中国有准备“哪怕再打一年”，同时也希望斯大林向北朝鲜提供必要的援助。斯大林表示坚决支持毛泽东的决定，他说朝鲜战争“伤了美国的元气”，而北朝鲜没有“输掉任何东西”，现在“需要毅力，需要耐心”。斯大林承诺向北朝鲜提供军事援助，他说“为了朝鲜我们不惜一切”。他表示不赞成金日成有关志愿军空军进入敌后方作战的建议，而且中朝军队“不得进行任何进攻”，无论战术的还是战略的。斯大林提到如果美国“作些让步”就可以继续谈判。周恩来告诉他中国是有准备的，“如果美国人作某些让步，尽管不大的让步，那么就可以答应他们”，中方为此已经准备了三个可以讨论的办法，其中最低方案的底线是可以将未遣返的那部分战俘交给中立国家。这一条后来成为解决战俘问题的最终方案。最后，周恩来转达了毛泽东的建议，即邀请金日成和彭德怀到莫斯科与斯大林面谈。斯大林表示“乐于接见他们”。[①] 根据这次会谈，中、苏、朝三国领导人很快商定了金日成和彭德怀秘密访苏的行程。

---

① 《史达林与周恩来的会谈记录》，1952 年 8 月 20 日，沈志华编《朝鲜战争：俄国档案馆的解密文件》下册，第 1195—1204 页。

9 月 4 日，斯大林、周恩来、彭德怀、金日成和朴宪永（Park Hyon Yong）等举行了会谈，三方都有高级幕僚陪同。斯大林是这次会谈的主角，他全面落实了同周恩来会谈达成的共识。他首先向金日成等确认了北朝鲜的士气军心，并被告知他们的“情绪很好”。然后斯大林就非常慷慨地承诺向北朝鲜提供援助，包括 1—3 个歼击机师的飞机和装备、10 个高射炮团的物资装备，苏联还准备为及时提供这些援助而裁减苏军 1—2 个空军师。其他凡是金日成提到的装备和物资，斯大林的回答差不多都是说，把“清单交给我们”。为了坚定金日成的信心，斯大林可以说是有求必应了。做了这些之后，他问金日成与中国有什么分歧，后者表示同意中国方面的那些建议，但“更愿意尽快缔结停战协定”。斯大林回答说，他赞成中方坚持自己的遣返全部战俘的立场，同时准备提出按比例遣返的方案，即美方如扣留 20% 的中朝战俘，中朝也按 20% 的比例扣留对方战俘。金日成透露北朝鲜抓获的南方战俘中有 27000 多人已经编入北朝鲜军队，故没有计算在内。这就是北朝鲜为什么愿意接受美方 7 月 13 日建议的一个重要原因。会谈结束前，斯大林宣布将向中国和北朝鲜各派遣一个空军师。① 三个盟友就这样解决了它们的分歧，协调了它们的政策。

停战谈判以来，斯大林一直很坚定地支持中国领导人的各种决定，并且相当积极地向中国提供军事援助，在中朝出现分歧时通常会支持中国的立场并协助中国领导人说服北朝鲜。导致斯大林这时进一步密切同中国的关系并在停战谈判中更愿意支持强硬政策的一个重要原因，是美国单方面推动和操纵对日媾和过程。美国单方面推动对日媾和的过程伴随着苏联加强与中国的军事同盟，两者之间的关联与互动是显而易见的。1951 年 9 月 4 日，对日和会在旧金山召开，与会 51 个国家中的 48 个国家和日本在

---

① 《史达林与金日成、彭德怀的谈话记录》，1952 年 9 月 4 日，沈志华编《朝鲜战争：俄国档案馆的解密文件》下册，第 1214—1221 页。

对日和约上签字，苏联、波兰和捷克斯洛伐克三国则拒绝签字。尤其是在和约签订5个小时后，美国和日本代表就按预定计划签订了安全保障条约。这一事件标志着在东亚以中苏同盟和美日同盟为中心的集团对抗的格局最终形成。这种局面使苏联更愿意在东亚选择对抗性的政策。

斯大林一方面更积极地关注和支持中国的国防现代化计划，同时也提出在亚洲建立以中国为首的区域组织的设想，进一步抬高中国在亚洲的政治地位。[①] 1952年3月下旬，中苏开始讨论延长苏军在旅顺驻扎的时间，这就是中苏针对美日安保条约而采取的重要步骤。[②] 9月15日，周恩来访问莫斯科期间，两国交换了延长苏军驻扎旅顺的协议。周恩来访问莫斯科后，中苏发表了《关于中华人民共和国政府代表团与苏联政府的谈判的中苏公报》，宣布延长苏军使用旅顺海军基地的时限。[③] 中苏军事同盟关系变得更加牢固，这一发展必然反映在处理停战谈判的政策协调过程之中。

中苏朝协调停战谈判政策发生在美苏在东亚的对抗加剧的背景之下，对中国坚持与美国对抗的政策产生了重要的影响，中国领导人的决心获得了苏联一心一意的支持，也得到了金日成的承诺。10月8日，停战谈判因双方无法找到任何共同点而宣布无限期休会，谈判濒于破裂。这期间美国不断升高战争的强度，但中朝在板门店谈判中立场一致且毫不动摇。面对这种僵局，新当选的美国总统艾森豪威尔（Dwight Eisenhower）最初也是一筹莫展，他试图通过采取一系列的军事的和政治的措施，包括加强对中国的经济封锁和禁

---

① 《史达林与周恩来的会谈记录》，1952年9月19日，沈志华编《朝鲜战争：俄国档案馆的解密文件》下册，第1228页。

② 《毛泽东关于中国国防和经济建设等问题致史达林电》，1952年3月28日；《史达林关于苏军撤出旅顺等问题致毛泽东电》，1952年4月2日。沈志华编《朝鲜战争：俄国档案馆的解密文件》下册，第1160—1162、1163—1164页。

③ 《关于中华人民共和国政府代表团与苏联政府的谈判的中苏公报》，1952年9月15日，《建国以来重要文件选编》第三册，第340—341页。

运，取消台湾海峡“中立化”政策以鼓励国民党军队向大陆发动攻击，等等，迫使中朝妥协。他本人甚至向国家安全委员会提出在开城地区使用战术核武器的可能性。[①] 不过事实证明所有这些都无济于事，美国无法从中国那里得到任何让步。12 月间，国际红十字会提出一项交战双方先交换伤病战俘的建议。华盛顿主要是基于争取国际舆论的考虑，指示接替李奇微的联合国军司令克拉克（Mark Clark）向中朝建议讨论红十字会的要求。1953 年 2 月 22 日，克拉克致函中朝代表团，提出双方在战争期间可先行交换伤病战俘，为此可讨论红十字会的建议。[②] 中方没有立即答复，谈判继续僵持着。

3 月 5 日，斯大林突然病逝。这一事件对冷战前期苏联对外政策的影响至关重要，苏联的东亚政策随后很快就发生了重大的变化，苏联新领导人决定尽快结束朝鲜战争。[③] 特别是他们贯彻这个决定的决心显得尤为坚定不移。8 日，周恩来率代表团到达莫斯科参加吊唁斯大林的活动。这期间，周恩来与苏联领导人就朝鲜停战谈判举行了会谈，苏联领导人直接向周恩来通报了他们希望尽快结束朝鲜战争的决定，周恩来则表示将向北京汇报苏联政策的这一新变化。苏联这时也向平壤派出特使，向金日成传达苏联已经决定尽快结束战争。[④] 金日成的反应可想而知，他告诉苏联代表“完全同意苏联政府在朝鲜问题上的建议”，而且希望“尽快实现”。他说北朝鲜每天都损失“非常大”，讨论战俘的数字“不十分明智”，所以苏联的建议“是最明智和正确的”，北

---

① 参阅资中筠主编《战后美国外交史：从杜鲁门到里根》上册，第 232 页。

② “The Commander in Chief, United Nations Command (Ridgway) to the Joint Chiefs of Staff, Munsan 1952”, April 4, *FRUS*, *1952 – 1954*, *Vol. 15*, *Korea*, pp. 136 – 138.

③ 参阅沈志华、李丹慧 *After Leaning to One Side*: *China And its Allies in The Cold War* (Washington D. C.: Woodrow Wilson Center Press and Stanford: Stanford University Press, 2011), pp. 98 – 99。

④ 《苏联外交部关于朝鲜战争的背景报告》，1966 年 8 月 9 日，沈志华编《朝鲜战争：俄国档案馆的解密文件》下册，第 1349 页。

朝鲜会积极地准备恢复谈判。[①]

3 月 19 日，苏联新领导人决定分别向毛泽东和金日成发函说明苏联就战俘遣返问题做出的决议，同时也向苏联驻联合国代表团发出了指令。他们的这项决议很明确的是用“给各方发出指示”作为抬头，这可以理解为苏联新领导人已经形成的决议是不可更改的。在苏联发出的那些文件中，苏联不仅说明了中朝应如何恢复停战谈判的相当具体的步骤，而且很清楚地表达了恢复谈判的目的就是为了争取实现停战。[②] 由此可见，苏联不仅做出了结束战争的决定，而且也不打算再同盟友协商了。两天后，苏联领导人与周恩来再次讨论停战谈判问题。

盟友的政策和态度显然对中国领导人产生了影响。3 月 22 日，在连续接到周恩来两封电报后，毛泽东回电说北京准备答复克拉克 2 月 22 日的建议。他说苏联的建议同去年 8 月周恩来访苏期间告诉斯大林的最低方案是一致的。不过，这次同意恢复谈判的目的是什么，到底应该和实际上可以走到哪一步，只是就解决伤病战俘遣返问题恢复谈判，还是追求更大的目标，等等，还是需要等周恩来回到北京以后再决定。[③]

3 月 26 日，周恩来返回北京。他立即向毛泽东汇报了苏联政策的变化，中国领导人很快开始着手制定恢复谈判的具体步骤。毛泽东本人认为，苏联的建议并没有超出周恩来曾经告诉过斯大林的那条底线，关键就看美国人愿意走多远了。28 日，中朝发表声明，表示愿意恢复谈判，苏联随后宣布给予支持。[④] 30

---

① 《库茨涅佐夫和费德林关于停战问题朝方立场致莫洛托夫电》，1953 年 3 月 29 日，沈志华编《朝鲜战争：俄国档案馆的解密文件》下册，第 1305 页。

② 《苏联部长会议关于战俘遣返问题给各方发出指示的决议》，1953 年 3 月 19 日，沈志华编《朝鲜战争：俄国档案馆的解密文件》下册，第 1295—1300 页。

③ 毛泽东：《同意所提战俘交换方针》，1953 年 3 月 22 日，《建国以来毛泽东军事文稿》上卷，第 131 页。

④ 《金日成元帅、彭德怀将军致联合国军总司令克拉克函》，1953 年 3 月 28 日，《人民日报》1953 年 3 月 29 日。

日，周恩来发表声明，就解决战俘问题提出了新的建议，即“双方应保证在停战后立即遣返其所收容的一切坚持遣返的战俘，而将其余的战俘转交中立国，以保证对他们的遣返问题的公正解决”。①

美国领导人这时也基本上是心力交瘁了。新任总统艾森豪威尔是军人出身，二战时是欧洲战场的盟军司令。他在就任前到朝鲜视察了战场形势，并得出了自己的判断：美军“不能总待在一条静止的战线上，继续承受没有任何明显意义的伤亡”。② 而且美国同样面临着来自自己盟友的巨大压力。显然，早日停战也已经是美国领导人不得不接受的选择了。他们虽然还是很怀疑中朝突然改变政策的动机，但还是决定先恢复谈判，以便彻底了解中朝的立场。4月26日，谈判终于恢复。

5月7日，中朝再次提出8点新建议。28日，在接到中朝新建议后不久，美国驻苏联大使波伦（Charles Bohlen）拜会莫洛托夫，向后者介绍了美方两天前在谈判中提出的新的六点建议。他解释说这个新建议的重点是美方同意将不愿遣返的战俘交给一个政治委员会来解决，政治委员会将按照印度在联合国提交的方案组成和运行。③ 6月3日，莫洛托夫花了三分钟会见波伦。他告诉后者“可以满意地断定”停战谈判可以顺利完成，然后照例说能不能真正达成协议并不取决于苏联。波伦对此心领神会，没有提任何进一步的问题，只表示希望谈判顺利结束。④ 三天后，艾森豪威尔亲自致函南朝鲜的李承晚（Rhee Syngman），告诉他别再抱着武力统一朝

---

① 《周恩来外长关于朝鲜停战谈判问题的声明》，1953年3月30日，《中美关系资料汇编》第二辑上，第1113页。

② Ambrose Stephen, *Eisenhaower*, *Soldier*, *General of Army*, *The President-Elect*, *1890 - 1952* (New York: Simon and Schuster Inc., 1983), p. 31.

③ 《莫洛托夫关于接见美国大使波伦的备忘录》，1953年5月28日，沈志华编《朝鲜战争：俄国档案馆的解密文件》下册，第1310—1313页。

④ 《莫洛托夫关于接见美国大使波伦的备忘录》，1953年6月3日，沈志华编《朝鲜战争：俄国档案馆的解密文件》下册，第1314页。

鲜这个“梦想”，美国不会再拖延战争。[①]

6 月 8 日，中朝与美方达成交换战俘的协议，至此停战谈判的全部议程都已经完成。7 月 27 日，交战双方在停战协议上签字，历时 3 年的朝鲜战争终于结束了。在停战协定签订之前，苏联领导人向中方表示，他们完全赞成中方的立场和措施，而且相信他们的谈判战术“取得了完全的成功”。[②] 停战协定签订后，苏共中央向中共中央发出一个贺电。29 日，毛泽东会见苏联驻华大使库茨涅佐夫（V. V. Kuznetsov），分析了朝鲜的军事形势、志愿军的战略地位和停战的大致得失。他认为从军事角度看，志愿军是有能力再经过一年作战打到汉江一线的，但这也会造成战线过长，以致志愿军两翼受到严重威胁。然后他告诉库茨涅佐夫，中国还有很多事情需要同苏联新领导人商量。[③] 毛泽东对军事形势的判断与彭德怀是一致的。总之，朝鲜停战了，而由这场战争引起的诸多问题远没有结束。

朝鲜停战对于中国领导人是重要的契机。尽管毛泽东和彭德怀基于停战时期的军事态势而对停战时机的选择有所保留，但中国领导人总的说来还是认为可以接受朝鲜停战造成的局面，认为“目前形势对我国十分有利”。[④] 1953 年 9 月 12 日，毛泽东在中央政府委员会第二十四次会议上发表讲话，说明结束朝鲜战争的重要性。他说抗美援朝战争“取得了伟大胜利”，“是有很重要意义的”，包括“推迟了帝国主义新的侵华战争，推迟了第三次世界大战”。[⑤]

---

① “Memorandum by the Joint Chiefs of Staff to the Secretary of Defense (Wilson)”, Washington, May 19, 1953, “Memorandum of Discussion at the 145th Meeting of the National Security Council, Wednesday”, May 20, 1953, *FRUS*, *1952 - 1954*, *Vol. 15*, *Korea*, pp. 1059 - 1069.

② 《莫洛托夫关于答复克拉克函等致库茨涅佐夫电》，1953 年 7 月 5 日，沈志华编《朝鲜战争：俄国档案馆的解密文件》下册，第 1316 页。

③ 《库茨涅佐夫关于毛泽东谈停战问题给外交部的电报》，1953 年 7 月 29 日，沈志华编《朝鲜战争：俄国档案馆的解密文件》下册，第 1323 页。

④ 《周恩来年谱 1949—1976》上卷，第 304 页。

⑤ 毛泽东：《抗美援朝的胜利和意义》，1953 年 9 月 12 日，《建国以来毛泽东军事文稿》中卷，第 173—176 页。

毛泽东此时做出这样的评价值得深思。不管怎么说，中国领导人还是很快将外交聚焦到印度支那，那里仍然炮火连天，中国还在援越抗法，并因此冒着同美国阵营再次发生战争的巨大风险。毛泽东深谙“少久多败”的战略原则。经过朝鲜战场的较量，中国已经获得了价值无法估量的战略威望；另外，朝鲜半岛的地缘战略形势大致固定，美军被阻挡在三八线以南，中国东北边境与美军之间横亘着一大块缓冲地区。这一切变化使毛泽东下定决心绝不再同美国打仗，也就是不再给美国机会来损害中国的战略威望。

恢复印度支那和平

1953 年 9 月 28 日，朝鲜停战协定签订约两个月之时，苏联照会美、英、法三国，提出召开苏、美、英、法、中五国外长的会议，解决亚洲的朝鲜问题和包括东南亚在内的其他导致国际紧张局势的问题。[①] 苏联同时向中国发出邀请，中国政府很快表示赞成苏联的建议。10 月 8 日，周恩来以外交部长的名义发表声明，表示中国政府支持召开“五大国外长会议”，认为中、美、苏、英、法五大国“对于解决和平与国际安全的重大问题，负有特别重要的责任”，它们的合作“是符合世界爱好和平人民的愿望的”，中国政府很愿意派遣代表团参加拟议中的五大国会议。[②]

苏联早在 1950 年 9 月就已经开始在国际场合提出“五大国”的概念，呼吁苏、美、英、法、中五国缔结加强国际和平的公约。它当时提出这项建议主要是为了帮助解决中国在联合国中的席位问题和提升中国在亚洲乃至世界政治中的地位。1951 年 2 月 28 日，《人民日报》发表社论，表示接受“五大国”这种称谓和国际机

① 《苏联政府致法、英、美三国政府建议召开中、苏、法、英、美五国外长会议的照会》，1953 年 9 月 28 日，《中美关系资料汇编》第二辑下，第 1385—1386 页。

② 《周恩来关于赞同召开五大国外长会议的声明》，1953 年 10 月 8 日，《1954 年日内瓦会议》，第 3 页。

制。社论一方面继续表达了新中国外交的“平等”理念；另一方面则强调五大国的特殊作用，说它们“对世界和平是负有主要责任的”，“在国际关系中起着特别重要的作用”，只有它们维护和平，“世界和平才有保障”。[①] 一周后，《人民日报》再一次发表社论，论述大国的重要作用，将五大国的合作说成是“维护世界和平的决定环节”，对“世界和平的前途异常重要”。[②] 1951 年 11 月 1 日，中国政协第一届全国委员会通过一个决议，表示支持苏联有关召开五大国会议的提议。[③]

《人民日报》发表这类评论和政协的决议不能被简单地视为对外宣传和配合苏联的外交，它也是中国领导人准备参与大国外交博弈的一种舆论准备。毕竟，如此高度重视和积极评价大国在国际政治中的重要性，同此前的革命外交理念是不吻合的，其中的逻辑首先是肯定大国政治仍然是国际政治的决定性力量，至少也是特别重要的力量；其次是承认中国有着与其他亚洲国家和世界上很多国家不同的“身份”，即中国是一个大国，在亚洲则是唯一的大国，并因此国际地位更重要，而且责任也更重大。“五大国”概念的提出和被肯定，必定会影响中国领导人的思维方式，因为它的逻辑的起点是中国领导人对“大国”这一有别于其他类型国家的身份的认同，而大国与非大国是以国家的综合力量这个国际政治传统的基本标准来界定的，更重要的是中国领导人表示他们将愿意承担大国应负的责任。

中国的“大国”身份并不仅仅取决于中国自己是否认同，从根本上说它是在同国际体系的互动过程中建构起来的，仅仅靠宣传

---

① 《为争取世界和平而斗争到底——拥护世界和平理事会的伟大决议》，《人民日报》1951 年 2 月 28 日。

② 《争取早日缔结和平公约》，《人民日报》1951 年 3 月 4 日。

③ 《中国人民政治协商会议第一届全国委员会关于支持五大国缔结和平公约的要求的决议》，1951 年 11 月 1 日，世界知识出版社编《中华人民共和国对外关系文件集（1951—1953）》第二集，世界知识出版社 1958 年版，第 50—51 页。

和苏联阵营的支持是远远不够的，必须得到国际社会的广泛承认，包括亚洲新兴国家和其他大国的承认。显然，中国领导人是有着强烈的大国认同的，而且愿意通过承担某种国际责任来建构这种身份，尤其是解决那些涉及中国重大利益的问题。1954 年 4 月召开的日内瓦会议给他们提供了一个重要的舞台，这次会议的缘起同国际社会认为中国对于解决亚洲地区冲突是不可或缺的力量这个事实的认知有直接的关系，会议的结果则部分地取决于中国领导人对大国责任的理解和承担那种责任的意愿。事实表明，大国认同的确在影响着他们处理印度支那问题的思考，而且还不仅如此。

从具体的历史背景看，中国呼应苏联召开五大国会议的建议，一方面是作为同盟有必要在国际问题上与苏联步调一致，另一方面也与 1951 年 7 月开始朝鲜停战谈判时的特殊情况有关。当时美国和它的一些追随者试图利用中国无法参加联合国会议这一点，以在联合国框架内解决朝鲜问题的手段来孤立中国，并获取其他政治利益。一些持中立立场的国家也在尝试利用联合国，找到解决朝鲜问题的办法，不同的是他们同时也在尝试为恢复中国在联合国的席位找到通路。

中国领导人当时对恢复在联合国席位不抱幻想，也无很大的积极性。在 1951 年 6 月决定与美国进行停战谈判时，中国领导人认为中国尚无必要立即加入联合国，故不必将恢复中国在联合国的地位问题与朝鲜停战谈判挂钩。另外，台湾问题可作为条件提出，但也不是绝对的。总之是“为了和平事业，我们首先解决朝鲜问题”。[①] 这时，杜鲁门政府的方针是有关谈判只解决在朝鲜停战，不能涉及其他政治问题。所以朝鲜停战谈判一开始，美方代表即很明确地表示坚持这一原则，包括不讨论外国军队撤出朝鲜半岛和朝鲜停战以后的政治问题。中朝方面当时实际上接受了这种谈判议

---

① 《毛泽东关于停战谈判问题致高岗、金日成电》，1951 年 6 月 13 日，沈志华编《朝鲜战争：俄国档案馆的解密文件》中册，第 313—314 页。

程。但是，当中国领导人后来确实准备缔结停战协议时，他们就不得不考虑战争结束后如何解决朝鲜的政治问题。

中国领导人在谈判开始后曾多次表明，决不接受没有中国参加的任何解决朝鲜问题的方案，包括不接受联合国通过的任何政治谈判方案。1951 年 11 月 14 日，毛泽东在一份发给斯大林的电报中曾经透露过一个设想，即召开一个苏联、中国、美国、英国四国会议来解决朝鲜的政治问题。[①] 中国与美国也曾通过第三方就举行相关的政治问题会议进行过交涉。不过美国领导人这时内心充满敌意，不想直接同中国打交道。

1952 年 8 月，周恩来访问莫斯科，其间同斯大林讨论过印度总理尼赫鲁（Jawaharal Nehru）提出的有关召开美、苏、中、英、法五大国会议的建议。斯大林认为尼赫鲁的建议是为了抬高印度的国际地位，不过他和周恩来都一致同意，尼赫鲁的抱负并不妨碍中苏"应当支持这项建议"。[②] 这是中苏领导人就召开五大国会议第一次当面达成共识，这次谈话的背景是苏联将协助中国提升在亚洲地区的国际地位，也就是成为亚洲地区政治的中心。此后，苏联再次在国际场合宣传"五大国"的概念，中国则持续表达了对召开五大国会议的热情和赞扬。这既是外交宣传，也反映了中国领导人的真实意愿。不论是从解决朝鲜问题，还是从提升中国的国际地位等哪个角度看，能够参加这样的会议都是有利无害的，尽管这样的会议还是在联合国的框架之外的机制。这种反应也大致体现了中苏在国际事务中的协调一致，尤其是表明了中国领导人很重视苏联支持中国提升在世界特别是在亚洲事务中的地位的态度。

斯大林逝世后，苏联领导人在积极推动朝鲜停战谈判的同时，并没有忽略停战以后如何解决有关的政治问题，显然这是中苏之间

---

① 《毛泽东关于朝鲜停战谈判和中国国内情况等问题致史达林电》，1951 年 11 月 14 日，沈志华主编《朝鲜战争：俄国档案馆的解密文件》下册，第 1103 页。

② 《史达林与周恩来的会谈记录》，1952 年 9 月 19 日，沈志华主编《朝鲜战争：俄国档案馆的解密文件》下册，第 1129 页。

在停战谈判中能够步调一致的重要共识与基础。苏联新领导人当时在提交给中朝的谈判计划中说，恢复停战谈判应是有助于恢复中国在联合国的合法席位的。[①] 他们用这种方式表明，苏联不会因为停战便忽略了中国的长远利益。莫洛托夫在公开发表的声明中则指出，签订朝鲜停战协定应有助于中国恢复在联合国的合法权利，否则就“失去了以应有的方式加强国际安全和全面和平的可能性”。[②] 中国对此做出了积极的反应。

基于上述共识，毛泽东在朝鲜停战协定签订两天后，即向莫斯科的新领导人发出紧急密电，告之中国有许多相关的事情要同他们商量，而且 10 天后就发出一个包括很多措施计划的建议。[③] 毛泽东的急切与担心是必然的，毕竟，在新的大国会议召开之前，一切都还是空头支票，中国为朝鲜停战做出的让步是需要有回报的，暂时付出的代价需要找机会补偿，这是任何政治博弈的铁律。

从以上的背景分析中可以大致断定，苏联在 1953 年 9 月 28 日正式重提五大国会议，是在履行对中国的承诺。29 日，葛罗米柯花了 15 分钟告诉中国驻苏联大使张闻天，苏联在前一天回应美、英、法三国关于召开四国外长会议的照会时，复照它们说还有必要召开一个包括中国在内的五国会议，“讨论缓和国际紧张局势的措施”，包括解决亚洲问题，而四国外长会议讨论德国问题即可。[④] 苏联是通过将议题切割成亚洲和欧洲两个部分，迫使美、英、法，当然也大致可以说是诱使英法接受召开五国外长会议的建议。没有中国的参与就无法解决东亚的热点问题，对英法而言，更严重的是

---

① 《苏联部长会议关于战俘遣返问题给各方发出指示的决议》，1953 年 3 月 19 日，沈志华主编《朝鲜战争：俄国档案馆的解密文件》下册，第 1298 页。

② 《莫洛托夫关于朝鲜问题的声明给苏联部长会议主席团的呈文》，1953 年 3 月 31 日，沈志华主编《朝鲜战争：俄国档案馆的解密文件》下册，第 1307—1309 页。

③ 《库茨涅佐夫关于毛泽东谈停战问题给外交部的电报》，1953 年 7 月 29 日，沈志华主编《朝鲜战争：俄国档案馆的解密文件》下册，第 1323 页。

④ 《葛罗米柯关于召开四国外长会议与张闻天的谈话备忘录》，1953 年 9 月 29 日，沈志华主编《朝鲜战争：俄国档案馆的解密文件》下册，第 1336 页。

也会连带地影响欧洲问题也无法解决——如果不接受苏联的建议的话。

1954 年 1 月 25 日至 2 月 18 日，美、英、法、苏四国外长在柏林开会。这次会议讨论了召开美、英、法、苏、中五国外长会议、德国和欧洲安全、奥地利国家条约等问题。会议的结果是，四国外长都同意 4 月 26 日在日内瓦举行有关国家及其武装力量的代表会议，讨论解决朝鲜半岛的政治问题和在印度支那地区恢复和平。[①] 除此之外，会议没有就其他问题达成一致。这说明一方面苏联与西方国家都有缓和的意愿；另一方面，这些国家的领导人均认为他们能付得起代价的地方在东亚大陆的南端，而不是欧洲的中心地带。

柏林外长会议上折冲的结果是四国希望在东亚做出某种妥协，这多少有些滑稽，但对中国确实是个机会，因为中国是东亚博弈中不可缺少的地区大国。通过抗美援朝战争和援越抗法这两次直接和间接的军事行动，中国奠定了地区强国的地位，取得了在东亚重大安全事务上的发言权。解决东亚地区冲突离不开中国的参与和合作，成为当时东亚国际政治的一个基本事实，也是基本特点之一。中国已经是一个新崛起的地区强国，这在柏林外长会议中几乎是没有什么争议的。有争议的是美国很不甘心被迫同中国政府谈判。美国国务卿杜勒斯（John F. Dulles）做了很多的努力来防止“扩大中华人民共和国的‘国际声誉和威望’”。在美国提出的决议草案中，苏联拟议的五大国会议被贬低为很多“有关国家”共同参与的解决朝鲜政治问题的会议，以及将再考虑是否召开解决印度支那问题的“另一会议”。特别是这个草案中还专门加了一句十分拗口的声明：“无论邀请参加上述政治会议，或会议之进行均不应被视为尚不存在的外交承认。”[②] 杜勒斯唯恐不够凸显美国对中国的敌意，但他最终不得不同意召开日内瓦会议，并且美国后来在日内瓦会议始终没有缺席“观察员”的岗位，

---

① 《苏、美、英、法四国外长会议公报》，1954 年 2 月 18 日，《1954 年日内瓦会议》，第 24—25 页。

② 《苏联驻华大使尤金提供的关于四国外长柏林会议情况的材料》，1954 年 2 月 27 日，《1954 年日内瓦会议》，第 7 页。

根本原因还是越南抗法战争的迅速发展与朝鲜停战这两个事件使中国拥有无法替代的地区影响力。

中国领导人是认识到而且特别愿意看到中国在东亚地位的巨大变化的，通过日内瓦会议树立大国威望正是中国领导人从一开始就强烈追求的目标之一，并潜移默化地影响甚至约束着他们的相关言行。在中国领导人的“日内瓦话语”中，“大国”已经不再像过去的一些评论中那样是个负面词语。国家的权力决定一国之地位、责任和义务等经典现实主义的逻辑，在中国有关“五大国会议”的论述话语中显然占据着主流。

从 1953 年秋季到 1954 年 1 月，中国政府的有关主要文献和声明都强调，召开五大国会议的主要目的就是要使中国参与解决朝鲜问题的过程，以及通过这个舞台来提升中国的国际地位。1954 年 1 月 9 日，周恩来以外交部长名义就朝鲜问题发表声明。他在声明的最后一部分提出，朝鲜问题和其他亚洲迫切需要解决的问题同欧洲的问题一样，要由大国之间协商解决，即将召开的柏林四国外长会议应导向有中国参加的“五大国会议”。①

直到柏林会议开始后，解决印度支那问题在该会议的议程中才突出起来。这首先是因为苏联方面坚持要召开解决亚洲问题的外长会议。美国经多方抵制之后，最终提出一项召开一个解决朝鲜问题的多边会议，然后四国外长视朝鲜会议进展的情况，再讨论决定是否召开另一个解决印度支那问题的会议的方案。法国则将中国放弃援越抗法作为邀请中国参与大国外长会议的先决条件。英国一如既往地含糊其辞，提出要召开一个“有关国家”的会议来讨论“特定的问题”。莫洛托夫在会上坚持召开有中国参加的五大国会议。他为了证明这是必要的，一方面指责美国提出的决议草案不过是老调重弹，重复联合国相关会议的决议而已，而这些会议之所以被证

① 《周恩来关于恢复朝鲜政治会议的声明》，1954 年 1 月 9 日，《1954 年日内瓦会议》，第 4—5 页。

明什么问题也解决不了，就是因为没有中国参加；另一方面，他表示苏联并不反对“中国参加的五大国会议可以在建立印度支那和平方面肩负某些调解的职责”。[①]

1月26日，莫洛托夫在会议发言中还没有提到印度支那问题。[②] 2月17日，也就是柏林会议结束前一天，苏联才向中国通报柏林会议的讨论情况。此后苏联人继续向中国通报与美、英、法等磋商的具体进程，并希望中国能接受苏联的建议，他们的意见均得到中国领导人的首肯。[③] 柏林外长会议发表的公报声明说，包括中国在内的多国参加的日内瓦会议将首先和主要讨论和平解决朝鲜问题，同时“还要讨论恢复印度支那和平问题”，与会国是苏、美、英、中、法“及其它有关国家”。[④]

显然，印度支那问题是苏联为了促成五大国会议以利于提高中国的国际地位而纳入日内瓦会议议程中的。但是，后来的发展却是日内瓦会议的大部分时间被用于解决印度支那停战问题，而且各方达成恢复印度支那地区和平的协议也是日内瓦会议的主要成就。这一始料未及的结局当然是各方合力造成的。历史经常就是这样歪打正着，其间存在的多种可能性不仅需要当事者有异乎寻常的想象力去挖掘，而且为他们留下了巨大的发挥创造力的空间。不过，从宏观的过程看，这种结局是由朝鲜停战后东亚的局势决定的，不仅印度支那地区的冲突因为朝鲜停战而凸显，而且那里当时已经成为诸多历史进程交会的地方。

---

① 《苏联驻华大使尤金提供的关于四国外长柏林会议情况的材料》，1954年2月27日，《1954年日内瓦会议》，第6—7页。

② 《苏联外长莫洛托夫在柏林四外长会议上的发言——驳斥美国代表对我国的污蔑并提出召开五大国外长会议的建议》，1954年1月26日，《中美关系资料汇编》第二辑下，第1616—1618页。

③ 刘少奇：《对苏联政府关于日内瓦政治会议备忘录的批语》，1954年3月，《建国以来刘少奇文稿》第六册，第153—154页。

④ 《苏、美、英、法四国外长会议公报》，1954年2月18日，《1954年日内瓦会议》，第24—25页。

首先是印度支那战争处于历史转折的关头。这场战争在这个时期以前严格地说就是一场维护与反对殖民主义统治之间的战争，从军事冲突的角度也可以定义为一场典型的地区冲突。虽然这场战争的爆发同冷战发生几乎是同时，而法国本来就是美国阵营的重要成员，越南民主共和国（以下为叙述简便均称其为越南）在 1950 年初选择了苏联阵营，它们从此分属于两大阵营并且得到来自两个阵营的支持和援助；但是，他们在印度支那的战争毕竟还没有成为冷战的一个部分，法国要消灭越共同美国遏制苏联无关，主要还是为了保住它在印度支那的殖民统治，越南要打败法国人首先是为了国家的独立和统一。从 1953 年印度支那形势的发展中可以看到，反对法国殖民统治已经成为这个地区的潮流，不仅是胡志明领导的越南民主共和国，即使是法国支持的越南保大政权、柬埔寨王国等，也在试图逐步脱离法国的殖民统治，实现国家的独立，法国照例予以阻挠但显然是力不从心的。胡志明 1946 年发动起义同苏联并没有什么关系，越南只是后来被中国带进苏联阵营，他们的诉求基本被维持在追求民族解放和国家独立的层次。不过，重要的是印度支那战争正处在冷战化的边缘，关键就是美国正跃跃欲试，企图将那里变为全球冷战的一个新战场。

美国政府最初并不十分确定胡志明领导的抗法运动是否同苏联有直接的联系。随着中国革命的胜利推进，杜鲁门政府内部对越南抗法斗争的担心与敌意逐步上升，中华人民共和国成立并和越南建交后，美国的印支政策完成了一次转折，即将印度支那地区问题同在全球遏制苏联联系在一起。1949 年 12 月 30 日，杜鲁门批准了国家安全委员会的一份编号为 NSC48/2 的报告。该报告的主要内容是建议美国政府大幅度改变对亚洲的政策，加强对亚洲国家的援助以遏制“共产党的直接或间接侵略”，文件提出“应该特别注意法属印度支那问题”。[①] 1950 年 1 月，在毛泽东访问莫

① 《关于美国国防部侵越秘密报告材料汇编》（上），三联书店 1973 年版，第 11 页。

斯科期间，中国和苏联两国先后宣布承认越南民主共和国，美国政府立即做出反应。2 月 7 日，杜鲁门政府宣布承认法国扶持的越南保大政府，并随即开始向法国提供军事援助和经济援助。2 月 27 日，美国国家安全委员会制定了对美国亚洲政策产生至关重要影响的 NSC68 号文件。该文件有关东南亚问题的部分声称，“采取一切可行的措施阻止共产党在东南亚的进一步扩张对美国的安全利益来说是非常重要的”，而“印度支那是东南亚的关键地区，并处于直接威胁之下”，如果那里被共产党控制，相邻的泰国和缅甸也会失陷，东南亚也将难保；要保住东南亚就必须把共产党阻遏在印度支那。[①] 这个后来被以“多米诺骨牌”来形容的逻辑从此如紧箍咒般一直限制着美国决策者的思考。

朝鲜战争加强了美国领导人在印支地区进行干涉的欲望。1952 年 2 月，杜鲁门政府制定了《美国针对共产党在东南亚侵略所采取的行动目标与方针》。在这个文件中，支持法国加强对越共的战争被赋予更为重大的战略意义，所以文件提出美国应通过提供财政、军事和经济等各方面的援助来帮助法国，“打败或大大削弱越盟的力量”。[②] 6 月 25 日，美国国家安全委员会制定的 124/2 号文件进一步发挥“多米诺骨牌”理论，称整个东南亚都面临着中国扩张的危险，美国有必要在印度支那增加对法国的援助。[③] 随着朝鲜战争走向结束，美国加大了对法国的军事援助。美国的援助在 1953 年达到 5. 682 亿美元，占当年法国战费的 33% 。1954 年计划援助 13. 13 亿美元，达到法国当年战费的 61% 。

与前任杜鲁门相比，艾森豪威尔执政后更加明确地将美国的印

---

① Michael Hunt ed. , *A Vietnam War Reader*: *American and Vietnamese Perspectives*, (New York: Penguin Books Ltd. 2004), pp. 23 - 24.

② 《国家安全委员会研究报告：美国针对共产党在东南亚侵略所采取的行动目标与方针》，1952 年 2 月 13 日，陶文钊主编《美国对华政策文件集》第二卷下，世界知识出版社 2004 年版，第 739—747 页。

③ 《国家安全委员会政策说明：美国在东南亚的行动目标和方针》，1952 年 6 月 25 日，陶文钊主编《美国对华政策文件集》第二卷下，第 749—754 页。

支政策建立在“多米诺骨牌”理论之上。1954 年 1 月，艾森豪威尔曾经告诉英国首相丘吉尔，美国政府打算把印支纳入正开始推动的东南亚区域性军事集团之中。他本人和国务卿杜勒斯都不断告诉美国公众和盟友们，印支地区一旦沦陷，东南亚国家就会一个接着一个地被共产党占领，美国的全球战略将陷入万劫不复的境地。[①]

美国的印支政策和美国领导人为进行干涉展开的政治动员加剧了这个地区的紧张局势，使那里随时都有可能变成一个冷战的新战场。这种政策也导致美国政府对即将召开的日内瓦会议持有怀疑甚至是一定程度的敌意，他们既很不心甘情愿与中国领导人坐在一个谈判桌上讨论亚洲的命运，又心怀深深的戒惧，担心共产党会通过谈判先是将法国然后是将美国彻底赶出印度支那，然后彻底控制那里。基于这种担心，美国政府支持法国坚决保住老挝和柬埔寨的影响力，以免这两个王国陷入越共之手；同时反对在越南划界分区的停战方案，声称不能就这样将越南的一部分交给共产党控制。

1954 年 2 月 24 日，美国国务院政策设计委员会成员古利昂（Edmund A. Gullion）提交了一份备忘录，相当详细地分析了日内瓦会议的前景以及对美国的利弊得失。古利昂认为，印支地区恢复和平对美国是不利的，会导致法国更加不愿意参加欧洲防务集团，以及在亚洲可能是越共控制越南，然后是整个东南亚如多米诺骨牌一般“被颠覆”。基于这种估计，他建议印支战争应该继续下去，必要的话美国应该军事介入。[②] 三天后，杜勒斯召开专门会议，讨论美国在日内瓦会议中的立场。他说这次会议对于美国就是一次

---

① “Secretary of State John Foster Dulles, Address to the Overseas Press Club in New York”, 29 March, 1954; “President Dwight Eisenhower to British Prime Minister Winston Churchill”, 4 April, 1954, Michael Hunt ed., *A Vietnam War Reader: American and Vietnamese Perspectives*, pp. 26 – 27. 另参阅资中筠主编《战后美国外交史——从杜鲁门到里根》上册，第 281 页。

② “Memorandum by Edmund A. Gullion of the Policy Planning Staff to the Director of That Staff (Bowie)”, Washington, February 24, 1954, *FRUS, 1952 – 1954, Vol. 16, The Geneva Conference*, pp. 417 – 424.

“拖延行动”，目的是为法国继续战争积蓄力量。①

3 月 29 日，杜勒斯在美国的海外俱乐部发表讲话。他在阐述美国的印支政策时说，东南亚地区对于美国具有“超越一切重要性”的战略价值，美国应该用“联合行动”来对付共产党在印支的严重威胁。② 在日内瓦会议召开前不久，美国国务院成立了两个特别工作小组，负责具体指导和协调处理与日内瓦会议有关的各项事务。这个小组的成员根据杜勒斯的指示起草了一系列文件，提出美国对日内瓦会议的对策。第一，日内瓦会议的最终结果不能导致印度支那地区“被置于共产党控制之下”，在此问题上美国决不能向中国做出让步；第二，不能使会议具有“五大国会议”的特征以致抬高中国的国际地位，应邀请其他印支地区国家代表参加有关印支问题的讨论；第三是应争取盟国支持美国的政策。总之就是不能因为日内瓦会议而缓和与中国在印支地区的对抗。③ 美国领导人为达此目的展开了积极的外交活动，试图说服英法和一些亚洲国家追随其在亚洲遏制中国的政策，特别是要求法国不能在谈判中做出美国不愿意接受的让步。

此时，胡志明领导的抗法斗争也站在一个十字路口。越南领导人是矢志要赶走法国殖民主义者的，他们的终极目标是实现民族解放和国家独立，以及建立一个越南领导下的印度支那联邦。越南军队当时已经控制了越南北部的大片地区，在中部、南部也不同程度

---

① “Memorandum by the Deputy Director of the Executive Secretariat (Kitchen) to the Acting Secretary of State”, Washington, March 1, 1954, *FRUS*, *1952 - 1954*, *Vol. 16*, *The Geneva Conference*, p. 427.

② 《美国国务卿杜勒斯在美国海外俱乐部关于印度支那局势及我在联合国代表权问题的演讲（节录）》，1954 年 3 月 29 日，《中美关系资料汇编》第二辑下，第 1669—1670 页。

③ “Memorandum by the Ambassador in the United Kingdom (Aldrich) to the British Secretary of State for Foreign Affairs (Eden)”, London, April 6, 1954; “Memorandum Prepared in the Department of State”, Washington, April 7, 1954; “Memorandum by Charles P. Stelle of the Policy Planning Staff”, Washington, April 9, 1954, *FRUS*, *1952 - 1954*, *Vol. 16*, *The Geneva Conference*, pp. 496 - 497, 503 - 507, 507 - 510.

地控制着一些地区。越共中央中有不少人自信已经拥有彻底驱逐法国殖民者的军事能力——当然是要在中国的帮助之下。不过他们在朝鲜停战后面临的风险也很高，即美国随时可能发动迅速和大规模的军事介入，后果将是美国人代替法国人作战，印度支那战争将长期化。

早在 1952 年春季，中越高层领导人之间已经在就印支和谈问题秘密交换意见。[①] 这同当时朝鲜停战谈判的进展有关。1953 年秋季，中苏筹划“五大国会议”时已经涉及了东南亚问题，同时法国领导人表明愿意通过谈判解决印支问题，于是中越之间再次就和谈问题交换看法，结果是越南领导人终于对和谈问题做出回应。1953 年 11 月 23 日，毛泽东致电胡志明，分析了是否与法国进行和谈的问题。他说法国内部主张通过和谈结束越南战争的压力越来越大，越南此时正式表示愿意通过和谈结束越南战争“是需要的，合时宜的”，这样“才能把和平旗帜抓在我们手里”，“才能利用和扩大法美之间的矛盾”。他没有忘记根据中国的经验提醒胡志明，和谈与军事斗争是相辅相成的，“应当边打边谈，谈谈打打，两者不可偏废”。[②] 三天后，胡志明通过发表据说是一位瑞典记者对他的电报采访，声明如果法国“愿意通过协商来实现在越南的停战，并且采取和平方式解决越南问题，那么，越南民主共和国人民和政府将随时接受这种意图”，越南的条件则是在“停战的基础上，法国真诚地尊重越南的真正独立”。[③] 胡志明就这样表达了可以举行和谈的意向，不过他的声明谨慎到了有些含糊的地步。这并不难理解，对于胡志明等越南领导人来说，做出战或和的选择本来就不容易，

---

① 刘少奇：《中央关于越南今后工作提出一些建议问题给罗贵波的电报》，《建国以来刘少奇文稿》第四册，第 125 页。

② 《毛泽东致胡志明电》，1953 年 11 月 23 日，引自逄先知主编《毛泽东传 1949—1976》（上），第 552—553 页。

③ 胡志明：《答一个记者问》，1953 年 11 月 26 日，《胡志明选集》第二卷，第 263 页。

更何况日内瓦会议增加和平解决印支问题的议程有些事出突然。所以，在得到苏联政策改变的信息后，胡志明希望从中国并通过中国从苏联那里了解事情的来龙去脉。

1954 年 2 月 26 日，苏共中央通过尤金（P. F. Yudin）转发给中共中央一封电报，请中方转告胡志明柏林会议期间有关恢复印度支那和平的讨论情况，并告之公报有关部分提到的所谓“其他有关国家”包括越南民主共和国和“越南的保大、柬埔寨和老挝三个傀儡政府”。电报说相信中共中央会同意苏方的观点，并且为了使会议对越南人民有利，也希望能了解越南朋友的看法。[①] 3 月 6 日，张闻天会见莫洛托夫时告诉后者，胡志明希望访问莫斯科。莫洛托夫说要请示政府后再做决定，不过他同时也表示中朝越代表可以 4 月中旬访苏。[②] 苏联方面看来还没有准备好接待胡志明，至少是没有想过需要直接认真地听取越南方面的意见。莫斯科的新领导人继承了斯大林的战略思路，不打算被卷入印度支那的冲突。苏联的战略重点在欧洲，何况这个时候苏联正需要利用法国同英德等的矛盾来毁掉拟议中的欧洲防务集团，并且尽力避免因介入印支问题而使法国共产党在法国议会选举中处境尴尬。苏联不会采取任何看上去与越南十分亲密的行动，这在客观上构成了对胡志明和越共的限制。

中国实际上也面临选择：或者继续援越抗法，甘冒美国军事介入以致再打一次朝鲜式战争的风险，也要支持越南打下去；或者选择尽快结束那里的冲突，通过谈判实现停战——这样既能阻止美国的军事介入，也可以使本国的西南边疆安定下来，后来还证明可以

---

① “Telegram, Communist Party of the Soviet Union Central Committee (CPUS CC) to CCP (Chinese Communist Party) Central Committee, via Soviet Ambassador to the People's Republic of China (PRC) Comrade (Pavel F) Yudin”, 26 February, 1954, *CWIHP*, 2008, Issue 16, p. 12.

② 《驻苏联大使张闻天关于与苏联外长莫洛托夫会晤情况致外交部并报周恩来及中央电》，1954 年 3 月 6 日，《1954 年日内瓦会议》，第 12 页。

同时安抚一大批亚洲的邻居。从苏联向中国通报柏林会议讨论情况的时间和内容看，苏联事前并没有同中国认真和全面地协商过日内瓦会议将如何讨论印度支那问题，而且中国领导人并没有足够的时间来考虑日内瓦会议是否应该包括这项议程并就此与苏联充分交换意见。特别是朝鲜停战后，在东亚并不仅仅是印支地区存在紧张局势，台湾海峡地区也是硝烟弥漫，海峡两岸之间的军事冲突也在不断升级。不过外交就是这样，尤其是在特殊时期，很难会有长时间供当事人做好准备机会，很多情况都是于仓促中出现的，通常，这也是外交家最好的舞台。

2 月 26 日当天，尤金还向中国政府转交了柏林会议的公报，中国领导人第二天便开始讨论并着手拟定日内瓦会议的指导方针。他们曾经提出两个问题：其一，日内瓦会议是否有五大国外长自始至终都参与——他们显然很关注这次会议是否具有实质性的大国层次；其二，会议的日程是否能够改变。3 月 2 日，尤金转交苏联邀请中国参加日内瓦会议的材料，同时转达了苏联领导人的答复。他说会议第一阶段肯定是五国外长会议，之后“看起来”便不是五国外长会议了，但还是可以说是外长级别的。至于会议议程，苏联方面认为“最好不提什么建议”，另外在程序问题上，“可以设想”会议将先讨论朝鲜问题。苏联领导人希望中国在两至三天内宣布接受邀请。[①] 苏联领导人的答复不能说是非常明确的，中国要实现自己的愿望就必须做出巨大的努力。两天后，3 月 4 日，中国政府宣布接受邀请参加日内瓦会议。这些行动表明，中国领导人已经倾向于选择通过谈判结束印度支那战争。

3 月 2 日，中共中央书记处批准通过了在周恩来主持下起草的《关于日内瓦会议的估计及准备工作的初步意见》。《意见》将召开日内瓦会议归功于苏联的胜利，尤其是中国应邀参加这件事本身就

① 《苏联驻华大使尤金交来关于邀请中国参加日内瓦会议的材料》，1954 年 2 月 2 日，《1954 年日内瓦会议》，第 9—11 页。

是缓和国际紧张局势的重要一步，所以它得到“热爱和平的人民”的支持。美国是反对召开这样的会议的，但美、英、法等国存在分歧，“特别是在”印度支那问题上存在矛盾。《意见》认为中国应该出席日内瓦会议，但对会议可能达成什么样的协议并没有准确的判断，或者说没有抱很高的希望，只是笼统地提出应“采取积极参加会议的方针”，目的是打破美国政府的“封锁、禁运、扩军备战的政策，以促进国际紧张局势的缓和”。总之就是“尽一切努力务期达成某些协议甚至临时性的或个别的协议，以利于打开经过大国协商解决国际争端的道路”。

《意见》中有关解决朝鲜问题的建议并没有与以往不同的内容，但关于印度支那问题的部分的确是全新的，非常重要。它首先提出力争不要使谈判“无结果而散”，即使达不成在印度支那恢复和平的协议，也要造成一种“边谈边打”的局面，即类似朝鲜停战谈判开始的局面，以便为最终解决创造条件。至于恢复和平的具体条件，《意见》提出就地停战不如“东西划线南北分区”为好，甚至提出可按北纬 16 度线划界。这表明中国领导人从一开始就倾向于认为在越南造成南北分治的形势是“有利的”，而且他们认为这是一种比较好的解决方案，需要经过长期斗争才能实现。① 在印度支那半岛造成南北分治的局面实际上是在复制朝鲜半岛问题的解决办法，从中可以看出朝鲜停战谈判的经验在极大地影响着中国领导人的思考。

四天后，3 月 6 日，张闻天在莫斯科同莫洛托夫详细讨论了中国领导人关注的各种问题，包括五国外长是否都参加会议、解决朝鲜问题和印度支那问题的方案、邀请哪些国家和代表参加会议等。关于印度支那问题，张闻天表示能否实现和平取决于停战的条件，印度等提出的“就地停火”很难接受。莫洛托夫提到，法国如果

---

① "Preliminary Opinion on the Assessment of and Preparation for the Geneva Conference", March 2, 1954, *CWIHP*, Issue 16, pp. 12 - 13.

想停战的话，他希望知道条件是什么，张闻天说有个按北纬 16 度线停战的建议，这对胡志明有利，如果被正式提出就应该接受。对于老挝、柬埔寨问题，张闻天提出应邀请两国的抵抗政府，否则就“不平衡”了。莫洛托夫表示需要考虑，不过苏联相信中朝能处理好朝鲜问题，中越也应该能协调处理好越南问题。总之苏联并不打算提出具体的建议，它希望中国在日内瓦会议中代表苏联阵营扮演主要角色。最后，莫洛托夫表示同意中、越、朝三国代表团于 4 月 10—20 日之间访问莫斯科，以便协调四方的政策。① 这次谈话基本奠定了中方同苏联协调政策的基础，苏联支持中国主导处理有关印支问题的谈判，为中方处理与越南的关系造成了有利条件。

张闻天与莫洛托夫会谈之后，中国加快了同越共中央协调的步伐。3 月中旬，周恩来致电胡志明，告之不论日内瓦会议结果如何都应该“积极参加”，故希望越南方面立即着手准备，组织代表团和拟订参加会议的计划以便共同讨论。他没有直接告诉胡志明中国倾向于南北分区停战，但明确建议“如果要停战，最好有一条比较固定的界限，能够保持一块比较完整的地区。事实上今天的停战线，也很可能成为将来的分界线”，至于这条线划在哪里要看战局的发展，原则是“一方面要对越南有利，一方面要看敌人能否接受”。他说“越往南越好，北纬十六度的问题，似可以作为方案之一来考虑”。此前不久，周恩来也致电在越南的中国军事顾问团领导人，要求他们争取早些在奠边府发起进攻作战，“为了争取外交上的主动，能否与朝鲜停战前一样，在越南组织打几个漂亮仗”。② 3 月 12—15 日，越共军队向奠边府法国守军发起第一次进攻，揭开了攻占奠边府的战役序幕。越共中央正是在此期间数次讨论了印支问题的谈判方案。

---

① “From the Journal of (Soviet Foreign Minister Vjacheslav M.): Secret Memorantum of Conversation between Molotov and PRC Ambassador (to the Soviet Union) Zhang Wentian”, March 6, 1954, *CWIHP*, Issue, 16, pp. 86 - 87.

② 《周恩来年谱 1949—1976》上卷，第 358 页。

3 月 23 日，中国代表团的越南组提出了题为《关于和平解决印度支那问题的初步意见》的谈判方案。这个方案的主旨相当清楚，就是要通过谈判达成实现印支地区和平的目标。《意见》分为政策分析和对策建议两个部分。第一部分详细分析了与印支停战有关的各种问题，以及最直接对立的法国和越南两方可能采取的立场。

在参加谈判的成员问题上，越南组认为谈判应追求两个目标。一个是要有利于实质性地提高中国的国际地位，即“最好经过苏联争取有五大国协商解决。在会议一开始就造成五大国协商解决问题的形势，对我有利”，为达此目标，即使会议中有印度这样的中立国家参加也无妨。二是提出除五大国之外，参加会议的印度支那各方应为“三对三”，即越南民主共和国和老挝、柬埔寨抵抗力量对南越政权和老挝、柬埔寨王国政府。如果无法实现这个方案，也可以接受柏林会议已达成的“一对三”，即将老挝、柬埔寨抵抗力量的代表包括在越南代表团内。这一方面是苏联已经接受该方案并向中方表示希望中方也能同意；另一方面越共方面也愿意包揽，代表三家谈判。关于日内瓦会议的议程，尽管苏联已经表示柏林会议的共识是先朝鲜、后印支，但越南组认为还是应该提出两个半岛的问题“并行讨论”，朝鲜议程开始后即开始讨论印支问题。目的显然是要避免朝鲜问题谈判结束特别是不欢而散（很有可能）的情况下，无法展开印支问题的谈判。后来日内瓦会议的进展表明，这一措施是非常有必要的。

除上述程序性的问题外，《意见》中最重要的也是最能反映中国谈判意图的，是“关于和平解决印度支那问题的全面方案问题”部分。越南组认为，印度支那问题谈判的核心可以分为“军事停战”和“政治解决”两个部分。《意见》认为，法国可能会有两种选择。其一是提出停战与政治解决两个问题一揽子解决；二是提出只谈停战不谈政治解决。相比较而言，法国提出前者的可能性比较高。越南民主共和国则有可能更愿意实现无条件就地停战，“即先停后谈”。越南组建议中方应提出军事停战和政治解决的“全面方案”，以及使内容“合情合理”，这样既与法方的方案一致，同时又可解决与越南的矛盾，从而表明中方和平解决印度支那问题的诚意。越南组认为“这样对我们有利”。

关于军事停战问题，越南组根据从各方面获得的信息，相当详细地分析了法国方面有可能提出的 4 个停战方案。它们包括：（1）在红河三角区建立无人地带，越军撤出老、柬，在越南中部划区驻军，越共从南部撤军或解除武装；（2）越军撤出老、柬，双方就地停战；（3）越军撤出柬埔寨，在老挝实行就地停火，越军撤出越南部和中部，在北部就地停火；（4）所有地区就地停火。第一个方案是法国的最高要价，第四个方案则有可能是试探性的。越南的方案是恢复到 1946 年 12 月 19 日以前的状态，好处是越南北部、中部一大片完整的地区和最重要的经济资源可以为越共控制，政治上、法理上均有理由。越南组认为越南的这个方案最大的问题是不现实，主要是法国不可能接受；另外，放弃南越、老、柬，那里的人民会认为被抛弃，法国还可以在一些大中城市如凉山、河内和其他地区驻军，所以这样的方案“似应不必提出”。越南组也设想“争取以十六度纬线为界，实行停战”，好处是可以控制 16 度线以北全部地区和千万以上人口，不利之处是需要放弃南越、柬埔寨和老挝的一小部分地区。这样做同越南的方案一样，会在被放弃地区的人民中造成“不好的”政治影响，“尤其是在形式上形成整个印度支那半岛分裂，一般人民恐难谅解”。越南组因此提出中国不宜“先行提出”这个方案，可建议“就地停战，进行调整”，通过谈判划出一条或几条军事分界线。调整可以是“大调整”，即交换大块地区，焦点是控制红河三角区问题；也可以是“小调整”，即交换次要地区或就现地进行具体的调整。由于抗法战争先从南部开始，越南会不愿意撤出南越的根据地，但是“完全不调整对我不利”。

关于政治问题部分，越南组认为要紧紧抓住“和平、独立、民主、统一几面旗帜”。越南组提出有必要就建立印度支那联邦问题满足越共的愿望，提出“由于越劳中央对越、寮、棉三国的传统的不可分的关系十分重视，所以我们认为，应该由统一后的三国组成印度支那联邦”。为了达到“麻痹”法国的目的，也可以提出印支联邦加入法兰西联邦，但这个建议“不宜由我方首先提出”。

根据上述分析，越南组提出了“初步意见”，包括在印度支那三国代表问题上可接受“三对一”方案，争取“一开始就造成五大国协商解决问题的形势”，在议程上争取朝鲜问题和印支问题并行谈判以争取确定会议必须讨论印支问题，等等。关于停战问题，“初步意见”明确建议应首先提出“就地停火，进行调整”，目的是“造成边谈边打向着有利于我的形势发展”。显然，越南组认为最理想的方案是以北纬 16 度线划界南北分治，但“目前没有可能，且不宜由我方提出”，需要经过长期的胜利斗争迫使法方不得不自己提出才可行。解决政治问题的建议则同上述分析没有什么差别。[①]

24 日，越南组起草了供日内瓦会议讨论的《关于和平解决印度支那问题的全面方案》，将“就地停火”的原则列入其中。[②] 在同越方协商后确定的《关于恢复印度支那和平问题的方案》中，进一步阐述了“进行调整”的内容，即“停战条件”部分的第二条：“敌对双方在停火后，应按照协议就现有作战地区进行必要的和相应的调整。”[③] 不过，在代表团内部对停战原则仍然保留着选择的余地。越南组认真比较了“就地停火，进行调整”和“东西划界南北分区停战”两个方案，认为第一个方案固然有其好处，但需要同政治解决的条件结合在一起，因为它对于“成立临时政

① 《中国参加日内瓦会议代表团越南组会前准备的关于和平解决印度支那问题的初步意见》，1954 年 3 月 23 日，外交部档案馆：206—00057—03，第 67—92 页。

② 《关于和平解决印度支那问题的全面方案》，1954 年 3 月 24 日，外交部档案馆：206—00057—04，第 57—58 页。

③ 《关于恢复印度支那和平问题的方案》，1954 年 3 月 24 日，外交部档案馆：206—00057—04，第 101—103 页。

府及组织普选较为方便”。如果能够争取到“有利的条件进行大选”，就争取按就地停战的原则停战。如果法国方面不准备彻底停止战争，而是利用停战作为缓兵之计，为下一步进攻做准备，那么就应该争取南北分区停战。此外，老挝和柬埔寨停战也还需要根据具体情况从长计议。越南组认为，印支问题上的“斗争必然是尖锐而且长期的”。[①] 从这个备案中可以大致看到后来中国决定争取南北分区停战的最初的逻辑。

3 月 2 日中共中央政治局通过的《关于日内瓦会议的估计及其准备工作的初步意见》和 3 月 23 日代表团提出的《关于和平解决印度支那问题的初步意见》是两个重要的文件，它们反映了中国领导人解决印支问题的基本思路和基本特点。从中苏之间的相关交往看，中国领导人对柏林会议的讨论情况了解得并不十分充分，他们的决定是建立在一个基本判断之上，即美、英、法之间在如何解决印支问题上存在相当严重的矛盾，尽管美国仍然试图军事介入和扩大战争，但英法并不希望继续被拖在东南亚地区。尤其是法国为了维护在印度支那的殖民统治，在这个地区投入了大量的人力、物力和财力，但法军却在战场上连续失利，它越来越难以承受印支战争的重负。到 1953 年末，法国国内已经弥漫着失败情绪，多数人不相信法国在印支战争中还有取胜的希望。随着在奠边府战役中越来越陷于被动，法国领导人已经一筹莫展。他们考虑的不是怎样打赢，而是如何尽快结束这场战争。两个《初步意见》很清楚地表明，中国领导人知道而且相当明确地确定了他们的主要谈判对手将是法国而不是美国，而法国在越南的艰难处境决定了存在着有关各方就印度支那问题达成协议的可能性。这是中国领导人决心付出巨大的外交努力争取实现印支停战的重要原因。

---

① 《关于停战问题》，见《中国参加日内瓦会议代表团越南组会前准备的关于与法国谈判问题的初步意见》，1954 年 3 月 1—31 日，外交部档案馆：206—00057—07，第 116—118 页。

问题还不仅是中国的对手阵营中情况复杂，中国同盟友之间关系的结构也同解决朝鲜问题时不一样。在解决印支问题的谈判中，中国对盟友越南的影响力是超过朝鲜的。这同中国援越抗法的决策过程有关，是中国而非苏联在向越共提供有力的援助。当然，中国的选择也同此时苏联的对外政策有关。克里姆林宫的新领导们在斯大林去世后正在调整对外政策，他们更专注于欧洲的事务，宁愿将朝鲜问题和印度支那问题等的主导权全部交给中国领导人，他们不过是在从旁协助而已，毕竟苏联有机会利用在日内瓦会议上解决印度支那问题的过程，同法国在欧洲安全问题上讨价还价。

另外，中国在盟友关系中面临的难题是如何协调与越南的政策。后者的目标非常明确，就是争取通过各种方式完成国家统一，至少也要很清楚地看到统一的前景，以及国际社会对建立印度支那联邦的承诺，从而有利于实现整合整个印度支那地区的抱负。他们的地区抱负实际上是超过了北朝鲜的。就越南大致形成的军事态势而言，越南军队的确取得了战场的主动权，但中国领导人并不认为这就等同于他们取得了军事优势，不仅法军方面在数量上仍然拥有优势，而且还存在着美国可能直接干涉这个巨大的变数。虽然目前还没有足够的资料证明，美国当时已经制定了在印支直接进行军事干涉的具体计划，但它干涉的动力和意图是明显的。总之，对战场态势的估计不同导致中国与越共之间协调政策变得十分艰难和复杂。

越南组 23 日的《初步方案》提出后不久，陈家康于 29 日向周恩来上报了对中越双方解决各项问题的具体方案的比较分析，这份报告对越共观点的概括来自越共中央政治局 3 月 5 日、13 日和 21 日召开的会议，以及越军总司令武元甲（Vo Nguyen Giap）本人 3 月 25 日表达的意见和另一位越军高级领导人阮志清（Nguyen Chi Thanh）的个人意见。报告首先指出了中越对谈判争取达成的目标是存在分歧的。越共中央在 3 月 12 日的会议上提出，参加印支谈判的总方针是“实现越南的独立、统一和和平，为此，外国军队要撤出印度支那”。中方 23 日《初步意见》中只是提出为“和平解决印支问题”应提出包括政治、军事两大问题的“全面方案”。如果同 3 月 2 日的《初步意见》联系起来分析便可以肯定，中国的主要目标是在越南和法国都可接受的条件下争取和平解决印支问题。显然，中越双方的谈判目标的差别还是相当大的。

关于“先停后谈”还是“先谈后停”，越共政治局会议认为应是“停火、停战、撤军和大选”，武元甲本人认为应“先谈判后停战才对我有利”，主要是因为越军正在奠边府战役中取得主动，现在立即停战将对法军有利。中方的意见“趋向于先谈判后停战”，重要的是“主动提出”解决政治和军事问题的“全面方案”。关于停战方案，越共政治局的看法摇摆不定。23 日的政治局会议上决定，可在法方同意举行全国选举的条件下，采取“就地停战适当调整”的原则。这个方案同中方 24 日草案的内容一致。但是，武元甲和军方均不赞成越共政治局的方案。武元甲认为“就地停战极不利”，越军政治部的意见是“南北分界线之方案，可能是比较对我最有利的”，具体界线划在何处则视谈判时国际形势和军事形势而定，这样做既有好处“也合乎实际”。越南组 23 日的《初步意见》中包含了对这个方案的利弊分析，并认为它有利有弊，不宜由中方先行提出。

关于老挝、柬埔寨问题，越共政治局的方案强调“三国关系的一致与密切”，在此基础上提出原则上“统一解决”，具体到老、柬的解决方式则可有不同，“能争取多少算多少”。武元甲的意见是老挝“似以划分南北界线比较有利”。这与中方的方案是一致的。

关于对谈判前途的估计，武元甲 3 月 25 日提供的意见认为，如果是实现“第二方案”即“先谈判，后停战”固然好，否则将会有一个时期的“边谈边打，打打谈谈”，即朝鲜停战谈判时出现的局面。① 如果依据前述逻辑，武元甲实际上是会赞成“东西划线南北分区停战”

① 《和平解决印度支那问题方案对照表》，1954 年 3 月 29 日（陈家康送周恩来日期），《中国参加日内瓦会议代表团越南组在会前准备的关于和平解决印度支那问题的方案对照表》，外交部档案馆：206—0057—05，第 85—100 页。

的方案。需要指出的是，由于武元甲在越军中居最高指挥的地位，他的意见基本上可以代表越军对形势的看法。另外，也是由于中国军事顾问团大多在越军指挥部工作，武元甲同他们交往密切，他对停战的意见与中方更接近是有其必然性的。

3 月底，中国代表团又起草了一份《关于和平解决印度支那问题的建议草案》，其中包括了军事和政治两个方面的内容。《草案》将“恢复印度支那和平”放在首位，同时表示要体现印支三国“独立、自由、民主、统一”的合法愿望。这一表述反映了中国代表团试图协调与越方的不同关注。在军事停战问题上，最重要的变化是《草案》同时将“就地停火，进行调整”和“东西划线南北分区停战”这两个方案包括其中。在政治问题上，《草案》没有列入建立印度支那联邦问题，对组建联合政府和进行大选等做出了很具体的条款。《草案》还对外国军队撤出印度支那的程序和时间做出了非常严格的规定。[①] 这份《草案》无疑是比照中越的意见后，经综合考虑中越双方的立场以及大致估计法国可能接受的程度而拟订的。

在完成《草案》后，中国代表团进一步研究了关于撤退一切外国军队的问题。值得重视的是，越南组在 4 月 8 日起草了两份关于撤军提案“初稿”。由于此前周恩来访问了莫斯科，可以说这两份文件也反映了同苏联协商的结果。其中一份是包括两点内容的“初稿”，它同 3 月末提出的《关于和平解决印度支那问题的建议草案》的第三款第五条内容保持大体一致。第 5 条提出了外国军队从“印度支那”撤出。这份“初稿”则更具体地说明，外国军队要从“越南、老挝、柬埔寨”撤出。[②] 另一份“初稿”包括三

① 《关于和平解决印度支那问题的建议草案》，（日期不详，应在 1954 年 3 月 30 日或 31 日），《中国参加日内瓦会议代表团越南组会前准备的关于和平解决印度支那问题的建议草案》，1954 年 3 月 1—31 日，第 134—138 页。

② 《关于撤退印度支那一切外国军队问题的方案（初稿）》，1954 年 4 月 8 日，《中国参加日内瓦会议代表团越南组在会前准备的关于撤退印度支那境内外国军队的方案》，外交部档案馆：206—0058—02，第 34—35 页。

点内容，其中的第三点明确提出，如就撤军方案达成协议，“在越南的高棉、寮国部队，在高棉的越南、寮国部队，在寮国的越南、高棉部队”等均应撤退回国。[①] 越南组显然曾经考虑过并准备接受在后来谈判中一度成为障碍的越军从老、柬撤出的方案，而这是越共方面后来在谈判中长时间不肯让步的重大问题。

总之，从中国代表团陆续形成的指导性文件的内容看，中越双方不论在指导方针上还是在一些具体方案上，都存在着重要的差别，而且越南内部在一些具体问题上也存在不同的意见。中国要实现自己的目标就必须说服自己的盟友以便保持步调一致，谈判的进程表明这并不容易。

3 月下旬，胡志明、范文同（Pham Van Dong）等越南领导人访问北京。3 月 29 日，毛泽东、周恩来同他们会谈，说明了中国的基本政策、准备采取的各项方案以及争取达到什么目的，特别是向他们介绍了在朝鲜停战谈判中的经验。[②] 31 日，中共政治局召开扩大会议，听取并批准了周恩来有关日内瓦会议准备工作的报告。4 月 1 日，周恩来、胡志明和范文同携带草拟的建议方案前往莫斯科，向苏联领导人报告他们协商的成果。苏联领导人表示很同意中越方案的基本内容，不过也透露出他们认为谈判的前景暗淡。赫鲁晓夫（N. S. Khrushchev）表示要准备达不成什么协议。周恩来则按照中共中央既定方针告诉他们，中越能够参加会议已经可以算是一个胜利了，应该尽量争取进一步的成果，为此苏联应与中国保持联络与合作。[③] 此次访问大致完成了中、苏、越三方的政策协调，中国的政策得到苏联的背书。12 日，周恩来回到北京。三天后，

① 《关于撤退印度支那一切外国军队问题方案（初稿）》，1954 年 4 月 8 日，《中国参加日内瓦会议代表团越南组在会前准备的关于撤退印度支那境内外国军队的方案》，外交部档案馆：206—0058—02，第 33 页。

② 参阅李海文《周恩来在日内瓦会议期间为恢复印度支那和平进行的努力》，《党的文献》1997 年第 1 期，第 58 页。

③ 《在历史巨人身边——师哲回忆录（修订本）》，第 540 页。

中共政治局再次召开扩大会议，讨论中国代表团提交日内瓦会议的五个文件。19 日，周恩来将修改后的五个文件送毛泽东审阅，并于当晚同毛泽东、刘少奇、朱德、陈云、邓小平等做最后商谈。从出席会议的级别看，周恩来是得到充分授权的。

4 月上旬，就在中国代表团为出席日内瓦会议殚精竭虑之时，越军开始再次向奠边府的法国守军发动进攻，印度支那的紧张局势急剧升级，国际形势随之大幅动荡。最突出的变化是美国进行军事干涉的意图明显加强。一方面是美国国内的干涉舆论在升温，有关艾森豪威尔政府将决定派遣军队到印度支那作战的报道甚嚣尘上。另一方面，美国不断发出威胁，声称要采取有意义的步骤来防止第一张“多米诺骨牌”在印度支那倒下。他们不断恐吓美国公众，说印度支那的局势已经是对“自由世界”的威胁，中国军队参加了奠边府战役，正在那里用机枪“把在云端飞行的法国作战飞机击落下来”。[①] 继在 2 月宣布向印度支那地区增派 12 架 B－26 型轰炸机后，美军又奉命向印度支那附近水域派遣两艘航空母舰。杜勒斯本人则前往欧洲游说，鼓励法国人一定要顶住，以及为美国在印度支那采取军事行动而争取盟友特别是英国和法国的支持。美国政府的干涉主张因为国会的反对和盟国的抵制而没有付诸实施，但随着奠边府战役的发展，美国干涉的可能性在增高是不争的事实，中国则感受到这种压力。

4 月 19 日，周恩来会见印度驻华大使赖嘉文（Raghavan）。他在谈到有关亚洲和印度支那问题的时候，集中谴责了美国要“侵入亚洲”，美国领导人在印度支那的言论则是企图“挑起更大的阴谋”。他说现在的“中心问题是亚洲国家和人民如何自救”。[②] 对美国军事介入的警惕与担心，对中国代表团在日内瓦会议期间不断调

---

① 〔英〕科拉尔·贝尔：《国际事务概览 1954 年》，云汀、吴元坎、董湘君、陈漪译，上海译文出版社 1984 年版，第 40 页。

② 《周恩来会见印度驻华大使赖嘉文关于亚洲形势和日内瓦会议的谈话》，1954 年 4 月 19 日，《1954 年日内瓦会议》，第 16—17 页。

整策略的影响是至关重要的。当天，周恩来指示负责宣传工作的陆定一，应在拟定于两天后发表的《人民日报》社论中加上四句话。其中的最后一句是“我们主张和平，反对战争，但别人对我们的任何武装侵略，我们决不会置之不理”。①

印度支那局势升温加剧了亚洲国家特别是一些中国的周边国家的不安，这也是影响中国政策的一个重要因素，因为美国在利用这种形势，提出要建立一个将越南、老挝和柬埔寨三国包括在内的东南亚军事联盟，目的就是包围中国。中国领导人十分关注南亚、东南亚的国家对印支局势的看法。这个时期，外交部不断在提供有关日内瓦会议召开前亚洲形势的分析，特别是科隆坡五国首脑会议的综合分析。中国领导人从这些专业外交人员获得的信息是亚洲国家正处于摇摆之中，印度、缅甸等国领导人并不希望同美国结成军事同盟，但他们都希望印度支那能实现和平。科隆坡会议国家提出的方案大致上相当于临时的南北分治，可以接受将包括河内在内的越南北部地区划归越南控制，以及法国军队撤出印度支那，等等。②日内瓦会议召开后，中国领导人对科隆坡五国会议的关注不断升高，这也在影响他们的一些决定，因为他们在亚洲还有比在印度支那地区更大的抱负和追求。在北京坐镇指挥的毛泽东就表现出更愿意从全球的角度来思考印度支那问题和做出决定。

4 月 26 日，日内瓦会议拉开帷幕。会议首先讨论了朝鲜问题，有关谈判从 4 月 26 日当天开始，到 6 月 15 日结束。中国方面从 3 月初即开始与北朝鲜领导人协调双方在日内瓦会议上的政策和立场。中国领导人当时的基本判断是很难在朝鲜问题上取得什么进展，他们认为中朝军队与联合国军能够达成沿三八线临时停战的协议，这实际上反映了东西两大阵营之间当时在朝鲜半岛已经是势均

① 《周恩来年谱 1949—1976》上卷，第 360 页。

② 《关于亚洲五国总理会议问题（综合一月至四月二十五日印度、缅甸、印尼、巴基斯坦讯）》，1954 年 4 月 30 日；《一周电报第八十三期（关于亚洲五国总理会议问题）》，1954 年 4 月 30 日。外交部档案馆：102—00212—06，第 25—28 页。

力敌，美国不可能再做出让步，当然战争也不可能再度爆发。[①] 在前述 3 月 2 日获中共政治局批准的《意见》中，有关解决朝鲜问题的方针已经清楚地反映了中国领导人的判断，《意见》提出在有关朝鲜问题的谈判中，“我方应紧紧掌握和平统一、民族独立和自由选举的口号，以反对李承晚的武力统一和美韩共同防御条约，以及人民在没有任何自由下的所谓选举”。[②]

3 月 8 日，中共政治局批准了中国代表团朝鲜组起草的《关于和平统一朝鲜方案的初步意见》。中国领导人事先已经决定将有关朝鲜问题的讨论重点放在争取政治主动权上，他们并不认为还有可能达成任何新的协议，而且北朝鲜方面也对“自由选举”不感兴趣。事实证明了中国代表团的判断，日内瓦会议上有关朝鲜问题的讨论没有取得任何结果。在讨论即将结束时，周恩来建议会议通过一个原则性的协议，表明与会各国仍然希望通过和平方式解决朝鲜问题。美国代表在最后一刻发言，表示美方不参加以周恩来的发言为内容的决议案。朝鲜问题的谈判就这样结束了，没有就任何一个字达成一致，这给解决印度支那问题的谈判造成的负面压力是可想而知的。

有关印度支那问题的谈判从 5 月 8 日开始，参加的有五大国和越南、老挝、柬埔寨三国六方的代表。与两大阵营在朝鲜半岛势均力敌决定了朝鲜问题谈判无法有所突破不同，印度支那战场的复杂态势决定了有关谈判存在着产生积极成果的机会。5 月初，越南人民军在奠边府战役中开始发动总攻，各方面也都在观察战局的发展，有关印度支那问题的讨论被几次推迟。5 月 7 日，奠边府战役全部结束，法国军队伤亡、失踪和被俘共 16000 余人，法军指挥官被俘。5 月 8 日，谈判终于开始了，然后就是法国和越南各自提出

① 《周恩来年谱 1949—1976》上卷，第 355 页。

② “Preliminary Opinion on the Assessment of and Preparation for the Geneva Conference”, March 2, 1954, p. 13.

了供会议讨论的解决方案，再然后就是持续争论 20 天而一直未能取得进展。

各方的主要争执可以大致归为两类。第一类是如何解决在老挝和柬埔寨的停战，这包括两个问题。第一是法、英等国提出，老挝、柬埔寨问题应与越南停战分开处理。英国外长艾登（Anthony Eden）和法国外长皮杜尔（Georges Bidault）都坚持说，老挝、柬埔寨的情况与越南不同，并不存在当地的抵抗力量，在那里作战的是越共部队，所以不能将三国捆绑在一起解决。第二则是解决老挝、柬埔寨问题的实质是越共从那两个国家撤军，而不是两国内部交战双方的停战。

越南代表团坚持认为，老挝、柬埔寨问题应作为整个印度支那问题的组成部分予以考虑和讨论，应该同时在印度支那三国实现停战。越共代表团的思考和立场明显地受到历史因素的影响。印度支那三国沦为法国殖民地后，法国为了操纵当地的民族矛盾，曾经利用越南在历史上与老挝和柬埔寨的矛盾，让越南人参与统治老挝和柬埔寨。越南在抗法斗争中一方面积极支持老挝、柬埔寨的反法斗争，另外，也试图利用在抗法斗争中形成的影响力，在战后建立以越南为主的印度支那联邦。这种历史的影响与对军事形势的估计结合在一起，使越南代表团不愿在老、柬问题上做出让步。也是基于这样的战略考虑，在老、柬抵抗力量是否应有独立的代表团参会的问题上，越南并没有坚持反对英法等的立场，他们宁愿将老、柬抵抗力量代表包括在越南代表团中，由他们自己代行权利。苏联从一开始就赞成这种做法，中方也认为是可以接受的。范文同只是在第一天会上象征性地提出，老、柬抵抗力量也应有代表团参加会议，那以后很快也就按预定计划接受了“三对一”方案。①

越南代表团的坚持也同军事形势有关。奠边府战役胜利后，越

---

① 《周恩来关于第一次全体会情况致毛泽东、刘少奇并报中央的电报》，1954 年 5 月 9 日，《1954 年日内瓦会议》，第 120—121 页。

南代表团认为，军事形势非常有利，应该争取实现就地停战、稍加调整、等候普选的方案，这样有利于一举实现越南的国家统一。问题是如果按照“就地停战，进行调整”的原则，老挝要实现停战几乎是不可能的。那里的军事形势极为复杂，以致几乎无法确定交战两方的占领地区。另外，由于在印度支那三国中，老挝王国政府同法国的关系尤为密切，法国表示绝不可能接受越共的方案。

中国代表团在原则上毫无疑问是必须站在自己盟友一边的，他们一度认为“决不能同意”将老、柬与越南分开解决的建议。[①] 不过，他们同越南代表团的谈判出发点一开始就有不同，另外对奠边府战役后的军事形势判断也与越共中央不同。他们认为越南代表团的估计过于乐观，并倾向于采取南北分区停战的方案为主，与此连带的是在老、柬问题上也要根据当地的实际情况采取相应的步骤。[②] 此外，中国代表团成员对老、柬王国政府的看法也有变化，他们在会议期间意识到，老、柬的王国政府在各自国家的很多民众心目中是有合法性的。在会谈中，老、柬王国政府代表反对越军在其国土作战，非常坚决地要求越军从老、柬撤出，甚至提出如在日内瓦会议上不能达到目的，他们将向联合国提出申诉。事实表明，越南建立印度支那联邦的雄心根本不可能成为现实，而越南代表团在技术层面上接受“三对一”的参会方案，对他们试图达到的目标而言可以说是个带有根本性的失误，这相当于默认了老、柬政府具有独立的代表性，而抵抗力量一方可以被越南代表。

中国代表团面对的现实是，要实现既定的“务必达成某种协议”的目标，首先就需要突破老、柬问题的僵局。5 月 27 日，经过与越苏代表团讨论，周恩来在谈判中提出一项包括六点内容的方案，中心是在印度支那三国同时实现全面停战，目前的谈判首先集

---

① 《周恩来关于第二次限制性会议情况致毛泽东、刘少奇并报中央的电报》，1954 年 5 月 9 日，《1954 年日内瓦会议》，第 132 页。

② 参阅曲星《中国外交 50 年》，江苏人民出版社 2000 年版，第 116 页。

中解决军事集结区问题，然后在解决军事集结区时视越南、老挝和柬埔寨的具体情况，按照划区调整的原则和当地实际状况，采取不同的具体办法分别解决。① 周恩来的方案已经包含了区别对待老、柬问题的可能性，从而使谈判取得些微进展。第二天，莫洛托夫与艾登会谈时商定三点建议，包括双方指挥官在日内瓦会晤，同时双方在战地开始接触，以及会谈应讨论停战后的军队集结地区问题，并尽快向会议提交报告。② 5 月 29 日，会议各方达成一个由交战双方指挥官会晤以讨论停战后军队部署问题的协议。这个协议包括了各方都可以接受的办法，即停战包括印度支那三国，同时确认首先解决越南停战的具体问题。③

这时，中国代表团遇到意想不到的困难，即范文同坚持不同意交战双方指挥官在日内瓦举行会晤。他态度消极的原因是越共中央两次电示越南代表团，交战双方军事代表只能在战地接触，不能在日内瓦会谈。周恩来当天即发电报给中共中央，要求北京的领导人转告越共中央，中苏越代表团已经开会，一致认为“拒绝双方司令部的代表在日内瓦会谈是不可能的，而且也是不利的”。他专门说明苏联“对此甚为关切”。刘少奇接到电报后立即转发胡志明，告诉后者北京同意周恩来的意见，越共中央应“迅速决定电复”，而且中国已经准备好将越南军事代表送去日内瓦的飞机。④ 这次周折是导致后来日内瓦会议休会期间周恩来前往中越边境的柳州与越南领导人会谈的一个关键原因。中国与盟友间在日内瓦形成的决策结构经常会导致拖延不决，甚至无法采取实际行动，而谈判的时间是有限的，

---

① 《周恩来在第四次限制性会议上的即席发言》，1954 年 5 月 27 日，《1954 年日内瓦会议》，第 136—139 页。

② 参见《建国以来刘少奇文稿》第六册，第 259 页。

③ 《周恩来关于第八次限制性会议情况致毛泽东、刘少奇并报中央的电报》，1954 年 5 月 30 日，《1954 年日内瓦会议》，第 139—140 页；另参阅《周恩来年谱 1949—1976》上卷，第 370 页。

④ 刘少奇：《中央关于越南、法国军事代表应在日内瓦会晤事的电报》，1954 年 5 月 30 日，《建国以来刘少奇文稿》第六册，第 257—258 页。

有时是经受不起拖延的。对中国来说，要按照自己的政策推动谈判成功，就必须取得在日内瓦的决定权，这就需要越共中央在达成一定共识的基础上，给中国代表团足够的授权。

不过，在会议集中讨论老、柬问题时，法国坚持要明确规定必须从这两个国家撤出外国军队，也就是明确要求从那里撤出越南的军队。老、柬的王国政府也同法国的立场一致，坚持要求越军撤出。越方继续否认有越军在老、柬存在，中苏则按照既定方针给予支持。会议遂陷入僵持。在6月8日、9日、10日连续三天召开的公开会议上，双方围绕老、柬问题的争论进一步升温。不仅美、英、法代表强调越军应撤出，老、柬王国外长也言辞强硬地要求越军必须撤出他们的国家。

这期间连续发生的一些事件导致中国代表团终于决定必须在老、柬问题上做出实质性的让步，即越南必须从那里撤军。5月30日下午，周恩来与刚从莫斯科返回的莫洛托夫会谈，交换对会议进程的看法。莫洛托夫告诉周恩来，他向艾登建议再讨论一些政治问题后，各国“外长们即可先行回国”，各国可以留下低级别的代表继续会谈。艾登表示同意这一建议，并已经向新闻界透露。周恩来当时回答说，估计解决问题还需要有两周时间。[①] 莫洛托夫实际上是表明苏联已经不对会谈寄予什么希望，并在与中越协商前就已经同英国达成默契，在现有僵局无法突破的情况下，将会谈降到外交部长以下级别，等待的时间最长是两周。莫洛托夫这种做法表明苏联不准备为了实现越共的要求长期纠缠在印支问题中，而且苏联是准备自行其是的。这对中国领导人无疑是一个重要的警讯。

在公开会议发生激烈争论期间，法国代表频繁与中方代表接触，解释他们在老、柬问题上的底线和会谈破裂后可能引起的后果。5月27日，法国代表团的保罗－彭古和吉勒马兹（Guillermaz）会见中方

---

① 《周恩来关于第八次限制性会议情况致毛泽东、刘少奇并报中央的电报》，1954年6月1日，《1954年日内瓦会议》，第143页。

代表王炳南。他们告诉王炳南，老、柬问题是有可能超出日内瓦会议的范围而提交到联合国的，那时中国将没有参与解决的机会，而“中国的利益是不让美国干涉，并阻止东南亚的反共公约”，所以他们认为中国应该劝说越共撤军，否则几个月后越共面对的可能就不是法国而是美国了。[①] 3 天后，双方再次会谈，王炳南奉命告诉法方代表，“不应让战争复杂化和国际化”，“把战争交出去不符合法国民族的利益”。这种论述的逻辑显然并不能击中法国的要害，法国代表声称在“发生危险时”，美国进行军事干涉会是“真的”。[②] 6 月 1 日，周恩来会见皮杜尔，后者仍然是老调重弹。他强调“如果继续争辩”下去，美国就会进行军事干涉。周恩来告诉他中国最关心的是“来自美国的干涉并威胁中国的安全”，而范文同也并不要求“在会议桌上获得在战场上所不能获得的东西”，总之就是鼓励这位法国外长不要轻易放弃。[③]

根据周恩来的描述，皮杜尔显然没有利用这个第一次与中国首席代表会谈的机会，深入探讨解决老、柬问题的办法。这可能是因为拉尼埃（Joseph Laniel）政府在法国国内遇到严重危机，以致皮杜尔有些心不在焉，所以他不可能提出有建设性的意见。6 月 12 日，拉尼埃政府在国民议会的信任投票中败北，遂宣布辞职。第二天，法国总统接受了拉尼埃的辞呈，皮杜尔因此必须要回国。艾登也表示他准备回国。14 日，美、英、法等 16 国代表召开会议，决定 15 日结束朝鲜问题的讨论。鉴于此前莫洛托夫与周恩来的会谈，苏联显然也倾向于认为日内瓦会议不会有什么结果了。中国代表团终于面临抉择：有没有必要为越南代表团的执著而放弃自己参会的

① 《王炳南与保罗 - 彭古及吉勒马兹的谈话纪要》，1954 年 5 月 27 日，《1954 年日内瓦会议》，第 261—263 页

② 《王炳南与保罗 - 彭古谈话纪要》，1954 年 5 月 30 日，《1954 年日内瓦会议》，第 264—267 页。

③ 《周恩来关于与艾登、皮杜尔接触情况报中央》，1954 年 6 月 2 日；《周恩来与皮杜尔会谈记录》，1954 年 6 月 1 日。《1954 年日内瓦会议》，第 239、268—271 页。

初衷。

6 月 13 日，中苏越代表召开会议，讨论法国拉尼埃政府倒台后的形势。根据周恩来事后给中共中央的报告，中苏越代表们都认为法方已经基本同意在越南划一条南北分界线，美国干涉的可能性正大大降低。但美国正在制造舆论以便彻底破坏印度支那问题的会谈，英国也打算就此中断会谈。面对这种局面，中苏越应该采取积极进取的态度，将谈判坚持下去，同时也要准备在老、柬问题上做出具体让步，才会有利于会谈能继续下去。周恩来建议在下一次秘密会议上采取两个行动：首先是由越南代表团提出印度支那三国"互相尊重独立、统一和国内制度"，然后由中国提出建议，在禁止从外国向老、柬运入军人和军火等方面"适度满足对方的要求"。[①] 从这个电报中可以看出，中苏越已经有意向妥协的方向移动。在三方代表中，比较而言周恩来更不希望会议就这样没有任何结果就结束了，这既不符合中国的方针，也不符合周恩来擅长谈判斡旋的特质，他在报告中一再凸显了各方都同意继续把会开下去的意向。

然而情况还在继续恶化。在 14 日下午召开的秘密会议上，中越尽管表示可以做出一点让步，会谈仍然未能就老、柬问题取得任何重要进展。艾登在发言中说分歧太大，他建议干脆停止继续开会，各国外长回家，等待军事代表们的商讨有结果再说。会议这时看上去真的可以说到了山穷水尽的地步，然而转机似乎就酝酿于其中。

6 月 15 日上午，英国代表团的卡西亚（Harold Caccia）会见了张闻天。他在说明英国谈判底线的同时，也有意地透露了时间的紧迫程度。他向张闻天强调说，英方的底线就是越军必须撤出老、柬，这一点英方"是决不能退让的"。对于中国对美国会因此而有

---

① 《周恩来关于中、苏、越三方磋商情况致毛泽东、刘少奇并中央电》，1954 年 6 月 14 日，《1954 年日内瓦会议》，第 133—137 页。

机会介入老、柬地区的担心，他说如果能就越南从老、柬撤军达成协议，不会有“任何一国利用这样一个协议在老、柬建立基地”。他最后称如在日内瓦不能达成协议，老、柬问题就会被提交到其他中国无法参加的国际场合进行讨论，而英国是希望有中国参与的，因为他们知道没有中国参加，召开任何国际会议等于没开。这时中国代表团正在酝酿新的政策调整，但还没有与苏、越方面协商。张闻天告诉卡西亚，明天中国会就老、柬问题提出自己的建议，卡西亚今天所谈会被“考虑在内”。他们最后约定，周恩来和艾登在 16 日开会之前将面谈一次。①

当日晚，周恩来与莫洛托夫、范文同专门开会讨论老、柬问题。周恩来很明确地告诉范文同，应该将越南当做重点，而在老、柬问题上有所让步，这样才能使会议能够继续下去，并找到达成协议的途径。他说的让步就是承认老、柬有越军，并同意停战后越军撤出，然后争取在越南划线停战方面取得补偿。② 在中越已经提出的方案中包括从印度支那三国撤出外国军队，承认老、柬有越南的军队，也就意味着越军必须从那里撤出。苏联原本就没有什么特殊的利益和特定的立场，甚至没有特别的兴趣，而且莫洛托夫对达不成协议一直就有心理准备，所以他立即对周恩来的建议表示支持。范文同这时也是必定要同意的。

16 日上午，周恩来会见艾登，目的是在下午开会前能够彻底了解对方的底线，并获得在中方让步后对方将履行何种承诺的保证。周恩来在会谈中向艾登全面细致地阐述了中方的政策，他说老、柬问题的重点是它们应成为“东南亚型的国家”，“我们就可以在东南亚和平共居”。中国尤其反对美国在那里建立军事基地，因为那样“对越南不利，而且也威胁中国安全”，对此中国“当

---

① 《张闻天与卡西亚谈话记录》，1954 年 6 月 15 日，《1954 年日内瓦会议》，第 240—241 页。

② 《周恩来年谱 1949—1976》上卷，第 383—384 页。

然是不能置之不问的”。周恩来建议将问题分成两个部分来解决。首先是承认在老、柬都存在抵抗力量，所以要实行停战。柬埔寨抵抗力量比较弱小，可实行就地停战；老挝抵抗力量比较强大，需要分区集结，“特别是靠近老挝与越南和中国接壤的地区”。其次是撤出外国军队，过去有越南志愿军在那里作战，如果现在还有“就应该按照撤退一切外国军队的办法办理”。老、柬内部问题要用民主的方式“取得政治解决”。他说“越南民主共和国是愿意尊重老、柬的独立、主权和统一的”。艾登立即表示“有希望了，很有希望了”。他说英国也不希望老、柬“成为任何国家的军事基地，不论是越南还是美国”，而且“美国也不想在那里建立军事基地”，如果“中国真正认为越南不应该取得这两个国家”，就“确有希望可以获得结果”，协议一定要包括“老、柬不得作为基地”的明确表示。他建议周恩来直接与法方会谈，英国愿意从中安排，而且法方已经向他表示希望老、柬成为中立国家。[①] 这次会谈对各方在老、柬问题上达成协议是至关重要的，周恩来完成了改变对老、柬政策的全部协调工作，并基本上奠定了解决老、柬问题的基础。当天下午，周恩来在第 14 次限制性会上发言，提出了解决老、柬停战问题的建议。他在第二点建议中说，老、柬停战包括两个问题，即两国本国的敌对军事力量之间的停战问题和“一切外国军队撤退的问题”。他特别声明停战后“任何外国不应在印度支那三国中任何一国境内建立军事基地”。[②] 这条建议最终成为一条原则并对中国政策产生长远的影响，这一点被后来的历史有力地证明了。

6 月 17 日，周恩来与皮杜尔举行会谈。他向后者阐述了一天前同艾登谈话的内容，他说要满足老、柬的合理要求，“就必须满

---

① 《日内瓦会议期间周恩来外长 6 月 16 日访英国外交大臣艾登的谈话记录》，1954 年 6 月 16 日，外交部档案馆：206—00005—05（1）。

② 《周恩来在第十四次限制性会议上的发言》，1954 年 6 月 6 日，《1954 年日内瓦会议》，第 170—172 页。

足越南民主共和国的合理要求”。[①] 皮杜尔肯定对周恩来的建议印象深刻，他当即表示不能让会议无结果就结束。

第二天，皮杜尔又派鲁恩等找王炳南确认中方对两个具体问题的立场。第一，协议中有关“交战双方司令部的代表”一句中的交战双方指的是谁？是指越南与老、柬吗？第二，是否可以先解决柬埔寨问题？因为周恩来提出了老挝交战双方划分集结区的具体建议，法方还不清楚老挝王国政府是否同意。王炳南表示将于 12 点 30 分回复鲁恩。王炳南经请示后准时会见鲁恩，告诉他中方所说的交战双方是指法方和越南方；老、柬问题由法方与越南方直接谈判解决，中方“愿意促成”，原则是越南和老、柬的要求都要得到满足。至于是否先解决柬埔寨问题，王炳南表示，“在具体解决问题时，自然有先有后”。[②] 当天，中苏越三方开会，讨论越共中央 13 日提出的印度支那划区方案。周恩来在会议上说，应该以越南为重点，在老、柬则酌情让步。在柬埔寨要求就地停战，解决政治问题；在老挝则“南北划为边区”。[③]

6 月 19 日下午 3 点 30 分，王炳南与鲁恩会谈，就有关协议的具体问题做最后协商，其中的分歧主要有两个。其一是柬埔寨和老挝是否分别写成两个协议，法方以尊重老、柬的自尊心为理由，提出分别写成两个协议。其二是撤出外国军队问题，法方表示因为与老挝签署过正式协议，法国有义务协助老挝自卫，故在老挝有法军事技术人员存在，法方主张可以与中国找到具体解决办法，但最好不要在协议中写明“撤退军事人员”。王炳南经请示后，如约于 4 点 15 分准时答复鲁恩，如果内容完全一致，中方同意分作两个协议。关于“撤退军事人员”，中方认为提出“撤退军事

① 《周恩来关于与皮杜尔谈话情况致毛泽东、刘少奇并报中央的电报》，1954 年 6 月 18 日，《1954 年日内瓦会议》，第 181 页。

② 《王炳南与鲁恩吉勒马兹两次谈话记录》，1954 年 6 月 18 日，《1954 年日内瓦会议》，第 282—285 页。

③ 《周恩来年谱 1949—1976》上卷，第 385—386 页。

人员”并不妨碍法国的技术人员存在，法方自己可以设法变通解决。鲁恩表示希望再予通融，王炳南同意请示后再答复。① 此时莫洛托夫与艾登已经通过会谈，就协议的文字达成各方都可接受的一致意见。当天最后一次会议，各方终于达成了《关于在柬埔寨和老挝停止敌对行动的协议》。日内瓦会议由此峰回路转，出现了积极发展的势头，后来证明这甚至是不可逆转的。这很符合中国领导人的期待。

可以说各方就老、柬问题达成协议是印度支那走向停战的一个转折点。从中国对外政策发展的角度看也是一个重要的转折点。周恩来解决老、柬问题的努力对中国对外政策的影响是值得分析的。中国代表团正是通过成功地解决柬、老问题而在中苏越代表团中取得了主导地位，并且使中国代表能更有效地按照自己的战略来协调三方的政策。其次是中国代表团的成功中也包含着中国领导人对英法等的刻板印象的改变，事实证明同英法领导人的妥协有时甚至更可以带来有利于中国战略利益的结果。最重要的是周恩来已经基本确定，美国不可能在军事上介入印度支那地区，另外，他也被英法外长多次告知，美国并没有在老、柬建立军事基地的计划。英法方面的信息不可能对周恩来没有影响，周恩来则越来越相信法国和英国是希望在日内瓦达成协议的。尤其是老、柬问题的解决使他确信，通过合理的妥协而不是毫不退让的斗争，中国更有可能得到比会议召开前设想的要好得多的结果。周恩来不会不明白这一点，这也是他后来更坚决地说服越共中央按中共中央的建议做出让步的重要原因。中国代表团将按照成功的经验，带着盟友继续坚决地迈向停止印度支那冲突的前方。

印度支那问题的第二个关键争论是如何划分军事分界线。有关印度支那问题的讨论一开始就涉及是否同意以及如何划分军事集结

---

① 《王炳南与鲁恩吉勒马兹两次谈话记录》，1954 年 6 月 19 日，《1954 年日内瓦会议》，第 286—288 页。

区，中国代表团的腹案包括“就地停战适当调整”和“南北划界停战”两个方案，前一个方案是同解决停战后的政治问题方案连在一起的，即取决于是否能尽早举行全国范围的选举。后一个方案则同政治方案联系不那么紧密，内定的原则是将分界线尽可能地向南推，并且不能由中方首先提出。到达日内瓦后，中国代表团从媒体得到的印象是法国有多种方案，故于谈判开始前决定不主动提出分界线问题，等待研究法国的方案后再定。[①] 5 月中旬，周恩来在中苏越代表内部磋商中提出，划出停战线和军队集中是停战条件的中心。此后三方展开讨论，并由中越外长商定初步计划，苏联则表示认可。[②] 5 月 25 日，范文同在谈判中提出南北划界停战的建议。当时由于争论的焦点是老、柬问题，故没有展开讨论。在 6 月中旬就老、柬问题达成初步协议后，划界停战问题立即突出出来，并成为谈判的中心。

如前所述，中国领导人在日内瓦会议召开前曾经预期，谈判的结果有可能造成一种类似朝鲜停战谈判时期的那种“边谈边打”的局面，而现在周恩来已经开始追求一项在印度支那地区实现和平的完整协议。这是中国政策的一项重大调整，它导致的第一个结果就是中国代表团立即将工作重心放在解决军事问题，实际上形成了军事问题先于政治问题甚至重于政治问题的方针。

6 月 19 日，周恩来在给中共中央的电报中阐述了他关于将越南作为重点而在老、柬问题上让步的思路。他认为如果在军事会谈中能提出合理、具体的方案，就可以同法国迅速解决问题，实现停战，这对东西方都有利。他说所有的“关键性问题”都应该对盟友讲清楚，但是靠电报“是不易取得一致的”，他有必要亲往南宁

---

① 《周恩来关于中、苏、越磋商情况致毛泽东、刘少奇并报中央的电报》，1954 年 5 月 6 日，《1954 年日内瓦会议》，第 228 页。

② 《王稼祥与葛罗米柯、范文同磋商记录（摘录）》，1954 年 5 月 15 日；《周恩来关于中、苏、越磋商情况致毛泽东、刘少奇并报中央的电报（节选）》，1954 年 6 月 2 日。《1954 年日内瓦会议》，第 228、229 页。

与越共领导人直接会谈，“向他们报告情况，说明重点划区的方针”。[①] 周恩来在这里已经表达了大幅调整政策的设想，从中国代表团与各方会谈的内容看，他所说的关键性问题主要就是划分军事集结区。第二天，他在给北京的另一个电报中说，此后讨论的中心就是军事问题，“因此我方划区方案须要迅速决定”。他征得莫洛托夫和范文同的同意，在访问印度后到南宁与越共中央和中国军事顾问团会晤，介绍谈判和划区问题并争取达成一致意见，“以便日内瓦谈判获得进展”。[②]

中共中央当天即复电表示同意周恩来前往南宁与越共中央和中国顾问团领导人会谈，并告将为他准备从印度德里到广州的专机，以及命令军事顾问团派专机在广州等候，那里的行程由广西省委负责。[③] 与此同时，中共中央亦电告在越南的中国顾问团领导人，转告周恩来电报的主要内容，并表示同意之意。电报指示韦国清等要求胡志明、长征、武元甲和中国顾问团领导人等于 6 月 28 日到南宁等待与周恩来会谈。[④] 显然，在北京的中国领导人完全赞成周恩来的判断并支持他的决定。

6 月 17 日，周恩来会见皮杜尔，谈话中就划界问题向后者传达了重要的信息。两天前，周恩来在说服越方接受老、柬问题让步时说，越方可在划分界线时争取补偿。他因此向皮杜尔强调，“要满足老、柬的合理要求就必须满足越南民主共和国的合理要求”。关于老、柬停战，如果它们能成为“东南亚型的国家”，柬埔寨双

---

① 《周恩来年谱 1949—1976》上卷，第 386 页；参阅李海文《周恩来在日内瓦会议期间为恢复日内瓦和平进行的努力》，第 59 页。

② 《周恩来关于暂离日内瓦的工作安排事致邓小平转毛泽东、刘少奇并报中央的电报》，1954 年 6 月 20 日，《1954 年日内瓦会议》，第 174—175 页。

③ “Telegram, CCP Central Committee to Zhou Enlai, Concerning the Meeting at Naning”, 20 June, 1954, *CWIHP*, Issue 16, p. 48.

④ “Telegram, CCP Central Committee to Wei Guoqing, Qiao Zaioguang and Convey to the Vietnam Works Party Central Committee, Regarding the Meeting between the Premier and Comrade Ding”, 20 June, 1954, *CWIHP*, Issue 16, pp. 48 - 49.

方可以就地停战协商，老挝则需要划界集结军队，抵抗力量集结地区“正是临近越南民主共和国和中国的边境”。[①] 法方对此建议非常敏感。第二天上午 10 点，鲁恩等即找王炳南核实有关老、柬停战的内容。王炳南表示需要请示后才能答复。12 点 30 分，王炳南经请示后会见鲁恩，给予后者一个原则性答复，即军队集结区要靠法越双方直接谈判解决，中方愿意提供帮助，总之就是“要使越南的要求得到满足，老、柬的要求也得到满足”。[②] 当天，周恩来在同艾登谈话时也强调：“只要在越南达到合理要求就不会对老柬有不合理要求”。[③]

6 月 21 日，周恩来在中国代表团内部发表讲话，特别指出了关于印度支那的谈判与朝鲜停战谈判有很大不同，“这次是完全新的情况”。他显然希望代表团的成员能够认识到这次会议具有特殊的重要性，而且他本人也是这样认为的。他说印度支那问题“与我（国）关系很大”，而且“对欧洲也有影响”。他相信今后三周将是会议能否达成协议的关键时期。由于就老、柬问题达成了协议，可以说是找到了实现和平的途径，不过要实现既定目标还需要继续努力。他实际上已经表达出对有可能达成停战协议的谨慎乐观，这与参加会议之前的估计相比是很大的变化。[④] 此前他已经电告中共中央，建议法越双方军事代表在印度支那当地谈判时应有中国顾问参加，并提出了人选。中共中共很快表示同意，并认为应有解方这样更高级别的将领前往。[⑤] 解方参加了朝鲜停战谈判的全过

① 《周恩来关于与皮杜尔谈话情况致毛泽东、刘少奇并报中央的电报》，1954 年 6 月 18 日，《1954 年日内瓦会议》，第 281 页。

② 《王炳南与鲁恩吉勒马兹两次会见谈话记录》，1954 年 6 月 18 日，《1954 年日内瓦会议》，第 282—285 页。

③ 《周恩来关于与艾登谈话情况致毛泽东、刘少奇并报中央的电报》，1954 年 6 月 22 日，《1954 年日内瓦会议》，第 242 页。

④ 《周恩来在日内瓦对代表团讲话纪要》，1954 年 6 月 21 日，《1954 年日内瓦会议》，第 453—454 页。

⑤ 《建国以来刘少奇文稿》第六册，第 270—271 页。

程，有相当丰富的谈判经验，尤其是在战场形势、军事问题与政治问题等的关系方面。

对谈判前景的积极估计推动周恩来决心采取更加主动的行动。他于外长会议休会期间在越南与老、柬等代表之间斡旋，促成范文同与老、柬政府代表会谈，还让他们一起看了中国电影《梁山伯与祝英台》，范文同感觉甚好。对于周恩来来说，与法国左翼社会党人、新总理兼外长孟戴斯－弗朗斯（Pierre Mendès-France）的会见是重中之重。由于正酝酿对政策进行重大的调整，与法国新领导人的会见将有助于中国领导人下定决心。

6 月 23 日，周恩来前往瑞士伯尔尼的法国大使馆，会见孟戴斯－弗朗斯。这次会谈从中国政策调整的意义上说是相当成功的，周恩来与孟戴斯－弗朗斯在几个关键性的问题上达成共识，而且他们还建立了相互信任的个人关系。周恩来告诉孟戴斯－弗朗斯，中国的立场是印度支那三国不能成为美国的军事基地和加入美国的军事集团。在此一前提之下，中国希望老、柬成为“东南亚型”的中立国家，中国和越南民主共和国都尊重它们的独立与主权，越军将从这两个国家撤出。关于越南问题，周恩来提出了先南北划界停战后解决政治问题的原则，即先划分两个大的军事集结区，停战后经过一个时期举行自由选举。孟戴斯－弗朗斯表示完全同意周恩来的建议。他说法国的目标同中国是一致的，法国专家已经“注意到了”越方 5 月 25 日有过军事集结的提议，目前认为越方的分界线划得“过于朝南”。总之他同意先停战后政治分两步走的办法，当前首先解决划界问题。[①]

与孟戴斯－弗朗斯达成共识是至关重要的，周恩来因此对达成协议更有信心，剩下的就是说服自己的盟友了，而后面这项工作显然会是相当困难的。如果将周恩来这时的设想同越方最初的计划进

① 《周恩来与孟戴斯－弗朗斯会谈记录》，1954 年 6 月 23 日，《1954 年日内瓦会议》，第 292—297 页。

行比较，很容易看到双方的分歧所在。越方是要实现国家独立和统一两个目标，对他们来说任何军事方案都不应该导致国家长期分治，所以他们最初就是将军事问题同解决政治问题紧密联系在一起的。范文同一直在顽强地坚持他们的立场。6 月 26 日，张闻天在中国驻苏联大使馆作报告时，对中国代表团提出的南北分区停战的方针做了解释。他说“许多资产阶级报纸”都说中国主张南北分治，实际上划分集结区“只是为了便于停战”，停战后中国“主张迅速实行普选”。[①] 不论张闻天的这番话是否已经有了足够的说服力，他发表这样的论述本身就说明，中国调整政策是面临压力并因此需要做大量的解释工作的。

周恩来于 6 月 24 日离开日内瓦，李克农暂任中国代表团首席代表。26 日，中、苏、越三方代表开会讨论军事谈判的方案。范文同重点介绍了越南和老挝的划线方案。他说越南划线有上、中、下三个方案，上限是沿 13 度线或 14 度线划线，中间目标是沿 15 度线划线，最低方案是沿 16 度线划线，而且同时需要将政治、军事和经济形势综合在一起考虑。关于老挝，范文同提出要获得上寮和中寮地区，下寮则可以妥协。苏联代表诺维科夫（K. V. Novikov）表示他对分界线并不清楚，只是在老挝问题上的底线是争取上寮靠近中越边境的地区，现在按照范文同的看法，要控制的地区扩张得很大。三方最后决定进一步了解形势，并等待中越领导在南宁开会后的决定。[②] 此后范文同按照他的方针同法方进行了接触。

29 日，中苏越三方讨论 28 日召开的第一次各方军事会谈出现

---

① 《张闻天关于日内瓦会议的报告纪要》，1954 年 6 月 26 日，《1954 年日内瓦会议》，第 460 页。

② “Telegram, Li Kenong to Mao Zedong, Liu Shaoqi, and the CCP Central Committee, and Convey to Zhou Enlai, Zhang Wentian and (PRC Vice foreign minister) Wang Jiaxiang, Concerning the Content of a Meeting between the Soviet, Chinese, and Vietnamese Delegations”, 26 June, 1954, *CWIHP*, Issue 16, p. 57.

的情况。苏方代表库兹涅佐夫（Vasily V. Kuznestrov）说，法方代表肖维尔（Jean Chauvel）告诉他，范文同在会谈中提出 13 度线或 14 度线划界的要求过高了，法国不可能接受。范文同在讨论中则大谈经济形势，很少涉及军事分界线。李克农在会谈后给中共中央的报告中说，中国代表团认为划界是当下的关键，但不知道该怎么办。他们担心让多了不利，让少了又达不成协议，所以十分希望南宁会议早日做出决定，并通知越南代表团。① 李克农的报告字里行间透露出对越方提出过高要求的担心，他只能寄希望于周恩来同越共高级领导人的协商。这期间，李克农等人也与法国方面频繁接触，比较清楚地了解了法方的立场，以及孟戴斯 - 弗朗斯本人在法国国内面临的政治压力。② 他们的报告都被转送到南宁，以便于周恩来与越共中央会谈时能比较准确地掌握日内瓦小组会谈的情况。

周恩来离开日内瓦后相继访问印度和缅甸，终于在 7 月 3 日到达广西柳州，与胡志明和越共中央其他领导人举行了长时间会谈。在会谈中，中越双方领导人就谈判、国际形势和中越的政策等详细交换了意见，然后根据胡志明的提议，周恩来对越共中央成员做长篇报告。越共中央的政策是建立在对军事形势的估计和对法国谈判意图的估计之上。在军事方面，武元甲和胡志明都不认为越军有迅速取得完全胜利的可能，至少也要继续打二至三年的时间，甚至还有可能更长。周恩来则指出，在二至三年这样长的时间里是不能确保美国不会军事干涉的。关于法国的谈判意图，武元甲认为十分可疑。他说法国人是想利用停战收缩力量，争取有利的军事态势。这同周恩来在日内瓦获得的印象的确是有很大差距的。武元甲和韦国清先分别

---

① "Telegram, Li Kenong to Mao Zedong, Liu Shaoqi, and the CCP Central Committee", "Briefing on the Meeting by the Chinese, Soviet and Vietnamese Delegation", 29 June, 1954, *CWIHP*, Issue 16, pp. 59 - 60.

② 《李克农关于出席法国代表团宴会情况致毛泽东、刘少奇并中央的电报》，1954 年 7 月 4 日；《张闻天、李克农宴请法国代表团谈话纪要》，1954 年 7 月 8 日。《1954 年日内瓦会议》，第 398—399、300—302 页。

做了军事形势报告，周恩来随后发表了长时间的讲话，主要内容概括地说就是两点：为什么要在日内瓦争取达成协议和如何达成协议。

关于为什么要达成协议，周恩来的谈话反映了中国领导人的视野和思考逻辑。他首先引用毛泽东的观点，即所谓印度支那问题已经高度国际化，国际化的程度还超过了朝鲜战争，如不能达成协议会影响到东南亚和欧洲，包括十几亿人口。总之越共中央需要有大局观和服从东西方斗争的大局。毛泽东的这种论述表明中国领导人更愿意站在全球和亚洲那样的高度看印度支那问题，也体现了他们有关冷战两个阵营的认知逻辑。要越共党员干部也这样认识问题的确是需要做说服工作的。其次，周恩来指出越南短期内无法靠战争完成国家统一，如果美国介入则长期无法完成。尤其是根据朝鲜战争的经验，美国一旦决定干涉就非常迅速，在朝鲜半岛只用了三天。周恩来提出的最后一个理由是达成协议是有利的，可以用和平方式保住一块地方，争取实现全民选举，同时分化西方阵营并团结东南亚国家。关于如何达成协议的问题，周恩来提出划界是矛盾中心，应可以考虑再向北一些以 16 度线为界，甚至可以考虑再向北一些以九号公路为界；老、柬则实行中立化，关键是阻止美国势力进入，也不允许它们与美国结成军事同盟。周恩来建议越方应主动同法方会谈，以推动达成协议。[①]

胡志明在总结发言中表示同意周恩来的意见，表示越共中央原提出要“抗战到底”，现在提出划界分区则需要干部们思想转弯子，然后做好指战员的思想工作。越共中央经过讨论接受了周恩来的分析，会议确定了争取印度支那早日停战的方针，解决划界问题的方案是争取以北纬 16 度线划线，在此基础上可做适当妥协。会议通过了《关于日内瓦会议的方案和谈判问题》的文件。

7 月 5 日，越共中央将会议决议电告在日内瓦的代表团。当晚 7 点整，苏联驻华大使馆临时代办瓦斯科夫（V. V. Vaskov）会见

---

① 参阅李海文《周恩来在日内瓦会议期间为恢复日内瓦和平进行的努力》，第 59—60 页；另参阅《周恩来年谱 1949—1976》上卷，第 394—395 页。

毛泽东。他向毛泽东转达了莫斯科的指示，即中越应该利用法国当前政局大变动的有利时机来解决印支问题，莫洛托夫本人将于两天后到达日内瓦，在召开正式会议之前与孟戴斯-弗朗斯会谈。毛泽东表示同意苏联的建议，并将周恩来关于柳州会谈的电报交给瓦斯科夫。他还进一步阐述了国际形势十分的好的观点，以及周恩来10日左右会去莫斯科等事宜。①

这期间，美、英、法之间也就印度支那问题进行了磋商。6月24—28日，丘吉尔、艾登等访问华盛顿，同美国领导人举行会谈，包括讨论东南亚问题和印度支那问题谈判。他们经讨论同意，共同向法国方面提交一份解决印度支那问题的“七点纲领”。其中包括必须保证老挝和柬埔寨的完全独立、越南军队撤出这两个国家，以及同意划界南北分治。② 有关“分治”是美国人一直反对的，他们认为这等于是接受了共产党入侵印度支那的既成事实。美英会谈的结果表明，美国领导人实际上已经决定做出让步。6月29日，美英两国领导人发表包括六条内容的联合宣言。毛泽东很重视这份文件，他说美英联合宣言的部分内容表明美国“就是要跟我们拉手”。③

周恩来从柳州返回后，中共中央政治局于7月7日召开扩大会议，听取周恩来汇报日内瓦谈判情况和与越共中央会谈的结果。这次会议对新中国成立后对外政策的转变的重大影响将在最后一章讨论。在涉及印度支那的问题上，与会者均同意周恩来对形势的分析以及解决印度支那问题的建议。他们认为当前亚洲形势的焦点就是在印度支那停战，中国代表团应努力争取达成协议。毛泽东在会上发言说：“在谈判中该让的就必须让，该坚持的就必须

① “From the Journal of (Soviet Charge'd affaires in Beiing) V. V. Vaskov, 27 August, 1954: Top Secret Memorandum of Conversation with Comrade Mao Zedong on 5 July”, 1954, *CWIHP*, Issue 16, p. 88.

② “The Secretary of State to the Embassy in France”, Washington, June 28, 1954, *FRUS*, *1952 - 1954*, *Vol. 16*, *The Geneva Conference*, p. 1257.

③ 毛泽东：《同一切愿意和平的国家团结合作》，1954年7月7日，《毛泽东文集》第六卷，第333页。

坚持”，具体措施“抓紧一点”，就可以达成协议。[①] 至此，中国解决印度支那问题的政策终于完成了一次重大的调整，新的政策就是“主动、积极、迅速和直截了当地解决问题，在不损害基本利益的前提下，做个别让步，以求达成协议”。[②] 为了配合谈判，毛泽东已经指示广西省委控制越军的作战规模。他认为“在日内瓦会议有进展并可能在七月达成停战协议的情况下，越南人民军的作战规模不要扩大也不要缩小即保持现在的规模似较适宜”，“何时可以大打，应完全依照日内瓦会议情况作决定”。[③]

7 月 10 日，周恩来在返回日内瓦途中顺道访问莫斯科，同苏联领导人举行了会谈，就谈判方针交换了看法。周恩来的主张和建议显然是得到了苏方的赞成，他在当天给中共中央的电报中说：“现在从各方面情况看，以十六度为界，再加上土伦港供法方暂时使用和九号公路容许老挝进出的条件，是大体可达成协议的。”[④] 中共中央同意了周恩来的建议。

7 月 12 日，周恩来返回日内瓦，当天即与范文同会谈，说服他接受中越会谈的决议和中、苏、越三党中央商定的一致意见。他告诉后者“要主动、积极、迅速”地解决问题，在谈判中可以“接受与方案稍微有出入的变通办法”。[⑤] 此前莫洛托夫曾经同孟戴斯 - 弗朗斯会谈，后者抱怨范文同的要求很高而且不断变化，越方提出的北纬 13 度、14 度线是不可接受的，法国提出 18 度线则有历史和地理的根据。莫洛托夫告诉他，范文同的看法在明天的会见

① 《毛泽东关于中国代表团参加会议方针、政策的讲话（节录）》，1954 年 7 月 7 日，《1954 年日内瓦会议》，第 185 页；另参阅金冲及主编《周恩来传（1949—1976）》上卷，中央文献出版社 1998 年版，第 189 页。

② 参阅《周恩来年谱 1949—1976》上卷，第 397 页。

③ 毛泽东：《关于越南人民军的作战规模的电报》，1954 年 6 月 20 日，《建国以来毛泽东文稿》第四册，第 509 页。

④ 转引自《周恩来年谱 1949—1976》上卷，第 397 页。

⑤ 《周恩来与范文同谈话（摘录）》，1954 年 7 月 12 日，《1954 年日内瓦会议》，第 190 页。

中就会有变化。他同时也指出，法国方案的实质是想保住九号公路，这个问题还可以进行专门的讨论。① 显然，苏联方面已经向范文同施加了影响而且是有效果的。

在与苏越代表团协调政策的同时，周恩来也多次会见法英代表，说服他们为达成协议而认真考虑做出现实的让步。7 月 14 日，孟戴斯－弗朗斯会见周恩来讨论军事分界线问题。周恩来告诉他，法国如果做出让步，范文同会有更大的回报。周恩来这时已经意识到法方是有可能从 18 度线的立场后退的。随后举行的范文同与孟戴斯－弗朗斯会谈中，范文同亮出了越方可以向北退到 16 度线的底牌。孟戴斯－弗朗斯随即提出九号公路、土伦和顺化等法国指望控制的三个具体地点。周恩来当天给中共中央的电报中推断："实际上法国是想在十八度与十六度之间达成协议的。"②

16 日、17 日，周恩来、莫洛托夫和范文同连续开会，为达成最后的协议进行磋商。周恩来在会谈中非常坚决地阐述了中国的政策，就是坚决防止美国的介入和阻止印度支那地区被包括到东南亚条约组织中，为此达成协议是必须的，在九号公路问题上做出让步也就是必要的了。范文同则认为，如果在分界线做出让步，就有必要明确规定越南全国大选的时间表，这反映的是越共对国家长期分裂的担忧。他们最终达成共识：军事分界线划在九号公路北边，谈判中必须确定越南大选时间表，印度支那地区不能建立外国军事基地和印度支那国家不得加入任何军事集团。③

法、越双方终于妥协，同意以北纬 17 度线为界停战。7 月 21

---

① "From Journal of Molotov: Secret Memorandum of Conversation at Dinner in Honor of Mendes-France, French Prime Minister and Foreign Minister", 10 July, 1954, *CWIHP*, Issue 16, pp. 88－90.

② 《周恩来关于与苏、越等方会外接触情况致毛泽东、刘少奇并中央电》，1954 年 7 月 14 日，《1954 年日内瓦会议》，第 233—234 页。

③ "From Journal of Molotov: Secret Memorandum of Conversation with Zhou Enlai and Pham Van Dong", 16 July 1954; "From Journal of Molotov: Secret Memorandum of Conversation with Zhou Enlai and Pham Van Dong", 17 July, 1954, *CWIHP*, Issue 16, pp. 95－96, 97－98.

日，经过长达 75 天的讨论，各方在最后一次全体会议上终于达成了恢复印度支那和平的协议和三个停战协定，并发表了最后宣言。美国代表拒绝在最后宣言上签字，但表示不会干扰根据该协议展开的和平过程。中国周边地区的又一场战火熄灭了，在中国和美国的遏制战线中又多了一片“中间地带”，当时被称为“和平中立地区”。周恩来和中国代表团的努力相当明显地展现出中国领导人从朝鲜战争吸取了丰富的经验，这些经验被更坚决地运用到印度支那问题的谈判中。他们也从朝鲜战争吸取了足够的教训，他们决心反对美国在接近中国边境地区部署军事力量，也即决心不再被盟国拖入与美国的战争。从更广阔的范围看，日内瓦会议成功的实践成为中国领导人决心更大幅度地调整对外政策的一个至关重要的因素。

台海“打打谈谈”

1954 年 7 月 23 日，周恩来离开日内瓦，取道柏林、华沙、莫斯科等地回国。他在行前发表声明说，印度支那恢复和平这件事情“缓和了紧张局势，并为进一步协商解决其他重大国际问题开辟了道路”。[①] 他此时还没有预料到，东亚地区的另一个热点——台湾海峡紧张局势正急剧升温。

7 月 26 日，美海军飞机在海南岛海域上空击落两架解放军战机。当天，周恩来还在华沙的一次群众大会上发表讲话，又一次肯定了日内瓦会议达成恢复印支和平的协议导致“进一步缓和了国际紧张局势”，却没有提到台湾海峡的激烈冲突。[②] 第二天，中共中央政治局在炽热的气氛中召开会议，讨论中美在台湾海峡发生的军事冲突以及未来可能的发展。会议结束后立即发给周恩来一份电

① 《周恩来离开日内瓦时发表的声明》，1954 年 7 月 23 日，《1954 年日内瓦会议》，第 484 页。

② 《周恩来在华沙群众大会上的讲话（摘录）》，1954 年 7 月 27 日，《1954 年日内瓦会议》，第 485 页。

报（以下称“7·27”指示），向他通报政治局会议的内容和决定。该电报指示周恩来到莫斯科后需要向苏联领导人说明中国对台海问题的新政策。

“7·27”指示包括了毛泽东等在北京的领导人对日内瓦会议后亚洲形势的估计，措辞十分严厉。他们认为尽管日内瓦会议达成了恢复印度支那和平的协议，但美国仍会继续在东亚制造紧张局势，而且美国与台湾当局可能结成军事同盟。因此，新中国还面临着同国民党当局的战争，还有解放台湾的任务，总之东亚形势没有那么乐观。电报特别指出：“在朝鲜战争结束之后我们没有及时（约迟了半年时间）地向全国人民提出这个任务，没有及时地根据这个任务在军事方面、外交方面和宣传方面采取必要措施和进行有效的工作，这是不妥当的，如我们现在还不提出这个任务，还不进行工作，那我们将犯一个严重的政治错误。”① 电报中所谓“我们没有及时（约迟了半年）”一句，根据时间推断就是指在解决印度支那问题谈判开始时就应同时提出台湾问题。可以设想，如果在法国、英国等希望印度支那停战的情况下，以谈判解决台湾问题作为同意印度支那停战的一个条件，并不是一个不可以和不值得检讨的问题。

周恩来于28日下午抵达莫斯科，第二天上午即会见马林科夫（G. M. Malenkov）和赫鲁晓夫等，向他们转达了中共政治局的决定。他在会谈中告诉苏联领导人，美国由于在日内瓦会议上遭到失败，现正在东亚挑起新的冲突而且是直接针对中国的，主要就是支持蒋介石对大陆采取军事行动，包括劫夺商船、侵犯大陆沿海地区，美国还直接派遣两艘航空母舰到中国近海附近，不久前击落了两架解放军战机，而最严重的是要签署“美台共同防御条约”。为了反击美国的挑衅，中共中央准备提出“解放台湾”的口号，以

① 《1954年7月27日中共中央致周恩来电》，转引自逄先知、金冲及主编《毛泽东传（1949—1976）》（上），第585页。

击破美台签署条约的计划。他回国后将会发表一项声明，指出台湾海峡是目前世界上唯一存在军事冲突的地方，败逃台湾的蒋介石集团正在美国的援助下攻击大陆沿海；另外，解放军海空军将加强挫败对大陆的海空侵犯，同时大陆将利用美、英、法的矛盾来挫败美国拼凑东南亚条约组织的计划。

马林科夫表示同意中共中央的判断和决定，苏共中央理解台湾问题是中国的首要关切。在周恩来说中国将根据台海局势重新考虑加强海空军建设时，马林科夫表示苏联愿意提供图 -4s 远程轰炸机。周恩来还介绍了中国与印度尼西亚关系的新进展，印度尼西亚已经向他本人发出访问雅加达的邀请，并且打算同中国签订一项“互不侵犯条约”。马林科夫表示支持中国发展同印度尼西亚的关系，“不能允许印尼被拉到美国拼凑的东南亚条约集团中”，如果中国能同印尼达成协议，苏联将尽一切可能帮着扩大宣传。最后马林科夫表示接受周恩来的邀请，派一高级领导人率团参加中国的建国 5 周年庆典。后来的赫鲁晓夫率团访华即缘起于此次会谈。①

“7·27”指示和周恩来同苏联领导人的会谈表明，中国领导人在日内瓦会议结束后很快就认为不能仅仅满足于印度支那停战，他们在酝酿采取更积极的外交和军事行动来打破美国建立对华军事遏制包围圈的企图。具体地说就是在朝鲜停战和印度支那停战后，利用正在升温的台海紧张局势，通过宣布“解放台湾”的政治动员和加强这个时期必定要实施的军事行动，争取挫败美国与台湾当局签订军事条约的计划。

在 7 月 7 日的政治局扩大会议上听取周恩来有关日内瓦会议的报告后，毛泽东就提出，在缓和东亚紧张局势的同时，也要争取“破坏”美国同台湾签订军事条约的可能，要采取宣传和外交

① “Reception of G. M. Malenkov by CDE. Zhou Enlai, Primie of the State Admonistrative Council and Minister of Foreign Affairs”, 19 July 1954, *CWIHP*, Issue 16, pp. 102 - 103.

两种办法，包括抨击美国的政策和与美国进行外交接触等，“迫使美国跟台湾不要订条约”。他当时认为，美国内部也有矛盾，包括总统艾森豪威尔在内的一批人“对现在要打是不赞成的”，“要跟我们拉手”，所以“对美国这样的国家也不是没有文章可做”。[①] 毛泽东这时提出缓和中美关系、争取同美国谈判的设想，一方面是受到中美代表在日内瓦会议期间接触的影响，另一方面如前所述，也同美英首脑华盛顿会晤后于6月29日发表的联合宣言有关。

日内瓦会议期间，不仅苏联方面希望中方能借机探索与美国缓和关系，英国方面更是积极斡旋于中美之间。5月19日，英国驻华谈判代表、参加日内瓦会议的英国代表团成员杜维廉（Humphrey Trevelyan）约见中国驻英代办宦乡。他在会谈中向宦乡提出一个“私人的”问题：他本人是否可以斡旋中美解决双方遣返平民的问题。后者表示需要请示才能答复。[②] 杜维廉的行动显然是美方授意的，至少也是得到美方同意的。22日，美国参加日内瓦会议的代表史密斯（Smith）本人向莫洛托夫表示，希望能同中方商谈两国侨民遣返问题，并认为美国政府不同中国交往的政策不合时宜。中国代表团很快从莫洛托夫那里获知了这次谈话的内容。27日，宦乡答复杜维廉说，中国代表团“是不拒绝谈的”，中美双方可以在日内瓦直接谈判。[③]

6月3日，周恩来向北京汇报了各方动态和他对中美谈判的看法。周恩来在电报中说，美国政府内部仍有矛盾，故需要再等待一段时间以便观察，如美方决定谈判，他们将按既定方针与美方接触

---

① 毛泽东：《同一切愿意和平的国家团结合作》，1954年7月7日，《毛泽东文集》第六卷，第333—334页。

② 《宦乡与杜维廉关于中美两国侨民回国问题的谈话记录（节录）》，1954年5月19日，《1954年日内瓦会议》，第379—380页。

③ 《宦乡与杜维廉关于中美两国侨民回国问题的谈话记录（节录）》，1954年5月27日，《1954年日内瓦会议》，第381—382页。

和确定谈判地点。他说“谈判中当然首先要联系到中国留美学生被扣问题，并区别对待犯法美侨和其他美国人”。[①] 显然，这时周恩来并没有考虑过如何将侨民遣返问题的谈判同解决台湾问题连接起来，他只是认为应该同美方接触和谈判。3天后，中共中央复电表示同意周恩来提出的计划。[②] 经过英国方面积极地穿针引线，中美代表就侨民和留学生问题举行了直接会谈。从6月5日到21日，中美代表共举行了四次会晤，就双方侨民遣返问题交换了具体意见，气氛尚属务实，并相约会后再议。

此外，美国代表史密斯（Smith）在7月19日的正式会议上明确表态说，美国不是印度支那战争的参与者，它虽然不会在日内瓦协议上签字，但也不打算破坏此次会议达成的协议。如果比照有关朝鲜问题的最后一次会议，可以感觉到美国政策的明显变化。在朝鲜问题的最后会议上，美国甚至连达成一个字的协议都要加以反对。史密斯还在休会期间找周恩来寒暄，表示希望中美“会趋于更好的互相了解”，以及代表回国治病的美国首席代表向周恩来致意。[③]

周恩来同美方的每次接触都被逐字逐句汇报到毛泽东那里，从这些谈话中得出可以同美国谈判解决一些问题的印象并不很困难。毛泽东就是在这样的背景下，提出通过包括与美方进行外交接触等各种方式，“迫使美国跟台湾不要订条约”。7月10日，周恩来在返回日内瓦途中访问莫斯科。他在与苏联领导人会谈时曾经提到台湾问题，主要是通报了美国正积极策划与台湾签订军事同盟条约，以表明中国领导人对台海局势的关注。[④] 不过这个问题这时并没有

① 《周恩来关于美国要求释放在华犯罪侨民事致毛泽东、刘少奇并中央的电报》，1954年6月3日，《1954年日内瓦会议》，第383页。

② 《中共中央对周恩来6月3日关于美侨问题电的复电》，1954年6月6日，《1954年日内瓦会议》，第384页。

③ 《周恩来关于第二十三次限制性会议情况致毛泽东、刘少奇并报中央的电报》，1954年7月19日，《1954年日内瓦会议》，第196—197页。

④ 《周恩来年谱1949—1976》上卷，第397页。

成为双方会谈的一个重点，恢复印度支那和平仍然被当作日内瓦会议中压倒一切的目标。这也是中共中央“7·27”指示强调再也不能拖延提出解决台湾问题的一个重要原因。

就中国领导人的战略逻辑而言，与在日内瓦会议期间与美方的接触相比，他们处理朝鲜半岛和印度支那局势获得的经验产生的影响更大一些。这些经验概括地说就是“谈谈打打，打打谈谈”。毛泽东使用这种形象的语言并不仅仅是在描述朝鲜停战谈判期间的状态，也是对东亚热战向冷战过渡时期处理对美关系和地区冲突经验的总结。联系到台海地区，简单地说，就是要想让美国人坐到谈判桌前，必须要造成足够的军事压力。尤其是在7月中旬，与日内瓦会议不断取得进展的同时，台海紧张局势陡然上升，以致中国领导人进一步得出结论，有必要通过军事对抗迫使美国谈判。

从解放军夺取东南沿海岛屿的军事部署看，中国领导人的上述决定，表明他们试图将1954年在东南沿海展开的军事行动同反对美国与台湾当局的结盟行动联系起来，以便使拟议中的军事行动最大化受益。换句话说，这个时期规划并逐步展开的军事行动最初同对外政策并无直接的密切联系。有没有美国同台湾当局商谈订立军事条约这件事，台海紧张局势总是要升温的，东南沿海战役总是要发生的。从这个意义上说，毛泽东不过是因势利导而已，日内瓦会议结束恰好造成了一种特殊的局面。所以，系统梳理东南沿海作战的来龙去脉，对于理解中国在1954年夏季的外交决策是非常必要的。

东南沿海军事行动开始于1954年春，内容包括解放军海空军在浙江沿海的“力量向前伸”与春汛护渔作战，空军在浙江沿海夺取制空权作战，海空军保护海上航运作战，福建沿海炮击大、小金门和浙江沿海夺取大陈列岛的三军联合作战。这一时期的军事行动大致持续到1955年4月23日。当天，周恩来在万隆会议发表声明，表示中国政府愿意同美国政府谈判，讨论“和缓台湾地区的紧张局势问题”。[①] 至此，东南沿海的军事行动才基本结束。

从美军直接参加朝鲜战争起，中国领导人就断定美国企图从朝鲜半岛、印度支那和台湾海峡等三个战略方向威胁中国。不过同朝鲜半岛和印度支那两个地区相比，台湾海峡地区的军事冲突有很大不同，它缘起于国共内战，本质上是国共内战的延续，只是在冷战体系中被国际化了。1949 年春取得渡江战役胜利以后，中共中央于 6 月即向第三野战军领导人提出攻占台湾的任务。当时中共中央认为，解决台湾问题已经关系到上海及沿海各港口城市的安全。[②] 此后随着大陆地区陆续解放，攻占台湾逐步成为解放军的作战重点之一。特别是 1949 年 10 月新中国成立后，攻占台湾被确定为需要较早完成的战略任务。中共中央这一时期设想是争取在 1950—1951 年发动攻台战役，毕其功于一役，完成国家统一。[③]

中国领导人从为攻占台湾进行政治和军事动员开始，就非常关注美国的政策，将美国干涉与否当作战略决策的首要条件。当时他们认为，美国进行直接军事干涉的可能性并不大，但这种判断由于朝鲜战争爆发后美国封锁台湾海峡而根本改变。

1950 年 6 月 25 日朝鲜战争爆发，杜鲁门政府在两天后宣布派遣美国第七舰队封锁台湾海峡以及向台湾派驻美空军。美军封锁台湾海峡和朝鲜战局的发展最终促使中国领导人决定推迟原定作战计划。1950 年 12 月，中国领导人在考虑朝鲜停战谈判时，曾经提出

---

① 《周恩来关于缓和远东紧张局势问题的声明》，1955 年 4 月 23 日，中华人民共和国外交部档案馆编《中国代表团出席 1955 年亚非会议》，世界知识出版社 2007 年版，第 75 页。

② 逄先知主编《毛泽东年谱 1893—1949》下卷，第 519 页；该书编写组：《粟裕传》，当代中国出版社 2000 年版，第 849 页。

③ 周恩来：《当前财经形势和新中国经济的几种关系》，1949 年 12 月 22 日、23 日，《建国以来重要文献选编》第 1 册，第 73 页；参阅何迪“‘The Last Campaign to Unify China’: The CCP's Unmaterialized Plan to Liberate Taiwan, 1949 - 1950”, *Chinese Historians*, Vol. 5, Number 1, Spring, 1992。

过将台湾问题、恢复中华人民共和国在联合国的合法席位等与朝鲜问题一起一揽子解决。[1] 后来在 1951 年 6 月间下决心与美军进行停战谈判时，他们基于一些具体的考虑，接受了只谈朝鲜停战不谈其他政治问题的方案，台湾问题最终未能列入朝鲜停战谈判的议程。

尽管后来一段时间里，台湾问题并没有在中国领导人的战略议程中占很突出的地位，但他们对台湾问题的战略认知因朝鲜战争而发生极大的变化却是不争的事实。他们因为美国在朝鲜的军事干涉而将台湾问题视为美国威胁中国的三个战略方向之一。从这时起，台湾问题不仅关系到中国的主权与国家统一，也关系到中国的国家安全。随着朝鲜半岛和印度支那两个战略方向的局势缓和下来，台海紧张局势在中国的安全战略中必然成为一个最突出的威胁。

东南沿海作战的最初设想同美台签订共同防御条约问题并无直接关系，这次军事行动计划的主要和基本内容缘起于 1952 年春季。从朝鲜战争爆发后停止攻台战役一直到 1953 年 7 月停战前，解放军在东南沿海主要作战行动的规模和次数都是相当有限的，而且是防御性的。它们包括清剿国民党军队支持的海匪，沿海城市的防空作战、突破国民党军队的海上封锁，夺取一些很靠近大陆的沿海小岛，等等。1951 年 5 月，中央军委提出推迟夺取福建沿海岛屿金门的战役，在朝鲜战争取得决定性胜利时再考虑。此决定获毛泽东同意。[2] 1952 年春夏之间，华东军区开始考虑和筹划夺取浙江沿海的几个主要岛屿，当时制订了攻占浙江省沿海的大陈列岛的作战计划，并于 6 月中旬向军区下达了作战指示。彭德怀当时不赞成立即在东南沿海采取军事行动，他认为中美正在朝鲜交战之中，“进攻上下大陈岛时，美海空军亦可能参战”，故须等到朝鲜停战以后再行动。7 月 27 日，毛泽东批示同意彭德怀的意见。他说在朝鲜停

---

① 《周恩来外长关于 12 月 14 日五届联大决议的声明》，1950 年 12 月 22 日，《中美关系资料汇编》第二辑上，第 358 页。

② 毛泽东：《同意在朝鲜战争结束前推迟解放金门》，1951 年 5 月 10 日，《建国以来毛泽东军事文稿》上卷，第 483 页。

战前不实施夺取浙江沿海岛屿战役，而且“朝战结束后何时进行及如何进行此项战役，亦须慎重考虑”。①

1953 年 7 月朝鲜停战以后，解放军的战略重心逐步向东南方向转移，明显加强了在东南沿海的军事部署，并首先展开争夺浙江沿海制空权。这个时期开始加强东南沿海军事行动的指导思想与新中国成立时夺取蒋占岛屿和准备攻台的军事行动已经有很大不同。新中国成立前后，解放军夺取蒋占岛屿及至攻占台湾是为了彻底摧毁国民党政权的统治并完成国家统一。但是，到 1953 年前后，由于在解放军的战略思考中维护国家安全的观念在逐步强化，解决台湾问题的军事行动也就增加了维护国家安全的内容，而且所占比重越来越大。这首先表现于解放军制订国防政策和军事现代化计划。

1952 年春，中国政府开始制订第一个五年计划。负责领导该计划的周恩来一开始就要求总参提出军事建设五年计划，以便军委进行讨论。总参在制订计划过程中，明确界定了美国在朝鲜半岛、东南沿海和印度支那等三个战略方向上“构成对新中国安全的主要威胁”，并在此判断的基础上提出了包括国防政策和建军方案的军事建设五年计划，《军事建设五年计划纲要》于 7 月获中共中央批准后开始实施。② 它的内容包括在北方的山东半岛和辽东半岛、南方的海南岛重点设防，修筑永久坚固的工事，等等。这种国防布局必然导致解决东南沿海岛屿和台湾问题过程中的国防因素更为突出，并很深刻地影响着解放军的战略思维。加大东南沿海的战略防御纵深成为解放军采取各种军事行动的重要动力。

解放军制定的军事计划的内容是受这个阶段台海局势的影响的。首先需要说明的是，朝鲜战争爆发后，美国军事介入台湾问题的影响并不仅仅是导致解放军停止攻台计划。国民党军队在 1949

① 毛泽东：《朝鲜战争结束前不要进行对大陈岛的作战》，1952 年 7 月 27 日，《建国以来毛泽东军事文稿》中卷，第 45 页。

② 《张震回忆录》上册，解放军出版社 2003 年版，第 474—475 页；该书编写组：《粟裕传》，第 449—450 页。

年 10 月以后仍然处在溃败的过程中，甚至已经准备弃守大陈列岛和金门等岛屿。[①] 但是，朝鲜战争给了蒋介石喘息并复苏的机会，国民党军队从 1952 年间开始逐步展开的骚扰性攻击对大陆东南沿海造成新的威胁。毛泽东在下决心不在战俘问题上向美国妥协时，也在关注东南沿海的防御。1952 年 12 月 28 日，他指示东南沿海有关地区领导人，必须做好反击国民党军队发动进攻的准备。[②] 到 1953 年夏季朝鲜停战前后，国民党军队在美国的军事援助和支持下，在东南沿海所占岛屿逐步形成一条以浙江大陈列岛为中心的战线，并以这些岛屿作为基地，加强对大陆沿海地区的海空军事攻击和侵扰。其中规模最大的是进攻东山岛战役，它发生于 7 月 16—17 日，是在朝鲜停战协议墨迹未干之时。当时国民党军队集结了 12000 人的部队，进攻福建东山岛。国民党军队的这些军事行动对大陆东南沿海地区安全构成了严重的威胁，包括威胁大陆渔民的生命和财产安全、生产安全、海上交通安全和一些沿海城市的安全等。

台海紧张形势在朝鲜战争结束前后开始迅速升温，这同美国政府的政策有直接的关系。尤其是艾森豪威尔上台后即声称美军不再阻止台湾国民党军队攻击大陆沿海地区，这实际上是怂恿和支持国民党军队加强对大陆沿海的军事攻击，从而开辟一条向中国施加军事压力的新战线。1953 年 2 月 2 日，艾森豪威尔在国会发表的国情咨文中说，朝鲜战争爆发时，美国第七舰队奉命封锁台湾海峡是为了阻止海峡两岸都不能向对方发动进攻，由于中国参加朝鲜战争导致这项政策“不再符合逻辑或具有任何意义”。他宣布第七舰队不会再阻止国民党军队进攻大陆。[③] 这项政策被史家形象

---

① 胡琏：《金门忆旧》，台北黎明出版社 1976 年版，第 112 页，转引自黄文娟《20 世纪 50 年代台海危机期间美国与两岸互动模式之研究》（博士论文），2006 年 5 月，第 62 页。

② 毛泽东：《加强防备，粉碎国民党军对福建沿海的进攻》，1952 年 12 月 28 日，《毛泽东文集》第六卷，第 250—251 页。

③ 《总统致国会咨文》，1953 年 2 月 2 日，陶文钊主编《美国对华政策文件集》第二卷上，第 134—135 页。

地称为“放蒋出笼”。在此背景下，中国领导人将台湾当局的军事行动与美国在台湾海峡的军事活动联系在一起，定义为美国敌视和威胁中国的侵略性政策，是不甘心在朝鲜的失败后发起的新挑衅。[①]

朝鲜停战后事态的另一个重大发展是美国同台湾当局开始磋商签署军事同盟条约。尽管双方在是否防御东南沿海岛屿问题上存在分歧，但台湾当局相信签署该条约只是个时间问题。美国内部虽有分歧，但支持与台湾签约的势力显然十分有影响力。美台之间讨论签约恰恰开始于 1953 年春夏，与美国开始积极在亚洲建立和加强针对中国的军事基地和联盟是同步的。中国领导人对美国这一行动十分敏感，因为当时除了台湾之外，在大陆浙江省沿海还有大陈列岛和福建沿海的金门、马祖尚未被解放军攻占。如果美国同台湾当局签约时将这几个沿海岛屿包括在内，将使美国军事力量直抵沿海，会对中国安全构成极为严重的威胁。实际上，美军舰不时到国民党军队占领的大陈列岛访问，已经对浙江沿海解放军驻军造成压力。10 月 11 日，毛泽东在军委联络部提交的一份报告上专门批示，要求查明美台是否确实有“包括金门、二陈等地之协定”。[②] 这时期，中国媒体不断扩大和强化宣传，谴责美国在亚洲建立军事同盟是企图侵略中国，加剧了亚洲地区的紧张局势，而美台之间酝酿的军事条约则是美国企图长期占领台湾和利用台湾威胁中国安全的阴谋。[③]

另外，伴随美台签约谈判的是国际上有关“两个中国”的舆论有增长的趋势，其背后的推动力则是美国试图将台海两岸分离的状

---

① 《周恩来年谱 1949—1976》上卷，第 405 页。

② 毛泽东：《美蒋签订军事协调谅解协定值得注意》，1953 年 10 月 11 日，《建国以来毛泽东军事文稿》中卷，第 178 页。

③ 《美国加紧进行敌视中国的侵略部署妄图继续奴役亚洲人民和加深国际紧张》，《人民日报》1954 年 3 月 26 日；《美国统治集团敌视亚洲人民》，《人民日报》1954 年 5 月 14 日。

态永久化的战略企图。从历史过程看，旧金山对日媾和会议和两岸在台海的军事冲突升级等都是导致国际上有关“两个中国”的舆论升级的重要因素，这无疑会强化中国领导人解决台湾问题的紧迫感。

总之，朝鲜战争结束后，解决台湾问题包括夺取东南沿海蒋占岛屿，已经从新中国成立初期的完成国家统一演变成包含完成国家统一和维护国家安全等两方面内容的问题，这是所有相关政策的一个重要的基本背景。中国领导人因此将解决台湾问题同对抗美国在东亚的遏制战略联系在一起，反对美台条约成为阻止美国在中国周边建立军事体系的斗争的一个组成部分。进一步说，由于国家安全因素的出现并不断被台海地区紧张局势强化，以及由此引起国际舆论中将台海两岸分离永久化的趋势在加强，围绕解决台湾问题的外交设想和军事行动都变得异常复杂，军事安全与政治、外交等各种需求与思考之间形成了相当密切的互动。

从 1954 年夏季解放军的军事战略看，中共中央反对美台签订军事条约的政策的首要目标是防止将浙江和福建的沿海岛屿被纳入美台军事条约。这是当时军事和外交行动的首要出发点，外交这时是服务于军事安全需要的，简单地说，外交就是配合解放军夺取沿海岛屿的军事需要。需要指出的是，夺取沿海岛屿的作战计划恰恰形成于中国领导人决定提出“一定要解放台湾”和“击破”美台共同防御条约计划之时，有其特殊的时空背景。

解放军东南沿海作战持续了一年左右，夺取沿海蒋占岛屿是作战的重中之重，其中规模最大的军事行动是夺取大陈列岛战役，其关键则是 1955 年 1 月 18 日三军联合作战攻占一江山岛。

华东军区开始考虑和筹划夺取东南沿海岛屿开始于 1952 年春夏。到 1953 年春季，随着东南沿海地区紧张局势升级，华东军区再次开始制订夺取东南沿海蒋占岛屿的军事计划。一直到 1954 年 7 月上旬，经反复讨论最终形成了夺取东南沿海岛屿的作战方针，即“从小到大、由北向南、逐岛进攻”。① 根据这个方针，解放军首先应逐步夺取浙江沿海和福建沿海的蒋占岛屿，而不是同时进攻大陈列岛和金门、马祖等岛屿。其次是在浙江沿海岛屿和福建沿海岛屿之间，首先夺取浙江沿海的大陈列岛，然后再夺取福建沿海的金门、马祖，即“由北向南”，而不是先攻金门，后取大陈。再次，不论是攻占大陈列岛还是金门等岛屿，均采取从夺小岛到占大岛、逐岛进攻的作战方式，而不是同时攻击大陈、二陈，或同时攻击大、小金门和马祖等。至此，夺取东南沿海蒋占岛屿的作战也实际上分成了“两步走”。

在考虑和确定战略方针期间，局部的军事行动已经展开。1954年春季开始，空军在浙江沿海推进“力量向前伸”，与国民党空军争夺制空权；海军则主动前出浙江海域，展开春汛护渔作战，多次与国民党海军交战，当时海空军均取得显著战果。在此军事背景下，7 月 11 日，军委基本同意浙江沿海岛屿作战方案，毛泽东本人也于当日予以批准。②

两天后，即 7 月 13 日，中国政军领导人召开高层会议，专门讨论为驶往中国大陆港口的外国商船护航。这次会议的参加者包括了朱德、邓小平等，以前讨论东南沿海作战问题的会议上，有党政高层领导人参加是不多见的。召开这次会议缘起于外交部和国外的轮船公司要求解放军海空军为外国商船护航。此前，国民党海空军攻击和劫持外国商船的行动时有发生，最严重的一起是 6 月 23 日，国民党海军将苏联商船“图阿普斯号”劫往高雄港。国民党海军的行动严重损害了大陆海上航运的安全，也严重损害了中国的国际威望。在中国的苏联顾问因此事件提出给外国商船护航的要求，严重性是可想而知的，这极大地增加了解放军海军护航的压力。在此

① 郑文翰：《秘书日记里的彭老总》，军事科学出版社 1998 年版，第 32 页；林晓光：《中国共产党对台政策的历史演进》，《党史研究资料》1997 年第 3 期，第 3 页。

② 《张震回忆录》上册，第 494 页；王焰主编《彭德怀年谱》，第 571 页。

背景下，13 日会议责成总参作战部拟订护航和保卫领海领空的作战计划。这次会议对后来对台军事行动的宣传调门升高起了重要的作用，中国媒体同时也明显地加强了对美国的谴责。这主要包括两方面的内容：一是谴责美国国会通过决议，阻挠中国恢复在联合国的合法席位；二是谴责美国企图与台湾当局签订军事条约。7 月 16 日的《人民日报》就解放军护航问题发表的文章是有代表性的。该文章措辞强烈地谴责国民党海军劫持和攻击十几个国家的商船是海盗行为，并称解放军将为“最后收复台湾和粉碎美国的海盗行为而奋斗到底”。[①]

中国媒体评论的变化至少反映了中国领导人的关注在发生变化，国民党海军劫持苏联商船显然是最直接的原因。正是从这时起，毛泽东和中共中央开始赋予东南沿海军事行动更为复杂的政治内容，即基于对日内瓦会议以后亚洲形势的估计和东南沿海不断加剧的紧张局势，利用已经确定要实施的夺取东南沿海蒋占岛屿的军事行动，向国际社会突出台海冲突造成的紧张局势可能导致的严重后果。

中国领导人在观察和密集讨论台海问题期间，美国也在加紧针对台海地区的外交和军事行动。美台不断加强军事交往，美海空军加强在东南沿海的军事活动，美第七舰队航母进入海南岛东部海域。此外，美国方面和台湾都有政要公开宣传准备缔结军事条约。美驻台“大使”兰金（Karl Rankin）当时回到华盛顿；7 月 20 日，台湾驻美国“大使”顾维钧返台北，他行前与包括美总统艾森豪威尔在内的政要举行会谈。兰金和顾维钧分别在华盛顿和台北公开发表有关美台将会缔结军事同盟条约的言论，当时的台湾舆论普遍相信美台签约只是个时间问题。

在台海紧张局势的压力之下，美国政府制造“两个中国”的活动也在升级，美国在联合国加强了反对讨论恢复中国代表席位的

---

① 《人民日报》1954 年 7 月 16 日。

外交行动。同时，国际社会也越来越关注台海局势，美国的盟国也加入了使台海两岸分离永久化的行列之中。7 月 14 日，英国首相丘吉尔在议会发言，提出“把台湾交给联合国看管”。国际舆论出现的这种变化引起了中国领导人的严重关注。[①] 反对美国在国际上制造“两个中国”和防止国际舆论出现难以逆转的局面，是中国领导人在这个时期提出“一定要解放台湾”口号的一个非常重要的原因。

上述美国及其盟国的行动同国民党海空军的进攻结合在一起，进一步推动中国领导人下决心在台海地区采取更坚决的军事行动。7 月 22 日，即日内瓦会议刚刚达成印支停战协议之时，中共中央军委召开专门会议。彭德怀在会议上传达了中共中央和毛泽东关于解决台湾问题的指示，他说毛泽东在政治局会议上批评了朝鲜战争后没及时提出“解放台湾”的问题。彭德怀还提出需要拟订出军事解决台湾问题的具体计划。[②] 23 日，《人民日报》发表了题为《一定要解放台湾》的社论，谴责美国与台湾当局密谋军事同盟，同时也批评了丘吉尔 7 月 14 日关于由联合国托管台湾的谈话。[③] 24 日，毛泽东在海军上报的作战方案上批示，认为需要召集华东、浙江和福建等军区的领导人到北京讨论浙江沿海的军事行动。[④] 他显然感到需要更加全面地了解和协调解放军在东南沿海的军事行动。

就在中国领导人积极筹划东南沿海作战时，两架解放军战机在 7 月 26 日被美军机击落。这一事件促使毛泽东最后下定决心，不惜加剧紧张局势也要同美国较量一番。“7・27”电报正是这次政策调整的产物，电报要求周恩来按照以往的惯例，在重大政策形成时要同苏联协调行动，并争取从苏联那里得到所需要的各种支持，

---

① 《英国首相丘吉尔在下院关于台湾问题的发言》，1954 年 7 月 14 日，《中美关系资料汇编》第二辑下，第 1914 页；尹启明、程亚光：《第一任国防部长》，广东教育出版社 1997 年版，第 197 页。

② 《张震回忆录》上册，第 498 页。

③ 《人民日报》1954 年 7 月 23 日。

④ 毛泽东：《对攻击大陈港敌舰方案的批语》，1954 年 7 月 24 日，《建国以来毛泽东军事文稿》中卷，第 222 页。

包括军事援助和外交配合。

7月30日和31日，中央军委连续两天召开军事会议，部署东南沿海军事行动。彭德怀在会上首先说明，有必要及时提出“解放台湾”的问题。不过，他随后说明的战略指导思想和军事计划同7月11日批准的计划相比，并没有什么重大的变化。总参作战部根据7月22日会议的决定，很快拟订并提交了题为《关于对台湾蒋匪军积极斗争的军事计划与实施步骤》的作战计划草案。这个计划的标题没有用“解放台湾”，多少也能说明解放军并不打算立即发起攻占台湾作战。8月8日，毛泽东批准该计划。第二天，政治局召开会议讨论并通过了这个计划。① 这项军事计划的具体内容是基于对台军事斗争将长期化的判断，将最终军事解决台湾问题分为“两步走”，即先夺取东南沿海的蒋占岛屿和取得制空权，然后在具备条件时完成统一台湾。

8月11日，周恩来在政府委员会第33次会议上做有关外交工作的报告。他在介绍日内瓦会议和印支停战对东亚国际形势的积极影响的同时，也专门强调了“中华人民共和国必须解放台湾”。②《人民日报》随后还刊发了《中华人民共和国各民主党派各人民团体为解放台湾联合宣言》。③ 不过，毛泽东本人在这次会议上发表的讲话表明，提出“解放台湾”的目的更多的是进行政治动员。他说现在提出“解放台湾”问题“是为了强调它”，“解放台湾的时间也不会很短”，需要等海空军“搞强大起来，就能够收复台湾”，总之“是个艰巨的工作”。④ 实际上，中国领导人已经下决心大幅调整对外政策，在台湾问题上不大可能采取影响对

---

① 王焰主编《彭德怀年谱》，第574页；《张震回忆录》上册，第494、499页。

② 《周恩来总理兼外交部长在中央人民政府委员会第三十三次会议上的外交报告》，《人民日报》1954年8月14日。

③ 《人民日报》1954年8月23日。

④ 毛泽东：《海空军强大起来了就能够收复台湾》，《建国以来毛泽东军事文稿》中卷，第227—228页。

外关系发展全局的行动。①

8 月 31 日，中央军委正式颁布台海作战计划。9 月 3 日，福建前线的解放军部队炮击金门岛，揭开了夺取沿海岛屿的战幕。29 日，由苏共中央总书记赫鲁晓夫率领的苏联党政代表团如期到达北京，参加中华人民共和国建国 5 周年庆典并进行国事访问。两国领导人的会谈涉及很多方面，赫鲁晓夫承诺进一步向中国提供大量援助，他们并没有专门讨论持续升温的台海形势。不过在赫鲁晓夫访华结束后发表的中苏联合宣言中，双方共同谴责美国阻挠恢复中华人民共和国在联合国的席位是对中国的“直接侵略行为”，以及美国对“中国领土台湾的继续侵占”。② 赫鲁晓夫这次访华的时机在美国方面看来，无异于对中国在沿海采取军事行动的支持和背书。三天后，苏联驻联合国代表维辛斯基在联大提出讨论美国在台湾的“侵略行为”，以及通过谴责美国的提案。③ 艾森豪威尔政府正忙于所谓的“第一次台海危机管理”，中苏之间密切关系的大规模展示对美方当然是一种制约。这种情形差不多就是 1958 年炮击金门时期中苏外交合作的一次预演，不同的只是赫鲁晓夫此前已经大致了解了中国领导人的战略意图，以及苏联领导人这时更愿意巩固和加强与中国的同盟。

从实际情况看，这个时期美台之间密集讨论签约之事的确是导致解放军同美军发生军事冲突的可能性升高的一个重要因素，美台密谈加大了解放军夺取沿海岛屿的困难程度。正是这种局势导致毛泽东和中共中央赋予原定的军事行动更为明确也更为重大的政治意义，将计划中的军事行动同“解放台湾”的政治动员紧密联系起来，在外交上则是同防止美台缔结军事同盟条约结合起来。以往有

---

① 有关对外政策调整的问题将在第五章专门讨论。

② 《中华人民共和国和苏维埃社会主义共和国联盟政府联合宣言》，1954 年 10 月 12 日，《中美关系资料选辑》第二辑下，第 2009 页。

③ 《苏联代表维辛斯基要求联大讨论美国侵略中华人民共和国问题致九届联大主席的备忘录和提案》，1954 年 10 月 15 日，《人民日报》1954 年 10 月 18 日。

史家认为，中国当时采取的宣传和军事行动就是为了阻止美国与台湾签订共同防御条约，并以此推论，中国在东南沿海的军事行动不仅没有达到目的，甚至推进了美台条约的签订过程。[①] 这个观点是有根据的，正是由于解放军加强东南沿海的军事行动，给了美国国内主张签订美台《共同防御条约》的人有了更多的理由来推动签约谈判，也使美国主张签约的观点主导了舆论的气氛。12 月初，在解放军准备夺取浙江沿海岛屿的战役准备进入高峰时，美国与台湾当局签署了《共同防御条约》。不过，因此就认为解放军的军事行动只是为了达到消除美台签约的可能性，从而推断中国的政策是适得其反，显然是过于简单化了。

首先就很难使人相信，毛泽东等中国领导人真的认为通过在报纸上发表宣言和在沿海采取有限的军事行动，就足以阻止美台签订军事同盟条约。争取阻止美台签约和相信拟定中的军事行动就能阻止美台签约等，是两个完全不一样的问题。如前所述，包括攻占大陈列岛的军事计划在内的军事行动是经过长时间酝酿的，并在提出“一定要解放台湾”的口号之前就确定了。即使在中共中央提出“一定要解放台湾”的口号后，这个计划的内容也基本没有改变。从毛泽东本人 7 月 23 日亲自修改并批准下发的为外国商船护航的指示中可以看出，他在军事行动方面仍然非常谨慎。如规定“对一切外国的飞机军舰均不得攻击”，外国海空军“因在和平时期不会发生抢劫行为，故不发生自卫问题，一律不得采取攻击行动”。[②] 在 7 月 31 日的军事会议上，彭德怀指示空军轰炸作战的范围仍然是在浙江和福建蒋占岛屿，并不包括台湾。8 月 21 日，毛泽东本人提出：“需确实查清没有美舰美机的时机，方可对

---

① 参见章百家、贾庆国《对抗中的方向盘、缓冲器和测试仪：从中国的角度看中美大使级会谈》，姜长斌、Robert. Ross 主编《从对峙走向缓和：冷战时期中美关系再探讨》，世界知识出版社 2000 版，第 175 页。

② 毛泽东：《对军委关于保卫领海主权及护航注意事项指示稿的修改》，1954 年 7 月 23 日，《建国以来毛泽东军事文稿》中卷，第 220—221 页。

上下大陈进行攻击，否则不要攻击。”[①] 总而言之，中国领导人并没有在台海地区同美军作战的任何计划和意图，他们当然也不会不知道，靠如此有限的军事行动是不可能造成足以阻止美台签约的军事压力的。

显然，对“7·27”电文所说的要通过提出“解放台湾”来“击破”美台条约计划，需要做更具体的分析。需要回答的第一个关键问题是，中国领导人是如何理解美台条约适用范围的。实际情况如上述，毛泽东从一开始极为关注美台《共同防御条约》的适用范围是否会包括浙江和福建的沿海岛屿。周恩来在同苏联领导人会晤时甚至估计，美台有可能利用军事条约将海上封锁中国大陆的范围扩大到“广东沿海及东京湾地区”。[②] 如果出现这种情况，不但会造成台湾的长期分离，而且会对中国大陆构成更加严重的安全威胁，解放军甚至无法实施预定的夺取沿海岛屿的计划。

中国领导人的担心是有根据的。6 月初，美海军编队曾经驶近大陈岛附近显示武力。8 月 19 日，美海军 4 艘军舰抵达大陈岛，美军指挥官还登岛视察。这时美台签约谈判正处于加速阶段，中国领导人和军队将领必定会更加担心这个条约的适用范围会包括大陆沿海岛屿。对他们来说，合逻辑的选择是，如果美台签约不可避免的话，就应尽量限制这个条约涵盖的范围，这在当时的条件下也只有靠有效的军事行动才能解决。11 月 11 日，解放军总参谋长粟裕在给华东军区的命令中，指示有关部队须积极作战，以迫使美台条约不能适用于大陆蒋占岛屿。[③] 11 月 30 日，解放军总参谋部下达的作战命令表明，解放军当时决定尽早攻占浙江沿海岛屿，主要是为了防止美台条约把浙江沿海的岛

---

① 毛泽东：《关于攻击上下大陈岛时机问题的批语》，1954 年 8 月 21 日，《建国以来毛泽东军事文稿》中卷，第 229 页。

② 《周恩来年谱 1949—1976》上卷，第 405 页。

③ 参阅徐焰《金门之战》，中国广播电视出版社 1992 年版，第 180 页。

屿涵盖在内。[1] 美台《共同防御条约》的签订并没有使华东军区领导人退却，1955 年 1 月，他们仍按计划上报了《关于进攻一江山作战计划方案》。在讨论、批准攻占一江山岛战役计划的过程中，中国的决策层也没有因为美台签约而改变他们的战略指导方针。实际情况正相反，美台签约反而强化了解放军攻占一江山岛的决心。[2] 从军事角度看，夺取东南沿海蒋占岛屿毫无疑问是阻止美台条约将它们涵盖其中的最可靠的保证。可以说所谓的“击破”美台签约计划首先就是阻止这个条约将大陆沿海岛屿包括其中。

1955 年 1 月 18 日，解放军按计划向一江山岛发起攻击，并迅速达成战役目标，东南沿海作战由此达到一个高潮。第二天，美第七舰队的部分舰只抵达大陈列岛外海，中美军事对抗的紧张局势达到顶点。解放军参战部队奉命暂时停止军事行动，以便了解美军是否打算直接介入这场军事冲突。但此后不久，美国通过苏联政府向中方转达了一个重要的信息，即驻守大陈列岛的国民党军队将自动撤出，希望解放军在他们撤出时不要发起攻击。[3] 2 月 8—12 日，国民党军队在美军协助下陆续全部撤出大陈列岛，浙江沿海其他一些岛屿的国民党军队也相继撤出。2 月下旬，解放军占领浙江沿海全部岛屿，这个地区的作战行动基本结束。中国领导人达成了他们设想的部分或者说是最低限度的目标，包括收复浙江沿海岛屿、美台《共同防御条约》未明确写出是否将金门、马祖等包括在内，等等。

事实表明，1954—1955 年夺取沿海岛屿的东南沿海作战在军事计划中的确是攻占台湾战略的一个组成部分，但同时也是针对被认为是迫在眉睫的军事威胁而采取的行动，而且选择这个时机作战

① 参见江英《50 年代毛泽东外交思想述论》，姜长斌、Robert. Ross 主编《从对峙走向缓和：冷战时期中美关系再探讨》，第 587 页。

② 《张震回忆录》上册，第 495 页。

③ 《当代中国》丛书编辑部：《当代中国海军》，中国社会科学出版社 1987 年版，第 222 页。

的动力首先是来自解除东南沿海面临的安全威胁。即使当时没有提出“解放台湾”的口号，这些军事行动也会发生，它们不过是给中国领导人后来的外交行动增加了一个杠杆。

1954—1955 年作战时期，美军多次在相关海域和空域部署海空军力量，进行军事演习，对解放军进行军事威慑。中国领导人在宣传中非常强烈地抨击了美国的军事干预，但在解放军的军事行动中则保持巨大的耐心和谨慎。几乎对每一个重大军事行动，毛泽东和中央军委都为避免与美军发生军事冲突做了各种具体和严格的规定。在筹划攻占大陈列岛时，解放军领导人反复强调必须要避免同美海空军作战。

1954 年 6 月 1 日，华东军区即规定参战部队不得主动向美国海空军发动攻击；在 7 月 30—31 日的军事会议上，彭德怀专门强调作战计划应在没有美海空军参战的情况下才能实施。他在后来听取战备汇报时，重申必须要避免同美海空军作战。① 12 月中旬，美海空军为了加强军事威慑，在大陈列岛海域附近举行大规模的军事演习。毛泽东曾一度因此要求彭德怀、粟裕等重新考虑发动攻占一江山岛战役的时机，“因美军正在浙东海面作大演习，攻击一江山时机目前是否适宜，请加考虑”。② 1955 年 2 月，国民党军队陆续撤出浙江沿海各岛屿。毛泽东此前专门指示彭德怀，在国民党军队撤出过程中，不论有没有美国军舰参与，都不要进行攻击，“即是说，让敌人安全撤走，不要贪这点小便宜”。③ 解放军空军部队当时做出了明确和严格的规定，以避免发生误击美战机。显然，解放军的作战计划是建立在美军不直接介入的前提下的。如果因为政策失误而与美军发生冲突，甚至导致美军直接介入，东南沿海

---

① 王焰主编《彭德怀年谱》，第 574、576 页。

② 毛泽东：《关于攻击一江山岛时机的批语》，1954 年 12 月 11 日，《建国以来毛泽东文稿》第四册，第 627 页。

③ 毛泽东：《蒋军从大陈岛撤退时我军不向港口一带射击》，1955 年 2 月 2 日，《建国以来毛泽东军事文稿》中卷，第 256 页。

作战肯定无法达到预定的目的。

避免同美海空军发生军事冲突还有更深层的原因。在美台条约签订前，避免与美海空军作战除了战役考虑外，还有了解美国协防沿海岛屿达到何种程度之意图。1954 年 7 月 11 日，中央军委在给华东军区的一项指示中说，选择首先攻占一江山岛的目的就包括“打击美蒋协防阴谋，查明美军可能采取的行动”。[①] 而美台《共同防御条约》签订后，该条约涵盖的范围以及该条约是否包含进攻大陆的意图，则成为解放军东南沿海作战必须查明和面对的战略性问题。1954—1955 年军事行动遗留的重大问题之一是没有能最终确定美台《共同防御条约》是否将福建沿海的金门、马祖等蒋占岛屿包括在内。

1954—1955 年作战是在日内瓦会议结束和万隆会议召开之间展开的，这个时期中国领导人的确在考虑同美国进行外交谈判的可能性。从这个时期的有关指示中也可以看出，军事行动中越来越多地增加了照顾外交政策的特点，“外交”这个词也开始出现在一些作战命令中。解放军攻占一江山岛后，国民党军队很快从大陈列岛和其他浙江沿海岛屿撤出，中国领导人的政策重点由此开始逐步从军事为主转向外交。解放军领导人原准备在攻占一江山岛以后，先观察美军是否直接介入，然后再决定下一步作战行动。美国通过苏联转达国民党军队将撤出并希望解放军不要攻击撤出的国民党军队一事，肯定出乎中国领导人的预料。自此以后，迫使国民党军队撤出福建沿海岛屿成为解放军作战的重要选择。1955 年 3 月 9 日，中央军委批准了攻占马祖的作战计划。毛泽东批阅此计划时写明，如果“马祖及其他任何岛屿敌人撤走时，我均应让其撤走，不要加以任何攻击或阻碍”。[②]

---

① 王焰主编《彭德怀年谱》，第 571 页；《张震回忆录》上册，第 494 页。

② 毛泽东：《关于马祖等岛屿敌人撤走时我军不要攻击的批语》，1955 年 3 月 14 日，《建国以来毛泽东文稿》第五册，第 51 页；《周恩来年谱 1949—1976》上卷，第 478—479 页。

影响中国领导人决定的另一个重要因素是财政压力。如前所述，他们决心在朝鲜半岛和印度支那实现停战的宏观背景都是国内即将开始第一个五年计划，大规模开展经济建设需要大力压缩军费开支。实施东南沿海作战固然有其必然性，但将这次军事计划提升到“解放台湾”的战略层次是有特殊的时空条件的。从军事行动的角度看，在攻占浙江沿海岛屿后，通过施加军事压力迫使国民党军队主动撤出金门、马祖等福建沿海岛屿固然是上上策，但在深层次上则包括了中国领导人对东南沿海作战中财政问题的考虑，这一点同决定朝鲜停战和印支停战并无不同。包括毛泽东本人在内的中国领导人都对战费相当敏感。

“一五计划”期间，中国领导人一直试图控制军费在国家财政中所占的比例，军队制订作战计划时自然会顾虑财政方面的压力。实际上东南沿海作战在规划之初便受到战费问题的很大影响。[①] 1953 年 10 月，总参拟定的东南沿海作战计划是首先攻占金门。毛泽东于 12 月下旬否定了该计划。当时除了华东军区对这个计划有不同意见外，毛泽东本人认为所需经费过高是很重要的原因。12 月 21 日，彭德怀在该作战计划上批示：“攻金门问题耗费巨大，和陈毅同志商定，暂不进行，待勘察后再准备。”报告第二天转到毛泽东处，他立即批示同意彭德怀的意见，表示“我同意此项意见。需费近五万亿，无法支出，至少一九五四年不应动用如此大笔经费”。[②] 财政问题显然是制约东南沿海作战的重要因素，就如同影响朝鲜停战决策一样，这种压力的存在会推动中国领导人寻求军事之外的途径，增加对通过外交手段解决问题的需求。

东南沿海军事行动原本就涉及重大的对外政策考量和外交行动，攻占一江山岛后国际形势和台海军事形势的变化导致军事行

---

① 《当代中国》丛书编辑部：《当代中国海军》，第 71 页。

② 毛泽东：《同意目前不打金门》，1953 年 12 月 22 日，《建国以来毛泽东军事文稿》中卷，第 194 页。

动逐步转变成为执行对外政策的手段。中共领导人有意利用台海大幅升高的紧张局势造成的压力，促使美国同意谈判解决台湾问题或双边关系中的其他问题。美国敦促和协助国民党军队撤出浙江沿海岛屿无疑加强了中国领导人采取外交行动的信心。

中美之间直接就非军事安全问题的接触和谈判开始于日内瓦会议期间。周恩来曾经坦承，在去日内瓦之前他甚至都不知道该如何同美国人打交道，他还要考虑开会面对杜勒斯时是要“凶些还是缓和些”。[①] 是在莫洛托夫和艾登的共同推动下，中国代表团开始与美国代表建立起直接联系，并最终举行了会谈。其中莫洛托夫的影响是比较特殊的，这是由中苏关系的性质决定的。莫洛托夫在日内瓦会议期间曾经帮助美国代表史密斯向周恩来转达愿意进行直接接触的信息。莫洛托夫在转达这个信息时告诉中方，美国代表团内部也存在分歧，史密斯就认为“美国对中国实行敌对政策是不现实的”。莫洛托夫表示应该重视史密斯的观点。[②] 他是用这种方式告诉中国代表团，同美国代表交往并非没有可能，而且还会有好处。这时苏联整个对外政策都处于调整中，莫洛托夫希望中方能缓和与美国的关系是符合苏联政策调整的逻辑的。

日内瓦会议结束后，中美会谈并未能立即接续。在中国领导人有意同美国人谈判解决包括台湾问题在内的双边问题时，非常重要的是苏联在台海危机发生后，再次在外交上给予积极的配合，苏联领导人提出要争取在拟于 1955 年初召开的苏、美、英、法四国首脑会议上讨论台海紧张局势，以便为中国争取到外交解决台湾问题的机会。当然，苏联领导人促成中美直接会谈的本意也包括需要中国与他们的外交政策协调一致。中美之间的持续紧张并不有利于苏联领导人已经下决心认真推行的同

---

① 《周恩来在日内瓦对代表团讲话纪要》，1954 年 6 月 21 日，《1954 年日内瓦会议》，第 454 页。

② 王炳南：《中美会谈九年回顾》，世界知识出版社 1985 年版，第 19 页。

西方缓和的政策，因为每当中国领导人采取新的与美国对抗的行动，特别是军事行动，苏联基于同盟之间的义务就必须为中国背书，这有时会干扰苏联在欧洲同英法的关系，而且肯定会影响美苏之间的关系。

1954 年 12 月，苏共中央将为四国首脑会议准备的文件送达中国领导人征求意见。1955 年 1 月 1 日，中国外交部起草了给苏共中央的回复——《关于四国政府首脑会议答复苏共中央稿》。《答复》首先表示同意苏共中央的立场和对四国会议的估计，认为东亚紧张局势应该列入会议议程。具体到台湾问题上，《答复》表示同意苏共中央的建议，“应该把主要力量放在促成中美直接谈判上，因为这种方式的谈判的实现可能性比较大”，中美双方初期的接触可以选在第三地，如莫斯科、伦敦或新德里等。中国领导人之所以主张采取直接与美国谈判的方式，是因为他们认为其他的方式如举行“五大国会议”或“亚洲国家会议”等，固然也可以作为运用的手段，不过都不如中美直接举行谈判的可能性更高。他们还表示同意苏共中央的意见，通过印度转达近期将释放美国飞行员的信息。[①]

在确认中国领导人愿意配合苏联通过外交方式，尤其是愿意通过与美国直接谈判解决台湾问题之后，苏联方面开始利用各种可能为中美谈判创造机会。2 月 4 日，在台海局势最紧张的时刻，莫洛托夫提出应立即召开一个包括中、美、英、苏、法、印度、缅甸、印度尼西亚、巴基斯坦和锡兰等十国的国际会议，讨论解决东亚局势紧张的问题。[②] 此后不久，苏方又提出再次召开五大国会议讨论缓和东亚紧张局势。9 日，布尔加宁（N. A. Bulganin）在最高苏维埃会议上发表讲话时说，苏联政府支持中国的政策，中国可以指

---

① 《关于四国政府首脑会议答复苏共中央稿》，1955 年 1 月 1 日，外交部档案馆：111—00065—02。

② 《苏联外长莫洛托夫主张召开十国会议讨论台湾问题的声明》，1955 年 2 月 4 日，《中美关系资料汇编》第二辑下，第 2203 页。

望得到“伟大的苏联人民的援助”。[①] 3月19日，布尔加宁会见中国驻苏联大使刘晓，主动问起福建沿海金门、马祖两岛的情况。他说苏联对外政策中“最重大的问题是：在西方的德国问题，在东方的台湾问题”，苏联的政策“永远是积极和攻势的”，“在远东的政策也是攻势的”。[②] 苏联的外交行动与中国在东南沿海的军事行动之间形成了相当密切的配合，为促成中美直接谈判造成了有利的态势。

除了苏联之外，先是英国，然后是印度和其他一些亚洲国家，也先后加入斡旋的行列。中国则利用这些斡旋，通过英国、印度等明确提出同美国举行直接谈判的建议。1月5日，英国驻华代办杜维廉会见周恩来，试图劝说中国停止针对沿海岛屿的军事行动。周恩来告诉他，责任并不在中国方面，中美之间还有进行谈判的条件，中国“是会伸出手来的，对美国也不例外”。[③] 2月5日，周恩来会见瑞典驻华大使雨果（Hugo），后者受托转达联合国秘书长哈马舍尔德（Dag Harmmarskjold）有关缓和台海紧张局势的口信。周恩来告诉雨果，中国并不拒绝同美国谈判，美国应该接受与中国“直接谈判的建议”。[④]

从2月26日起，印度驻华大使赖嘉文多次会见周恩来，转达尼赫鲁有意愿居间调停中美关系，并试图了解中国的政策。周恩来明确提出，美国要解决问题就必须直接出面与中国谈判，中国可以在多边国际会议上与美国举行双边会谈。总之，美国“必须站出来谈”。他告诉赖嘉文，“最直接，最简单的办法是中

① 《苏联部长会议主席布尔加宁在苏联最高苏维埃会议上的演讲》，1955年2月9日，《中美关系资料汇编》第二辑下，第2219页。

② 《布尔加宁与刘晓的会谈记录》，1955年3月19日，存华东师范大学国际冷战史研究中心资料室，No. 16665（23023）。

③ 周恩来：《坚决反对制造“两个中国”的阴谋》，1955年1月5日，《周恩来外交文选》，第100页。

④ 周恩来：《反对联合国干涉中国内政》，1955年2月5日，《周恩来外交文选》，第107页。

美之间进行谈判”。[①] 2 月 28 日，英国驻华代办杜维廉会见周恩来，转达了艾登本人希望与周恩来在香港或边境地区会见的口信。他提出中国如果能宣布不以武力“解放台湾”，“就可以找到和平解放沿海岛屿的基础”。3 月 1 日，苏联大使面交周恩来一份苏联政府的电报，内容是“在莫斯科大家都赞同中国朋友关于同艾登会晤的意见”。周恩来当天即复函艾登，在反对英国提出的建议的同时，邀请后者到北京来谈如何消除台湾地区紧张局势问题。[②] 在后来召开的亚非会议期间，周恩来在同有关国家代表会谈时，多次公开表示愿意同美国人举行直接谈判。

中国领导人当时认为，由于美国的阻挠，恢复中华人民共和国在联合国合法席位几乎是不可能的，毛泽东本人甚至并不认为有必要为解决这个问题花费太多的时间和精力，在台海局势紧张的背景下同美国谈判解决台湾问题更有战略意义。[③] 4 月 30 日，周恩来向中共中央提交了一份《关于出国后在各地商谈台湾问题的报告》。他在报告中提出了一个基本判断，即“美国是需要同中国谈判的”。他还提出在未来中美谈判中，尤其要坚持将台湾问题中的内政与国际两个层面分开，中美谈判应该聚焦于美国停止干涉台湾问题，而不能同美国谈停战问题。周恩来认为，这是台湾问题与朝鲜半岛停战和印度支那停战那两次谈判的根本不同之处，策略的运用只能是在此基础之上。[④] 此报告的主要观点获中共中央同意。

4 月 23 日，周恩来在万隆会议期间召开的八国外长会议上公开发表声明说，“中国政府愿意同美国政府坐下来谈判，讨论和缓远东

---

① 中华人民共和国外交部外交史研究室编《周恩来外交活动大事记（1949—1975）》，世界知识出版社 1993 年版，第 100、102 页。

② 《周恩来外交活动大事记（1949—1975）》，第 102—103 页。

③ 《尤金与毛泽东的会谈备忘录》，1955 年 1 月 8 日，存华东师范大学国际冷战史研究中心，No. 09844。

④ 《周恩来年谱 1949—1976》上卷，第 474—475 页。

紧张局势的问题，特别是和缓台湾地区的紧张局势问题”。[①] 5 月 12 日，周恩来告诉印度驻联合国代表梅农（Krishna Menon），他曾经在八国外长会议上说过愿意同台湾的蒋介石谈判，并准备在适当的时机公开宣布这一立场。[②] 第二天，周恩来在全国人大常委会第 15 次会议上做报告时宣布，愿意同台湾当局谈判解决台湾问题，他说解决台湾问题“有两种可能的方式，即战争的方式和和平的方式”，中国“愿意在可能的条件下，争取用和平的方式解放台湾”。[③] 30 日，中国宣布将释放 4 名被俘的美国飞行员。

中国领导人这时采取主动也是基于他们对周边和亚洲地区战略形势的估计。他们认为台海地区出现紧张局势同美国试图围堵和侵犯中国的战略部署有关，美国甚至有可能对中国沿海实行封锁，尽管他们也相信美国这样做困难重重。另外，亚洲很多国家是不希望这个地区的形势持续紧张下去的，尤其是经过亚非会议，中国领导人对亚洲国家的看法有了更为直接和准确的了解。[④] 他们相信为了缓和周边地区和整个东亚紧张局势，主动表示愿意同美国谈判解决台湾问题，很容易得到相关国家的好感和支持，当然首先是盟友苏联会给予积极的配合。5 月 25 日，毛泽东在同尤金谈话时告诉后者，印度正在积极斡旋中美谈判，除了印度之外，还有英国、缅甸、印度尼西亚和巴基斯坦等国也在进行调解。[⑤] 总之，中国只要采取缓和的姿态，就会有很多条件可以利用。

从实际情况看，美国继续做出不肯妥协的姿态将会导致一种自

---

① 《周恩来关于缓和远东紧张局势问题的声明》，1955 年 4 月 23 日，《中国代表团出席 1955 年亚非会议》，第 75 页。

② 《周恩来外交活动大事记（1949—1975）》，第 111 页。

③ 《周恩来总理在全国人民代表大会常务委员会第十五次会议扩大会议上关于亚非会议的报告（有关台湾部分）》，1955 年 5 月 13 日，《中美关系资料汇编》第二辑下，第 2265 页。

④ 《尤金与毛泽东的会谈备忘录》，1955 年 1 月 8 日，存华东师范大学国际冷战史研究中心，No. 09844。

⑤ 《尤金与毛泽东的会谈备忘录》，1955 年 5 月 25 日，存华东师范大学国际冷战史研究中心，No. 09844。

我孤立，而中国则不断收获同情、好感甚至赞扬。这种局面正逐步形成，如果继续下去对美国显然是不利的，何况美国确实还需要同中国一道解决被俘美军人员的释放问题。经过反复讨论，艾森豪威尔政府决定与中国举行限制级别的会谈。7 月 11 日，杜勒斯请英国政府向中国政府转达美国政府建议中美举行大使级会谈。[①]

7 月 13 日，英国代办欧念儒（Con O'Neiill）会见周恩来，转交了美国政府关于举行中美大使级会谈的建议。他说今早得到麦克米伦（Harold Macmillan）外长的指示，要他口头转达美国政府致周恩来总理的口信。他得到的指示是要他口头转达，但愿意留一份美国政府的来信给周恩来。随后他宣读了美国政府来件的全文，并提出三点内容，包括对建议内容保密；建议举行大使级会谈并不暗示美国“承认”中华人民共和国，以及英国政府认为美国的建议“是极其有用的”，故“希望中国政府能接受这一建议”。他最后还表示希望周恩来注意美国的信上说的，这一建议“也将有利于进一步讨论和解决双方之间目前有所争执的某些其他的实际问题”。周恩来表示中方一直有意愿同美国继续接触，解决双边关系中的实际问题，中方将研究美国的建议后答复。[②] 7 月 15 日，中方通过英方答复美国，表示同意美国政府举行大使级会谈的建议，并提出应于 7 月 21 日举行第一次会议。[③] 中方做此建议是为了配合苏联在四国首脑会议上提出并讨论台湾问题。

7 月 18 日是十分关键的一天。当天，四国首脑会议在日内瓦开幕。在北京，外交部拟定完成了一份《关于中美双方大使级代表在日内瓦会谈的方案》。《方案》分析了美国要求举行谈判的原因和目的，提出中方的方针应该是“加强对美国的压力，争取通

① 参阅资中筠主编《战后美国外交史——从杜鲁门到里根》上册，第 299 页。

② 《周恩来接见英国代办奥尔尼谈话纪要》，1955 年 7 月 13 日，外交部档案馆：207—00011—11。

③ 《关于中美双方大使级代表在日内瓦第一次会谈的方案》，1955 年 7 月 18 日，外交部档案馆：111—00014—01。

过这个会谈解决一些问题，并为中美之间关于和缓和消除台湾地区紧张局势的更高一级的谈判做准备”。《方案》也提出会谈应有利于在国际上形成的有利局面，“有助于四国会议对于台湾问题的讨论和苏联、英国、印度为改善中美关系而继续进行的斡旋工作”。《方案》也估计到美国有可能将中美会谈拖延到四国会议之后，不过 21 日会谈不成就会更加有利于苏联要求四国会议讨论台湾问题。[①]《人民日报》当天头版发表题为《欢迎四大国会议》的社论，在支持苏联建议的所有主要立场的同时也提出，“四大国会议必须讨论远东形势”，社论说这对于中国“有着特殊的意义”。[②]

不过就在当天下午 4 点 15 分，英国驻华代办欧念儒向周恩来转交了杜勒斯提出供双方发表的《新闻通报》草稿。该新闻稿读起来十分拗口，这反映了美国政府的确是殚精竭虑、字斟句酌的，主要内容就是中美同意在 8 月 1 日召开大使级会谈，解决双方之间的平民遣返问题，“并有利于进一步讨论和解决双方之间目前有所争执的某些其他实际问题”。英方选择这个时间转交美方的建议显然是煞费苦心的。周恩来当即发表了很长一段谈话，指责美国不该使用“北平”来称呼中国以及英方不该如此转达。他对美方十分关心的于 7 月 20 日发表公报一点，表示时间肯定是来不及的。至于美方提出的 8 月 1 日开始大使级会谈，周恩来没有给予明确答复，也未提出其他时间表。[③] 他这样做的主要原因还是中国此前在给美国政府的答复中曾经要求，在四国首脑会议期间即开始大使级会谈。美方的建议显然要将会谈时间拖延到四国首脑会议之后，中国领导人则根据自己的判断，需要等待四国首脑会议上苏联外交努力的结果。

---

① 《关于中美双方大使级代表在日内瓦第一次会谈的方案》，1955 年 7 月 18 日，外交部档案馆：111—00014—01。

② 《欢迎四大国会议》，《人民日报》1955 年 7 月 18 日。

③ 《周恩来接见英国代办欧念儒谈话纪要》，1954 年 7 月 18 日，外交部档案馆：110—00141—07。

当天 24 点整，苏联驻华代办罗迈进面交周恩来一份《苏联代表团在日内瓦会议上的立场》。17 日晚周恩来已决定于 18 日将中方准备的中美会谈方案的全文交给苏联方面，[①] 故苏方差不多是用最快的方式转达了他们将在四国首脑会议上采取的方针。这份文件相当全面地介绍了苏联打算在会议上提出和争取解决的问题共 8 项，其中亚洲和东亚问题位列第 8 项，台湾问题列第 8 项之乙，内容是苏联代表团将“把台湾问题作为最重要的问题提出”，支持周恩来 4 月 23 日关于中美举行直接会谈的建议。[②] 从这份文件的内容可以大致看出，苏联并没有将台湾问题放在重要的位置上。会议的进展也证明苏联最终未能争取到将东亚问题列入四国会议的议程。会议一开始，美、英、法首先提出应着重讨论德国问题。布尔加宁则提出，应讨论裁军、禁止核武器、建立欧洲集体安全体系和东亚问题。四国领导人经过协商后同意，会议将讨论德国、欧洲安全、裁军和加强东西方接触等，东亚问题被排除在外。苏联领导人只是在非正式的会晤中有机会提出应解决台湾问题，美英领导人立即表示拒绝讨论。[③] 21 日，杜勒斯同参加会议的苏联领导人布尔加宁会谈。他在回答后者的提问时表示，美国希望中美会谈首先讨论平民遣返问题，也不排除讨论其他问题，但不能指望进展很快。[④]

由于四国会议已无可能讨论东亚问题，7 月 23 日，中方通过英方转告美方，表示同意于 8 月 1 日开始大使级会谈。两天后，中美公布了两国将举行大使级会谈的新闻公报。26 日，针对四国会

---

① 《周恩来总理关于中美会谈的具体指示》，1954 年 7 月 18 日，外交部档案馆：111—00009—03。

② 《苏联代表团在日内瓦会议上的立场》，1955 年 7 月 18 日，外交部档案馆：206—00061—07（1）。

③ 〔美〕德怀特·艾森豪威尔：《白宫岁月（上）——受命变革》，复旦大学资本主义国家经济研究所译，三联书店 1978 年版，第 573 页。

④ “Memorandum of Conversations, Geneva”, July 21, 1955, *FRUS*, *1955 - 1957*, Vol. 2, pp. 670 - 671.

议结束后的形势，外交部拟定了一份对中美大使级会谈的补充指示，说明这时已不可能再配合苏联在四国首脑会议上的外交努力，原方案中“为了配合四国会议的具体步骤自无必要”，但其他预定的方针没有改变。中美大使级会谈不能只限于讨论平民遣返问题，目标仍然是争取通过谈判解决一些问题，并为中美“缓和和消除台湾紧张局势的更高一级的谈判做准备”。[①]

7 月 30 日，外交部向一些驻外国使团发出了《关于中美大使级代表在日内瓦会谈的指示》。根据一段时间的交涉及此中经历的曲折，《指示》对美国的政策、谈判的前景和中国的政策做了比较详细的分析。《指示》认为，“美国政府建议在日内瓦举行中美大使级会谈是各方面压力的结果”，“中美会谈的联合新闻通告发表后，各方面的反应都很热烈，要求会谈能进一步导致台湾地区紧张局势的和缓”，不仅美国各界人士，“就是当权的杜勒斯和艾森豪威尔也不敢公开反对这一要求”，故此次美国“对于更高一级的中美谈判不关门，以试探我们的意图，它的目的显然是企图在造成‘两个中国’的形势下来缓和一下中美间的紧张局势，改善它在台湾问题上日益孤立和被动的地位”。《指示》据此判断，“如果大使级会谈进行得顺利，各方面的压力继续加大，特别是我们的沿海国防力量更加增强，举行中美更高一级会谈甚至和平收复沿海岛屿的可能性就会增长，这一前途是我们应当争取的”。《指示》提出，“此次会谈的基本方针是：在会谈一开始，即主动宣布我已释放十一个犯法的美国军事人员（办法已告），取消美国的借口，加强对美国的压力，争取在此次会谈中解决一些具体问题，为中美更高一级的谈判做准备，使美国在台湾问题上处于更加孤立和被动的地位”。[②] 两天后，中美大使级会

① 《关于中美大使级代表在日内瓦会谈的补充指示》，1955 年 7 月 26 日，外交部档案馆：111—00009—04。

② 《关于中美大使级代表在日内瓦会谈的指示》，1955 年 7 月 30 日，外交部档案馆：111—00009—01。

谈终于揭开帷幕，从此开始了长达 15 年的漫长谈判历程。

发起夺取东南沿海岛屿战役和开始中美大使级会谈，是这个时期中国为建立周边战略安全体系而同美国进行的最后一次较量，结果是最后划定了中美在东亚冷战的战线。美国建立美台《共同防御条约》，最终完成了它在东亚构筑遏制中国的军事体系。中国则通过夺取浙江沿海岛屿作战，消除了近在眼下的军事威胁，将美军可资利用的军事基地推到约 200 海里之外，从而增加了中国东南沿海的防御纵深，扩展了中国东南沿海的缓冲地区。当然，福建沿海的金门、马祖等岛屿未能在此次作战中根本解决，而中美大使级会谈断断续续。在解决了一些双边关系中的具体问题后，美方一直不肯在谈判中面对台湾问题，结果是谈判一度中断，并导致了 1958 年的第二次台海危机。

到 1955 年 4 月，中国与美国之间在朝鲜半岛沿三八线、印度支那沿 17 度线和东南沿海隔台海“中线”的军事对峙格局基本固定化，并在后来持续了很长的时间。另外，中国实施夺取东南沿海岛屿战役和随之展开的外交行动等，并未能达到迫使美国与中国谈判解决台湾问题的目的。不过，中美毕竟还是开始了解决非军事安全事务的谈判，尤其是建立起了大使级会谈的沟通机制，东亚地区在持续了 5 年的冲突和紧张之后，出现了暂时的平静和稳定。8 月 7 日，《人民日报》发表社论《为结束冷战而继续努力》，盛赞布尔加宁三天前就四国首脑会议发表的谈话，同时针对中美大使级会谈发表评论说，只要中美双方“采取和解的诚意协商的态度”，会谈就能为解决两个国家的问题找到出路。[①] 此文正逢其时，因为中美之间此时刚好从结束热战转向名副其实的冷战。毛泽东后来称这种状态为“冷战共处”。[②]

---

① 《为结束冷战而继续努力》，《人民日报》1955 年 8 月 7 日。

② 毛泽东：《同蒙哥马利谈国际形势》，1960 年 5 月 27 日，《毛泽东外交文选》，第 422 页。

第5章　缔造新外交

1955年4月在新中国外交历史上非常特殊，该月相继发生的两个重要事件后来被证明是具有里程碑意义的，它们对中国在冷战中甚至冷战后的地位有至关重要的影响。

首先是4月17日，周恩来率领一个阵容强大的中国代表团抵达印度尼西亚的万隆，参加于18—22日召开的亚非会议。这次会议史称“万隆会议”，30位亚非国家领导人参加。他们会聚一堂，共同讨论了非常广泛的问题，包括民族独立和国家主权、反对殖民主义、战争与和平，以及与会国之间的经济文化合作等。会议还发表了一项声明。这次会议成为对世界历史进程产生重大影响的亚非运动的一个重要里程碑。中国则因为参加这次会议而成为亚非运动的特殊成员，并因而完成了新的国家认同的建构。中国从此不仅作为苏联阵营的重要成员，同时也作为新兴民族国家的重要成员，在国际舞台上纵横捭阖。

其次是4月27日，中国政府代表团在莫斯科同苏联政府签订了《关于为国民经济发展需要利用原子能的协定》。根据这项协定，苏联将向中国的核物理研究和核试验提供帮助，包括帮助中国设计和建造试验用原子反应堆和回旋加速器等。[①] 这个协议为中苏合作开辟了新的领域，为中苏军事同盟增加了新的内容，特别是为中国成为核大国注入了新的动力。在冷战时期，中国正是因为拥有了核力量，才从一个东亚地区强国上升为有一定世界影响的强国，虽然这是十年以后的事情。

上述两个事件的发生并非偶然。从宏观的角度看，它们反映了中国现代民族国家建设在这个特殊阶段上的发展和由此产生的巨大冲动。一方面，随着国民经济的迅速恢复和第一个五年计划的展开，中国需要一个稳定与和平的外部环境，首先是稳定与和平的周边环境；另一方面，在东亚地区展开的一系列军事和外交行动极大地提升了中国的国际地位，主要奠定了东亚地区强国的地位和大幅提升了在苏联阵营中的地位。这种发展既加强了中国领导人的自豪感和自信心，也使他们渴望更加迅速地克服与外部世界交往中的战略弱点。

从具体的过程看，1954 年夏季以来，随着日内瓦会议就恢复印度支那和平达成协议，中国外交进入一个十分活跃的新时期。如前所述，在日内瓦会议期间，7 月 7 日，中共中央召开了一次扩大的政治局会议。这次会议的一个重要内容是听取周恩来有关日内瓦会议情况的报告，但这远不是会议的全部内容。中国领导人在这次会议上决定为恢复印度支那和平采取更为进取的方针的同时，也决定大幅度调整对外政策，结束“打扫干净屋子再请客”的方针，推动中国对外关系向更广阔的领域发展。

毛泽东为了阐述和说明大幅调整对外政策的根据和意义，在会议发言中再次用他放弃了八年之久的“中间地带”概括了他对世界政治的观察与结论。当然，毛泽东重新提出“中间地带”并不是仅仅借用这个词来描述国际政治形势变化的特点，而是为了重新审视和界定当前美国战略的主要目标，以及由此导致的世界政治中的主要矛盾，为调整对外政策提供一套完整的论述。

---

① 参阅李觉《当代中国的核工业》，中国社会科学出版社 1987 年版，第 20 页。

比较 1946 年 8 月提出的“中间地带”思想，毛泽东此次重提这个概念是有巨大区别的。按照毛泽东的描述，在 1946 年夏季提出的那个“中间地带”中，主要的行为者是成千上万的革命人民和他们发起的革命运动，尽管也有一些“资本主义国家”。1954 年夏季提出的“中间地带”中的景象则大不一样，那里的主要行为者是一大批各种各样的国家和即将兴起的国家。中国领导人必须将目光聚焦在那些国家的政府及其代表人物，而不仅仅是那里的各阶层的人民和革命运动。他们相信在新的世界形势下中国“情况是很好的”，中国基于国家战略的需要，不仅要加强中苏同盟，而且要在中苏同盟的基础上“走出去”，而对外关系的新发展空间就是那些处于“中间地带”的国家。为了达此目的，中国领导人再次到习惯的革命话语系统中寻找词汇来概括新的外交方针，“国际和平统一战线”政策就这样合乎逻辑地出现了。中国外交有了新的出发点并开始了一次重要的转型，中国对外关系从此在两个不同的方向上迅速向前延伸，一个方向是进一步丰富和强化中苏同盟；另一个方向则是在亚非国家开辟了广阔的新发展空间。历史证明后一个方向具有更重要和更为持久的影响，它为中国外交奠定了一个新的基础。

“搞一点原子弹”

史家研究中国核武器发展的历史，通常都把 1955 年 1 月 15 日中共中央书记处在中南海召开的政治局扩大会议作为决策的关键时刻。那次会议开了三个多小时，最后决定开始发展核工业。如果以此作为中国核武器发展历史的起点，就很有必要追溯它出现的背景和原因。这一方面是因为需要厘清中国领导人做出如此重大决定的历史根源；另一方面是因为这样一个重要的事实，即他们在此刻已经形成了基本完整的核战略思想。这同美国和苏联的决策历史都是不一样的，其中最基本也是最简单的一点，就是它发生在冷战初期美苏展开核军备竞赛的背景之下。

1945 年 7 月 16 日，在美国的新墨西哥州阿拉莫戈多实验基地，世界上第一次原子弹试爆成功。第二天，美国陆军部长史汀生（H. L. Stimson）飞抵波茨坦，当面向正在那里参加美、英、苏首脑会议的杜鲁门汇报了原子弹爆炸试验的详细情况。杜鲁门后来回忆说，他听了史汀生对原子弹爆炸情景的描述后“十分激动”，并声称“这是历史上最伟大的创举”。① 原子弹的诞生的确影响巨大而且深远，但杜鲁门这时称它是“最伟大的创举”，主要还是因为美国领导人当时仍然在为对日作战的前景焦虑不安。他们绝对相信一定能够打败日本，但对美军有可能遭受的巨大伤亡忧心忡忡。为了促使苏军早日参加对日作战，杜鲁门按照罗斯福的既定方针，同斯大林进行了艰难的讨价还价。可以想象，他在此时接到原子弹试爆成功的消息，心情将是多么激动，美军可以减少损失，而他不必为苏联早日参战而对斯大林做出更多的让步。

7 月 24 日，在经过仔细权衡之后，杜鲁门在一次会见中“偶然”对斯大林提起，美国已经拥有了一种威力十分巨大的“新武器”。他希望这样可以既让斯大林了解美军突然增强的优势地位，又不至于使这位敏感的苏联领袖感到美国是在施加压力。斯大林的反应出乎杜鲁门的预料，他只是平淡地表示很高兴，并鼓励杜鲁门“好好地运用它来对付日本”。② 面对斯大林的淡定，杜鲁门一度怀疑后者是否明白原子弹是个什么东西，而事实是这次会见结束后不久，斯大林即发出了苏联必须加快原子弹研制的命令。美国的原子弹试爆成功标志着世界政治的历史因一项科学技术进步导致的新武器的出现而进入一个新时代，也是由于这个新武器在二战最后且特殊的时刻出现，它在大国从合作走向对抗的特殊背景下开启了核军备竞赛与控制的进程。世界变得前所未有的危险，美苏等大国之间

---

① 〔美〕威廉·李海：《我在现场：罗斯福、杜鲁门顾问回忆录》，第 462 页。

② 〔美〕《杜鲁门回忆录》第一卷，第 353 页。

也从来没有过那么努力地避免在它们之间发生战争。它们只能进行冷战。

毛泽东在遥远的延安窑洞里很快就对美国有了原子弹这件事做出了他自己的回应，他最初的那些看法对中国的未来产生了重大的影响。8 月 6 日，美空军的两架 B－29 型轰炸机飞临日本广岛上空，投下了第一颗原子弹，这是人类第一次将原子弹用于实战。这颗爆炸当量相当于 2 万吨 TNT 的原子弹将一个有 30 多万居民的城市瞬间夷为平地，13 万人死亡，90% 的建筑物被毁。消息发出后举世震惊。在延安的中共中央机关报《解放日报》很快就报道了广岛被原子弹炸毁的消息。该报道引述外电的描述说，美国的威力巨大的新武器是“战争技术上的革命”，然后简要地描述了原子弹爆炸给日本造成的严重打击，说广岛城中烟火“高达四万英尺”，“仅见一片浓烟，外无他物”；城中有几条河也看不见了，“唯火焰弥漫速，犹如闪电”，“广岛所有生物都被烧死”。特别是盟军在投弹后还敦促日本尽快投降，“否则将以原子弹炸毁日本”。[①] 9 日，美国空军又在日本长崎投下第二颗原子弹。第二天，《解放日报》报道“原子弹又炸长崎”，同时附一篇短文《一个原子炸弹威力的估计》，说广岛百分之六十城市建筑被炸毁，伤亡人数在 10 万以上。[②]

一般来说，《解放日报》对原子弹爆炸的这种报道与其他中外媒体相比，并不能算是很充分的。这同中共中央的一项决定有关。如前所述，苏联宣布终止《日苏中立条约》后，中共中央已经要求宣传部门在有关盟军作战的报道中要突出苏联红军的作用。那以后《解放日报》报道有关美军在太平洋作战和海空军的巨大技术优势的内容明显减少了。即便如此，毛泽东读到《解放日报》有关美军使用原子弹的那些报道仍然不满意，觉得有些过分。他立即

---

① 《解放日报》1945 年 8 月 9 日。

② 《解放日报》1945 年 8 月 10 日。

约见负责文宣工作的胡乔木等人，告诉他们“不应夸大原子弹的作用”。[①] 这可算是毛泽东首次对核武器表明自己的基本观点，即不能夸大核武器的作用。

由于苏军当天即宣布对日作战，中共领导人的注意力立即转移到对日反攻和受降等问题，毛泽东在此一重要时刻公开阐述了他对原子弹的看法。8 月 13 日，他在延安召开的干部会上说，“原子弹不能使日本投降”，并批评党内“有些同志也相信原子弹了不起”，这是受了“资产阶级的影响”。他很严厉地表示对这种“唯武器论”思想“要像打扫灰尘一样，常常扫除。”[②] 此后中共媒体的报道倾向发生了明显的变化。8 月 12 日，《解放日报》转载英国《每日先驱论坛报》的消息，内容是要求公布原子弹的秘密，反对“军事垄断的危险”。[③] 9 月 6 日，《解放日报》又转载了一篇苏联杂志的文章，核心观点就是原子弹不是万能的，它“不能解决世界政治问题”。[④] 由此可以大致看出，中共中央对核武器从一开始就形成了基本上是负面的评价，并倾向于限制美国拥有原子弹这件事情的政治影响。

在毛泽东的军事思想中，人的因素与武器的因素这两者谁决定战争的胜负，既是军事哲学问题，也是中国革命的战略问题，他强调不能夸大核武器的作用是他思想的合逻辑的延伸。他认为决定战争胜负的首先是战争的性质，然后是站在正义一边的人而不是物。他说“武器是战争的重要因素，但不是决定的因素”。[⑤] 另一方面，毛泽东此时不可能清楚地了解原子弹将给世界政治带来的变化，但是他深知反对所谓“唯武器论”对中国革命的重大意义。中共领

---

① 逄先知主编《毛泽东年谱 1893—1949》中卷，第 617 页。

② 毛泽东：《抗日战争胜利后的时局和我们的方针》，1945 年 8 月 13 日，《毛泽东选集》第四卷，第 1133—1134 页。

③ 《解放日报》1945 年 8 月 12 日。

④ 《原子弹不能解决世界政治问题》，《解放日报》1945 年 9 月 6 日。

⑤ 毛泽东：《论持久战》，1938 年 5 月，《毛泽东选集》第二卷，第 469 页。

导的军队从诞生之日起直到全面内战爆发之时，一直是在武器装备处于劣势的条件下生存和作战的，承认武器装备在战争中具有决定性的作用，就等于是承认中共必定要失败。如何评价核武器的作用也是一样，更何况这时拥有原子弹的是美国而不是苏联，中共中央的政策正转向同美国对抗的方向。

后来的发展很快就证明了毛泽东控制对原子弹威力的宣传是有先见之明的，也是很有必要的，他对核武器的基本论述对于中国革命的进程是有战略意义的。全面内战爆发也是中共中央走上同美国对抗之路的开始，中共内部的重大决策伴随着对美国是否介入中国内战以及是否会在中国使用核武器的思考与讨论。在此背景下，毛泽东用极为生动明了的语言对核武器做出了他此后再也没有改变过的评价。他直截了当地将原子弹比喻成一只同美国一样的“纸老虎”，说“原子弹是美国反动派用来吓人的一只纸老虎，看样子可怕，实际上并不可怕。当然，原子弹是一种大规模屠杀的武器，但是决定战争胜败的是人民，而不是一两件新式武器”。[①] 毛泽东对核武器的论述主要是基于他对武器与战争关系的既有认知，以及中国革命的实际需要，不过他和其他中共领导人的论述还是大致反映出他们已经注意到了核武器所具有的不可使用性，以及在不发达国家或地区的破坏作用是有限的。[②]

1949 年 8 月 29 日，苏联宣布第一次成功试爆了原子弹，成为世界上第二个核国家。中共中央对苏联拥有核武器的反应显然是相当积极的，“一边倒”原则对核武器一样适用。9 月 5 日，《人民日报》为纪念打败日本发表评论说，“击溃日本帝国主义苏联起了决定作用”。[③] 9 月 26 日，《人民日报》刊登苏联塔斯社的声明，说

① 毛泽东：《和美国记者安娜·路易斯·斯特朗的谈话》，1946 年 8 月 6 日，《毛泽东选集》第 4 卷，第 1194—1195 页。

② 周恩来：《全国大反攻，打倒蒋介石》，1947 年 9 月 28 日，《周恩来选集》下卷，第 272—282 页。

③ 《击溃日本帝国主义苏联起了决定作用》，《人民日报》1949 年 9 月 5 日。

苏联早已有了核武器，美国不必因此惊恐万状。[1] 10 月 10 日，《人民日报》通过报道一些国家的评论，阐述了苏联拥有核武器将有利于打破美国的核垄断，美国再也不能忽视苏联的“和平建议”。[2] 这些经过选择的报道大致构架了一套逻辑，即核武器掌握在谁的手中比核武器的威力重要得多，掌握核武器是打破核垄断的最佳手段，苏联拥有核武器有利于打破美国的垄断地位，从而造成对美国的一种制约。不论是否基于意识形态和政治制度之争，用拥有核武器来打破核垄断这种观念本身在逻辑上即等于承认，对于防止使用核武器这一点，两个以上的国家掌握核武器要好于一个国家拥有核武器。

新中国成立后不久的莫斯科之行使毛泽东萌生了制造原子弹的念头。斯大林对苏联成功试爆原子弹深感鼓舞，同时也希望能鼓舞苏联阵营的其他国家，尤其是需要利用这一成功来坚定中国领导人加入苏联阵营的信心，是他的言行引起了毛泽东对研制核武器的兴趣。毛泽东访问莫斯科期间，斯大林亲自陪他观看了记录苏联进行原子弹爆炸试验的资料影片。毛泽东对此印象深刻，这是他第一次比较直观地看到原子弹爆炸的巨大威力。他回国后即告诉警卫员叶子龙说感到“很开眼界”，并且透露出中国“也可以搞一点”的想法。[3] 毛泽东所说的“搞一点”不能简单理解成口头语言，它反映了毛泽东对核武器的基本认识，即核武器是需要的，但不能太多，所以他从来都说要“搞一点”。

《中苏友好同盟互助条约》第一条明确规定，当缔约一方受到第三国的侵略“因而处于战争状态时，缔约国另一方即尽其全力给予军事和其他援助”。[4] 由于苏联已经拥有了核武器，这相当于规

① 《人民日报》1949 年 9 月 26 日。

② 《人民日报》1949 年 10 月 10 日。

③ 参阅沈志华《援助与限制：苏联对中国研制核武器的方针（1949—1960）》，沈志华、李滨编《脆弱的联盟：冷战与中苏关系》，社会科学文献出版社 2010 年版，第 208—209 页。

④ 《中苏友好同盟互助条约》，1950 年 2 月 14 日，参见牛军《中华人民共和国对外关系史概论》，北京大学出版社 2010 年版，第 99 页。

定了苏联将向中国提供核保护伞。但是随后发生的朝鲜战争肯定使这一条的实际效力在中国领导人的心目中大打折扣。首先是北朝鲜面临灭顶之灾时，苏联领导人选择听任其灭亡也绝不与美国开战。随后是在中国军队慷慨赴朝参战时，斯大林违背最初的承诺，不肯立即为志愿军在朝鲜作战提供空中掩护。所有这些就是为了一个目的，即避免与美国发生军事冲突。对于从来都将“自力更生”视为生存和发展的根本准则的中国领导人来说，这样的教训是刻骨铭心的，他们的政治经验决定了他们不会将重大的战略利益寄托于苏联的核保护伞之下。

从安全战略的大背景看，中国领导下决心研制原子弹同来自美国的核威胁有密切的关系。中国第一次面临美国核威胁是在朝鲜战争期间。1950 年 11 月 30 日，由于志愿军连续发动两次战役重创联合国军，杜鲁门在记者招待会上第一次向中国发出核威胁。他声称美国政府正在加强军事力量以应付中国参战后的严峻局势，而且“一直在积极地考虑”使用原子弹。[①] 艾森豪威尔入主白宫后，为了迫使中国按照美国的条件停战，也曾宣称美军将在朝鲜半岛使用战术核武器。[②] 中国第二次面临美国核威胁是在 1954—1955 年的台海危机期间。艾森豪威尔政府为了阻止解放军在东南沿海的军事行动，一面在台海地区大规模集结海空军力量，同时也在讨论如何“防卫”台湾，包括是否使用核武器，等等。

1954 年在冷战历史中本来就有“炸弹年”之称，美国国内针对核武器和核战略的讨论紧锣密鼓，有关的舆论也是甚嚣尘上。1 月 12 日，杜勒斯在纽约外交委员会发表演讲，宣布艾森豪威尔政府将实施一项新的“大规模报复”战略。他说今后不论战争发生在哪里，美国都应该“主要依靠大规模的立即报复力量，采用的手段和地点都得按照我们的选择”。时任美国副总统的尼克松（Richard Milhous Nixon）在随后的演讲中更加直截了当，声称美国

① 〔美〕《杜鲁门回忆录》第二卷，第 472—473 页。

② 资中筠主编《战后美国外交史——从杜鲁门到里根》上册，第 232 页。

应该主要依靠大规模的机动的报复力量，“打击侵略的主要根据地，时间和地点均得由我们决定”。[①] 艾森豪威尔政府的新战略导致了新一轮核军备竞赛。在这样炙热的气氛中发生的台海危机自然成为美国国内鹰派推行强硬政策的重要理由，他们的喧嚣也必然会加重中国的担心。1955 年 1 月 7 日、8 日两天，《人民日报》连续发表评论，谴责美国在中国东南沿海加强军事部署并向中国发出战争威胁。这些评论指责“美国将军们最近越来越喜欢挥舞原子武器了”，他们“在东方和西方叫嚷使用原子武器”是为了恫吓中国，但“那是在白费气力”，因为“原子武器早已不是美国垄断的专利品”。[②] 评论中有关打破核垄断的论述已经包含着中国有可能研制核武器的逻辑。实际上就是在 6 天后，即 1 月 15 日，中国领导人做出了研制核武器的第一个重大决定。[③]

从具体的过程看，新中国成立后中国领导人真正开始考虑研制核武器是在朝鲜战争结束不久。在 1952 年开始制订第一个五年计划时，研制核武器并没有立即实施，正在进行抗美援朝战争和财政困难是主要原因。1953 年 9 月 8 日，彭德怀向毛泽东提出建议，修改 1952 年 7 月制订的五年军事建设计划，获毛泽东批准。[④] 彭德怀提出修改五年军事规划的重大建议，主要反映了他在指挥抗美援朝战争中的经验和对中国国防现代化的思考，不过他的动力还来自毛泽东的远大抱负，毛泽东希望将解放军建设“成为世界上第二支最优良的现代化军队”。[⑤] 第一支当然是苏联红军，要成为世界第二支最优良的军队在逻辑上也是应该拥有核武器的。11 月间，彭德怀在为全军高级干部会议做发言准备时曾约见高岗，后者此时

---

① 转引自〔英〕科拉尔·贝尔《国际事务概览 1954 年》，第 131、133 页。

② 江南：《中国人民是吓不倒的》《人民对战争玩火者是不会容情的》，《人民日报》1955 年 1 月 7 日、8 日。

③ 《周恩来年谱 1949—1976》上卷，第 440—441 页。

④ 王亚志回忆，沈志华、李丹慧整理《彭德怀军事参谋的回忆：1950 年代中苏军事关系见证》，复旦大学出版社 2009 年版，第 81 页。

⑤ 彭德怀传记组：《彭德怀全传》（三），第 1043 页。

正负责全国的经济计划工作。彭德怀在会见中谈到了研发核武器的远景，他提出能否用 10 年时间在核武器领域赶上美国。[①] 高岗当时未置可否，就如同他在听钱三强谈发展原子能之后未置可否一样。12 月 7 日到翌年（1954 年）1 月 26 日，中央军委召开制定军事发展规划的全军高干会议。在这次重要的军事会议上，并没有讨论研制核武器的问题。

一个历史细节很可能是导致毛泽东将核武器同中国的世界地位联系在一起的源头。早在 1949 年 9 月 23 日，维辛斯基在联大发言时提出，“采取无条件禁用原子武器并实施充分与严格的国际管制的措施，已不容再事拖延”。尤为重要的是，他说美、苏、英、法、中等“五强”负有“主要责任”来解决这类关系世界和平的问题。[②] 当时中国在安理会的代表还是国民政府的官员，不过维辛斯基这时对中国“五强”地位的确认并不妨碍苏联很快就会将此称谓转归新中国。此时中华人民共和国还没有建立，《人民日报》照样刊登了维辛斯基的讲话，这表明毛泽东等领导人认为新中国理所当然地应该位列五强。

毛泽东对中国世界大国地位的认同是逐步形成的，其建构过程也是经历过挫折的。尤其是 1954 年初美、苏、英、法为是否邀请中国参加日内瓦会议以及该会议的形势展开的讨论，严重影响了中国领导人的思考。尤其是美国政府先是反对召开有中国外长参加的国际会议，后来又为贬低中国的地位而将苏联提议的五大国外长会议改称为“有各国外长参加”的会议，并宣称美国派代表参加那样的会议不等于承认中华人民共和国是一个国家。日内瓦会议最终没有成为“五大国会议”。后来毛泽东在阐述中国为什么要研制和如何更好地发展核武器时，阐述了他对核武器的看法。在他心目中，核武器关乎一个国家的威望和世界地位，而不仅仅是甚至不主

① 彭德怀传记组：《彭德怀全传》（三），第 1087 页。
② 《人民日报》1949 年 9 月 27 日。

要是为了维护国家的基本安全。他说美国等国家看不起中国，是因为中国“没有原子弹，只有手榴弹”，所以中国“不但要有更多的飞机大炮，而且还要有原子弹。在今天的世界上，我们要不受人家欺负就不能没有这个东西”。[①]

这个时期，苏联针对美国的“大规模报复”战略和 1954 年 10 月《巴黎协定》签署后欧洲安全形势的变化，决定加强核军备以抗衡美国的核战略。苏军提出了一项以发展核武器和导弹运载工具为中心的“火箭核战略”，同时为了对抗美国与西欧国家军事安全关系的发展，决定强化与盟国之间的军事一体化。1954 年 11 月 29 日，苏联同 7 个东欧国家召开会议，筹组华沙条约集团。中国驻苏联大使张闻天出席了这次会议，他发表声明支持会议的一切决定。美苏展开新一轮核军备竞赛的紧张气氛和苏联阵营军事一体化的进程等使中国领导人相信，他们会从苏联得到必不可少的帮助。1954 年 9 月，彭德怀率领高级军事代表团访问苏联。该团成员中有很多解放军著名战将，包括刘伯承、粟裕、刘亚楼、许光达、陈赓等，他们应邀专门前往托斯克观看名为“雪暴”的核爆炸军事演习。行前，彭德怀专门会见了钱三强，向他了解研制原子弹的科学技术知识和生产问题。在苏联的核试验基地，这些战将第一次亲眼目睹了蘑菇云升腾，以及核爆炸产生的冲击波形成的巨大破坏力。演习结束后，布尔加宁将一把原子弹起爆的钥匙赠送给彭德怀。在中国的国防与安全决策体制中，这批将领均位居关键岗位，他们对先进武器的渴望是可想而知的，经历了这样的视觉冲击后必定会倾向于研制核武器。实际情况也是如此。9 月 30 日，彭德怀在准备与即将到访的赫鲁晓夫会谈的方案时告诉李富春，必须将研制原子弹列入会谈计划，宁可削减一些其他项目，也要列上研制原子弹。[②] 每个中国领导人都知道，研制原子弹的最

---

① 毛泽东：《论十大关系》，1956 年 4 月 25 日，《毛泽东文集》第七卷，第 27 页。
② 梁东元：《原子弹调查》，解放军出版社 2005 年版，第 30—31 页。

佳途径就是获得苏联的帮助，这是他们之间的共识。

1954 年 9 月 29 日至 10 月 12 日，赫鲁晓夫率苏联代表团访华并参加建国五周年庆典。10 月 3 日，毛泽东在同赫鲁晓夫的会谈中直接提出中国需要研制原子能、核武器等。他说“我们对原子能、核武器感兴趣”，“我们也想搞这项工业”，希望苏联能够提供帮助。毛泽东实际上提出的是两项要求，它们分别反映了中国核物理专家和军队领导人的不同重点。前者的重点是要发展原子能科学和核工业，后者就是要研制核武器。赫鲁晓夫此次访华确实是准备大幅提升中苏关系的，他决心对过去中国领导人认为是不符合国际主义准则的几乎所有的事情做出改变，当然他也确实认为斯大林做的一些事情有损中国的权益，应该予以纠正。[①] 此外，他还决定进一步向中国提供大规模的援助，帮助中国更快地向工业化国家前进。他相信经过真诚的努力和付出，中苏关系将更加巩固，苏联的国际地位将进一步上升，苏联阵营将更加团结，这不仅符合无产阶级国际主义，而且将大有利于苏联应付欧洲正在升级的紧张局势，还可以巩固赫鲁晓夫在国内的政治地位。尽管如此，赫鲁晓夫对毛泽东突然提出帮助研制核武器的要求还是没有任何准备，他大概是出于本能地立即表示不赞成中国研制核武器。他说中国有苏联的核保护伞就可以了，不必为此事花那么多钱，原子弹研制成本很高，“又不能吃，不能用”，生产出来储存也很贵。他建议毛泽东把国计民生放在首位，而苏联可以做的是帮着先建个“小型原子堆”，中国可以先展开研究和培训技术人员，等等。赫鲁晓夫实际上表达了苏联可以帮助中国先从研制核能做起，毛泽东当时表示他会考虑赫鲁晓夫的建议。[②] 10 月 23 日，毛泽东同到北京访问的尼赫鲁会谈时，阐述了对原子弹的看法。他说原子弹作为一种新的武器并没

① 参阅〔俄〕尤·米·加列诺维奇《两个一把手：赫鲁晓夫和毛泽东》，飞舟等译，四川人民出版社 1999 年版，第 15—18 页。

② 《在历史巨人身边——师哲回忆录（修订本）》，第 572—573 页。

有使战争问题发生根本变化，“除了杀伤的人数增多以外，没有根本的不同”。他告诉尼赫鲁中国“正在开始研究”，“一下子还搞不起来”。[①] 这是中国领导人首次向苏联以外国家的领导人透露他们已经决定要研制核武器。

1955 年 1 月 15 日，中共中央书记处在中南海召开了一次重要的扩大会议。会议由毛泽东本人主持，刘少奇、周恩来、朱德等主要领导人都参加了这次会议。他们听取了几位科学家的报告和他们对中国发展原子能的前景的判断。会议进行三个多小时，中国领导人最终做出决定，中国从此迈开了向核国家进军的步伐。[②]

这次会议之所以能够召开，是因为赫鲁晓夫回国后，中苏开始就原子能技术合作展开磋商，并在 1 月上旬就苏联向中国提供包括核反应堆在内的重要援助达成了初步的协议。正是因为有了苏联援助的承诺，毛泽东才在 15 人会议上说“认真抓一下，一定可以搞起来”，他相信中国拥有足够的人才和资源，在苏联帮助下“什么奇迹都可以创造出来”。[③] 中共中央书记处扩大会议召开三天后，《人民日报》刊登了一项苏联部长会议声明。该声明宣布苏联将援助中国、波兰、捷克斯洛伐克、罗马尼亚和东德发展和平利用原子能的计划。苏联提供的援助包括设计、供给设备及建设具有达到 5000 千瓦热能的实验性原子堆、原子微粒加速器，供给必要数量的原子堆和科学研究用的可分裂物质，以及这些国家的科学家和工程师们可以到苏联了解相关科学研究和实验性原子堆的情况，等等。[④] 1 月 20 日，中苏就签署了苏联协助中国勘探和开采铀矿的议定书。

---

① 毛泽东：《同印度总理尼赫鲁的四次谈话》，1954 年 10 月 23 日，《毛泽东文集》第六卷，第 367 页。

② 《周恩来年谱 1949—1976》上卷，第 440—441 页。

③ 该书编委会编《当代中国的核工业》，第 20 页。

④ 《苏联部长会议发表声明在促进原子能和平用途的研究方面给予我国和其他国家以科学、技术和工业帮助》，《人民日报》1955 年 1 月 18 日。

毫无疑问，中苏合作和苏联援助是中国领导人能于此时下定决心的关键因素，而苏联领导人在这个时刻决定向中国提供上述援助，与美国同西欧国家签署《巴黎协定》加强军事合作，包括在欧洲加强核军备有直接的关系。苏联正在筹组与北大西洋公约组织对抗的军事集团华沙条约组织，苏联领导人十分清楚能够得到中国赞成与配合的重要意义。不过，无论苏联基于多么复杂的考虑，中国这时毕竟得到了为研制核武器所不可缺少的苏联援助。31 日，周恩来在国务院全体会议第四次会议做有关发展核能和苏联提供援助的报告，会议通过了相应的决定并予以公布。[①] 有关展开原子能研究和发展的决定很快启动并推进了研制核武器的决策进程。2 月 18 日，彭德怀在向毛泽东报告 1954 年年度军事工作时，提出了要逐步研制和发展核武器。[②] 研制核武器问题从此被提上议事日程。大致是从这个时候开始，“原子弹”在中国领导人的话语中成为出现频率很高的一个概念，他们的核战略思想初现端倪。

中国领导人在新中国成立后不久即决定要研制核武器肯定同冷战有密切的关系，不论是与美国对抗还是与苏联结盟，都是推动中国领导人决心尽快跻身核国家之列的重要因素。但是，在研制核武器的决策过程中，中国领导人的确形成了有别于美国和苏联的独特的核战略思想，这种核战略思想的形成并不全由于中国相比较而言十分落后的现代化水平。首先就是中国领导人仍然坚持认为核武器作为一种新式武器的确会造成大规模的毁坏，但绝不可能因此就成为决定战争胜负的关键因素。他们肯定不是因为中国经济还很困难、科技水平相当低以及工业基础十分薄弱，才有意贬低核武器在战争中的作用。在毛泽东看来，战争武器从冷兵器过渡到热兵器，再到核武器，“除了死伤的人数以外，没有什么差别”，“随着武器的变

① 《周恩来军事文选》第四卷，第 363 页。
② 彭德怀传记组：《彭德怀全传》（三），第 1081 页。

化，无非是死伤的人数更多而已”。[①] 这种认知是毛泽东有关核威慑思想的基础，也是他十分蔑视来自各方（先是美国，后来是苏联）的核威胁的重要原因。当然，这时中美之间的尖锐对抗使毛泽东特别厌恶美国的核威胁，对任何这方面的哪怕是一点暗示都必定要予以回击。最典型的是他同芬兰驻华大使孙士敦（Carl-Johan Sundstrom）的谈话。1955 年 1 月 28 日，孙士敦向毛泽东递呈国书，席间他描述了美国的氢弹威力如何巨大，几颗投下便足以毁灭中国。毛泽东以他特有的尖锐形象的语言予以回击说：“原子弹顶厉害也不过是把地球打穿，如果能把地球打穿，从中国打进去，从地球那面冒出来，那面正好是美国。第二次世界大战全部死伤不到一亿人，如果再来一次战争，就算中国一国伤亡到第二次世界大战的全部死伤人数，那我们还有五亿多人。美国想用恐怖吓倒我们，但是吓不倒我们。”[②] 由于中国不仅没有核武器，而且其他武器装备与美国相比也处于落后状态，中国领导人就有必要在核威慑问题上继续表示“不怕”，否则，从逻辑上说中国就只有不断地妥协下去了，这是毛泽东绝对不能接受的。

对于核武器在未来战争中的地位，中国领导人的基本判断是它是不可使用的，或者说使用的可能性很小。在这方面，周恩来的解释是有代表性的。他把核武器类比于生化武器，然后从禁止使用生化武器推演出核武器也最终会被禁止。他说，第一次世界大战时出现了毒气，由于参战各国都掌握了这种武器，“你用我也用，战争就无法进行了”，所以“国际上订立了禁止使用毒气的公约”，二战中“希特勒也没有敢用毒气”。从这种发展趋势看，周恩来认为“现在也有可能禁止使用原子武器”。

在中国领导人的论述逻辑中，核武器之不可使用固然是因为它

① 毛泽东：《同印度总理尼赫鲁的四次谈话》，1954 年 10 月 23 日，《毛泽东文集》第六卷，第 367 页。

② 周恩来：《关于和平利用原子能问题》，1955 年 1 月 31 日，《周恩来军事文选》第四卷，第 358 页。

的巨大破坏性将给人类造成的灾难之严重，使用者也不能幸免——毛泽东在同尼赫鲁会谈时说，核武器“既然无法控制，问题也就解决了”，“毁灭地球，人类是不允许的”，但是，禁止使用核武器的确切保证则是打破一国（后来发展成打破美苏）的核垄断。这是中国领导人最初为他们赞成苏联拥有核武器所提出的重要理由，也是他们认为中国需要发展核能和研制核武器的重要原因。用周恩来的话说，就是“一方面要反对使用原子武器，另一方面我们要掌握原子能”。[①] 毛泽东每提到发展核武器一类武器时，通常都会说“搞一点”，就是因为他认为核武器被使用的可能性很低，一个国家没有必要拥有大量的核武器，只要“搞一点”达到打破核垄断的目的即可。

与消除核武器造成的安全威胁相比，加强中国的综合国力和提升中国的国际地位这种考虑对中国领导人决定研制核武器的影响更重要一些。因为从这个时期开始，中国战略思维中定义的大国、强国，就是要拥有核武器。有核武器未必是大国、强国，没有核武器就一定不是大国、强国。在中国的决策过程中，一直有两个群体在积极推动毛泽东下定决心。一个群体是一批核物理专家，他们是在追随科学技术发展的大趋势，强烈建议中国应该发展核工业，使中国的科学技术尽早达到世界的前沿。另一个群体则是彭德怀等军事领导人，如上所述，他们是从建设世界第一流武装力量出发提出要研制核武器。这两个群体都是从正面推动决策过程向前发展，他们的论述的本质是提升国家的综合实力和加强中国的世界地位。此外则是不断出现的重大事件如朝鲜战争、东南沿海作战中美国的干涉、苏联核军备和军事战略的发展等，它们不断从负面刺激中国领导人的思考，并引起他们对核武器问题的关注与重视。当毛泽东决定要研制核武器时，他并没有改变对核武器不过就是一种新武器而

① 周恩来：《关于和平利用原子能问题》，1955 年 1 月 31 日，《周恩来军事文选》第四卷，第 359 页。

己的看法，但他承认有没有核武器关乎中国的国际地位。他说原子弹“听说就是这么大一个东西，没有那个东西，人家就说你不算数。那么好，我们就搞一点”。[①] 中国领导人对核武器的这种认识导致中国的核战略是以打破核垄断和提升中国的国际地位为主要目标，并根据此目标来确定核武器的发展规划。

随着中国不久后确定了“积极防御”的军事战略，中国同苏联的军事合作的边际逐步被划清楚了，中国同苏联在核领域合作的规模和界限也基本上划清楚了。中苏在研制核武器领域的合作在这个时期成为一种黏合剂，有力地加强了中苏同盟。中国以打破美国核垄断和提升综合国力为目的，依靠苏联的帮助迅速向核大国迈进，这对东亚冷战和东亚国际格局的影响都是极为深远的，直到冷战结束，中国都是东亚唯一拥有核武器的国家。进一步说，中国正是因此而最终获得了超出东亚地区的强国地位。20世纪60年代末，在中国战略思维和外交话语中出现“大三角”的概念，其源头即出于此。

重建“中间地带”

从1954年6月20日日内瓦会议休会到7月5日结束与越共领导人的会谈，周恩来的外交活动之紧张与繁忙，即使在今天看来都是令人吃惊的。他会见了老挝、柬埔寨与会代表，同法国新总理兼外交部长孟戴斯－弗朗西斯就和平解决印度支那问题达成初步共识，访问印度和缅甸，在柳州与越共中央举行会议以便确定下一阶段谈判方针，等等。由于日内瓦会议的重要性，史家多少都有些忽视周恩来从6月25日到29日对印度和缅甸的闪电式的访问。那两次访问意义重大，首先就是因为一个非常简单的事实：这是新中国成立后中国总理第一次访问非苏联阵营的亚洲国家。此前他们只去

① 《建国以来毛泽东军事文稿》中卷，第387页。

过莫斯科，仅此一条即可以大致判断这次外交行动非同一般。周恩来不久以后说过，他访问印度和缅甸并发表联合公报，都是毛泽东等在北京做出的决定和筹划。[①] 历史的进程也足以证明，这次访问的目的和影响大大超出解决印度支那问题的范围，周恩来的外交努力为中国外交进入一片全新的天地开辟了一条通道。

周恩来访问印、缅两国并非参加日内瓦会议之前的预定行程，他访问印度缘起于尼赫鲁的一再邀请，访问缅甸则是顺道加上的行程。中国领导人那时甚至都没有想到过要出国去访问非苏联阵营的亚洲国家。相比同苏联阵营国家的关系，他们对这类国家的政策最初可以说是相当不积极的，不过这时正变得逐步积极起来。这种情况固然反映了中印关系的复杂一面，尤其是印度的对华政策曾经同中国的西藏问题纠缠在一起。另外，中国对印度的政策也反映了“两大阵营”理论和“打扫干净屋子再请客”政策在中国内部的深刻影响。

5 月 23 日，印度驻联合国代表梅农会见周恩来。他在会谈一开始就提出，尼赫鲁邀请周恩来在回国途中访问新德里，周恩来未置可否。周恩来第二天即将此次会谈内容电报北京，不过他的注意力显然完全在印度支那问题上，尼赫鲁的邀请被列在这个很长的报告的第四项，只用了两句话知会北京而已，未做任何评论，也没有进一步的建议。[②] 6 月 13 日，梅农再次向周恩来发出邀请。当时他说，周恩来哪怕是“路过印度小住，一天也可以”，其情殷切可见一斑。不过周恩来告诉他“现在很难答复”。这段话仍然是列在报告北京的会谈记录中，而且不长也不突出。[③] 周恩来是在等待指

① 《周恩来总理兼外长对外交部全体干部的讲话》，1954 年 11 月 3 日，外交部档案馆：102—00168—01。

② 《周恩来关于与印度驻联合国代表梅农的谈话情况致毛泽东、刘少奇并报中央的电报》，1954 年 5 月 24 日，《1954 年日内瓦会议》，第 337 页。

③ 《周恩来与梅农谈话记录》，1954 年 6 月 13 日，《1954 年日内瓦会议》，第 352、354 页。

示，他在报告中也没有表达自己的意见。

中共中央正是在 6 月 13 日这一天发出答复电报，表示同意周恩来访问印度。一天前，外交部副部长章汉夫才向中共中央提交了有关周恩来是否访问印度的建议，它被包括在一份关于与东南亚各国签订互不侵犯条约的综合性的报告中。从报告的内容看，北京的领导人是在一个更为宏大的框架中思考中印关系和周恩来是否访问印度的，而且外交部相当慎重。这是他们没有迅速答复周恩来的重要原因。日内瓦会议召开后不久，外交部曾经就印度、印度尼西亚、缅甸、巴基斯坦和锡金等亚洲五国总理会议提交专门的研究报告。该报告认为，五国总理赞成印度支那停战，而且他们的停战方案同中国的主张很接近。特别重要的是印度、印度尼西亚、缅甸等都反对美国建立东南亚条约组织的计划，尽管他们各有自己的打算和理由。[①] 总之，这五个国家在中国十分关切的地区安全议题上的立场跟中国是有共同点的，这是中国领导人做出决定的主要依据。

章汉夫 12 日提交的报告并没有就周恩来是否接受邀请做出明确的表态，反而提出了一个两难的选择：一方面是中国同印度、缅甸等都存在“复杂的边界问题”，而印、缅提出这个问题“是可能的”，这“在一个时期内还不可能解决”，故周恩来是否接受需要仔细斟酌；另一方面，如果因不接受邀请而导致推迟“亚洲集体安全公约”，错过时机“可能是一个重大的损失”。他们提出如果能确定“积极争取这些国家的方针”，接受尼赫鲁的邀请“是有必要的”，既可以对印度“示好”，又可以了解尼赫鲁对“亚洲集体安全”“互不侵犯条约”等问题的态度，并可邀请尼赫鲁访华。[②] 这份报告的倾向和逻辑都还是清楚的，周恩来是否接受尼赫鲁的邀请实际上取决于是否对此前的外交政策做出足够的调

---

① 《一周电报汇编第八十三期（关于亚洲五国总理会议问题）》，1954 年 4 月 30 日，外交部档案馆：102—00212—06。

② 《建国以来刘少奇文稿》第六册，第 268—269 页。

整，愿意以积极的姿态推动发展同印度这类亚洲非社会主义国家的关系。

毛泽东、刘少奇等看过报告后很快做出了决定。刘少奇在 13 日致周恩来的电报中指示他接受尼赫鲁的邀请。从后来的发展看，这是一个相当重大的决定，它导致中国领导人第一次正式访问一个亚洲的非苏联阵营的国家。按照“打扫干净屋子再请客”的原则，中国领导人在此之前还没有准备到苏联阵营之外的国家访问，也没有请那些国家领导人来访的计划。17 日，周恩来答复中共中央说，他决定在休会期间前往新德里。① 后来他的行程中又增加了对缅甸的一天访问。按照周恩来的设想，他访问印度要达到三个目的，即为缔结“亚洲和平公约”做准备，打击美国组织东南亚条约的计划，以及推动印度支那恢复和平。② 按照这样的逻辑顺序，这次访问的目的主要是为在东亚地区安全问题上同尼赫鲁交换看法并争取达成共识。

从访问的结果看，周恩来达到了预期的目的，尤为重要的是他分别同尼赫鲁和缅甸总理吴努（U Nu）签订了中印《联合声明》和中缅《联合声明》。在这两个联合声明中，印、缅领导人确认它们也同中国一样，认为“和平共处五项原则”适用于亚洲国家和世界其他国家的关系。③ 正是这两个公报使中国领导人相信，“和平共处五项原则”可以作为中国在亚洲地区高举的一面旗帜，而拥有这面旗帜不仅对中国在这个地区追求的战略目标是有益的，而且对中国外交的大调整十分重要。

这次访问使周恩来更加乐观和自信。在日内瓦会议上和休会期间的外交活动使他对国际问题的看法有了相当大的改变，对印、缅的访问则是锦上添花。特别是他向尼赫鲁提出了中印边界目前维持

---

① 《周恩来年谱 1949—1976》上卷，第 386 页。

② 《周恩来年谱 1949—1976》上卷，第 386—387 页。

③ 《中印两国总理联合声明》，1954 年 6 月 28 日，《中缅两国总理联合声明》，1954 年 6 月 29 日，引自牛军《中华人民共和国对外关系史概论》，第 99—101 页。

现状，后者则表示“如有机会，双方协商进行调整”。[①] 随后在同吴努的会谈中，也说服后者接受关于暂时不处理边界问题的建议。[②] 不论后来尼赫鲁因中印边界纠纷如何解释他的话的含义，周恩来显然认为外交部所担心的边界遗留问题远没有紧迫和尖锐到使中国无法就大幅改善中印关系展开行动的程度，当时的实际情况也的确是如此。所以，他认为已经需要而且有条件改变建国前夕制定的“打扫干净屋子再请客”的时间表。

7 月 5 日，周恩来结束了与越共中央的会谈。第二天，他风尘仆仆地从南宁赶回北京，且不顾鞍马劳顿，当晚就到中南海毛泽东处参加了一次重要会议，汇报和讨论他的外交活动和今后的对外政策。按照以往中共重大决策的模式，毛泽东在做出重大决定之前，都会首先选择有关的主要领导人进行讨论并达成共识。这次与会者还包括刘少奇、朱德、陈云、邓小平，他们决定第二天召开政治局扩大会议，讨论印度支那问题和中国对外政策。[③] 毫无疑问，周恩来的汇报对中国领导人在这一天终于下定决心调整对外政策，起着关键性的作用。

根据 7 月 6 日会议的决定，第二天召开了中共中央政治局扩大会议，专门讨论中国的对外政策。周恩来在会上报告了日内瓦会议的进展、他在休会期间对印度和缅甸的访问成果以及他同越共中央会谈的情况，等等。他根据自己的体会提出，“原想再关一年门，现在看来是关不了的”，“有欲关不能之势！”因为中国的国际地位很高，而且苏联也希望中国能更多地参与国际事务。[④] 周恩来在会议结束后不久的一次会议上，对上述主张做了更明确的

---

① 《周恩来年谱 1949—1976》上卷，第 393 页。

② 《周总理与吴努总理第二次会谈记录（未经审阅）》，1954 年 6 月 29 日，外交部档案馆：203 - 00007 - 03，第 50—51 页。

③ 《周恩来年谱 1949—1976》上卷，第 395 页。

④ 《周恩来在中共中央政治局扩大会议上的报告记录》，1954 年 7 月 7 日，转引自金冲及主编《周恩来传 1949—1976》，第 189 页。

阐述。他在谈中印关系时说："前几年，我们说先打扫干净房子再请客。现在经过初步整理，房子已经基本打扫干净了，因此可以请一些客人来。"①

周恩来对日内瓦会议和访问印、缅以及与越共领导人会谈的描述令与会者感到鼓舞。毛泽东对周恩来和中国代表团的工作表示了肯定，而且对周恩来的建议深表赞成。他说，"关门关不住，不能关，而且必须走出去"，因为根据周恩来报告的情况，"门要关死已经不可能了，而且很有一种有利的局势，需要我们走出去"。②就这样，"打扫干净屋子再请客"的时期结束了。他随后阐述了对一个时期以来世界政治的思考，特别是提出了一套新的政策。

毛泽东在这次会议的发言中再次用"中间地带"概括了他对世界政治的观察与结论。他说世界已经发生了巨大的变化，"总的国际形势就是美国人相当孤立"。一方面苏联阵营团结得很好，另一方面则是世界的其他部分"四分五裂"，"一块铁板那样的事情是不可能的"。尤为关键的是美国的战略，毛泽东说它"主要的最大的目的，还是整这个中间地带，就是从日本到英国这些地方，整得这些国家哇哇叫"，美国是利用反共的旗帜把其盟友的地盘"占领起来"，特别是在东方占领了诸如日本、菲律宾、巴基斯坦、泰国等很多国家。③ 毛泽东的论述表明，他重新提出"中间地带"并不是仅仅借用这个词来描述国际政治形势变化的特点，而是要重新审视和界定当前美国战略的主要目标和由此导致的世界政治中的主要矛盾。毛泽东的结论是明确的，美国的战略目标如同他在 1946 年夏季所阐述的那样，是借口反共来控制"中间地带"。

---

① 《周恩来年谱 1949—1976》上卷，第 420 页。

② 《毛泽东在中共中央政治局扩大会议上的发言记录》，1954 年 7 月 7 日，转引自金冲及主编《周恩来传 1949—1976》，第 189 页。毛泽东：《同一切愿意和平的国家团结合作》，1954 年 7 月 7 日，《毛泽东文集》第六卷，第 333 页。

③ 毛泽东：《同一切愿意和平的国家团结合作》，1954 年 7 月 7 日，《毛泽东文集》第六卷，第 333—334 页。

对世界政治形势的上述判断是毛泽东下决心改变中国对外政策的一个重要依据。他在政治局会议上说，在新的世界形势下中国“情况是很好的”，中国“走出去”发展的空间就是那些处于“中间地带”的国家，而指导方针就是“和平共处”，“只要在和平这个问题上能够团结的，就和他们拉关系，来保卫我们的国家，保卫社会主义”。[①] 第二天，毛泽东在政协常委会上就外交政策发表讲话。他说今后外交要全面发展了，而指导方针就是“国际和平统一战线”。[②] 到此为止，中国领导人终于为他们调整对外政策提供了一套完整的论述。

1954 年 8 月 24 日，毛泽东在北京会见了英国前首相艾德礼（Clement Richard Attlee）率领的工党代表团，他在会见时再次阐述了“中间地带”的问题，而且观点更为明确。他把世界政治结构描述成按照地理状况分成的三个部分，美国所处的北美在欧亚大陆的“那一边”，苏联和中国“处在这一边”，剩下的都归于“中间地带”。“美国反共是把它当作个题目来做文章”，它的真实目标是“占领处在这个广大中间地带的国家，欺负它们，控制它们的经济，在它们的领土上建立军事基地，最好使这些国家都弱下去”。[③] 此后不久，毛泽东也这样提醒到访的尼赫鲁，美国反共“是以此为题目，另有其他的目的”。[④]

毛泽东的上述论述如同 1946 年一样，清楚地展现了他的思考逻辑，即世界政治格局同地缘政治格局之间是密不可分的，后者有着十分巨大的影响甚至决定着前者。毛泽东的思考逻辑对于解释冷战国际体系的出现和基本特征是有着相当的合理性的。所有对二战后

---

① 毛泽东：《同一切愿意和平的国家团结合作》，1954 年 7 月 7 日，《毛泽东文集》第六卷，第 334 页。

② 《毛泽东在一届全国政协第十五次会议上的讲话要点》，1954 年 7 月 8 日。

③ 毛泽东：《关于中间地带、和平共处以及中英中美关系问题》，1954 年 8 月 24 日，《毛泽东外交文选》，第 159—160 页。

④ 毛泽东：《同印度总理尼赫鲁的四次谈话》，1954 年 10 月，《毛泽东文集》第六卷，第 363 页。

的国际体系的解释都建立在这样一个基本事实的基础之上，即美国和苏联两个非欧洲大国的兴起以及欧洲的衰落，是导致冷战发生的最基本的原因，诸多的地缘和世界政治版图的勾画都缘起于这个变化。美苏两个大国之间的那些国家大致都可以用“中间的”来概括，毛泽东提出的一系列分析就是建立在这个基本概括之上。从这个意义上说，毛泽东的“中间地带”是一种包含了相当丰富内容的中国话语，这套话语对世界的把握、概括和描述包含了既是独特的也是普遍的内容。

比较 1946 年 8 月提出的“中间地带”思想，毛泽东此次重提这个概念还是有巨大区别的。在 1946 年夏季毛泽东提出的那个“中间地带”的主要成分是成千上万的革命人民和他们进行的革命运动，尽管也有一些“资本主义国家”。1954 年夏季的“中间地带”的主要行为体是各种各样的国家和即将兴起的国家。至少中国领导人的目光聚焦在那些国家上。他们再次到习惯的革命话语系统中寻找词汇来概括新的外交方针，“国际和平统一战线”这个概念就这样合逻辑地出现了。这固然反映了他们是多么习惯于革命话语的传统，不过这种话语的内涵同样包含着合理的逻辑，即国际政治同国内政治一样，充满着源于意识形态、国家利益、阶级斗争和历史文化等各种因素造成的矛盾，任何一项行之有效的对外政策都必然是建立在对这些矛盾的认知和鉴别的基础之上，以及能够为利用这些矛盾提供足够的行动空间和合理的指导原则。历史为人们提供了表演的舞台，这个舞台的尺寸是既定的，但对这个尺寸的认识和把握是不一样的，是有水平高低之分的，从根本上说是由认识者的思维质量决定的。这也再一次证明中国外交中“内向”特性的存在及其巨大影响。当中国领导人要诠释一项新的政策时，他们是如此容易地运用国内政治斗争的经验、遵循解读国内政治的哲学和思维方式以及用国内政治斗争的话语系统来思考和表达。

按照中国领导人的政治逻辑，要解决上述问题，首先就要确定世界政治中的主要矛盾，然后根据各种力量同主要矛盾的关系来确定针对它们的政策，如此“统一战线”才能实现。中国领导人定义世界主要矛盾的主要话语是革命、战争与和平，这类话语主要来自苏联的对外政策理论，在那个时代相当牢固地支撑着他们的认知大厦。在他们心中，这三者在不同时期有不同的排序和重点，它们构成了两对矛盾：一个是“革命与战争”，一个是“和平与战争”。

在新中国成立前后一个时期里，战争问题，确切地说就是会不会发生新的世界大战的问题，是毛泽东等思考世界形势演变时的首要关注，严重地影响着中国领导人对外交的思考。他们当时认为存在爆发新的世界大战的危险，这固然同他们信奉的列宁主义理论和斯大林的论述有关，但这也反映了第二次世界大战结束后人们的普遍担忧，世界战争的梦魇并不会那么快就从人们的心头挥去。冷战的爆发和苏联提出两大阵营的理论实际上在强化中国领导人的担忧。1948 年 9 月 8 日，中共中央召开政治局会议。毛泽东在当天的报告中讲了八个问题，开篇就是会不会爆发世界大战。他回忆说，在 1947 年十二月会议上，中共中央内部意见并不一致，有认为会发生和不会发生两种判断，他本人认为世界战争是可以制止的。尽管如此，四天后，他在给会议做结论时仍然指出，“战争危险很厉害”，尽管不是“马上就打”。所以必须要充分估计各种可能的困难，其中首要的困难就是“假使我们估计错了，由于工作做得不好，力量不足，未能阻止战争，世界大战爆发了，并且爆发得很快”。[①]

中国领导人总是判断不会很快爆发世界大战的，但建国以来的所有重大决策都伴随着他们对世界战争的思考和担心这一点的确是不争的事实。新中国成立前后一段时间，在他们的思考中革命与战争是世界政治中的主要矛盾。夺取中国革命的胜利和那以后中国支援世界革命特别是支援亚洲革命运动，是制止战争直到最终消灭帝

① 毛泽东：《在中共中央政治局会议上的报告和结论》，1948 年 9 月，《毛泽东文集》第五卷，第 131—132、145 页。

国主义、当时主要是打败美帝国主义的最主要的手段。从历史的进程看，维护国家的基本安全，反击美国的遏制政策，尤其是阻止美国在东南亚地区建立针对中国的军事同盟体系，是中国领导人调整亚洲政策的最初的也是十分重要的目的，他们一方面设想建立一个中国主导的亚洲集体安全体系；[①] 另一方面是支持一切与美国存在矛盾或有所不同的地区安全或地区政治组织，只要不是美国“拼凑”的就行。[②]

在经过建国初期的冲突与动荡之后，也是随着处理的外交事件更为复杂和丰富，当中国领导人感到有必要调整对外政策以适应世界政治的现实时，他们也在试图寻找更有解释力的论述来为更为复杂的对外政策提供理论根据。

1953 年 6 月 5 日，周恩来在一次外事工作会议上做报告。该报告反映出他认为建国前后中共中央对世界政治的论述需要调整和发展，而且在斯大林死后苏联对外政策转变的影响下，他尝试提出新的见解。周恩来在报告中提出了一系列问题，诸如“世界主要矛盾是什么?”美苏对立的具体表现是什么？美苏斗争“已经是剑拔弩张了吗?”周恩来的回答彰显了他的一贯风格，把一个主要矛盾说成是有很多的表现，然后通过排序来表明自己的重点。他说，“当前的矛盾主要表现在战争与和平、民主与反民主、帝国主义与殖民地以及帝国主义国家之间四个方面”。在他心目中，战争与和平就是主要矛盾，所以被排列在四个矛盾的首位。报告随后论述的中心和逻辑证明了这一点。[③] 如果与此前的那些论述相比，周恩来的观点是相当大胆和新颖的，他否定了美苏对立是世界中心这个两大阵营理论的基石，也把革命运动的前途放到了不如以前重要的位置，而和平

① 《建国以来刘少奇文稿》第六册，第 268—269 页。

② 周恩来：《推进中英关系，争取和平合作》，1954 年 8 月 12 日，《周恩来外交文选》，第 85 页。

③ 周恩来：《今天国际上的主要矛盾是战争与和平问题》，1953 年 6 月 5 日，《周恩来外交文选》，第 58—59 页。

与战争则成为世界政治的首要问题。

这以后直到“7・7”政治局扩大会议上毛泽东发表讲话，都没有再看到对世界主要矛盾的进一步论述。由于中国领导人的认知逻辑的历史特性，对世界主要矛盾问题认识的不确切、不确定等必然导致对外政策转变的不充分、不稳定，这已经被历史的演变反复证明了。不过，周恩来提出的这一套阐述的确反映了中国领导人在思考一些关系中国外交的根本问题，存在尝试重新解释所面对的现实世界和中国外交的现实需求。特别是从朝鲜停战到日内瓦会议这个时期的外交活动，毕竟使中国领导人亲身体会和亲眼看到，东西方之间通过谈判是可以解决一些冲突的。他们对有可能避免世界战争的思考和很多新的论述，已经为调整对外政策提供了空间，提出“国际和平统一战线”就是他们这类思考的产物。以是否赞成和拥护和平来确定敌友，在当时背景下为中国外交调整提供了可行的标准和极为巨大的发展空间。

中国领导人在 1954 年 7 月 6 日到 8 日的几次会议中所阐述的思想，代表了中国外交的一次历史性转变的开端，在新中国外交的演变过程中占据着承前启后的历史地位。以前各章阐述了新中国外交的缘起，以及对外政策在各个阶段和针对不同环境和事态的发展演变，从中可以看到新中国外交包含着一种可以说是与生俱来的过渡性。一般地说，这种过渡性本来就是这个历史时期的题中应有之义，因为从革命向建国转变本身就不可能是一种历史的常态。不过，仍然有必要深入揭示新中国外交的过渡性的一些具体含义，即在新中国外交形成的过程中，作为新中国外交决策主体的中国共产党，有一个从革命政党到执政党的转变过程；毛泽东、周恩来等中共领袖也有一个从革命运动的领导人到国家领导人的角色转变。这两个转变是至关重要的，因为不言而喻的是，从革命运动的角度考虑中国与世界的关系和从国家的角度考虑这一问题存在着重大的区别，它起码包括通过外交解决的主要问题和处理对外关系所遵循的主要原则等重大区别。后来的历史发展表明，这两个转变持续了很长的时间。

新中国外交与中国革命运动的对外关系存在密切的联系，不仅是因为它的指导思想形成于革命时期，而且还在于中国革命的胜利是通过渐进的方式实现的。中共长期以来就是一个有自己控制的地域和大量人口、自己的政权和军队的不执政的政党，党的领导人有时也是从地区政权领导人的角度考虑和处理对外关系的，并从中积累了独特的经验。指出这一特点有助于理解新中国外交的过渡性本身所具有的复杂内涵，因为在革命时期，中共领导人曾经以共产党领袖的身份，同苏联和共产国际代表共同工作；以反对党和根据地政权代表的身份，与美国的总统特使和军事人员谈判，与西方国家的政府官员接触；以民族解放运动领导人的身份与亚洲革命组织的代表交往；等等。在亚洲，中共与除北朝鲜外的其他亚洲国家基本上没有来往，不论是官方的还是非官方的。中共的非执政党地位和内战爆发使中共中央无暇考虑对亚洲国家的政策，这是导致建国初期中国领导人继续从革命的角度考虑与亚洲国家关系的重要原因之一。新中国成立后，中共领导人已经具有了国家领导人的身份，但角色的变化并不意味着他们的观念和思考有关问题的角度也立即随之转变，这种转变是一个需要多层次互动的建构过程。他们一度继续用革命者的眼光观察世界，而且对苏联两大阵营理论的认同进一步严重地框定了他们对国际政治形势的基本认识。

新中国成立前夕，毛泽东在《论人民民主专政》中是这样总结中国革命的历史经验的。他说中国革命胜利的“主要的和基本的经验”就是“结成国内统一战线”和“结成国际统一战线”。这里所说的“国际统一战线”就是联合苏联和苏联阵营的国家，以及联合“其他各国的无产阶级和广大人民”。[1] 他们当时在给国家分类时，其标准实际上是很具革命性的。在他们的眼中，除苏联阵

---

① 毛泽东：《论人民民主专政》，1949 年 6 月 30 日，《毛泽东选集》第四卷，第 1472 页。

营的国家外，其他的不是帝国主义国家就是被帝国主义或反革命势力所掌握的国家。刘少奇在访苏期间曾就东亚地区的革命策略问题向斯大林提出报告，他认为在东亚如越南、马来亚、缅甸、泰国、印度尼西亚、菲律宾和印度等国，“城市是反革命力量的中心”。[①] 其含意无须解释，重要的是这种观念在新中国成立后立即被直接复制到对国家外交之中。刘少奇访苏后，《人民日报》明显增加了对亚洲革命运动的报道，诸如越南的越盟一次就歼灭 500 多法军、菲律宾游击队准备进攻吕宋省会，等等。[②]

1949 年 11 月 8 日，外交部召开成立大会。周恩来在大会上发表讲话，他说新中国外交任务“分成两个方面”，一方面是“同苏联和人民民主国家建立兄弟友谊”；另一方面就是“反对帝国主义”。在阶级存在的条件下，国家机器是阶级斗争的武器，它的对外功能就是“联合各兄弟国家，联合各国被压迫的人民”，反对敌视新中国的国家。[③] 在此后不久召开的亚澳工会会议上，刘少奇很明确地将许多新兴的亚洲国家定义为“殖民地半殖民地国家”，并畅谈那里的革命形势和武装斗争的发展，以及中国革命的胜利对于那里的“民族解放战争”既是鼓舞更是榜样，尤其是新中国还应该承担起援助那些国家中的革命运动的“繁重的责任”。[④] 这种认知清楚地反映在中国领导人的外交行为和话语中。在这方面，建国初期中国领导人决定是否同印度和缅甸这两个国家建交的言辞，比较典型地反映了他们对这类国家的基本看法和态度。

新中国建立前后，中国领导人将独立不久的印度视为国际反动势力的一部分。在《人民日报》上，印度政府被定义为“反动政

---

① 刘少奇：《关于东亚民族革命运动策略问题给斯大林的报告》，1949 年 8 月 14 日，《建国以来刘少奇文稿》第一册，第 40 页。

② 《人民日报》1949 年 9 月 7 日、12 日。

③ 周恩来：《新中国的外交》，1949 年 11 月 8 日，《周恩来外交文选》，第 1—2 页。

④ 刘少奇：《在亚洲澳洲工会会议上的开幕词》，1949 年 11 月 16 日；《在北京各界庆祝亚洲澳洲工会会议成功大会上的讲话》，1949 年 11 月 23 日。《建国以来刘少奇文稿》第一册，第 130—139、145—150 页。

府”，是帝国主义的“合作者”。中国领导人公开表示相信，“印度决不会长期处于帝国主义及其合作者的绊羁之下”，终将“作为社会主义和人民民主主义大家庭的一员而出现于世界”。[①] 对印度的这种负面评价因为印度当时对西藏问题的态度而强化。1949 年 11 月 12 日，印度共产党总书记兰那地夫（B·T·Ranative）致电毛泽东祝贺新中国成立。他在电报中赞扬了中国革命胜利对亚洲革命运动的巨大影响，同时也说尼赫鲁政府奉行敌视新中国的政策，而且不代表印度人民，这个政府“奉行英美帝国主义者的命令”，“要把印度建设成为反对中国的反动堡垒”。这封电报被登载于 11 月 20 日的《人民日报》上，毛泽东则复电表示感谢，这表明中国领导人接受了对印度国家的这种论述。这封贺电中对印度政府的描述同毛泽东称印度是“帝国主义附属国”之间的因果关系是可以清楚判断的，这类历史性的因素也只能通过历史进程来消除。

12 月 16 日，缅甸政府致电中国外交部，表示承认新中国并愿意建立外交关系。在回复周恩来请示该如何处理的电报中，毛泽东提出需要请对方“派一负责代表来北京”商谈相关问题，他说“对一切资本主义国家都应如此”，而谈判则是为了保证“主动权仍然操在我手”。毛泽东的复电既有对缅甸的阶级定性，也包括了要求谈判的真正目的。[②] 21 日，周恩来在回电中确认了对缅甸的定性并同意毛泽东的主张，即通过要求进行谈判来“取得主动”，他还加了一句“并可在谈判中适宕（原文如此）时间”，也就是不急于建交，可以延宕时间。[③] 当天，他即复函缅甸政府要求举行建交谈判。以后不久，印度政府亦表达建交意愿，中国领导人基本上是照此办理。

---

① 《印度反动政府血腥镇压人民》，《人民日报》1949 年 3 月 15 日；《中印人民团结起来！打败帝国主义阴谋！印度共产党与社会共和党电贺我中央人民政府　毛主席分别复电感谢》，《人民日报》1949 年 11 月 20 日。

② 毛泽东：《关于同缅甸建立外交关系等问题的电报》，1949 年 12 月 19 日，《建国以来毛泽东文稿》第一册，第 193 页。

③ 周恩来：《关于同缅甸建交等问题给毛泽东的电报》，1949 年 12 月 18 日、21 日，《建国以来周恩来文稿》第一册，第 690—691 页。

1950 年 1 月 17 日，刘少奇电告毛泽东，尼赫鲁本日发来一电，称唯有同意两国已经建交并采取实际步骤，“才能进行有效谈判”，即先建交，后谈判。[①] 此后刘少奇显然还就此事给毛泽东发过电报，提出对印度的答复方式涉及同英国的关系。20 日凌晨 1 时，毛泽东电告刘少奇同意给印度的答复，但对英国的答复“应当拖一下”。显然是因为对外交部一些人的看法不满意，毛泽东说他们“不了解拖一下的作用”，因为“主动权完全握在我们手中”。[②] 他当天又发给刘少奇一封电报，专门解释要求与那些国家谈判建交就是为了拖延时间。他说同英国和印度等谈判是“出些难题拖延时日，表示我并非急于要和这些帝国主义国家及其附属国建立外交关系，相反地倒证明这些国家是在急于要钻进来”。他还认为拖住它们的好处是“同时也可使美帝国主义集团推迟其钻进来的时日”。[③]

毛泽东将这些国家主动提出与中国建交等看做是想要“钻进来”，这是“打扫干净屋子再请客”的逻辑的延伸。毛泽东在这里将印度定义为帝国主义的附属国，而“不承认”原则也适用于这样的国家。在中国政府举行的一些活动中，也特意决定不邀请印度的代表参加，以示对社会主义国家和资本主义国家之区隔政策。后来中国于 1950 年 4 月 1 日同印度正式建交，导致中国领导人很快做出决定的主要原因是解放军很快要向西藏进军，而印度表示承认西藏问题是中国的内部事务。谈判的过程表明，通过意识形态对印度等国家的定性的确在影响中国领导人的思考和决策。

影响新中国同亚洲新兴国家关系的因素是极为复杂的，并不仅仅是冷战中两大阵营理论和中苏关系，还包括中国同这些国家之间

---

① 刘少奇：《关于印度政府派代表来北京谈判两国建交等问题给毛泽东的电报》，1950 年 1 月 19 日，《建国以来刘少奇文稿》第一册，第 364 页。

② 毛泽东：《关于同意印度临时代表到北京谈判建立外交使团的电报》，1950 年 1 月 20 日，《建国以来毛泽东文稿》第一册，第 249 页。

③ 《毛泽东对英印谈判其目的在拖延时日之指示》，1950 年 11 月 20 日，外交部档案馆：110—00022—05。

的历史遗留问题，如边界领土争端、华人华侨问题等。当然，还有一个最基本的历史原因，即这些国家是新独立的，而中国领导人完全没有同这些国家打交道的经历和经验。他们既没有到过这些国家，也没有直接接触过那里的领导人，这种知识和经验的缺乏导致冷战意识形态有可能在一个时期主导中国领导人的相关思考和政策。

印度等新兴国家在重大国际事务中展示出越来越强烈的独立性格逐步改变中国领导人对这些国家的认识。尤其是在中国的联合国席位、朝鲜停战、恢复印度支那和平、美国建立东南亚条约组织等一系列直接关系到中国的国家安全和世界地位的问题上，亚洲新兴国家用实际行动证明，它们保持着很强的独立性，而且倾向于追求更充分的自主权和影响力，用“原殖民地半殖民地国家”“帝国主义附庸国”“资本主义国家”等来定义其国家属性和对外政策，与实际情况相去甚远。同这些国家领导人越来越频繁和深入的交往，也在改变中国领导人的观念。

中国领导人在如何定义这些亚洲国家方面，很长时间里都存在困惑。他们在已有的政治词汇中确实不容易找到与中国外交发展相适应的名词，而对阶级斗争语汇的习惯同样限制着他们的想象。到1954 年夏季，在中国外交中出现了一些新的概念，中国领导人开始用它们来称呼亚洲（后来加上了非洲）新兴国家。这些概念大致分成三类，它们反映了中国领导人认知的视角和逻辑。第一类是以地理文化为标准的，诸如“东方国家”“亚洲国家”“亚非国家”等。第二类是以国家主权独立程度为标准的，如“独立自主”“接近独立自主”等。第三类是以同冷战“两大阵营”的关系为标准的，如“中间国家”“中立国家”“第三世界集团”国家等。①

① 毛泽东：《同印度总理尼赫鲁的四次谈话》，1954 年 10 月；《同缅甸总理吴努的谈话》，1954 年 12 月 21 日；《同印尼总理沙斯特罗阿米佐约的谈话》，1955 年 5 月 26 日。《毛泽东文集》第六卷，第 361、374、411 页。周恩来：《我们的外交方针和任务》，1952 年 4 月 30 日，《周恩来外交文选》，第 49 页。《关于亚非会议》，外交部档案馆：207—00085—17。

显然，当中国领导人决定改变对外政策时，他们已经在有意识地重新定义这些国家，以便为新政策找到合理的依据，以及建立起能够进行有利和有效交往的外交话语。

重新定义亚洲新兴国家的努力对中国外交的演变有着更为深远的意义。以那些定义为基石构建起来的话语系统实际上反映的是中国外交的一种新认同，即中国不仅拥有不同于美国等资本主义国家的身份，而且这种身份也不同于苏联等社会主义国家。这种认同最初见于刘少奇 1949 年夏访问莫斯科时同斯大林有关东方革命运动的谈话，到 1954 年 7 月以后，则是中国领导人在同亚洲国家领导人的交往中有意识地建构起来。后来的发展证明，"7·7"会议以后一个时期，中国领导人在建构新的国家认同方面获得了异乎寻常的成功，这并不仅仅体现在为发展同亚非国家的关系奠定了一个坚实的基础并开辟了一条宽广的大道，更重要的是这次认同建构的高潮同中国领导人的革命史观结合在一起，使中国人对自己具有这样特殊的身份坚信不疑，并充满自豪和自信。这在当时固然在影响中国同美国的对抗，后来则成为导致中苏分歧的一个重要根源，对中国外交的影响极为深远。中国领导人因为有了这样的认同，在内心深处存在了一种在道义上比苏联更优越的感觉，他们相信中国在亚非（后来增加了"拉"）的民族解放运动中先天地具有高于苏联的合法性。这种新认同很快就在中国的亚非政策发展中反映出来，并成为随后不久中国领导人积极推动和参加万隆会议的一个指导原则。

"求同存异"

从历史的进程看，新中国成立后，亚洲国家中首先与中国建交的是朝鲜民主主义人民共和国和越南民主共和国，这两个国家的共同点是它们都在共产党领导下，它们同中国一样，在世界政治中同属于苏联领导的社会主义阵营。直到 1955 年 4 月亚非会议召开，与中国建交的其他亚洲国家仅有印度、缅甸、印度尼西亚、巴基斯坦和阿富汗等。造成这种局面的原因是多方面的，其中固然有朝鲜战争的冲击和美国遏制政策的影响。另一方面，也不能低估中国领导人在两大阵营理论框架内制定的对外政策的局限性，以及中国领导人对外交的特殊理解所造成的消极影响。要改变中国对外关系的这种状况，用毛泽东的话说就是“打开门走出去”，不仅需要有对世界政治形势的合理判断、提出“国际和平统一战线”的对外政策，等等，还需要在观念层次改变对国家间关系的基本规则的认识，从而为如何“打开门走出去”找到能够指导实践成功的具体原则。

1952 年 4 月 30 日，外交部召开建部以来第一次驻外使节会议。周恩来在会上发表讲话，阐述新中国的外交方针和未来的任务。在解释中国对外政策时，周恩来一开始就很清楚地说，建国以来“一直坚持和平的对外政策”，然后就将以往奉行的诸如“另起炉灶”“一边倒”“打扫干净屋子再请客”“礼尚往来”“互通有无”“团结世界人”等六个方面都概括为“执行和平政策”的具体方针。在这个并不很容易理解其历史和逻辑的论述基础上，周恩来扩展了建国前后中国领导人对国际统一战线的内容，并做出相当有创意的阐述。他说，对中国外交来说，除了美国以外，区别不同国家的“主要关键是对战争与和平的态度”，而不是国家的阶级属性。周恩来在讲话中还非常有针对性地提出一个问题：“外交是国家和国家的关系，还是人民和人民间的关系？”他随后解答说，外交工作是要团结各种国家的人民的，但是，“就外交工作来说，则是以国家和国家的关系为对象的”。外交“是以国家和国家的关系为对象的”这一今天看来是如此简单的结论，在当时是有标志意义的，它表明新中国外交与中国革命运动对外关系这两者之间的本质区别终于被认清和被说明了。不过周恩来这时还是需要将他的阐述同过去对外交的理解相协调，解释“外交是通过国家和国家的关系这个形式来进行的，但落脚点还是在影响和争取人民”。他说“这是辩证的”，而且“这一点要搞清楚”。[①]

① 周恩来：《我们的外交方针和任务》，《周恩来外交文选》，第 48—54 页。

周恩来的上述阐述标志着中国领导人在新的阶段上思考中国对外政策的一个开端，他的讲话既有对前一个时期的外交经验的概括，也是对当时国家安全环境恶化的反应。除了站在苏联阵营一边同美国对抗之外，中国对外关系需要追求更符合国家当下利益的新目标和与之相应的新的发展领域。随之展开的外交活动要解决的突出问题，已经不是与苏联阵营中“兄弟党”领导的“兄弟国家”的关系，而是与“中间地带”国家的关系，具体地说主要是针对亚洲国家的，而且首先是与周边亚洲国家的关系。诚如中国领导人同印度等国领导人交往所获之心得，以印度为代表的亚洲国家与中国“更接近一些，统一战线更强一些”。[①] 不过，既然“外交是通过国家与国家的关系这个形式来进行”，那么应该遵循什么样的行为准则，处理与不同制度的国家间关系，以及在不可避免地遇到重要分歧时，基于何种方针予以处理，则是需要进一步回答的问题。这既是逻辑上必然会延伸出来的问题，也是在外交实践中不得不面对和处理的问题。中国领导人的思考的确是在外交实践中沿着这个逻辑延伸的。

如前所述，这个时期同中国建交的亚洲国家既有属于苏联阵营的朝鲜民主主义人民共和国、越南民主共和国，也有印度、缅甸等新兴亚洲国家。由于它们代表了两种不同性质和类型的国家，中国领导人从交往中得到的经验是不同的。当时在苏联阵营国家之间，起决定作用的是执政的共产党之间的关系，这种居支配地位的党际关系中运行的原则被称为“无产阶级国际主义”。它与处理革命运动的对外关系的原则是一脉相承的，但是在处理与其他类型的国家的关系中，显然不具有普遍的适用性，不能被运用到任何其他类型的国家关系之中。而且后来的发展也充分地证明，即使是在苏联阵营国家之间，它也是不可持续的。逐步探讨并提出对于中国外交普遍适用的国家关系准则，尤其是在具体的外交行动中如何践行这些

---

① 《周恩来年谱 1949—1976》上卷，第 420 页。

原则，是中国领导人构建新中国对外关系所必须完成的一个历史性任务；具体到这个时期，则是他们落实国际和平统一战线的实践中亟待解决的政策问题。

中国领导人是从与印度等国的交往中和从这类国家在重大国际事务中的立场、态度中逐步获取经验的，并从中概括出处理与不同政治制度国家间关系的基本原则。1951 年 5 月 23 日，《中央人民政府和西藏地方政府关于和平解放西藏办法的协议》签订。西藏局势逐步稳定，中印之间在西藏地方的一些遗留问题随之凸显出来，其内容主要是如何处理英国殖民统治印度时期在西藏地方获得的一些特权，诸如印度在西藏一些地方驻军、印度外交人员的特权等。

1953 年 9 月 2 日，尼赫鲁致函周恩来，提出双方就中印在西藏地方的关系问题进行谈判。[①] 三天后，印度外交秘书 R. K. 尼赫鲁（R. K. Nehru）面交中国驻印度大使袁仲贤一份备忘录，提出双方应“尽快商讨所有待决问题”，因为过去很多的交涉表明，“零星考虑个别问题不能引导向圆满解决”。[②] 一个月后，10 月 3 日，赖嘉文再次向袁仲贤面交一份备忘录，建议中国政府“乘最早的机会”解决两国在西藏地方的关系问题。[③] 15 日，周恩来复函尼赫鲁，正式表示希望两国于 12 月在北京举行谈判。他在信中说，中印两国友好合作的基础是“平等互利及互相尊重主权”，双方在西藏地方的关系应该在“新的基础上，通过协商重新建立起来”，即建立在英印殖民政府与中国的不平等条约基础上的印度特权必须终止，但印度在西藏地方的利益是可以谈判协商解决的。[④] 23 日，尼

① 《赖嘉文大使转达尼赫鲁总理致周恩来总理关于全盘商谈中印在西藏的关系问题的来电》，1953 年 9 月 2 日，外交部档案馆：105—00119—03，第 9—11 页。

② 《印外交秘书 R. K. 尼赫鲁面交袁仲贤大使关于全盘商谈中印在西藏的关系问题的备忘录》，1953 年 9 月 5 日，外交部档案馆：105—00119—03，第 11—13 页。

③ 《赖嘉文大使面交章汉夫副部长关于全盘商谈中印在西藏的关系问题的备忘录》，1953 年 10 月 3 日，外交部档案馆：105—00119—03，第 18 页。

④ 《周恩来总理致尼赫鲁总理关于全盘商谈中印在西藏的关系问题的复函》，1953 年 10 月 15 日，外交部档案馆：105—00119—03，第 19—21 页。

赫鲁复函表示同意周恩来关于举行谈判的建议，并同意周恩来提出的“新的基础”。①

12 月末，中印谈判如期在北京举行。31 日，周恩来会见印度谈判代表团。他提出双方应该遵循“互相尊重领土主权、互不侵犯、互不干涉内政、平等互惠和和平共处的原则”。② 从中印关系的特殊复杂性和后来两国关系的曲折发展看，周恩来当时系统地提出这么多的原则是有相当强的针对性的，这也反映了中印关系在中国处理与周边国家关系中的典型意义。1954 年 4 月 29 日，中印签订了一项协定，即《中华人民共和国、印度共和国关于中国西藏地方和印度之间的通商和交通协定》。该协定在“序文”中正式载入周恩来的上述建议，声明“双方基于（一）互相尊重领土主权、（二）互不侵犯、（三）互不干涉内政、（四）平等互惠、（五）和平共处的原则，缔结本协定”。③ 这是和平共处五项原则作为中国处理国家间关系的准则，第一次完整地载入中国与外国的外交文件中。④

和平共处五项原则的文字表述是逐步形成和完善的。早在建国前夕，其主要内容便开始出现于中共领导人的有关公开声明之中。1949 年 4 月 30 日，在解放军准备打过长江前，毛泽东在以中国人民解放军总部发言人名义发表的声明（简称“李涛声明”）中说明：未来新政府与其他国家的外交关系“必须建立在平等、互利、互相尊重主权和领土完整的基础上”。⑤ 这个声明虽然主要针对的是反对外国的军事干涉，但在涉及未来新政权有关建交问题的立场

---

① 《高勃登参赞转达尼赫鲁总理致周恩来总理关于全盘商谈中印在西藏的关系问题的复电》，1953 年 10 月 23 日，外交部档案馆：105—00119—03，第 22—23 页。

② 周恩来：《和平共处五项原则》，1954 年 12 月 31 日，《周恩来外交文选》，第 63 页。

③ 《中华人民共和国、印度共和国关于中国西藏地方和印度之间的通商和交通协定》，1954 年 4 月 29 日，《人民日报》1954 年 4 月 30 日。

④ 《中华人民共和国、印度共和国关于中国西藏地方和印度之间的通商和交通协定》，《人民日报》1954 年 4 月 30 日。

⑤ 毛泽东：《中国人民解放军总部发言人为英国军舰暴行发表的声明》，《毛泽东选集》第四卷，第 1461 页。

时，初步表述了和平共处五项原则中包括的部分重要内容。这些内容在实质上与基于国际法的国家间普遍原则是完全一致的；另一方面是突出了中共中央非常强调的未来中外关系必须建立在平等的、互相尊重的基础之上。

建国前夕中国人民政治协商会议通过的《中国人民政治协商会议共同纲领》确认了“李涛声明”中提出的建交原则，即将“平等、互利和互相尊重领土主权”等内容首次载入法律文件。《共同纲领》第七章“外交政策”中的第五十六条规定：“凡与国民党反动派断绝关系，并对中华人民共和国采取友好态度的外国政府，中华人民共和国中央人民政府可在平等、互利及互相尊重领土主权的基础上，与之谈判，建立外交关系”。①

1950 年 2 月 14 日中苏签署的《中苏友好同盟互助条约》第一次将上述那些原则包含在中国与外国的双边条约中。该条约第五条规定：“缔约国双方保证以友好合作的精神，并遵照平等、互利、互相尊重国家主权与领土完整及不干涉对方内政的原则，发展和巩固两国之间的经济与文化关系，彼此给予一切可能的经济援助，并进行必要的经济合作。”② 由于中苏结盟是新中国的第一个重大外交行动，其文字经过了深思熟虑，并在谈判中与苏方经过长时间的严肃讨论，因而更有代表性，内容也更完整。《中苏友好同盟互助条约》中的有关文字显示了中国领导人的认识有两方面的发展。其一是增加了“互不干涉内政”的内容，其意涵深刻，非同寻常，在这个时期很有利于解放军仍在进行中的统一战争，包括了向西藏进军和准备解放台湾，因此是有示范作用的；其二是将相关原则的适用范围从建交问题扩展到发展两国关系的其他领域，从而凸显了这些原则在中国对外关系中也具有普遍的指导意义。由于中苏条约本身包含

① 《中国人民政治协商会议共同纲领》，1949 年 9 月 29 日，中共中央文献研究室编《建国以来重要文献选编》第 1 册，中央文献出版社 1992 年版，第 13 页。

② 《中苏友好同盟互助条约》，1950 年 2 月 14 日，韩念龙主编《当代中国外交》，中国社会科学出版社 1988 年版，第 401 页。

军事同盟的条款，如第一条中规定，两国中一方“受到日本或与日本同盟的国家之侵扰，因而处于战争状态时，缔约国另一方即尽其全力给予军事及其他援助”；第三条规定：“缔约国双方均不缔结反对对方的任何同盟，并不参加反对对方的任何集团及任何行动或措施。”这两部分内容合在一起，已经包含了中苏两国“互不侵犯”的内容。

总之，和平共处五项原则的主要内容和大部分文字等，在中苏条约中就已经基本表述出来了。这时没有使用“和平共处”的概念，则是由当时中苏关系的特点决定的。毕竟，两个结成军事同盟的社会主义国家间新的关系远不是“和平共处”可以概括的，在理论上已经超出了和平共处的水平。无论如何，由于中苏关系在当时中国外交中的特殊重要性，中苏条约包含的这些内容及其文字表述等，必然对后来的外交文件产生示范作用。

在新中国外交的有关论述中，“和平共处”这个概念最初是在 1951 年 11 月 19 日周恩来的一项声明中出现的。他在阐述中国政府一贯坚持和平政策时说：“两年来，中华人民共和国中央人民政府基于和平共处的原则，曾经与许多和新中国社会制度基本不同的国家在平等、互利及互相尊重领土主权的基础上建立了正常外交关系。”① 周恩来的声明第一次将平等、互利、互相尊重主权与领土完整等原则，概括到和平共处的思想中。此后，“和平共处”成为对中国处理与社会制度不同国家关系的政策的概括，其中也包括了同资本主义国家的关系。②

显然，和平共处五项原则的前四项原则在建国前后的一些重要文件中就已经存在了，而且一直被阐述为是“和平共处政策”的具体体现，只是周恩来在会见印度代表团时，将它们同“和平共

① 《外交部长周恩来关于赞同苏联政府向联合国第六届大会提出的四项和平建议的声明》，1951 年 11 月 19 日，《中华人民共和国对外关系文件集（1951—1953）》（2），世界知识出版社 1958 年版，第 55 页。

② 《中国人民政治协商会议第一届全国委员会副主席、政务院总理周恩来在中国人民政治协商会议第一届全国委员会第四次全体会议上的政治报告》，1953 年 2 月 4 日，《中华人民共和国对外关系文件集（1951—1953）》（2），第 122 页。

处”一项合起来，从此成为一个内容完整的专门概念。这一变化当然是由当时外交实践的需要决定的，但也的确有超出在处理中印双边关系需要的更重要的价值，即“和平共处”成为与前四项并列的具体的外交行为准则，其含义主要是进一步明确与有关国家，当时主要是周边亚洲国家间互不干涉内部事务，尤其是不应使用武力解决双边关系中的矛盾和分歧。一般地说，所有国家在与中国政府谈判建交时，都需要表明不干涉中国的内部事务，当时针对的主要是解决台湾问题。具体到中印关系，除了台湾问题外，也包含了印度不能干涉中国西藏地区的事务。随着不久后中国对外关系的发展，在提出“互不干涉内政”的同时还要专门强调“和平共处”，在中国外交中的特殊意义很快就凸显出来。

和平共处五项原则作为一个完整的概念是在中国与印度的协议中被首先提出，的确反映了中国领导人认识国家间关系的实质以及行为原则的内在逻辑。进一步从当时的外交实践看，中国领导人的确还有必要为与实际存在着意识形态斗争和不同社会制度的国家之间如何相处，找出既行得通，同时又能被广泛接受的具体方针。换句话说，中国领导人必须将革命意识形态同政府的对外政策和外交行为进行某种协调，才能使“和平共处政策”不至于成为不能取信于人的华丽空谈。要做到这一点，首先就需要中国领导人有比较自觉的国家领导人的角色意识。

中国领导人的这种角色意识是在外交和国家建设这两个内外相互影响的过程中逐步构建的。这个时期最具影响力的事件如前述就是日内瓦会议，这是新中国领导人第一次以国家代表的身份参加非社会主义国家间的多边国际会议。会议期间，周恩来打交道的几乎包括了当时世界上各种类型的国家的代表人物，这些人物中的绝大部分都是将周恩来当作一个国家的领导人、政府的外交部长，而不是一名中共中央政治局的常委。周恩来本人和中国代表团其他成员在以国家外交代表的身份出现在国际多边外交舞台上时，也必然要用国家、国家利益、国家安全等这类话语，思考和特别是解释中国的有关政策和行为，否则将难以进行基本的交流，当然就更谈不上外交了。实际情况正是在日内瓦会议期间，周恩来第一次直接面对了如何将和平共处政策落到实处的问题。

在日内瓦会议的第一阶段，为了打破在老挝和柬埔寨停战问题上的僵局，周恩来分别与老挝和柬埔寨两个政府的代表团举行了双边会谈。在讨论涉及两国的停战问题时，两国代表都提出，必须将当地停战与他们国家内部反政府抵抗力量这两个问题联系起来处理。

6 月 20 日，周恩来会见柬埔寨代表团成员，向他们表示希望柬埔寨王国政府能够用团结的方式，就与该国抵抗力量的关系“作出合理的政治解决”。柬外交大臣狄普芬提出，柬抵抗力量的人员可以按照柬宪法投票参选，不过“现在的危险是，有人从外面推动”。他当时指的是柬抵抗力量中有越军介入，所以柬方不仅要求越军撤出，也反对在柬采取分区停战的办法，而且很强调“一切外国军队”都要撤出柬埔寨。周恩来立即阐述了中方的政策立场，即柬境内的“外来的支援部队应该撤出，本地的问题可以由当事双方直接解决”。他还进一步表示，中国愿意与柬埔寨“和平相处”，也希望柬埔寨与越南民主共和国能以“兄弟相处”。①

第二天，周恩来会见了老挝代表团团长、副首相萨纳尼空，后者同样提出了越军撤出老挝的问题，并以此作为法国军事人员撤出老挝的必要条件。② 在后来的一次会谈中，老挝方面甚至提出，老挝“抵抗运动的存在是由于越盟的支持”，而越南方面提出的解决老挝政治问题的建议，在老挝是违宪的。周恩来则再次阐述，中方希望老挝“成为一个和平、独立、统一，并与各方面友好的国家”。③

---

① 《周恩来与狄普芬会谈节录》，1954 年 6 月 20 日，《1954 年日内瓦会议》，第 316—317 页。

② 《周恩来关于会见萨纳尼空情况致毛泽东、刘少奇并中央的电报》，1954 年 6 月 23 日，《1954 年日内瓦会议》，第 329—330 页。

③ 《周恩来与萨纳尼空谈话记录》，1954 年 7 月 18 日，《1954 年日内瓦会议》，第 332—333 页。

周恩来同柬埔寨、老挝代表团讨论的内容并不涉及中国介入两国内部的政治斗争；周恩来阐述的原则包括了中国主张越南军队撤出柬、老，以及建议两国政府用政治方式解决其国内的政治问题。如前述，中国为了促成印支地区停战，主张并说服了越南方面同意从柬、老撤军，以及着手改善同柬、老王国政府的关系。实际上，在日内瓦会议期间，周恩来积极促成了越南与老、柬代表的直接谈判，以便于解决他们之间的分歧，并创造机会促成了越、老、柬三方代表在会外的非正式接触。[①]

周恩来调处越南、老挝、柬埔寨之间关系时要解决的主要问题，是越军在老、柬的存在及其对能否达成印支地区停战协议的影响。但是，越南与老、柬的矛盾的确涉及对老、柬主权独立的认识和不干涉内政原则，这至关重要。因为越南与老、柬能否和平共处取决于越南是否在法国从印支撤军时，也从老、柬撤出越军，亦即不干涉内政的原则对于一个社会主义国家来说，能否真正落到实处。正是在处理越南与老、柬关系的外交实践中，中国领导人明确阐述了一个简单但至关重要的观点："革命不能输出"。7 月 12 日，周恩来返回日内瓦后，立即听取了李克农汇报的谈判情况。其间张闻天做补充发言时说："'革命是不能输出的'"，在老、柬"靠越盟这个外在的力量来进行人民革命斗争是不行的"。[②] 这是中国代表团主张并说服越南同意停战后从老、柬撤军的一个根本原因。

在亚洲特别是在中国周边地区，中国不能在推动革命运动的基础上同不同制度的国家发展合作关系，中国领导人对这一点逐步形成了明确的判断。如前所述，周恩来在日内瓦会议期间访问印度和缅甸，分别同尼赫鲁和吴努等会谈所取得的重要成果，就是将和平

① 《周恩来与狄普芬会谈节录》，1954 年 6 月 20 日，《1954 年日内瓦会议》，第 318 页；《周恩来关于宴请老挝、柬埔寨代表及范文同等情况致毛泽东、刘少奇并中央的电报》，1954 年 6 月 24 日，《1954 年日内瓦会议》，第 330 页。

② 李连庆：《大外交家周恩来：舌战日内瓦》第 2 卷，人民出版社 2016 年版，第 312 页。

共处五项原则写进了与印、缅两国总理的联合声明之中。[①] 周恩来正是在访问印、缅期间，非常明确地向两国领导人说明，中国领导人认为“革命是不能输出的”。[②] 相比较而言，这个问题在中缅关系中要突出得多，因而可以说周恩来同吴努的有关会谈有其独特的代表性。

如前所述，周恩来利用日内瓦会议休会期间访问印度是应印方的一再邀请，也是为了推动新的“亚洲和平统一战线”政策而在 6 月 13 日才做出的决定。[③] 访问缅甸则是新增加的行程。6 月 24 日，周恩来在德里与尼赫鲁举行了访印期间的第四次会谈。其间尼赫鲁专门提到了发展与东南亚关系需要消除那些国家存在的担心。他说，“东南亚国家的恐惧是由于三个事实”，包括：第一，小国对中、印两国在亚洲是两个“大国”的恐惧；第二，对中、印两国都有“许多海外侨民”的恐惧；第三，“害怕国际共产主义通过本地的共产党来活动”。他说“如能消除恐惧，其他的事就容易了”，随后就提出要具体研究每一个国家，“例如缅甸”。周恩来当时针对第三种恐惧说明：“根据中国共产党的经验，我们知道，虽然革命的原理是一个普遍的真理，但是我们的活动要适合本国的情形才能成功，否则就不能成功”。[④]

尼赫鲁的上述谈话虽然尚属委婉，但肯定是意有所指的，毕竟他当时对缅甸的政治形势有更为深入的了解，并与缅甸领导人有频繁的交往，对他们的想法和期待有直接的体会。实际上，在日内瓦会议期间，梅农在与周恩来会谈中，就转达了缅甸方面对中国有可

① 《中印两国总理联合声明》，1954 年 6 月 28 日；《中缅两国总理联合声明》，1954 年 6 月 29 日，裴坚章主编《中华人民共和国外交史 1949—1956》，世界知识出版社 1994 年版，第 402—405 页。

② 中共中央文献研究室编《周恩来年谱 1949—1976》上卷，中央文献出版社 1998 年版，第 391 页。

③ 《周恩来年谱 1949—1976》上卷，第 386 页。

④ 《周恩来访问印度两国总理会谈记录》，1954 年 6 月 1—30 日，外交部档案馆：203 - Y0006，第 35—43 页。

能介入缅甸国内缅军与缅甸共产党之间的军事冲突的担忧。[①] 所以，周恩来在结束德里之行后立即前往仰光做一天的访问，肯定是有所准备的，对吴努在会谈中可能涉及的各种问题和主要的关切有足够的了解。

6月28日，周恩来乘机离开德里，当天下午到达仰光，随后立即与缅甸总理吴努举行了第一次会谈，时间长达3个小时。会谈中，两人首先讨论了日内瓦会议的一般情况，包括朝鲜半岛问题和印支地区停战问题。然后吴努很快提出要讨论中缅关系，而且将缅甸的内部问题放在了首位。他说缅甸共产党“现在与政府作战”，他知道“中国并未援助他们”，但缅共中有人经常宣扬他们从中国得到了援助，他们中有些人会到中国去。他表示，缅甸是当时非社会主义阵营国家中第一个承认新中国的，也一贯支持恢复中华人民共和国在联合国的合法席位，并派遣“强大的军队”同退到缅甸境内的国民党军队作战，所以，他希望中方避免介入缅甸的内部事务中。周恩来的回答是坦诚的。他说已经从同尼赫鲁的会谈中了解到吴努提到的这类问题，“事先知道缅甸政府对中国政府有些意见”。他请吴努注意他在德里的记者招待会上说了一句话：“革命不能输出，同时，一国人民表现的意志也不容许外来干涉。”中方的原则就是中印总理联合声明中的和平共处五项原则，“不同社会制度的国家根据上述的五条原则是可以和平共处，友好合作的”。周恩来随后针对前述尼赫鲁提出的所谓“三种恐惧”，阐述了中国的政策，并专门强调了“根据中国共产党的经验，革命是不能输出的，输出必败”。在这次会谈中，吴努同意了周恩来的建议，中缅也发表一个两国总理声明。[②]

在第二天的会谈中，周恩来与吴努围绕如何撰写联合声明进行

---

① 《周恩来关于与印度驻联合国代表梅农谈话情况致毛泽东、刘少奇并报中央的电报》，1954年5月24日，《1954年日内瓦会议》，第337页。

② 《周总理与吴努总理第一次会谈记录（未经审阅）》，1954年6月28日，外交部档案馆：203-00007-03，第37—45页。

了深入的讨论，其内容涵盖了中缅关系中的主要问题。吴努表示同意将中印联合声明中的“五条原则”包括在“我们的联合声明中”，另外提出了增加两国宣布不参加“推翻中缅合法政府的阴谋”和涉及中缅边界问题的条款，等等。周恩来详细回应了吴努的建议，特别有意义的是针对吴努最担心的所谓缅甸的内部问题，他提出如果和平共处五项原则中的“互不干涉内政”还不足以打消吴努的担忧的话，“我们可以在联合声明中对这一条原则着重说几句”。[①] 当天下午，《中缅两国总理联合声明》发表。

如果比较《中印两国总理联合声明》，中缅声明除了宣布中印声明阐述的“和平共处五项原则”同样适用于中缅关系，也的确对“互不干涉内政”做了进一步阐述，即声明中第四款：“各国人民都应该有选择他们的国家制度和生活方式的权利，不应受到其他国家的干涉。革命是不能输出的，同时，一个国家内人民所表现的共同意志也不应容许外来干涉。”[②] 这是“革命是不能输出的”作为一项原则，第一次载入新中国的外交文件中，也是对周边国家公开做出的重要承诺，它反映了中国领导人理解和认识国家外交的一次重大发展。

日内瓦会议结束后，中国外交进入一个“打开大门”“走出去”的新的发展时期。从 1954 年 8 月开始，不同类型国家的领导人和政治人物接踵而至，中国领导人在北京陆续接待了很多来自世界不同地区的代表团，既有赫鲁晓夫率领的苏联政府代表团和一大批苏联阵营国家的代表团，也有诸多来自亚洲和欧洲国家的领导人和各类型的政府、政党的代表团。

首先是 1954 年 9 月底，苏联领导人赫鲁晓夫率团参加中华人民共和国五周年国庆。苏联代表团访华期间，双方签订了一系列重

---

① 《周总理与吴努总理第二次会谈记录（未经审阅）》，1954 年 6 月 29 日，外交部档案馆：203－00007－03，第 46—50 页。

② 《中缅两国总理联合声明》，裴坚章主编《中华人民共和国外交史 1949—1956》，第 404—405 页。

要协议，并就中苏关系和国际问题等发表了联合宣言。该宣言涉及内容广泛，与这里论述相关的是该宣言声明："中华人民共和国和苏联将继续把它们同亚洲和太平洋区域的各个国家以及其他国家的关系，建立在严格遵守互相尊重主权和领土完整、互不侵犯、互不干涉内政、平等互利、和平共处的各项原则的基础之上。"[①] 联合声明中的这段话有两层含义。其一是表明苏联公开支持中国为推行新亚洲政策所采取的行动。在当时两大阵营对立的世界政治格局中，苏联表态支持中国根据自己制定的外交原则，发展同非社会主义国家的关系，这至关重要；其二是中国提出的和平共处五项原则在社会主义阵营处理国家间关系中是一种创新。不过需要指出的是，和平共处五项原则适用的范围是否包括社会主义国家间关系，尤其是中苏关系，这一点在这时还没有被明确说明。后来的发展证明，中国领导人最终将其确定为指导处理包括中苏关系在内的所有国家间关系的准则，只是时间的问题了。

6 月 29 日，周恩来在仰光同吴努会谈时就已经明确阐述了，中国将按照和平共处五项原则"与世界上一切国家友好相处"。[②] 8 月 11 日，周恩来在中央人民政府委员会做外交报告时进一步说明，和平共处五项原则不仅适用于中印、中缅关系，而且"同样适用于各国之间和一般的国际关系之中"。[③] 政府委员会当天即发布决议，批准在中印、中缅两个声明中提出的和平共处五项原则"应该适用于我国和亚洲及世界各国的关系中"。[④]

---

① 《中华人民共和国政府和苏维埃社会主义共和国联盟政府联合宣言》，《人民日报》1954 年 10 月 12 日。

② 《周总理与吴努总理第二次会谈记录（未经审阅）》，1954 年 6 月 29 日，外交部档案馆：203 - 00007 - 03，第 52 页。

③ 《周恩来在中央人民政府委员会第三十三次会议上的外交报告》，1954 年 8 月 11 日，《1954 年日内瓦会议》，第 494 页。

④ 《中央人民政府委员会关于批准政务院总理兼外交部长周恩来的外交部报告的决议（一九五四年八月十一日中央人民政府委员会第三十三次会议通过）》，1954 年 8 月 11 日，《1954 年日内瓦会议》，第 498 页。

实际情况是在这个时期的所有外交活动中，毛泽东、周恩来等都事必躬亲。从他们同来自亚洲、欧洲国家的领导人、政治人物的交往中，可以很容易地发现“中间地带”这个概念开始取代“两大阵营”，“和平”“和平共处”等概念则高频率地出现，成为中国领导人阐述国际政治问题和中国对外政策的主要外交话语。实际情况是，这些话语不久以后的确也被中国领导人用来界定和阐述与苏联以及苏联阵营国家间的相互关系。显然，中国领导人最终会将和平共处五项原则用于指导中苏关系，这的确是有其必然性的。不过，上述中苏联合宣言中的有关阐述的存在，或许说明苏联领导人这时还没有完全理解，中国提出将和平共处五项原则作为处理国家间关系的准则并将其写进中苏联合宣言，必将产生长远且深刻的影响，最终会改变当时社会主义阵营国家间以苏联为中心建构的关系准则。这一点在 1956 年秋季终于变得非常明确了。①

其次是 1954 年 10 月 19 日，在苏联代表团离开北京后一周，印度总理尼赫鲁率代表团访华。这是新中国成立后第一个非社会主义国家首脑率代表团访华，其象征意义不言而喻。正是在同尼赫鲁的会谈中，中国领导人系统阐述了他们对新中国的身份认同的新定义。邀请尼赫鲁访华是中国领导人在日内瓦会议期间决定周恩来访印的同时做出的决定，那之后他们就在思考，到底应该将中国同非社会主义国家间关系置于何种基础之上。他们在这方面的思考是相当深入的，这比较突出地反映在毛泽东同尼赫鲁的会谈中。

19 日，毛泽东会见了刚到访的尼赫鲁。他告诉后者，自己在经过长时间考虑后决定，应该将“东方国家”的认同作为双方会谈以及今后发展中印关系和中国同其他亚洲新兴国家间关系的主题。毛泽东说，他认为包括中国在内的亚洲新兴国家拥有三个方面的共同点，包括：（1）都曾经遭受过帝国主义、殖民主义的侵略

---

① 《中华人民共和国政府关于苏联政府 1956 年 10 月 30 日宣言的声明》，1956 年 11 月 1 日，《人民日报》1956 年 11 月 2 日。

和压迫；（2）都是农业国，工业落后，“被人看不起”；（3）地理上都在东方，在亚洲。[①] 从这一天起，这个“共同点”就成为中国领导人同后来所有到访的亚非国家领导人会谈的一个主题，也是中国领导人相信所有新兴国家最终能够建立起新型友好关系的主要依据。如果说与苏联结盟建构了新中国的社会主义国家身份认同的话，那么同以中印关系为开端的与亚洲非社会主义国家间关系的飞跃式发展，则建构了新中国的另一种新的认同，即中国也是一个新兴国家。

持续的对外交往通常会反过来促进对外政策的调整，中国领导人有必要在与外部交往的同时，不断在内部进行解释和动员。他们不仅需要向那些外国的代表们说明中国希望也可以同他们和平相处，同时还要向自己的干部们说明，为什么以及如何同那些国家和平相处。这方面的工作远不是那么容易的。

在决定邀请尼赫鲁 1954 年 10 月访华后，外交系统中有不少人对此决定心存怀疑。尼赫鲁离开中国后，还有人对之前给予他“热烈地欢迎”表示不理解。[②] 周恩来在采取重大外交行动之前，通常都会亲自在内部解释那些行动同新的对外政策之间的关系。在尼赫鲁到达北京前一天召开的一次会议上，周恩来专门解释了改变对印度这类亚洲国家的政策和邀请尼赫鲁的理由。他说印度这样的国家“确想和平，不想打仗”，团结他们“不但可以推迟战争，并且可以改变战争的方向”。[③]

11 月 3 日，在尼赫鲁离开中国大约一周时，周恩来在外交部全体干部会议上发表讲话，系统地阐述新的对外政策。从周恩来阐述的逻辑中可以断定，他认为这次对外政策调整是有针对性的，目的

① 毛泽东：《同印度总理尼赫鲁的四次谈话》，1954 年 10 月，《毛泽东文集》第六卷，第 361—364 页。

② 《周恩来总理兼外长对外交部全体干部的讲话》，1954 年 11 月 3 日，外交部档案馆：102 - 00168 - 01，第 9 页。

③ 《周恩来年谱 1949—1976》上卷，第 420 页。

就是要改变新中国成立初期的一些政策。他在谈到对外政策问题时，一开始就说“外交部成立时我讲过一次话”，然后就直指贯彻“国际和平统一战线”政策所必须解决的核心问题，即中国同亚洲国家的革命运动的关系。他说在阶级社会还是要革命的，人类社会还是要进入社会主义并最后“进入共产主义”，随后便由此阐述了虽然一定要革命但“不能输出革命”的理由。他说，“革命靠什么？靠人民，首先依靠劳动人民”，所以“革命必须依靠本国人民”，而不是依靠其他国家，因此“要批判革命输入的说法”。他说世界无产阶级的确“是一家，应该团结起来”，但资产阶级“把民族隔开”，在这种情况下要靠“和平竞赛，不用武力”，“相信我们制度是优越的”。总之和平政策是中国的“根本政策”，世界革命的未来“一是依靠本国人民，二是国家间的和平竞赛”。[①] 就这样，周恩来暂时将支援世界革命运动的任务从国家的外交行为中划出去了。毛泽东也在思考并同意“革命不能输出”这样的观点，不过他同周恩来略有区别。他在同不久后到访的吴努会谈时这样解释说：一国靠外国的输出革命是不可能取得胜利的，所以“革命不能输出”，但是一个国家的革命还是会受外国影响的。[②] 这反映了他头脑中的固有逻辑其实是很难完全改变的，而且对后来的中国对外政策起伏影响甚大。

新中国这次外交转变的高潮是中国参加1955年4月召开的万隆会议，其关键性标志则是周恩来在大会发言中公开提出了“求同存异”这个原则。将“求同存异”的“同”解读为共同意见或看法，过于简单化和肤浅了。对于中国领导人来说，所谓“求同”是指在中国与亚洲新兴国家之间“寻找共同点”，即在共同的历史经历和解决共同面临的现实问题构成的这个共同的国家身份认同的基础上，建立和发展新型的国家间关系。

---

① 《周恩来总理兼外长对外交部全体干部的讲话》，1954年11月3日，外交部档案馆：102－00168－01，第5—6页。

② 毛泽东：《同缅甸总理吴努的谈话》，1954年12月21日，《毛泽东文集》第六卷，第376页。

“求同存异”这个概念的提出是集思广益的结果，它最初是在为万隆会议进行准备工作而召开的专家会议上提出的。从 1954 年春季开始一直到 1955 年夏季，外交部的工作者们针对在亚洲发生的或为解决亚洲地区问题的如科伦坡会议、日内瓦会议、马尼拉会议、茂物会议、万隆会议等接踵而至的重大事件，以及这些国际多边会议所涉及的主要亚洲国家等，做了大量和相当深入的调查和分析。外交部脱胎于延安时期组建的中央军委外事小组，新中国的第一批外交骨干是军委外事小组的成员。中国人通常习惯根据国内政治的经验来观察世界政治，这批出身革命运动的职业外交官也是一样。他们相当容易理解、接受和运用“国际统一战线”政策，这对他们来说，只不过是将革命时期的国内政治经验运用到国际政治活动的过程。他们提交的那些研究报告相当充分地展示了“国际统一战线”思想是如何被有效地用来分析亚洲新兴国家内外政策的各个方面，帮助中国领导人更深入看到并确信，美国阵营已经不是“铁板一块”，而且中国在亚非新兴国家中可以大有作为。那些国家的人民和各个阶层的人都反对战争、要求和平和反对西方。那里的“统治阶层”为了维护其统治，也不得不举起和平和中立的旗帜，反对美国扩张和在亚洲建立反华的军事同盟体系。[①] 这些报告是促使中国领导人下决心改变对外政策并相信有机会获得成功的重要依据，也是中国能够通过亚非会议走到亚洲舞台中心的重要条件。

密集的外交实践中展开的广泛且深入的研究讨论，为新概念的提出奠定了基础。1955 年 4 月 5 日，外交部提交了一份题为《专家们对于亚非会议的意见》的报告，汇总了有关顾问们举行座谈

① 《一周电报汇编第 83 期（关于亚洲五国总理会议问题）》，1954 年 4 月 30 日，外交部档案馆：102 - 00212 - 06；《关于亚非会议问题》，1954 年 9 月 4 日，外交部档案馆：207 - 00085 - 19；《东南亚集体防务条约及各国对该条约的反应》，1954 年 10 月 1 日，外交部档案馆：105 - 00626 - 02；《关于亚非会议问题》，1954 年 12 月 15 日，外交部档案馆：207 - 00085 - 17；《一周电报汇编第 98 期（东南亚五国茂物会议的程序及五国对中国参加亚非会议的态度）》，1954 年 12 月 29 日，外交部档案馆：102 - 00212 - 21；《从茂物会议看亚非会议》，1955 年 1 月 1—31 日，，外交部档案馆：207 - 00085 - 25。

会的意见。与会者明确提出了求同存异的概念，他们建议参加万隆会议“可以注重通过原则性决议，不必争取具体问题的解决”；“在会上的主要努力方向部分”，他们提出争取将和平共处五项原则作为“亚非国家共同接受的国际关系的基础”，以及“本着求同存异的精神，促进亚非国家的团结”。[①]“求同存异”作为一个指导原则的文字就此形成。

在决定参加万隆会议的决策过程中，毛泽东一如既往地扮演了领导核心与政策主要推动者的角色。他亲力亲为，会见了这个时期每一位到访北京的外国政要。在同尼赫鲁、吴努等亚洲国家领导人的会谈中，毛泽东直接听取了他们对亚洲“和平区域”、中立主义、科伦坡会议、亚非会议等概念的解释，以及那些领导人奉行的政策的本质和他们的决心。1954 年 12 月 21 日，毛泽东告诉来华访问的缅甸总理吴努，中国领导人对这个会议“很感兴趣”，“如果各国同意，我们希望参加这个会议”。他同时也说明了中国的条件，就是不能邀请台湾当局代表与会。[②] 毛泽东这个时期将注意力集中于外交领域，这十分有利于中国对外政策的迅速转变。这以后，中国开始积极争取参加亚非会议并认真着手准备，直到周恩来登上万隆的讲台。

关于中国如何参与并推动万隆会议取得成功的具体内容，已经有大量文献予以记录和阐述。中国正是通过这次会议，极大地改善了同亚非国家的关系，而周恩来本人则获得了空前的声誉和影响力。尤为经典的是他 4 月 19 日下午在全体会议上所做的“补充发言”，十分有效地阐述了“求同存异”的原则，将毛泽东确定的主题推向了一个高潮。[③] 周恩来在随后的巨量外交活动中，又将这个原则发挥得淋漓尽

① 《专家们对于亚非会议的意见》，1955 年 4 月 5 日，外交部档案馆：207 - 00004 - 10，第 84—85 页。

② 毛泽东：《我们应该在合作中增进了解》，1954 年 12 月 21 日，《毛泽东外交文选》，第 183 页。

③ 《周恩来在亚非会议全体会议上的补充发言》，1954 年 4 月 19 日，《中国代表团出席 1955 年亚非会议》，第 56 页。

致，并效果显著。毫无疑问，中国领导人使用“共同点”这个词就是在表明，他们相信中国是一个具有那种本质和形象的国家，而且这种本质和形象是有价值的和积极的，是中国外交行为的基础和出发点。随后持续展开的与亚非国家的交往，又反过来不断强化了这种认同。

亚非会议的结果使中国领导人相信，“求同存异”原则是行得通的，因此和平共处是完全有可能的。他们还无暇思考，“求同存异”其实也必定是有条件和有限度的。它的有效性部分取决于涉及的问题，部分取决于中国的内部环境，包括中国领导人的主观意愿或中国在特定时期针对特定问题的政策。

中国参加万隆会议可以说是中国外交史上一个重要的界碑。从新中国外交与冷战体系互动角度观察，这一事件表明，在新中国成立之初因与苏联结盟而卷入冷战后，中国领导人终于下决心去开辟美苏两大阵营之外的“中间地带”，而且成果显著。后来的发展表明，中国领导人的确极为看重他们观念中构建的“中间地带”，就如同当年走上井冈山，终于找到了走工农武装割据、农村包围城市的道路一样。在他们眼中，这里有影响世界政治前途的巨大潜力，是中国改变世界政治版图的新的战略空间，中国需要也的确可以大有作为；这里有地缘安全方面的特殊重要性，是中国东南方向的安全缓冲地区之一，中国需要在这里阻击美国的扩张；这里也是中国在美苏两个阵营之外展开新的战略性竞争的舞台，中国必须要在这里拥有足够强大的影响力甚至是领导地位。中国领导人根据一种非常独特的思想推动中国外交在那里纵横捭阖，他们从此在国际冷战格局中开辟了新的外交战场，这在当时已现端倪。

总之，1954—1955 年是新中国外交转型的一个关键时期。这次转型一方面奠定了新中国外交的一系列基本原则；另一方面，从更广阔的视角看，它打开了一个重塑冷战并促进冷战全球化的独特而又影响巨大的进程。进一步说，中国从那时起到之后很长一段时间，再也没有离开“中间地带”这个舞台的中心，这里变成了中国外交的一个新的、比中苏同盟更为持久的“落脚点”和“出发点”。

结　语

本书叙述的1949—1955年间发生的重大事件构成了一个完整的历史故事。这期间，新中国逐步建立起基本的外交制度，构建起对外关系的基本格局，尤其是中国领导人通过处理各种外交事务、在境外采取军事行动、管理国际危机和冲突、参与双边谈判和多边国际会议、与东西方各种类型的国家领导人交往等，形成了一套独特的外交思想、指导原则和对外政策。这些同中国的外交行为结合在一起，不仅对当时和后来的中国外交产生了深刻而且长远的影响，而且极大地影响了东亚冷战的形态与进程，这已经被历史反复证明了。那些重大事件各有其发生的具体原因和结束的独特方式，中国领导人处理那些事件时的思考和做出的决定同样有其具体原因和背景。离开了对具体历史条件的描述和分析，其实也就无所谓历史叙述了。即便如此，在本书结束时仍然需要指出这些历史叙述中包含的普遍意义。

首先如本书绪论所阐述的，这个时期的那些重大事件是发生在相互联结、相互影响的三个因素构成的结构之中。这个结构本身既是那些重大事件发生的最基本的历史原因和背景，同时也是理解和叙述那些重大事件的内在联系的主要线索和基本框架。正是在这个结构中的互动和演变，对这个时期的中国外交产生深远的历史影响。中国领导人在这个结构中通过处理那些重大事件，完成了中华人民共和国对外关系的基本布局、建构了中国人的主要国家认同、奠定了中国外交的基础以及中国在冷战中的国际地位，同时也赋予了中国对外政策一些关键性的特征。这些要素对此后很长时期中国外交的发展都是决定性的。其中尤为重要的是，这个时期的对外政策与外交行为对新国家的身份建构和国家认同产生了不可替代的巨大影响。任何国家的身份建构都必然是在该国家同外部世界的互动中展开和实现的，对国家身份的认同也必须是在这个过程中完成的。中华人民共和国作为中国现代民族国家形成的特殊阶段，在其开始阶段即迅速完成了国家身份与国家认同的建构，外交所起的作用巨大的确是不争的事实，它为新国家建构了三个基本身份和认同，即社会主义国家、地区强国和新兴民族国家（后来统称发展中国家）。它们成为中国后来（有些甚至持续到今天）诸多对外政策和外交行为的依据和出发点，也是很多中国人的爱国主义和民族自豪感的重要来源。从这个角度看，如何界定和评价冷战中的新中国外交对中国现代民族国家建设的影响，应该说还是一个需要进一步探讨的领域。

其次，本书对一系列历史事件的叙述揭示了一个基本但是深层次的问题，即中国外交的主要特征和要素都是在国际体系和中国国内政治的互动中建构出来的。这有两方面的含义。一方面是，在这个历史时期，不论中国领导人具有何种个性和认知，他们在思考和处理对外政策问题时，必定要回应中国历史的基本诉求，诸如建立在地缘政治现实上的国家安全诉求、根植于世界性潮流的现代化诉求，等等。革命运动造成的特殊环境和认知水平只是将他们的回应提前或推迟，并赋予不同的表现形式而已，包括比较激进的行为方式和话语表达，以及由此导致的各种后果，等等。当然，那些结果和代价是需要进行持续不断的合理分析和评估的，否则思想就不可能进步。

再次，中国历史内生的诉求必定要受到外部世界的巨大影响，本书叙述的事件只不过是近代中国历史进程中的这个特质在外交领域的延伸而已。建国时期的外交是为国家战略服务的，而国家战略的形成毫无疑问是同冷战中向苏联“一边倒”这个选择互为因果的。这个时期的外交历史表明，中国在每个历史阶段上都不可能脱离当时的国际体系来制定国家战略和对外政策，这从根本上决定了决不能将外交作为将中国与世界隔离开的樊篱。有这种想法必定是非常荒谬的，哪怕是无意识地这样做了，结果也会很荒唐。当然，当时的冷战国际体系给中国人提供了两个不同的选择。这是中国人面对的特殊的历史情景，如何评价当时的选择已经超出了本书叙述的范围，这里能做的是为更宏观层次上的思考提供一个不同的基础和角度。

指出以上两点并不是因为它们特别深刻，难以理解。反之，它们是十分一般的道理，几乎就是国际关系和外交中的常识在新中国外交这个具体领域的展现。真道理通常都不复杂，它们不会超出常识，所以有时才会被忽视。不按常识办事的情况经常出现，历史叙述可以从正反两个方面证明这一点，从而帮助人们不断提高认知水平。

如果遵循本书主题的脉络，还有必要从中国外交如何影响国际冷战，特别是东亚冷战的角度，展开更深入的探讨和分析。新中国外交是在国内政治机制和政治进程与冷战国际体系等两大结构的互动中产生、演变和发展的。这个时期的中国外交在国内议程的推动下持续演变的同时，也是在回应云诡波谲的国际冷战带来的挑战。中国的对外政策和外交行为不仅深刻影响了中国的国内议程，而且有力地冲击了国际冷战体系，尤其是有力地塑造了东亚的冷战格局。中国一方面紧密团结于苏联阵营，坚定地站在东亚与美国对抗的前线；另一方面决心迅速迈向强国目标，争取在美苏之间获得更为广阔的战略发展空间。在这个时期结束的时刻，中国已经在为挑战冷战国际体系构建新的基础，并迈出了改造冷战的步伐。综观国际冷战历史的全过程，这一时期中国外交对冷战的冲击和影响是非常值得进一步深入思考的。至少，在东亚地区和后来的亚非地区，由于中国外交的冲击和影响，冷战的结构开始有了新的形态，它预示着在冷战中兴起的新中国外交终将成为改造冷战的一支巨大的力量。

在完成这本书的撰写和校对工作后，有一种绘完一幅图画的感觉，最后展开阅览时感到收获很大。中华人民共和国外交史是一个可以大有作为的领域，由于还有大量的历史过程模糊不清，以致有太多的基本史实需要矫正，还有很多的历史情节需要挖掘。当然，值得思考的问题也非常的多。这个时期中国外交内容之丰富，并不是一本书可以容纳的；其中的疑问之多，也不是一次就可以回答清楚的。要解决这些问题首先需要做一件并不麻烦的事情，就是静下心来看档案。“学也无涯”不仅仅是一个宏大的概括，在一个具体历史时段的研究中也是真实和具体的真理。从这个意义上说，这本书对我来说就是研究的一个新开端。

参考文献

历史文献与档案

本书编译组编《德黑兰雅尔塔波茨坦会议记录摘编》，上海人民出版社1974年版。

《陈云文选》，人民出版社1984年版。

邓华：《论抗美援朝战争的作战指导》，军事科学出版社1989年版。

《邓小平文选》第一卷，人民出版社1994年版。

《反法西斯战争文献》，世界知识出版社1955年版。

复旦大学历史系中国近代史教研组编《中国近代对外关系史资料选辑》下卷，上海人民出版社1977年版。

《共产党情报局会议文件集》，人民出版社1954年版。

《关于美国国防部侵越秘密报告材料汇编》，三联书店1973年版。

郭明、罗方明、李白茵编《现代中越关系资料选编上》，时事出版社1986年版。

古屋奎二编《蒋总统秘录》第14册，中央日报社1980年版。

《毛泽东选集》第一、二、三、四卷，人民出版社1991年版。

孟宪章主编《中苏贸易史资料》，中国对外经济贸易出版社 1991 年版。

南方局历史资料征集组编《南方局党史资料》，重庆出版社 1990 年版。

彭德怀传记编写组编《彭德怀军事文选》，中央文献出版社 1988 年版。

秦孝仪主编《中华民国重要史料初编——对日抗战时期：战后中国，第七编》，中国国民党中央委员会党史委员会 1981 年版。

秦孝仪主编《中华民国重要史料初编——对日抗战时期：战时外交，第三编》，中国国民党中央委员会党史委员会 1981 年版。

荣孟源主编《中国国民党历次代表大会及中央全会资料》，光明日报出版社 1985 年版。

萨纳柯耶夫、崔布列夫斯基编《德黑兰、雅尔塔、波茨坦会议文件集》，北京外国语学院俄语专业、德语专业 1971 届工农兵学员译、教师校，三联书店 1978 年版。

沈志华编《朝鲜战争：俄国档案馆的解密文件》上、中、下册，台湾中研院近代史研究所 2003 年版。

司徒雷登：《司徒雷登日记：美国调停国共争持期间前后》，陈礼颂译，香港文史出版社 1982 年版。

苏联外交部编《苏联伟大卫国战争期间苏联部长会议主席同美国总统和英国首相通信集》（中译本）第二卷，世界知识出版社 1963 年版。

陶文钊主编、牛军副主编《美国对华政策文件集》第一、二卷，世界知识出版社 2003、2004 年版。

闻一多：《闻一多诗文选集》，人民文学出版社 1955 年版。

中共中央办公厅编《中国共产党第八次全国代表大会文献》，人民出版社 1957 年版。

中共中央马克思恩格斯列宁斯大林著作编译局编《斯大林文选》下卷，人民出版社 1979 年版。

中共中央文献编辑委员会编《刘少奇选集》，人民出版社 1985 年版。

中共中央文献编辑委员会编《周恩来选集》，人民出版社 1997 年版。

中共中央文献研究室、解放军军事科学院编《建国以来毛泽东军事文稿》上卷，军事科学院出版社、中央文献出版社 2010 年版。

中共中央文献研究室、解放军军事科学院编《周恩来军事文选》第四卷，人民出版社 1997 年版。

中共中央文献研究室、中央档案馆编《建国以来刘少奇文稿》第一、二、三卷，中央文献出版社 2005 年版。

中共中央文献研究室编《建国以来毛泽东文稿》第一、二、三、四、五、六册，中央文献出版社 1987 年版。

中共中央文献研究室编《建国以来重要文献选编》第 1、2、3、4 册，中央文献出版社 1992 年版。

中共中央文献研究室、中国人民解放军军事科学院编《毛泽东军事文集》第六卷，军事科学出版社、中央文献出版社 1993 年版。

中国人民大学中共党史系资料室编《中共党史教学参考资料（解放战争时期）》，1981 年印。

中国人民大学中共党史系资料室编《中共党史教学参考资料（抗日战争时期）》，1981 年印。

中国人民大学中共党史系中国革命问题教研室编《共产国际有关中国革命教学参考资料》上册，1985 年印。

中共中央文献研究室编《毛泽东书信选集》，人民出版社 1983 年版。

中共中央文献研究室编《毛泽东文集》第二、三、四、五、六、七卷，人民出版社 1993—1999 年版。

中共中央文献研究室编《毛泽东在七大的报告和讲话集》，中央文献出版社 1995 年版。

中共中央文献研究室、中共湖南省委《毛泽东早期文稿》编辑组编《毛泽东早期文稿 1912. 6—1920. 11》，湖南出版社 1990 年版。

中共中央文献研究室、中共南京市委编《周恩来一九四六年谈判文选》，中央文献出版社 1996 年版。

中共中央文献研究室、中央档案馆编《建国以来刘少奇文稿》第一、二、三、四卷，中央文献出版社 2005 年版。

中华人民共和国外交部、中共中央文献研究室编《毛泽东外交文选》，中央文献出版社、世界知识出版社 1994 年版。

中华人民共和国外交部、中共中央文献研究室编《周恩来外交文选》，中央文献出版社、世界知识出版社 1990 年版。

中华人民共和国外交部档案馆、人民画报社编《解密外交文献——中华人民共和国建交档案》，中国画报出版社 2006 年版。

中华人民共和国外交部档案馆编《中华人民共和国外交档案选编（第一集）1954 年日内瓦会议》，世界知识出版社 2006 年版。

中华人民共和国外交部档案馆编《中华人民共和国外交档案选编（第二集）中国代表团出席 1955 年亚非会议》，世界知识出版社 2007 年版。

《中华人民共和国对外关系文件集（1951—1953)》(2)，世界知识出版社 1958 年版。

中国人民解放军军事科学院编《粟裕纪念文集》，军事科学出版社 2008 年版。

《中美关系资料汇编》，世界知识出版社 1957 年版。

中央编译局编《列宁全集》第 37 卷，人民出版社 1986 年版。

中央档案馆编《中共中央文件选集》第 1、15、16、17、18 册，中央党校出版社 1992 年版。

中央档案馆编《皖南事变》，中共中央党校出版社 1981 年版。

中央统战部、中央档案馆编《中共中央解放战争时期统一战线文件选编》，档案出版社 1988 年版。

中央统战部、中央档案馆编《中共中央抗日民族统一战线文件选编》，档案出版社 1986 年版。

年谱与传记

东方鹤：《张爱萍传》，人民出版社 2000 年版。

广西社会科学院印度支那研究所编《中越关系大事记》，1980 年 3 月印刷。

逄先知、金冲及主编《毛泽东传 1949—1976》，中央文献出版社 2003 年版。

逄先知主编《毛泽东年谱 1893—1949》，人民出版社、中央文献出版社 1993 年版。

《彭真传》编写组编《彭真年谱 1902—1997》上卷，中央文献出版社 2002 年版。

《粟裕传》编写组：《粟裕传》，当代中国出版社 2000 年版。

王焰主编《彭德怀年谱》，人民出版社 1998 年版。

中华人民共和国外交部外交史研究室主编《周恩来外交活动大事记（1949—1975）》，世界知识出版社 1993 年版。

《志愿军第一任参谋长解方将军》编写组编《志愿军第一任参谋长解方将军（1908—1984）》，军事科学出版社 1997 年版。

中共中央文献研究室编《刘少奇年谱 1898—1969》下卷，中央文献出版社 1996 年版。

中共中央文献研究室编《周恩来年谱 1898—1949》，中央文献出版社、人民出版社 1989 年版。

中共中央文献研究室编《周恩来年谱 1949—1976》，中央文献出版社、人民出版社 1997 年版。

金冲及主编《周恩来传 1949—1976》，中央文献出版社 1998 年版。

回忆录

〔美〕埃德加·斯诺：《复始之旅》，《斯诺文集》，新华出版社 1984 年版。

〔美〕埃德加·斯诺：《西行漫记》，董乐山译，三联书店 1979 年版。

薄一波：《若干重大决策与事件的回顾》，中共中央党校出版社 1991 年版。

杜平：《在志愿军总部》，解放军出版社 1991 年版。

〔保〕季米特洛夫：《季米特洛夫日记选编》，马细谱、杨燕杰、葛志强等译，广西师范大学出版社 2002 年版。

〔美〕哈里·杜鲁门：《杜鲁门回忆录》，李石译，三联书店 1974 年版。

洪学志：《抗美援朝回忆》，解放军文艺出版社 1990 年版。

胡乔木：《胡乔木回忆毛泽东》，人民出版社 1994 年版。

黄华：《亲历与见闻——黄华回忆录》，世界知识出版社 2007 年版。

黄文欢：《沧海一粟：黄文欢革命回忆录》，解放军出版社 1987 年版。

〔美〕李奇微：《朝鲜战争》（中译本），军事科学出版社 1983 年版。

〔南〕米洛凡·杰拉斯：《同斯大林的谈话》，赵洵、林英译，吉林人民出版社 1983 年版。

聂荣臻：《聂荣臻回忆录》，解放军出版社 1984 年版。

师哲：《在历史巨人身边——师哲回忆录（修订本）》，中央文献出版社 1995 年版。

〔苏〕瓦·伊·崔可夫：《在华使命：一个军事顾问的笔记》，万成才译，群众出版社 1983 年版。

〔美〕W. 艾夫里尔·哈里曼、伊利·艾贝尔:《特使:与邱吉尔、斯大林周旋记》,南京大学历史系英美对外关系研究室译,三联书店1978年版。

王炳南:《中美会谈九年回顾》,世界知识出版社1985年版。

王亚志回忆,沈志华、李丹慧整理《彭德怀军事参谋的回忆:1950年代中苏军事关系见证》,复旦大学出版社2009年版。

伍修权:《我的历程(1908—1949)》,解放军出版社1984年版。

伍修权:《在外交部八年的经历1950.1—1958.10》,世界知识出版社1983年版。

〔俄〕谢·马·什捷缅科:《战争年代的总参谋部》下册,洪科译,三联书店1973年版。

〔俄〕亚·米·华西列夫斯基:《毕生的事业》下册,柯雄译,三联书店1977年版。

张震:《张震回忆录》,解放军出版社2003年版。

郑文翰:《秘书日记里的彭老总》,军事科学出版社1998年版。

中共吉林省委党史研究室、吉林省东北抗日联军基金会编《韩光党史工作文集》,中央文献出版社1997年版。

中共中央党史资料征集委员会等合编《辽沈决战(下)》,人民出版社1988年版。

《中国军事顾问团援越抗法实录》编写组:《中国军事顾问团援越抗法实录(当事人的回忆)》,中共党史出版社2002年版。

专　著

〔俄〕A. M. 列多夫斯基:《斯大林与中国》,陈春华、刘存宽译,新华出版社2001年版。

戴超武:《敌对与危机的年代——1954—1958年的中美关系》,社会科学文献出版社2003年版。

〔美〕戴维·霍罗威茨：《美国冷战时期的外交政策：从雅尔塔到越南》，上海市“五·七”干校六连翻译组译，上海人民出版社 1974 年版。

《当代中国》丛书编辑部：《当代中国海军》，中国社会科学出版社 1987 年版。

〔德〕迪特·海茵茨希：《中苏走向联盟的艰难历程》，张文武、李丹琳译，新华出版社 2001 年版。

蒋廷黻：《中国近代史》，团结出版社 2006 年版。

郭明主编《中越关系演变四十年》，广西人民出版社 1992 年版。

郭明：《中越关系四十年》，广西人民出版社 1992 年版。

贾庆国：《未实现的和解：中美关系的隔阂与危机》，文化艺术出版社 1998 年版。

〔英〕科拉尔·贝尔：《国际事务概览 1954 年》，云汀、吴元坎、董湘君、陈漪等译，上海译文出版社 1984 年版。

李春放：《伊朗危机与冷战的起源（1941—1947）》，社会科学文献出版社 2001 年版。

李家忠编译《越南国父胡志明》，世界知识出版社 2003 年版。

梁东元：《原子弹调查》，解放军出版社 2005 年版。

刘同舜、姚椿龄主编《战后世界历史长编 1953》，上海人民出版社 1992 年版。

刘同舜、姚椿龄主编《战后世界历史长编 1954》，上海人民出版社 1994 年版。

刘同舜、姚椿龄主编《战后世界历史长编 1955》，上海人民出版社 1997 年版。

〔美〕罗伯特·达莱克：《罗斯福与美国对外政策 1932—1945》下册，陈启迪译，商务印书馆 1984 年版。

〔苏〕尼·特·费德林、伊·弗·科瓦廖夫、安·梅·列多夫斯基：《毛泽东与斯大林、赫鲁晓夫交往录》，彭卓吾译，东方出版社 2004 年版。

牛军：《从赫尔利到马歇尔：美国调处国共矛盾始末》，社会科学文献出版社 2021 年版。

牛军：《从延安走向世界：中国共产党对外关系的起源（1935—1949）》，中共党史出版社 2008 年版。

逄先知、李捷：《毛泽东与抗美援朝》，中央文献出版社 2000 年版。

裴坚章主编《中华人民共和国外交史（1949—1956）》，世界知识出版社 1994 年版。

齐德学：《巨人的较量——抗美援朝高层决策和指导》，中共中央党校出版社 1999 年版。

曲星：《中国外交 50 年》，江苏人民出版社 2000 年版。

〔美〕舍伍德：《罗斯福与霍普金斯——二次大战时期白宫实录》下册，福建师范大学外语系编译，商务印书馆 1980 年版。

沈志华主编《中苏关系史纲——1917—1991 年中苏关系若干问题再探讨（增订版）》，社会科学文献出版社 2011 年版。

沈志华：《毛泽东、斯大林与韩战——中苏最高机密档案》，香港天地图书有限公司 1998 年版。

沈志华：《苏联专家在中国》，中国国际广播出版社 2003 年版。

沈志华：《中苏同盟与朝鲜战争研究》，广西师范大学出版社 1999 年版。

时殷弘：《敌对与冲突的由来——美国对新中国的政策与中美关系（1949—1950）》，南京大学出版社 1995 年版。

苏格：《美国对华政策与台湾问题》，世界知识出版社 1998 年版。

陶涵：《蒋经国传》，林添贵译，华文出版社 2010 年版。

陶文钊：《中美关系史》上册、中册，上海人民出版社 2004 年版。

田增佩：《改革开放以来的中国外交》，世界知识出版社 1993 年版。

王奇生：《革命与反革命：社会文化视野下的民国政治》，社会科学文献出版社 2010 年版。

王绳祖主编《国际关系史（1945—1949）》第七卷，世界知识出版社 1995 年版。

〔挪〕文安立：《冷战与革命——苏美冲突与中国内战的起源》，陈之宏、陈兼译，广西师范大学出版社 2002 年版。

〔美〕沃尔特·拉弗贝：《美苏冷战史话》，游燮庭等译，商务印书馆 1980 年版。

〔美〕沃捷特克·马斯特尼：《斯大林时期的冷战与苏联的安全观》，郭懋安译，广西师范大学出版社 2002 年版。

徐达深主编《中华人民共和国实录》第一卷，吉林人民出版社 1994 年版。

徐焰：《第一次较量——抗美援朝战争的历史回顾与反思》，中国广播电视出版社 1990 年版。

徐焰：《金门之战》，中国广播电视出版社 1992 年版。

杨保筠、于向东主编《变动世界中的奠边府战役与日内瓦会议》，香港社会科学出版社有限公司 2005 年版。

杨奎松：《"中间地带"的革命：国际大背景下看中共成功之道》，山西出版集团、山西人民出版社 2010 年版。

尹启明、程亚光：《第一任国防部长》，广东教育出版社 1997 年版。

〔俄〕尤·米·加列诺维奇：《两大领袖：斯大林与毛泽东》，部彦秀、张瑞璇译，四川人民出版社 1999 年版。

于群：《美国对日政策研究》，东北师范大学出版社 1996 年版。

〔美〕约翰·斯帕尼尔：《杜鲁门与麦克阿瑟的冲突和朝鲜战争》，钱宗起、邬国孚译，复旦大学出版社 1985 年版。

《战后世界历史长编》编委会编《战后世界历史长编 1946》，

上海人民出版社1976年版。

《战后世界历史长编》编委会编《战后世界历史长编1947》，上海人民出版社1977年版。

张振江：《冷战与内战——美苏争霸与国共冲突的起源1944—1946》，天津古籍出版社2005年版。

张盛发：《斯大林与冷战》，中国社会科学出版社2000年版。

赵学功：《朝鲜战争中的美国与中国》，山西高校联合出版社1995年版。

赵学功：《巨大的转变：美国战后对东亚的政策》，天津人民出版社2002年版。

中共中央党史研究室：《中国共产党历史（1921—1949）》第一卷，中共党史出版社2011年版。

中国军事顾问团历史编写组编《中国军事顾问团援越抗法斗争史实》，解放军出版社1990年版。

中国人民解放军军事科学院军事历史研究部：《抗美援朝战争史》第一、二、三卷，军事科学出版社2000年版。

朱梦熹：《司徒雷登与中国政局》，新华出版社2001年版。

资中筠：《追根溯源——战后美国对华政策的缘起与发展：1945—1960》，中国社会科学出版社2007年版。

资中筠、何迪编《美台关系四十年》，人民出版社1991年版。

资中筠主编《战后美国外交史——从杜鲁门到里根》，世界知识出版社1993年版。

邹谠：《美国在中国的失败》，王宁、周先进译，上海人民出版社1997年版。

论文集

袁明主编《跨世纪的挑战：中国国际关系学科的挑战》，重庆出版社1992年版。

姜长斌、Robert Ross 主编《从对峙走向缓和：冷战时期中美关系再探讨》，世界知识出版社 2000 年版。

张沱生、史文主编《中美安全危机管理案例分析》，世界知识出版社 2007 年版。

李丹慧：《中国与印度支那战争》，香港天地图书有限公司 2002 年版。

牛大勇、沈志华主编《冷战与中国的周边关系》，世界知识出版社 2004 年版。

沈志华：《中苏同盟与朝鲜战争研究》，广西师范大学出版社 1999 年版。

沈志华、李滨编《脆弱的联盟：冷战与中苏关系》，社会科学文献出版社 2010 年版。

章百家、牛军编《冷战与中国》，世界知识出版社 2002 年版。

赵宝煦编《跨世纪的中美关系》，东方出版社 1999 年版。

中俄关系史研究会编《战后中苏关系走向》，社会科学文献出版社 1997 年版。

袁明、〔美〕哈里·哈丁编《中美关系史上沉重的一页》，北京大学出版社 1989 年版。

国际战略基金会编《环球同此凉热——一代领袖们的国际战略思想》，陕西师范大学出版社 1993 年版。

裴坚章主编《研究周恩来：外交思想与实践》，世界知识出版社 1989 年版。

中华人民共和国外交部编《毛泽东外交思想研究》，世界知识出版社 1994 年版。

英文文献

Ambrose Stephen. , *Eisenhaower, Soldier, General of Army, The President-Elect, 1890 - 1952* (New York: Simon and Schuster Inc. ,

1983).

Gareth Porter, *Vietnam: A History in Documents* (New York: New American Library, 1979).

Cold War International History Project Bulletin, *Inside China's Cold War*, Winter 1995/1996.

Cold War International History Project Bulletin, *Inside China's Cold War*, Issue 16, Fall 2007/Winter 2008.

Harry Harding, ed., *China's Foreign Relations in the 1980s* (New Haven: Yale University Press, 1984).

"Hearings before the Committee on Armed Services and Committee on Foreign Relations", *Military Situation in the Far East* (Washington: US Government Printing Office, 1951).

Herbert Feis, *From Trust to Terror*, *The Onset of the Cold War*, *1945 – 1950* (New York: Norton, 1970).

Herbert Feis, *The China Tangle: The American Effort in China from Pearl Harbor to the Marshall Mission* (Princeton: Princeton University Press, 1953).

George C. Herring, *America's Longest War: The United States and Vietnam 1950 – 1975*, 4th editon (New York: McGraw – Hill Publishing Company, 2002).

John Paton Davies, *Dragon by the Tail: American*, *British*, *Japanese*, *and Russian Encounters with China and One Another* (New York, Norton, 1972).

Kenneth W. Rea and John C. Brewer, eds., *The Forgotten Ambassador: The Reports of John Leighton Stuart*, *1946 – 1949* (New York: Westview Press, Inc, 1981).

Lawrence Freedman, *The Evolution of Nuclear Strategy* (New York: St. Martin's Press, 1989).

Michael Hunt, ed., *A Vietnam War Reader: American and*

Vietnamese Perspectives (New York: Penguin Books Ltd. 2004).

Russell D. Buhite, *Soviet-American Relations in Asia, 1945 - 1954* (University of Oklahoma Press, 1981).

Sergei N. Goncharov, John W. Lewis and Xue Litai, *Uncertain Partners: Stalin, Mao and Korean War* (Stanford: Stanford University Press, 1993).

Shen Zhihua and Li Danhui, *After Leaning to One Side: China and its Allies in The Cold War* (Washington D. C.: Woodrow Wilson Center Press and Stanford: Stanford University Press, 2011).

Sumner Welles, *Seven Decisions That Shaped History*, New York, Harper, 1950.

The Pentagon Papers, The Defense Department History of United States Decisionmaking on Vietnam, United States Dept. of Defense (Boston: Beacon Press, 1971).

The U. S. Department of State, ed., *Foreign Relations of the United States. Diplomatic Papers* (Washingtong D. C.: Government Printing Office).

1943, *China*, (1961).

1944, Vol. 6, (1967).

1945, Vol. 6, (1972).

1949, Vol. 7, (1975).

1950, Vols. 1, 2, (1979).

1951, Vols. 6 (1977), 7 (1983).

1952 - 1954, Vols. 15, 16 (1986).

U. S. State Department, *American Foreign Policy: Basic Documents 1950 - 1953* (Washington D. C.: Government Printing Office, 1957).

图书在版编目(CIP)数据

冷战与新中国外交的缘起：1949～1955/牛军著. —北京：社会科学文献出版社，2013.1（2024.6 重印）
（近世中国）
ISBN 978－7－5097－4153－5

Ⅰ.①冷…　Ⅱ.①牛…　Ⅲ.①外交史－中国－1949～1955
Ⅳ.①D829

中国版本图书馆 CIP 数据核字（2012）第 309528 号

·近世中国·
冷战与新中国外交的缘起 1949—1955（修订版）

著　　者／牛　军

出 版 人／冀祥德
项目统筹／徐思彦
责任编辑／徐碧姗　宋　超
责任印制／王京美

出　　版／社会科学文献出版社·历史学分社（010）59367256
　　　　　地址：北京市北三环中路甲 29 号院华龙大厦　邮编：100029
　　　　　网址：www. ssap. com. cn
发　　行／社会科学文献出版社（010）59367028
印　　装／三河市尚艺印装有限公司

规　　格／开　本：787mm×1092mm　1/16
　　　　　印　张：32.75　字　数：455 千字
版　　次／2013 年 1 月第 1 版　2024 年 6 月第 7 次印刷
书　　号／ISBN 978－7－5097－4153－5
定　　价／79.00 元

读者服务电话：4008918866